KB177867

잠들기 전에 읽는

인문학 365

잠들기 전에 읽는 인문학 365

양승욱 지음

오렌지연필

<아테네 학당>
(라파엘로 산치오, 1509-1510)

플라톤, 아리스토텔레스,
디오게네스, 피타고라스,
소크라테스, 헤라클레이토스,
조로아스터 등 54인이
표현되어 있다.

당신이 배를 만들고 싶다면, 사람들에게 목재를 가져오게 하고 일을 지시하고 일감을 나눠주는 일은 하지 말라. 그 대신 그들에게 저 넓고 끝없는 바다에 대한 동경심을 키워줘라.

If you want to build a ship, don't drum up the men to gather wood, divide the work and give orders. Instead, teach them to yearn for the vast and endless sea.

_앙투안 드 생텍쥐페리

문학
001

호메로스

서사시*《일리아스》와《오디세이아》의 저자인 호메로스(Homeros, 기원전 800-기원전 750)는 그리스의 시각장애인 음유시인으로 알려져 있다. 하지만 그에 대한 것은 모두 전설일 뿐 사실로 밝혀진 게 아무것도 없다. 호메로스가 누구인지, 저 두 편의 서사시조차 정말 그가 썼는지 불확실하다. 이처럼 수수께끼의 인물이지만 인간체험의 다양한 본질을 가장 심오하게 밝혀낸 위대한 작가로서 그의 영향력은 시대와 장소를 초월하여 지금도 계속되고 있다.

《일리아스》와《오디세이아》는 기원전 6세기부터 그리스의 교과서였다. 음송자들은 그리스 전역을 누비며 노래했고, 지식인들은 그 내용을 암기했다. 이렇듯 두 작품은 그리스의 언어와 문학 및 조형 미술에 큰 영향을 주었고, 더 나아가 그리스인들의 자의식 형성에도 크게 기여했다.

호메로스의 서사시는 인간으로서 겪는 모험과 인간이라고 불리려면 반드시 알아야 할 인간적 삶의 본질을 노래했기 때문에 그리스 문화 형성의 뿌리가 되었다고 평가받았다. 그러나 고대 그리스의 대표 철학자인 플라톤과 크세노파네스 등은 호메로스의 서사시에 등장하는 신들이 부도덕하다는 이유로 젊은이의 교육에 부적합하다고 비판하기도 했다. 한편, 플라톤의 제자이자 알렉산드로스 대왕의 스승인 아리스토텔레스와 로마의 시인 호라티우스는 호메로스를 극찬했다.

로마 문학을 대표하는 베르길리우스의 로마 건국 서사시《아이네이스》는 호메로스의 서사시에 그 뿌리를 두고 있으며, 유럽의 문학 역시 호메로스로부터 시작한다. 제임스 조이스, 랠프 엘리슨*에 이르기까지 현대에 와서도 호메로스의 전통을 창조적으로 계승하려는 시도가 계속되면서, 그의 이름은 서구의 문학사 전반에 가장 큰 영향을 준 시인의 대명사가 되었다.

호메로스는 유럽 문화가 구전의 시대에서 문자 시대로 넘어가는 경계선에 있었으며,《일리아스》와《오디세이아》는 서양에서 구전이 아닌 최초로 기록된 문학이다. 문자 시대 이전의 문학은 기록 없이 전해졌는데, 호메로스의 시대에 와서야 비로소 알파벳이 그리스에 전파되었다. 고대 그리스에 문자가 도입된 후 유럽에서 지식과 문자는 서로 결합하였으며, 그 덕분에《일리아스》와《오디세이아》는 서양의 가장 초창기 텍스트가 될 수 있었다.

《일리아스》는 트로이와 그리스 간의 전쟁을 다루었다. 전쟁은 트로이의 왕자 파리스*가 지상 최고 미녀인 스파르타의 왕비 헬레네를 유혹하여 트로이로 도주하면서 시작된다. 스파르타의 왕 메넬라오스의 형이자 미케네의 왕인 아가멤논은 헬레네를 되찾고 트로이를 응징하기 위하여 그리스 연합군을 이끌고 트로이로 출정한다. 10년간 계속된 전쟁은 오디세우스의 '트로이 목마' 전략이 성공을 거두면서 끝이 난다.《오디세이아》는 트로이 원정을 승리로 이끈 오디세우스가 귀향하여 아내 페넬로페이아를 만나기까지의 험난한 여정을 다루고 있다.

* 서사시: 발흥기 · 재건기의 민족이나 국가의 웅대한 정신을 신 혹은 영웅을 중심으로 하여 읊은 시

* 랠프 엘리슨(Ralph Ellison): 미국 흑인 문학을 대표하는 흑인 작가. 대표작으로《보이지 않는 사람》이 있다.

* 파리스: 원래 트로이의 왕자였으나 트로이를 멸망시킬 운명을 타고났다는 예언에 따라 이다산에 버려졌다. 양치기로 생활하던 중 헤라, 아테나, 아프로디테 세 여신 중 가장 아름다운 여신으로 아프로디테의 손을 들어주었다. 며칠 후 트로이 왕궁에서 무술 대회가 열렸고, 그 대회에 참가한 파리스는 누나인 카산드라 덕분에 왕자의 신분을 회복했다.

세계사 002 메소포타미아

메소포타미아(Mesopotamia)는 고대 그리스어로 '두 강 사이에 위치한 지역'이라는 의미이다. 현재의 이라크 수도 바그다드 부근을 경계로 북부의 아시리아와 남부의 바빌로니아로 나뉘며, 바빌로니아는 다시 북부의 아카드와 남부의 수메르로 나뉜다. 티그리스강과 유프라테스강은 터키의 토로스산맥과 자그로스산맥에서 발원해 남동쪽으로 흘러 바스라 근처에서 만난다. 두 강 사이에 낀 메소포타미아의 하구 지역(수메르 지방)에서 청동기를 쓰는 수메르인이 메소포타미아문명을 일으켰다.

수메르인은 기원전 2500년경 우르 제1왕조 시대에 전성기를 누렸다. 건조하고 나무가 적은 메소포타미아에서는 점토가 문명의 기초가 되었는데, 최초의 숫자 기록에 연점토를 누른 자국이 발견되었다. 신전을 쌓는 데 사용된 진흙으로 만든 벽돌, 부드러운 점토판에 뾰족한 갈대로 만든 펜으로 쓰인 쐐기 모양의 설형문자는 문명과 점토와의 관계를 보여준다. 이들은 달이 차고 기우는 것을 토대로 한 태음력과 60진법을 고안했다. 1년을 12개월, 7일을 일주일로 정한 것도 메소포타미아에서 비롯되었다.

문자의 등장으로 수메르인은 많은 전설과 영웅의 이야기를 진흙판에 문자로 새긴 다음 불에 구워 간직했다. 그중에서 가장 유명한 것은 우르 제3왕조 시대에 기록된《길가메시 서사시》이다. 메소포타미아문명 초기, 수메르의 영웅 길가메시는 기원전 2750년경에 실재했던 인물로 추정되는데, 유프라테스강변의 도시국가 우루크의 제1왕조 제5대 왕이었다고 한다. 그에 관해서는 수메르 신화에 다양한 이야기가 전해지고 있다.

수메르인들은 여러 도시를 세워 각각 독립국가 체제를 이루었다. 사방이 트인 평야였던 메소포타미아는 외부의 공격에 취약했기에 도시들은 적의 침입을 막기 위해 진흙 벽돌로 담장을 높이 쌓았다.

도시 중심부에는 인공 언덕을 만들어 수호신을 모시는 신전(지구라트)을 세웠다. 그곳은 신관의 우두머리인 왕이 지배했다. 도시국가의 주민 대부분은 도시 주변에서 농사를 짓는 농민이었으며, 그중에는 자신의 손재주를 생업 수단으로 삼은 목수, 도자기공, 대장장이 등도 있었다. 당시 수메르인은 수레와 금속 제품을 유목민들의 말과 양털로 물물거래를 했는데, 이후 초원의 유목민 사이에 수레와 야금 기술이 급속도로 전파되었다.

기원전 2400년경 남부에서 올라온 셈족이 메소포타미아의 독립국가들을 차례로 정복했다. 당시 셈족을 이끌던 지도자 사르곤은 아카드 지방을 근거지로 삼아 수메르 지역의 모든 국가를 정벌하고 페르시아만에서 지중해에 이르는 방대한 아카드 제국을 건설했다. 하지만 그의 왕국은 오래가지 못했다. 사르곤의 손자 대에 이르러 이란 고원에서 침입해 온 구티인이 아카드 제국을 멸망시킨 것이다. 그러나 구티인은 통일 국가를 건설하지 못했고, 그 틈을 타서 부흥한 도시국가 우르에 의해 쫓겨났다.

기원전 2113년 우르남무는 우르 제3왕조를 세웠다. 우르남무는 중앙집권화를 강화하고 우르남무법전을 공포하였는데, 이는 세계에서 가장 오래된 법전이다. 그러나 우르 제3왕조는 동남부의 엘람인과 아모리인의 침략을 받아 무너졌다. 이후 이 지역은 여러 나라로 분열했다.

엘람인은 침략 후 동부의 산지로 돌아갔지만 아모리인들은 이 지역에 정착해 수메르와 아카드 문화를 받아들였다. 아모리인들은 국가를 지속적으로 세우긴 했지만 메소포타미아 지역의 통치권을 둘러싼 혼전은 끊이지 않았다.

철학
003 탈레스

탈레스(Thales, 기원전 624-기원전 546)는 최초의 유물론학파인 밀레투스학파의 시조이며 철학의 아버지로 불린다. 기하학, 천문학에 정통하여 일식을 예언하였다고 전해진다. 당시 그리스 사회에서는 그를 '지혜 있는 사람'의 본보기로 여겼다. 탈레스의 다양한 학설은 이후의 철학사, 과학사에서 획기적인 출발점이 되었다.

소아시아의 항구도시 밀레투스에서 태어난 탈레스를 고대 그리스인들은 7인의 현인 중 한 명으로 꼽으며 그의 지혜와 사상을 높이 평가했다. 그는 한때 정치에도 참여했지만, 일생 대부분을 자신의 지혜와 사상을 전파하기 위한 방랑생활로 보냈다. 탈레스가 처음으로 찾아간 곳은 당시 문명이 가장 발달한 이집트였다. 그는 거기서 수학과 천문학을 비롯하여 화학, 약학, 의학 등 많은 지식을 얻었다. 이집트에서 밀레투스로 돌아온 탈레스는 은둔생활을 하며 천체 현상을 관찰하는 데 몰두했다. 별을 관찰하다가 우물에 빠졌다는 일화가 있을 만큼 천문학 탐구에 열심이었다. 그 결과 별을 관찰하여 앞날을 예측할 수 있었는데, 한번은 올리브 풍년을 예측하고 시중에 있는 기름틀을 모두 세 낸 덕분에 막대한 수익을 얻어 부자가 되었다고 한다. 그는 평소 결혼에 관심을 두지 않고 독신으로 살았으나 만년에 이집트 출신 여성과 결혼했다. 그의 부인은 책을 저술할 만큼 지적인 여성이었다고 전해진다.

탈레스는 '만물은 물이다', '만물이 신들로 가득 차 있다'라는 두 개의 유명한 명제를 남겼다. 그는 이 명제를 통하여 자연과 물질을 움직이는 근원적 힘이 있다는 사실을 사람들에게 인식시키려는 데 역점을 두었다. 그의 철학은 아낙시만드로스, 아낙시메네스, 크세노파네스 등에 의해 계승되고 발전되었다. 이들의 출생지가 모두 밀레투스라는 점 때문에 이들을 밀레투스학파라고 통칭한다.

탈레스는 동식물과 씨앗이 습기를 띠고 있는 것, 물이 기체가 되고 고체도 된다는 사실 등을 예로 들면서 이 세계에 존재하는 모든 물질의 재료는 물이라고 생각했다. 물이 변화해서 동물이나 식물이 되었다고 여긴 것이다. 탈레스의 주장은 틀렸다. 오늘날 우리는 만물의 근원은 물이 아님을 잘 알고 있다. 하지만 그는 여전히 철학사에서 빠져서는 안 될 위대한 철학자이다.당시 철학자들은 신화라는 애매모호한 것으로 세계를 설명하려고 했다. 탈레스는 처음으로 논리적 이성을 앞세워 세계를 설명하려고 했다. 그뿐만 아니라 한 가지 근원으로 견해를 주장한 것도 그가 세계 최초이다.

탈레스는 수학의 아버지라고도 불린다. 그는 이집트 피라미드의 높이를 피라미드 그림자의 길이로 계산했다는 일화가 있다. '두 개의 직선이 만났을 때 생기는 맞꼭지각의 각도는 서로 같다'는 등의 수학적 발견은 현대 수학 교과서에서 '탈레스의 정리'라는 이름으로 등장한다.

신화
004 카오스

태초에는 카오스(Chaos)만이 존재했다. 시간과 하늘과 땅이 마구 뒤섞여 있었다. 거기에는 이성도 질서도 존재하지 않았다. 끝을 모를 만큼 무한하고 앞을 분간할 수 없을 만큼 어두웠다. 카오스는 원래 '크게 입을 벌리다'를 의미하는 동사 '카이레인(Xairein)'이나 '카스케인(Xaskein)'과 같이 '입 벌림, 틈, 하품'을 의미하는 '카(Xa)'에서 파생되었다. 그것은 우주가 생성되는 순간에 우주가 벌어져 틈이 생겼다는 의미로 해석된다. 시간이 존재하기 전 넓고 끝없는 공간인 우주에서 최초의 존재가 카오스에서 만들어졌다. 사랑의 신 에로스, 대지의 여신 가이아, 지하 세계인 타르타로스, 밤인 닉스, 어둠인 에레보스였다.

에로스는 인간의 정신을 지배하며, 사랑을 표현하는 존재이자 모든 생명 탄생의 원리를 구체적으로 표현하는 존재이다. 에로스가 없었다면 다른 존재들은 불멸의 존재이거나 생명을 잉태할 수 없는 상태로 남았을 것이다. 에로스가 처음 자신의 능력을 발휘한 대상은 가이아였다. 가이아는 스스로 하늘의 신 우라노스와 바다의 신 폰토스를 낳았다.

지하 세계인 타르타로스는 어둡고 황량하고 생명이 없는 죽은 곳이다. 타르타로스는 강력한 힘을 가졌으나, 인격화되어 있지 않았다.

닉스는 '검은 날개를 단 밤'이라는 뜻을 지녔는데, 에레보스(타르타로스의 밤)라는 별도의 존재를 자기로부터 분화시켜 두 개의 존재가 하나로 공존했다. 닉스와 에레보스는 에로스의 능력을 통해 새로운 존재를 만들어냈다. 이렇게 탄생한 헤메라는 낮이 되고, 아이테르는 높은 하늘이 되어 타르타로스 및 가이아와 신들이 지내는 곳 사이의 경계가 되었다. 이렇게 해서 우주의 기초가 완성되었다.*

* 그리스의 우주 생성 신화는 크게 네 종류로 구별할 수 있다. 펠라스고스 신화, 오르페우스 신화, 호메르스 신화, 헤시오도스 신화로 명칭은 그것을 만든 민족이나 개인의 이름을 따라 지은 것이다. 따라서 그리스 신화의 최초 신은 신화마다 다르다.

종교
005 기독교

기독교(Christianity), 즉 그리스도교는 크게 세 교파, 로마가톨릭교회, 동방정교회, 프로테스탄트교회로 갈라졌다. 11세기 중반 서로마 제국과 동로마(비잔틴) 제국의 2대 교회가 정치적인 문제와 교리 문제로 대립하면서 로마가톨릭교회와 동방정교회가 탄생했다. 그 후 16세기 종교개혁 때 로마가톨릭교회에서 그리스도교 분파가 분리하여 성립되었는데, 이를 통틀어 프로테스탄트교회라고 한다. 유일신 여호와 하나님을 믿는 종교이다.

하나님은 천지를 창조하고 인간을 만들었다. 첫 인간은 아담이며 그의 짝이 하와이다. 그들은 낙원인 에덴동산에서 살았는데 뱀(사탄)의 유혹에 넘어가 죄를 짓고 추방당한다. 이 원죄로 말미암아 인간은 죽을 수밖에 없는 운명이 되었다. 그뿐만 아니라 죽어서도 지옥에 떨어져 영원한 고통의 형벌을 받게 되었다. 단 예외적으로 아브라함을 조상으로 한 유대인*은 자신들이 믿는 신 하나님으로부터 구원을 약속받았다. 이로써 유대인들은 대대로 선민사상을 지니게 되었다. 하지만 예수 그리스도가 인류의 죄를 대신해서 십자가를 지고 고난받아 유대인이 아닌 다른 민족에게도 구원의 길이 열렸다.

신성로마 제국이 기독교를 국교로 삼으면서 기독교는 세계 여러 나라로 퍼져나갔다. 기독교의 경전인《성서》는 〈구약성서〉와 〈신약성서〉로 나뉘는데, 아브라함과 맺은 언약을 구약, 예수 그리스도의 대속(代贖)을 통해 새롭게 맺은 언약을 신약이라고 부른다. 구약 시대에는 유대인만이 구원을 받았지만, 신약 시대에 이르러 세계 모든 민족에게 구원의 문이 열린 것이다.

기독교의 내세관은, 사망 후 세례를 받은 자는 천국에 가고 죄인(불신자)은 지옥으

* 유대인들은 신을 이름으로 부르지 않고, '신'을 의미하는 일반명사인 '아도나이(Adonai, 나의 주님)' 또는 '엘로힘(Elohim, 히브리어로 하나님)' 등으로 부른다.

로 간다는 것이다. 천국과 지옥 외 변옥과 연옥도 있다. 변옥은 세례 전에 죽은 자, 즉 예수 탄생 이전에 살던 사람이 가는 곳이다. 연옥은 죄인이라고 부를 수 없을 만큼 가벼운 죄를 지은 사람이 죄를 정화하기 위해 가는 곳이다. 하지만 마지막 날에 모든 사람은 자신의 육체를 되찾아 부활하고, 예수에게 최후의 심판을 받게 된다. 그때 생전의 믿음과 행위에 따라 영원한 천국 또는 지옥에 가게 된다고 한다.

기독교의 성지는 예루살렘이다. 예루살렘은 예수가 자신을 따르던 열두 제자에게 최후의 만찬을 베푼 곳이며, 십자가에 달려 처형을 당한 골고다 언덕이 있는 곳이다. 골고다 언덕에 세워진 무덤교회(성분묘교회)는 기독교에서 최고의 성지*로 여기는 곳이다.

* 성지(聖地) : 신자들이 기도하는 곳이자 신앙의 터전으로, 자신의 종교가 시작된 뿌리와 같은 곳으로 신성시된다. 기독교에서는 예루살렘 성지 외 교황청이 있는 바티칸, 사도 야곱의 무덤이 발견된 스페인의 산티아고 데 콤포스텔라, 동로마 제국의 콘스탄티노플 등을 성지로 꼽는다. 예루살렘에는 기독교의 성지인 무덤교회, 이슬람교의 성지인 바위 사원, 유대교의 성지인 통곡의 벽이 있다. 한 도시에 세 종교의 성지가 서로 이웃하다 보니, 예루살렘은 시대를 불문하고 종교 분쟁과 영토 분쟁이 끊이지 않는다.

음악 006 클래식 음악

클래식 음악(Classical Music)이란 일반적으로 18세기부터 19세기에 걸쳐 교회나 궁정, 살롱, 콘서트홀 등에서 연주된 유럽 음악을 가리킨다. 시대적으로 나누면 바로크, 고전주의(고전파), 낭만주의(낭만파)로 분류된다.

클래식(Classical)은 라틴어 '클라시쿠스(Classicus)'에서 유래되었다. '계급'을 뜻하는 라틴어 '클라시스(Classis)'에서 파생된 클라시쿠스는 '최고 계급에 속한다'는 뜻으로 '일류의,' '최고 수준의'라는 의미가 내포되어 있다. 주로 오래전에 저작된 모범적이면서도 영원성을 지니는 예술 작품을 뜻한다.

음악을 뜻하는 '뮤직(Music)'의 어원은 그리스어 '무시케(Mousike)'이다. 그리스 신화에서 뮤즈(예술과 학문의 여신)의 총애를 받는 자가 이룩한 성과를 가리킨다. 뮤즈는 모두 9명의 여신들인데, 그중 6명만이 음악과 관련이 있다. 클리오(역사, 영웅시), 칼리오페(문학, 서사시), 테르프시코레(합창, 춤), 에라토(사랑의 시, 사랑의 춤), 에우테르페(서정시, 소리 예술, 피리), 폴림니아(시, 찬가, 춤, 웅변)가 바로 그들이다. 뮤즈의 이름에 내포된 뜻에서 알 수 있듯이 음악은 독자적인 예술이 아니라 서로 다양한 예술 형식과 함께 어우러져 구성된다.

고대 그리스는 서구 문화의 발상지이다. 클래식 음악의 역사는 고대 그리스 시대에서 출발한다. 하지만 아쉽게도 그리스와 그리스 문화를 계승한 로마 시대의 음악에 대한 기록은 남아 있지 않다. 당시 음악이란 즉흥 연주가 대부분이었고, 시 낭독이나 종교의식에서 흥을 돋우거나 분위기를 살리는 용도로 사용되었기 때문이다. 하지만 그 시절 사람들이 음악을 중요하게 여겼음을 짐작할 수 있다. 플라톤의 《국가론》에 따르면 소크라테스는 이런 말을 남겼다.

"음악교육은 그 중요성을 아무리 강조해도 지나치지 않다. 리듬과 멜로디는 다른 무엇보다도 인간의 영혼에 깊이 스며들어 정신을 고양한다. 좋은 음악은 품격 있는 인간을 만들지만 나쁜 음악은 정반대의 인간을 만든다."

오늘날 유럽 문화의 원천이 된 그리스 시대를 거쳐 6세기 무렵부터 교회 음악이 발전한다. 17세기부터 18세기 중반의 바로크 시대에 이르러서는 왕과 귀족에게 고용된 음악가가 궁정 음악가로서 작곡도 하고 악기도 연주한다. 18세기 후반의 고전주의와 19세기 이후의 낭만주의에 이르면 바흐, 모차르트, 베토벤, 슈베르트, 말러, 드뷔시 등 클래식 음악의 대가들이 등장한다. 이들은 숨을 거둔 지 수백 년이 지났지만, 클래식 음악의 대표 주자로서 여전히 많은 사랑을 받고 있다.

미술
007
치마부에

이탈리아 회화의 아버지로 평가받는 치마부에(Cimabue, 1240-1302)는 피렌체파의 대표 화가이다. 피렌체에서 태어난 그는 비잔틴 미술에 고딕 미술을 가미하여 새로운 미술의 지평을 열었다. 템페라*로 목재 패널에 그림을 그린 최초의 화가 치마부에는 도상학적 관점과 기법 및 형태적 측면에서 기존 회화와 구별되는 참신한 개성을 선보였다. 특히 당대를 풍미하던 비잔틴 성상 특유의 경직된 표현 양식에서 탈피해 성화 속 인물들을 좀 더 자연스럽고 인간적인 정감이 흐르는 모습으로 표현했다. 또한 투명한 색조와 우아한 선을 도입해 미술사에 새로운 전기를 마련했다. 훗날 미술 전기작가 조르조 바사리는 자신의 저술에서 '치마부에야말로 회화 양식의 전기를 마련한 선구자다'라고 평가했다. 당대의 위대한 시인 단테는《신곡》에서 치마부에가 지오토 이전의 가장 위대한 화가라며 찬사를 보냈다. 치마부에가 지오토의 스승이라는 말도 있으나 이에 대한 확증은 없다.

1265년 치마부에는 아레초의 산 도메니코 성당의 대형 제단화 〈십자가의 처형〉을 제작한다. 1272년에는 로마에 체류하였다고 알려졌으나 당시 그의 행적에 대한 어떠한 자료도 남아 있지 않다. 1277년 그가 진행한 아시시의 성 프란치스코 성당의 프레스코화* 작업은 복음서 저자들과 예수와 성모 마리아 그리고 가톨릭 성인(聖人)들의 생애를 그려야 하는 대규모 프로젝트였다. 당시 이 작업을 위해 로마의 자코포 토리티, 시에나의 두초 디 부오닌세냐, 피렌체의 지오토 디 본도네 같은 이탈리아 전역의 거장들이 참여했다. 이후 치마부에의 명성은 더욱 높아졌고, 명실상부한 피렌체 최고의 화가로 인정받았다.

치마부에는 찬란한 이탈리아 회화의 발전에 선구적 역할을 했으며 지오토, 두초, 시모네 마르티니 등에게 지대한 영향을 끼쳤다. 그는 타고난 본능적 감각으로 새로운 회화의 개념을 도입, 근대 회화의 기반을 다지면서 르네상스의 도래를 예고했다.

* 템페라(Tempera): 계란이나 벌꿀, 끈적이는 나무 수액 등을 용매로 해서 색 안료를 섞어 그리는 기법이다.

* 프레스코화(Fresco Painting): 벽화 기법 중 하나인 프레스코 기법으로 그린 회화. 프레스코는 벽면에 회반죽을 바른 후 회반죽이 마르기 전 물에 녹인 안료로 그림을 그리는 기법이다.

문학
008 세설신어

위나라의 무제(조조)는 흉노의 사자를 찾아왔을 때, 자신의 풍채가 보잘것없어서 오랑캐에게 체면을 세우기 힘들 것이라 생각하고 신하 최계규를 대신 내세운 뒤, 자신은 칼을 차고 음식을 차려놓은 상의 기둥 옆에 섰다. 그리고 예식이 끝난 다음에 사람을 시켜 흉노의 사자에게 위왕의 풍채가 어떤지 물어보게 했다. 사자는 위왕의 풍채는 정말 당당했지만 기둥 옆에 칼을 차고 서 있던 그 사람이야말로 진짜 영웅이라고 대답했다. 그 말을 전해 들은 무제는 추격대를 보내 그 사자를 죽이게 했다.

_ <용지> 제14 - 흉노의 사자를 시험한 조조

《세설신어(世說新語)》는 중국 남조 시대 송나라 출신의 유의경이 편찬했다. 그는 이 책에 중국 후한 말부터 동진 말까지 약 200년간 실존했던 제왕과 고관 귀족을 비롯하여 문인, 학자, 승려, 부녀자 등 700여 명의 독특한 언행과 일화를 담아냈다. 〈덕행〉 편부터 〈구극〉 편까지 36편을 모두 주제별로 나눈 뒤 3권에 수록했다. 지금 전하는 판본은 남조 양(梁)나라의 유준이 내용을 보충하고 주를 단 것이다.

이 책의 시대적 배경인 위진 시대(220-420)는 당시의 사대부 계급에게 수난기였다. 내부적으로 제위 찬탈 투쟁이 이어지고, 외부에서는 북방 이민족이 침입해 강남 땅으로 민족 이동이 일어나는 등 혼란한 격동기였다. 새로 권력을 잡은 군주는 여론 형성에 영향력을 발휘할 지식인을 자기편으로 만들기 위해 여러 수단을 동원했고, 자신에게 반대하는 지식인은 철저히 감시하며 탄압했다. 일부 지식인은 이런 억압에도 굴하지 않고 늠름히 고고한 기상을 드러냈는데, 때로는 반항하고 때로는 예법을 무시하는 기이한 행동을 하기도 했다. 부패한 정치권력에 등 돌린 7명의 선비, 이른바 죽림칠현(竹林七賢)으로 대표되는 선비들의 탈속적인 삶은 흔들리는 세상의 위험에서 벗어나기 위한 일종의 연기였다.

《세설신어》는 당시의 문학, 예술, 정치, 학술, 사상, 역사, 사회상, 인생관 등 인간생활 전반적인 면모를 엿볼 수 있는 귀중한 자료이며, 중국 중고대 시대의 문화를 총체적으로 이해하고 싶다면 꼭 읽어야 할 필독서이다.

세계사 009 바빌로니아

바빌로니아(Babylonia)는 유프라테스강 중류에 위치한 서아시아 무역의 요충지이다. 기원전 1830년경 수무아붐이 이끄는 아모리인이 도시국가 바빌로니아를 세웠으며, 제1왕조의 제6대 함무라비 시절에 제국으로 발전했다. 당시 메소포타미아의 전 지역이 바빌로니아 세력 밑으로 들어갔다. 함무라비는 중앙집권제도를 확립하였고, 도로와 운하를 정비했다. 그는 왕의 권리는 신에게서 받은 것이라는 왕권신수설을 널리 알리는 데 힘을 쏟았고, 스스로 '모든 신의 왕'이라고 칭하는 등 왕권을 강화했다.

바빌로니아 왕국은 행정 조직이 잘 구축되어 있었고, 모든 시민에게 공평한 법률을 적용했다. 함무라비는 수메르와 아카드인들이 만든 법조문을 한데 모으고 다듬어서 세계 최초의 성문법전을 펴냈으니, 바로《함무라비 법전》이다.

《함무라비 법전》은 높이가 약 2.25미터이며 둥근 기둥처럼 생긴 현무암에 민법, 상법, 소송법 등 282조의 규정을 새겼다. 여기에는 '눈에는 눈, 뼈에는 뼈, 이에는 이'라는 동해보복형(同害報復刑, 내가 당한 것만큼 갚아준다)의 원칙이 들어 있다. 이를테면, 목수가 집을 부실하게 지어 집이 무너져서 집주인이 깔려 죽었다면 목수도 사형을 당하게 되는 것이다.

《함무라비 법전》은 당시 사회가 세 계층으로 이루어졌음을 보여준다. 지배 계층인 사제와 귀족들, 일반 서민 계층인 상인과 농민, 제일 낮은 계층인 노예이다.《함무라비 법전》은 각 계층에 따라 법률을 다르게 적용했다.

고대 사회의 형법을 보면 각 개인의 신분에 따라서 형벌이 달랐으며,《함무라비 법전》의 특색은 이러한 신분의 차이를 법으로 확실하게 정해놓은 데 있다. 또한 여자도 재산을 소유할 수 있으며, 노예도 값을 치르면 자유를 얻을 수 있다고 규정했다. 함무라비는 많은 도시의 광장에 조문을 새긴 돌기둥을 세우고 메소포타미아 세계에 공통의 질서를 확립했다. 법전은 그 목적을 '나라 전체로 정의가 뻗어가게 하기 위하여, 악행을 박멸하기 위하여, 강자가 약자를 학대하지 못하게 하기 위하여'라고 적었다.

성문법, 학교, 세금, 상점, 이동 수단 등 후기도시의 많은 특징이 바빌로니아에서 발달했다. 도로가 건설되었고, 바퀴로 만든 수레가 사용되었으며, 60진법을 사용한 바빌로니아의 숫자 체계는 오늘날 기하학과 시간 기록 체계의 핵심이다.

바빌로니아 시대에는 작물과 물자가 풍부하게 생산되었다. 주요 농작물은 보리와 대추야자 열매였는데, 보리로 만든 술은 사람들이 가장 좋아하는 음료였고 대추야자 열매는 주식이었다. 과일로는 참외, 석류, 무화과, 사과 등이 있었고, 야채류는 누에콩, 완두, 마늘, 양파, 무, 호박 등이 있었다. 수공업이 크게 발달해서 청동기, 금은 공예품과 주조 분야는 이미 상당한 수준에 올라 있었다.

그러나 함무라비가 세운 바빌로니아 제국도 결코 안정적이지는 못했다. 연이은 노예 폭동과 외래 민족으로부터 잦은 침입을 겪어야 했다. 바빌로니아는 한 세기 넘게 메소포타미아를 지배했으나, 결국 기원전 1595년 무렵 북방 민족 히타이트인의 침입으로 멸망했다. 그러나 훗날 신바빌로니아 제국의 네부카드네자르 2세(느부갓네살 2세)가 이집트를 공격하고 예루살렘을 점령하면서 화려하게 부활했다. 재건설된 도시와 바빌론의 공중정원은 수세기 동안 건재했다.

철학
010 피타고라스

피타고라스(Pythagoras)는 고대 그리스의 철학자이며 수학자이자 정치가이기도 했다. 수를 숭배하는 종교 단체 피타고라스 교단을 설립했다. 피타고라스의 정리, 피타고라스의 음률 등 다양한 수학적 발견을 했다. 교단에서는 엄격한 규율을 만들어 제자가 교단을 나가면 그 행위는 영적인 죽음이라 이르고 묘석을 세웠다.

피타고라스는 모든 것은 '수(數)'로 이루어져 있다고 주장했다. 피타고라스와 그의 제자들은 수의 성질이 음계나 세계 구조 속에도 내재한다는 것을 발견하고 이 세계를 지배하는 것은 수라고 생각했다. 그래서 교단의 가르침은 '우주, 수, 조화'라는 개념을 중심으로 만들어졌다. 특히 음악 이론을 중시했으며 화음에 관해서도 논했다. 피타고라스는 1:2, 2:3, 3:4의 길이 비로 현을 연주하면 각각 8도(옥타브), 5도, 4도 화음을 얻을 수 있다는 사실을 발견했다.

또한 그는 숫자 그 자체에서도 신비한 성질을 찾아냈다. 홀수는 남성, 짝수는 여성을 나타내며 남성 수 3과 여성 수 2의 합인 5는 결혼을 의미한다고 생각했다. 그는 삼각수라고 불리는 '1+2+3+4=10'의 원칙도 발견했다. 이처럼 세계의 모든 사물의 이면에 '수의 질서'가 있음을 믿고 숭배하는 것이 피타고라스 교단이었다.

피타고라스의 정리란 '직각삼각형의 빗변을 한 변으로 하는 정사각형의 넓이는 나머지 두 변을 각각 한 변으로 하는 정사각형 두 개의 넓이의 합과 같다'는 이론이다.

피타고라스는 기원전 570년경 에게해의 사모스섬에서 태어났다. 그는 스승이던 탈레스의 주선으로 이집트로 유학을 떠나 23년간 수학하였으며, 페르시아의 침략으로 이집트가 함락되자 포로가 되어 바빌론으로 이송되어 12년을 보냈다. 이집트 문명과 메소포타미아문명을 접한 피타고라스는 56세에 고향으로 돌아와 남이탈리아의 그리스 식민지 크로톤섬에 학술 연구 단체이면서 수도원 성격을 띤 최초의 철학 공동체 피타고라스 교단을 결성하였다. 이 공동체는 재산을 공동으로 관리하고, 생산물은 공평하게 분배하는 것을 원칙으로 했다.

피타고라스 교단에 입문한 학생들은 사적으로 물품을 소유할 수 없었으며, 5년간 엄격한 기초교육을 받아야 했다. 그 후 비로소 피타고라스와 면담할 수 있었다. 하지만 피타고라스가 조직한 공동체는 오래가지 못했다. 그들 공동체를 반체제 집단으로 규정한 크로톤시 당국이 군대를 동원하여 강제로 해체시켰기 때문이다. 피타고라스는 제자들과 함께 메타지온으로 피신하던 중 잡혀서 죽임을 당했다고 전해진다.

피타고라스가 죽은 후 일시적으로 사라졌던 피타고라스 교단은 곧 재건되었다. '신피타고라스학파'라는 이름으로 그들은 타렌트에 본거지를 두고 그 명맥을 이어갔다.

피타고라스학파의 에크판토스와 폰티코스 등의 학자들은 천문학과 수학에 밝았다. 당시 그들은 지구가 자체의 축을 중심으로 돌고 있다는 것과 궤도를 따라 운행한다는 사실을 가르쳤다고 한다. 그들은 놀랍게도 지동설에 익숙해져 있었던 것이다. 특히 에크판토스는 지구가 24시간 만에 지축의 둘레를 1회전한다고 선언한 최초의 사람이다.

신화 011 가이아와 우라노스

땅의 여신 가이아(Gaia)는 처녀 생식하여 '하늘' 우라노스*와 '바다' 폰토스를 낳고 '산맥' 오레를 만들었다. 즉, 땅으로부터 하늘과 바다와 산들이 생겨났다는 것이다. 이후 가이아는 우라노스와 결합하여 열두 명의 자식을 낳았는데 이들을 티탄(타이탄)이라고 부른다. 그들은 오케아노스, 코이오스, 크리오스, 히페리온, 이아페토스, 크로노스 등 여섯 아들과 테이아, 레아, 테미스, 므네모시네, 포이베, 테티스 등 여섯 딸을 말한다. 가이아는 또한 외눈박이 거인족 키클로페스와 50개 머리에 팔과 손이 100개 달린 흉칙한 괴물 3형제 헤카톤케이르를 낳았다. 키클로페스는 '천둥' 브론테스, '번개' 스테로프스, '벼락' 아르게스의 3형제이며, 헤카톤케이르(헤카톤케이레스)는 코토스, 브리아레오스, 기게스 3형제이다.

우라노스는 괴상한 모습에 강한 힘을 가진 키클로페스와 헤카톤케이르가 말썽을 일으킬 위험이 있다고 생각했다. 그래서 이들을 타르타로스에 던져 가두었다. 그 일로 가이아는 분노했고, 자식들의 복수를 위해 '하르페'라는 예리한 청동 낫을 만들었다. 가이아는 티탄들에게 우라노스를 벌주도록 요청했다. 그러나 우라노스를 두려워한 티탄들은 서로 눈치만 보면서 아무도 나서지 않았다. 그러자 막내아들인 크로노스가 나선다. 그는 가이아가 일러준 장소에 숨어서 우라노스가 오기를 기다렸다. 이윽고 우라노스가 가이아와 동침하려고 다가오자, 크로노스는 낫을 휘둘러 아버지의 남근을 자른 뒤 멀리 던져버렸다. 바다에 떨어진 우라노스의 남근 주변으로 하얀 거품이 일더니 그 속에서 미의 여신 아프로디테가 태어났다. 또한 우라노스의 남근이 잘릴 때 흘러내린 피는 대지에 떨어져 물푸레나무의 님프들인 멜리아데스, 24명의 기간테스, 복수의 여신 에리니에스를 탄생시켰다. 에리니에스는 알렉토, 메가이라, 티시포네 세 자매의 총칭으로 지하 세계의 암흑인 에레보스에 살면서 복수를 담당했다. 우라노스가 쫓겨나자 크로노스가 세상의 지배권을 장악했다.

* 우라노스(Uranos): 태양계의 일곱 번째 행성인 천왕성으로 알려져 있다. 천왕성은 1781년에 발견되었으며, 발견 당시에는 특별한 의미 없이 영국 조지 왕의 이름을 따서 지었다. 그 후 발견된 금속 원소 우라늄과 천왕성의 발견을 기념하기 위해 우라노스로 변경하였다. 당시 천왕성을 태양계의 마지막 행성이라고 믿었듯이 우라늄도 한때는 최후의 원소라고 믿었다.

종교
012 성서

기독교의 경전《성서》는 〈구약성서〉와 〈신약성서〉 두 편으로 나뉘어 있다. 〈구약성서〉는 모두 39권으로 구성되었으며 우주와 인간, 만물의 창조를 기록한 창세기와 이스라엘 왕국의 성립, 유대인이 강제로 이주한 바빌로니아 왕국에서의 포로 생활 등이 신과 이스라엘 민족(유대인)의 교류를 통해 기록되어 있다. 구약의 약은 유대인이 신과 맺은 '약속'을 뜻한다. 즉, 〈구약성서〉는 원래 유대교의 경전이었다.

그러나 그 약속은 예수의 시대에 새로 쓰이게 되었다. 그것이 〈신약성서〉, 즉 새로운 약속이다. 〈신약성서〉는 '복음서'에서 시작하여 '요한계시록'으로 끝나며 모두 27권으로 구성되어 있다.《성서》는 구약 시대가 끝나고 400년이 흐른 뒤 세례 요한과 예수가 태어나면서 신약 시대로 이어진다. 세례 요한은 유대인들을 향해 회개를 촉구했다.

세례 요한의 뒤를 이어 등장한 예수는 그리스도로서 3년 동안 사역하며 하나님과 구원의 길에 대해 가르쳤다. 예수는 열두 제자를 선발하여 그들에게 자신의 사역을 이어가도록 준비시켰다. 그러고 나서 온 인류의 죄 때문에 자발적으로 십자가에 못 박혀 죽었고, 사흘 만에 부활해서 40일간 지상에 머무른 후 다시 하늘로 올라갔다.

오순절 성령강림으로 하늘의 능력을 얻은 열두 제자는 예수의 복음을 전파했다. 반면 사도 바울은 수차례의 전도 여행을 통해 이방 세계에 복음을 전했고, 〈신약성서〉의 서신 가운데 최소한 13편을 기록했다.

사도 요한은 편지 3통과 신약의 마지막인 요한계시록을 기록했다. 이런 까닭에 기독교에서는 〈구약성서〉를 '예수의 구원을 예언하는 책', 〈신약성서〉를 '예수의 구원을 약속한 책'으로 구분하고 있다.《성서》는 이렇게 신약과 구약을 합쳐서 모두 66권이다. 이 66권은 주제별로 역사, 체험, 예언 세 범주로 나뉜다. 신·구약 각각은 하나님이 창조한 세상에서 자신이 창조한 사람들을 통해 어떻게 역사(役事)하는지 설명한다. 즉, 역사는 하나님의 이야기이다.

신·구약 둘 다 역사서 다음에는 체험서로 이어진다. 신이 자신을 믿는 피조물들의 삶에 어떻게 역사하기를 원하는지에 대해 주로 다루고, 신과 가까이서 동행하기를 바라는 사람들의 꿈과 소망을 기술한다. 그리고 구약은 말라기서, 신약은 요한계시록, 이렇게 예언서로 끝난다. 그러므로 기독교에서《성서》는 '하나님이 이미 하신 일, 현재 하고 계신 일, 앞으로 하실 일'에 대한 기록이라고 한다. 또한《성서》66권의 취지는 '하나님과 하나님의 구원의 길을 제시하기 위함'이라고 한다.

《성서》의 핵심 메시지는 '하나님께서 자기 힘으로는 도무지 구원받을 수 없는 모든 인간, 즉 인류에게 값없이 구원을 선물로 베풀어준다'는 것이다.

음악 013 르네상스 음악

르네상스 시대는 14세기경 이탈리아에서 시작되어 유럽 전체로 확산된 일종의 문화운동 혹은 문예부흥 시대를 말한다. 학문 또는 예술의 '재탄생'이라는 의미를 지닌 르네상스는 14세기에서 16세기에 걸쳐 이탈리아 예술계에 새로운 아이디어들을 폭포수처럼 쏟아냈다.

르네상스 시대는 종교와 교회의 속박으로부터 벗어나 정치, 종교를 비롯한 모든 분야에서 인간이 중심이 되어야 한다는 가치를 추구했다. 음악의 존재 가치도 인간 중심으로 바뀌면서 종교 음악과 세속 음악이 특별히 구별되었다.

하지만 사상적 변화 외에 음악에서는 특별한 변화는 없었다. 물론 단선율의 음악에서 다선율의 음악으로 조금 복잡하게 변화되었으며, 대위법이라는 작곡 기법으로 좀 더 세련된 구성을 갖추기 시작했다. 이 시기에는 성악곡이 주류를 이루었으며, 그중 4성부 다성 음악이 전형적인 짜임새로 자리 잡았다. 이 형식이 곧 아카펠라라는 양식이며, 각 성부는 수페리우스, 콘트라테노르 알투스, 테노르, 콘트라테노르 바수스라고 불렸다. 이 형태가 오늘날 소프라노, 알토, 테너, 베이스의 구조로 변형되었다.

르네상스 음악을 본격적인 궤도에 올려놓은 것은 플랑드르악파의 활약이 컸다. 오케겜, 오브레히트 등에 의한 폴리포니(다성 음악) 기법의 개척에 이어 조스캥 데 프레의 음악, 특히 그의 미사곡에 이르러 르네상스 음악의 전형이 성립된다. 프랑스, 네덜란드, 벨기에 등에서 활동한 조스캥 데 프레는 르네상스 전 기간을 통해 가장 위대한 작곡가로 평가받았다. 또한 16세기 후반의 오를란도 디 라소(라수스라고도 부른다)의 작품은 그 강렬한 표출 의욕 면에서도 중요한 작품으로 꼽힌다. 플랑드르악파의 작곡가들은 유럽 전 지역에서 활약했으며, 그들의 성악 폴리포니 기법을 르네상스 음악의 국제적 양식으로 삼았다.

이탈리아에서는 페스타 등에 의하여 마드리갈과 같은 뛰어난 세속 성악곡과 이탈리아의 작곡가 팔레스트리나(본명은 조반니 피에르루이지)에 의한 미사곡, 모테트 등의 교회 음악이 나왔다. 프랑스에서는 샹송이 궁정에서 시민들의 가정까지 파고들어, 클레망 잔캥 등의 다성 샹송과 류트 반주를 곁들인 독창 샹송이 등장하였다.

르네상스 음악은 성악곡이 주류를 이루었으나 기악 음악의 발달도 무시할 수 없다. 오르간을 비롯한 건반악기, 류트나 소합주 등을 위한 무곡, 성악곡의 편곡, 판타지나 전주곡과 같은 소곡 등 특유의 기악 작품을 낳았다. 르네상스 시대에 이루어진 각종 음악적 시도와 악보 인쇄술의 발명은 17세기 바로크 음악의 성립과 발전에 결정적 역할을 했다.

미술
014 지오토 디 본도네

지오토 디 본도네(Giotto di Bondone, 1266-1337)는 '서유럽 근대 미술의 아버지' 또는 '서양 미술의 혁명가'로 불린다. 그는 인물상 중심의 비잔틴 양식과 서유럽 고딕 양식의 전통에서 탈피해 '자연'의 사실적 재현을 추구하며 회화에 새로운 활기를 불어넣었다.

지오토는 아직 투시도에 대한 개념이 없던 시대에 본능적인 원근법과 평행원근법을 사용해 입체적 공간감을 창출했다. 아울러 공간 전면을 활용하는 분산된 구성, 인물 간의 거리감, 묵직한 옷자락의 양감 및 단축법 등을 구사했으며 자연광을 처음으로 도입했다. 또한 프레스코화 기법과 개념을 혁신했다. 프레스코화가 그려질 건물 벽을 온전히 배경으로 사용하여 그림 그려야 할 면적을 최소화한 것이 대표적이다. 오늘날 지오토는 미술의 신기원을 이룩한 화가로 평가받고 있다.

지오토는 피렌체 근교 콜레 디 베스피냐노에서 태어났다. 전승에 따르면, 지오토는 목동이던 어린 시절 자신이 치는 양의 모습을 돌이나 땅바닥에 수시로 그렸다. 어느 날 피렌체의 화가 치마부에가 그 모습을 보았고, 지오토의 재능에 감탄하여 제자로 데려갔다고 한다.

1280년경 로마를 방문한 지오토는 이곳에서 인물상을 중시하는 고대 회화 양식을 발견한다. 아시시로 돌아온 그는 〈구·신약회전〉을 제작했다. 2년 후 피렌체에서 완성한 〈십자가에 못박힌 그리스도〉에서 그리스도는 인간적 면모가 물씬 풍기는 모습으로 그려져 당시 매우 파격적으로 받아들여졌다. 이후 아시시로 돌아온 지오토는 공방의 제자들과 함께 치마부에가 총 책임을 맡고 있는 성 프란치스코 성당의 프레스코화 작업에 참여했다. 지오토는 〈성 프란치스코의 생애〉 28도를 완성하고, 〈4대 교회 박사〉를 그렸다. 4대 박사란 가톨릭에서 성인으로 추앙받는 성 암브로시우스, 성 아우구스티누스, 성 히에로니무스, 성 그레고리우스를 말한다.

지오토는 최초로 여러 건의 대형 프레스코화 작업을 동시다발적으로 수행한 화가이다. 그는 〈4대 교회 박사〉의 작업이 한창 진행되고 있을 때 피렌츠의 오니산티 예배당의 〈마에스타〉와 〈바디아의 다폭 제단화〉 작업도 함께 진행했다. 이 작품들은 목재 패널화의 대표작으로 평가받는다. 지오토는 주로 《성서》에서 얻은 주제나 아시시의 성 프란치스코의 생애 등을 서술한 프레스코화로 주랑(벽이 없이 기둥만 있는 복도)과 예배당을 장식했으며, 목재 패널화와 여러 형태의 제단화, 다양한 규모의 모자이크 등을 제작했다.

지오토는 주로 교회, 성직자, 귀족, 부유한 은행가 등 여러 계층의 고객들에게 인기가 많았다. 교황 보니파시오 8세와 당시 나폴리 왕이던 앙주 공 로베르도 그의 고객이었다.

지오토는 만년에 산타마리아 델 피오레 대성당의 건설 책임을 맡아 교회의 종탑을 설계했다. 그러나 완성을 보지 못하고 세상을 떠났다.

문학
015

대당서역기

《대당서역기(大唐西域記)》는 중국 당나라 시대의 승려 현장이 중앙아시아와 인도를 견문한 내용을 태종 황제의 명으로 기록한 책이다. 현장은 소설《서유기》에 등장하는 삼장법사의 모델로 더 널리 알려져 있다.《대당서역기》는 후대의 사람들에게 서역(西域)이라는 미지의 세계에 대한 상상력을 불러일으켰고, 그를 주인공으로 한 많은 민간설화 탄생의 기초가 되었다. 이러한 설화들을 바탕으로 한 오승은의 소설《서유기》는 중국 4대 기서 중 하나로 선정될 만큼 작품성을 인정받았으며, 시대를 뛰어넘어 오늘날까지 동양권에서 큰 사랑을 받고 있다.

태종 정관 3년(629), 현장은 당나라를 출발해 인도로 향했다. 그는 옥문관에서 고창, 굴지와 타클라마칸사막 북쪽으로 나아가 톈산산맥(저뤄만산)을 넘었다. 그리고 시르강 유역과 아무다리야강 유역을 거쳐 바미안과 간다라를 지나 마침내 인도로 들어갔다.

인도에서 현장은 부처의 흔적을 더듬으며 불전을 모았다. 또한 인도 마가다 왕국의 날란다 사원에서 5년 간 머무르면서 산스크리트어와 불전을 연구했고, 인도의 여러 지방을 여행했다.

인도를 떠나 귀국할 때 현장의 행로는 변경되었다. 이번에는 파미르고원에서 카스(카슈가르)로 돌아가서 호탄과 니야 등 타클라마칸사막의 남쪽을 지나 정관 19년(645) 정월에 장안으로 돌아왔다.

현장은 체험하고 견문한 서역, 당시의 중앙아시아 34개국, 북인도, 중인도, 동인도, 남인도, 서인도 등 여러 나라의 기후, 풍토, 민족, 풍습, 언어, 전설, 물산 등을 정리하여 정관 20년(464)에《대당서역기》 전 12권을 완성했다. 현장은 단순히 듣고 본 것을 적은 것이 아니라 각지의 역사와 전설을 집약해 기록하고, 그 지방의 방위와 마을 수를 명시하였으며, 원어를 한자로 음사(音寫)하였다. 따라서 이 책은 매우 정밀하고 흥미로운 여행기로 평가받는다. 더불어 불교사와 역사지리뿐만 아니라 고고학과 언어학의 귀중한 자료가 되고 있다.

세계사 016

이집트문명

이집트문명은 메소포타미아문명과 비슷한 시기에 일어났다. 이집트에서도 수메르처럼 농사를 지었다. 나일강은 해마다 홍수로 강물이 넘쳐 강변의 땅이 기름졌기에 많은 사람이 메마른 사막 지대를 떠나 농사 짓기 좋은 나일강변으로 옮겨 오면서 자연스럽게 부락이 조성되었다. 나일강의 홍수는 매년 계속되어 진흙이 모든 것을 덮어버리기는 했지만 홍수가 매년 비슷한 시기에 정기적으로 일어났기에 농사 시기를 조절할 수 있었다. 그뿐만 아니라 홍수 때 상류에서 밀려온 검은 흙은 쉽게 부서지는 만큼 별도의 비료가 되어주었다. 그렇게 힘들여 땅을 일궈야 할 수고를 덜어주었으니 그야말로 농사를 짓기에 천혜의 조건이었다. 또한 이집트인은 태양력을 고안해서 1년이 365일과 4분의 1이라는 것을 밝혀냈다. 이집트력은 로마에 전해져 4년마다 하루의 윤일을 두는 율리우스력이 되었고, 이는 현재 역법의 근원이 되었다.

고대 이집트에서는 히에로글리프라는 상형문자를 사용해 주로 왕의 업적이나 신, 사후 세계 등을 신전과 묘지의 벽 또는 기둥에 조각하였다. 또한 파피루스로 만든 종이에 매연으로 만든 잉크와 갈대줄기로 만든 펜으로 상형문자를 적었다. 상형문자는 오랫동안 해독되지 못했다가 1822년 로제타석을 연구하던 프랑스인 샹폴리옹이 상형문자의 의미와 음가, 용법을 밝혀냈다. 그는 상형문자가 음을 나타내는 표음문자와 뜻을 표현하는 표의문자 그리고 그림문자가 복합적으로 이뤄졌음을 밝혀내 마침내 해독에 성공했다.

피라미드는 이집트인이 남긴 문화유산 중 가장 소중한 것으로 손꼽힌다. 피라미드는 파라오의 무덤으로 사후에 태양이 되는 왕의 권위를 나타내고 있다. 피라미드의 네 변은 정확하게 동서남북을 향하고 있는데, 왕의 사체를 넣은 묘실 입구는 반드시 북쪽에 있고 통로는 거의 북극성을 가리키고 있다. 이집트의 피라미드 수는 약 80기 이상이다. 가장 큰 것은 쿠푸 왕의 피라미드로 밑변이 230미터, 높이가 약 146.5미터(현재 약 137미터)의 사각추 모양이다. 평균 2.5톤의 절단한 돌 230만 개가 겹쳐 쌓여 있으며, 본체 부분을 완성하기까지 장장 20년이 걸렸고, 무려 10만 명의 인력이 동원되었다고 한다.

철학
017 헤라클레이토스

베일에 가려진 수수께끼 철학자 헤라클레이토스(Heraclitus of Ephesus, 기원전 540-기원전 480)는 고대 그리스 사상가로, 소크라테스 이전 시기의 주요 철학자로 꼽힌다. 헤라클레이토스는 우주의 근원은 영원히 사는 불이라고 주장했으며 '만물은 유전(流轉)한다'라는 철학사에 남을 유명한 잠언을 남겼다. 그는 세계는 끊임없는 변화로 태어나며 그 변화는 만물의 대립에서 생겨난다고 보았다. 잠언 형태로 기록된 헤라클레이토스의 사상이 난해하고 어두운 분위기였기에 고대 그리스인들은 그를 '어두운 철학자' 또는 '수수께끼를 내는 철학자', '우는 철학자' 등으로 불렀다.

헤라클레이토스는 '같은 강에 두 번 들어갈 수 없다'라는 명언을 남겼는데, 오늘 강을 건널 때 그 강에 있는 물이 어제 강을 건널 때 있던 물과 같지 않기 때문이라고 하였다. 그리고 그 강물을 보고 있는 우리 자신도 매 순간 새롭게 변화하고 있다. 그리하여 '세상 모든 것은 흐른다'라고 주장하였다.

그는 이 세계가 만물의 대립과 변화에 따라 성립한다고 말했다. 빛이 줄어들면 어둠이 되고, 어둠이 사그라지면 빛이 있다. 차가운 것이 따뜻해지고 따뜻한 것이 차가워진다. 언덕길의 오르막길과 내리막길은 한 세트다. 즉, 무엇이건 한쪽만으로 성립하지 않는다는 것이다.

헤라클레이토스는 소아시아에 세워진 그리스 식민도시 에페소스의 귀족 가문에서 태어났다. 그의 집안은 종교적인 행사를 주관하는 공직을 세습했는데, 그는 자신의 지위를 동생에게 양보했다. 그는 자신의 학문과 사상으로 무장되어 있었고, 스스로 숨겨진 자연의 법칙을 발견했다는 자부심이 넘쳤다. 그래서인지 평소 사람들에게 조소적인 태도를 보였으며 인적 교류에 관심을 두지 않았다. 다만 그를 추종하는 극소수의 사람만이 그에게서 가르침을 받을 수 있었다. 그 때문에 오늘날 그에 대한 기록은 찾아보기 어렵고 대부분 아리스토텔레스의 '단편'에 의존하고 있다.

아리스토텔레스는 헤라클레이토스의 이론을 대부분 비판적으로 수용하고 있다. 중세 신학자들은 그의 로고스*사상을 기독교적 개념과 결합시켰다. 대립과 통일, 투쟁으로 인한 만물의 탄생 등은 헤겔, 니체, 다윈의 사상에서도 드러난다. 오늘날 헤라클레이토스의 말들은 표면적으로는 난해하지만 그 안에는 깊은 철학적 의미가 담겨 있다고 평가받는다.

* 로고스(Logos): 고대 그리스 철학 그리고 신학의 기본 용어. 언어를 매체로 하여 표현되는 이성 또는 그 이성의 자유를 뜻한다.

신화 018 크로노스

크로노스(Kronos)는 우라노스를 거세한 후 권력을 장악하여 최고의 신이 되었다. 그는 누이인 레아와 결혼하여 세 딸과 세 아들을 낳았다. 딸은 헤스티아, 데메테르, 헤라이며, 아들은 하데스, 포세이돈, 제우스이다.

크로노스는 자식들이 자신의 왕권을 위협할까 봐 두려워했다. 그는 아버지 우라노스의 "너 역시 아들에게 크게 당할 것이다"라는 저주에 가까운 신탁 때문에 자식들이 태어나는 대로 모두 삼켜버렸다. 이 방법만이 아들에게서 왕좌를 지킬 유일한 길이라고 믿은 것이다. 막내 제우스가 태어나자 레아는 어머니 가이아가 겪었던 고통이 자신에게도 반복되는 것을 더는 참을 수 없었다. 자식을 깊이 사랑하는 어머니의 마음과 자식을 삼켜버리는 잔혹한 남편에 대한 절망감은 그녀를 행동하게 만들었다. 그녀는 배내옷으로 둘둘 감은 돌을 제우스라고 속여 크로노스에게 삼키게 했다. 그리고 갓난아기인 제우스를 크레타섬에 숨겨두었다.

겨우 위기를 모면한 제우스는 크레타섬에서 야생 꿀과 양의 젖을 먹고 멋진 신으로 성장했다. 제우스는 티탄 신족 오케아노스의 딸 메티스와 결혼했는데 메티스는 제우스를 시켜 크로노스에게 토사제를 먹였다. 토사제를 먹은 크로노스는 그동안 삼켰던 자식들을 모두 토해냈다. 제우스의 형제자매들은 폭력적인 아버지를 몰아내고 새로운 세상을 만들기 위해 전쟁을 선포했다. 제우스의 형제자매들과 크로노스의 형제자매인 티탄 신족 사이에 치열한 전쟁이 시작되었다.

싸움이 쉽게 끝나지 않자 가이아는 손자 제우스에게 전쟁에서 승리할 방법을 일러주었다. 제우스는 타로타르스에 내려가 키클로페스 3형제를 데리고 지상으로 올라왔다. 키클로페스 3형제는 구해준 보답으로 제우스에게 벼락을, 포세이돈에게 삼지창을, 하데스에게는 머리에 쓰면 모습을 감춰주는 모자를 만들어주었다. 이들의 협력으로 10년간 이어진 전쟁은 제우스 형제의 승리로 끝이 났다. 제우스는 크로노스와 그의 형제들인 티탄 신족을 제압하여 타르타로스에 가두고 머리가 50개에 팔 100개를 지닌 헤카톤케이르 3형제에게 지키도록 했다.

종교 019

카인과 아벨

아담과 하와는 에덴동산에서 추방된 후에 두 아들을 낳았다. 이로부터 인류가 시작되었다. 큰아들 카인(Cain)은 그 이름이 '획득' 또는 '소유'를 뜻한다. 그는 밭을 갈아 농사를 짓는 농부가 되었다. 둘째 아들 아벨(Abel)은 그 이름이 '호흡' 또는 '공상'을 뜻한다. 그는 양을 치는 목자가 되었다. 첫 수확을 얻자 카인은 땅에서 생산한 곡식과 과일을, 동생 아벨은 양의 첫 새끼를 신에게 제물로 바쳤다. 그런데 신은 아벨의 제물은 기꺼이 받았으나, 카인의 제물은 받지 않았다. 아벨은 자신에게 가장 소중한 것으로 제물을 바쳤으나, 카인은 자신에게 가장 필요하지 않은 것으로 제물을 바쳤기 때문이다. 하지만 카인은 자신의 잘못을 깨닫지 못한 채, 동생에 대한 질투심에 불탔다. 질투심은 미움으로 이어졌고 카인은 결국 끔찍한 죄를 저질렀다.

'카인이 그 아우 아벨을 쳐 죽이니라.'(창세기 4:8)

형이 동생을 살해한 이 사건은 인류 역사상 최초의 살인으로 기록되었고 '카인'은 살인자의 대명사처럼 되었다.

신이 "네 아우 아벨은 어디 있느냐?"고 묻자, 카인은 "알지 못하나이다. 내가 내 아우를 지키는 자입니까?"라고 대꾸하며 시치미를 뗐다. 그는 동생을 살해하고도 뉘우치지 않았고 더 나아가 자신이 믿는 신까지 속이려 들었다. 신은 그런 카인에게 저주를 내렸다.

"네가 무엇을 하였느냐? 네 아우의 핏소리가 땅에서부터 내게 호소하느니라. 땅이 그 입을 벌려 네 손에서부터 네 아우의 피를 받은즉 네가 땅에서 저주를 받으리니 네가 밭 갈아도 땅이 다시는 그 효력을 네게 주지 아니할 것이요, 너는 땅에서 피하며 유리하는 자가 되리라."(창세기 4:10-12)

카인은 이때부터 더는 농사를 지을 수 없었고, 한곳에 정착하지 못한 채 평생을 떠돌아다녀야 했다. 그러나 신은 저주를 받은 카인의 이마에 보호 표식을 찍어주어 세상 사람이 그를 죽이지 못하도록 하였다. 한편 에덴의 동쪽 놋 땅으로 간 카인은 그곳에 살면서 인류문명의 조상이 되었다.

음악 020 토머스 탤리스

16세기 영국 교회 음악의 꽃을 피운 작곡가 토머스 탤리스(Thomas Tallis, 1505-1585)는 영국 남동부 켄트에서 태어났다고 알려졌으나 그의 어린 시절에 대한 기록이 남아 있지 않다. 심지어 초상화 한 장 남아 있지 않아서 미스터리한 음악가의 대열에 합류했다. 대위법*의 기교에 뛰어났으며, 교회 음악의 발전에 많은 공헌을 했다.

그는 27세에 영국 남동쪽에 위치한 도버 프라이어리 수도원의 오르간 연주자가 되었고, 30대를 에식스의 월섬 애비에서 보냈다. 1543년 캔터베리 대성당에서 자리잡은 탤리스는 그곳에서 평생 영국의 왕과 왕비를 위해 연주했다. 그의 연주는 헨리 8세, 에드워드 6세, 메리 여왕과 엘리자베스 1세 때까지 이어졌다.

탤리스는 다양한 장르의 음악을 연주하고 작곡하는 뛰어난 능력이 있었다. 그 덕분에 왕이 바뀔 때마다 새로운 왕의 음악적 취향을 맞추는 데 어려움이 없었고, 궁정 음악단장이라는 그의 지위도 굳건했다. 그는 왕들의 특별한 총애를 받았다. 메리 여왕은 탤리스에게 켄트 지방의 매너하우스를 하사했고, 엘리자베스 1세는 탤리스와 그의 제자 윌리엄 버드에게 영국 내 악보 출판에 대한 권리를 독점하게 했다. 무려 21년 동안 그들의 허락 없이는 어느 누구도 영국에서 악보를 출판할 수 없었다.

토머스 탤리스는 위대한 합창곡 작곡가로 알려져 있다. 그의 합창곡 〈스펨 인 일리움〉은 라틴어로 '저에게는 당신밖에 다른 희망은 없습니다'라는 뜻이다. 이 곡은 예레미야 선지자가 쓴 예언서를 참고해서 쓴 곡으로 40개의 모테트*로 구성되었으며, 르네상스 시대뿐 아니라 모든 시대를 통틀어 음악사에서 명작 중의 명작으로 손꼽힌다. 탤리스는 1573년 엘리자베스 1세의 40번째 생일을 축하하기 위해 이 곡을 작곡했고, 여왕에게 선물로 바쳤다고 한다. 그는 영국 국가를 작곡하기도 했다.

* 대위법(Counterpoint): 독립성이 강한 둘 이상의 멜로디를 동시에 결합하는 작곡 기법

* 모테트(Motet): 중세 르네상스 시대 종교 음악으로 주로 사용되던 무반주 다성 성악곡

미술
021 마사초

르네상스 초기의 대표 화가 마사초(Masaccio, 1401-1428)는 회화에서 원근법을 사용하여 그림을 그린 최초의 화가이다. 그는 당대를 풍미하던 세련된 후기 고딕 양식의 장식적인 우아함에 반기를 들고 비잔틴 미술 전통에서 완전히 탈피하여 르네상스 미술을 주도했다. 그는 원근법을 토대로 한 입체적 공간과 형태의 조형성, 비장한 감동 등을 추구하고 자연광을 통해 극적인 효과를 극대화했다.

마사초는 이탈리아의 산 조반니 발다르노에서 태어났다. 마사초라는 이름은 '어줍은 톰'이라는 뜻이며, 그가 누구에게서 그림을 배웠는지는 알려지지 않았다. 이후 1422년 고향 근처에서 작품 활동을 하던 마사초는 당시 세련된 화법을 구사하던 마솔리노의 조수가 되었다. 부지런하고 영리한 마사초는 지오토 디 본도네의 프레스코화를 모사하면서 산타 크로체 성당에서 오랜 시간을 보냈다. 또한 당시의 위대한 건축가 도나텔로와 브루넬레스키의 작품에서 영감을 얻어 원근법이라는 새로운 기법을 창안해냈다.

1424년부터 마솔리노와 함께 피렌체에 있는 산타마리아 델 카르미네 교회의 브란카치 예배당의 장식을 맡았고, 이듬해에는 로마 산타마리아 마조레 교회의 제단화를 공동 제작했다. 이 작품들에서 마사초는 사실주의적 표현을 극대화하기 위해 자신이 창안한 선 원근법을 작품에 적용했다.

피렌체로 돌아온 마사초는 단독으로 프레스코화 〈삼위일체〉를 완성한다. 이 작품에서 그는 완숙된 원근법의 정수를 보여준다. 가까운 것은 크게, 멀리 있는 것은 작게 그리는 원근법은 고대에도 있어왔다. 하지만 소실점을 기준으로 계산된 비율에 따라 공간의 깊이를 나타내고, 거리에 따라 대상이 크거나 작아지는 표현은 르네상스에 와서야 가능해졌다.

마사초는 최초의 과학적 원근법인 1점 선 원근법과 공기 원근법의 선구적 기법을 구사하며 고도의 기교로 그림에 사실성을 부여했다. 혁신적인 조형 요소를 도입하여 인물에 새로운 생기를 불어넣은 마사초는 당시에는 드물게 사용되던 자연광으로 전면을 비추었다. 또한 최초로 작품에 기증자의 모습을 그려 넣었고, '성당의 축성식'이라는 새로운 주제를 다뤘다.

마솔리노와 함께 로마로 간 마사초는 그곳에서 갑작스런 죽음을 맞이했다. 당시 그는 28세에 불과했지만 이미 많은 업적을 남겼다. 이후 레오나르도 다 빈치를 비롯한 르네상스 화가들은 마사초의 업적을 높이 평가했다.

산 조베나레의 삼련제단화

문학 022 이백

월하독작(月下獨酌)

꽃 사이에 술 단지 마주 놓고
짝 없이 혼자서 술잔을 드네.
밝은 달님 잔 속에 마주하니
그림자와 나와 달이 셋이어라.
달은 본시 술 마실 줄 모르고
그림자는 나를 따라 하기만 하네.
잠시나마 달과 그림자 함께하여
봄철 한때를 즐기고자 하네.
내가 노래하면 달은 서성이고
내가 춤추면 그림자도 따라 춤추네.
깨어서는 함께 어울려 놀고
취하면 각자 헤어지는 것.
무정한 교류를 길이 맺었으니
아득한 은하에서 다시 만나리.

이백(李白, 701-762)은 당나라의 천재 시인으로 자는 태백(太白), 호는 '청련거사(靑蓮居士)'이다. 시선(詩仙)이라 불리며 두보와 함께 중국 시사의 거성으로 추앙받는다. 시풍이 자유롭고 장엄하다고 평가받는 이백은 자신의 시와 잘 어울리는 생애를 보냈다. 그러나 당시의 지식인들이 대부분 정치적 활약을 최고의 목표로 삼은 것처럼 그 역시 다르지 않았다.

이백은 701년 서역의 쇄엽(수이아브)에서 태어났다. 그의 아버지는 중국과의 무역에 종사하는 상인이었다. 이백이 5세 때 그의 일가는 지금의 쓰촨성으로 이주했다. 25세 때 이백은 큰 뜻을 품고 촉나라를 떠나 당나라의 수도 장안으로 갔다. 그곳에서 이백은 시를 읊는 시인으로 유명인사가 되었다. 하지만 벼슬길은 쉽지 않았고, 시간은 야속하게 흘러갔다.

742년, 이백은 나이 43세가 되어서야 비로소 조정의 부름을 받고 '큰 뜻'을 펼칠 기회를 잡았다. 하지만 그의 기대는 곧 실망으로 바뀌었다. 당시 현종은 조정의 일에 관심을 두지 않고 불로장생을 염원하면서 양귀비와 함께 향락에 취해 지냈던 것이다. 이백의 존재 또한 궁정을 한층 향락적으로 만들기 위한 도구에 지나지 않았다. 정치적으로 중요한 직위를 기대했던 이백은 좌절하여 그 울분을 술로 달래며 지냈다. 인생무상과 부귀영화의 부질없음을 느낀 그는 술 마시며 달을 감상하는 것이 최상의 유유자적함을 누리는 방법이라고 생각했다.

이백은 문학사적으로 한나라와 위나라 및 육조 시대 이래의 시를 집대성하고, 거기에 새로운 생명을 불어넣어 두보에게 그 전통을 물려주었다. 그의 작품집으로는 송나라 때 편집된 것이 현존하는 최고(最古)의 것이며, 이후 각종 주석 연구를 집대성한 것을 바탕으로 청나라 때 왕기가 펴낸 《이태백전집》이 있다.

세계사 023

그리스문명

기원전 800년경 발칸반도와 소아시아에 소규모 도시(폴리스)가 1,000여 개 이상 만들어졌다. 폴리스의 규모는 대부분 작았으며, 인구는 적게는 수백에서 많게는 수천에 이르렀다.

그리스문명은 뒤늦게 형성된 문명으로서 동방문명이 수천 년간 이룬 성과물을 광범위하게 흡수했다. 일례로 그리스인들은 페니키아의 자모를 개조하여 자신들의 문자를 만들어냈다. 도시국가는 대부분 혈연으로 맺어진 작은 공동체에 불과했기에 시민들의 충성심은 깊었지만 패쇄적이고 배타적이었다. 그들은 이방인을 시민으로 받아들이지 않았고, 다른 도시국가와 합치지 않았으며, 기껏해야 종교 활동이나 군사동맹을 맺는 수준이었다. 그리스인은 많은 도시국가에 흩어져 살았으나 동일한 언어를 사용하고 같은 종교를 믿었기 때문에 한 민족이라는 의식이 강했다. 그러한 정신은 그리스 남부 펠로폰네소스반도에서 열렸던 올림피아 대제전에서 찾아볼 수 있다.

고대 그리스문명의 최대 특징은 오랫동안 작은 도시국가들이 공존 상태를 유지한 것이다. 그리스문명의 번영도 이런 도시국가 체제에서 이루어졌으며, 고대 세계에서 공민의 권리가 보장되는 민주정치가 실현되었다. 그리스는 인구 증가 문제를 해결하기 위해 해외 이주로 눈을 돌렸고, 이주민들은 지중해와 흑해 연안 지역에서 식민지 활동을 펼쳐 곳곳에 도시국가를 세웠다. 원래의 국가는 본국, 이주해서 세운 식민국가는 자국으로 이들은 서로 독립적이고 평등한 관계였다. 당시 각지에 세워진 식민 도시국가는 최소한 139개에 이르렀다고 한다.

초기 그리스 도시국가의 정치 체제는 상품 경제 발전 규모에 따라 크게 좌우되었다. 상품 경제가 발달한 도시일수록 왕권이 허약했고, 그렇지 못한 도시의 왕권은 강했다. 상품 경제가 발전하는 과정에서 부를 축적한 계층이 출현했는데, 주로 평민으로 구성된 이 계층의 출현은 평민과 귀족 간의 대립을 불러왔다. 투쟁에서의 평민의 승리는 그리스에서 민주주의가 자생할 수 있는 원인 중 하나가 되었다. 평민과 귀족

간의 대립 투쟁이 격화되면서 민주정치의 요소도 점점 확대되었다. 이 무렵 그리스 도시국가에 '참주정'이 출현했다. 참주는 정변을 통해 국가권력을 탈취한 독재자로, 그 지위는 군주와 비슷했다.

참주는 평민의 지지를 얻고 통치 기반을 공고히 하기 위해 씨족 귀족들을 공격하고 상공업과 노예주들을 보호했다. 또한 하층민들의 경제를 개선하는 정책을 폈다. 초기 참주정 시대의 많은 폴리스에서는 상공업과 소농 경제의 발전 그리고 민주정치의 수립을 촉진했다. 동지중해를 중심으로 한 통상무역이 성행하고, 화폐경제가 발전했으나 그들의 지배는 시민에 의해 무너지고 만다. 이 시기 그리스는 아테네를 중심으로 철학·과학·문학·미술 등의 문화가 매우 다채롭게 꽃을 피웠다.

철학 024

데모크리토스

기원전 5세기 말부터 기원전 4세기 초까지 활약한 고대 그리스 사상가 데모크리토스(Democritos, 기원전 460-기원전 370)는 원자론을 체계화하였으며 유물론의 형성에도 영향을 끼쳤다. 그는 항상 웃는 모습으로 사람들을 대했기 때문에 '웃는 철학자'라는 별명을 얻기도 했다. 데모크리토스는 트라케(트라키아)의 아브데라에서 태어났다. 그는 항상 집 안에 머무르며 하루 종일 학문 연구에만 몰두했다. 온종일 정원에 있는 정자에서 뭔가를 관찰하고 그것을 기록하는 게 그의 일과였다. 그는 자신의 연구 결과를 토대로 엄청난 분량의 책을 집필했는데 세계질서, 자연, 유성, 인간, 정신, 감각적 지각, 색채, 여러 원자의 형태, 사고의 규칙, 원과 공의 접촉, 독립적인 직선과 원자, 리듬과 조화, 시 쓰는 법, 의학적인 인식 방법, 농경 방식, 그림, 전술, 현자의 마음가짐, 죽은 뒤의 생명 등의 제목으로 된 저서였다. 하지만 이 저작들은 그리스 내란 중에 대부분 없어지고 단편들만 남아 있다. 데모크리토스는 평생 학문 성취에 매달리며 독신으로 살았다.

데모크리토스가 남긴 업적 중 가장 대표적인 것은 '원자론'이다. 그는 물질을 이루고 있는 가장 작은 입자, 즉 '더 이상 쪼갤 수 없으며 무게가 있고, 아무것도 그것을 꿰뚫고 지나갈 수 없는 것'을 원자라고 정의했다. 또한 '원자의 수는 무한하고, 허공을 가득 채우고 있으며, 결코 파괴될 수 없기에 영원하다'고 했다. 이 원자의 모양과 크기는 각기 다르고, 원자들은 서로 배열되거나 합해질 수 있고, 서로 위치를 바꿀 수도 있다.

데모크리토스는 "원자가 운동을 하고 있다"고 주장했다. 또한 원자의 운동이 "압력과 충돌에 의해 자동으로 생기며, 그것은 영원하다"고 말했다. 그는 "영혼도 원자로 구성되어 있으며, 인간의 사고도 원자의 운동에 의해 일어난다"고 하였으며 "세계에는 물질적인 것 외에는 아무것도 없다. 영혼과 정신도 독자적인 어떤 것이 아니라 원자의 운동에 불과하다"는 유물론적 입장을 분명히 드러냈다.

신화
025 제우스

전쟁이 끝난 후 제우스(Zeus)는 신들의 왕좌에 올랐다. 하지만 그는 할아버지 우라노스나 아버지 크로노스와 달리 자신의 권력을 형제들과 나누기로 했다. 제비뽑기에 따라 제우스는 하늘, 포세이돈은 바다, 하데스는 지하 세계를 맡기로 하고 올림포스와 대지는 공동의 영역으로 삼았다. 제우스가 왕위에 오르자 할머니 가이아는 덕담 대신에 무서운 신탁을 내린다. 메티스가 낳은 아들이 크로노스와 제우스가 그랬던 것처럼 아버지를 몰아내고 왕이 될 것이라는 예언이었다.

제우스는 그 예언이 무척이나 신경이 쓰였기에 크로노스가 자식들을 삼켰던 방법을 선택한다. 그는 아내 메티스를 통째로 삼켰다. 그런데 그때 메티스는 이미 임신 중이었다. 이 사실을 모른 제우스는 안심하고 누이 헤라와 두 번째 결혼식을 올렸다. 제우스와 헤라의 사이에서 두 아들이 태어났다. 큰아들은 헤파이스토스, 둘째 아들은 아레스였다. 어느 날 제우스는 심한 두통을 호소했다. 헤파이스토스는 두통의 원인을 찾아내고 도끼로 제우스의 머리를 쪼개 열었다. 쪼개진 머릿속에서 아테나가 나왔다. 제우스는 아테나를 총애했다. 그녀는 제우스와 메티스의 딸이었지만 메티스에게서 태어나지 않았고, 아들이 아니라는 점에서 제우스를 안심시켰다. 이렇게 해서 메티스의 몸에서 태어난 아들이 제우스를 왕좌에서 몰아낼 것이라는 가이아의 예언은 성취되지 못했다.

제우스가 전쟁에서 승리한 후 티탄 신족을 타르타로스에 가두자 티탄 신족의 어머니인 가이아는 분노했다. 그녀는 거인족 기간테스*를 동원하여 제우스와 올림포스 신들을 응징하려고 했다. 기간테스는 아틀라스가 이끄는 대로 올림포스 신전을 공격했다. 신들은 기간테스를 이길 수 없었다. 제우스는 자신의 아들이자 인간 영웅인 헤라클레스의 도움을 받아 기간테스와의 전쟁에서 승리를 거두었다.

기간테스들이 제우스에게 패하여 비참하게 목숨을 잃자 가이아는 더욱 분노했다. 그녀는 올림포스 신들을 응징하기 위해 타르타로스와 결합하여 무시무시한 괴물 티폰*을 낳았다. 티폰은 100개의 용 머리를 가진 괴물로, 태풍을 일으키고 입에서 불을 내뿜는 거인이었다. 티폰이 올림포스 신들을 공격하자 신들은 동물로 변하여 이집트로 도망쳤다. 제우스는 홀로 티폰에 맞서 싸우다가 사로잡히고 말았다. 티폰은 제우스의 팔과 다리에서 힘줄을 제거한 후 곰 가죽에 싼 다음 뱀의 모습을 한 괴물 델피네에게 지키게 했다.

그러나 헤르메스와 아이기판이 제우스의 힘줄을 찾아 돌려주었고, 힘을 되찾은 제우스는 다시 티폰과 맞서 싸웠다. 이번엔 티폰이 제우스를 피해 달아났다. 운명의 여신들은 티폰에게 인간의 음식을 먹으면 더욱 힘이 강해질 것이라고 충고했고, 티폰은 이를 따랐지만 그의 힘은 오히려 전보다 크게 약해졌다. 운명의 여신들이 티폰을 속인 것이다. 제우스는 약해진 티폰을 향해 시칠리아섬의 산을 들어올려 던졌다. 이렇게 해서 티폰은 산 밑에 깔렸는데, 그 산이 에트나산이다.

* 기간테스(Gigantes): '땅에서 태어난 자들'이라는 뜻이다. 거인을 뜻하는 영어 '자이언트(Giant)'는 여기서 유래했다.

* 티폰(Typhon): 날개로 덮인 온몸에 머리는 하늘의 별에 닿을 만큼 크고, 양팔은 동쪽 끝과 서쪽 끝에 닿을 정도로 길었다.

종교
026 노아의 방주

노아의 방주(Noah's Ark)는 창세기 6장에서 10장에 기록된 대홍수 때 노아의 가족이 타고 있던 배를 가리킨다. 아담과 하와가 에덴동산에서 쫓겨난 후 인구가 증가함에 따라 많은 사람이 신에게 등을 돌리고 악행을 저질렀다. 타락한 정도가 점점 심해져 신이 인간을 창조한 것을 후회할 지경에 이르렀다.

> 내가 창조한 사람을 지면에서 쓸어버리되 사람으로부터 짐승과 기는 것과 공중의 새까지 그리하리니 이는 내가 그것을 지었음을 한탄함이니라.
>
> _ 창세기 6:7

신은 엄청난 홍수를 일으켜 세상을 심판하기로 작정하였다. 하지만 진실한 믿음으로 의로움을 인정받은 노아의 가족만은 그 심판에서 제외되었다. 노아는 신으로부터 명을 받아 길이 135미터, 폭 23미터, 높이 13미터에 3층의 선실로 이루어진 거대한 방주를 만들었다. 방주의 바닥 면적은 현대의 미식축구 경기장보다 넓었다.

방주는 1년 하고도 10일 동안 항해하기에 충분한 음식과 쓰레기 처리 시스템, 동물의 모든 종을 수용할 만한 공간을 갖추고 있었다. 노아가 600세 되던 해 마침내 신의 계시에 따라 노아의 가족들은 지상의 모든 동물을 각각 암수 한 쌍씩 데리고 방주에 올랐다. 이후 장대 같은 비가 40일 동안 밤낮을 쉬지 않고 쏟아져 세상을 완전히 덮어버렸고, 오직 노아의 방주만이 물 위에 떠 있었다.

대홍수는 세상의 모든 생물을 삼켜버렸지만, 방주에 타고 있던 노아의 가족과 동물들만은 살아남았다. 이렇게 해서 노아는 새 인류의 시조가 되었다. 신은 노아와 그의 가족에게 새로운 언약을 세웠다.

"생육하고 번성하여 땅에 충만하라. 내가 너희와 새 언약을 세우리니 다시는 모든 생물을 홍수로 멸하지 않을 것이다."

'노아'는 히브리어로 '안식'이라는 뜻인데, 여기서 노아는 신앙의 모범, 방주는 교회, 대홍수는신의 심판을 상징한다.

노아의 방주는 실제 존재했을까? 2009년 10월, '국제 노아의 방주 사역회' 소속 탐사대는 터키의 아라라트산 해발 4,000미터 지점에서 목재 구조물을 발견했다고 밝혔다. 여러 칸으로 구성된 이 목재 구조물은 눈과 화산재 아래에 묻혀 있었는데, 탄소 측정 결과 기원전 4800년경의 것으로 확인되었다. 하지만 이 구조물이 실제 노아의 방주인지에 대해서는 아직도 학계에서 논란이 되고 있다.

음악 027

윌리엄 버드

윌리엄 버드(William Byrd, 1543-1623)는 영국의 대표적인 작곡가이며, 가장 장수한 음악가로 알려져 있다. 그는 토머스 탤리스의 제자이며, 그 역시 스승처럼 종교 음악을 추구했다. 그는 주로 신의 거룩함을 노래한 작품을 작곡했으며, 자신의 믿음이 작품의 주요 소재였다. 그는 자신의 작품이 많은 사람에게 위로를 주고 마음의 평안을 가져다주기를 바랐다. 윌리엄 버드는 합창곡, 특히 악기로 연주되는 것보다 주로 모테트를 많이 작곡했다. 그의 음악은 매우 아름다웠기에 음악적 재능이 뛰어났던 엘리자베스 1세와 제임스 1세는 그의 작품을 매우 좋아했다. 그중에서 가장 많이 알려진 곡은 '의인들의 영혼'이다.

윌리엄 버드가 작곡한 '거룩한 성체'는 평화롭고 진솔한 기도문 형태의 찬송가 종류였고 윌리엄 버드의 찬송가집은 1605년 처음 출판되었다. 그의 찬송가는 각 합창 파트가 들어오고 나가는 방식으로 구성되어 있다. 이것은 다성 음악 '폴리포니'로 알려진 음악 형태이며, 윌리엄 버드는 이 기법을 최초로 사용한 작곡가이다.

잉글랜드 링컨셔주에서 태어난 윌리엄 버드는 스승 토머스 탤리스로부터 영국 특유의 음악적 양식을 물려받았다. 20세의 나이로 링컨 대성당의 오르간 연주자 겸 합창단장으로 임명된 그는 1572년 런던 왕립합창단에 들어갔다. 당시 영국에서 공인된 종교는 개신교였고 왕과 귀족은 물론 대부분의 사회 주류계층이 개신교도였다. 그러나 가톨릭 신자였던 그는 당시 영국에서 가톨릭 형식의 예배는 행해지지 않았기에 개인적으로 예배를 드려야 했다. 윌리엄 버드와 그의 가족이 개신교 예배에 참석하지 않자 윌리엄 버드는 자주 추궁을 받았고, 그때마다 교회 예배에 사용할 합창곡을 작곡하느라 갈 수 없다고 둘러댔다. 그는 세상을 떠날 때까지 가톨릭 신자로서 영국 성공회 음악 체제의 일원으로 남아 있었다.

윌리엄 버드는 평균 수명이 40세이던 당시 85세까지 장수했다. 그는 영국 음악계를 오랫동안 이끌며 많은 작품을 발표했고, 그의 곡들은 다른 영국 작곡가들에게 많은 영향을 끼쳤다.

미술
028 얀 반 에이크

얀 반 에이크(Jan van Eyck, 1390-1441)는 서양에서 초상화의 아버지로 불리는 벨기에의 화가이다. 젊은 시절에는 삽화가로, 이후에는 화가로 활동하며 15세기 전 유럽에서 명성을 떨쳤다. 그는 독특한 시각으로 플랑드르 지방 특유의 르네상스 화풍을 정착시켰다. 플랑드르에서 최초로 국제 고딕 양식을 탈피해 자연과 인간을 감각적이면서도 사실적인 필치로 재현했다. 또한 유채화의 도입과 선 원근법의 완벽한 구사를 통해 현실 세계를 새로운 감성으로 재현해냈다. 유화를 발명하여 유럽 전역으로 전파시킨 것도 그의 업적이다.

유화의 발명은 곧 이탈리아 전역의 화풍을 바꾸면서 르네상스 미술의 발전에 크게 기여했다. 그의 작품들은 정밀한 세부 묘사, 자연과 빛에 대한 날카로운 관찰력, 생생하게 묘사된 인물 및 실내 공간과 자연 풍경의 현실적 묘사 등으로 감상자의 시선을 사로잡았다. 그의 오색찬란한 광채와 색채, 섬세한 필치는 보는 이의 경탄을 자아낸다.

얀 반 에이크는 브뤼헤(오늘날 벨기에 북부 지방 도시로, '북부의 베네치아'로 불린다)에서 태어났다. 그의 형 휴베르트도 화가였는데, 그들 형제는 겐트의 성 바보 성당 제단화를 비롯한 다수의 작품을 함께 그렸다. 얀 반 에이크는 네덜란드 귀족인 바이에른의 요한 공에게 재능을 인정받아 1422년부터 궁정 화가로 일하다가 3년 후, 요한 공이 사망하자 부르고뉴 필리프 공의 전속 화가이자 시종이 된다. 얀 반 에이크는 이 시기에 《교회의 성모》 필사본 삽화를 구상한다. 1426년 프랑스 릴에 체류하던 그는 필리프 공과 포르투갈 이사벨 공주의 만남 및 결혼을 준비하기 위해 포르투갈로 이동했다. 이때 제작한 초상화는 안타깝게도 유실되었다. 1429년에는 고향으로 돌아왔다.

1432년 얀 반 에이크는 불멸의 걸작으로 불리는 〈겐트 제단화〉 '신비한 어린 양'을 완성했다. 이 그림의 중앙에는 제단에 제물로 놓인 '신비한 어린 양'이 신비로운 빛을 발하고 있고 그 어린 양을 향해 전 방향에서 예언자, 부족장, 순교자 및 성녀들이 유유히 모여든다. 제단을 둘러싼 천사들과 사도들은 신비한 어린 양에게 경배를 올리고 있다. 대규모의 이 작품은 그 구조와 세부 묘사에서 혁신적인 면모를 보여주었다. 특히 이 제단화에 등장하는 아담과 이브는 북유럽 최초로 제작된 대형 나체화이다. 이후 원숙기에 이른 얀 반 에이크는 3점의 초상화를 잇달아 완성한다.

<아르놀피니 부부의 결혼>

그중 〈아르놀피니 부부의 결혼〉은 당시 플랑드르 지방의 한 부유한 상인 부부의 전신 초상화인데, 그가 이룩한 회화적 성과가 총 집약된 작품으로 평가받고 있다. 이 그림을 완성한 해 그 자신도 결혼하여 아들을 낳았다고 한다.

오늘날 그의 작품은 40여 점이 남아 있다.

<겐트 제단화>

문학 029 두보

두보(杜甫, 712-770)는 '시성(時聖)'으로 불렸던 중국 최고의 시인이다. 중국의 시가 역사에서는 이백과 이름을 나란히 하여 '이두(李杜)'라 불렸다. 두보는 훌륭한 시와 글로 당나라 제국이 번영에서 쇠락으로 치닫는 과정을 생동감 있고 진중하게 기록하였다. 그의 작품은 조국과 백성에 대한 정으로 가득 차 있다.

두보는 당나라 초기 유명 시인 두심언의 손자로, 집안 대대로 전해 내려오는 학문이 깊고도 넓었으며, 어려서부터 배움을 즐겨 상당히 많은 책에 정통하였다. 그는 7세에 시를 배워서 15세에는 시문으로 그 이름을 널리 떨쳤다. 젊은 시절 두보는 낙양에서 이백과 만나 서로 벗 삼아 여행하면서 시와 세상에 대한 이야기를 나누며 깊은 우정을 쌓았다.

두보는 중국 각지를 유람하면서 수양을 쌓고 명사들을 만나 글로 이름을 날렸지만 추천을 받아 시험만 보면 번번이 낙방했다. 당시의 재상 이임보가 농간을 부렸기 때문이다. 그러는 사이 결혼하여 자식을 얻었으나 그의 생활은 끼니조차 잇기 어려울 만큼 몹시 궁핍했다. 이처럼 고통스러운 현실은 그로 하여금 하층 빈민들의 삶을 깊이 이해하도록 했다.

현종 천보 14년(755), 그가 44세 되던 해 '안사의 난'이 발생했다. 이 사건은 당 제국이 홍성기에서 쇠망기로 넘어가는 전환점이 되었으며, 백성들에게는 무거운 고통을 안겨주었다. 당시 현종은 장안을 버리고 도망쳤고, 태자 이형이 상황을 수습한 뒤 현종의 양위를 받아 즉위하니 그가 숙종이다. 이 소식을 들은 두보는 혼자 숙종을 찾아가다가 반란군에게 사로잡혀 장안에 구금당했다. 이 시기에 그는 생이별한 처자식과 전란으로 황폐해진 세상을 염려하여 많은 시를 썼다. 그중 대표작이 〈춘망(春望)〉이다.

나라는 무너졌으나 산하는 그대로이네.
장안에 봄이 오니 초목은 무성한데

이 시절 생각하니 꽃을 보고도 눈물 흐르네.
이별이 한스러워 새를 보고도 놀라는 가슴
전란은 해가 바뀌어 삼월이 되어도 끝나지 않으니
만금을 주어서라도 가족 소식 듣고 싶구나.
백발이 된 머리를 긁으면 눈에 띄게 빠지니
이래서야 머리칼에 쪽이라도 꽂을 수 있으랴.

〈춘망〉은 중국의 초등학교 국어 교과서에도 실려 있을 정도로 예로부터 지금까지 많은 사랑과 칭송을 받아왔다. 두보는 만년에 거처할 곳이 없어서 가족을 데리고 여러 곳을 떠돌다가 59세 때 상강의 작은 배 위에서 병사하였다. 그는 시를 통해 사회 부패에 불만을 표출하고, 천하 백성에 대한 비애를 드러냈으며, 백성들이 고통스러운 삶에서 벗어나기를 바랐다. 그는 이런 소원이 이루어진다면 '내 초당이 부서져 얼어 죽는다 해도 만족하리'라고 노래했다.

두보는《시경》이래의 현실주의 문학 전통을 계승하여 발전시켰다. 이후 그는 시성으로 추대되었으며 중국 문학사에서 큰 영향력을 지닌 인물이 되었다.

세계사 030 아테네

기원전 600년경, 소아시아와 흑해 연안 지방으로부터 노예 수입이 활발해졌다. 소아시아의 리디아 공화국이 발명한 화폐를 본딴 은화의 보급으로 상업은 점점 활기를 띠었다. 이때 아테네(Athens)는 무역국가로 급성장했다. 주로 올리브유, 도기, 무구(武具)를 수출하고, 곡물과 노예를 수입했다. 전성기의 인구가 30만 명에 이르렀으나 기원전 700년경 왕권이 약해지면서 국가의 요직을 귀족들이 차지했다. 처음에 세 명의 집정관(아르콘)이 권력을 잡았다. 그러나 경제적으로 부유해진 시민들이 직접 무기를 구입해 폴리스의 방위를 담당하면서 정치 참여를 요구했다.

기원전 594년, 정치가인 솔론이 단독으로 집정관에 임명되었다. 그는 농민의 빚을 없애고, 채무 때문에 노예가 되는 관행을 폐지했다. 성문법을 만들어서 재산의 규모에 따라 공민을 4등급으로 나누고, 그들에게 서로 다른 정치적 권리를 나눠주었다. 귀족회의의 권력을 제한하는 새로운 정치기구를 설립했으며 상공업 발전을 촉진할 일련의 법규를 제정하는 등 개혁을 단행했다. 이러한 개혁을 통해 아테네는 노예제 민주정치와 노예제 상공업의 길을 가게 된다. 솔론의 개혁을 기반으로 아테네는 번영을 이루었다. 하지만 귀족 계급과 평민 계급 모두가 이 개혁에 불만을 품었기에 결국 개혁은 실패로 끝났다.

기원전 560년, 정치가 페이시스트라토스는 쿠데타로 참주에 올라 30여 년을 독재자로 군림했다. 그는 솔론의 개혁을 더 적극적으로 펼쳤다. 귀족 세력을 억압하고 평민에게 유리한 일련의 정책을 펼쳤다. 공공사업을 통해 평민에게 일자리와 채무 탕감의 기회를 주었고, 문화사업의 일환으로 호메로스의 서사시를 정리했다. 페이시스트라토스의 통치 기간 중 귀족의 권리는 더욱 약화되었고, 상공업자와 농민의 지위는 더욱 높아졌다. 그는 큰 인기를 누렸고, 아테네는 크게 번영했다.

기원전 527년 페이시스트라토스가 세상을 떠나고 그의 아들 히피아스가 뒤를 이었으나, 기원전 510년경 시민들의 주도로 참주정은 전복되었다. 이후 기원전 507년 초, 히피아스를 몰아내고 집정관이 된 클레이스테네스는 네 개로 나뉘어 있던 부족을 열 개로 재편하고, 각 부족에서 50명 씩 대표를 뽑아 500인 협의회(500인회)를 만들었다. 이 협의회는 민회에서 결정할 사안을 준비하고, 1년을 10등분하여 10개 부족이 정해진 기간 동안 국가의 실무를 맡아보는 방식이었는데, 이것이 시민이 권리와 의무로 정치를 하는 민주정치(데모크라시)의 시작이다. 민회에서는 독재자 출현의 가능성을 배제하기 위해 도편추방제(Ostracism, 오스트라키즘)를 시행했다. 독재자가 될 가능성이 큰 사람들의 이름을 시민들이 도편, 즉 도기 조각에 적어내 그중 최고 득표자를 10년 간 폴리스 밖으로 추방하는 제도였다.

이후 아테네는 페리클레스 시대에 이르러 고대 민주주의를 완성하는 소중한 결실을 맺게 되었다.

철학 031 프로타고라스

고대 그리스의 철학자 프로타고라스(Protagoras)는 최초의 소피스트라 불리며, '인간은 만물의 척도이다'라는 사상으로 진리의 주관성과 상대성을 설파하였다. 소피스트는 사람들에게 변론술을 가르치고 수업료를 받는 고대 그리스의 직업 교사인 셈이었으나 좋게 받아들여지지는 않았다.

프로타고스에 의해 주창된 상대주의*적·경험주의적 학문은 고르기아스, 프로디코스, 이소크라테스 등의 소피스트들에 의해 더욱 활발하게 전개된다. 소피스트란 '현학적인 체하는 인간'이라는 뜻으로 그들을 비난하는 용어로 사용되었다. 플라톤은 소피스트를 '부유하고 뛰어난 젊은이들에게 돈을 받고 낚는 사냥꾼'이라고 표현했으며, 아리스토텔레스는 '피상적인 지혜를 이용하여 돈을 벌려고 하는 인간들'이라고 인식했다. 그러나 그리스 문화 전성기의 시대적 정신을 대변한다는 점에서 지금은 재평가받고 있다.

기원전 5세기 무렵, 그리스의 주권은 왕이나 귀족이 아닌 시민에게 있었다. 그리스 시민 중 성인 남성은 누구나 자유롭게 정치에 참여할 수 있었다. 중요한 것은 선거나 의회가 열리는 자리에서 얼마나 능수능란한 말재주로 교묘하게 설득할 수 있느냐 하는 것이었다. 말재주가 좋으면 출셋길이 열렸기 때문에 소피스트가 후한 대접을 받는 것은 당연했다.

소피스트들은 보편적 진리를 인정하지 않았다. 절대적인 도덕과 법, 그리고 신도 인정하지 않았다. 원자론도 피타고라스적 신비함도 그들에게는 무의미했으며 오로지 인간의 지각, 그것도 개인의 감각만이 가장 중시되고 우선시되었다. 또한 그들은 학문적 재능을 팔았는데 그들이 대개 수사학이나 웅변, 문학 등에 능통했기에 가능한 일이었다. 스스로를 학자라고 내세운 소피스트들은 종교적 신념보다는 철저하게 직업정신이 뛰어난 학자들에 가까웠다. 프로타고라스는 가장 인기 있는 소피스트였으며 따라서 수업료도 비쌌다고 한다.

* 상대주의: 절대적으로 올바른 진리란 없고 올바른 것은 그것을 정하는 기준에 의해 정해지는 것이라는 주장이다. '인간은 만물의 척도'라는 프로타고라스의 명제는 전형적인 상대주의다.

신화 032

올림포스 12신

제우스는 올림포스산에 신들의 거처를 정하고 형제들과 권력을 나눴다. 하데스는 저승 세계를 차지했고, 포세이돈은 바다 왕국을 다스렸다. 포세이돈은 바다에서 주로 생활했지만 신들의 회의나 잔치에 참석하기 위해 올림포스에 머물기도 했다. 하지만 저승 세계를 다스리는 하데스는 지상에 올라올 일이 거의 없었기 때문에 올림포스산에 그의 자리가 없었다.

제우스는 메티스와 결혼했으나 그녀에게서 태어난 아들에게 왕좌를 빼앗긴다는 예언을 듣고 화근을 없애기 위해 메티스를 통째로 삼켜버렸다. 그리고 다시 자신의 누이인 헤라와 결혼을 했다.

헤라의 첫아들은 볼품없는 못난이였고 한쪽 다리에 장애까지 있었다. 제우스와 자신을 닮은 멋진 아들을 기대했던 그녀는 실망감에 갓난아기를 바다에 던져버렸다. 그 아이는 바다의 노인 네레우스의 딸 테티스에게 구조되어 그녀의 보호를 받으며 자랐다. 이 아이가 바로 대장장이 신 헤파이스토스이다. 헤파이스토스는 훗날 메티스를 삼킨 후 두통에 시달리던 제우스의 머리를 도끼로 열어 아테나를 나오게 한다. 헤라가 다시 아들을 낳았으니 그가 전쟁의 신 아레스다. 이후 헤라는 헤베와 에일레이티이아 자매를 낳는다.

제우스는 헤라와 결혼한 후에도 많은 여인을 탐했다. 그중에는 가이아와 우라노스의 손녀인 레토도 있었다. 제우스와 사랑을 나눈 레토는 임신을 했고, 그 사실을 안 헤라는 질투에 사로잡혀 레토의 출산을 방해했다. 하지만 레토는 포세이돈의 도움을 받아 쌍둥이 남매를 출산했는데, 태양의 신이자 음악의 신 아폴론과 사냥과 달의 여신인 아르테미스였다. 제우스는 또 곡물의 여신 데메테르에게서 페르세포네, 마이아에게서 헤르메스를 낳았고, 세멜레에게서 디오니소스를 얻었다. 디오니소스는 헤스티아의 양보로 올림포스에 합류했다. 또한 미의 여신 아프로디테까지 합류하면서 올림포스 신전에는 모두 12명의 신이 거처하게 되었다.

종교 033

아브라함

아브라함(Abraham)은 '열국(列國)의 아비'라는 뜻이다. 그의 이름은 원래 '아브람' 이었으며 '큰아버지'라는 의미였는데, 신이 그의 이름을 '아브라함'으로 고쳐주었다. 이후 그는 유대인뿐만 아니라 모든 기독교인에게 믿음의 조상이 되었으며,《성서》에 등장하는 인물 중 유일하게 '하나님의 벗'이라는 칭함을 받기도 했다.

아브라함은 갈대아 우르에서 태어났으며, 사촌 여동생인 사라와 결혼했다. 당시 그의 고향인 갈대아 우르는 이스라엘의 신을 믿지 않고 우상숭배에 빠져 있었다. 어느 날 그는 신으로부터 부름을 받았다.

'여호와께서 이르시되 너는 너의 본토, 친척, 아비 집을 떠나 내가 네게 지시한 땅으로 가라.'(창세기 12:1)

그리고 신과 언약을 맺었다.

'내가 너로 큰 민족을 이루고 네게 복을 주어 네 이름을 창대하게 하리니 너는 복의 근원이 될지라.'(창세기 12:2)

아브라함은 신의 지시에 순종하여 아내 사라, 형제 나홀, 조카 롯과 함께 메소포타미아의 비옥한 초승달 지대인 하란으로 이주했고, 그곳에서 다시 약속의 땅 가나안으로 들어갔다. 가나안은 지금의 팔레스타인 서쪽 해안을 가리키며 '약속의 땅', '이상향', '낙원'이라는 의미로 쓰인다. 아브라함은 가나안에서 신과 맺은 언약을 재확인했다.

'하늘을 바라보라, 수많은 별처럼 네 자손도 이와 같으리라.'(창세기 15:5)

당시 아브라함은 100세였으나 신의 약속을 붙들어 마침내 두 아들의 아버지가 되었다. 첫째 아들 이스마엘은 하녀인 하갈의 몸에서, 둘째 이삭은 단산된 사라에게서 얻었다. 이스마엘은 오늘날 아랍인의 조상이 되었고, 이삭은 유대인의 조상이 되었다. 이삭과 이스마엘의 후손들은 지금도 세계 곳곳에서 유혈 분쟁과 충돌을 빚고 있다. 하지만 아브라함은 유대인과 아랍인의 조상으로서 그들 모두에게 여전히 존경받고 있으며, 그의 믿음은 세계의 모든 기독교인에게 본받아야 할 표본이 되고 있다.

음악
034

클라우디오 몬테베르디

이탈리아의 작곡가이자 가수인 클라우디오 몬테베르디(Claudio Monteverdi, 1567-1643)는 베네치아에서 태어났다. 어려서부터 작곡을 했고, 15세에 첫 작품집을 출간했으며, 30대 초반에 이미 가장 존경받는 음악가가 되었다. 몬테베르디는 1590년경 북이탈리아의 만토바 궁정에서 일하던 중 실내 다성 가곡 분야에서 가장 주목받는 〈마드리갈*집〉 제3-5권을 출판하였다.

몬테베르디의 대표곡은 1607년 만토바 궁정에서 초연한 〈오르페오〉이다. 〈오르페오〉는 최초로 진정한 성공을 거둔 오페라 작품이며 오늘날까지 공연되고 있다. 초연 후《오르페오》가 출판되었으며 이듬해 발표한 〈아리안나〉 역시 그의 명성을 높여주었다.

몬테베르디가 활동하던 시기는 그야말로 그를 위한 시대였다. 그러나 화려한 성공과 함께 불행도 찾아왔다. 이 무렵에 그는 아내 클라우디아를 잃는 아픔을 겪었다. 또한 1612년에는 만토바 공의 궁정에서 별다른 이유 없이 파면당했다. 하지만 그에게 기회가 다시 찾아왔다. 1613년, 몬테베르디는 베네치아 산 마르코 성당의 악장에 취임했다. 그는 성가대를 육성하는 한편, 여러 궁정에서 의뢰받은 오페라발레곡, 인테르메초*를 썼다. 그러나 현재 남아 있는 곡은 오페라발레 〈티르시와 클로리〉와 오라트리오 〈탄크레디와 클로린다의 싸움〉 두 작품뿐이다.

몬테베르디가 70세 되던 1637년, 그의 고향 베네치아에 세계 최초로 오페라 극장이 지어졌다. 이 극장은 몬테베르디의 70세를 기념하는 극장이었다. '오페라하우스'로 알려진 이 극장은 몬테베르디의 오페라 공연을 위한 완벽한 장소였다. 몬테베르디는 당시 최초로 혁신적인 오페라를 작곡했다. 이로 말미암아 그의 사후에 음악계의 혁신이 이루어졌다.

* 마드리갈(Madrigal): 르네상스 후기에 이탈리아에서 발전한 세속 성악곡 중 하나
* 인테르메초(Intermezzo): 간주곡 또는 막간극

미술
035 조반니 벨리니

조반니 벨리니(Giovanni Bellini, 1430-1516)는 베네치아화파의 창시자라 불리는 이탈리아 화가이다. 그는 작품을 통해 자연과 인간의 조화를 추구했다. 벨리니의 작품은 감미로운 색채와 빛, 음악성, 그리고 시적 감흥이 풍부한 서정적인 면 외에도 탁월한 균형 감각, 구성 및 미묘한 색조 변화를 통해 자연스럽게 화면 속으로 스며드는 색채의 조화가 돋보인다. 이러한 특성으로 인해 벨리니는 베네치아 최고의 르네상스 화가로 추앙받고 있다.

조반니 벨리니는 베네치아의 화가 집안에서 태어났다. 그의 아버지 야코포와 이복형 젠틸레, 그리고 매부 안드레아 만테냐는 당시 이탈리아 미술계를 풍미하던 거장들이었다. 벨리니는 파올로 우첼로, 프라 필리포 리피, 안드레아 델 카스타뇨, 도나텔로 등 당대 최고의 거장들과 교류하며 작품 활동을 시작했다.

작품 활동 초기 조반니 벨리니는 만테냐에게서 인본주의적 정신과 원근법 활용 및 공간 구성법을 배웠다. 특히 1455년에 제작된 〈그리스도의 변모〉와 〈그리스도의 책형〉에서 이러한 영향이 두드러지게 나타난다. 1460년 독립하여 공방을 차리면서 만테냐의 영향에서 서서히 벗어나기 시작했다. 1475년부터는 안토넬로 다메시나의 영향을 받아 빛의 세련된 처리와 광활한 구도의 풍경, 유채 기법 등을 도입해 명확한 윤곽선과 좀 더 부드러운 색감, 미묘하게 진동하는 빛 등을 구사했다. 1480년경 원숙기에 접어든 벨리니는 최고의 전성기를 누렸고, 1483년 베네치아 공화국 전속 화가가 되었다.

만년에 조반니 벨리니의 예술 세계는 차츰 '고고학적 풍경에서 순수한 자연 공간'으로 발전하는 양상을 보였다. 작품 속 인물과 자연은 그들을 한데 감싸 안는 온화한 빛 속에서 함께 전율하며 서로의 경계를 허물어간다. 1514년의 작품 〈신들의 향연〉에서 벨라니는 인간과 자연이 조화롭게 균형을 이루고 있는 모습을 시적으로 탁월하게 묘사했다. 베네치아에서 이탈리아 전체, 나아가 유럽의 미술 발전에 지대한 공헌을 한 벨리니는 생전에 크게 명성을 떨쳤으며, 많은 제자가 그 뒤를 따랐다. 그중에서 조르조네와 베첼리오 티치아노는 스승을 능가하는 명성을 얻었고, 베네치아 색채주의를 완성했다는 평가를 받고 있다. 조반니 벨리니는 생전에 약 220여 작품을 남겼다.

<산 자카리아 제단화>(1505)

문학 036

알리기에리 단테

이탈리아의 시인이자 철학자인 알리기에리 단테(Alighieri Dante, 1265-1321)는 피렌체의 몰락한 소귀족 집안에서 태어났다. 프란체스코 수도회에서 경영하는 라틴어 학교와 볼로냐대학교에서 신학과 철학을 비롯해 다양한 학문을 배웠다. 어린 시절 만난 동갑내기 베아트리체를 사랑했지만 그녀와의 사랑은 이루어지지 않았다. 단테는 그녀에 대한 사랑을 일생 동안 간직하며, 구원의 존재로 삼았다.

청년 시절 단테는 혁신적 문학운동을 주도하면서 현실 정치에도 적극 참여하여 행정, 외교, 군사 방면에서 활약했다. 1300년에 그는 피렌체시협의회 회장을 맡았으며, 2년 후 정쟁의 소용돌이에 휘말리면서 반역죄로 기소되어 2년의 유배형과 벌금형을 선고받았다. 그러나 단테는 유죄를 인정하지 않고 판결을 거부하며 망명을 떠났다. 이후 피렌체 정부는 조건부 사면을 허락했으나 단테는 이를 거부했다. 단테는 라벤나에서 말년을 보내다가 말라리아에 걸려 56세로 생을 마감했다. 대표작으로《신곡》이 있으며, 소네트와 칸초네, 발라드로 구성된《신생》, 아리스토텔레스 철학 및 스콜라 철학과 윤리 문제를 논한《향연》, 교회로부터 국가의 독립을 논한《제왕론》등이 있다.

《신곡》은 망명 중 쓴 장편 서사시로 1307년 집필을 시작하여 1321년에 완성했다.《신곡(La Divina Commedia)》의 원래 제목은 '희극(La Commedia)'이었으나 단테의 사후 '신곡'으로 붙여졌다. 호메로스와 베르길리우스의 고전 서사시 전통을 계승한《신곡》은 유럽 중세 사회와 중세의 세계관을 보여주는 걸작으로 평가된다. 단테의 상상 속 여행담인《신곡》은 모두 100가(歌)로 구성되어 있으며, 〈연옥*편〉과 〈천국편〉이 각각 33가, 〈지옥편〉은 서가(序歌)까지 포함하여 34가이다.

《신곡》의 주인공 단테는 35세 때 여행을 시작한다. 인생의 길을 잃고 어두운 숲속을 헤매던 단테가 빛을 향해 나아갈 때 세 마리의 야수(색욕, 교만, 탐욕)가 나타나 그의 앞을 막아선다. 이때 고대 로마의 시인 베르길리우스가 나타나 그를 구해준다. 베르길리우스는 단테에게 자신이 안내하는 영적인 여행을 함께하자고 권한다. 이 여행은 1300년, 부활절 전의 성 금요일에 시작되어 지옥과 연옥을 각각 3일씩 여행한다. 그리고 일주일 후 부활절을 지난 목요일에 천국에 이른다. 단테는 천국으로 통하는 입구에서 베르길리우스와 작별하고, 그곳에서 자신의 뮤즈인 베아트리체를 만난다. 그녀의 안내로 천국의 아홉 단계를 모두 올라간 단테는 신과 마주하고는 삼위일체*의 신비를 깨닫는다. 그는 신의 본질인 사랑을 통해 내적인 변화를 겪고 지상으로 돌아온다.

이처럼《신곡》은 살아서 사후 세계를 여행한 한 개인의 내적 기록이며, 동시에 중세의 다양한 모습과 세계상을 모두 압축하여 담고 있다. 또한 이 서사시는 수세기 동안 기독교의 세계관에 지대한 영향을 끼쳤으며, 중세 말 사람들이 교양을 습득하는 교과서 역할을 했다.

* 연옥: 죽은 사람의 영혼이 천국에 들어가기 전 남은 죄를 씻기 위해 불로써 단련받으며 일시적으로 머무르는 장소

* 삼위일체(三位一體): 성부, 성자, 성령의 세 위격이 하나의 실체인 하나님 안에 존재한다는 교의

세계사 037 스파르타

고대 그리스의 도시국가들은 도시와 그 주변 농촌 지역으로 이루어졌다. 도시국가의 시민 중 상당수는 농민이었다. 스파르타(Sparta)와 아테나는 도시국가 중 가장 규모가 크고 강했다.

스파르타는 도리아인이 펠로폰네소스반도를 정복하여 세운 국가이다. 스파르타 사회는 지배층(도리아인의 후손)인 자유민, 원주민(아카이아인)에서 노예로 전락한 헬로트(국가 소유의 노예), 페리오이코이(반자유민) 등 세 계급으로 이루어졌다. 자유민은 정치에 참여할 수 있었지만 헬로트와 페리오이코이는 금지되었다.

스파르타는 귀족정치 체제였다. 형식적으로 두 명의 왕이 있었고, 평의회와 민회도 있었지만 실제 권력은 다섯 명의 감독관이 쥐고 있었다. 1,500-2,000여 명에 불과한 소수의 자유민이 7만 명에 이르는 페리오이코이와 헬로트를 지배하고 체제를 유지하기 위해서는 강력한 군사력이 필요했다. 스파르타는 입법자인 리쿠르고스가 만든 법률에 따라 자유민들을 엄격하게 교육했다. 국가는 모든 시민의 행동, 교육, 결혼 등을 통제하며 국가에 무조건 복종을 요구했다. 이에 따라 시민은 엄격한 규율 속에 개인의 감정과 욕망, 어려움을 이겨내며 생활해야 했다.

육체적으로 허약하거나 장애를 가지고 태어난 아이는 동굴이나 깊은 산속에 버려졌고, 건강한 남자아이들은 7세가 되면 부모를 떠나 집단생활을 하며 스파르타식 교육을 받았다. 교육은 주로 글을 쓰고 읽는 법과 전투력, 그리고 애국심과 정신력을 기르는 데 집중되었다. 그들은 나라를 위해서라면 언제든지 목숨을 바칠 수 있어야 했다. 스파르타에서는 소녀들에게도 훈련을 시켜 체력과 정신력을 기르게 했다. 그들은 이로써 건강한 아이를 출산할 수 있다고 믿었다. 스파르타의 남성은 성인이 되면 평생 군영에서 생활해야 했고, 30세가 되어서야 결혼도 할 수 있었다. 결혼한 남자는 아이를 낳기 위해 1년에 15일간의 휴가가 주어졌다. 그들은 평상시에 15명씩 팀을 이뤄 생활했는데 전시에는 그것이 전투단위가 되었다. 군인은 소식하며, 검소한 복장에 항상 무기를 지녀야 했고, 국가의 허락 없이 마음대로 시외로 나갈 수 없었다. 만약 규정을 어기면 탈주자로 간주하여 사형에 처했다. 그들은 60세가 되어서야 비로소 가정으로 돌아가 평민이 되었다. 유아기부터 혹독한 교육을 한 덕분에 스파르타는 폴리스 세계에서 최강의 육군을 보유할 수 있었다.

기원전 8세기 중엽에서 기원전 7세기 중엽까지 스파르타는 메세니아와 두 차례에 걸쳐 대규모 전쟁을 치렀다. 이 전쟁에서 승리한 스파르타는 포로를 모두 노예화했고, 메세니아에 대한 잔혹한 통치와 착취를 일삼았다.

기원전 6세기 말, 스파르타는 펠로폰네소스반도의 도시들을 규합하여 펠로폰네소스동맹을 맺었다. 이 동맹의 맹주가 된 스파르타는 그리스의 모든 도시국가 중에서 가장 막강한 지위를 차지하게 되었다.

스파르타 전사들

철학
038 소크라테스

고대 그리스의 철학자이며 윤리학의 아버지로 알려진 사상가 소크라테스(Socrates, 469-399)는 로고스의 세계에서 보편적인 진리를 찾고자 했다.

소크라테스는 아테나에서 석공의 아들로 태어났다. 펠레폰네소스전쟁이 일어나자 마흔의 나이에도 불구하고 중장비 보병으로 델리온전투와 암피폴리스전투에 참전했다. 전쟁이 끝난 후 정계에 진출하여 의회 의장이 되었다.

의회에서 물러난 후 소크라테스는 거리의 철학자로 나서 군중과 함께 진리와 지식 그리고 신에 관한 토론을 벌였다. 당시 아테네 권력층은 이러한 소크라테스의 행위를 정치행위로 간주, 소크라테스가 군중을 선동하여 폭동을 도모하고 있다고 판단했다. 소크라테스는 여러 차례 군중을 선동하는 행위를 멈추라는 경고를 받았지만 그는 변론행위를 멈추지 않았다.

결국 소크라테스에게 경계심을 품고 있던 30명의 참주가 나서서 그를 고소했다. 죄목은 청년들을 선동하여 반란을 도모하고 새로운 신을 끌어들여 그리스의 신들을 모독했다는 것이다. 재판 결과 소크라테스에게 사형이 언도되었고, 시민들의 반발을 우려한 참주들은 소크라테스에게 망명하면 살려주겠다고 회유했다. 그러나 소크라테스는 "악법도 법이다"라며 죽음을 택했다.

소크라테스는 문답을 즐겨 했을 뿐 생전에 단 한 줄의 글도 남기지 않았다. 그의 삶과 사상은 대부분 플라톤과 크세노폰의 저술, 아리스토파네스의 희곡 등에 의해 간접적으로 전해지고 있다. 그의 사후 제자들이 널리 퍼뜨린 소크라테스의 사상은 훗날 메가라학파, 엘리스에레트리아학파, 키니코스학파, 키레네학파 등을 형성하였다.

소크라테스에 관한 기록을 가장 많이 남긴 것은 플라톤이다. 그는 자신의 《대화편》 가운데 후기에 쓴 몇 편을 제외한 모든 작품에 소크라테스를 등장시켰다.

한편, 소크라테스의 아내 크산티페는 악처로 유명하다. 그녀는 소크라테스보다 30세나 어렸고, 소크라테스와의 사이에서 5명의 자식을 두었다.

신화 039

아틀라스

제우스와 크로노스는 우주의 지배권을 놓고 10여 년간 치열한 전쟁을 벌였다. 가이아의 자식들인 키클로페스와 헤카톤케이르는 제우스 편에 섰고, 크로노스의 형제인 아틀라스(Atlās)는 티탄 신족을 이끌며 크로노스 편에 서서 싸웠다. 전쟁은 제우스와 그 형제자매들의 승리로 끝났다. 크로노스는 왕좌에서 쫓겨났으며, 티탄 신족은 타르타로스에 갇혔다. 그리고 전쟁에서 앞장섰던 아틀라스에게는 어깨로 하늘을 떠받치는 가혹한 형벌이 주어졌다. 이 형벌은 영원히 계속되었다. 실제로 그의 이름인 아틀라스는 그리스어로 '지탱하다'라는 뜻이다.

아틀라스는 헤라클레스로 말미암아 잠시 이 형벌에서 벗어날 기회가 있었다. 당시 헤라클레스는 델포이 신탁에 따라 미케네의 왕으로부터 황금 사과를 따오라는 과업을 부여받았다. 황금 사과가 자라는 신들의 정원은 아틀라스가 형벌을 받는 데서 멀지 않은 곳에 있었다. 그 정원은 아틀라스의 딸들인 헤스페리데스와 100개의 머리를 가진 용 라돈이 지키고 있어서 접근이 불가능했다. 헤라클레스는 아틀라스에게 황금 사과를 따다 주면 그동안 대신 하늘을 떠받쳐주겠다고 제안했다. 약속대로 아틀라스는 황금 사과를 3개 따다 주었지만 하늘을 다시 받쳐 들려 하지 않았다. 곤란해진 헤라클레스는 꾀를 냈다. 머리가 아프니 잠시만 하늘을 떠받쳐주면 다시 교대하겠다고 아틀라스를 설득했다. 아틀라스는 그 말을 곧이곧대로 믿고 하늘을 넘겨받았지만, 헤라클레스는 황금 사과를 챙겨서 그 자리를 떠나버렸다. 아틀라스는 형벌을 벗어날 단 한 번의 기회를 놓치고 말았다.

그리스인들은 아틀라스가 서쪽 끝의 지브롤터해협 부근에 살고 있다고 여겼다. 하지만 그를 찾아 떠난 그리스인들은 아틀라스의 모습을 찾을 수 없었고, 그 대신 거대한 산악 지대와 마주쳤다. 그들은 그 산맥이 아틀라스가 돌덩이로 변한 것이라고 생각했다. 그래서 모로코와 알제리에 걸쳐 있는 이 산맥을 아틀라스산맥이라고 불렀다.

아틀라스의 딸들인 헤스페리데스는 '서쪽'이라는 의미이다. 그녀들은 아이글레·

아레투사(에리테이아)·헤스페리아(헤스페라레투사) 등 3명으로 '저녁의 아가씨들'이라 불렸다. 이들은 라돈과 함께 신들의 황금 사과나무 정원을 지켰는데, 이 황금 사과나무는 제우스와 헤라의 결혼을 축하하기 위해 가이아가 헤라에게 선물한 것이었다.

시간이 흐르면서 그리스인들은 아틀라스가 하늘이 아니라 '지구를 떠받치고 있다'는 생각을 하게 되었다. 현대에 이르러 아틀라스는 거대한 지구를 떠받치고 있는 '피곤에 지친 거인'의 모습으로 묘사되곤 한다.

<아틀라스와 헤스페리데스>(존 싱어 사전트, 1925)

종교
040 야곱의 사다리

이삭은 아브라함이 100세, 사라가 90세에 얻은 아들이다. 이삭은 리브가와 결혼하여 쌍둥이 아들을 얻었는데 첫째가 에서, 둘째는 야곱(Jacob)이다. 야곱은 '다른 사람의 장소를 차지한다'는 의미를 지닌 '약탈자'라는 뜻이다. 그는 에서보다 조금 늦게 태어나서 동생이 되었다. 리브가는 출산 전에 신의 계시를 들었다.

"두 민족이 네 태중에 있구나. 그리고 큰 자(에서)는 어린 자(야곱)를 섬기리라."(창세기 25:23)

이 계시는 현실이 되었다. 야곱은 형 에서를 설득하여 장자의 권리를 팥죽 한 그릇에 샀고, 아버지를 속여 형의 축복권을 빼앗았다. 그는 형에게 후환을 당할까 봐 두려워 외삼촌 라반이 사는 하란으로 몸을 피했다. 야곱은 하란으로 가던 중 들판에서 하룻밤을 보내게 되었다. 돌베개를 베고 자던 야곱은 하늘에서 땅까지 이어진 사다리에서 천사가 오르락내리락하는 꿈을 꾸었다. 야곱은 꿈에서 깨어 "여호와께서 과연 여기에도 계시거늘 내가 알지 못하였다"라고 했다. 그는 돌베개를 세워 석상으로 삼고, 그 꼭대기에 기름을 붓고 '이곳은 하나님의 집'이라는 의미의 '베델(벧엘)'이라고 칭했다. 원래 그 장소는 '분리'라는 뜻을 지닌 루스라고 불리던 곳이었다. 그곳에서 야곱은 이렇게 맹세했다.

"만일 제가 이 길을 가는 동안 하나님께서 저와 함께해주시고 저를 지켜주셔서 먹을 양식과 입을 옷을 마련해주시고 무사히 아버지 집으로 돌아가게 해주신다면 저는 여호와를 제 하나님으로 모시고 제가 세운 이 석상을 하나님의 집으로 삼겠습니다. 하나님께서 무엇을 주시든지 그 십분의 일을 반드시 드리겠습니다."(창세기 28:17-22)

그 후 벧엘은 성경에서 의미 깊은 장소가 되었다. 라반의 집에서 지내게 된 야곱은 외삼촌의 둘째 딸 라헬을 사랑하게 되었다. 라반은 야곱에게 라헬과 결혼을 조건으로 7년 동안 봉사할 것을 요구했다. 그런데 결혼식 첫날밤, 라반은 라헬을 큰딸 레아로 바꿔치기했고, 이에 야곱은 라헬을 얻기 위해 다시 7년간 라반을 위해 일해야 했다. 아버지 이삭을 속였던 그가 이제는 라반에게 속임을 당한 것이다.

야곱은 두 아내 레아와 라헬, 그리고 두 첩 빌하와 실바에게서 13명의 아들을 낳았다. 그중 열두 아들 '아셀, 베냐민, 단, 갓, 잇사갈, 요셉, 유다, 레위, 납달리, 르우벤, 시므온, 스불론'은 후에 이스라엘 12지파의 조상이 되었다.

<에서와 야곱의 화해>(프란체스코 하예즈, 1844)

음악
041
바로크 음악

바로크 음악(Baroque Music)은 16세기 말부터 18세기 중엽까지 유럽에서 유행한 음악으로, 약 150년간 찬란한 불꽃을 피웠다.

바로크는 언뜻 보기에 복잡하고 다양한 양식 속에 담긴 형체를 분간하기 어려우나 크고 웅장한 양식을 가리킨다. 본래는 건축 양식에 쓰였으나 음악에서도 이를 받아들여 답답하고 단조로운 르네상스 음악에 대조되는 새로운 양식의 개념으로 사용되었다.

최초의 바로크 음악은 이탈리아의 음악 애호가 조반니 데 바르디 백작가에서 시작되었다. 이곳에서 카메라타*는 화성이나 대위법적인 요소 없이 하나의 성부로만 이루어진 소위 단음악*을 창안해냈다. 이후 단음악은 바로크 음악의 효시가 되었다.

성악을 통해 발전되던 바로크 음악은 악기가 급속도로 발달하자 이탈리아를 중심으로 기악곡에 의해 주도되어갔다. 현재 우리가 접할 수 있는 바로크 음악은 대부분 이탈리아 출신의 바이올리니스트 조반니 비탈리, 주세페 토렐리, 아르칸젤로 코렐리, 안토니오 비발디에 의한 것이다. 당시 역사상 최고 수준의 현악기 제조 기술에 힘입어 콘체르토 그로소(합주 협주곡)와 트리오소나타라 불리는 독특한 바로크 형식이 완성되었다.

합주 협주곡은 나중에 협주곡 형식으로 발전되었는데 독주군과 합주군으로 나뉘어 다중 협주곡의 묘미를 보여주고 있을 뿐 아니라 음악적 대화를 통해 별미를 느끼게 한다. 이탈리아 바로크의 진수를 만끽하려면 위에 열거한 네 사람의 작품을 들어보아야 한다. 그중에서도 비발디의 작품들은 가장 화려하고 충만한 음량감을 느끼게 해준다.

* 카메라타(Camerata): 16세기 후반 이탈리아의 예술가 집단. 피렌체의 예술 후원자였던 백작 조반니 데 바르디의 살롱에 모이던 학자, 시인, 음악가 들의 모임을 말한다.

* 단음악: 화성이나 대위법적 요소가 없이 하나의 성부로만 이루어진 음악. 또는 그런 형식. 그리스 음악이나 초기 교회 음악 등이 이에 속한다.

미술 042

산드로 보티첼리

이탈리아 르네상스 시대의 화가 산드로 보티첼리(Sandro Botticelli, 1445-1510)는 본능적인 감성의 소유자이자 고뇌하는 지식인이었다. 피렌체의 고독한 인본주의 거장 보티첼리는 세속적이면서도 이지적인 시적 이상을 추구하며, 자극적이면서도 유연하고 우아하게 쭉 뻗어나가는 선의 아름다움을 구현했다. 그는 도미니크회의 수도사이자 종교개혁가인 지롤라모 사보나롤라의 세기말적 종교 성향에 동조했다가 금욕적인 미(美)와 지(知)의 세계에 심취했다.

보티첼리는 이탈리아 피렌체에서 태어났다. 그의 본명은 알렉산드로 필리페피이다. 보티첼리는 아버지의 권유로 일찍이 금속 세공사의 공방에서 도제 수업을 받았는데, 이때의 경험은 그의 예술 세계에 결정적인 영향을 미친다. 이후 그는 필리포 리피의 공방에 입문한다. 이 무렵 메디치가의 궁에서는 신플라톤주의 철학자 마르실리오 피치노의 명성이 자자했는데, 그의 이론은 보티첼리를 비롯한 동시대 예술가들에게 큰 영감을 주었다.

피치노의 철학은 종교의 의미와 인간의 입지에 대한 동시대인들의 의문에 해답을 제시하는 동시에 순수한 이상을 추구했던 플라톤의 사상을 통해 교화와 기독교의 쇄신을 시도했다. 그에 따르면 미는 피조물을 창조자에게로 인도하는 신비로운 통로이며, 세속적인 요소와 천상의 이상이 조화롭게 어울린 모습이다.

보티첼리는 인문주의자이자 시인인 폴리치아노의 서사시에서 영감을 받은 장식적·상징적·신화적·세속적 주제의 대형 작품을 주로 제작했다. 또한 피치노의 영향을 받아 신플라톤주의의 사상을 반영하는 작품들을 그리기도 했고, 메디치가의 저택을 장식하기 위해 문학과 역사에서 주제를 찾기도 했다. 이때 제작한 작품으로 유명한 〈비너스의 탄생〉과 〈봄〉이 있다. 이 작품들은 메디치가의 빌라 디 카스텔로를 장식했다. 또한 금속 세공사 협동조합의 주문으로 여러 점의 종교화를 그렸고, 교회 주문으로 제단화를 제작하거나 교황 식스토 6세의 의뢰를 받아 프레스코화를 완성하기도 했다. 그는 〈수태고지〉, 〈마니피카트의 성모〉, 〈신비의 강탄〉, 〈성모대관〉 등의 작품을 남겼다.

문학 043

조반니 보카치오

조반니 보카치오(Giovanni Boccaccio, 1313-1375)는 단테, 프란체스코 페트라르카와 함께 이탈리아 르네상스 문학의 3대 거장으로 불린다. 이들 세 사람은 르네상스 인문주의의 토대를 마련했다고 평가받는다.

보카치오는 설화 문학의 대가로 라틴어 방언과 이탈리아어를 구사한 작품을 남기면서 유럽 근대 문학의 발현을 이끌었다. 그의 작품《데카메론》은 오랫동안 산문의 본보기가 되었으며, 이 작품의 사실주의는 형식과 내용 측면에서 문학을 새로이 정의하게 만들었다.

보카치오는 상인이자 은행가의 사생아로 태어났다. 그의 어머니에 대한 기록은 없다. 그는 유복한 가정에서 부족함 없이 자랐다. 그의 계모는 보카치오를 친자식처럼 대했다.

어린 시절, 가정 교사를 통해 고전을 배운 보카치오는 단테에 심취했다. 그는 단테를 존경하여 자신의 롤 모델로 삼았으며 평생 단테의 영향 아래 글을 썼다. 만년에는 단테의 전기를 집필하고, 피렌체의 교회에서 단테의《신곡》을 강의할 정도였다. 그는 또 이탈리아의 시인이자 인문주의의 선구자인 페트라르카를 자신의 문학적 스승으로 삼았다.

14세 때부터 가업을 이어받기 위해 나폴리의 은행에서 금융과 교역 업무를 배웠던 보카치오는 단테 같은 위대한 문인이 되고자 결심함으로써 금융에는 관심을 두지 않고 화가, 작가, 학자 들과 어울리며 사교 활동에 열중했다. 그 사실을 안 보카치오의 아버지는 아들에게 법학을 시키려고 나폴리대학교에 보냈다. 그러나 대학에서도 보카치오는 법률 공부를 팽개치고 라틴어 고전과 프로방스 문학 연구에 심취했다. 또한 나폴리 왕궁에 드나들면서 궁정 문화 및 궁정 문학 양식을 습득했다. 이 무렵 그는 나폴리의 로베르토 왕의 서녀이자 유부녀인 마리아와 인연을 맺었는데, 이후 마리아는 보카치오의 삶과 문학에 큰 영향을 끼친다.

1340년 아버지가 운영하던 은행이 파산하자 보카치오는 더 이상 후원을 받을 수 없었다. 그는 후원자를 찾아다니며 글을 쓰고 사교 활동을 이어갔다. 초기에는 신화에서 모티브를 가져와 기사도나 연애를 다룬 서사시와 산문을 주로 썼다. 이 시기에 발표된 작품들은 대부분 통속연애류에 불과했지만 대중에게는 큰 인기를 끌었다.

1353년에 발표한《데카메론》은 이탈리아어로 쓰인 최초의 산문 작품이다. 피렌체에 페스트가 창궐하자 7명의 남자와 3명의 여자가 재앙을 피해 토스카나의 한 별장으로 피난하여 10일 동안 매일 돌아가며 다양한 이야기를 들려주는 형식의 이야기다. 총 100편의 이야기가 담겨 있는데 사랑과 욕망, 행복, 운명과 같은 인간의 삶을 일상적 풍경으로 풀어낸 이 작품은 매우 세속적이면서 조잡하고 음탕하기까지 하다. 그 내용이 비도덕적이라는 이유로 종교재판에서 이 책을 금서 목록에 올려놓았다. 하지만 아이러니하게도 당시 대부분의 카톨릭 성직자들이 이 금서를 즐겨 읽었다고 한다.

보카치오는 1350년경부터 20여 년간 피렌체의 외교사절, 시의원, 대사 등으로 활동하다가 1370년 건강이 악화되면서 모든 활동을 중단하였다. 고향 체르탈도에서 은거에 들어간 그는 5년 후 세상을 떠났다. 대표작으로《데카메론》,《피아메타》,《테세우스 이야기》,《이교신들의 계보》,《단테의 생애》 등이 있다.

세계사
044
춘추전국 시대

기원전 770년 중국 대륙을 지배하던 주나라의 수도 호경이 이민족에게 점령당했다. 주 왕은 수도를 버리고 동쪽의 뤄양(낙양, 낙읍)으로 천도했다(기원전 403). 360여 년의 이 전란 시기를 춘추 시대라 한다. 주 왕조의 권위는 땅에 떨어졌고, 국력은 쇠약해졌다. 그 틈에 각 지방의 유력한 제후들이 패권을 노리고 서로 다투었다. 주나라의 천도 후 진의 시황제가 중국을 통일한 기원전 221년까지 약 200년 동안을 전국 시대라고 한다. 춘추전국 시대(春秋戰國時代)의 명칭은 공자가 편찬한 노나라의 역사서《춘추》와 한나라 유향이 쓴《전국책》에서 유래되었다.

장강 유역의 이민족인 초의 장왕이 북방으로 세력을 확대하여 중원을 위압하며 '왕위의 경중을 묻는다'(주 왕의 권위를 모욕함)고 하자 주 왕실의 제후들은 '주 왕을 받들어 모시고 이민족 오랑캐를 물리치자'는 명분 아래 결속을 강화했다. 그러나 기원전 453년 중원의 대국 진(晉)나라에 하극상이 일어나 한(韓), 위(魏), 조(趙) 세 나라로 분열된다. 기원전 403년 주의 위열왕은 하극상을 일으킨 이 세 사람을 제후로 봉했다. 이후 주 왕의 권위는 상실되고 힘이 세상을 지배하는 세상이 되었다. 이 시기의 왕은 일개 제후에 불과했고, 대제후를 '왕'이라 불렀다. 강한 힘을 가진 왕들은 전쟁을 일으켜 약소국의 영토를 정복해서 중앙집권적인 영역국가를 형성했다. 최종적으로 진(秦), 연, 제, 한, 위, 조, 초 일곱 나라만 남았는데 이들 국가를 '전국 7웅'이라고 했다.

전국 시대에는 전차를 중심으로 한 보병대로 개편되어 수십만의 대군을 동원할 수 있었다. 이에 전쟁의 규모가 커지자 피해가 많은 전쟁을 피하는 것이 현명한 왕의 조건이 되었다. 손자는 '백 번 전쟁을 하여 이기는 것보다 전쟁을 하지 않고 이기는 것이야말로 가장 뛰어난 일이다'라고 병법서에 적었다. 즉, 정치적 협상이 중요해진 것이다.

한편, 춘추 시대 말기에 혈연에 의한 지배 체제가 무너지면서 중앙집권적 지배 시스템의 필요성이 대두되었다. 국가는 새로운 개척지나 점령지를 다스리기 위해 인재가 필요했기에 왕들은 인재를 확보하고자 학문을 장려하고 보호했다. 이렇게 해서 '제자백가'라 불리는 많은 학문의 유파가 생겨났다.

춘추 말기에 공자에서 시작한 학파를 '유가'라고 하는데, 유가의 가르침은 중국을 대표하는 사상이 되었다. 전국 시대가 되자 공자를 계승한 맹자는 '성선설'을 주장했다. 반면 순자는 '성악설'을 주장했는데, 그를 계승하여 법을 운용하는 방법과 수단에 의해 사람을 다스려야 한다고 주장한 것이 법가의 사상을 집대성한 한비다. 묵자는 공평한 천도에 의거한 겸애와 교리를 강조했고, 노자는 천지만물의 원인인 도에 충실해야 한다고 주장했다. 춘추전국 시대는 수많은 학자와 학파가 출현하여 유세를 펼쳤던 제자백가 시대였음이다.

철학
045 플라톤

고대 그리스의 대표 철학자 플라톤(Plato, 기원전 427-기원전 347)은 소크라테스의 제자이자 아리스토텔레스의 스승으로도 알려져 있다. 그는 레슬링에 뛰어난 재능과 실력을 보였는데, 레슬링 교사가 그에게 '떡 벌어진 어깨'라는 뜻의 '플라톤'이라는 별명을 붙여주었다.

아테네의 귀족 가문 출신인 플라톤은 태어나면서부터 문화생활과 정치생활의 중심에 서 있어야 했다. 그러나 30인의 참주에 의한 독재를 경험한 그는 정치를 멀리하고, 그 대신 소크라테스의 문하에서 철학에 몰두했다.

소크라테스가 부당한 죽음을 당하자 플라톤은 고향을 떠나 메가라의 에우클레이데스에게 가 머물렀다. 기원전 390년경에는 약 2년 동안 이집트 등지를 여행하고, 타라스(타란토)로 가서 피타고라스주의자인 아르키타스와 친교를 맺었다. 이때 피타고라스의 학문과 사상, 학습 방법과 교육 체계 등을 익혔다. 이는 후에 아카메데이아를 세우는 교육적 기반이 되었다.

아테네로 돌아온 플라톤은 유럽 최초의 대학인 아카메데이아를 세우고, 철학, 수학, 천문학, 동물학, 식물학 등 다양한 학문을 가르쳤다. 몇 차례 자신의 철학을 현실 정치에서 시험하려고 했으나 성과를 얻지는 못했다.

플라톤은 스승인 소크라테스의 철학을 후세에 전하기 위해 집필을 시작했다. 그리고 스승과 나눈 대화를 저작으로 남겼다. '모든 철학은 플라톤 철학의 주석일 뿐이다'라는 말이 있을 정도로 플라톤의《대화편》에는 철학적 문제의 기본이 총망라되어 있다.

플라톤은 81세에 '쓰면서 죽었다'라고 전해진다. 아테네 시민들은 그가 죽자 그를 '아폴로의 아들'로 부르며 추앙했다. 플라톤은《소크라테스의 변론》,《크리톤》,《파이돈》등 30여 편에 달하는 방대한 대화록을 남겼는데 그 안에 담긴 이데아론(형이상학), 국가론 등은 고대 서양 철학의 정점으로 평가받는다.

신화 046 아폴론과 다프네

사랑의 신 에로스는 항상 활을 지니고 있었다. 어느 날 태양의 신 아폴론(Apollōn)은 에로스를 보고 장난기가 발동했다. 그는 에로스의 작은 활이 꼬마에게 딱 어울리는 물건이라고 놀렸다. 이에 화가 난 에로스는 아폴론을 골탕 먹이기로 마음먹었다.

며칠 후 아폴론이 사냥을 나가자 에로스는 몰래 그 뒤를 따라갔다. 이때 아폴론이 사냥하는 숲에 강의 신 페네오스의 아름다운 딸들이 모여 즐겁게 노는 모습이 보였다. 그중 막내인 다프네(Daphné)는 자매들 중에서 가장 아름다웠다.

에로스는 황금 화살을 아폴론에게 쏘고 납 화살을 다프네에게 쏘았다. 황금 화살은 사랑의 마음을 불러일으키는 힘이 있었고, 납 화살은 상대의 사랑을 거부하게 만드는 힘이 있었다. 화살의 효과는 즉시 나타났다.

아폴론은 다프네를 보자마자 사랑에 빠졌고, 다프네는 아폴론의 사랑을 거부하며 도망갔다. 하지만 다프네를 향한 아폴론의 사랑은 더욱 불타올랐고, 다프네는 더욱 강하게 아폴론의 사랑을 뿌리쳤다. 아폴론은 계속 다프네를 쫓았고, 다프네는 계속 도망갔다. 쫓고 쫓기는 추격전 끝에 다프네는 기운이 빠져 더는 도망갈 수 없었기에 눈물을 흘리며 아버지에게 도움을 요청했다. 페네오스는 아폴론보다 하급 신이었기에 감히 대항하지 못하고 딸을 월계수로 만들었다. 아폴론은 월계수로 변한 다프네를 끌어안은 채 슬피 울었고 이후 월계수를 자기를 상징하는 나무로 삼았다.

그리스인들은 월계수의 잎과 가지를 엮어서 만든 둥근 관을 경기의 승리자들에게 씌워 아폴론의 뜻을 기렸다. 이후 월계관은 명예·영광의 상징으로서 영웅이나 시인의 영관(榮冠)에 사용되었고, 일반적으로 가장 뛰어난 사람을 찬양하는 추상적 표현으로도 사용되고 있다.

종교 047 요셉

요셉(Joseph)은 야곱의 열한 번째 아들이며, 그 이름의 뜻은 '그(여호와)가 더 하신다'라는 의미이다. 창세기는 아브라함이나 이삭, 야곱보다 요셉의 이야기에 가장 많은 지면을 할애하고 있다. 야곱은 라헬의 소생인 요셉을 유난히 사랑해 요셉에게만 특별한 색동옷을 지어 입힐 정도였다.

요셉에 대한 야곱의 편애는 다른 형제들의 질투와 미움을 불러왔다. 그뿐만이 아니었다. 요셉은 형들의 곡식 단이 자기 단에 절하는 꿈을 꾸었고, 다시 해와 달과 열한 개의 별이 자기에게 절하는 꿈을 꾸었다. 이 말을 들은 형제들은 요셉을 더욱 미워하였다. 결국, 질투심에 불탄 형들은 요셉을 노예 상인에게 팔아넘기고는 요셉의 옷에 짐승의 피를 뿌려서 마치 요셉이 맹수에게 잡아먹힌 것처럼 아버지를 속였다.

이집트에 팔려간 요셉은 왕실 호위대장 보디발의 종이 되었다. 그는 정직하고 성실하게 일을 해서 주인으로부터 늘 신뢰를 받았다. 그런데 보디발의 아내가 요셉을 유혹했고, 요셉은 이를 거절했다. 화가 난 보디발의 아내는 요셉이 자신을 겁탈하려 했다며 모함했고, 보디발은 요셉을 감옥에 가두었다. 요셉은 감옥에서 만난 이집트 왕의 시종에게 꿈을 해몽해주었다. 그 시종은 요셉의 해몽대로 풀려나 복직되었다. 왕이 불길한 꿈을 꾸자 시종이 요셉에 대해 말했고, 왕은 요셉을 불러 자신의 꿈을 들려주었다. 요셉은 왕의 꿈에 대해서 7년 동안의 풍년 후에 7년 동안 극심한 기근이 닥칠 것이라고 해몽했다. 왕은 요셉의 말을 믿었고, 기근에 대비해서 여분의 식량을 저장했다. 그 덕분에 이집트는 기근이 시작되었을 때 어려움을 겪지 않고 무사히 위기를 넘겼다. 왕은 요셉을 크게 신임하며 그에게 막강한 권한을 주었다. 마침내 요셉은 유대인의 몸으로 이집트의 총리대신이 되었다.

한편 가나안에도 흉년이 들자 요셉의 형제들은 식량을 구하기 위해 이집트로 왔다. 그들은 노예 상인에게 팔아넘겼던 동생이 이집트의 총리가 된 것을 알고는 두려움에 떨었다. 그러나 요셉은 형들을 원망하지 않았고, 오히려 용서와 사랑으로 포용했다.

두려워 마소서 내가 하나님을 대신하리이까 당신들은 나를 해하려 하였으나 하나님은 그것을 선으로 바꾸사 오늘과 같이 만민의 생명을 구원하게 하시려 하셨나니 당신들은 두려워 마소서 내가 당신들과 당신들의 자녀를 기르리이다 하고 그들을 간곡한 말로 위로하였더라

_ 창세기 50:19-21

요셉은 아버지와 형제들을 이집트로 불러들여 극진하게 대접하였다. 야곱이 세상을 떠난 후 그의 유골은 이스라엘 민족이 모세를 따라 이집트를 떠날 때 가나안으로 옮겨져 그곳에 묻혔다. 요셉과 형제들은 이스라엘 12보카치오지파의 조상이 되었다.

루이지 콜라니가 설계한 <원죄 없는 잉태 기둥의 요셉>

음악
048
요한 제바스티안 바흐

바흐의 가문은 200년 동안 50여 명의 음악가를 배출했다. 바흐의 아버지와 할아버지 모두 음악가였다. 바흐는 평소 음악가의 피가 흐르는 자신의 가문을 자랑스러워했다고 한다. 바흐는 8형제 중 막내였다.

요한 제바스티안 바흐(Johann Sebastian Bach, 1685-1750)가 여덟 살 때 그의 어머니가 세상을 떠났고, 다음 해 그의 아버지마저 세상을 떠났다. 졸지에 고아가 된 바흐의 형제들은 친척들 집으로 뿔뿔이 흩어졌다. 형제 중 막내였던 바흐는 큰형인 요한 크리스토퍼의 집으로 들어갔다. 큰형은 촉망받는 오르간 연주자였다.

바흐는 어려운 환경과 여건 속에서도 음악에 대한 열정을 불태웠다. 그는 형의 악보를 몰래 훔쳐보며 공부했고, 프랑스 음악을 듣기 위해 60마일이나 되는 거리를 걸어서 갔으며, 생활비가 떨어지면 남의 집 고용살이를 하면서까지 음악 공부를 했다. 교회의 연주자로 근무하면서도 대가들을 찾아다니며 배우고 연구하기를 쉬지 않았다. 그는 언제나 새로운 시도를 했고, 늘 남보다 앞서가는 개혁의 선구자였다.

바흐의 일생은 초기의 아이제나흐 시대, 궁정 오르가니스트로 활약하던 바이마르 시대, 오르간곡과 평균율 피아노곡집 등을 작곡한 쾨텐 시대, 그리고 세인트 토마스 교회의 지휘자 겸 음악감독으로 근무한 라이프치히 시대로 구분할 수 있다. 바흐는 이곳에서 장장 27년간이나 근무했다.

바흐는 사별한 첫 부인에게서 7명, 두 번째 부인에게서 13명의 자녀를 두었다. 부양해야 할 가족이 많았던 바흐는 일정한 보수가 보장되는 안정적인 직장이 필요했다. 세인트 토마스 교회는 바흐에게 경제적 필요를 충족시켜주었고, 그는 성실하게 음악에 전념할 수 있었다. 바흐의 음악은 모든 서양 음악 속에 뿌리를 내린 채 지금도 우리와 함께 살아 숨쉬고 있다.

독일 뮌헨 왕립아카데미 작곡과 교수 막스 레거는 바흐에게 다음과 같이 찬사를 보냈다.

"바흐는 모든 음악의 시작이며 끝이다."

바흐는 말년에 백내장을 앓았고 안과 수술을 받았지만 안타깝게도 실명하고 말았다. 하지만 음악에 대한 열정에 무리하게 작곡을 계속하던 그는 건강이 악화되어 세상을 떠나고 말았다. 오스트리아의 작곡가 아널드 쇤베르크는 바흐에게 이렇게 찬사를 보냈다.

"바흐는 12음 음악의 선구자이며, 그의 음악은 최대한의 완전함을 획득하였다. 하지만 베토벤도 하이든도 그리고 가장 완전함에 근접했다는 모차르트조차도 끝내 바흐와 같은 완전함에는 도달할 수 없었다."

바흐는 전통적인 대위법 양식에다 새로운 화성적 양식을 조화시킴으로써 바로크 시대에는 생각조차 하지 못했던 표현에 도달했다. 그래서 베토벤은 바흐에게 '화성의 아버지'라는 찬사를 보냈다. 바흐의 음악은 깊은 종교성과 소박한 인간적 내음이 조화를 이루어 무한한 감동을 안겨준다. 바흐의 음악을 이해하려면 무엇보다 작품 속 핵심사상인 신앙심을 이해해야 한다. 독실한 개신교 신자로서 바흐는 자신의 음악적 재능을 모두 쏟아부어 하나님을 찬양했다. 주요 작품으로 〈전주곡과 푸가〉, 〈마태오수난곡〉, 〈토카타〉, 〈바이올린 협주곡〉, 〈브란덴부르크 협주곡〉, 〈평균율 클라비어곡집〉, 〈골트베르크 변주곡〉 등 무려 500여 작품이 넘는다.

미술
049 르네상스 미술

르네상스는 14세기 이탈리아에서 시작하여 16세기 유럽 전역에서 일어난 인간성 해방을 위한 문화혁신운동이다. 르네상스는 '재탄생'을 뜻하며, 문학, 미술, 음악 등 예술운동에서 특정한 시대를 의미한다. 르네상스 정신이 두드러지게 표현된 것은 무엇보다 미술 분야였다.

미술에서 최초로 르네상스의 문을 연 화가는 지오토였다. 그는 명료하고 단순한 구조와 심리적 통찰이 돋보이는 작품 세계로 회화에서 새로운 변혁을 가져온 선구자였다.

15세기에는 피렌체를 중심으로 안드레아 만테냐와 산드로 보티첼리가 활약했다. 만테냐는 지오토에서 시작된 르네상스 회화의 중요한 흐름을 더욱 발전시켜 새로운 성과를 만들어냈다. 그는 원근법을 대담하게 적용시켜 작품에 웅장한 스케일을 표현해냈고, 주제의 극적 효과를 고조시키는 대상 표현법으로 그림에 실재감을 불어넣었다. 만테냐보다 14년 늦게 태어난 보티첼리는 메디치가에 모여든 인문주의 학자들이나 시인들과 교류하며 인문주의적 교양을 쌓았다. 그는 신플라톤주의의 영향을 받아 그리스 시대의 고전주의 주제를 많이 채택해서 그렸다. 그중 대표적인 작품이 〈비너스의 탄생〉과 〈봄〉이다.

16세기에는 로마와 밀라노, 베네치아 등지에서 레오나르도 다 빈치, 미켈란젤로 부오나로티, 라파엘로 산치오 같은 거장들이 활약했다. 이 세 명은 르네상스 시대의 3대 화가로 불린다. 다 빈치는 조각, 건축, 수학, 과학, 음악, 철학에 이르는 모든 분야에서 천재성을 발휘하며, 전성기 르네상스 지식인의 표상으로 우뚝 섰다. 회화의 법칙과 질서를 학문적으로 접근한 그는 많은 작품을 남기지는 않았지만 〈최후의 만찬〉과 〈모나리자〉 등 미술사에서도 손꼽히는 위대한 작품들을 남겼다. 또한 시체를 해부하고 기록한 스케치북을 남겨 의학 발전에도 크게 기여했다. 다 빈치보다 23년 늦게 태어난 미켈란젤로는 조각과 회화에서 천재성을 발휘했다. 그는 고대 그리스, 로마 조각을 연구하여 자신만의 개성을 살린 〈피에타〉와 〈다비드〉 등의 조각상을 제작했다. 고대 조각의 숨결을 되살린 그의 조각 양식은 르네상스를 대표하는 형식이 되었다. 또한 회화 작품으로 〈시스티나 성당 천장화〉와 〈최후의 심판〉 같은 대작을 남겼다. 다 빈치와 미켈란젤로가 전 유럽에 명성을 떨치고 있을 때 태어난 라파엘로는 두 천재 화가의 영향을 흡수하면서도 자신만의 독자적인 화풍을 구축했다. 그의 작품은 완벽한 균형과 조화에서 우러나오는 우아한 아름다움과 생명감으로 충만하다. 대표작으로 〈아테네 학당〉이 있다. 이들에 의해서 대략 35년간 지속된 르네상스 회화 양식이 완성되었다. 당시 피렌체의 권력을 장악한 메디치가는 미술가들에 대한 지지와 후원을 아끼지 않았고, 이러한 토대 위에서 르네상스 미술(Renaissance Art)은 찬란한 꽃을 피워낼 수 있었다.

문학

050 제프리 초서

영국의 시인 제프리 초서(Geoffrey Chaucer, 1342–1400)는 근대 영시의 창시자이자 영문학의 아버지로 불린다. 프랑스 시의 작시법을 최초로 영어에 적용했으며, 인간에 대한 깊은 통찰과 해학적 필치로 일상을 그렸다.

당시 문학 작품들은 대부분 라틴어나 프랑스어로 쓰였고 영국에서도 예외가 아니었다. 영어로 쓰인《캔터베리 이야기》는 영어가 프랑스어와 라틴어를 대신하여 중세 후기에 문학적 표준이 되는 영문학의 초석을 놓은 셈이었다. 이후 영문학은 유럽 문학과 밀접한 관계를 가지게 되었다.

제프리 초서는 영국 런던에서 대대로 포도주 도매업을 하는 부유한 가정에서 태어나 어려서부터 라틴어, 프랑스어, 자연과학, 고전 등 고급교육을 받았다. 그는 17세 때 에드워드 3세의 며느리 얼스터 백작부인의 수행원으로 활동하면서 영향력 있는 귀족들과 친분을 쌓았다. 이 귀족들의 사교 모임에서 그는 프랑스 문학을 접하고 시에 관심을 가지기 시작했다.

당시 궁정에서 유행하던 프랑스 시의 영향을 받은 그는《장미 이야기》를 영어로 번역하고,《공작부인의 책》을 써 자신의 문학적 후원자였던 랭커스터 공작부인의 죽음을 애도하였다. 이 무렵부터 초서 작품의 특징인 해학적이고도 자연스러운 필치, 인물의 개성 어린 묘사 등이 드러난다.

1359년 프랑스와 영국 간에 벌어진 전쟁에 참전했다가 루앙전투에서 포로로 잡혔다. 몸값을 지불하고 풀려난 후 영국과 프랑스의 평화협정 사절로 파견된 초서는 이후 공직에 나가 외교사절로 활약한다. 1372년 외교사절로 이탈리아에 보카치오와 단테의 작품을 접하고 그들에게서 문학적 영향을 받았다. 특히 보카치오의《데카메론》은 초서의 대표작인《캔터베리 이야기》의 서사 방식과 구조에 큰 영향을 끼쳤다.

《캔터베리 이야기》는 성 토머스 베케트 주교의 유골이 안치된 캔터베리 대성당으로 참배를 떠난 31명의 순례자가 번갈아 이야기를 하는 형식이다. 총 24편으로 구성된 이야기 속 순례자들은 기사, 방앗간 주인, 면죄부를 파는 사람, 사제, 법률가, 목수, 직조공, 대학생, 요리사 등 각계각층의 사람들이며 그들의 이야기 또한 설교, 우화, 영웅전, 기사 문학에 이르기까지 중세 설화 문학의 모든 장르가 집약되어 있다. 초서는 서문에서 등장인물의 외모, 성격, 태도, 버릇, 말투 등을 마치 실재하는 인물처럼 생생하게 묘사했다.

공직에 나간 초서는 에드워드 3세, 리처드 2세, 헨리 4세에 이르는 세 명의 국왕으로부터 신임을 받으며 승승장구했다. 런던 항구의 세관 담당자, 웨스트민스터 사원이나 런던 탑 등 왕실 토목공사 책임자를 거쳐 치안 판사와 국회의원을 역임했다. 세상을 떠난 그는 웨스트민스터 사원에 묻혔는데 당시 평민으로서는 그가 최초였다.

제프리 초서

세계사 051

알렉산드로스 대왕

기원전 338년 북방의 마케도니아가 그리스의 폴리스 세계에 새로운 강자로 부상했다. 마케도니아의 필리포스 2세는 아테네와 테베* 등 그리스 연합군과 카이로네이아전투에서 승리한 후 그리스 세계를 하나로 통합했다.

기원전 336년 필리포스 2세가 암살당하자, 그의 아들인 알렉산드로스(Alexandros the Great, 기원전 356~323)가 20세의 나이에 마케도니아 왕위를 계승했다. 당시 페르시아 제국은 서서히 붕괴되고 있었고, 곡창 지대인 이집트는 페르시아의 지배에서 벗어나려 하고 있었기에 알렉산드로스는 페르시아를 정복할 기회라고 판단했다.

기원전 334년 알렉산드로스는 마케도니아와 그리스 연합군을 이끌고 페르시아 원정에 나섰다. 그의 군대는 무산 계급인 시민과 상인 그리고 노예까지 섞여 있었고, 군량미는 10일분뿐이었다. 하지만 그는 페르시아와 첫 전투에서 전력의 열세를 전술로 극복하며 승리했다. 그 결과 소아시아 서쪽을 차지할 수 있었다.

기원전 333년, 소아시아 해안의 이수스에서 벌어진 페르시아와의 전투에서 다시 승리한 알렉산드로스는 그 후 페니키아를 점령하고 여세를 몰아 이집트로 갔다. 그는 이집트를 점령한 뒤 몰락한 그리스인을 정착시키기 위해 나일강 하구에 도시를 건설하고 자신의 이름을 따서 '알렉산드리아'라 칭했다. 당시 많은 그리스인이 궁핍하고 혼란한 그리스를 떠나 동방으로 이주해갔다. 알렉산드리아는 인구가 50만에 이르렀고, '없는 것은 눈뿐'이라고 할 만큼 풍요를 누렸다. 이후 점령지 곳곳에 알렉산드리아가 세워졌는데 그 수가 70여 개에 이르렀다.

알렉산드로스 제국은 아테네의 그리스어를 토대로 페르시아어 등 여러 언어가 뒤섞여 만들어진 '코이네'가 공통어가 되었다. 이러한 융합적인 문화를 헬레니즘(그리스풍) 문화라고 하는데, 알렉산드로스가 페르시아 제국을 멸망시킨 기원전 330년부

* 테베: 그리스 보이오티아 지방에 있던 고대 도시국가. 기원전 371년에 스파르타를 쳐부수고 그리스의 패권을 장악하였으나, 기원전 335년에 마케도니아의 알렉산드로스 대왕에게 멸망당했다.

터 분열한 세 왕국 가운데 가장 마지막까지 남은 이집트 왕국이 로마에 의해서 무너진 기원전 30년까지 300년 동안을 '헬레니즘 시대'라고 부른다.

페르시아 제국을 멸망시킨 알렉산드로스는 스스로 페르시아 제국을 계승하고자 페르시아의 공주와 결혼했고, 80명의 고관과 1만여 명의 장병을 페르시아 여성과 결혼시켰다. 알렉산드로스는 이집트와 시리아 등 많은 지역에 조폐소를 만들어 페르시아 제국에서 몰수한 막대한 양의 지금(地金, 다듬어서 상품화하지 않은 황금)을 화폐로 바꾸었다. 알렉산드로스는 그 화폐로 바빌론을 수도로 하는 신제국을 건설하려고 했다. 그러나 뜻하지 않게 열병에 걸려 33세로 요절했다.

알렉산드로스의 죽음은 아무도 예상하지 못했던 너무나도 갑작스러운 상황이었다. 제국의 체제는 미처 갖춰지지 못했고, 후계자에 대한 지명도 없었다. 제국의 후계 자리를 놓고 장군들 간에 치열한 세력 다툼이 벌어졌다. 결국 제국은 시리아, 이집트, 그리스와 마케도니아의 세 왕국으로 분열했다. 이 왕국들은 나중에 모두 로마에 정복된다.

알렉산드로스 대왕의 부조

철학
052 아리스토텔레스

아리스토텔레스(Aristoteles, 기원전 384-기원전 322)는 소크라테스, 플라톤과 함께 고대 그리스 철학의 3대 학자로, 학문 전반에 걸친 백과전서적 학자로서 만학(萬學)의 아버지라 불렸다.

플라톤의 수제자였던 그는 스승 플라톤의 이데아론을 비판하고 형이상학 체계를 세워 독자적인 세계관을 형성했다. 플라톤은 이 세계를 이데아의 세계와 감각의 세계로 나누었다. 그리고 감각의 세계는 이데아의 복사판에 불과하며 허상이라고 했다. 하지만 아리스토텔레스는 감각의 세계 속에 있는 물체 그 자체를 만물의 실체라고 했다. 그가 플라톤의 이데아 세계를 비판한 것은 현실 세계에 펼쳐진 현상들을 플라톤의 이데아론으로 설명할 수 없다고 판단했기 때문이다. 아리스토텔레스가 제자들과 학원의 산책길(페리파토스)을 거닐며 철학 토론을 한 데서 그의 제자들은 페리파토스학파(소요학파)라고 불렸다.

아리스토텔레스는 트라키아의 스타게이로스에서 태어났다. 마케도니아 필리포세 2세의 주치의였던 아버지 덕분에 아리스토텔레스는 어려서부터 실용적인 학문에 눈을 떴다. 18세 때 아테네로 건너온 그는 플라톤의 아카데메이아에 입학한 후 20년 동안 플라톤의 가르침을 받으며 정치학, 철학, 자연과학, 의학, 윤리학, 수학 등 모든 학문에 통달했다.

기원전 347년, 아리스토텔레스는 플라톤이 세상을 떠나자 소아시아 서해안의 아소스로 건너간다. 그곳의 지배자인 헤르메이아스의 정치 상담역으로 일하던 중 그 누이동생과 결혼했다. 아소스에 정착한 아리스토텔레스는 아카데메이아 분교를 개설했다. 하지만 헤르메이아스가 페르시아에 끌려가 살해되자, 쫓기는 신세가 되어 레보스섬으로 몸을 피한다. 그곳에서 아리스토텔레스는 뜻밖의 기회를 만난다. 마케도니아 필리포스 2세의 아들인 알렉산더의 가정 교사를 맡게 된 것이다. 기원전 342년부터 아리스토텔레스는 알렉산드로스 왕자(훗날의 알렉산드로스 대왕)를 가르치면서 8년 동안 마케도니아 왕궁에 머물렀다. 알렉산드로스가 왕위에 오르자 아리스토텔레스는 아테네에 돌아와 철학학원 리케리온을 세웠고, 12년 동안 철학, 자연과학, 의학, 역사학 등을 가르쳤다.

또한 《오르가논》으로 총칭되는 논리학 저서들을 비롯해 《자연학》, 《정치학》, 《니코마코스윤리학》, 《형이상학》 등의 방대한 저서를 집필했다.

알렉산드로스 대왕이 죽고 난 후 아테네에서 반마케도니아 정치 세력이 대두하자, 목숨의 위협을 느낀 아리스토텔레스는 아테네를 떠나 도망자생활을 하다 에보이아의 칼키스에서 62세를 일기로 생을 마쳤다.

<자신의 아이들을 신에게 바치는 눈먼 오이디푸스>(베니녜 가녜로, 1784)
아리스토텔레스는 《시학》에서 소포클레스의 《오이디푸스 왕》을
완벽한 비극이 어떻게 구성되어야 하는지에 대한 예로 사용하였다.

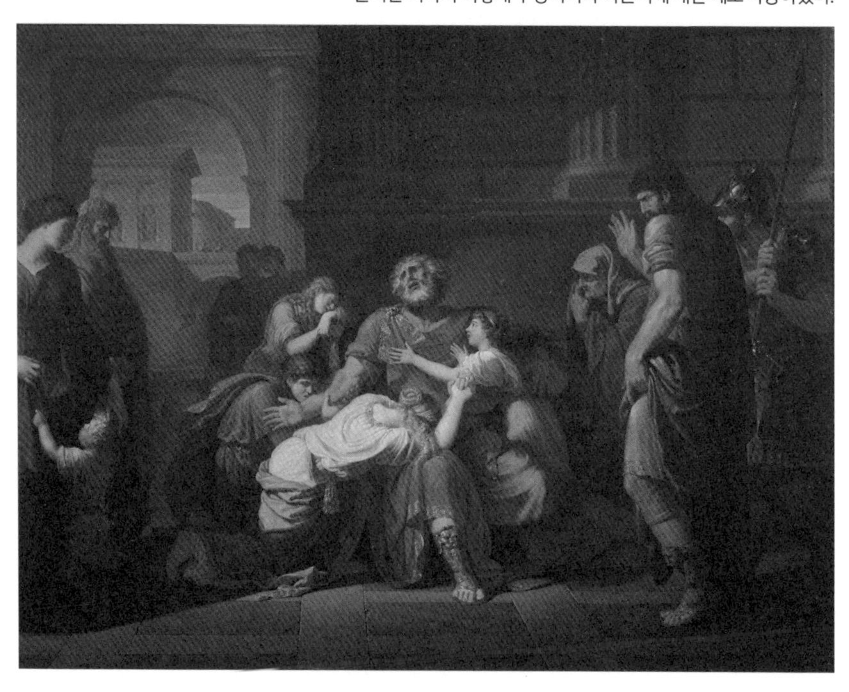

신화 053

아르테미스와 악타이온

아르테미스(Artemis)는 태양의 신 아폴론의 쌍둥이 남매로, 여성의 순결을 지키는 '처녀의 수호신'이요 천체를 관장하는 '달의 여신'이다. 아르테미스 역시 늘 활과 화살통을 메고 다녔는데 '궁술의 신'이라 불리는 아폴론에 필적할 만큼 활쏘기의 명수였다. 그녀는 '수렵의 여신'으로 사냥꾼을 보호하는 동시에 숲속 동물들의 번식을 돕기도 했다. 어린 시절에 아르테미스는 아버지 제우스에게 평생 처녀로 지내면서 님프*들과 함께 들을 누비며 살게 해달라고 부탁했다. 그녀는 성장해서 처녀의 수호신이 되었고, 자신을 추종하는 님프 플레이아데스들과 함께 숲을 누비며 사냥을 즐겼다.

어느 날 아르테미스는 사냥을 마친 후 님프들과 함께 숲속 계곡에서 목욕을 하고 있었다. 그때 멀지 않은 곳에서 사냥감을 찾아다니던 테베의 왕자 악타이온(Actaion)은 숲속에서 들려오는 여자들의 감미로운 웃음소리에 호기심이 발동했다. 악타이온이 웃음소리가 들려온 곳으로 다가가니 그곳에는 신비로운 아름다움을 간직한 소녀들이 벌거벗은 채 물장구를 치며 물놀이를 하고 있었다. 악타이온은 소녀들의 아름다움에 넋을 잃고 그녀들에게 다가갔다. 악타이온을 발견한 님프들은 비명을 질렀고, 아르테미스는 크게 분노했다. 그제야 님프들 사이에서 아르테미스 여신을 알아본 악타이온은 크게 놀라서 두려움에 떨며 용서를 구했다. 하지만 아르테미스는 그의 용서를 받아들이지 않고 저주를 내렸다. 악타이온은 순식간에 수사슴으로 변했다. 악타이온은 공포에 사로잡혀 그곳을 도망쳤으나 자신이 데려온 사냥개들과 마주쳤다. 악타이온은 주인을 알아보지 못하고 사납게 덤벼드는 사냥개들에 놀라 도망쳤지만 추격을 뿌리치지 못했고, 비참한 최후를 맞이했다.

* 님프(Nymph): 그리스 신화에 나오는 요정(妖精)의 총칭. 그리스인들은 특정한 자연현상 속에 님프가 있다고 생각했다. 이를테면 나무에는 드리아드, 산에는 오레아스, 물에는 나이아스, 바다에는 네레이스가 산다고 믿었다.

종교
054 모세

모세(Moses)는 히브리어로 '끌어내다' 또는 '들어 올리다'라는 의미이다. 야곱의 후손들이 이집트에 정착한 지 400년이 지나자 인구가 급속도로 늘어났다. 그 수가 약 200만 명에 이르렀으니 당시 이집트보다 많았다. 이집트의 왕 람세스 2세는 야곱의 후손인 유대인들이 이집트 사회에 미칠 영향을 두려워했다. 람세스 2세는 유대인의 인구 증가를 막기 위해 사내아이가 태어나면 모두 죽이라고 명령했다. 유대인의 씨를 말리겠다는 목적이었다.

모세의 어머니 요게벳은 갓 태어난 아들을 집에서 몰래 키웠으나 더는 안전하지 않음을 깨달았다. 그녀는 모세를 방수 처리된 파피루스 상자에 넣어 나일강에 떠내려 보냈다. 마침 나일강에 목욕하기 위해서 나왔던 공주가 우연히 아기 울음소리를 듣고 모세를 구해 양자로 삼았다. 모세는 이집트 왕궁에서 자라게 되었다.

모세는 어른이 된 후 마침내 자신의 진짜 운명을 알게 되었다. 모세가 40세 되던 해, 그는 이집트인이 유대인을 때리는 것을 목격하고 그 이집트인을 죽였다. 이 사건으로 모세는 미디안 땅으로 도피하여 40년 동안 목동으로 지냈다.

80세가 되던 해, 그는 떨기나무 덤불에 불이 붙은 것을 봤는데 덤불이 전혀 타지 않았다. 자세히 살피러 불꽃에 가까이 다가가자 그 가운데서 신의 음성이 들렸다. 신은 모세에게 이스라엘 민족을 이집트에서 구해내서 젖과 꿀이 흐르는 땅 가나안으로 인도하라고 명령했다. 모세는 40년 만에 이집트로 다시 돌아가 람세스 2세에게 유대인들을 데려가도록 허락해달라고 요구했다. 하지만 왕은 단번에 거절했다. 그러자 이집트에 재앙이 내리기 시작했다. 그러나 람세스 2세는 요동조차 하지 않았고 그럴수록 재앙은 더욱 가혹해졌다. 드디어 열 번째 재앙이 닥쳤다. 람세스 2세의 맏아들과 이집트의 모든 맏아들 그리고 가축들 가운데 처음 난 것이 모두 죽어 나갔다. 그제야 람세스 2세는 유대인이 떠나는 것을 허락했다. 그러나 이집트를 빠져나온 유대인들이 홍해에 도착했을 때 이집트의 군대가 그들을 추격해 왔다. 신은 바다를 갈라 길을 내고 유대인들을 무사히 건너게 했다. 이집트 군대가 그들 뒤를 쫓아 바다의 길로 들어서자 갈라진 물길은 다시 합쳐졌고, 이집트 군사들은 모두 목숨을 잃었다.

바다를 건넌 모세는 무리를 이끌고 시나이산에 당도했다. 혼자 시나이산의 정상에 오른 모세는 40일의 기다림 끝에 신으로부터 직접 십계명을 받았다. 한편 산 밑에서 모세를 기다리던 유대인들은 40일이 다 되도록 모세가 내려오지 않자 혼란에 빠졌다. 그들은 두렵고 당황한 나머지 자신들의 앞길을 인도해줄 금송아지를 만들었다. 이 금송아지는 당시 가나안 지방에서 섬기던 바알 신의 형상이었다. 십계명이 기록된 석판을 들고 산에서 내려온 모세는 사람들이 금송아지 앞에서 춤추며 경배하는 모습에 격노했다. 그는 석판을 던져 금송아지를 부수고, 가루를 내어 물에 타서 사람들에게 마시게 했다. 우상을 숭배한 죄로 그날 죽임을 당한 사람만 3,000여 명에 이르렀으며, 이스라엘 민족은 40년 동안 광야에서 방황해야만 했다.

모세는 다시 시나이산에 올라 40일간 신과 교통하면서, 십계명과 함께 이스라엘 민족을 위한 율법을 받았다. 이후 모세는 이스라엘 민족의 광야생활을 이끌며 그들에게 율법을 가르쳤다. 이집트에서 탈출했던 1세대 유대인들은 대부분 광야생활 중 세상을 떠났다. 그러나 그 후손들은 마침내 고대하던 약속의 땅 가나안에 들어갈 수 있었다.

음악
055 게오르크 프리드리히 헨델

게오르크 프리드리히 헨델(Georg Friedrich Händel, 1685-1759)은 오라토리오* 〈메시아〉로 널리 알려진 음악가이다. 그가 세속과 대중을 상대로 창조한 음악은 극적이고 웅대하며 명랑하고 활달하여 따뜻한 인간미가 넘쳤다.

헨델은 어려서부터 음악에 뛰어난 재능을 보였다. 그러나 의사이자 이발사인 그의 아버지는 헨델이 음악가가 되는 것을 싫어했다. 헨델은 교회에서 오르간 수업을 받았지만 아버지의 눈을 피해 연습해야만 했다. 아버지가 세상을 떠난 후 비로소 헨델은 음악 공부에 전념할 수 있었다고 한다.

헨델은 21세 때 대망을 품고 로마로 갔다. 이탈리아 음악을 꿈꾸며 새로운 길을 개척하기 위한 목적이었다. 그는 로마에서 이탈리아 음악을 접하고 여러 작곡가와 교류하며 서로 영향을 주고받던 중 신진 작곡가로서 점차 두각을 나타냈다. 건반악기 연주자로도 활약하던 그는 독일로 돌아와 하노버 궁정의 음악감독으로 일했다. 그러던 중 휴가를 얻어 영국의 런던에 간 그는 복귀하지 않고 일방적으로 런던에 눌러앉았다. 그 일로 헨델은 하노버 후작의 노여움을 샀으나 런던에서 앤 여왕의 총애를 받으며 승승장구했다. 그는 런던에서 궁정 음악가로 활동하며 명예와 부를 얻어 즐겁고 풍요로운 삶을 만끽했다.

헨델은 1727년 42세에 영국으로 귀화했으나 앤 여왕의 갑작스러운 죽음으로 곤란한 상황에 놓였다. 새로 등극한 조지 1세가 헨델을 음악감독으로 고용했던 하노버 궁정의 후작이었기 때문이다. 조지 1세는 헨델의 궁정 음악가 직위를 박탈하고 연금을 몰수했다. 졸지에 오갈 데 없는 처지가 된 헨델은 조지 1세의 마음을 돌리기 위한 방법을 모색했다. 그는 국왕이 템스강에서 자주 뱃놀이를 즐긴다는 사실을 알고는 아름답고 흥겨운 관현악 조곡*을 만든 뒤 오케스트라를 배에 태워 국왕이 뱃놀이를 즐기는 근처에서 연주하게 했다. 연주는 성공적이었다. 조지 1세는 그 연주에 매우 흡족해했고 헨델에게 품었던 분노를 거두었다. 이때 연주한 곡이 바로 20여 개의 소곡으로 이루어진 관현악 모음곡 '수상 음악'이다.

유럽을 누비며 세속 음악과 오페라에 심혈을 기울였던 헨델도 나이 50이 넘으면서 종교 음악으로 눈을 돌렸다. 그는 오라토리오라는 음악 형식에 남은 인생의 모든 정력을 쏟아부었다. 1741년, 아일랜드의 수도 더블린의 자선 음악 단체에서 헨델을 초청해 신작 연주를 의뢰했다. 헨델은 그해 8월에 착수해 3주에 걸쳐 불멸의 명곡 〈메시아〉를 완성한다. 메시아는 제1부 '메시아에 대한 예언과 탄생', 제2부 '예수의 수난과 죽음, 부활과 승리', 제3부 '성도들의 부활과 영원한 생명'으로 구성되었는데 헨델은 작곡하는 내내 감동과 영적 체험 속에서 마치 신들린 사람처럼 이 곡을 완성했다고 한다. 1742년 4월 더블린에서 〈메시아〉가 초연되었을 때 지역 언론은 〈메시아〉를 음악 역사상 최고의 작품이라며 극찬했다. 다음 해 조지 1세가 참석한 런던 연주회에서 메시아가 연주되던 중 제2부 마지막 합창곡인 '할렐루야'에서 벅찬 감동을 이기지 못한 조지 1세가 벌떡 일어나자 모든 청중이 함께 일어나서 들었다고 한다. 이후 지금까지도 '할렐루야'를 합창할 때는 일어나서 듣는 것이 관례로 이어지고 있다.

파란만장한 삶을 살았던 헨델은 평생 독신으로 살며, 음악에 모든 삶의 에너지를 쏟았다. 세상을 떠난 후 그는 웨스트민스터 사원에 안장되었으며 영국의 국가적 음악가로서 존경받고 있다.

* 오라토리오(Oratorio): 16세기 무렵에 로마에서 시작한 종교적 극음악

* 조곡(Suite): 몇 개의 소곡을 배열한 기악곡. 모음곡이라고도 한다.

미술
056 레오나르도 다 빈치

르네상스가 낳은 천재 화가 레오나르도 다 빈치(Leonardo da Vinci, 1452-1519)는 미술, 과학, 해부학, 조각, 건축, 토목, 수학, 음악에 이르기까지 그야말로 다방면에 천재성을 보였다. 그는 과학적 탐구 정신으로 예술을 비롯한 모든 분야의 학문을 두루 섭렵하며 정밀한 관찰과 엄격한 사실성을 토대로 '예술-과학' 이론을 정립했다. 복잡하면서도 체계적인 연구를 통해 끊임없이 회화의 이상을 추구하여 독창적인 구성과 원근법 및 스푸마토*를 구사하여 기존의 회화 양식에 변혁의 바람을 몰고 왔다.

다 빈치는 피렌체 근교의 작은 마을 빈치에서 사생아로 태어났다. 아버지 세르 피에르는 공증인이었고, 어머니는 농사꾼의 딸이었다. 두 사람은 신분 차이 때문에 결혼하지 못했고, 다 빈치가 태어날 당시 그의 아버지는 다른 여자와 결혼한 상태였다.

어려서부터 다방면에 재능을 보인 다 빈치는 수학과 음악 등 다양한 학문을 배우면서 특히 그림을 즐겨 그렸다. 1469년 아버지의 친구인 안드레아 델 베르키오의 공방에서 10년간 도제로 일했다. 그는 이 시기에 절정에 이른 피렌체 문화를 만끽했다. 그리고 피렌체 정부를 이끌던 로렌초 데 메디치와 신플라톤주의 철학자 마르실리오 피노치의 영향을 받았다.

1470년대 초 다 빈치는 스승 베르키오를 도와 〈그리스도의 세례〉 제작에 참여하여 그림 왼편에 사랑스러운 표정을 띤 천사의 옆모습을 그렸다. 그 솜씨가 자신보다 더 뛰어난 것을 보고 충격을 받은 베르키오는 이후 그림을 그리지 않았다고 한다. 〈수태고지〉, 〈지네브라 데 벤치〉, 〈카네이션을 든 성모〉 등이 다 빈치의 초기 작품이다.

다 빈치는 회화뿐 아니라 문학과 철학, 과학과 기술, 지질학과 해부학에도 관심을

* 스푸마토(Sfumato): 이탈리아어로 '연기'라는 의미이며 안개와 같이 색을 미묘하게 변화시켜 색깔 사이의 윤곽을 명확히 구분할 수 없도록 자연스럽게 옮아가도록 하는 명암법이다. 인물이나 물체의 윤곽선을 흐릿하게 처리하는 이 기법은 레오나르도 다 빈치가 처음 시도하였으며, 화면 전체에 깊이와 오묘함을 더해줄 뿐 아니라 원근감과 공간감을 느끼게 해준다.

가졌는데 그의 과학 저작 모음집인《코덱스 레스터》를 통해 이를 확인 할 수 있다. 과학과 기술에 대한 호기심이 왕성했던 다 빈치는 밀라노 공작가의 초청을 받고 3년간 공학 기술자로 일했으며, 밀라노 총독 체사레 보르자를 위해 군사 건축가로도 일했다. 이 시기에 불멸의 명작 〈모나리자〉를 제작한다. 그는 만년에 교황 레오 10세의 동생인 줄리아노 메디치의 후원으로 3년간 로마에 머물면서 과학과 기술 연구에 전념했다.

1516년 후원자였던 줄리아노 메디치가 사망하자 다 빈치는 프랑스 국왕 프랑수아 1세의 초청을 받고 프랑스로 갔다. 그리고 3년 후 프랑스 중부 루아르강 유역의 앙부아즈에서 생을 마감했다.

<레오나르도 자화상>(프란체스코 멜치)

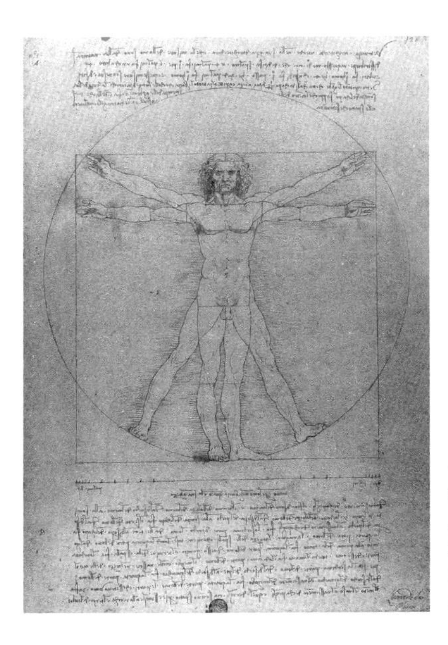

<비트루비안 맨>(레오나르도 다 빈치, 1487)
카이사르와 아우구스투스 황제 시대에 활동한
로마의 유명한 건축가 비트루비우스의 저서를 접하고
다 빈치가 이를 드로잉으로 그려낸 것으로,
비율에 대한 관심과 인간을 우주의 원리와
연결시키려는 그의 시도를 볼 수 있다.

문학

057 미셸 몽테뉴

미셸 몽테뉴(Michel Eyquem de Montaigne, 1533-1592)는 16세기 프랑스 문학을 대표하는 문학가이자 사상가, 교육학자이다. '나는 무엇을 아는가?'라는 명제 아래 날카롭고 철저한 자기 비판적 수필을 남기며 모럴리스트 문학의 토대를 쌓았다. 그는 문학사에 '에세이'라는 장르를 추가했다.

몽테뉴는 프랑스 남부 페리고르의 몽테뉴성에서 태어났다. 그의 집안은 남작령에 해당하는 몽테뉴성과 영지를 소유한 귀족 가문으로, 아버지는 보르도 시장을 역임했고 어머니는 스페인계 유대인이었다. 몽테뉴의 아버지는 몽테뉴가 갓 돌을 넘긴 시기부터 프랑스어를 전혀 모르는 독일인 가정 교사에게 맡겨 라틴어를 배우게 했다. 그리고 몽테뉴가 라틴어로 유창하게 대화하는 수준에 이르자 비로소 프랑스어를 가르쳤다. 이는 라틴어를 몽테뉴의 모국어로 만들어주고 싶었던 아버지의 교육관에 따른 것이었다.

몽테뉴는 툴루즈대학교에서 법률을 공부하고 21세 때 페리괴의 조세재판소에서 판사로 근무했다. 하지만 법관생활은 그의 적성에 맞지 않았다. 이 시기에 그는 문필가이자 언어학자인 판사 에티엔 드 라보에티와 교류하며 우정을 쌓았다. 진로를 고민하던 몽테뉴는 가톨릭 금욕주의자였던 라보에티에게 많은 영향을 받았다. 하지만 그가 젊은 나이에 요절하면서 몽테뉴는 친구를 잃은 슬픔에 한동안 방황했다.

그는 보르도 고등법원 판사의 딸과 결혼해 여섯 명의 딸을 두었으나 한 명을 제외한 다섯 딸이 모두 어려서 세상을 떠났다. 1568년 아버지가 세상을 떠나자 작위를 물려받고 몽테뉴의 영주가 된 그는 이듬해 에스파냐의 신학자 레이몽 스봉의 라틴어 학술서《자연신학》을 번역해서 출간했다. 이후 그는 공직에서 물러난 후 몽테뉴성의 탑에 도서관을 설치하고, 그곳에 틀어박혀 저술에 몰두했다. 이곳에서 몽테뉴 문학의 대표적 저술인 수필집《수상록》이 탄생했다. 이 작품집은 짧고 형식에 매이지 않는, 개인적 색채를 띤 소논문으로 이루어졌는데, 이 형식에서 에세이 장르가 탄생했다. 2권짜리 수상록은 훗날 수정 및 증보하여 총 3권으로 출간되었으며(1588

년), 몽테뉴가 천착한 문제들을 중심으로 한 모든 독단적 사고에 대한 비판을 담고 있다. 그는 '나는 누구인가?', '나는 나 자신으로 무엇을 만들 수 있는가?', '나의 눈으로 세계를 보게 되면 어떻게 보일까?'라는 질문을 던진다.

1580년 몽테뉴는 신장 결석이 생겨 요양 차 스위스와 이탈리아로 여행을 떠났다. 이 여행에서 《여행기》를 집필했다. 여행 도중에 보르도 시장으로 선출되어 여행을 떠난 지 18개월 만에 귀국했다. 당시 프랑스는 가톨릭동맹과 신교도동맹 사이의 종교 내란, 페스트 창궐 등 혼란스러운 시기였다. 몽테뉴는 종교 내란 종식을 위해 중재에 나섰으나 실패하자, 신교 측 수장인 나바라(나바르)의 왕 앙투안 드 부르봉과 프랑스 국왕 앙리 3세의 동맹을 추진한다. 후계자가 없던 앙리 3세는 앙투안 드 부르봉을 왕위 계승자로 지명하고 1589년 앙리 3세가 구교동맹으로부터 암살당하자 앙투안 드 부르봉이 즉위하여 앙리 4세가 되었다. 몽테뉴는 앙리 4세에게 충성하고, 보르도 지역이 앙리 4세를 지지하도록 이끌었다.

세계사
058

포에니전쟁

기원전 264년 로마는 그리스인과 힘을 합쳐 카르타고와 전쟁을 벌였다(포에니전쟁, Punic Wars). 이 전쟁은 기원전 146년 로마의 승리로 끝났고, 바다로 진출한 로마는 지중해 세계를 통일했다. 그 후 동지중해로 세력을 넓혀 기원전 146년 마케도니아를, 기원전 64년에는 시리아를, 기원전 30년에는 이집트를 차례로 정복했다. 지중해의 제해권을 장악하고 지중해 주변의 광대한 토지를 차지한 로마가 지중해 세계를 통일한 것이다.

기원전 3세기에 들어서면서, 카르타고는 이집트의 아프리카 연안과 지중해의 에스파냐 연안을 지배했다. 로마와 카르타고의 충돌은 그리스인의 거주지인 시칠리아에서 시작되었다. 그리스인들은 수세기 동안 카르타고인과 경쟁관계에 있었으며, 당시 로마의 속주(식민지)였던 이탈리아 남부와 동맹을 맺고 있었다. 로마와 카르타고 제국 사이의 충돌은 불가피했다.

제1차 포에니전쟁에서 승리한 로마는 시칠리아섬을 손에 넣었고, 사르데냐와 코르시카를 정복했다. 이로써 23년 동안 계속된 제1차 포에니전쟁은 끝이 났다.

제2차 포에니전쟁(한니발전쟁)은 카르타고의 명장 한니발의 무훈이 빛났다. 초반부터 로마군은 한니발의 전술에 휘말려 패전을 거듭했다. 기원전 216년 로마군과 카르타고군은 칸나이에서 격돌했다(칸나이전투). 로마는 8만여 대군을 두 명의 집정관이 직접 이끌었고, 한니발은 5만의 군사로 이에 맞섰다. 전투는 격렬했고, 결과는 참혹했다. 로마군은 두 집정관과 80여 원로원 의원이 사망했고, 포로 1만여 명을 제외한 군사 대부분이 전사했다. 이후 로마군은 직접적인 전투를 피하고 전쟁을 지구전으로 끌고 갔다. 로마는 이탈리아반도에서 한니발과 대치하면서 한편으로 명장 푸블리우스 코르넬리우스 스키피오(대大스키피오)가 한니발의 근거지인 이베리아반도를 완전히 평정하고, 카르타고의 본거지를 직접 공격했다. 위기에 빠진 카르타고에서는 한니발을 급히 본국으로 소환했고, 전장은 카르타고로 옮겨졌다. 기원전 202년, 기병대 없이 전투에 나선 한니발은 자마에서 스키피오가 이끄는 로마군과 치열한 전투를 벌였다(자마전투). 이 전투에서 로마군이 승리하면서 제2차 포에니전쟁은 막을 내렸다. 패장이 된 한니발은 시리아로 망명하여 재기를 노렸으나 뜻을 이루지 못하고 피신처에서 자살했다. 한니발과의 자마전투에서 승리한 스키피오는 이후 '대(大)아프리카누스'로 불렸다.

제3차 포에니전쟁은 카르타고의 숨통을 완전히 끊은 전쟁이다. 로마는 서지중해에서 카르타고 대신 에스파냐를 지배했고, 동지중해에서는 계속해서 마케도니아, 시리아, 이집트가 서로 전쟁을 벌였다. 그리스 또한 폴리스 간의 분열로 도시동맹은 매우 위태로웠다. 이러한 국제 정세는 로마의 개입과 영토 확장의 기회를 가져왔다. 로마는 일련의 외교적·군사적 조처를 통해 몇 년 사이에 전 지중해의 지배자로 자리매김했다.

철학 059

디오게네스

디오게네스(Diogenēs, 기원전 400-기원전 323)는 그리스의 견유학파(犬儒學派, 키니고스학파)의 대표적 철학자로, 시노페의 디오게네스라고도 한다. 가난하지만 부끄러움이 없는 자족생활을 실천하였다. 일광욕을 하고 있을 때 마케도니아의 알렉산드로스 대왕이 찾아와 소원을 묻자 아무것도 필요 없으니 햇빛을 가리지 말고 비켜달라고 하였다는 일화가 유명하다.

디오게네스는 그리스의 시노페에서 태어났다. 그의 아버지는 사기를 친 후 금을 가지고 달아나다가 붙잡혀 감옥에서 사망했다고 전해진다. 아버지의 사건 때문에 곤란해진 디오게네스는 아테네로 달아났고, 그곳에서 소크라테스의 제자 안티스테네스를 만났다.

소크라테스의 문하에는 여러 부류의 제자가 있었다. 플라톤이 학문적이고 사회적인 소크라테스를 이었다면 안티스테네스는 반학문적이고 반사회적인, 거리의 삶을

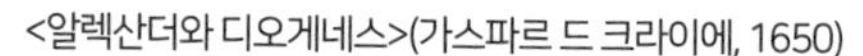
<알렉산더와 디오게네스>(가스파르 드 크라이에, 1650)

살던 소크라테스를 이었다. 안티스테네스가 세운 견유학파는 말 그대로 세속적인 탐욕을 버리고 개처럼 떠돌며 무욕한 생활을 이상으로 하는 철학적 무리였다. 그들은 '무욕'이 곧 덕이라고 주장했고, 인간의 욕심을 생명 유지에 필요한 정도의 물질만 소유하는 것으로 제한했다.

디오게네스는 안티스테네스의 제자가 되기로 결심하고 그를 찾아갔으나 거절당했다. 그는 포기하지 않고 며칠 동안 끈질기게 요청한 끝에 겨우 허락을 받아 안티스테네스의 제자가 되었다. 이후 오랫동안 스승의 곁에 머물면서 가르침을 받았다. 오랜 수업이 끝나고 안티스테네스의 곁을 떠난 디오게네스는 지중해 연안국들을 떠돌았다. 그는 누더기 같은 외투 하나로 옷과 이불을 대신했고, 나무로 만든 둥근 술통 하나로 집을 대신했다. 그는 진정한 행복과 자유를 위해서는 문명을 좇는 욕망을 버려야 한다고 생각했다. 들개처럼 자유롭게 돌아다니며 구걸로 생명을 지켜나가는 것이 그의 유일한 일과였다.

그는 가끔 이렇게 말했다.

"나는 개처럼 살고 싶다. 왜냐하면 개야말로 아무런 부족함도 느끼지 않고 어떤 위선도 행하지 않기 때문이다."

그의 지론을 존중한 후세 사람들은 그의 동상 위에 개의 모형을 그려 넣었다.

<통에 앉아 있는 디오게네스>(장 레옹 제롬, 1860)

신화
060 판

목동과 가축의 신 판(Pan)은 상체는 인간이고 하체는 염소의 모습이며 머리에는 조그만 뿔이 나 있다. 그리스 신화에 따르면 아르카디아 지방 출신으로 아버지는 헤르메스, 어머니는 요정 드리옵스로 알려져 있다. 일설로는 어머니가 트로이전쟁의 영웅인 오디세우스의 아내 페넬로페이아라고도 한다. 그 외 아버지가 제우스, 크로노스, 디오니소스라는 주장과 어머니는 칼리스토, 히브리스라는 주장도 있어 그의 진짜 부모가 누구인지는 알 수 없다.

판이 태어났을 때, 흉측한 아들의 모습에 그의 어머니는 두려움에 사로잡혀 아기를 숲에 버렸다. 그 사실을 안 헤르메스는 판을 토끼 가죽에 싸서 올림포스로 데려갔다. 반인반수의 괴상한 모습 때문에 어머니에게 버림받은 아기는 그 모습 때문에 오히려 올림포스 신들의 귀여움을 독차지한다. 특히 디오니소스의 애정이 각별했다. 신들은 모두를 즐겁게 해주었다며 아이에게 판이라는 이름을 지어주었다.

숲이나 들판에서 가축을 기르며 살던 판은 성적 욕구가 강해서 항상 요정이나 미소년을 보면 치근덕댔다. 어느 날 판은 아르카디아의 님프 시링크스를 만났다. 그녀는 처녀신 아프로디테를 따르는 요정 중 하나였다. 판이 치근덕대자 시링크스는 정절을 지키기 위해 라돈강으로 달아났다. 강물에 막혀 더 이상 도망치지 못하게 된 시링크스는 친구인 강의 님프들에게 도움을 요청해 갈대로 변신하였다. 그 모습을 본 판은 아쉬움에 자리를 떠나지 못하고 멍하니 갈대만 바라보고 있었다. 때마침 바람이 불어와 갈대가 서로 부딪치면서 감미로운 소리를 냈다. 판은 그 소리에 매료되어 갈대를 잘라 피리를 만들었다. 그 피리가 바로 판의 피리, 즉 팬파이프(판파이프, 목신의 피리)이다. 판은 피리에 시링크스라는 이름을 붙여서 늘 몸에 지니고 다녔다.

판은 성격이 변덕스럽고 괴팍했으며 자주 화를 냈다. 그는 낮잠을 즐겨 잤는데 누군가가 낮잠을 방해하면 히스테리를 부리며 사람이나 동물에게 공포를 불어 넣어 패닉 상태에 빠뜨렸다. 당황과 공포를 뜻하는 '패닉(Panic)'은 바로 여기서 유래했다.

종교
061 소돔과 고모라

가나안에 정착한 아브라함과 롯은 흉년이 들자 이집트 땅으로 갔다. 그곳에 머물다가 다시 이집트에서 나왔을 때 아브라함과 롯의 목자들이 서로 다투는 일이 잦아졌다. 원인은 가축은 많고 풀과 물이 넉넉한 땅은 부족하여 서로 좋은 땅을 차지하려고 했기 때문이다.

'그 땅이 그들의 동거를 용납하지 못하였으니 곧 그들의 소유가 많아서 동거할 수 없었음이니라.'(창세기 13:6-7)

결국, 롯이 분가하는 것으로 문제가 정리되었다.

'우리는 한 골육이라 나나 너나 내 목자나 네 목자나 서로 다투게 말자. 네 앞에 온 땅이 있지 아니하냐. 나를 떠나라. 네가 좌하면 나는 우하고 네가 우하면 나는 좌하리라.'(창세기 13:8-11)

이때 롯이 선택한 곳이 요르단강 계곡에 있는 비옥한 소돔(Sodom)이었다. 그곳은 인접한 고모라(Gommorrah)와 더불어 매우 부패하고 타락한 도시였다. 아브라함은 자신이 믿는 하나님이 이 두 도시를 파괴할 것임을 알게 되었다. 그는 타락한 사람들 때문에 아무 죄도 없는 사람들마저 죽어서는 안 된다며 신에게 항의했다. 더구나 소돔에는 그의 조카 롯이 살고 있었다. 신은 아브라함에게 만약 그곳에서 열 명의 의인을 찾을 수 있다면 두 도시를 파괴하지 않겠다고 약속했다. 그러나 두 도시에서 의인은 열 명이 되지 않았다. 결국, 신은 두 도시를 파괴하기로 마음먹었지만, 아브라함을 생각하여 롯과 그의 가족을 구하기로 하고 천사 둘을 보냈다. 롯은 천사들을 집으로 초대하고 식사를 준비했다. 그때 소돔 사람들이 롯의 집으로 와서 "이 밤에 당신을 찾아온 남자들은 어디 있소? 누군지 보게 데려오시오(창세기 19:5)"라고 요구했다. 롯은 시집 안 간 자신의 딸을 대신 내어주었으나 그들은 만족해하지 않았다. 그때 상황이 좋지 않음을 간파한 천사들은 사람들의 눈을 멀게 했다. 그리고 롯에게 가족을 데리고 소돔을 떠나라고 재촉하며, 도망갈 때 절대 뒤를 돌아보지 말라고 당부했다. 롯은 가족을 데리고 인근의 작은 도시 소알('작다'라는 뜻)로 도망쳤다. 그들이 소알 땅을 밟았을 때 해가 떠올랐다. 하늘에서 유황불이 소돔과 고모라에 쏟아져 거기에 있는 도시들과 사람들과 땅에 돋아난 초목들까지 모조리 태워버렸다. 롯의 일가족은 무사히 소돔에서 탈출했으나, 천사의 당부를 무시한 롯의 아내는 뒤를 돌아보다가 소금 기둥이 되고 말았다. 롯은 소알에 정착하여 모아브와 암몬족의 조상이 되었다.

소돔과 고모라는 실제로 존재했던 도시인지 의견이 분분하다. 역사학자들 사이에서 기원전 2500-기원전 2000년 사이 지금의 사해 근처에 실제 존재했던 도시라는 의견이 지배적이다. 소돔과 고모라 두 도시는 오늘날 죄와 타락을 상징하는 '죄악의 도시'라는 뜻으로 쓰인다.

음악
062

안토니오 비발디

안토니오 비발디(Antonio Vivaldi, 1678-1741)는 17세기 후반부터 18세기 초에 걸쳐 활약한 이탈리아의 명바이올리니스트이자 작곡가이다. 그는 일생 동안 많은 협주곡을 썼다. 79개의 바이올린 협주곡, 18개의 바이올린 소나타, 2개의 바이올린과 첼로를 위한 3중주곡, 12개의 첼로를 위한 3중주곡, 그 외 65개의 협주곡과 38개의 오페라 등 놀라운 작품을 남겼다.

〈화성의 영감〉이라 불리는 비발디의 협주곡 모음집 작품 3은 발랄한 주제, 생동감 넘치는 리듬, 명쾌한 형식미를 갖춘 전형적인 이탈리아 바로크 협주곡의 매력을 발산한다.

바이올린 협주곡집 〈화성과 창의에의 시도〉 중에서 지금까지 가장 많이 사랑받고 알려진 작품은 '봄, 여름, 가을, 겨울'이라는 부제가 붙은 〈사계〉다. 이 작품은 본래 작품 8의 12곡 가운데 1번부터 4번까지를 말한다. 사계는 음악으로 아름답게 그려낸 사계절의 풍경화이다. 봄에서 노래하는 새들을 묘사하고, 여름에서 농부들이 추수하며 기뻐하는 소리가 들리고, 가을에서는 사냥터의 이른 새벽 풍경을 상상할 수 있다. 겨울은 눈보라와 사나운 바람 소리를 생생하게 느낄 수 있다. 사계절과 함께 묘사된 시골의 아름다운 풍경을 비발디는 음악으로 생생하게 그려내고 있다.

비발디는 이탈리아의 베네치아에서 6형제 중 하나로 태어났다. 그는 평생을 천식으로 고생할 만큼 어려서부터 건강이 좋지 않았다. 그 덕분에 '좁은 가슴'이라는 별명이 붙었다. 그는 산 마르코 대성당의 바이올리니스트였던 아버지로부터 어린 시절 음악 수업을 받았다. 15세 때부터는 사제가 되기 위해 공부했고, 28세 때 신부가 되었다. 당시 그의 머리가 황갈색이어서 '붉은 머리 신부'라는 별명을 얻기도 했다. 그는 베네치아로 돌아온 후 피에타 음악학교에서 바이올린 교사로 일했다. 그는 여기서 세상을 떠나기 한 해 전까지 계속 근무했다.

비발디는 근대 바이올린 협주곡의 작곡 방법의 기초를 마련했다. 그의 작품은 많은 작곡가에게 영향을 끼쳤다. 바흐는 비발디의 작품 가운데 〈4대의 바이올린을 위한 합주 협주곡〉을 4대의 하프시코드용으로 편곡했다. 이 작품은 오랫동안 바흐의 작품으로 오해를 받기도 했다.

비발디는 세상을 떠나기 전까지 평생 800여 곡이 넘는 작품을 남겼고, 수백 년의 세월이 흐른 지금까지도 변함없이 사람들에게 사랑받고 있다. 그의 작품이 시대가 바뀌어도 변함없이 사랑받는 이유는 유행을 타지 않기 때문이다.

안토니오 비발디(1723)

미술 063

알브레히트 뒤러

독일의 화가 알브레히트 뒤러(Albrecht Dürer, 1471-1528)는 판화가와 조각가로도 유명하다. 뒤러는 르네상스의 인본주의사상을 적극 수용하여 타고난 재능을 마음껏 발휘했다. '복잡하면서도 모순적'인 그의 회화에는 네덜란드와 독일의 화풍, 이탈리아 르네상스 미술의 근대성이 결합되어 있다. 그는 뛰어난 기교로 대상의 정밀한 묘사와 세상 만물의 정확하고도 객관적인 재현을 동시에 실현했다. 그의 작품은 다 빈치의 작품들처럼 우리가 살고 있는 현실 세계와 미술 사이에 절대적인 관계가 존재함을 증명한다.

뉘른베르크에서 금세공사의 아들로 태어난 뒤러는 13세 때부터 아버지에게 금세공술을 배웠다. 이때 익힌 정밀하고 세심한 금세공 기법은 후일 그의 동판화 기법에 큰 영향을 미쳤다. 아버지의 권유로 15세에 화가이자 판화 제작자인 미하엘 볼게무트의 도제가 되었다. 뒤러는 공방에서 목판화, 제단화, 초상화 등 다양한 작품을 접하고 그 기법을 배웠다. 이후 고향을 떠나 독일과 스위스 등지로 그림을 배우러 다녔다. 1490년에는 네덜란드와 콜마 등지로 4년간의 여행길에 나섰다. 이 기간 중 스위스 바젤에서 인본주의자들과 친분을 쌓으며, 수학자이자 천문학자인 니콜라 크라체를 만났다. 이 시기의 작품은 〈아버지의 초상〉과 〈자화상〉 등 일부 작품을 제외하고 대부분이 소묘화이다.

그는 구성과 조형의 측면뿐만 아니라 도상적인 측면에서도 근대성을 도입하면서 고딕 및 독일 전통과 단절했다. 알프스 북부 지역의 첫 근대 화가로 이탈리아의 고전 양식과 북유럽 미술 양식을 연결하는 고리 역할을 했다. 1512년, 뒤러는 막시밀리안 1세의 궁정 화가가 되었다. 이 시기의 가장 큰 임무는 황제의 위업을 기리기 위해 목판화 〈개선문〉과 〈개선행진〉 등을 제작하는 일이었다. 〈개선문〉은 192개의 판목으로 만들어진 미술사에서 가장 큰 목판화로, 그 제작을 위해 당대 제일의 독일 예술가들이 참여했다. 뒤러는 막시밀리안 1세의 무덤 조성사업을 지휘했고, 시청사 공사에도 참여하면서 조각가와 건축가로서의 능력을 발휘했다.

뒤러는 천재적 재능으로 유럽의 여러 미술 양식을 종합하여 재해석했고, 이를 토대로 네덜란드와 이탈리아의 양식을 혼합해 새로운 구성을 창조해냈다. 서양 미술사에서 최초로 자신의 내면 세계를 탐구하는 '자율적'인 자화상을 그린 것도 뒤러였다. 그는 전 유럽에 명성을 떨쳤으며, 특히 판화 작품으로 유명했다. 뒤러는 생전에 방대한 양의 판화를 제외하고도 무려 190여 점에 이르는 회화를 제작했다.

<동방박사의 경배>(1504)

<아담과 이브>(1504)

문학
064 미겔 데 세르반테스

미겔 데 세르반테스(Miguel de Cervantes, 1547-1616)는 에스파냐의 소설가이며 극작가이자 시인이다. 에스파냐의 알칼라데에나레스에서 가난한 외과의사의 아들로 태어난 그는 어려운 가정 형편 때문에 어린 시절 제대로 된 학교교육을 받지 못했다.

1571년 에스파냐·베네치아·교황청 연합군과 오스만 제국이 벌인 레판토해전에 참전했다가 부상으로 왼손에 장애를 얻었다. 1575년 에스파냐 해군 총사령관의 표창장을 받고 귀국하던 중 해적의 습격을 받고 포로가 되어 알제리에서 5년간 노예 생활을 했다. 알제리에 거주하는 에스파냐 동포들의 도움을 받아 자유인이 된 후 고향에 돌아와 문학에 뜻을 두었다. 1584년 부유한 농가의 딸 카타리나와 결혼하였고, 이듬해 첫 작품《라 갈라테아》를 출간했다. 그 후《알제리의 생활》과《라 누만시아》 등 희곡을 집필했으나 1587년에 문학을 접고 1588년, 에스파냐의 상업중심지 세비야에서 해군의 물자 조달관으로 일했다. 그러나 직무상의 책임으로 투옥되었고, 풀려난 뒤 세무원이 되었으나 은행 파산의 여파로 재차 투옥되었다. 이때 옥중에서《돈키호테》를 구상한 것으로 전해진다.

1605년 출간된《돈키호테》의 성공으로 세르반테스는 큰 인기를 얻었지만, 경제적인 이득을 얻지는 못했다. 생활고 때문에 판권을 출판업자에게 넘겨버린 까닭이다. 말년에는 신앙생활에 전념하여 수도회에 들어갔다. 그러나 정식 수도사로 서원할 즈음 수종증이 악화되어 마드리드에서 69세를 일기로 세상을 떠났다. 이날은 영국이 낳은 세계적인 극작가 윌리엄 셰익스피어가 사망한 날이기도 하다.

《돈키호테》는 스페인 문화권에서 가장 유명하고 영향력 있는 작품이며 동시에 세계 문학에서 가장 익살스러운 작품들 중 하나다. 작품의 주인공인 아론소 기하노는 에스파냐 중부의 시골 마을 라만차의 몰락한 귀족이다. 그는 중세의 기사 모험담에 지나치게 매료되어 자기 이름을 돈키호테로 바꾸고, 말라빠진 자신의 말에게는 로시난테라는 고귀한 이름을 붙여준다. 그리고 농가의 처녀를 가상의 공주로 정한 뒤 그녀에게 둘시네아 델 토보소라는 근사한 이름을 붙여주지만, 정작 그녀는 돈키호테의 존재를 전혀 알지 못한다. 돈키호테는 낡고 녹슨 갑옷으로 무장한 뒤 농부인 산초 판자를 시종으로 삼아 모험을 떠난다. 그러나 그의 모험은 시종일관 우스꽝스럽기만 하다. 여관을 성으로 착각하여 여관주인에게 기사 작위를 받고, 풍차를 거인으로 착각하여 덤벼들었다가 나가떨어지기도 한다. 그뿐만이 아니다. 수도사를 기사로 착각하여 싸움을 걸고, 양 떼를 군대로 착각하는가 하면, 심지어 포도주를 담는 부대를 거인으로 착각하여 싸움을 벌이기도 한다. 그의 이러한 행동은 때로 자신이 도우려던 사람들에게 오히려 해를 입히기도 한다. 두 사람이 우스꽝스런 사건 사고가 끊이지 않는 모험을 끝내고 집으로 돌아오면서 1편의 이야기는 끝이 난다. 돈키호테는 2편에서도 모험을 떠나는데 1편과 마찬가지로 가는 곳마다 크고 작은 사건에 휘말리고, 대부분은 좋지 않은 결말을 맺는다. 모험을 마치고 집으로 돌아온 그는 죽음을 앞두고서야 비로소 환상에서 깨어난다.

세계사
065

시황제

기원전 247년 전국 7웅 중 하나였던 조(趙)나라에 13세의 정이 제31대 왕으로 즉위했다. 그는 차례로 여섯 나라를 격파한 뒤 중국을 통일하고 스스로 '시황제(始皇帝, 기원전 259-기원전 210)'라 칭하였다. 중국 역사상 최초의 통일국가인 진(秦)나라는 사상 유래 없는 넓은 영토를 지배하며 대제국이 되었다. 당시 진나라는 '치치' 또는 '시나'라고 불렸는데 영어 차이나(China)의 어원도 진이다.

시황제는 수도 함양에 12만 호의 부호를 이주시켰으며, 1만 명을 수용할 수 있는 거대한 궁전 '아방궁'을 지었다. 교외에는 70만 명을 동원하여 세계 역사상 최대 규모인 자신의 묘지(시황제릉, 현재는 높이 76미터, 한 변이 500미터인 사각형의 분묘)를 짓게 했다. 1974년 능묘의 동쪽 부근 옥수수 밭 밑에서 3개의 지하 못이 발견되었다. 그 속에서 발견된 사후의 황제를 지키기 위해 흙으로 만든 1,500구의 병사와 군마, 전차(병마용)는 세계를 놀라게 했다. 더욱 놀라운 점은 발견된 것이 극히 일부이며 전체는 약 7,000구에 이른다는 사실이다.

진은 강력한 중앙집권정책을 추진하기 위해 법령을 정비하고, 전국적으로 군현제를 실시했다. 또한 문자를 통일했으며, 관제를 정비했다. 경제적으로는 화폐를 통일하고, 도량형(길이, 용적, 무게)과 차궤(마차의 궤도)를 통일했다. 전국적으로 도로망을 정비했으며, 사상적으로는 법가를 채용하여 백성을 법으로 엄격하게 지배했다. 정치 비판의 근원이 될 가능성이 있는 저작물은 모두 불태웠다(분서갱유). 시황제를 비판했던 유가의 학자는 생매장당했다.

진은 20세기 초까지 2,000년 넘게 이르는 중화 제국의 틀을 쌓고, 중국 사회의 토대를 마련했다. 당시 진의 북방 초원에서는 묵돌선우(冒頓單于)가 이끄는 흉노가 유목 기마 제국을 건설하고 있었다. 시황제는 30만의 병력을 동원, 흉노족을 격파하여 황하 이남의 땅을 되찾았다. 그리고 요동에서 간쑤성 남부 민현에 이르는 만리장성을 쌓았다. 이 장성은 현재 남아 있는 명나라의 장성보다 훨씬 북쪽에 있으며, 지금은 거의 남아 있지 않다.

진의 건설은 백성들의 희생을 바탕으로 이루어졌다. 기원전 210년, 시황제는 다섯 번째의 전국 순행 중에 사망했다. 죽기 전 그는 장남 부소를 후계자로 정하는 조서를 환관 조고에게 맡겼다. 봉기와 혼란을 두려워한 재상 이사는 시황제의 죽음을 비밀에 부쳤다. 조고는 이사와 모의하여 가짜 조서를 만든 뒤 시황제의 막내아들 호해를 황제로 삼고, 장자 부소와 명장 몽염에게 사형을 명했다. 이후 조고는 호해의 형제들과 이사 등 중신들을 모두 제거하고, 스스로 재상이 되어 진을 손에 넣고 국정을 농단했다.

기원전 209년 중국 사상 최초의 농민봉기인 진승·오광의 난이 일어났다. 이것이 도화선이 되어 혼란에 빠진 진은 기원전 206년 항우에 의해 멸망하고 말았다. 시황제가 천하를 통일한 뒤 세워진 거대한 진나라는 불과 3대 15년 만에 허무하게 무너졌다.

철학 066

제논

제논(Zēnōn ho Kyprios, 기원전 335-기원전 263)은 스토아학파의 시조인데, 아테네의 아고라(Agora, 광장)에 인접한 '스토아 포이킬레'(벽화가 그려진 강당)에서 가르쳤다고 해서 스토아학파로 불렸다. 스토아학파의 철학은 금욕주의로, 윤리학을 중요하게 다루었고 유기적 유물론 또는 범신론의 입장에서 금욕과 극기를 통하여 자연에 순종하는 현인(賢人)의 생활을 이상으로 내세웠다.

키프로스섬의 키티온에서 태어난 제논은 페니키아의 셈족 혈통이었다. 그는 청년 시절 그리스로 건너가 아테네에 정착한 후 소크라테스의 이론을 정리한 크세노폰의 저작들을 읽으며 많은 지식을 습득했다. 이후 견유학파의 크라테스를 찾아가 그의 제자가 되었다. 크라테스는 견유학파의 주장대로 개처럼 자유롭게 떠돌며 살고 있었다. 그는 다른 사람의 눈을 전혀 의식하지 않았고, 누더기를 걸치고 다니면서 아무데서나 술을 마시고 잠을 청하거나 웃통을 벗고 술통을 메고 다녔다. 하지만 제논은 그러지 않았다. 조심성 많고 도덕성이 강하며 항상 단정한 옷차림을 하고 다녔다. 크라테스는 그런 제논을 탐탁지 않아 했다. 제자의 마음이 약하다고 여겼기 때문이다. 제논은 10년 후 스승과 결별했다.

제논은 근본적으로 견유학파와 성향이 맞지 않았다. 그는 견유학파의 초월적 자세는 받아들였지만 도덕성을 무시하는 경향은 받아들일 수 없었다. 이후 제논은 메가라학파의 스틸폰의 제자가 되었고, 10년 간의 공부 끝에 새로운 학파를 만들었으니 바로 '스토아학파'이다.

스토아학파에 따르면, 만물에 질서를 부여하는 것은 이성(로고스)이다. 이것은 어디든 가득 차 있는 우주의 질서다. 이 우주의 힘이 한 사람 한 사람에게 나뉘어 있으므로 이성으로 욕망을 억제하는 것을 이상으로 여겼다. 그들은 정념에 움직이지 않는 상태야말로 행복이라고 보고, 무감동과 부동심을 추구했다. 스토아학파와 더불어 비로소 로마에 철학이 정착한다. 제논의 뒤를 이은 크리시포스를 비롯해 중기 스토아학파에 해당하는 파나이티오스와 포세이도니오스, 그리고 키케로, 폼페이우스,

마르쿠스 아우렐리우스 등으로 그 맥이 이어졌다.

제논은 어느 날 길을 걷다가 넘어져 손가락에 골절상을 입는다. 그는 이것이 자신의 죽음을 예고한 것이라고 여겨 스스로 목을 매어 자살했다. 스토아학파를 창시한 위대한 철학자의 죽음치고는 참으로 희극적이 아닐 수 없다.

신화 067

헤르메스

헤르메스(Hermes)는 도둑의 신, 상업의 신으로 불리지만 가장 중요한 역할은 전령이었다. 그는 제우스의 뜻을 신이나 인간에게 전달했다. 헤르메스는 헤파이스토스가 만들어준 날개 달린 신발과 투구를 쓰고, 하늘과 땅, 지하 세계를 자유롭게 오가며 제우스의 뜻을 전했다. 특히 죽은 자들의 세계인 저승은 신들도 갈 수 없는 곳이었지만, 헤르메스는 자유롭게 드나들었다. 자연히 죽은 자들을 안전하게 저승 세계로 인도하는 역할도 그에게 부여되었다. 헤르메스는 카두케우스라는 황금 지팡이를 늘 가지고 다녔다. 이 지팡이는 원래 아폴론의 소유였지만 거래를 통해 헤르메스의 것이 되었다. 카두케우스에는 서로 싸우고 있는 두 마리의 뱀과 날개가 달려 있는데 분쟁이 있는 곳에서 중재자 역할을 하는 헤르메스의 상징이었다.

헤르메스는 제우스와 마이아(아틀라스의 딸) 사이에 태어났지만 어려서부터 헤라의 젖을 먹고 자랐다. 헤라는 자신의 젖을 먹여 키운 헤르메스를 친자식 이상으로 아끼며 사랑했다. 헤르메스는 머리가 좋고 꾀가 많으며, 약삭빠르고, 남을 속이고 물건 훔치는 능력이 탁월했다. 그래서인지 헤르메스는 선과 악의 경계에 서서 때론 선한 자를, 때론 악한 자를 도왔다. 매춘부, 도둑, 사기꾼, 거짓말쟁이도 그의 보호 대상이었다.

헤르메스는 태어나자마자 이복형 아폴론의 소를 훔칠 만큼 조숙했다. 헤르메스는 훔친 소 중에서 두 마리를 잡아 신들에게 재물로 바쳤다. 그리고 소의 힘줄을 취해서 거북이 등껍질에 묶어 리라를 만들었다. 소를 도둑맞은 아폴론은 범인을 잡으려고 했지만 범인의 흔적조차 찾을 수 없었다. 아폴론은 점을 쳐서야 겨우 도둑의 존재를 알아냈다. 그는 범인을 잡기 위해 동굴로 찾아갔는데 그곳엔 갓난아이 하나가 깊은 잠에 빠져 있었다. 아폴론은 잠자는 아이를 깨워 소를 돌려달라고 요구했다. 하지만 헤르메스는 자기가 태어난 지 하루밖에 되지 않아서 소가 뭔지도 모른다고 잡아뗐다. 헤르메스가 시치미를 떼자 화가 난 아폴론은 그를 데리고 올림포스로 가서 제우스에게 판결을 부탁했다. 모든 사실을 이미 알고 있던 제우스는 헤르메스에게 소를 돌려주라고 명령했다. 헤르메스는 소를 숨긴 장소로 안내하면서 아폴론의 노여움을 풀어주기 위해 리라를 연주했다. 그 소리는 너무나 아름다워 음악의 신인 아폴론의 마음을 단번에 사로잡았다. 아폴론은 리라 선율에 매료되어 헤르메스에게 리라와 소를 맞바꾸자고 제안했다. 그러나 헤르메스는 자기가 소도둑임을 알아낸 방법과 아폴론이 아끼는 황금 지팡이 카두케우스까지 주면 생각해보겠다고 제안했고, 아폴론은 이에 응했다.

<아케론 강둑 위의 영혼>(아돌프 히레이-히르슈, 1898)

종교 068 삼손과 델릴라

삼손(Samson)은 이스라엘 12지파 중 단지파 출신인 마노아의 아들이다. 〈구약성서〉 판관기(사사기)에는 모두 12명의 판관(사사)*이 등장하는데 그들을 다시 대판관과 소판관으로 나눈다. 삼손은 기드온, 드보라와 함께 6명의 대판관에 속한다. 그의 이야기는 제13장에서 16장까지 기록되어 있다.

이스라엘의 영웅 삼손은 엄청난 괴력의 소유자로 그리스 신화의 헤라클레스와 종종 비교된다. 그는 20년간 판관으로 일하면서 맨손으로 사자를 때려눕히고, 여우의 꼬리에 횃불을 붙여 보리밭을 태웠으며, 당나귀 턱뼈로 블레셋인(이스라엘 부근 해안 평야에 살던 이교도들)을 대량으로 살육했다. 하지만 가자에서 블레셋인들의 앞잡이 노릇을 하던 창녀 델릴라(Delilah)의 꾐에 빠져 자신의 비밀을 털어놓았다.

"나는 모태로부터 하나님께 바쳐진 나지르인이다. 그래서 내 머리에는 면도칼이 닿아본 적이 없다. 내 머리털이 깎이면 힘을 잃고 맥이 빠져 다른 사람과 마찬가지가 된다."

나지르란 히브리어로 '선별된 사람'을 뜻하며, 선서를 한 사람은 포도주를 끊고 머리를 깎지 않는 등 규정을 지켜야 했다.

삼손의 비밀을 알게 된 델릴라는 블레셋 족장들을 불렀다. 그녀는 삼손을 자신의 무릎에 뉘어 재우고 그 머리카락을 자르게 했다. 삼손이 힘을 모두 잃자 블레셋인들은 그를 끌고 가서 두 눈을 뽑은 다음 감옥에 가두고 연자매를 돌리게 했다. 시간이 지나면서 삼손의 머리는 다시 자라기 시작했다.

블레셋인들은 자신들이 믿는 신 다간에게 제사를 지내는 날, 신전에 모여 흥이 나서 외쳤다.

* '판관'을 가리키는 히브리어 '쇼페트', 헬라어 '크리테스'는 원래 '재판하다', '다스리다'는 뜻으로 소송과 분쟁을 해결하는 '재판관'으로서의 성격이 강했으나 점차 그 범위와 영향력이 정치나 군사 등으로 확대되었다. 그중에서도 이스라엘을 위기에서 구하는 구원자로서의 성격이 강하다.

"우리의 신께서 우리의 원수 삼손을 잡아주셨다."

그들은 더욱더 신이 나서 삼손을 놀려주려고 그를 옥에서 끌어냈다. 이때 삼손은 자기 손을 붙잡고 인도해주던 젊은이에게 부탁했다.

"이 신전의 기둥을 손으로 만질 수 있게 나를 데려다주게. 좀 기대야겠네."

신전 안에는 블레셋의 족장들이 모두 모여 있었고, 3,000여 명의 남녀가 삼손을 지켜보고 있었다. 삼손이 자신이 믿는 신에게 부르짖어 기도했다.

"주 여호와여, 한 번만 더 저를 기억해주시어 제 두 눈을 뽑은 블레셋 사람들에게 단번에 복수를 하게 해주십시오."

그런 다음 삼손은 있는 힘을 다해 두 기둥을 밀었고, 신전은 무너졌으며, 거기에 있던 족장들과 블레셋 사람들이 모두 깔려 죽었다. 삼손이 최후에 죽인 블레셋인의 수는 살아 있을 때 죽인 수보다 더 많았다고 한다.

음악
069 고전파 음악

고전파 음악(Classic Music) 시대는 1750년경부터 1827년에 이르는 클래식 음악의 시기를 말한다. 고전주의는 바로크 음악의 과도한 표현에 대한 반작용의 결과였다. 바로크 음악이 장식적이고 현란하며 감정적이었다면, 고전파 음악은 절제되고 신중하고 수수했다.

고전파 음악은 분명하고 완벽한 비례를 갖춘 고대 그리스의 이상으로의 복귀를 목표로 삼았다. 고전파 음악의 핵심 작곡가는 프란츠 요제프 하이든, 볼프강 아마데우스 모차르트, 루트비히 반 베토벤이다. 이들의 음악은 모두 교향곡, 한두 개의 악기를 위한 소나타, 오케스트라와 협연하는 솔로 악기를 위한 협주곡이라는 형식을 띠었다.

소나타 형식은 '계몽적 합리주의'를 음악을 통해서 형상화한 것으로 볼 수 있다. 제시부, 전개부, 재현부의 세 부분으로 구성된 소나타 형식은 유럽 음악에서 가장 완성된 형식미의 표현이다. 소나타 형식은 만하임악파(Mannheimer Schule)를 통해 괄목할 만한 발전을 보았던 근대 관현악법 성과와 결합해 교향곡 형식을 확립했다. 교향곡은 빈 고전파를 대표하는 중심적인 음악 장르가 되었다. 또한 바로크 시대를 대신하는 피아노, 바이올린 등 독주 협주곡의 등장도 이 교향곡 형식의 확립과 궤를 같이한다. 소나타 형식의 아름다움을 표현하기 위한 현악 4중주곡, 피아노나 바이올린 소나타 장르도 고전파 시대에 등장했다.

과거 음악가들의 활동이 귀족들의 후원에 의지했다면, 이 시기의 음악가들은 자주적인 음악 활동을 펼쳤다.

미술

070 미켈란젤로 부오나로티

미켈란젤로 부오나로티(Michelangelo Buonarroti, 1475-1564)는 이탈리아를 대표하는 천재 조각가이자 화가로, 레오나르도 다 빈치와 라파엘로와 더불어 르네상스 시대의 3대 화가로 불린다. 그의 작품에서는 비범한 조형적 힘이 느껴질 뿐만 아니라, 바로크에 영향을 준 격정적인 에너지가 솟구친다. 미켈란젤로는 혁신적인 형태와 색채뿐만 아니라 새로운 공간 개념을 도입함으로써 미술사에 큰 획을 그었다.

미켈란젤로는 이탈리아 카프레세에서 태어났다. 아버지는 읍의 행정관이었고, 어머니는 그가 6세 때 세상을 떠났다. 14세 때 도메니코 기를란다요의 공방에 들어가 3년간 도제 훈련을 받았고, 스승의 추천으로 메디치가에 들어가 조각을 연구하였다. 그곳에서 '위대한 자'라 불리는 로렌초 데 메디치가 의뢰한 대리석상의 제작에 들어간다. 이 시기에 그는 회화보다 조각과 해부학에 더 큰 흥미를 보이며, 격정적이고 대담한 혁신적 예술을 찬양한 이탈리아의 인본주의 시인 폴리치아노의 이론에도 관심을 가졌다. 그렇다고 그가 선배들의 그림을 아주 무시한 것은 아니었다. 오히려 마사초와 지오토의 그림, 당대를 풍미하던 레오나르도 다 빈치의 그림을 모사하며 거장들의 화풍을 익혔다. 그는 나이 서른이 되기 전 이미 로마의 산 피에트로 대성당에 〈피에타〉를, 피렌체 대성당에 〈다비드〉 같은 걸작을 조각하여 자신의 천재성을 유감없이 발휘하였다.

미켈란젤로는 1510년까지 그림에 몰두하였고, 피렌체의 베키오 궁전을 장식할 프레스코화를 놓고 다 빈치와 경쟁하기도 했다. 이후 교황 율리우스 2세의 명을 받고 시스티나 성당의 천장을 장식할 그림을 그리기 위해 로마로 갔다. 1508년에 시작한 이 작업은 하루도 쉬지 않고 강행군한 끝에 1512년이 되어서야 겨우 마칠 수 있었다. 심신이 지칠 대로 지친 미켈란젤로는 이후 20여 년 동안 그림을 중단하고 조각과 건축에만 전념하였다. 그가 다시 붓을 잡은 것은 1530년대에 시스티나 성당에 〈최후의 심판〉을 그리기 위해서였다. 미술사에서 가장 감동적이면서도 논란이 되었던 이 작품은 등장인물만 400여 명이 넘는 대작이다. 이 작업 역시 장시간에 걸친 작업으로 많은 고생 후에야 마칠 수 있었다.

미켈란젤로는 말년에 이르러 더욱 대담하고 자유로우며 순수한 예술을 지향했다. 나체 인물상의 양감 표현을 단순화하면서 극적인 인상은 극대화했으며, 색채는 더욱 밝아지고 온화해진다. 미켈란젤로가 남긴 회화 작품의 수는 적지만 그가 후대에 끼친 영향은 실로 엄청나다.

<최후의 심판>(1534-1541)

문학
071 윌리엄 셰익스피어

'죽느냐, 사느냐, 그것이 문제로다.'

영국이 낳은 세계 최고의 극작가 윌리엄 셰익스피어(William Shakespeare, 1564-1616)는 잉글랜드 중부의 스트랫퍼드어폰에이번에서 태어났다. 그의 아버지 존 셰익스피어는 피혁 가공업과 중농을 겸한 부유한 상인으로, 읍장까지 지낸 지역 유지였다. 그 덕분에 셰익스피어는 어린 시절 라틴어를 비롯해 훌륭한 고전교육을 받을 수 있었지만 1577년 가세가 기울면서 학업을 중단하고 집안일을 도와야 했다.

1580년, 비교적 어린 나이에 첫 작품《헨리 6세》를 발표하면서 본격적인 극작가로 활동하기 시작했다. 1583년 8세 연상의 앤 해서웨이와 결혼했다. 극작가 셰익스피어는 단역배우를 겸하여 활동했던 초기에는 품격 없는 연극을 만든다는 비난을 받기도 했다. 그러나 작품성과 대중성을 겸비한 그의 작품은 날이 갈수록 대중의 폭넓은 사랑을 받았고, 그의 명성도 높아지면서 당대 최고의 희곡작가 반열에 올랐다.

1594년, '궁내 장관 극단'의 전속 극작가가 되었고, 5년 후 동료들과 함께 '글로버극장'을 설립하여 배우 겸 감독으로 일했다. 그의 대표작으로 4대 비극인《햄릿》,《리어왕》,《오셀로》,《맥베스》가 있다. 초기에 사극(史劇)으로 시작해서 희극을 거쳐 비극을 다루다가 만년에는 로맨스극을 발표하는 등 다양한 장르의 창작을 통해 총 38편의 극본과 154편의 소네트를 남겼다.

그의 대표작으로 손꼽히는《햄릿》은 4대 비극 중 가장 먼저 쓴 작품으로 '죽느냐, 사느냐, 그것이 문제로다'라는 명대사로 더 잘 알려져 있다. 지난 400여 년간《햄릿》은 대중의 끊임없는 사랑을 받으며, 영화, 연극, 뮤지컬 등으로 수없이 만들어졌다.

덴마크의 왕자 햄릿은 독일에서 유학 중 아버지의 사망 소식을 듣고 급하게 귀국한다. 그가 마주한 현실은 충격적이었다. 아버지의 미심쩍은 죽음과 형의 뒤를 이어 왕이 된 숙부, 숙부와 재혼한 어머니까지, 햄릿은 자신에게 벌어진 이 모든 상황을 받아들이기가 버거웠다. 그러던 어느 날 햄릿은 선왕이자 죽은 아버지의 유령을 만나게 된다. 유령은 동생, 즉 햄릿의 삼촌인 클로디어스에 의해 살해되었다고 말한다. 아버지의 죽음에 대한 충격적 비밀을 알게 된 햄릿은 복수를 다짐한다. 왕비의 방에서 어머니를 추궁하던 햄릿은 자신들의 대화를 엿듣던 사람을 클로디어스로 착각하여 검으로 찔러 살해한다. 하지만 그는 햄릿의 연인 오필리아의 아버지인 폴로니어스였다. 오필리아는 아버지의 죽음에 충격을 받고 미쳐서 물에 빠져 죽는다. 동생의 죽음에 오필리아의 오빠 레어티스는 햄릿에게 복수하기 위해 검술 시합을 제안한다. 검술 시합에서 햄릿은 레어티스의 독 묻은 검에 찔려 치명상을 입는다. 왕비는 클로디어스가 햄릿을 죽이기 위해 준비한 독주를 마시고 죽고, 이에 햄릿은 죽어가면서 자신을 찌른 독 묻은 검으로 클로디어스를 찔러 죽인다. 결국 이 작품은 햄릿과 그의 어머니, 그리고 숙부의 비극적인 죽음으로 끝을 맺는다.

세계사 072 율리우스 카이사르

지중해를 제압한 로마는 정복한 토지를 속주로 삼았다. 속주는 토지 수입의 10분의 1에 해당하는 인두세와 공납, 수도에 대한 곡물 공급 등의 의무를 져야 했다. 총독에 따라 가혹한 지배가 행해지기도 했다. 당시 중장보병으로 일하던 중소농민은 몰락하여 자산을 잃고 무산 시민이 되었다. 유력자들은 이런 시민을 빵과 서커스를 미끼로 포섭했다.

사회가 급변하는 가운데 경기장에서 죽음의 시합을 강요받던 노예들이 스파르타쿠스를 지도자로 하여 반란을 일으켰다. 이를 계기로 노예 반란이 잇달아 일어나자 3명의 실력자 카이사르(Gaius Julius Caesar, 기원전 100-기원전 44), 크라수스, 폼페이우스는 삼두정치라는 새로운 공동 통치 체제로 질서를 확립하고자 했다.

카이사르는 갈리아(현재의 프랑스)를 정복하여 서유럽을 로마화하는 기초를 다졌고, 이로써 정치 기반을 강화하였다. 카이사르의 총독 임기는 5년간 연장되었으며, 이어 그는 눈부신 승리를 거두며 브리타니아와 라인강 건너편까지 군대를 진격시켰다.

한편 로마의 국내 상황은 점점 악화되어 원로원파와 민중파 사이에 내란이 일어났다. 기원전 53년, 파르티아 원정에 나섰던 크라수스는 카레전투에서 목숨을 잃었다. 크라수스의 죽음으로 삼두정치는 해체되고, 폼페이우스와 카이사르의 대립이 시작되었다. 카이사르는 민중파의 지지를 얻었고, 폼페이우스는 원로원 측과 합세했다. 기원전 49년, 원로원은 폼페이우스와 짜고 카이사르를 제거하기 위해 군대의 해산을 명한 뒤 로마로 불러들였다. 카이사르는 "주사위는 던져졌다"라며 이탈리아 북부의 루비콘강을 건너 로마로 진격했다,

기원전 48년, 카이사르는 파르살루스에서 폼페이우스를 격파했다. 폼페이우스는 이집트로 도주했으나 그곳에서 피살되었다. 개선한 카이사르는 종신 독재관인 임페라토르라는 칭호를 받았다. 임페라토르는 군통수권자였기에 그는 로마의 모든 권력을 완전히 장악하고 여러 개혁을 실시했다. 원로원에서 논의된 내용을 공개하여 누

구나 볼 수 있도록 했고, 공직자 윤리법을 만들어 기강을 바로잡았다. 또한 관직에서도 신분에 차별을 두지 않고 능력만 있으면 고위직에 임명했다. 기존에 사용하던 태음력 대신 이집트의 태양력을 도입해 새로운 달력을 만들었다. 이것이 율리우스력이다.

카이사르는 세금을 공정하게 걷고, 빈민들에게 곡물을 싼값에 공급하여 그 생계를 도왔다. 그라쿠스 형제가 제안한 농지법도 보완했다. 이러한 일련의 개혁 조치는 민중으로부터 큰 인기를 얻었지만, 원로원을 중심으로 모인 정치 집단은 카이사르가 왕이 되려 한다는 의심을 품었다. 결국 카이사르는 카시우스롱기누스와 브루투스가 이끄는 일단의 음모자들에 의해 원로원 황금 왕좌 옆에서 암살당했다.

철학
073 플로티노스

플로티노스(Plotinos, 205~270)는 신(新)플라톤 철학의 창시자이며 마지막 고대 철학자로 불린다. 그는 만물의 근원인 '일자(一者)'가 차고 넘침에 따라 다양한 현실 세상이 창출된다고 보았다.

플로티노스는 일자로부터 현실이 유출되는 과정이 단계적으로 이루어진다고 보았다. 일자에서 최초로 유출되고 일자에서 가까운 것일수록 더 순수하고 아름다우며 선하다. 반면 유출 단계를 많이 거친 것일수록 불완전하고 추하다고 보았다. 그에게서 일자는 신이기도 하고 선 자체이기도 하다. 이러한 플로티노스의 유출설(流出說)은 훗날 기독교 신학에 큰 영향을 미쳐 하나님의 은총이 차고 넘쳐 만물이 창조되었다는 기독교 교리의 가르침을 이룬다. 플로티노스주의는 페니키아 출신의 포르피리오스에 의해 체계적으로 정리되어 얌블리코스*와 프로클로스에게 이어져 중세 철학의 거두 아우구스티누스에게 전수되면서 기독교에 완전히 흡수되었다. 결국 플라톤의 사상은 기독교의 토대가 된 것이다.

이집트의 리코폴리스에서 태어난 플로티노스는 28세 때 알렉산드리아의 암모니오스 사카스 문하에 들어가서 11년간 철학을 공부했다. 그는 페르시아와 인도의 진리를 배우기 위해 고르디아누스 황제의 페르시아 원정에 따라나섰다. 그러나 원정이 좌절되어 목적을 이루지 못하고 224년 로마로 가서 철학학교를 열었다. 그는 엄격하고 금욕적이며 고고한 인품을 지녔다. 채식주의자인 그는 혼자 살면서 많은 고아를 양육하고 교육시켰다. 철저한 플라톤주의자였던 플로티노스에게 플라톤의 사상은 종교에 가까웠다. 그는 플라톤의 철학을 강의하면서, 그것을 규범으로 삼고 실천했다.

플로티노스는 50세가 넘어 저술을 시작했다. 그의 저서는 제자 포르피오스에 의해 6권짜리 '엔네아데스'라는 이름의 책으로 출간되었다.

* 얌블리코스(Iamblichos): 시리아에서 활동한 신플라톤학파 철학자로, 플로티노스의 유출의 각 단계를 세밀히 구분하여, 그것을 동방의 다신교와 결합시켰다. 그의 가르침에는 미신적이고 마술적인 요소가 강하며 그 자신도 신통력 있는 인물로 알려져 있다. 그의 제자들을 시리아학파라 부르기도 한다.

신화 074 하데스와 페르세포네

하데스(Hades)는 크로노스의 아들이며 제우스의 형제이다. 그는 크로노스와의 전쟁에서 승리한 후 포세이돈, 제우스와 함께 권력을 나눠 저승 세계를 다스렸다. 그는 저승 세계에 왕국을 건설한 후 자신의 이름을 따서 하데스로 지었다. 하데스는 '보이지 않는 자'라는 뜻인데, 그는 자신의 모습을 상대가 보지 못하게 만드는 투구를 가지고 있었다. 그 투구는 외눈박이 거인 키클로페스 삼형제가 만들어준 것이다.

하데스는 저승 세계를 다스렸지만 죽음의 신 타나토스와는 달랐다. 타나토스는 밤의 신 닉스의 자식들 중 한 명이었다. 저승의 왕인 그는 인간들에게 인기가 없어서 그를 모시는 신전도 별로 없고, 그를 숭배하는 인간도 많지 않았다. 하데스 역시 살아 있는 인간에게 별 관심이 없었고, 죽은 자들을 다스리는 것으로 만족했다.

어느 날 하데스는 제우스를 만나러 가기 위해 흑마가 이끄는 마차를 타고 지상으로 올라왔다. 그때 하데스의 눈길을 잡아끄는 여자가 있었다. 그녀는 꽃구경을 나온 곡물의 여신 데메테르의 딸 페르세포네(Persephone)였다. 하데스는 페르세포네의 아름다운 모습에 마음을 빼앗겨 올림포스로 가던 마차를 돌려 그녀에게 돌진했다. 그러고는 페르세포네를 번쩍 안아 마차에 태운 뒤 저승 세계로 돌아갔다.

한편 페르세포네가 날이 어두워지도록 돌아오지 않자 데메테르는 딸을 찾아 나섰다. 하지만 그 어디에서도 딸의 모습을 발견할 수 없었다. 며칠이 지나도록 딸을 찾지 못하자 데메테르는 거의 실성하다시피 했다. 데메테르가 깊은 절망에 사로잡혀 시름에 잠기자 세상의 모든 초목이 싹을 틔우지 않고 잎은 시들었다. 그 모습을 내려다보던 태양신 헬리오스는 데메테르를 딱하게 여겨 페르세포네가 있는 곳을 알려주었다. 데메테르는 하데스가 딸을 납치한 것을 알고 당장 하데스를 찾아가 따지고 싶었지만 살아서는 저승 세계로 갈 수 없었다. 그녀는 제우스에게 호소할 수밖에 없었다.

제우스는 하데스에게 페르세포네를 돌려줄 것을 요구했다. 하데스는 꾀를 내어 페르세포네에게 탐스러운 석류를 맛보게 했다. 그러고는 페르세포네가 저승의 음식을 먹었기 때문에 돌려줄 수 없다며 거절했다. 제우스는 데메테르와 하데스 사이에서 입장이 난처했다. 저승에서 음식을 먹은 자는 영원히 저승 세계에 머물도록 운명지어지기 때문에 신들의 왕인 제우스도 방법을 찾기 어려웠다. 고심 끝에 제우스는 페르세포네가 1년 가운데 3분의 2는 지상에서 데메테르와 지내고, 3분의 1은 저승 세계에서 하데스와 지내는 것을 제안했다. 데메테르와 하데스도 제우스의 중재를 순순히 받아들여 페르세포네는 저승 세계의 왕비가 되었다.

한편, 페르세포네가 저승 세계에 머무르는 동안 데메테르는 일을 하지 않았다. 그 때문에 들판에는 곡식이 자라지 않았고, 가뭄에 초목은 말라비틀어졌다. 하지만 페르세포네가 돌아오면 데메테르는 메마른 대지에 비를 뿌려 씨앗이 땅에 뿌리를 내리고 꽃을 피우며 열매를 맺게 했다.

종교
075
다윗과 골리앗

다윗과 골리앗의 이야기는 〈구약성서〉 사무엘상 제17장에 기록되어 있다. 다윗(David, ?-기원전 961)은 아브라함의 14대손이며, 이스라(이새)의 여덟째 아들이다. 그 이름은 히브리어로 '사랑받는 자'라는 뜻이다. 그는 아버지의 양 떼를 치는 목동이었다. 골리앗(Goliath)은 키가 무려 3미터에 가까운 거구의 블레셋 장수였다.

블레셋의 군대가 골리앗을 앞세워 이스라엘로 쳐들어오자, 이스라엘의 백성들은 공포에 사로잡혔다. 골리앗은 전투가 시작되기 전 자신과 겨루어볼 장수를 내보내라며 이스라엘 군대에 도전장을 내밀었다. 하지만 나서는 이가 아무도 없자 이스라엘의 사울 왕은 골리앗을 쓰러뜨리는 이에게 자기 왕국의 절반을 주고, 딸을 시집보내겠다고 선포했다. 그래도 자원하는 이가 여전히 없어 이스라엘 군대의 사기는 땅에 떨어졌다. 그때 다윗은 형들에게 먹을 것을 가져다주고 안부도 묻고 오라는 아버지의 심부름으로 전쟁터를 찾았다. 마침 골리앗은 블레셋의 신 다간의 이름으로 이스라엘의 신 여호와를 한참 모욕하고 있었다. 이에 다윗은 의분을 품고, 사울 왕에게 가서 골리앗과 싸우겠다고 자원했다.

사울 왕은 양치기 소년 다윗이 미덥지 않았으나 자기의 갑옷과 무기를 내어주었다. 그러나 다윗은 이를 사양하고는 물가에서 돌맹이 다섯 개를 골라 줍고 물매를 챙긴 뒤 골리앗과의 결투에 나섰다. 골리앗은 어린 다윗을 보고 황당해하며 소리쳤다.

"네가 나를 짐승으로 보았느냐? 너를 들짐승의 먹이로 주겠다."

그러자 다윗은 여호와의 이름을 앞세워 골리앗을 향해 힘껏 물맷돌을 던졌다. 돌맹이는 날아가 골리앗의 이마를 정확하게 맞췄고, 그 충격에 골리앗은 맥없이 쓰러졌다. 다윗은 골리앗의 검을 빼앗아 재빨리 그의 목을 베었다. 다윗은 이스라엘의 영웅이 되었으며, 나중에는 사울의 뒤를 이어 위대한 왕이 되었다. 이후 '다윗과 골리앗'은 힘세고 강한 사람과 약하고 지혜로운 사람의 대결을 묘사할 때 주로 쓰이는 말이 되었다. 골리앗은 강한 이미지 때문에 조선소의 거대한 기중기의 이름으로도 사용되었다.

음악 076 볼프강 아마데우스 모차르트

오스트리아의 천재 작곡가 볼프강 아마데우스 모차르트(Wolfgang Amadeus Mozart, 1756-1791)는 잘츠부르크에서 태어났다. 그의 아버지 레오폴트는 잘츠부르크 대주교 소속의 궁정 음악가로 활약했다. 레오폴트 모차르트의 음악은 고귀한 기품을 담고 있으며, 단정하고 간결한 스타일에 맑은 하모니가 특징이다. 멜로디는 음악의 에센스라고 할 만큼 그의 선율은 아름답고 풍부하다. 그는 작곡하면서 오페라에 중점을 두었으나 교향곡, 협주곡, 실내악, 미사곡 등 매우 광범위한 작곡 활동을 했다. 오랫동안 하이든의 작품으로 알려졌던 〈장난감 교향곡〉의 원래 작곡가이기도 한 그는 협주곡 〈세레나데〉, 〈트럼펫 협주곡〉, 〈디베르티멘토〉 등 많은 작품을 남겼다.

모차르트는 3세 때부터 신동으로 불릴 정도로 사람들을 놀라게 했다. 4세 때는 한 번 들은 곡을 칠 수 있었으며, 5세 때는 글도 배우기 전 작곡을 할 정도였다. 모차르트가 이처럼 음악의 신동으로 불리게 된 데는 레오폴트의 주도면밀한 음악교육이 큰 역할을 했다. 모차르트에게는 마리아 안나라는 누나가 있었는데, 그녀 역시 음악적 재능이 매우 뛰어났다. 레오폴트는 모차르트와 안나를 데리고 유럽 전역에 연주 여행을 다녔다. 1762년에는 뮌헨과 빈, 1763년부터 3년간 프랑스, 영국, 네덜란드 등지, 1767년부터 2년간 빈으로 연주 여행을 하며 숱한 박수갈채를 받았다. 뒤이어 1769년부터 3년에 걸쳐 이탈리아 연주 여행을 3회나 가졌다. 이러한 여행은 모차르트의 타고난 재능에 견문과 기량을 더해주는 기회가 되었다. 그는 새로운 지식과 작곡 기법을 습득해 고전파 시대의 중심으로 나아가는 위대한 여정에 올랐음이다. 이후 고향으로 돌아온 그는 아버지와 함께 대주교의 작곡가이자 연주가로 근무했다. 하지만 모차르트는 그 일에 싫증을 느끼고 1777년 자신의 꿈을 좇아 만하임을 거쳐 파리로 떠났다. 그리고 25세 되던 해, 음악의 도시 빈으로 건너가 10년간 머물면서 프리랜서 작곡가로 일했다.

그는 빈에서 음악가로 크게 성공했지만 돈과는 인연이 멀었다. 가난은 죽을 때까지 그를 괴롭혔다. 1782년 모차르트는 콘스탄체 베버와 결혼했는데 그녀는 선천적으로 몸이 쇠약하여 집안 살림에 신경을 쓰지 못했다. 경제적으로 어려움을 겪던 모차르트의 형편은 더욱 쇠락했고, 결혼생활은 불행했다. 결국 모차르트는 35세의 나이로 죽음을 맞았다. 당시 그는 폰 발제그-스투파흐 백작으로부터 장례 미사곡(레퀴엠)을 의뢰받아 작곡하던 중이었는데 이 일로 과로에 시달렸고, 그 와중에 상한 음식을 먹은 것이 화근이 되어 식중독으로 사망했다. 결국 레퀴엠은 미완성으로 남았고, 훗날 그의 제자 쥐스마이어에 의해 완성되었다.

<모차르트 가족의 연주회>(카르몽텔, 1763)
바이올린을 연주하는 아버지 레오폴트,
노래하는 누이 마리아 안나,
쳄발로 앞의 모차르트

미술
077 라파엘로 산치오

라파엘로 산치오(Raffaello Sanzio, 1483-1520)는 레오나르도 다 빈치, 미켈란젤로와 함께 르네상스의 3대 화가로 불린다. 그는 선인들과 동시대 화가들의 화풍을 완전히 습득해 이를 바탕으로 혁신적인 세계를 구축하며 르네상스의 고전주의 거장으로 명성을 떨쳤다. 중용의 미와 조화로운 구성, 인물들의 우아한 자태에 배어 있는 감각적 아름다움은 라파엘로의 작품만이 지닌 매력이다. 이탈리아 르네상스의 인본주의 화가 중 한 사람인 라파엘로는 아버지 조반니 산치오에게 회화의 기초를 배웠다.

이탈리아 우르비노에서 태어난 라파엘로는 16세 때 피에트로 페루지노의 공방에 입문하여 도제 수업을 받았다. 이 무렵 주로 제작한 성당 제단화 중 〈십자가에 못 박힌 예수〉와 같은 초기 작품에서는 페루지노의 유려하고 우아한 양식이 엿보인다. 이후 그의 작품은 스승을 넘어서 독보적인 유명세를 얻었다. 페루지노의 공방을 나온 라파엘로는 피렌체로 가서 4년간 머물렀다. 이 기간 동안 라파엘로는 미켈란젤로의 작품에서 인체 해부학에 대한 지식을 배웠고, 레오나르도 다 빈치로부터는 간결한 피라미드 구조와 스푸마토 등을 익혔다. 1504년 〈성모의 결혼〉을 제작하여 명성을 얻은 라파엘로는 성모 마리아의 미적 기준을 새로이 제시했다. 여성의 아름다움을 우아하게 표현하는 능력은 다 빈치에 필적할 정도였다. 라파엘로의 초상화에는 다 빈치의 영향이 강하게 남아 있다.

1508년 로마로 건너간 라파엘로는 바티칸에서 교황 율리우스 2세와 그의 후임 레오 10세를 위해 일한다. 그의 임무는 바티칸 궁전의 방들을 장식하는 것이었다. 그는 공방 동료들과 함께 〈성체의 논의〉를 시작으로 〈보르고의 화재〉에 이르는 일련의 프레스코화를 완성했다. 이 작품들 중에는 인문주의 문화와 철학의 성지인 아테네를 주제로 한 〈아테네 학당〉도 포함되어 있다. 평소 다 빈치를 존경했던 라파엘로는 그림의 중심인물인 플라톤을 다 빈치의 모습으로 그려 넣어, 자신이 얼마나 다 빈치를 존경하는지를 드러냈다.

로마에서의 작품 활동으로 큰 성공을 거둔 라파엘로는 엄청난 명성과 부를 얻었지만, 〈그리스도의 변모〉를 완성하지 못한 채 37세의 나이로 세상을 떠났다. 약 185점의 회화와 프레스코화를 남긴 그의 장례식은 화려하게 치러졌고 시신은 판테온에 안치되었다. 그의 무덤 위에는 제자 로렌제토가 제작한 〈돌의 성모 마리아〉라는 아름다운 조각상이 있다.

<초원의 마돈나>(1506)

문학
078 존 밀턴

존 밀턴(John Milton, 1608-1674)은 셰익스피어에 버금가는 대문호로 평가받는 영국의 시인이며 사상가이자 혁명가이다. 런던의 부유한 공증인 집안에서 태어난 그는 아버지의 영향으로 어려서부터 음악과 함께 청교도적 분위기 속에서 성장했다. 7세 때 성 바울 학원에 입학하여 라틴어·그리스어·히브리어 및 신학을 공부했다. 1625년, 성직자가 되기 위해 케임브리지대학교에 들어갔다.

1629년에 발표한 최초의 영시 〈그리스도 탄생의 아침〉은 종교적 주제나 기교면에서 이미 원숙한 경지에 도달하였고, 이 무렵 그의 목표도 성직자에서 시인으로 바뀌었다. 대학 졸업 후 런던 서쪽 교외의 호튼에서 전원생활을 하면서 6년간 시를 집필하던 그는 가면극 〈코머스〉와 불의의 사고로 죽은 친구를 추도한 시 〈리시다스〉를 발표했다.

1638년 프랑스와 이탈리아로 유학을 갔다가 이듬해 영국에서 내전이 일어났다는 소식을 듣고 귀국한 뒤 의회파 편에 참가했다. 당시 영국에서는 찰스 1세를 중심으로 한 왕당파와 절대주의 및 영국 국교회에 반대하는 올리버 크롬웰의 의회파가 격렬하게 대립하고 있었다. 밀턴은 국가와 교회가 일치되어 청교도를 탄압하는 데 반대하면서 1641년《영국 교회계율의 개혁에 대해》, 1644년《아레오파지티카》등의 저술을 통해 청교도 혁명과 크롬웰의 공화제를 적극 옹호했다. 1649년 크롬웰이 이끈 의회군이 왕당파와의 전쟁에서 승리하였고, 찰스 1세는 재판을 받고 처형당했다. 크롬웰의 공화 정부가 출범하자 밀턴은 외교 비서관이 되어 국왕 처형을 둘러싼 외국의 비난에 맞서 혁명의 당위성을 주장하였다.

1652년 과로로 시력이 급격하게 떨어진 밀턴은 실명의 위기를 맞았다. 그러나 혁명을 옹호하는 그의 글쓰기는 계속되었다. 1658년 크롬웰이 사망하자 정국이 혼란스러워졌고 급기야 프랑스에 망명했던 찰스 1세의 아들 찰스 2세가 복귀하면서 왕정이 복고되었다. 대대적인 숙청 작업이 이어지면서 밀턴도 처형의 위협에 직면했다. 그는 유력자들의 도움으로 간신히 목숨은 건졌지만 명예와 지위, 재산을 모두 잃고 비참한 처지가 되었다. 그는 낙향하여 실의와 고독 속에서 서사시 집필에 몰두했다. 그의 아내와 딸들은 시력을 잃은 밀턴의 손이 되어 1667년《실낙원》을 완성했다. 이어서 1671년에《복낙원》과《투사 삼손》을 발표했다. 밀턴은 이 3대 작품을 완성함으로써 자신의 천재성을 세상에 입증했다.

《실낙원》은 단테의《신곡》과 함께 최고의 종교적 서사시로 평가받는 불후의 걸작이다. 지옥과 천국, 지상을 무대로 아담과 하와가 사탄의 유혹에 빠져 금단의 열매를 먹고 그 일로 낙원에서 추방된다는 내용을 통해 인간의 원죄와 그 구원의 가능성을 이야기하고 있다.

《실낙원》은 모두 12권으로 구성되어 있다. 1권과 2권에는 아담과 하와를 유혹하려는 사탄을, 3권에서는 천상의 소식을, 4권에서는 낙원 에덴의 축복을 그리고 있다. 5권부터 8권까지는 천사 라파엘의 경고가 언급되어 있고, 9권에는 사탄의 유혹에 넘어간 하와, 10권에는 죄로 말미암은 재앙이 묘사되어 있다. 11권과 12권에서는 인류 역사와 구원의 예언이 언급되고 있다. 밀턴은 이후 몇 편의 미완성 원고를 집필하다가 런던 자택에서 세상을 떠났다.

세계사
079

페르시아전쟁

페르시아는 오리엔트 세계를 통일하여 지배한 대제국이다. 페르시아의 통치자인 다리우스 1세는 다수의 민족을 훌륭하게 통합하는 정치력을 발휘하여 행정제도를 완성하고 방대한 지역을 지배하는 데 성공했다. 그는 이어 그리스로 세력을 뻗치기 시작했다.

페르시아전쟁(Greco-Persian Wars, 기원전 492-기원전 479)의 원인은 경제적 원인과 종교적 원인으로 요약할 수 있다.

당시 에게해는 경제의 중심지였다. 그리스와 페르시아의 입장에서는 소아시아의 서해안과 그리스 본토 사이에 위치한 에게해를 누가 제패하느냐가 매우 중요했다. 종교면으로 보자면, 조로아스터교를 믿는 페르시아는 자신들이 믿는 전지전능한 유일신 아후라 마즈다가 인간과 비슷한 인격을 가진 올림포스의 신들에 비해 우월하다고 생각했다. 그 때문에 페르시아는 자신들의 그리스 지배를 당연한 것으로 여겼다. 이 두 가지 이유가 동서양이 최초로 충돌한 페르시아전쟁의 배경이었다.

다리우스 1세는 소아시아의 그리스 식민도시에 공납을 명했다. 밀레투스를 비롯한 이오니아의 식민도시들이 반발하며 봉기를 일으켰고 아테네 등 폴리스가 식민도시를 돕고 나섰다(이오니아 반란). 그러자 페르시아는 그리스인들의 저항을 제압한 후 아테네 등을 응징하기 위해 세 번에 걸쳐 발칸반도에 군대를 파견했다.

기원전 492년, 페르시아군의 제1차 원정은 실패로 끝났다. 아토스에서 폭풍을 만난 함대는 큰 손실을 입자 철수할 수밖에 없었다. 그리스의 역사가 헤로도토스의 기록에 따르면, 페르시아군은 300척의 전함과 2만여 군사를 잃었다.

기원전 490년, 제2차 원정군은 파죽지세로 진격하여 아테네 북동 30여 킬로미터에 있는 마라톤평원에 상륙했다. 이 전투에서 아테네의 총사령관 밀티아데스는 중장병(重装兵)의 밀집대형 전술을 펼쳐 페르시아의 원정대를 격파하고 승리를 거두었다. 이때 한 전령이 아테네까지 달려가 승전보를 알린 것을 기념하여 마라톤 경기가 유래하였다.

기원전 480년, 제3차 원정 때는 다리우스 1세가 죽자 그 아들 크세르크세스 1세가 친히 대군을 이끌었다. 그리스는 30개 도시국가가 참여한 동맹을 결성하고, 육군은 스파르타가, 해군은 아테네가 지휘권을 맡아 페르시아에 맞섰다. 스파르타군은 중부 그리스로 가는 통로인 테르모필레의 협로를 지켰으나 페르시아군에 패하여 레오니다스 왕을 비롯한 전원이 전사했다. 하지만 해전에서는 승패가 쉽게 나지 않았다. 아테네는 대함대를 건조하여 페르시아의 재침공에 충분히 대비하고 있었다. 아테네의 지도자 테미스토클레스는 함대를 이끌고 살라미스해협에서 페르시아 해군과 최후의 결전을 벌여 크게 승리했다.

이처럼 세 번에 걸친 페르시아의 그리스 원정은 모두 실패하였고, 소아시아 연안의 그리스 도시들은 페르시아의 지배에서 벗어나게 되었다.

철학

080 열자

태행산과 왕옥산은 둘레가 700리, 높이는 1만 길이다. 두 산은 기주의 남쪽, 하양의 북쪽에 있었는데, 북산에 살던 우공이라는 아흔 살 가까운 노인은 자식들의 집을 오가자니 힘이 들어 산들을 옮기기로 하였다. 우공이 가족을 모아놓고 말했다.

"우리 저 산을 한 번 옮겨보자꾸나! 그러면 예주나 한수로 곧장 갈 수 있을 것이다."

가족들이 모두 찬성했다. 그런데 그의 아내만은 의문을 품었다.

"당신 힘으로 자그마한 언덕 하나 무너뜨리지 못할 텐데, 어떻게 저런 큰 산을 옮기려고 해요? 그 많은 흙과 돌은 어디에 버릴 작정이에요?"

"발해의 끝, 은토의 북쪽에다 버리지."

이렇게 하여 우공은 아들과 손자를 데리고 일을 시작했다. 돌을 깨고 흙을 파서 키와 삼태기에 담아 발해 끝으로 옮겼다. 그러나 워낙에 멀어서 한 번 다녀오는 데 꼬박 1년이 걸렸다. 노인의 친구인 하곡 사는 지수가 웃으며 말렸다.

"정말 어리석구만. 살날도 머지않은 그 몸으로는 산모퉁이 하나 무너뜨리지 못할 걸세."

우공은 탄식하며 말했다.

"내가 죽으면 내 아들이 있지 않은가. 아들은 다시 손자를 낳을 테고, 손자는 다시 아들을 낳을 것 아닌가. 그 아들이 다시 아들을 낳고, 그 아들에게도 손자가 생길 것인즉, 자손은 끝없이 이어질 거야. 그러나 산은 더 자라지 못할 터인데 어찌 옮길 수 없단 말인가?"

지수는 할 말을 잃었다. 산신이 이 말을 듣고, 우공이 작업을 계속하면 큰일이라 생각해 천제에게 보고했다. 천제는 보고를 받고 감동하여 과아씨(전설상의 거인족)의 두 아들에게 산을 옮기라고 명했다. 과아씨의 두 아들은 두 산을 들어 하나는 삭동에, 하나는 옹남에 옮겼다. 이때부터 기주의 남쪽과 한수 이북에는 조그만 언덕 하나 없게 되었다.

_<탕문>편, 우공이신

열자(列子)는 노자의 문하생으로 장자의 선배이다. 기원전 400년경 정나라에서 태어났다고 하는데 그 외에 알려진 것이 없다. 열자의 실존에 대한 논의가 분분하나, 실존 인물이 아니라는 주장에 무게가 실린다.

《열자》의 성립에 대해서도 다양한 설이 존재한다. 그중 한나라 때《장자》,《회남자》,《산해경》,《한비자》,《여씨춘추》등에서 내용을 가져온 것이《열자》의 원형이 되었다는 설이 가장 유력하다. 도가사상을 다룬 책이지만 제가(諸家)사상이 마구 뒤섞여 있어 앞서 언급한 주장에 신빙성을 더한다. 하지만《열자》에서 전재되는 우화적 세계는 고대 중국인의 사상이나 생활의 지혜를 담고 있어, 2,000년이 넘도록 사람들의 관심을 받고 있다.

이 책은〈천서〉,〈황제〉,〈주목왕〉,〈중니〉,〈탕문〉,〈역명〉,〈양주〉,〈설부〉의 8편으로 구성되어 있으며, 우공이산, 조삼모사, 기우 등의 기사로 유명하다.

신화 081 헤라

헤라(Hera)는 크로노스와 레아의 딸로, 제우스의 남매이자 부인이다. 그녀는 결혼을 관장하는 신이지만 남편인 제우스의 외도로 늘 고통받았다. 그녀는 질투가 많았지만 신들의 왕인 제우스를 직접 비난하거나 보복할 수 없어서 그 화를 제우스와 사랑에 빠진 상대 여성들에게 풀었다. 그 보복은 집요하고 잔인했다. 디오니소스의 어머니 세멜레는 헤라의 꼬임에 빠져 온 몸이 불에 타서 한 줌의 재로 변했다. 아폴론과 아르테미스의 어머니 레토는 출산 과정에서 헤라의 방해로 온갖 고초를 겪어야 했다. 제우스와 알크메네 사이에 헤라클레스가 태어나자 헤라는 아이를 죽이기 위해 독사를 보내기도 했다. 제우스는 이오와 사랑을 나누던 중 헤라의 눈을 속이기 위해 이오를 암소로 변신시켰다. 질투심에 불탄 헤라는 암소로 변한 이오를 선물로 줄 것을 요구했고, 제우스는 비밀이 탄로날 것이 두려워 어쩔 수 없이 그녀의 요구를 들어주었다. 헤라는 암소를 눈이 100개 달린 괴물 아르고스에게 보내 지키게 했다. 그러나 제우스가 보낸 헤르메스는 아르고스를 속여 잠들게 한 후 이오를 구출했다. 그 사실을 알게 된 헤라는 즉시 아르고스의 목을 베어버리고 100개의 눈을 아르고스의 몸에서 떼어낸 후 자신의 상징인 공작새의 날개에 장식으로 달아주었다.

헤라는 제우스와 결혼생활이 원만하지 못했는데도 가정을 충실히 지켜 결혼의 수호신이 되었다. 그리스와 로마에서는 결혼식 날 신부에게 축하의 의미를 담아 사과나 석류를 선물했는데, 이는 헤라가 제우스와 결혼할 때 할머니 가이아로부터 황금사과를 선물로 받은 것을 기념하기 위해서였다. 처녀, 유부녀, 미망인이 가져야 할 덕목을 모두 갖춘 헤라는 고대 그리스 여성상의 표상이었다.

헤라는 제우스와의 사이에 세 명의 자녀를 두었다. 전쟁의 신 아레스, 청춘의 여신 헤바(헤베), 출산의 여신 에일레이티아가 그들이다. 그 외 헤파이스가 있는데 육체적인 관계없이 스스로 잉태하고 출산한 아들이다.

종교
082 솔로몬의 지혜

솔로몬(Solomon)은 다윗 왕과 밧세바 사이에서 태어났다. 그는 다윗의 뒤를 이어서 이스라엘의 제3대 왕이 되었다. '지혜의 왕'으로 유명한 솔로몬은 아버지를 능가할 만큼 위대했다. 다윗은 이스라엘 12지파를 통합해 한 나라를 이루었으며, 아들인 솔로몬은 영토를 넓히고 태평성대를 이루었다. 또한 솔로몬은 웅장한 왕궁을 세워 백성들에게 강력한 인상을 주었을 뿐 아니라 예루살렘에 성전을 세우는 빛나는 업적을 남겼다.

기브온에는 큰 재단이 하나 있었는데, 솔로몬은 늘 거기서 제사를 드렸다. 어느 날 여호와가 기브온에 와 있던 솔로몬의 꿈에 나타났다. 여호와가 "내가 너에게 무엇을 해주면 좋겠느냐?"라고 묻자 솔로몬이 대답했다.

"저에게 명석한 머리를 주시어 당신의 백성을 잘 다스리고, 흑백을 잘 가려낼 수 있게 해주십시오. 감히 그 누가 당신의 이 큰 백성을 다스릴 수 있겠습니까?"

그러자 여호와가 말했다.

"네가 장수나 부귀나 원수 갚는 것을 청하지 않고 이렇게 옳은 것을 가려내는 머리를 달라고 하니 네 말대로 해주리라. 이제 너는 슬기롭고 명석해졌다. 너 같은 이는 전에도 없었고 앞으로도 없으리라. 그리고 네가 청하지 않은 것, 부귀와 명예도 주리라. 네 평생에 너와 비교될 만한 왕을 보지 못할 것이다. 네가 만일 네 아비 다윗이 내 길을 따라 살았듯이 내 길을 따라 살아 내 법도와 계명을 지킨다면 네 수명도 늘려주리라."

그렇게 솔로몬은 부귀와 지혜를 겸비한 왕이 되었으며, '지혜로운 사람'의 상징이 되었다.

어느 날 두 여인이 한 아이를 데리고 솔로몬에게 와서 진짜 어머니를 가려달라고 간청했다. 두 여인은 그 아이가 서로 자기 아들이라고 주장하며 왕 앞에서 말싸움을 벌였다. 그러자 솔로몬은 신하에게 칼을 가져오라고 한 뒤 명령했다.

"저 아이를 둘로 나누어 반쪽은 이 여자에게, 다른 반쪽은 저 여자에게 주어라."

그러자 한 여인이 깜짝 놀라서 눈물을 흘리며 애원했다.

"왕이시여, 저 아이를 그냥 저 여자에게 주시고, 제발 죽이지 말아주십시오."

그러나 다른 한 여인은 "어차피 내 아이도 네 아이도 아니니 나누어 갖자"라고 했다.

솔로몬이 다시 명했다.

"아이를 죽이지 말라고 한 여인이 진짜 어머니다. 그 여인에게 아이를 주도록 하라."

이스라엘의 모든 백성이 그 소식을 듣고는 왕에게 하나님의 지혜가 주어져 정의를 베푼다는 것을 알고 모두들 왕을 두려워하게 되었다. 이러한 명판결을 통해 '솔로몬의 심판'이라는 말이 나왔고, 이 말은 아주 어려운 판단이라는 뜻으로 쓰인다.

음악
083 루트비히 판 베토벤

루트비히 판 베토벤(Ludwig van Beethoven, 1770-1827)의 선조는 벨기에인이었다. 그의 조부는 독일 본으로 이주해서 본 궁정의 음악감독으로 일하며 부업으로 포도주 판매상을 했다. 그 영향인지 궁정의 테너가수였던 베토벤의 아버지 요한은 알코올의존자였다. 베토벤이 태어났을 때 유럽에서는 음악 신동 모차르트의 명성이 자자했다. 요한은 자신의 아들을 제2의 모차르트로 키우고 싶었다. 요한은 베토벤이 어릴 때부터 쳄발로를 가르쳤다. 그 결과 베토벤은 8세 때 공개 연주를 했고, 10세 때 작품을 썼다. 13세 되던 해 작곡한 작품을 제후에게 바쳤는데 그 일이 인연이 되어 1787년 음악의 중심지 빈을 방문하게 됐다. 그리고 기회를 얻어 모차르트 앞에서 변주곡을 작곡했다. 모차르트는 "앞으로 이 젊은 친구를 주목해야겠어. 반드시 세계를 놀라게 할 거야"라며 크게 칭찬했다.

빈에서 일정을 마치고 본으로 돌아온 베토벤은 더욱 음악에 정진했으나 한편으로 가장의 책임을 져야만 했다. 어머니가 세상을 떠나고 아버지는 알코올의존증으로 집안 살림을 돌볼 수 없었기 때문이다. 1792년 22세 때 베토벤은 다시 빈을 찾았다. 그는 하이든을 찾아가 제자가 되었지만 하이든은 바쁜 스케줄로 베토벤을 제대로 지도하지 못했다. 음악 공부에 별다른 진전이 없자 베토벤은 피아니스트로 활동을 시작했다.

객지에서의 삶은 녹록지 않았다. 베토벤은 경제적 어려움으로 생활고에 시달렸고, 25세 때부터 시작된 청력 이상은 시간이 지날수록 악화되어갔다. 30세가 될 무렵 거의 듣지 못하게 된 베토벤은 음악가로서 심각한 위기를 맞았다. 그는 의사의 권유로 빈 교외의 하일리겐슈타트에서 휴식기를 보냈다. 이 시기에 '월광 소나타'로 더 많이 알려진 〈피아노 소나타 제14번〉 '달빛'을 작곡했다. 당시 베토벤은 귀족 출신인 줄리에타 귀치아르디와 사랑에 빠졌는데 이 곡을 그녀에게 헌정했다. 하지만 사랑은 오래가지 못했고 베토벤에게는 실연의 아픔만 남았다.

1802년, 베토벤은 심신이 지칠 대로 지쳐 있었다. 청력 이상과 심각한 두통에 실연의 아픔까지 더해져 삶을 포기하기에 이른다. 그는 죽기로 결심하고 유서를 썼다. 하지만 베토벤은 죽지 않았다. 그는 마지막 순간 죽음이 아닌 음악을 선택했다. 음악이 그를 죽음의 길에서 다시 삶의 길로 돌아서게 만든 것이다.

베토벤은 휴식을 끝내고 빈으로 돌아왔다. 이때부터 베토벤의 음악은 이전과 달라지기 시작한다. 그의 작품들은 보통 3기로 나눠서 구분하는데, 제1기(1786-1803)의 작품들이 하이든과 모차르트의 영향을 받은 작품이라면 빈으로 돌아온 이후 발표한 제2기(1804-1816)의 작품들, 즉 교향곡 제3번에서 제8번까지는 베토벤의 개성이 확실하게 드러날 정도로 독창적이다. 제3기(1817-1827)는 인간의 한계를 이겨내고 불굴의 의지로 예술혼을 불태웠던 시기이다. 이 시기에 '최후의 소나타'로 불리는 〈피아노 소나타 제30번〉을 비롯한 5개의 소나타, 〈장엄미사〉, 6개의 현악 4중주를 썼다. 특히 불멸의 〈제9교향곡〉 '합창'은 형식과 내용에서 음악 역사상 최고의 작품으로 꼽힌다.

시대가 이상으로 삼았던 자유, 박애, 자기 극복 등의 정신을 음악 속에 담으려 했던 베토벤은 인류에게 많은 음악적 유산을 남기고 눈을 감았다. 그는 2만여 명의 조문객이 지켜보는 가운데 안장되었다.

미술
084 베첼리오 티치아노

베첼리오 티치아노(Vecellio Tiziano, 1488-1576)는 지칠 줄 모르는 열정으로 수많은 걸작을 완성하며 16세기 베네치아 미술계를 풍미했던 르네상스 시대의 풍운아이다. 그의 작품은 사실주의적 표현을 중시하는 고전주의에서 내적인 심리 상태를 반영하는 마니에리스모*로 이행하는 과도기적 화풍을 보여준다. 아름다움과 쾌락, 극적인 표현에 뛰어난 감각을 지녔던 티치아노는 완벽한 기교를 바탕으로 화려한 색채를 구사하며 색채 미술의 진수를 보여주었다. 그는 서양 회화의 기본 매체가 되는 '캔버스에 유화' 기법을 개척하여 '회화의 군주'라는 별명을 얻기도 했다.

티치아노는 베네치아 근교의 작은 마을에서 공증인의 아들로 태어났다. 세바스티아노 주카토의 공방에서 화가 수업을 시작해, 베네치아의 회화를 이끌던 젠틸레 벨리니와 조반니 벨리니 형제의 도제가 된다.

1514년, 베네치아에 자신의 공방을 만들고 독립하여 본격적인 작품 활동에 들어갔다. 2년 후 벨리니가 사망하자 티치아노는 그의 뒤를 이어 베네치아의 대표 화가로 떠오른다. 1518년 제작한 베네치아 최대의 제단화 〈성모의 승천〉은 그의 명성을 확고히 하여, 세상에 티치아노 시대의 개막을 알렸다. 이 시기에 티치아노는 페라라 공작 알퐁소 데스테의 주문을 받아 그리스 신화를 주제로 한 〈비너스의 경배〉와 〈바쿠스와 아리아드네〉를 제작했다.

티치아노는 풍부한 상상력으로 신화적 주제의 그림들과 전통적인 종교화, 그리스 로마 시대를 주제로 한 회화들의 도상을 혁신하여 새로운 구성을 선보였다. 1551년에 베네치아에 정착한 그는 여러 점의 자화상을 제작하고, 성당을 장식하며, 스페인의 펠리페 2세를 위해 일했다.

이탈리아와 전 유럽 군주들 사이에서 절대적인 명성을 누리던 티치아노는 페스트에 걸려 작업 중이던 〈피에타〉를 완성하지 못하고 숨을 거둔다. 이후 제자인 팔마 일 조바네가 그 작품을 완성했다.

* 마니에리스모(Manierismo): 르네상스 양식으로부터 바로크 양식으로 이행하는 과도기에 유행한 특정의 미술 양식을 이르는 말. 르네상스 미술의 방식이나 형식을 계승하되 자신만의 독특한 양식(매너 혹은 스타일)에 따라 예술 작품을 구현한 예술 사조를 말한다.

문학
085 볼테르

볼테르(Voltaire, 1694-1778)는 18세기 유럽 계몽주의를 대표하는 프랑스의 사상가이자 작가이다. 그의 본명은 '프랑수아 마리 아루에'이며 파리에서 태어났다. 그의 아버지는 공증인으로서 전형적인 부르주아였다. 볼테르는 어린 시절 예수회 학교를 다녔으며, 이때 그를 가르친 신부들은 '총명한 악동'이라고 볼테르를 평가했다. 졸업 후 아버지의 권유로 법과대학에 입학했으나, 문학에 뜻을 품고 문학 살롱에 드나들며 재치 있는 입담과 글솜씨로 사람들을 사로잡았다.

1717년 볼테르는 루이 14세의 사후에 섭정을 맡았던 오를레앙공을 비방하는 글을 쓴 죄로 바스티유에 투옥되었다. 그는 수감생활 중 비극《오이디푸스》를 집필하고, 출옥 후 '볼테르'라는 필명으로 발표하여 큰 성공을 거두고 명성을 얻었다. 이후 베르길리우스의《아이네이스》를 모방한《앙리아드》를 발표하여 호평을 받았다. 문학적으로 성공을 거둔 볼테르는 살롱의 저명인사 중 한 명이 되었다.

1726년 볼테르는 명문 귀족과 말다툼을 벌였다가 그의 하인들에게 구타를 당했다. 화가 난 볼테르는 귀족에게 결투를 신청했다가 귀족 모욕죄로 다시 바스티유에 투옥되었다. 수감 중 영국으로 망명한다는 조건으로 풀려났는데, 그 과정에서 볼테르는 프랑스 사회의 불평등과 부조리에 눈뜨게 되었다.

당시 프랑스보다 더 개방적이었던 영국에서 볼테르는 사회적·사상적 자유를 만끽했다. 그는 영국에서 알렉산더 포프, 조너선 스위프트 같은 당대 최고의 작가들은 물론 조지 버클리, 새뮤얼 클라크처럼 명성이 자자한 사상가들과도 교류했다. 3년의 영국생활을 통해 볼테르는 사상적으로 많은 발전을 이루었다.

1729년 프랑스로 돌아온 볼테르는 샤틀레 후작부인의 지원을 받으며 영국에서의 경험을 토대로《철학서간》을 집필했다. 이듬해 책이 출간되자 프랑스 정부는 체제 비판이 담겼다는 이유로 금서 조치를 내렸고, 책의 저자에 대한 체포령이 떨어졌다. 볼테르는 연인이 된 샤틀레 후작부인의 영지로 몸을 피한 후 그곳에서 10년 동안 머물면서 저술과 연구 활동에 전념했다.

1745년, 희극《나바라의 공주》가 큰 성공을 거두자 볼테르는 루이 15세의 애인 퐁파두르 부인의 후원으로, 왕실 사료 편찬관에 임명되었다. 하지만 그의 출세를 시기하는 사람들의 견제로 그의 공직생활은 오래지 않아 끝났다. 이후 볼테르는 자신의 분노와 시련을 철학적 콩트로 표현하기 시작했다.《미크로메가스》,《랭제뉘》,《자디그》,《캉티드》 등의 작품에는 당대 프랑스 사회의 모순과 철학 사조에 대한 비판이 담겨 있다.

1749년 연인이자 후원자였던 샤틀레 후작부인이 출산 중 사망하자 이듬해 프리드리히 2세의 초청에 베를린과 프로이센으로 가 머물다가 스위스로 간다. 거기서 볼테르는 루소 등 당대 최고의 프랑스 지성인 150여 명과 함께《백과전서》의 집필에 참여했다. 그는 인권 문제에도 관심을 기울여 아들을 죽였다는 누명을 쓰고 억울하게 처형된 장 칼라스의 무죄 판결을 이끌어냈다. 또한 자신이 살던 시대의 전통적 가치들, 특히 기독교의 종교적 불관용을 저지했다. 광신을 부정하고 자유를 옹호한 그의 명성은 말년에 이르러 전 유럽에 미쳤다.

1778년 2월, 볼테르는 시민들의 열광적인 환영을 받으며 파리로 돌아왔다가 그해 5월 30일 84세의 나이로 생을 마쳤다.

세계사 086

콘스탄티누스 1세

콘스탄티누스(274-337)의 아버지 콘스탄티우스 1세는 로마 제국을 다스리던 4명의 황제 중 1명이었으며, 어머니는 하녀 신분이었다.

콘스탄티누스가 황제가 되기 전 제국은 동서로 분리되어 있었다. 로마 제국은 235년부터 284년까지 황제가 무려 26명이나 바뀌었다. 군대의 쿠데타가 주요 원인이었다. 이러한 혼란기를 끝낸 사람은 발칸반도 출신의 장군 디오클레티아누스였다. 서기 284년 황제가 된 그는 로마 제국을 부흥시켰다. 디오클레티아누스는 1인권력 체제가 거대한 제국을 다스리기에 무리라고 여겼다. 그는 로마 제국을 4개 지역으로 나눈 후 2명의 황제(아우구스투스)가 각각 부황제(카이사르)를 1명씩 거느리고 다스리게 했다. 디오클레티아누스는 로마 제국을 보스니아지역을 기준으로 양분했는데, 이는 나중에 제국이 동로마 제국과 서로마 제국으로 나뉘는 계기가 되었다. 그 뒤 황제들이 부황제를 독립시켜 로마 제국은 293년부터 4명의 황제가 통치하는 '사분치제'를 열었다. 이는 군대가 쿠데타를 일으켜 황제를 옹립하는 폐단을 없애고 안정적인 황제 계승 체계를 보장하기 위해서였다.

콘스탄티누스는 아버지의 뒤를 이어 황제가 되었다(콘스탄티누스 1세, Constantinus I). 그는 군사, 조세 제도 등 디오클레티아누스의 업적을 더욱 발전시켜 나아갔다. 그의 업적 중 가장 큰 것은 기독교를 국교로 삼은 것이다. 당시 가혹하게 박해받던 기독교가 로마의 국교가 된 과정에서 다음과 같은 일화가 전해진다.

310년 10월 27일, 콘스탄티누스는 서방의 패권을 놓고 막시미아누스의 아들인 막센티우스와 로마 근교 밀비우스 다리에서 전투를 벌였다. 그때 그는 태양 위에 빛나는 십자가를 보았다. 그 십자가 위에 '십자가의 깃발로 싸우라'는 글자가 적혀 있었다. 그날 밤 꿈에 예수가 나타나서 낮에 본 것과 같은 십자가를 보이면서 이것과 같은 것을 만들어서 군기로 삼으라고 일러주었다. 콘스탄티누스는 전 군대에 그리스도를 상징하는 깃발을 들고 싸우게 했다. 312년 콘스탄티누스는 3배나 많은 막센티우스 군대를 기적처럼 무찌르고 승리를 거머쥐었다. 이 일을 계기로 콘스탄티누스는 로마를 기독교 국가로 만들고 기독교를 부흥시키기로 작정했다. 그리고 자신도 기독교에 입문했다.

313년, 콘스탄티누스는 동방의 황제 리키니우스와 밀라노에서 만나 제국의 모든 종교에 평등권을 주는 정책에 합의한다. 밀라노 칙령으로 '종교의 자유'를 선포한 것이다. 이로써 기독교 예배가 회복되고 교회 단체가 인정되었으며, 성직자들이 다른 종교의 사제들과 마찬가지로 신분상 혜택을 받았다. 종교재산과 성직자에 대한 세금과 병역면제 등이 시행되었다. 숨어 지내던 기독교인들은 완전한 종교 자유를 획득했고 그들을 박해하던 유대교는 그동안 누렸던 법적 지위를 잃었다.

324년, 콘스탄티누스는 리키니우스를 물리치고 동서로 나뉘었던 제국을 재통일했다. 330년에는 비잔티움을 대대적으로 개조하여 기독교 도시로 만들었다. 비잔티움은 로마의 새로운 수도가 되었고, 황제의 이름을 따라 '콘스탄티노플'이라고 불렸다. 이때부터 서양문명은 헬레니즘에서 헤브라이즘으로 중심추가 이동한다.

철학 087

순자

중국 전국 시대 말기에 활약한 사상가 순자(荀子, 기원전 298-기원전 238)는 맹자의 성선설을 비판하여 성악설을 주장하였다. 그의 제자로는 법가의 학문을 집대성한 한비자와 진나라의 천하 통일을 도운 후 재상에 오른 이사가 있다.

순자는 인간의 본성은 근본적으로 악하기 때문에 교육되고 훈련되어야만 선한 행동을 할 수 있다고 주장했다. 또한 예와 법을 지켜 의를 실천하고, 그것을 몸에 축적하면 누구나 성인이 될 수 있다는 현실주의적 생각을 가졌다. 순자는 인간을 선한 행동으로 유도하기 위해서는 그들이 함부로 행동하지 못하도록 규제하는 강한 규칙이 필요하다고 주장했는데, 이 영향을 받은 한비자는 국가를 통치하기 위해서는 백성들을 규제할 강력한 법이 필요하다고 생각했다.

순자는 지금의 후베이성과 산시성 남부에 있던 조나라에서 태어났다. 그의 이름은 황(況)이고 자는 경(卿)으로, 흔히 순경으로 불렸다. 그는 50세 때 조나라를 떠나 제나라로 가서 당시 학문의 중심지였던 직하에서 명성을 얻었다. 그곳에서 집필된 《순자》는 원래 12권 322편이었으나 한나라의 유향이 중복된 부분을 정리하고 삭제하여 32편으로 편찬하였다. 이를 다시 당나라 때 양량이 편의 순서를 바꾸고 주를 붙여 개편해 《순경자》라 하였고 훗날 《순자》라 불리게 되었다.

《순자》의 가장 유명한 것이 〈성악〉 편이다. 성악설은 인간의 본성이 근본적으로 악하다는 이론인데, 인간의 본성은 원래 선하다는 맹자의 성선설과 대비되어 널리 알려졌다. 그 때문에 순자의 학문이 맹자의 학문과 반대되는 것으로 오해받기도 하지만 실상은 다르지 않았다. 근본적으로 순자와 맹자 모두 이상주의자였으며, 철저한 논리주의자였다. 하지만 이상을 추구하는 방법론에서 맹자는 다소 하늘을 숭상하는 종교적 사고를 지녔다면, 순자는 인간의 행동으로 이상을 실현할 수 있다고 생각했다. 맹자의 학문은 주로 군주를 비판하고 백성의 편에 서 있었다면, 순자의 학문은 군주를 옹호하고 백성을 지배 대상으로 보는 경향이 있었다.

신화 088

디오니소스

디오니소스(Dionysos)는 제우스와 테베의 공주 세멜레 사이에서 태어났다. 어느 날 제우스는 우연히 테베의 공주 세밀레가 목욕하는 모습을 보게 되었다. 그날 밤 제우스는 인간의 모습으로 세멜레의 침실을 찾았다. 그날 이후 세멜레는 제우스의 연인이 되었다.

질투심이 강한 헤라는 늙은 유모로 변신해서 세멜레를 찾아갔다. 헤라는 세멜레와 사랑을 나누는 연인의 정체가 정말 제우스가 맞는지 의심하게 만들었다. 그날 밤 제우스가 찾아오자 세멜레는 그에게 한 가지 부탁을 들어달라고 요청했다. 제우스는 세멜레가 어떤 부탁을 할지 모르고 승낙했다. 그러자 세멜레는 제우스의 본모습을 한 번만 보여달라고 요구했다. 제우스는 당황했다. 인간이 신의 모습을 보면 신에게서 뿜어 나오는 강렬한 광체가 인간의 몸을 불태워버리기 때문이었다. 하지만 신은 한 번 약속한 것은 무조건 지켜야 했다. 제우스가 올림포스 신의 위용을 드러내자, 강렬한 빛이 세멜레의 몸을 순식간에 불태웠다. 제우스는 재로 변해가는 세멜레의 몸에서 태아를 꺼내 자신의 허벅지를 가르고 그 속에 넣었다. 재로 변한 어머니와 아버지의 허벅지에서 태어난 신이 디오니소스다. 헤라는 세멜레의 죽음에도 노여움을 거두지 않았다. 어린 디오니소스는 어머니의 여동생인 이노에게 양육되었다. 그러자 헤라는 이노와 그녀의 남편 아타마스에게 저주를 내렸다. 그들은 정신착란을 일으켜 자신의 아이들을 살해했다. 그 후 디오니소스는 님프들 사이에서 자랐다. 하지만 헤라는 디오니소스를 그냥 두지 않았다. 헤라는 디오니소스를 광기에 사로잡혀 세상을 떠돌게 만들었다.

제우스와 헤라의 어머니인 레아는 디오니소스의 불행을 외면하지 않았다. 그녀는 손자 디오니소스의 정신병을 치료해준 후 자신의 종교의식을 전수해주었다. 그 후 디오니소스는 세계 여러 나라를 오가며 인간들에게 종교의식을 가르쳤다.

디오니소스는 로마에서 바쿠스라고 불리는데, 포도주의 신이며 동시에 도취의 신이다. 그가 포도주의 신이 된 데는 사연이 있다. 그의 첫사랑은 암펠로스라는 소년이었다. 암펠로스는 디오니소스의 경고에도 불구하고 수소의 공격을 받아 죽는다. 디오니소스가 그의 시신에 눈물을 흘리자 거기서 포도나무가 자랐다. 디오니소스는 이 포도나무에서 포도주를 만드는 법을 배웠다. 그는 세상을 떠돌며 종교의식과 포도 재배법을 가르쳤는데 수많은 사람이 그를 따랐다.

술잔을 내밀고 있는 디오니소스(기원전 6세기 후반)

종교
089 세례

세례(Baptism)의 헬라어 '밥티스마'는 씻는다, 또는 깨끗하게 한다는 뜻의 '밥티조'에서 온 말로, 씻음, 인증, 기름 부음 등을 의미한다.

종교의식으로서의 세례는 기독교 이전에 유대인들에 의해 실행되었다. 그들은 이방인(비유대인)이 유대교에 가입하기 원할 때 세례를 주었으니, 세례는 곧 회개, 방향의 전환을 의미한다. 세례 요한은 유대인들을 향해 회개하고 세례를 받으라고 촉구했다.

유대인들은 자신들의 조상인 아브라함을 통해 하나님과 특별한 관계를 맺었다고 주장해왔고, 자신들이 받은 할례를 내세워 특별한 신분(선택받은 민족)임을 천명해왔다. 그런데 요한이 '회개하고 세례를 받으라'고 촉구하자 유대인 사회에 큰 소동이 일어났다. 세례는 할례받지 못한 이방인들에게만 베푸는 것이었기 때문이다. 요한은 또 자신은 물로 세례를 주지만 뒤에 오는 이는 성령으로 세례를 줄 것이라고 설교했다. 즉, 메시아를 맞이할 준비를 하라고 촉구한 것이다. 예수는 자신의 사역 기간에 한 번도 세례를 베풀지 않았으나 죄인들과의 일체성을 보여주기 위해 세례 요한에게 친히 세례를 받았다. 그때 요한은 예수를 보고 "보라, 세상 죄를 지고 가는 하나님의 어린 양이로다(요한복음 1:29)"라고 선포했다. 그리고 오순절 이후 기독교 교회는 예수를 믿고자 하는 사람들에게 세례를 받으라고 촉구했다. 예수의 수제자인 베드로는 다음과 같이 호소했다.

"너희가 회개하여 각각 예수 그리스도의 이름으로 세례를 받고 죄 사함을 얻으라 그리하면 성령을 선물로 받으리니."

당시 사람들은 "예수님은 주님이시다"라고 고백하며, '아버지와 아들과 성령'의 이름으로 세례를 받았을 것이다. 오늘날 그리스도인들은 세례 요한이 요단강에서 물로 세례를 베풀었기 때문에 당시의 세례는 물속에 '완전히 잠기는' 형식이었다고 생각한다. 하지만 세례에 물이 얼마만큼 사용되었는지 확실치 않다는 주장도 있다. 〈신약성서〉는 세례의 의미에 대해서 다음과 같이 증거하고 있다.

- 세례는 옛 생활의 죽음을 의미한다. 물은 죄 씻음을 암시한다. 물속에 잠기는 것은 죄를 짓는 옛 생활 방식의 종말을 표현한 것이다. 물 위로 솟아오르는 것은 예수와 함께 새로 시작하는 삶을 의미한다.
- 세례는 성령의 부여를 의미한다. 성령을 받은 그리스도인은 새로운 피조물로 거듭난다.
- 세례는 교회에 입교하는 것을 의미한다. 그리스도인은 예수에게 소속되기 때문에 '그리스도의 몸'인 교회의 일원(지체)이 된다.
- 세례는 하나님과 새 언약이 맺어졌음을 의미한다. 〈구약성서〉에서 이스라엘 민족과 하나님의 언약(계약)은 할례로써 조인되었다. 그러나 〈신약성서〉에서 예수의 속죄(십자가에서 죽음)를 통해 새 언약이 맺어졌다. 세례는 그리스도인에게 하나님의 약속이 성립되었다는 표시이다.

음악 090

카를 마리아 폰 베버

카를 마리아 폰 베버(Carl Maria von Weber, 1786-1826)는 19세기 독일 낭만파 음악의 새 장을 연 인물로, 낭만주의 오페라의 대가이자 선구자이다. 독일 오이틴에서 태어난 그는 모차르트와 인연이 깊다. 그의 사촌 누이인 콘스탄체 베버가 모차르트와 결혼해서 처남 매부 사이가 되었다.

베버의 아버지 안톤 베버는 자신의 아들을 조카사위인 모차르트처럼 유명한 작곡가로 키우고 싶어 했다. 베버는 어려서부터 극단의 지휘자인 아버지를 따라 지방으로 순회공연을 다녔는데, 이 경험은 연극 분야에 탁월한 식견의 자양분이 되었다. 베버는 12세 때 잘츠부르크교회의 합창단원으로 음악생활을 시작했다. 이듬해 무렵부터 그는 오페라를 작곡할 실력을 갖추었고 그의 재능은 시간이 지날수록 빛을 발했다. 실력은 나날이 발전해 1821년 오페라 〈마탄의 사수〉를 발표했을 때 그는 이미 세계적인 작곡가로 이름을 떨쳤다. 〈마탄의 사수〉는 베버가 3년간 심혈을 기울여 완성한 작품으로, 독일 음악의 낭만적 정신의 최대 상징으로 손꼽힌다. 그는 당시 유행하던 이탈리아의 오페라를 뛰어넘어 〈마탄의 사수〉에 독일의 고유한 자연 감정을 살려서 하나의 종합예술로 완성했다. 독일 전설을 소재로 한 이 작품은 당시 애국심에 불타고 있던 국민들의 감정을 고무시켜 큰 환영을 받았고, 독일 최초의 국민 오페라로 높은 평가를 받았다.

베버의 음악은 베를리오즈, 바그너, 드뷔시, 말러에 이르기까지 영향을 끼치며, 그를 독일 오페라의 선구자로 역사에 우뚝 서게 했다. 베버는 작곡가로서의 명성 못지않게 지휘자로도 유명하다. 프라하극장의 지휘자를 거쳐 1317년 이후에는 드레스덴궁정가극장의 지휘자로 평생 활약했다. 베버는 극음악의 극적이며 서사적인 표현에 획기적인 업적을 남겼다. 교향시 분야를 새로 개척하여 싹을 틔웠으며 후세에 커다란 영향을 주었다.

그는 오페라와 극장 조직의 개혁을 통하여 독일 오페라를 만들려고 노력했다. 하지만 번번이 반대에 부딪혔다. 베버는 자유분방한 작법과 고집스러운 행동 때문에 한 직책에 오래 머무르지 못하고 평생 여러 직장을 전전했다. 불안정한 생활 속에서 베버는 폐결핵 등 여러 질병을 앓았고, 세상을 떠나기 전까지 병마와 싸워가며 창작을 해야만 했다. 결국 혼신의 노력으로 마지막 오페라 〈오베론〉을 완성한 후 베버는 40세의 나이로 런던에서 생을 마쳤다.

<작곡가 카를 마리아 폰 베버의 초상>(캐럴라인 바르두아, 1821)

미술 091

코레조

코레조(Correggio, 1489-1534)는 바로크 미술의 탄생을 한 세기 앞서 예고했다. 그의 작품은 대부분 종교화지만 오늘날 그가 유명해진 것은 에로틱한 분위기의 신화 작품이다. 그의 작품세계는 장대하고 기교적인 공간 활용, 하늘로 치솟는 듯 보이는 비대칭적인 구성감각, 특유의 형태와 모티브, 독창적인 색채와 빛을 구사하면서 르네상스의 고전주의에서 바로크 전기적인 화풍으로 점차 변모해 나갔다.

코레조는 본명이 안토니오 알레그리인데, 이탈리아 코레조에서 태어났기에 '코레조'라는 별칭으로 불렸다. 그의 삶에 관해서는 알려진 것이 거의 없으나, 고향에서 미술 공부를 시작했으며 만토바에서 만난 화가들에게 많은 영향을 받았다고 전해진다.

파르마의 성 조반니 에반젤리스타 성당에 〈성모의 승천〉을 비롯한 기타 장식화를 그린 코레조 덕분에 작은 도시 파르마는 르네상스와 바로크 전기 미술의 중심지로 명성을 떨친다. 그의 초기 작품 작품은 안드레아 만테냐의 영향을 받았다. 〈복음 사도들〉과 〈성 카타리나의 신비한 결혼식〉에서 그 흔적을 엿볼 수 있다. 이후 코레조는 〈성모자와 두 천사〉와 같은 작품에서 한층 온화한 화풍을 선보였다. 한편 〈성탄〉에서는 마니에리스모풍의 신비한 밤의 정취를 연출한다. 이후 1512년에 만토바에 거주하던 도시와 코스타, 에르콜레 데 로베르티 등의 영향을 받아 〈성 프란체스코의 성모〉와 같은 보다 넉넉하고 감미로운 그림을 그렸다. 그는 독창적인 스푸마토를 개발했으며 따뜻한 색조와 차가운 색조가 대비를 이루는 독특한 색채를 사용했다. 그뿐만 아니라 점묘 기법으로 인물상 위에 차가운 빛이 드리워진 것 같은 느낌의 효과를 연출했다.

코레조는 주로 교회와 군주의 주문을 받아 종교적인 주제, 우의화, 신화적 주제와 초상화를 그렸다. 그는 생전에 100여 점의 작품을 남겼다.

문학 092

요한 볼프강 폰 괴테

요한 볼프강 폰 괴테(Johann Wolfgang von Goethe, 1749-1832)는 독일의 소설가, 시인, 철학자, 정치가이다. 1749년 8월 28일, 프랑크푸르트 암마인에서 법률가이자 왕실의 고문관인 아버지와 시장(市長)의 딸인 어머니 사이에서 태어났다. 괴테는 유복한 가정에서 어린 시절을 보내며 문학과 예술을 접했고, 13세 때 첫 시집을 낼 만큼 문학적 재능이 뛰어났다. 그는 아버지의 권유로 라이프치히대학교에서 법률을 전공한 후 스트라스부르대학교에서 법률박사 학위를 얻었다. 이후 괴테는 고향에서 변호사생활을 시작했으나 정작 법률보다는 문학에 더 관심을 기울였다.

1774년 괴테가 24세에 발표한《젊은 베르테르의 슬픔》은 대중의 사랑을 독차지하며, 그는 하루아침에 유명 작가가 되었다. 1775년, 바이마르공국의 대공 카를 아우구스트의 초청으로 공직생활을 시작하여 재상의 지위까지 오르며 10여 년간 국정에 참여했다. 이때 그는 정치적으로 치적을 쌓는 한편, 광물학, 해부학, 식물학 등 다양한 과학 연구도 수행했다. 공직에서 물러난 뒤 창작에 몰두했으며, 말년까지 작품 활동을 잠시도 멈추지 않았다. 괴테는 83세의 일기로 세상을 떠나, 바이마르 대공가의 묘지에 안치되었다. 주요 작품으로는《빌헬름 마이스터의 수업시대》,《파우스트》,《서동시집》등이 있다.

1792년 고향에서 변호사생활을 하던 시절, 괴테는 베츨러의 고등법원에서 실습하던 중 두 사람과 인연을 맺는다. 한 명은 친구가 된 카를 빌헬름 예루잘렘이며, 또 한 명은 짝사랑했던 샬로테 부프이다. 괴테는 첫눈에 반한 샬로테에게 구애하지만, 그녀에게 케슈트너라는 약혼자가 있다는 사실을 알고 포기한다. 이후 케슈트너와 샬로테는 결혼했고, 괴테는 베츨러를 떠나 고향으로 돌아온다. 그리고 얼마 후 예루잘렘이 케슈트너의 권총을 빌려 간 후 자살했다는 비보를 접한다. 예루잘렘은 결혼한 샬로테를 여전히 사랑하고 있었던 것이다.《젊은 베르테르의 슬픔》은 약혼자가 있는 여인을 사랑했던 괴테 자신의 경험과 남편이 있는 부인을 사랑하다가 자살한 친구의 이야기를 소재로 만든 작품이다.

주인공 베르테르는 감상적이고 도취적인 인물이다. 그는 발하임이라는 시골의 한 무도회에서 로테라는 여인을 만나 사랑에 빠진다. 하지만 그녀에게는 이미 알베르트라는 약혼자가 있다. 베르테르는 로테와의 사랑이 이루어질 수 없음을 깨닫고 그녀를 잊기 위해 도시로 떠난다. 그러나 도시의 귀족 사회에 적응하지 못하고 삶에 환멸을 느끼며 갈등하던 베르테르는 결국 직장을 그만둔다. 발하임으로 돌아온 베르테르는 로테를 찾지만 그녀는 이미 알베르트와 결혼했다. 그러나 베르테르는 로테에 대한 미련을 버리지 못하고 그녀 주변을 맴돌다 기습적인 키스를 감행하지만 그녀는 냉정하게 그를 뿌리치고 절교를 선언한다. 절망한 베르테르는 로테에게 편지를 남긴 뒤, 그녀를 처음 만났던 무도회에서 입었던 복장을 하고 알베르트에게 빌린 권총으로 자살한다.

이 작품에 대한 대중의 반응은 폭발적이었다. 한 세대 전체가 베르테르의 멜랑콜리*에 빠져들었다. 베르테르식 의상과 헤어스타일이 유행했으며, 자살의 물결이 나라 전역을 휩쓸었다. 영웅의 대명사인 나폴레옹조차 이 소설의 프랑스 번역본을 늘 가지고 다녔다고 하니, 그 인기가 어느 정도였는지 짐작할 수 있다.

* 멜랑콜리(Melancholy): 우울 또는 비관주의에 해당하는 인간의 기본적인 감정. 삶의 궁극적 의미에 대한 회의에서부터 비롯된 이 감정은 이후 정신의학 분야에서 다루어진다.

세계사 093 유방과 항우

기원전 210년, 시황제가 죽은 뒤 환관 조고와 재상 이사의 모의로 시황제의 막내 아들 호해가 황위를 승계한다. 호해는 조고의 꼭두각시였다. 조고는 호해의 형제, 재상 이사와 중신들을 모두 제거하고 스스로 재상에 올라 권력을 쥐락펴락했다.

기원전 209년, 농민 출신 진승과 오광이 봉기하자 전국 각지에서 반란이 일어났다. 진승은 옛 초나라의 도읍인 진을 점령하여 장초라는 나라를 세웠으나, 민심 장악에 실패하고 살해당했다. 그 후에 유방(劉邦, 기원전 247-기원전 195)과 항우(項羽, 기원전 232-기원전 202)가 이끄는 두 세력이 반란군 가운데 가장 두각을 나타냈는데, 항우는 초나라의 귀족 출신이었고 유방은 농민 출신이었다.

기원전 206년, 유방의 군대가 수도인 셴양을 점령하자, 조고는 호해에게 모든 죄를 떠넘기고 그를 살해했다. 조고는 유방에게 진 제국의 영토를 양분하여 지배할 것을 제안했다. 호해의 조카 자영은 조고를 살해하고 동시에 황제 칭호를 폐지하고 스스로 진(秦)의 왕이 되었다.

유방은 셴양에 먼저 입성했지만 두 달 후 입성한 항우에게 모든 처치를 맡겼다. 당시 항우의 병력은 40만 명, 유방의 병력은 10만 명으로 항우의 세력이 월등하게 강했기 때문이다. 항우는 진의 왕 자영을 살해하고 재화와 보물을 빼앗은 뒤 궁전에 불을 질러 15년간 존속했던 진나라를 어이없이 멸하였다.

농민 출신인 유방과 귀족 출신인 항우는 모든 면에서 대조적이었다. 항우는 강하고 용맹스러웠으나, 질투심이 강하고 도량이 좁으며 지략이 부족한 데다 부하들에 대한 포용력도 부족했다. 반면 유방은 지략이 뛰어났고, 인재를 등용하고 포용하는 면에서 항우를 앞섰다. 그는 한신, 장량, 조참, 소하 등 뛰어난 인재들을 확보하여 세력을 키워나갔다. 항우를 따르는 숫자는 갈수록 줄었으나 유방을 따르는 숫자는 날마다 늘어났다. 결국 유방은 불리한 형세를 역전시켰고, 항우군은 점차 궁지에 몰렸다.

기원전 202년, 항우의 군대는 해하에서 농성전을 벌였는데, 병력은 줄었고 식량도 턱없이 부족했다. 한나라 군대와 제후의 연합군이 그를 포위하고 있었다. 사면초가에 빠진 항우는 포위망을 뚫고 장강에 이르렀다. 그때 지역의 유력자가 배를 내어주고 고향인 강남으로 건너가 훗날을 도모하라고 권했다. 그러나 항우는 함께 싸웠던 부하들을 잃고 고향에 가서 그들의 부모를 대할 면목이 없다며 고개를 저었다. 그러고는 추격하는 적을 맞아 장렬하게 싸우다가 결국 자결했다.

천하의 주인 자리는 마침내 유방에게 돌아갔다. 유방은 시황제의 뒤를 이어 중국 대륙에서 두 번째 통일 왕조인 한의 시대를 열었다. 한은 진나라처럼 가혹한 통치를 하지 않고 무리한 집권도 하지 않았기 때문에 전한과 후한을 합하여 400년 넘게 왕조를 유지할 수 있었다.

철학
094

포박자

《포박자(抱朴子)》는 선인이 되기 위한 신선술의 이론과 실천을 설명한 도가의 고전이다. 《포박자》는 《노자》에 나오는 '견소포박(見素抱樸)'이라는 구절에서 가져온 저자의 호이자 책 이름이다. 저자인 갈홍은 진(晉)나라 때의 학자로, 자가 치천이며 지금의 남경 부근인 장쑤성 쥐룽현 출신이다. 그는 젊어서부터 고학으로 도가 양생의 술법을 배우고, 저술에 전념한 지 10년 만에 《포박자》를 완성했다.

《포박자》는 〈내편〉 20편과 〈외편〉 50편으로 구성되어 있다. 〈내편〉은 선도를 논하는 도가의 내용이고, 〈외편〉은 유가 입장에서 세상 풍속의 득실을 논하고 있다. 《포박자》라고 하면 주로 〈내편〉만을 가리킨다.

진나라 시황제는 방사* 서복에게 불사의 선약을 구해 오게 했다. 한나라 무제 역시 방사를 시켜 불사의 선약을 구하고자 했다. 하지만 두 사람은 모두 선약을 얻지 못했다. 한나라 때는 경전의 독송이나 기도를 중시하는 신흥 종교단체 태평도*와 오두미교*가 생겼다. 이들은 영혼을 정화함으로써 병을 치료하고 영원 불사의 신선이 될 수 있다며, 종교적 믿음을 강조했다. 그러다가 동진 시대에 갈홍이 나타나 누구나 선인(신선)이 될 수 있음을 강조하였다.

도는 우주의 본체로서 이를 닦으면 장수를 누릴 수 있고, 신선이 되려면 '선을 쌓고 행실을 바르게 가지며 정기를 보존하여 체내에 흐르게 하고 상약을 복용하며 태식(복식호흡)을 행하고 방중술을 실천해야 한다'고 설파하였다. 이는 자신의 힘만으로 신선이 될 수 있다는 사고방식이며, 이러한 사상과 실천의 획기적인 저술이 바로 《포박자》이다.

《포박자》의 〈논선(論仙)〉에서 어떤 사람이 신선불사가 정말 존재하느냐고 묻자, 평범한 사람의 상식이나 경험을 넘어선 곳에 있는 불사의 선인은 있다고 말한다. 위나라 문제와 조식의 문장, 유향의 열선전(列仙傳), 그 밖에 옛 선인의 예를 들며 선인은 제왕 등 권세와 부귀를 누리는 사람이 아니라 가난하고 미천한 선비였다고 말한다. 그리고 선도의 경전을 펼쳐 세 종류의 신선을 들었다. 최상의 신선은 육신 그대로 하늘로 오르는데, 이를 천선(天仙)이라 한다. 그다음에는 명산에서 노니는 지선(地仙), 세 번째가 죽은 뒤에 육신을 벗고 떠나는 시해선(尸解仙)이다. 포박자의 마지막 20편 〈거혹(祛惑)〉에서는 선인이라는 사람 가운데 가짜가 있으니 주의하라는 내용을 담고 있다.

* 방사(方士): 신선의 술법을 닦는 사람

* 태평도(太平道): 후한 말기에 생겨난 최초의 도교적 교단을 말하는데, 오두미교와 함께 도교의 원류이다. 우길이 창시하고, 후에 그 가르침을 계승한 장각이 우길의 저서인《태평청령서》를 경전으로 삼았다. 장각은 황건의 난을 일으켰다.

* 오두미교(五斗米教): 후한 때 장릉이 창건하여 포교하면서 도를 배우려는 사람에게 쌀 다섯 말을 내게 했으므로 '오두미교'라 하였다. 노자를 교조로 받들고《노자》를 주요 경전으로 삼았다. 초기에는 주술적인 것에 불과하던 교법이 장로에 와서는 점차 정비되었고, 독자적인 교단 조직을 기반으로 강력한 세력을 구축하였다.

신화 095

헤파이스토스

헤파이스토스(Hēphaistos)는 대장장이의 신이다. 헤라는 남편인 제우스가 바람을 피우고 다니자 남자 없이 혼자서 스스로 임신을 했다. 그렇게 태어난 아들이 헤파이스토스다. 헤파이스토스가 태어난 날, 헤라는 아들의 모습에 실망해서 갓난아기를 바다에 내던져버렸다. 다행히 바다의 님프 테티스(테미스)가 헤파이스토스를 구조해서 돌보았다. 테티스는 훗날 펠레우스와 결혼하여 그리스군의 영웅 아킬레우스를 낳았다.

헤파이스토스는 렘노스섬에서 양육되었고, 이 섬은 헤파이스토스를 숭배하는 성지가 되었다. 이곳에서 그는 대장장이가 되어 신들을 위해 여러 물건을 만들었다. 그가 잠시 손만 대면 딱딱하고 쓸모없던 쇳조각들이 멋진 장식이 새겨진 창이며 방패로 변했고, 우아한 전차나 웅장한 신전도 만들어지곤 했다. 헤르메스의 날개 달린 샌들이나 헤라를 위한 금강석 신발 역시 그의 손에서 태어났다.

헤파이스토스는 자신을 경멸하는 어머니를 위해 금으로 만든 의자를 선물했다. 그녀가 의자에 앉자마자 의자에서 튀어나온 금고리가 헤라를 의자에 묶어 꼼짝할 수 없도록 만들어버렸다. 당황한 헤라는 고리를 풀려고 노력했으나 허사였고, 다른 신들도 도움이 되지 못했다. 헤파이스토스는 헤라를 풀어주는 조건으로 올림포스에 자신의 거처를 만들어줄 것을 요구했다. 이렇게 해서 헤파이스토스는 올림포스로 복귀할 수 있었다.

종교 096 예수 그리스도

예수 그리스도(Jesus Christ, 기원전 4-30)는 지금의 이스라엘 남부 베들레헴의 마구간에서 태어났다. 그가 태어나기 전 천사 가브리엘은 나사렛에 있던 마리아에게 찾아가 그녀가 동정녀의 몸으로 그리스도를 낳을 것이라고 예고했다(누가복음 1:26-38). 당시 헤로데스(헤롯 왕)는 유대인의 왕이 탄생했다는 소식을 듣고, 그 아기가 자라 자신의 왕위를 위협하게 될 것을 염려하여 베들레헴에서 태어난 남자아이를 모조리 죽였다. 이때 요셉은 천사의 지시를 받아 마리아와 아기 예수를 데리고 애굽으로 피신했다. 헤로데스가 죽고 나서야 그들은 다시 나사렛으로 돌아왔다.

예수(Iesous)라는 말은 '신은 구원한다'는 의미이며, 그리스도(Cristos)는 '기름 부음 받은 자'를 뜻하는 히브리어의 메시아(Masiah), 즉 구세주를 그리스어로 번역한 말이다. 즉, 예수 그리스도라는 이름은 예언자들에 의해 약속된 이스라엘의 구세주임을 나타낸다. 〈신약성서〉의 사복음서는 예수를 서로 다른 네 가지 관점에서 묘사하고 있다. 마태복음은 예수를 유대인의 왕으로 그렸고, 마가복음은 하나님의 종으로 묘사했다. 그리스도는 하늘의 신성을 소유했지만, 종의 형태로서 그것을 나타냈다. 누가복음은 예수를 완벽한 인간으로 묘사한 반면, 요한복음에서는 완전하신 하나님으로 나타냈다. 누가와 요한 두 저자가 완벽한 인간인 동시에 완벽한 하나님인 그리스도를 마치 동전의 양면처럼 각각 한 면씩을 강조하고 있다. 이처럼 사복음서의 저자들은 각각 독특한 관점에서 그리스도의 생애를 기록했다. 사복음서의 핵심은 복음 전체의 축소판이라고 할 만한 요한복음 3장 16절에 잘 나타나 있다.

'하나님이 세상을 이처럼 사랑하사 독생자를 주셨으나 이는 저를 믿는 자마다 멸망치 않고 영생을 얻게 하려 하심이라.'

요한복음을 기록한 사도 요한은 그리스도인 예수를 세상의 구세주로 나타내 모든 사람이 믿고 영생을 얻도록 하는 것을 그 목표로 삼고 있다. 예수는 30세 무렵 요단강에서 사촌인 세례 요한에게 세례를 받고 공적인 사역을 시작했다. 그는 광야에서 40일간 금식하며 악마의 유혹을 물리쳤다. 이어 열두 제자를 선택하고, 그들과 함께 '하나님 나라'의 복음을 전하며 많은 기적을 일으켰다. 환자를 치유하고, 악령을 내쫓고, 죽은 사람을 다시 살리며, 물을 포도주로 바꾸는 등 여러 기적을 일으켰는데, 이는 사람들에게 신을 알리기 위한 것이었다.

그의 가르침은 예루살렘의 많은 사람에게 열렬한 지지를 받았으며, 〈구약성서〉에 기록된 대로 '메시아'의 강림으로 여겨졌다. 그러나 유대인 중 바리새인과 유대 제사장들은 크게 반발했다. 그들은 예수를 정죄할 증거와 핑계를 찾기 위해 혈안이 되어 예수의 제자 가운데 한 명인 유다를 매수해 그로 하여금 예수를 고발하게 했다. 체포된 예수는 밤새 다섯 차례에 걸쳐 심문을 받았다. 대제사장 가야바는 유죄 판결을 내렸고, 로마의 분봉왕 헤로데스와 병사들은 예수를 조롱했다. 그러나 2차에 걸쳐 예수를 심문한 로마 총독 빌라도는 그에게 죄가 없음을 확인했다. 하지만 빌라도는 유대 지도층의 환심을 사기 위해 예수를 내어주었다.

예수는 로마 병사들에게 조롱과 고문을 당한 다음, 가시 면류관을 쓴 채 골고다 언덕에서 두 명의 강도와 함께 십자가에 못박혀 죽었다. 그리고 사흘 만에 부활하여 40일 동안 제자들을 포함하여 500명이 넘는 사람에게 모습을 나타냈다. 예루살렘 동쪽 캅카스에서 제자들이 보는 가운데 승천했다.

음악
097

조아키노 로시니

조아키노 로시니(Gioacchino Rossini, 1792-1868)는 음악적 재능을 타고났다. 그의 아버지는 훌륭한 호른 연주자였고, 어머니는 성악가로 유명한 오페라 가수였다. 어머니의 영향인지, 로시니는 특히 오페라 분야에 뛰어난 재능을 보였다. 그의 가족들은 어머니의 공연 일정에 따라 여러 곳으로 여행을 다녔고, 로시니는 음악적 정서가 풍부한 환경에서 성장했다.

로시니는 76세 때까지 모두 38편의 오페라를 작곡했다. 그 외 수많은 피아노곡과 가곡, 기악곡을 작곡했다. 그는 작곡 능력이 매우 뛰어났는데, 다른 음악가들이 찬사를 보낸 대작 오페라 〈세비야의 이발사〉를 단 3주 만에 작곡해서 세상을 놀라게 했을 정도다. 〈세비야의 이발사〉는 프랑스의 극작가 피에르 드 보마르셰의 희곡 작품을 원작으로 삼은 오페라의 서곡이다. 처음에 로시니는 이 작품을 작곡하기를 망설였다고 한다. 당시 대선배이자 유명 작곡가였던 조반니 파이시엘로가 이미 오페라로 발표해서 널리 알려져 있었기에 자칫 잘못하면 선배의 작품을 모방한 아류작으로 낙인찍힐 수 있었기 때문이다. 그래서 로시니는 보마르셰의 원작과 최대한 다르게 〈세비야의 이발사〉를 만들기로 결심했다. 오페라 대본(리브레토)작가 스테르비니는 그의 뜻을 존중하여 원작과 유사성을 피해 가며 대본을 썼다. 그들은 제목도 '쓸데없는 조심'으로 정했다. 이 모든 것이 대선배이자 파이시엘로에 대한 존경과 배려의 차원이었다. 하지만 이러한 노력은 부질없는 것이었다. 1816년에 이 작품이 로마에서 초연되었을 때, 일부 청중의 방해로 공연은 대실패로 끝났다. 비평가들은 로시니에게 파이시엘로의 작품을 표절했다는 혐의까지 씌웠다. 그러나 많은 논란에도 불구하고 로시니의 오페라 〈세비야의 이발사〉는 영국의 음악평론가 베이컨으로부터 "음악의 천재만이 해낼 수 있는 모든 특성을 지닌 작품"이라는 극찬을 받았다. 베이컨은 또 "로시니야말로 모차르트의 후계자"라고 평가했다.

결국 〈세비야의 이발사〉가 같은 시대에 파이시엘로와 로시니라는 두 거장이 오페라로 발표하면서 '누가 진정한 모차르트의 후계자인가?'라는 논쟁을 불러왔다. 그들의 의도와는 다르게 대중은 그들을 '모차르트의 후계자' 자리를 놓고 경쟁하는 라이벌로 여겼다. 하지만 당사자들의 의견이 반영되지 않은 논쟁과 판단은 오로지 대중의 몫일 뿐이었다.

로시니는 1829년 38세 때 오페라 〈윌리엄 텔〉을 작곡하고 조기 은퇴했다. 그는 생전에 모두 38편의 오페라를 작곡했다. 음악 활동을 떠난 로시니는 그 후 40년을 이탈리아의 명사로서 삶을 즐겼다.

로시니는 쾌활하고 유머러스한 성격의 소유자였다. 그의 성격이 잘 드러난 재미있는 에피소드가 전해진다. 로시니의 나이 70세를 기념하여 친구들이 모금을 해서 그의 동상을 세워주기로 했다. 그 소식을 들은 로시니는 친구들을 말리며 이렇게 말했다.

"그 돈을 왜 나한테 주지 않는 거야? 그 돈을 내게 주면 내가 직접 동상 받침대 위에 올라서 있을 텐데 말이야."

로시니는 투병생활 끝에 파리에서 숨을 거두었다. 그는 원래 파리에 묻혔으나 그가 생전에 남긴 유언에 따라 1887년 이탈리아의 플로렌스로 이장되었다.

미술 098

한스 홀바인

한스 홀바인(Hans Holbein der Jüngere, 1497-1543)은 16세기 독일 르네상스를 대표하는 화가이다. 영국 헨리 8세의 궁정 화가이기도 했던 그는 역사상 가장 위대한 초상화가 중 한 사람이다.

홀바인은 면밀하고 정확한 관찰에 기반을 둔 예술 세계를 구축했으며, 독일과 스위스, 영국에서 라파엘로나 티치아노에 비견할 명성을 누렸다. 차갑고 이성적이며, 종교적이기보다는 세속적 측면이 강한 그의 회화 작품들은 가혹하리만치 진심을 추구하는 경향을 보이는데, 이로 말미암아 본질적인 존재가 눈에 보이는 형태에 묻혀버리는 경우도 있다. 때로는 고전주의적 인문주의자의 모습을, 때로는 마니에리스모적인 기교주의 화가의 모습을 했던 홀바인은 초상화가로서, 또한 장식 디자이너로서의 비범한 재능을 마음껏 발휘했다.

홀바인은 독일의 유명한 화가 집안에서 태어났으며, 고향 아우크스부르크에서 아버지 한스 홀바인 1세에게 미술을 배웠다. 17세 때 스위스 바젤의 한 공방에서 일하지만 곧 독립하여 인문주의자 에라스무스를 통해 인문주의 소양을 쌓았다. 그는 부유한 상인들과 친분을 쌓으며 두 폭 제단화 〈마이어 부부의 초상〉을 제작한다. 1519년에는 형이 세상을 떠나자 그의 공방을 이어받아 바젤의 화가 조합에 가입했으며 결혼하여 가정도 꾸렸다.

이후 10년 동안 홀바인은 종교화 작업에 시간을 보냈다. 그러나 종교개혁으로 교회의 장식이 금지되면서 화가들이 일자리를 잃자 홀바인은 1526년 영국의 런던으로 갔다. 런던에서 에라스무스의 추천으로 《유토피아》의 작가 토마스 모어를 만나 그의 후원을 받게 된다. 이곳에서 홀바인은 일련의 초상화를 제작하여 명성을 얻었다. 이후 바젤로 돌아온 홀바인은 시청 대회의장을 비롯한 건물의 장식 작업을 했다. 1532년 다시 런던으로 이주한 그는 마지막 생애를 보내면서 부유한 상인들의 초상화를 작업했다. 1535년에는 헨리 8세로부터 궁중 전속화가이자 디자이너에 임명되었다. 이때부터 그는 각종 장식과 미니어처를 제작하거나 보석을 디자인하고 귀족들과 왕실 가족들의 초상화를 그렸다.

홀바인은 초상화가로서뿐만 아니라 뛰어난 디자이너이자 삽화가로서도 명성을 누렸다. 그러나 그의 명성이 최고조에 달했던 1543년 페스트에 감염되어 런던에서 세상을 떠났다. 홀바인은 생전에 170여 점의 작품을 남겼다.

<다름슈타트 마돈나>(1528)

문학 099 제인 오스틴

제인 오스틴(Jane Austen, 1775-1817)은 영국의 여류 소설가이다. 그녀는 사후 작품까지 포함해서 총 6권의 장편소설을 남겼는데, 대부분 남녀 연애를 다룬 작품이다. 그녀의 작품들이 명작의 반열에 오른 것은 놀랍도록 생생한 등장인물들의 심리묘사 때문이다. 오스틴은 19세기 초 당시 영국 사회에서 결혼 적령기 여성이 처한 상황을 그녀만의 풍부한 감성과 섬세한 표현을 통해 매우 사실적으로 그려냈다. 그녀의 작품은 영화, 소설, 드라마로도 제작되어 200년이 지난 오늘날까지도 꾸준히 세계인의 사랑을 받고 있다.

오스틴은 영국 햄프셔주 스티븐턴에서 태어났다. 그녀의 아버지는 스티븐턴 교구 목사로, 마을 사람들의 존경을 받았다. 그녀는 8세부터 3년간 기숙학교에서 공부했고, 11세부터 독학으로 공부하여 시와 단편소설, 희곡을 썼다. 20세부터는 장편소설을 쓰기 시작하여 이듬해《첫인상》을 완성했다. 이 작품은 런던의 출판사에 보내졌으나 출판을 거절당했으며 이후《오만과 편견》으로 제명을 고쳐 출판하였다.

《오만과 편견》은 제인 오스틴의 작품 중 최고의 걸작으로 꼽힌다. 이 소설은 런던 교외의 중류층 집안인 베넷 가의 딸들, 그 가운데서도 둘째 딸 엘리자베스가 연애를 통해 결혼에 이르는 과정을 그려내고 있다.

오만과 편견의 첫 문장은 이렇게 시작된다.

'상당한 재산을 가진 독신 남성에게 반드시 아내가 필요하다는 건 누구나 인정하는 진리다.'

엘리자베스는 평소 만나본 적도 없는 귀족 청년 다아시의 인간성에 대해 부정적인 정보를 가지고 있다. 첫 만남에서 보인 다아시의 차갑고 당당한 태도는 엘리자베스의 선입견을 더욱 부추긴다. 가진 것 하나 없어도 언제나 당당한 여자 엘리자베스, 부유한 귀족 신분에 외모까지 모두 갖춘 오만한 남자 다아시. 오스틴은 이들 두 남녀가 밀당을 하며 벌이는 탐색전을 감칠맛 나게 표현하고 있다. 우여곡절 끝에 다아시는 엘리자베스에게 청혼하지만, 그녀는 다아시가 오만하다는 이유로 거절한다. 아무리 훌륭한 상대여도 자신의 마음에 들지 않는 남자와는 결혼하지 않겠다는 의지의 표현이었다. 하지만 시간이 흐르면서 다아시에 대한 자신의 생각이 '편견'이었음을 깨달은 엘리자베스는 결국 다아시와 결혼한다.

이 책을 통해 오스틴이 독자에게 전하고자 하는 메시지는 단 한 줄에 모두 함축되어 있다.

'편견은 내가 다른 사람을 사랑하지 못하게 하고, 오만은 다른 사람이 나를 사랑할 수 없게 만든다.'

오스틴은 작품을 통해 당시의 여성들에게 결혼의 중요성, 결혼 상대를 고르는 테크닉 등을 일깨웠지만 정작 본인은 평생 독신으로 살았다. 그녀에게도 두 번의 결혼기회가 있었지만 한 번은 상대방 집안의 반대로 무산되었고, 한 번은 스스로 포기했다. 그녀는 사랑 없는 결혼보다 작가로서의 삶을 선택한 것이다. 42세에 생을 마친 그녀는 작품으로《이성과 감성》,《오만과 편견》,《맨스필드 공원》,《에마》,《설득》,《노생거 수도원》을 남겼다.

세계사 100

실크로드

실크로드(Silk Road)는 총길이가 6,400킬로미터에 달한다. 이곳을 통해 고대 중국과 서역 각국은 비단을 비롯한 여러 물품을 교역했다. 실크로드라는 이름을 처음 사용한 것은 독일의 지리학자 페르디난트 폰 리히트호펜이다. 그는 1868년부터 1872년까지 중국을 답사하고 《중국》이라는 책을 저술했는데, 이 책에서 중국과 서역의 교역로를 통해 수출되는 주요물품이 비단이라는 점을 들어 그 교역로를 '실크로드'라고 명명하였다.

실크로드는 중국 중원에서 시작, 오아시스 지대인 허시후이랑을 가로질러 타클라마칸사막의 남북 가장자리를 따라 파미르고원, 중앙아시아초원, 이란고원을 지나 지중해 동안과 북안으로 이어진다.

실크로드가 처음 열린 시기는 전한 때이다. 한무제는 중국 북방 변경 지대를 위협하던 흉노를 제압하고 서아시아로 통하는 교통로를 확보하고자 했다. 그 목적을 이루려면 무엇보다 대월지, 오손과 같은 나라와 연합할 필요가 있었다. 기원전 139년, 한무제의 명을 받은 장건은 100여 명의 수행원을 데리고 장안에서 출발하여 대월지를 향해 떠났다. 하지만 그들은 도중에 흉노에게 사로잡혀 그곳에서 10년 동안 허송세월을 보내야 했다. 그러던 어느 날 장건은 경계가 소홀해진 틈을 타서 통역과 함께 탈출하여 파미르고원을 넘었다. 그리고 페르가나를 거쳐 마침내 목적지 대월지에 도착하였다. 하지만 대월지가 동맹을 거절하자 그곳에 1년 동안 머무르며 각종 정보를 수집했다. 장건은 기원전 126년 장안으로 돌아왔다. 한무제는 장건의 보고를 듣고 서역과의 교역 필요성을 실감했고, 대월지·강거·오손 등 군사력이 강한 유목 민족을 흡수해서 한나라를 강대한 제국으로 만들고 싶어 했다. 한나라는 기원전 104년부터 기원전 101년까지 서역 원정에 나서 페르가나와, 남북 실크로드의 중요한 길목에 자리한 누란을 정복했다. 기원전 60년에는 흉노까지 굴복시키면서 마침내 서역을 완전히 손에 넣었다.

이때부터 동서 교역이 본격적으로 이루어졌다. 중국에서는 비단, 칠기, 도자기 같은 물품과 양잠, 화약 기술, 제지 기술 등이 서역으로 건너갔다. 특히 종이 제조법은 서역으로 건너가서 중세 유럽의 암흑기를 밝혀 인쇄술 발달과 지식 보급의 원동력이 되었다. 이후 둔황을 비롯한 4곳에 요새를 세워 장사 길을 보호하면서, 실크로드가 활성화되었다.

중국의 역대 왕조는 중앙아시아와 서아시아의 여러 나라와 활발한 교류를 이어갔다. 실크로드는 무역뿐만 아니라 동서 문화의 교류라는 면에서 큰 의의를 지니고 있다. 또한 중국 불교의 발전에도 기여했다. 당나라의 승려 현장은 중앙아시아와 인도를 견문하고《대당서역기》를 남겼다. 이 책은 불교사와 역사지리학뿐만 아니라 고고학과 언어학의 귀중한 자료가 되고 있다.

철학 101

한비

한비(韓非, 기원전 280-기원전 233)는 법가를 대표하는 사상가이다. 성은 한(韓)이요, 이름은 비(非)이다. 어려서부터 말더듬이였기에 변론에는 능하지 않았지만 그의 문장은 매우 논리정연했던 것으로 알려져 있다.

한비는 한나라 귀족의 서자로 태어났다. 한나라는 전국칠웅의 하나였지만, 국토가 좁고, 당시 강대국인 진나라와 초나라의 압박을 받아 국가의 존망이 매우 위태로웠다. 한비는 부국강병을 위한 학문을 배우기 위해 당시 대표적 학자였던 순자의 문하에 들어갔다. 한비는 순자의 '성악설'과 노자의 '무위'에서 철학적 계시를 받고, 상앙의 '법'과 신불해의 '술'을 종합해 독특한 통치 이론인 법술(法術)을 창안했다.

한비는 법을 제정하는 데에서 6가지 원칙을 세웠다. 첫째, 이해득실을 고려하는 공리성이 있어야 한다. 둘째, 그 시대 중추 세력의 요구에 부응해야 한다. 셋째, 통일성이 있어야 한다. 넷째, 인간의 기본적 감성에 들어맞아야 한다. 다섯 번째, 분명하고 명확해야 한다. 여섯 번째, 상은 두텁게 하고 벌은 엄중해야 한다.

그러나 법이란 통치자가 강력한 힘이 없으면 무용지물이다.

"호랑이가 개를 복종시킬 수 있는 까닭은 날카로운 이빨을 지녔기 때문이다."

군주는 적어도 신하를 부릴 힘을 갖춰야만 한다는 것이다. 만약 군주가 자신의 힘을 모두 신하에게 준다면 오히려 신하에게 복종하는 군주가 될 것이라고 주장했다. 그는 "군주가 자식을 태자로 삼으면 그 태자의 어미는 군주가 빨리 죽기를 바란다"고 했다. 이처럼 한비의 사상은 권력에 대한 냉철한 관찰에 기반하고 있다. 그는 인간관계를 통한 권력 유지의 위험성을 경고하면서 철저하게 성문화된 법에 근거하여 냉정하고 엄중하게 국가를 운영할 것을 권고했다. 이것이 곧 그가 주장하는 법치다.

진왕 정(시황제)은 한비의 〈고분(孤憤)〉과 〈오두(五蠹)〉를 읽고 감탄하여 저자인 한비를 만나고 싶어 했다. 진왕은 한비가 한나라 공자라는 것을 알고 그를 얻기 위해 한나라를 공격했다. 이에 한나라는 진왕을 달래기 위해 한비를 진나라로 보냈다. 당시 진나라에는 순자의 문하에서 한비와 함께 동문수학했던 이사가 진왕을 섬기고 있었다.

이사는 평소 한비에게 열등감을 느끼고 있었다. 그는 한비가 등용되면 자신의 입지가 흔들릴 것을 두려워했다. 결국 이사의 모함으로 한비는 목숨을 잃고 말았다. 하지만 그의 사상은 시황제에게 전수되었고, 천하를 통일한 진 제국의 정책은 모두 한비의 법가사상에 따라 세워졌다.

신화
102 야누스

야누스(Janus)는 로마 신화에 나오는 문(門)의 수호신으로 시작(Beginnings, 문을 통해 들어가는 입구)과 끝(Endings, 문을 통해 나가는 출구)을 주재한다. 고대 로마인들은 야누스가 문의 안과 밖을 지키기 때문에 두 개의 얼굴을 가진 것으로 여겼다. 일부 미술 작품에서는 네 개의 얼굴을 가진 모습으로 그려지기도 했는데 야누스가 문의 앞뒤뿐만 아니라 좌우까지, 즉 동서남북 네 방위를 철통처럼 지켜주기를 기원하는 마음이 담긴 것으로 보인다. 야누스는 집이나 도시의 출입구 등 주로 문을 지키기에 모든 사물과 계절의 시초를 주관하는 신으로도 숭배되었다.

야누스는 로마 신화에서 유일하게 그리스 신화와 대응하는 신이 없으며, 로마를 건설한 로물루스*가 나라를 세우면서 숭배하기 시작한 것으로 보여진다. 전설에 따르면, 로물루스에게 여자들을 빼앗긴 사비니인들이 로마를 공격했을 때 야누스가 뜨거운 샘물을 뿜어 이들을 물리쳤다고 한다. 로마의 2대 왕인 누마 폼필리우스는 종교 생활과 제사를 체계화했고, 신관 조직을 정비했으며, 1년을 12개월로 나눠 달력을 개량했다. 이때 1년을 시작하는 1월을 문의 수호신인 야누스의 달로 지정했다. 또 야누스의 신전을 짓고 모든 종교의식에서 여러 신 가운데 가장 먼저 야누스에게 제물을 바쳤다. 신전의 문은 로마 중앙을 관통하는 중요한 관문으로, 누마는 전시에는 이 문이 열리고, 평화로운 시기에는 닫힌다고 공표했다. 로마인들은 야누스가 주간과 야간은 물론, 과거와 미래 등 시간의 문까지도 지켜준다고 믿었다. 전쟁을 시작하는 것도 야누스 신이 주관했다. 그래서 전쟁의 징조가 나타날 때는 신전의 문을 완전히 열어두었다. 야누스가 언제든지 전쟁의 서막을 열어주기를 기대했기 때문이다. 영어에서 1월을 뜻하는 재뉴어리(January)는 '야누스의 달'을 뜻하는 라틴어 야누아리우스(Januarius)에서 유래했다. 한편 야누스는 두 얼굴을 지닌 모습에 빗대어 이중적인 사람을 가리키기도 하고, 토성의 여섯 번째 위성의 명칭으로도 쓰인다.

* 로물루스(Romulus): 아레스와 베스타 신전의 무녀인 레아 실비아 사이의 쌍둥이 아들 중 형이다. 쌍둥이 동생 레무스와 함께 바구니에 담겨 티베르강(현재의 테베레강)에 버려졌다가 암늑대의 젖을 먹고 자랐다. 그 후 양치기 파우스툴루스에게 발견되어 양육되었다. 성장한 후 로마를 건설하여 첫 번째 왕이 되었다.

종교 103

비유

예수의 교수 방법은 독특했다. 그는 비유(Parable)를 통해 사람들을 가르쳤다. 이는 진리를 받아들일 준비가 된 자들에게는 밝히고 거부하는 자들에게는 감추기 위한 것으로, 성경을 두루 관통하는 기본 원칙과 일치한다. 빛에 순종하면 더 밝은 빛을 얻을 수 있지만 불순종하면 어둠만 얻을 뿐이다. 예수는 제자들에게 따로 비유를 풀어서 설명해주기도 했는데, 대부분 갈릴리 가버나움 지역에서 가르친 것들이다.

복음서에 기록된 비유는 최소한 55가지가 넘는다. 그중 대표적인 것 몇 가지를 기록된 순서대로 요약하면 다음과 같다.

예수는 첫 번째로 씨 뿌리는 자의 비유(누가복음 8:4-15)를 했다. 똑같은 성분의 씨앗이 길가, 돌밭, 가시덤불, 좋은 땅 이렇게 각기 다른 땅에 뿌려졌다. 당연히 토양에 따라 다른 결과가 나왔다. 마찬가지로 우리 마음이 온전할 때 복음의 씨앗이 풍성한 열매를 맺을 수 있다는 것이다. 등경 위의 등불 비유(누가복음 8:16-18)에서는 영적인 빛이든 물리적인 빛이든 빛은 사람들에게 밝음을 주기 위한 것이라고 했다. 씨앗 비유(마가복음 4:26-29)로, 하나님의 말씀은 살아 있기 때문에 신자들의 마음 안에서 하나님이 기뻐하는 뜻을 이룬다고 가르쳤다. 알곡과 가라지 비유(마태복음 13:24-30, 36-40)는 심판이 오기 전까지 하나님의 자녀들과 사탄의 자녀들이 교회 안에서 함께 있을 것이지만 최후에 사탄의 자녀들은 맹렬한 풀무 불 속에 던져질 것이라는 의미이다. 누룩 비유(마태복음 13:33-35)에서 예수는 천국이 마치 밀가루 세 포대에 섞여 부풀어 오르는 누룩 같다고 했다. 예수의 가르침이 확산될수록 그 영향력 또한 증대될 것이라는 의미를 담고 있다. 밭에 감춘 보화 비유(마태복음 13:44)는 하나님이 주는 축복이 세상의 재물과 비교했을 때 값으로 매길 수 없을 만큼 귀하다는 것을 의미한다. 잃은 양 한 마리 비유(마태복음 18:12-14)는 선한 목자인 그리스도는 한 마리의 양이라도 길을 잃지 않기를 바라며, 혹시라도 길 잃은 양이 있으면 끝까지 찾아다닌다는 것을 의미한다.

예수가 자신의 뜻을 전달하기 위해 자주 사용한 비유는 일상의 평범한 사건들에서 시작되지만 청중의 기대를 무너뜨리는 예기치 않은 새로운 방식과 놀라운 반전을 도입하고, 이어서 그들이 삶을 새롭게 받아들이도록 이끈다. 그의 비유들은 사회적·종교적 전통들을 뒤집고 있다. 또한 예수는 사람들을 가르칠 때 행동으로 보여주기도 했다. 그는 매춘부나 세리들과 함께 식사했고, 죄인들과 대화하기도 했다. 이들은 당시 사회에서 가장 경멸받던 사람들로, 유대인들은 그들과 가까이하는 것조차 꺼렸다. 이러한 행동은 바리새인*과 서기관 등 당시 사회의 특권 계층을 당황하게 만들었다. 예수는 이처럼 말과 행동을 통해 제자들과 청중에게 가르침을 베풀었으며, 비유는 오늘날까지 예수의 가르침을 대변하고 있다.

* 바리새인(바리새파, 바리사이파): '분리된 자, 거룩한 자'라는 뜻이며, 율법을 철저히 지키며 불결하고 부정한 것으로부터 분리해 나온 무리를 말한다. 사두가이파, 엣세네파와 함께 유대교의 3대 종파를 이룬다.

음악 104 프란츠 요제프 하이든

프란츠 요제프 하이든(Franz Joseph Haydn, 1732-1809)은 오스트리아 로라우에서 마차 바퀴를 제작하는 목수 마티아스 하이든의 둘째 아들로 태어났다. 그의 집안은 음악과는 전혀 관련이 없었다. 하지만 하이든의 음악적 재능은 어려서부터 나타났다. 어린 시절 아름다운 미성 덕분에 8세 때 슈테판대성당의 소년합창대원으로 선발되어 음악생활을 시작했다. 합창단을 나온 뒤 음악 레슨이나 바이올린 연주자로 활동했지만 경제적으로는 불안정했다. 당시 음악가가 경제적으로 자립하기에는 음악 시장이 작았고, 안정된 생활을 하려면 궁정이나 교회에 소속되는 방법이 최선이었다.

기회는 우연히 찾아왔다. 1761년, 하이든은 프리랜서생활을 정리하고 헝가리의 귀족 파울 안톤 에스테르하지 후작에게 발탁되어 궁정 음악가생활을 시작했다. 하이든은 부악장으로서 안정된 생활을 하면서 비로소 작곡가로서의 재능을 활짝 꽃피울 수 있었다. 6년 후 악장으로 승진한 하이든의 궁정 음악가생활은 1790년 니콜라스 에스테르하지 후작이 세상을 떠나기까지 무려 30년간이나 계속되었다.

악장에서 물러나 자유의 몸이 된 하이든은 58세 때 빈으로 돌아왔다. 그때 독일 출신 바이올리니스트이자 영국에서 매니저로 일하는 잘로몬의 초청으로 영국을 방문한다. 하이든은 런던에서 6곡의 신작을 발표했고, 옥스퍼드대학교에서 음악박사 학위를 수여받는다. 그때 연주했던 G장조 교향곡은 그 후 '옥스퍼드 교향곡'으로 불렸다. 1793년, 하이든은 다시 런던을 찾아 그곳에서 6곡의 신작 교향곡을 연주했다. 영국에서 발표한 12곡의 교향곡은 일명 〈잘로몬 교향곡〉이라 불리며 그중 교향곡 제82번 〈곰〉, 제83번 〈암탉〉, 제94번 〈놀람〉, 제101번 〈시계〉 등이 유명하다. 영국에서의 음악 활동은 큰 성공을 거두었고, 하이든에게 명예와 부를 동시에 안겨주었다. 그 덕분에 그는 노년을 안락한 생활을 하며 행복한 여생을 보냈다.

교향곡의 아버지라 불리는 하이든은 기악곡에 결정적 기여를 했다. 그는 화성적인 단선율 음악 구성에 크게 성공했고, 2개의 대립되는 테마를 제시하여 그것을 더욱 발전시키고 다시 테마를 반복하는 소나타 형식을 완성시켰다. 그는 오스트리아의 국가를 작곡하였으며 헨델의 메시아에 감명을 받아 오라트리오 〈천지창조〉, 〈사계〉 등의 명작을 냈다.

하이든은 후배 작곡가 모차르트, 제자 베토벤과 함께 비엔나 고전파의 황금시대를 이룩하였다. 그들은 성격과 음악, 나이는 달랐지만 서로에게 영감을 주며 18세기 고전주의 음악을 화려하게 꽃피웠다. 하이든은 77년을 살면서 기악의 여러 분야에 걸쳐 많은 작품을 남겼는데 104곡의 교향곡, 80곡이 넘는 현악 4중주, 50곡 이상의 피아노 소나타와 24곡의 협주곡, 20개의 오페라를 작곡했다. 그 외에도 많은 합창곡과 성가곡 소품을 남겼다.

<4중주를 연주하는 요제프 하이든>

미술 105

자코포 로부스티

통칭 '어린 염색공'이라는 뜻의 틴토레토라 불리는 자코포 로부스티(Jacopo Robusti, 1518-1594)는 16세기 베네치아 색채주의 회화의 거목이다. 그의 작품은 이탈리아 르네상스의 마지막 단계를 보여주고, 바로크라는 새로운 시대를 여는 무대를 마련했다. 극적 표현과 역동적 에너지가 느껴지는 그의 작품은 '일 푸리오소(격정적인)'라는 별명을 얻었다. 개성적인 색채와 형태를 화폭에 구현했으며, 빛의 효과를 최대한 활용해 빠른 붓 터치로 감성이 풍부한 그림을 그렸다. 암시적인 능력과 특이한 색채는 틴토레토 작품의 가장 큰 특징이다.

틴토레토는 베네치아에서 천을 염색하는 장인의 아들로 태어났다.처음에 티치아노의 공방에 도제로 들어갔으나, 로마를 여행하면서 미켈란젤로의 영향을 받는다. 이후 미켈란젤로의 인체 연구를 기초로 한 극적 구도와 빛의 효과를 구하는 경향으로 나아간다. 1539년부터 독립적으로 활동하던 틴토레토는 1545년 베네치아에서 초상화가로 자리 잡았고, 1548년 〈성 마르코의 기적〉을 그리면서 크게 명성을 얻었다.

틴토레토는 그림 제작 속도가 타의 추종을 불허할 만큼 빨랐는데, 그 덕분에 거대한 크기의 그림을 자주 맡았다. 그는 작업실 벽에 자신의 계획을 적어두었는데, 그 내용은 '티치아노의 색채, 미켈란젤로의 드로잉'이었다. 이러한 목표를 실현한 그의 화풍은 베네치아 대중의 인기를 얻었는데, 베네치아 교회들에 있는 수십 점의 그림과 총독궁을 장식한 작품들에서 당시 그의 인기가 어느 정도였는지 짐작할 수 있다. 특히 틴토레토가 장장 25년이나 매달려 완성한 스쿠올라 디 산 로코의 세 개 홀에 그려진 70여 점의 작품은 그의 창조적 역량을 모두 쏟아부었다고 평가받는다. 〈수태고지〉, 〈성모 승천〉, 〈세 왕의 예배〉 등 신·구약의 이야기를 묘사한 이 연작들을 통해 그는 종교적 주제를 해석하는 천재적 능력을 입증해냈다.

틴토레토의 후기 작품들은 초자연적 세계의 신비와 마법으로 가득 차 있었다. 그는 76세까지 장수하면서 약 300점의 작품을 남겼다.

문학 106

스탕달

스탕달(Stendhal1, 1783-1842)은 프랑스의 작가이자 외교관이며 본명은 마리 앙리 벨이다. 그는 스탕달 외 170여 개의 필명을 사용했다고 한다. 발자크와 함께 리얼리즘의 선구자요 근대 심리소설의 창시자로 불린다.

프랑스 그로노블에서 태어난 스탕달은 어린 시절 어머니를 여의고 변호사인 아버지와 성직자인 가정 교사 그리고 독신녀인 숙모 밑에서 자랐다. 스탕달은 그들의 위선적인 모습을 보면서 어려서부터 종교사상과 위선에 대한 반항심을 가졌다.

그는 프랑스 혁명 정부가 설립한 그로노블 중앙학원에 재학 중 '위선을 용납하지 않는 유일한 과목'이라며 수학에 열중하여 좋은 성적을 거두기도 했다. 1799년, 프랑스의 명문 대학인 에콜 폴리테크니크에 진학하기 위해 파리로 갔다가 시험을 포기하고, 1800년에 친척의 주선으로 육군성에 들어갔다. 그해 5월, 나폴레옹의 이탈리아 원정에 참전하여 알프스를 넘었다. 이듬해 파리로 돌아와 제2의 몰리에르*가 되기 위해 연극 관람과 독서에 주력했다.

1806년에 육군성에 복직하였고, 1812년 6월 나폴레옹이 러시아 원정에 나서 모스크바로 진격하자 스탕달은 식량 조달 업무를 맡아 탁월한 능력을 발휘했다. 1814년 나폴레옹이 실각하자 평소 동경하던 이탈리아로 가 밀라노에 정착한 후 이탈리아 여러 도시를 여행하면서《하이든, 모차르트, 메타스타시오의 생애》와《이탈리아 회화사》 등을 저술했다. 1821년 파리로 돌아와 메칠드와의 이루지 못했던 사랑을 토대로《연애론》을 발표한다. 1825년《라신과 셰익스피어》를 발표하여 낭만주의운동의 대변자가 된다. 뒤이어《로시니의 생애》, 첫 소설《아르망스》를 발표했으나 문단의 주목을 받지는 못했다. 그는 경제적 어려움 때문에 자살을 결심하고 여섯 번이나 유서를 썼지만 실행에 옮기지는 않았다.

* 몰리에르(Molière): 17세기 프랑스의 극작가 · 배우.《타르튀프》,《동 쥐앙(돈 후안)》,《인간 혐오자》 등의 작품이 있다.

1830년, 스탕달은 소설《적과 흑》을 발표했는데 이 작품은 19세기 초 프랑스 격변기를 배경으로 사회적 신분 상승을 꿈꾸던 쥘리앵 소렐의 이야기다. 이 작품에서 스탕달은 프랑스 혁명 이후의 격동기에 일어나는 갖가지 행위에 관한 동기와 사람들의 내면적 특성을 비판적으로 그려냈다. 스탕달의 작품은 대부분 그의 생전에는 주목받지 못했으며,《적과 흑》도 19세기 말에 접어들어서야 비로소 작품의 진가를 인정받아 세계적 명작이 되었다.

1831년 7월, 혁명으로 들어선 신정부로부터 이탈리아 주재 프랑스 영사로 임명되었다. 이 기간에도 그는 자서전《앙리 브륄라의 생애》와《에고티즘 회상록》, 소설《뤼시앙 뢰방》과《파름 수도원》을 집필했다.

1841년, 휴가를 내서 파리에 머무르던 중 길에서 뇌졸중으로 쓰러져 사망했다. 그의 유해는 몽마르트르의 묘지에 안장되었다. 그는 다음과 같은 유명한 묘비명을 남겼다.

'밀라노인 베일레, 살았다, 썼다, 사랑했다.'

세계사 107

측천무후

측천무후(則天武后, 624-705)는 당나라 개국공신인 무사확과 부인 양씨 사이에서 태어난 세 딸 중 차녀이다. 아름다운 용모 덕분에 14세 때 당태종 이세민의 후궁이 되었다. 그녀의 원래 이름은 조(曌)라고 알려져 있다. 무조는 어려서부터 총기가 넘치고 영리했으며 또 활달하고 담력이 넘쳤다. 무사확은 어린 딸이 장차 큰 재목이 될 것을 직감하고, 학문을 가르쳐 세상의 이치를 깨닫게 해주었다. 그 덕분에 태종의 후궁으로 입궁하기 전 이미 고금의 양서를 두루 섭렵하였으며, 글솜씨가 뛰어나 서법에도 능했다고 전해진다.

정관 11년(637년), 무조는 입궁하여 '재인'에 봉해졌다. 태종은 그녀의 재주와 아름다움에 매료되어 '무미랑'이라는 이름을 하사한 뒤 늘 곁에 두고 아꼈다. 정관 22년(649년) 5월, 태종이 세상을 떠나자 무조는 관례에 따라 황궁을 떠나 감업사에서 불가에 귀의했다. 그것은 자식을 낳지 못한 선제의 후궁은 비구니가 되어야 한다는 법도에 따라야 했기 때문이다.

태종의 9남인 이치가 황위를 계승하니 그가 고종이다. 고종은 황후 왕씨의 지지를 얻어 계모인 무조를 후궁으로 삼았다. 1년 후, 무조는 고종의 아들을 낳았다. 고종은 아들의 이름을 이홍이라고 짓고 무조를 소의(昭儀)에 봉했다. 소의는 황후와 비 다음으로 높은 품계다. 영휘 6년(655년) 10월, 고종은 무조를 황후로 봉한다는 조서를 내렸다.

황후가 된 무후는 조정 일에 사사건건 관여하기 시작했다. 몸이 허약했던 고종은 무후에게 기대어 국사를 처리할 수밖에 없는 형편이었다. 이제 그녀는 고종에게 전권을 위임받은 것이나 다름없었다. 권력에 대한 그녀의 욕망은 날이 갈수록 주체할 수 없을 만큼 강해졌다. 674년, 고종은 천황으로, 황후 무후는 천후로 등극했다. 이때부터 고종은 이름뿐인 꼭두각시 황제로 전락했고, 조정의 모든 권력은 무후의 손에 쥐어졌다.

고종이 사망한 뒤 셋째 아들이 황제에 오르니 그가 중종이다. 중종은 네 형제 중 가장 유약했으며 권력에 대한 욕망 따위와 거리가 멀었다. 그러나 무후는 55일 만에 중종을 폐위하고 막내아들 이단을 황제로 옹립하니 그가 바로 예종이다. 이때부터 무후는 어린 황제를 대신해서 모든 실권을 장악하고 정사를 직접 관장했다.

690년 9월 9일, 무후는 중양절을 기해 예종을 황제에서 폐하고 자신이 직접 황제의 자리에 올랐다. 그녀는 자신을 '성모신황'에 봉하고 이름도 측천으로 바꾸었다. 또한 스스로 금륜 황제를 칭하며 국호를 '당'에서 '대주'로 바꾸고 무씨 가문과 '주나라 문왕'을 시조로 삼았다. 이로써 중국 역사상 최초이자 유일한 여자 황제가 다스리는 '주 왕조'가 역사에 등장했다.

측천무후는 15년 남짓 주를 통치했다. 그녀가 만년에 이르러 병을 앓자 재상인 장간지가 정변을 일으킨다. 측천무후가 폐위되었던 중종에게 황위를 이양하면서 당 왕조는 부활하였다. 705년 11월, 거의 반세기 동안 천하를 다스렸던 여걸 측천무후는 82세로 파란만장한 생을 마쳤다.

철학
108 손자

손자(孫子)는 중국 춘추전국 시대 오나라의 병법가이다. 그의 이름은 손무(孫武)이며 손자는 그를 높여 부르는 호칭이다. 그의 저서인《손자》는 원래 82편(《오자》의 병법서를 포함)이었으나, 삼국 시대 위나라 조조가 그중 정수만을 뽑아 13편 2책으로 만들었다. 주로《손자병법》이라는 이름으로 번역되는 이 책은 전쟁의 기술에 관한 간략하고 체계적인 견해를 담고 있는데, 각 편에서 계획·첩자의 활용·작전 · 모략 · 무기 등을 다룬다. 주요 내용은 다음과 같다.

전쟁의 기술은 인간의 생사와 국가 존망을 좌우하는 중차대한 것이다. 그래서 매우 중요한 탐구 대상이다. 백 번 싸워서 백 번을 이기는 것만이 최선은 아니다. 싸우지 않고 적을 굴복시키는 것이 최상의 승리다. 적의 방비가 철저하면 훗날을 도모해야 한다. 상대의 힘이 월등하면 대결을 피하라. 적이 다혈질이면 집요하게 도발하여 흔들어놓아라. 건방진 자 앞에서는 약한 척하며, 그의 자만심을 부채질하라. 상대가 편히 쉬고 있으면 피곤하게 만들어라. 단합이 잘되어 있는 적의 세력은 분열시켜라. 왕과 백성이 일심동체이면 이간질로 그 사이를 갈라놓아라. 적의 방비가 허술한 곳을 공격하고, 적이 예상치 못한 곳으로 진격하라.

《손자병법》은 동양에서 2,500년 이상 고전으로 인정받아왔다. 병기와 전쟁의 형태가 지금과는 완전히 다른 옛날 병법서가 오랜 세월 읽힌 이유는 단순히 전쟁 기술을 논한 것이 아니라 인간 본성에 대한 날카로운 통찰, 승부와 관련된 행동법칙을 다루고 있기 때문이다.《손자병법》은 18세기 번역본을 통해 서양에 소개되었고, 나폴레옹전쟁, 베트남전쟁, 걸프전 같은 여러 전쟁에서 활약한 군사 전략가들의 사고에 영향을 끼쳤다. 특히 마오쩌둥은 자신이 발표한 논문에《손자병법》을 여러 차례 인용했다. 특히 '지피지기(知彼知己)면 백전불태(百戰不殆)'라는 말은 마오쩌둥의《모순론》,《중국혁명전쟁의 전략문제》,《지구전론》에 인용되어 있다.

신화 109 미노타우로스

미노스는 크레타의 왕좌를 놓고 형제들과 다투었다. 그는 포세이돈에게 신의 권능을 보여줄 것을 간청했다. 포세이돈은 멋진 황소를 보내 미노스의 간청을 들어주었고, 그 덕분에 미노스는 형제들을 제치고 왕이 되었다.

그런데 미노스는 포세이돈이 보낸 황소를 잡아 재물로 바치기로 한 약속을 어겼다. 그는 황소의 아름다운 모습에 반해 다른 황소를 잡아 제사를 지냈고 그 일로 포세이돈의 분노를 샀다. 화가 난 포세이돈은 미노스의 아내 파시파에가 황소를 사랑하도록 만들었다. 파시파에는 황소를 보기 위해 자주 외양간에 들렀고, 그때마다 성적 욕망을 동반한 묘한 감정에 사로잡혔다. 파시파에는 크레타에 망명 중인 그리스 최고의 기술자 다이달로스를 찾아갔다. 파시파에의 고민을 들은 다이달로스는 그녀의 감정이 진심임을 알고는 암소 모형을 만들어 암소 가죽을 씌웠다. 다이달로스는 파시파에를 암소 모형 안에 들어가도록 한 다음 포세이돈의 황소가 있는 외양간에 끌고 갔다. 예쁜 암소를 본 황소는 욕망을 주체하지 못하고 덤벼들었다. 이 일이 있은 후 파시파에가 아이를 낳았으니, 바로 머리가 황소요 몸은 사람인 미노타우로스(Minotaurus, '미노스의 소'라는 뜻)였다. 미노스는 큰 충격을 받았지만, 이것이 곧 포세이돈의 분노로 벌어진 일임을 깨달았다. 미노스는 고민 끝에 다이달로스를 찾아가 이 문제를 의논했다. 다이달로스는 한 번 들어가면 어느 누구도 나올 수 없는 미궁을 짓고 그 속에 미노타우로스를 가두라고 조언했다. 미노스는 다이달로스의 조언에 따라 미궁 라비린토스를 지었다. 그 속에 미노타우로스를 가두고 아테네에서 매년 조공으로 바쳐진 7명의 소년과 7명의 소녀를 먹이로 넣어주었다.

한편, 아테네의 왕자 테세우스가 재물을 자원했다. 그는 떠나는 날 먼저 아폴론과 아프로디테의 가호를 빌며 제물을 바쳤다. 아프로디테는 테세우스가 크레타섬에 도착하는 날 미노스의 딸 아리아드네에게 사랑의 감정을 불어넣었다. 아리아드네는 테세우스가 미노타우로스를 없애도록 돕기로 마음먹는다. 라비린토스는 너무나 복잡하게 만들어져 한 번 들어간 사람은 살아나온 이가 없었다. 아리아드네는 테세우스에게 칼과 실뭉치를 주었다. 테세우스는 실타래를 풀어가며 미노타우로스가 거처하는 곳에 이르렀고, 칼을 휘둘러 괴물의 목을 베었다. 테세우스는 실타래를 도로 되감으며 입구로 나와 그곳에서 기다리던 아리아드네와 함께 배를 타고 섬을 빠져나왔다.

미노타우로스를 해치우는 테세우스

종교
110

선한 사마리아인

선한 사마리아인(Good Samaritan)은 '누가복음 제10장 25-37절'에 기록된 이야기다. 한 율법 학자가 예수에게 어떻게 구원받을 수 있는지 물었다. 예수가 "네 이웃을 네 자신과 같이 사랑하라"라고 말하자 율법 학자는 "내 이웃이 누구입니까?"라고 되물었다. 이때 선한 사마리아인에 대한 비유가 시작된다.

> 어느 유대인이 길을 가다가 강도를 만났다. 그는 가진 것을 모두 빼앗기고 몸에 큰 상처를 입었다. 쓰러진 그 남자를 보고 당시 사회의 지도층인 제사장과 레위인은 모르는 척하고 그냥 지나쳤다. 마침 그곳을 지나가던 사마리아인은 주저하지 않고 다친 사람을 구해주었다. 당시 사마리아인들은 유대인들에게 배척당하고 멸시받는 종족이었다. 하지만 그는 강도를 당한 유대인을 버려두지 않았다. 그의 상처에 기름과 포도주를 붓고 싸맨 다음 자기의 노새에 태워 여관으로 데려가서 정성껏 돌봐주었다. 다음 날 그는 자기 주머니에서 돈을 꺼내 여관 주인에게 건네면서 "저 사람을 잘 돌봐주시오. 비용이 더 들면 돌아오는 길에 갚아드리겠소" 하고는 길을 떠났다.

예수가 율법 학자에게 "네 생각에는 이 세 사람 중에 누가 강도 만난 자의 이웃이 되겠느냐?" 하고 물었다. "자비를 베푼 자니이다" 하고 율법학자가 대답하자 예수는 "가서 너도 이와 같이 하라" 하고 말했다.

사마리아인은 사회적 인습이나 한계를 초월하여 강도 만난 자에게 친절과 사랑을 베풂으로써 사랑의 가치와 이웃의 범위를 확인시켜주었다. 이 이야기에서 유래되어 세계 여러 나라에서는 '착한 사마리아인의 법'을 제정하기도 했는데, 이것은 자신에게 특별한 위험을 발생시키지 않는데도 불구하고 곤경에 처한 사람을 구해주지 않는 행위, 즉 구조 불이행을 처벌하는 법규이다.

예수의 '선한 사마리아인'에 대한 비유는 많은 화가의 관심을 끌었다. 화가들은 보통 사마리아인이 다친 여행자를 자신의 말에 태우는 장면을 즐겨 묘사했다. 대표적 작품으로 네덜란드의 화가 렘브란트가 그린 〈선한 사마리아인〉이 있다.

음악 111

니콜로 파가니니

'바이올린의 마왕'으로 불렸던 바이올리니스트이자 작곡가인 니콜로 파가니니(Niccolò Paganini, 1782-1840)는 이탈리아 제노바에서 태어났다. 그는 어려서부터 신동으로 불릴 만큼 음악에 뛰어난 재능을 보였다. 8세 때 바이올린 소나타를 작곡했으며 11세 때부터 대중 앞에서 연주했다. 16세 때에는 이미 독보적인 존재가 되어 이탈리아 각지로 순회공연을 다녔다.

파가니니는 22세가 되던 해, 나폴레옹의 누이동생인 엘리자 보나파르트의 초대를 받아 루카에서 궁정 음악가로 3년을 보냈다. 그 후 이탈리아, 독일, 프랑스, 영국을 오가며 열정적인 음악 활동을 펼쳐나갔다. 한때 뛰어난 연주 솜씨 때문에 '악마에게 영혼을 팔았다'는 유언비어에 시달리기도 했다. 46세 이후부터 베를린, 비엔나, 런던, 파리 등 유럽을 중심으로 여러 도시에서 일대 센세이션을 불러일으켰다. 그는 독창적이고 절묘한 기교를 구사하며 사람들을 열광시켰다. 파가니니가 비엔나에서 공연할 때 슈베르트는 입장권을 사기 위해 아끼던 책을 팔았고, 리스트는 감격하여 피아노의 파가니니가 되기로 결심했다는 일화가 전해진다. 오스트리아의 황제는 그에게 궁정 연주가의 칭호를 수여했고, 성 바르바도는 커다란 금배를 선물했다.

파가니니는 그때까지 사용했던 바이올린의 음역을 확대시켰고, 화성의 매혹과 광채를 내게 하였다. 또 높은 음에서 도펠그리프*를 창조해냈다. 그는 배음의 연주, G선만의 연주, 왼손으로 줄을 퉁기어 오른손의 활의 음과 결합시키는 연주 등 놀라운 주법을 지녔다. 그는 독창적인 기교로 근대 바이올린 기교의 초석을 놓았고, 후세에 큰 영향을 끼쳤다. 파가니니의 고도의 기교, 즉흥적인 화려함, 강렬한 표현은 리스트, 슈만, 라흐마니노프 같은 피아노 전문 음악가들에게도 큰 영향을 끼쳤다. 그가 자신의 연주법을 비밀에 붙이고 제자도 단 한 사람만 두었기에 그 주법은 전해지지 못했다. 전 유럽을 사로잡았던 파가니니는 50세가 되면서 건강에 이상이 생겼고, 58세 때 지병인 결핵으로 세상을 떠났다.

* 도펠그리프(Doppelgriff): 바이올린, 첼로 등의 현악기에서 2현 또는 그 이상의 현의 음을 동시에 긁어 소리 내는 주법

미술
112 파올로 베로네세

이탈리아의 화가이자 장식가인 파울로 베로네세(Paolo Veronese, 1523-1588)는 틴토레토와 함께 후기 르네상스 시대를 대표하는 위대한 예술가다. 베로네세는 색채주의 화가로서 베네치아의 화려한 축제와 연회를 화폭에 즐겨 담으며 시적 감흥이 넘치는 삶의 기쁨과 아름다움을 추구했다. 그는 작품에서 인물들의 화사한 의복과 장신구, 식탁에 놓인 진귀한 음식 등을 섬세하게 묘사했으며, 밝고 선명한 색조에 현기증 나는 원근법과 대담한 필치가 돋보이는 그림을 그렸다.

베로네세는 거대한 규모의 그림과 벽화, 천장화 등 실내 장식을 제작했다. 궁전, 바르바로 가와 같은 귀족 명문가와 저택, 교회 등의 주문을 받아 종교적 주제나 그리스 신화 같은 세속적 주제를 주로 다루었다. 이탈리아 당대의 대가들인 티치아노와 틴토레토에 비견할 탁월한 재능을 지닌 색채주의 화가로 평가받았다.

베로네세는 1528년 이탈리아의 베로나에서 태어났다. 본명은 파올로 칼리아리이며, 10세 때부터 조각가였던 아버지에게서 미술교육을 받았다. 그는 고향에서 공부를 마친 뒤 공동 작업에 참여하기 시작했다. 이후 베네치아에서 티치아노와 틴토레토의 그림을 면밀히 관찰하는 동시에 조르조 바사리 등 피렌체 화가들의 화풍을 흡수했다.

파르마와 브레시아, 만토바에서 여러 대가의 예술 세계를 경험한 그는 로마에 이르러 미켈란젤로와 라파엘로의 영향을 받는다. 그는 대가들의 구성, 색조, 색채, 원근법, 조형성 등 다양한 회화적 요소와 기법을 습득하고 자신의 것으로 소화했다.

베로네세는 〈최후의 만찬〉에 50명이 넘는 인물을 그려 넣은 데다 예수와 열두 제자를 묘사한 그림에 경건함이 결여되었다는 이유로 종교재판소에 소환되었다. 이에 그는 "우리 화가들은 시인들과 미치광이들이 가진 것과 동일한 허가증을 지니고 있다"고 항변하며 창작의 자유를 주장했다. 교회는 그의 주장을 받아들여 〈레위가의 만찬〉으로 그림의 제목을 교체하는 선에서 타협했다.

베로네세는 생진에 약 300점의 그림과 프레스코화를 남겼다.

문학 113

오노레 드 발자크

오노레 드 발자크(Honoré de Balzac, 1799-1850)는 프랑스의 소설가로, 사실주의의 선구자로 불린다. 프랑스의 정원으로 불리는 루아르강 유역의 도시 투르에서 태어났다. 그의 아버지는 농민 출신으로 프랑스 혁명의 혼란기에 기회를 잡아 출세한 관리였고, 상인 집안 출신의 어머니는 극도로 신경이 예민했다. 그는 매사에 신경질적인 어머니의 냉대를 받으며 고독한 소년기를 보냈다. 1816년, 아버지의 권유로 소르본대학교 법학부에 입학했다.

발자크는 학창 시절 나폴레옹의 열렬한 숭배자였으며, 나폴레옹이 칼로써 이루지 못한 것을 자신은 펜으로 정복하겠다는 포부를 가슴에 새겼다. 재학 중 변호사와 공증인 사무실에서 서기로 일하며 학업을 병행하던 그는 20세 때 문학의 길을 걷기 위해 대학을 중퇴했다. 발자크는 2년간의 습작기를 거쳐 5막의 운문 비극《크롬웰》을 발표했으나 주위로부터 작가가 될 가망이 없다는 절망적인 평가만 받았다. 하지만 그는 포기하지 않고 소설가로 방향을 전환하여 익명으로 통속소설을 쓰기 시작했다. 안정적인 수익을 얻기 위해 출판업, 인쇄업, 활자주조업 등 여러 사업을 벌였으나 모두 실패로 돌아가 평생 갚기 어려운 거액의 빚을 지고 말았다.

1829년, 발자크는 나이 30세가 되어서야 겨우 역사소설《올빼미당원》으로 데뷔한다. 발자크는 그때부터 하루 평균 12시간 많게는 18시간씩 소설, 희곡, 평론, 잡문 등을 미친 듯이 써냈고, 이런 초인적인 집필 활동을 평생 멈추지 않았다.

1834년, 발자크는 귀족 사회의 퇴폐와 금전만능의 사회상을 고발한《고리오 영감》*을 집필하면서 '인물 재등장'이라는 작법을 고안했다. 1841년 '19세기 프랑스의 사회상'을 묘사하기 위해 자신의 모든 소설을 하나의 작품《인간희극》안에 포함

* 《고리오 영감(Le père Goriot)》: 돈을 둘러싸고 펼쳐지는 인간의 정열에 대한 드라마를 부성애와 입신출세라는 주제를 축으로 하여 투철한 관찰과 분석으로 그려낸 작품이다. 귀족 사회의 퇴폐와 금전만능의 사회상을 고발하고 있다.

시켰다. 그 결과《인간희극》은 프랑스 전국을 무대로 활약하는 2,000여 명의 등장인물과 함께 장편과 단편을 합쳐 약 70편의 소설을 포함한 방대한 분량으로 채워졌다. 《인간희극》의 내용은 픽션이지만 '하나의 완전한 사회'를 표현한 것이며, 더 나아가 19세기 부르주아 사회에 관한 풍부하고 상세한 지식을 제공했다.

동시대 유명 작가들의 경우처럼 발자크도 여성 편력이 화려했다. 그중에서 발자크의 창작 활동에 정신적으로 큰 영향을 끼친 사람은 22세 연상의 첫사랑 베르니 부인과 폴란드의 귀족 출신인 아내 한스카 부인이었다. 특히 베르니 부인은 그의 소설 《골짜기의 백합》의 실제 모델이기도 했다. 그녀는 발자크가 사업에 실패하고 좌절했을 때, 그를 격려하고 위로하며 큰 힘이 되어주었다.

아내인 한스카 부인과의 인연은 팬레터로부터 시작되었다. 그들은 무려 18년간 편지를 주고 받다가 발자크가 과로로 건강을 잃은 말년에야 결혼했고, 5개월이라는 짧은 시간을 부부로 함께했다. 발자크는 30여 편의 미완성 작품을 남긴 채 51세를 일기로 생을 마쳤다. 그는 생전에 100여 편의 장편소설과 여러 편의 단편소설, 6편의 희곡과 수많은 콩트를 남겼다.

주요 작품으로《외제니 그랑데》,《사촌누이 베트》 등이 있다.

세계사 114

안사의 난

751년, 당나라군과 이슬람 세력인 압바시야 왕조의 군대가 중앙아시아의 타라스 강가에서 전투를 벌였다. 전투는 당나라군의 대참패로 끝났고 당나라 군사 2만 명이 포로로 끌려갔다. 그 후 위그루 등 유목 민족의 침입에 고민하던 당은 나라의 변방과 요지에 절도사가 이끄는 강력한 군대를 배치했다. 절도사 중 가장 큰 세력을 거느린 이는 안녹산(安祿山, 703-757)이었다. 그는 소그드인 아버지와 돌궐족 어머니 사이에서 태어났으며 6개국 언어에 능통했다.

안녹산은 체형이 뚱뚱하고 복부가 유난히 불룩해서 말을 타면 안장이 하나 더 필요했다고 한다. 그는 뛰어난 언변과 값비싼 선물로 재상 이임보와 황제 현종 그리고 양귀비의 마음을 사로잡았다. 현종이 유난히 나온 그의 배를 가리키며 "네 배에 무엇이 들어 있느냐?"고 질문하자 안녹산은 "충절에 불타는 일편단심뿐"이라고 대답했다는 일화가 있다. 안녹산은 수도인 장안에서 가까운 주요 지역인 유주, 평로, 범양, 하동의 절도사를 겸임할 만큼 현종의 신임을 받았다.

당시 현종은 황후와 사별하고 양옥환을 귀비로 맞았다. 양귀비로 유명한 그녀는 원래 현종의 18번째 황자인 수왕의 비였다. 현종은 자신의 며느리였던 그녀의 아름다움에 빠져 아들 부부를 이혼시킨 후 자신의 비로 삼은 것이다. 이때 현종의 나이는 62세, 양귀비의 나이는 27세였다.

양귀비는 가무에 능했으며 특히 비파의 명인이었다. 그 점이 현종의 마음을 사로잡았다. 현종의 총애로 양씨 일족은 최고의 영화를 한껏 누렸다. 양귀비의 사촌인 양국충은 특별한 재주나 공을 세운 적도 없이 출세가도를 달렸다. 양국충과 안녹산은 서로를 견제하며 권력 투쟁을 벌였다. 그러던 중 재상인 이임보가 사망하자 양국충이 재상에 올랐다.

755년, 안녹산은 간신 양국충을 제거한다는 구실로 부장 사사명과 함께 반란을 일으켰다. 그는 20만 대군을 이끌고 범양에서 거병하여 뤄양에 이어 장안까지 순식간에 점령했다. 수도를 잃은 현종은 사천 지방으로 피신하던 중 산서성 마외역에 이르렀는데 그때 근위병들이 반란을 일으켰다. 그들은 양씨 일족이 국난을 일으킨 원흉이라며 양국충과 그 일족을 모두 살해했다. 양귀비 역시 죽음을 피하지 못했고, 현종은 퇴위당했다. 756년, 서북쪽으로 피신했던 황태자 형(亨)이 두홍점 등의 추대를 받아 감숙성 영무에서 즉위하니 그가 숙종이다.

한편, 장안을 점령한 안녹산은 스스로 대연 황제라 칭하며 새 왕조를 건설했지만 내부 분열로 실패했다. 757년 1월, 안녹산은 이복동생에게 상속권이 돌아갈 것을 시기한 둘째 아들 경서에게 독살당했다. 경서는 다시 부장 사사명에게 살해당했으며, 사사명 역시 자신의 맏아들 조의에게 독살당했다. 763년, 조의가 당나라를 도운 위구르군의 공격과 범양절도사 이회선에 의하여 타도되고 이로써 안사의 난(755-763)은 종결되었다.

안사의 난은 몇 세대에 걸쳐 큰 타격을 입혔다. 거액의 공물을 요구하는 위구르의 침입과 절도사들의 독립으로 말미암아 전성기에 5천만 명이 넘었던 당의 인구는 2천만 명으로 줄었고, 영화를 자랑하던 도시 건축물과 문화재는 불타 사라지고 말았다.

철학 115

묵자

묵자(墨子, 기원전 480-기원전 390)는 제자백가의 하나인 묵가의 시조로, 전국 시대 초기에 활약한 사상가이다. 묵자는 유가의 예악지상주의에 혐오감을 느껴 새로운 사상 체계를 세우고 묵가를 창시했다. 그의 이론은 철저하게 유가와 대립했다. 전국 시대에 그의 명성은 공자에 필적했다.

묵자는 노나라 출신이며, 성은 묵이고 이름은 적이다. 공자가 주 왕조의 제도와 의식, 음악, 문학 등에 매우 호의적이고 추종적이었던 반면, 묵자는 주 왕조의 제도와 관습을 혁신적으로 변화시키는 데 주력했다. 공자의 관심은 주로 왕과 신하로 대변되는 지배 계층에 머물렀지만, 묵자의 관심은 평민, 노인, 여자, 아이 등 피지배 계층이었다.

평등주의자 묵자가 주장한 내용의 핵심은 겸애, 즉 '더불어 차별 없는 사랑을 행하자'는 것이었다.

"남의 나라 보기를 자기 나라 보듯 하고, 남의 집안 보기를 자기 집안 보듯 하고, 남의 몸 보기를 자기 몸 보듯이 하며 서로 사랑하는 것이 서로를 이롭게 하는 것이다."

사회 관습에서도 유가는 성대하고 준엄한 예를 강조한 반면, 묵자는 사치를 조장하는 예와 악을 철폐하고 철저하게 검소하고 절약하는 생활을 주장했다. 이는 곧 유가에 대한 공격이었다. 정치론에서도 묵자는 철저한 능력 위주의 인재 등용을 주장했다. 제후, 경, 대부 들이 관직을 대물림함으로써 권력을 세습하고 부를 독식한다고 비판하며, 능력만이 관리를 선택하는 유일한 기준이 되어야 한다는 논리를 폈다. 또한 묵자는 침략전쟁을 반대하면서 아예 전쟁을 하지 말아야 한다고 주장했다. 이를 위해 공격 능력보다 방어 능력을 길러야 한다고 했다. 그는 '무장 평화론'을 주장했는데, 평화는 적을 막아낼 방어 능력이 충분할 때 이룰 수 있다고 보았다. 또한 묵자가 고안해낸 적의 공격을 막아내기 위한 방어책과 축성술은 대단한 명성을 얻었다.

묵자는 자신을 따르는 무리와 함께 종교적 성격을 띤 묵가라는 집단을 형성하고, 묵가를 이끌며 자신의 이론을 행동으로 옮기는 데 주력했다. 그는 약소국을 구하기 위해 무리를 이끌고 직접 성을 수비해 나라를 구하기도 했다. 맹자는 묵자의 실천적 성향에 대해 "머리 꼭대기부터 발꿈치까지 털이 다 닳아 없어지도록 움직였다"고 평하였다. 중국 청나라 말, 중화민국 초기의 계몽사상가이자 문학가인 양계초는 묵자를 가리켜 "작은 예수요, 큰 마르크스"라고 평했다. 이는 묵자의 사상을 단적으로 설명하고 있다.

신화 116 켄타우로스

전쟁의 신 아레스는 인간인 펠리멜레에게서 익시온이라는 아들을 낳았다. 익시온은 테살리아의 왕이 된 후 데이오네우스의 딸 디아와 결혼했다. 그는 청혼 당시 처가에 약속한 결혼 선물을 주지 않으려고 장인 데이오네우스를 살해했다. 인류 최초의 친족 살인자가 된 것이다. 제우스는 손자 익시온을 불쌍히 여겨 그를 올림포스로 데려다가 살인죄를 정화시켜주었다. 그런데 익시온은 죄를 뉘우치기는커녕 오히려 친할머니인 헤라에게 욕정을 품었다.

제우스는 익시온을 시험하기 위해 구름으로 헤라의 환영인 네펠라라는 여인을 만들었다. 정욕을 참지 못한 익시온은 그 여인을 헤라로 알고 범했다. 크게 노한 제우스는 익시온을 영원히 불타는 바퀴에 묶어 타르타로스에 가두었다. 익시온은 불타며 돌아가는 바퀴에 달려 영원한 고통 속에 살아야 했다.

익시온에게 겁탈당한 네펠라는 임신을 하게 되었고, 후에 그녀의 자궁 속 양수가 터져 소나기가 쏟아졌다. 소나기가 떨어진 대지에서 켄타우로스(Kentauros)가 태어났다. 켄타우로스는 상체는 사람이지만 하체는 말의 모습이었다. 그들은 야만성을 타고났으며, 거칠고 무례하며 다투기를 좋아했다.

켄타우로스족은 주로 그리스 북부 테살리아의 마그네시아와 펠리온산에 모여 살았다. 그들은 익시온의 또 다른 인간 후예인 라피타이족과 친하게 지냈다. 라피타이족의 왕이자 익시온의 아들인 페이리토오스는 자신의 결혼식에 켄타우로스족을 초대했다. 그런데 술에 취한 켄타우로스들이 난동을 부리기 시작했다. 그들은 라피타이족 여자들을 추행하려 했고, 심지어 신부를 납치하려고 시도했다. 이 사건으로 두 종족 간에 집단 난투극이 벌어졌고, 곧 큰 싸움으로 번졌다. 이 싸움에서 크게 패한 켄타우로스족은 테살리아에서 쫓겨나 펠리온산 깊숙한 곳에 숨어 살았다. 그들은 나중에 헤라클레스에게 대부분 목숨을 잃었다.

켄타우로스가 모두 야만적이었던 것은 아니다. 켄타우로스족의 현자인 케이론은 수많은 영웅의 스승이기도 하다. 그는 궁술, 의술, 무술, 음악에 능하고 미래를 예언하는 능력까지 있었으며, 헤라클레스, 아스클레피오스, 이아손, 아킬레우스 같은 제자들을 뛰어난 영웅으로 길러냈다.

케이론은 켄타우로스족이면서도 그들과 출신 성분이 달랐다. 크로노스가 레아의 눈을 속이기 위해 오케아노스의 딸 필리라를 말로 변신시켜 사랑을 나누었고, 그렇게 태어난 것이 케이론이었다. 신의 유전자를 타고난 케이론은 태어날 때부터 불사의 몸이었다. 하지만 그는 제자인 헤라클레스의 실수로 히드라의 독이 묻은 화살에 맞았다. 독이 몸에 퍼지자 극심한 고통이 몰려왔고, 의술에 뛰어난 케이론이지만 치료할 방법을 찾지 못했다. 결국 고통을 이기지 못한 그는 불멸성을 포기하고 밤하늘의 별자리가 되었다. 그 별자리가 궁수자리(남두육성)이다.

종교 117

오병이어

'오병이어(五餠二魚)'란 예수가 보리떡 5개와 물고기 2마리로 5,000명을 먹였다는 기적적인 사건이다. 이 사건은 〈신약성서〉의 사복음서, 즉 마태, 마가, 누가, 요한복음에 공통적으로 기록되어 있다.

예수가 갈릴리호숫가의 들판에 있을 때 많은 무리가 그를 좇아왔다. 예수는 그들 중 병든 자를 고쳐주었다. 저녁때가 되어 먹을 것이 없어 고민할 때 한 어린아이가 보리떡 5개와 물고기 2마리를 내어놓았다. 예수는 축사한 뒤 떡을 떼어서 제자들에게 주어 큰 무리로 먹게 하였는데, 5,000명(여자와 어린이는 뺀 숫자)이나 되는 많은 사람이 배불리 먹고 남았다. 이 사건은 굶주린 무리를 불쌍히 여기는 예수의 긍휼과 사랑의 깊이를 확인시켜주며, 또 기적을 베푼 예수가 바로 생명의 양식임을 보여주는 예표적 성격을 지닌다(요한복음 6:51).

복음서에는 오병이어 외에도 35개의 구체적인 기적들이 기록되어 있다. 그중 몇 가지를 살펴보면 다음과 같다.

예수는 갈릴리바다의 풍랑을 잠잠하게 했고, 데가볼리에서 귀신 든 사람을 고쳤으며, 혈루증을 앓던 여인이 옷자락을 만지자 치유되게 하였으며, 회당장 야이로의 딸을 살렸다. 또 소경 두 사람을 치유하여 그들의 시력을 회복시켰으며, 귀신 들려 벙어리가 된 사람을 치유하여 말할 수 있게 하였다. 예수는 물 위를 걸었고, 제자인 베드로에게도 능력을 주어 물 위를 걷게 했다. 가나안 여자의 딸에게서 귀신을 내쫓았으며, 베데스다연못에서 소경의 눈을 뜨게 했고, 소년에게서 귀신을 내쫓았다. 또한 죽은 나사로를 살리기도 했다. 사복음서는 이러한 기적을 행한 예수의 권세가 하늘에서 왔음을 증거하고 있다.

음악 118 낭만주의

고전주의 음악의 특징인 절제가 바로크 시대의 풍부한 감정 표출에 대한 반작용이었다면, 1825년경부터 1900년에 이르는 낭만주의 시대에는 다시 감정을 중시하는 풍조가 일었다.

낭만주의 음악(Romantic Music)의 가장 중요한 요소는 개인의 감정이었다. 낭만파 음악에서는 대형 오케스트라, 극단적인 음의 고저 차이, 엄청난 열정의 분출을 종종 발견하게 된다. 낭만파 음악은 감정을 표현하기 위해 서로 다른 화음을 사용함으로써 내면의 감각을 거의 끊어질 정도로 자극하는 경우가 많았다. 또한 개인의 감정 표현이 매우 중요했기 때문에 오케스트라와 솔로 악기의 협연을 위한 협주곡이 많이 발표되었다.

낭만주의 시대인 19세기는 음악을 시장의 상품으로 만들면서 동시에 음악을 성스럽게 만드는 장치들을 개발해냈다. 출판사와 음악 비평가, 음악의 장인들이 등장했고, 음악이 하나의 산업으로 간주되었다. 또한 음악은 진지한 음악과 오락 음악으로 양분되었다.

초기 낭만주의를 대표하는 음악가는 프란츠 슈베르트였다. 슈베르트를 중심으로 한 음악가 집단은 음악을 빈 사회의 무대에서 시민 계급의 멋진 작은 방 안으로 끌어들였다. 슈베르트의 가곡과 피아노 음악 그리고 현악 4중주는 비더마이어 시대의 가정 거실에 적합한 음악이었다. 이러한 음악을 '실내 음악'이라고 하였다. 슈베르트의 가곡 〈겨울나그네〉와 슈베르트의 기악의 선율은 전대미문의 수준이며, 작은 공간을 위한 음악도 명작이 될 수 있음을 보여주었다.

이 시기에는 베토벤이 남긴 전통을 개혁하려는 다양한 해법이 제시되었고, 그 가운데 하나가 표제 음악이었다. 표제 음악에서는 교향곡 형식과 같은 전통의 모델을 탈피하여 음악으로 이야기를 들려주려는 노력이 경주되었다. 표제 음악의 원조로는 〈환상 교향곡〉을 작곡한 루이 엑토르 베를리오즈를 꼽을 수 있다. 프란츠 리스트는 교향곡풍의 문학을 발전시켜 〈파우스트 교향곡〉을 시도했다. 리하르트 슈트라우스는 이를 극단적으로 몰고 갔다.

19세기에 폭넓게 퍼진 민족주의 붐에 편승하여 수많은 작곡가가 자신의 음악을 민족적 신화와 민요에 결부시켰다. 브람스의 〈독일 레퀴엠〉과 에드바르 그리그의 〈페르귄트〉가 그 대표적 예다. 또한 이탈리아가 독점적으로 지배한 오페라의 세계도 프랑스, 이탈리아, 독일의 오페라로 분할되었다.

독일 낭만주의 오페라의 거장 빌헬름 리하르트 바그너는 음악극 소재를 북구의 전설에서 취했다. 그의 대표작으로는 〈니벨룽겐의 반지〉, 〈트리스탄과 이졸데〉, 〈뉘른베르크의 명가수〉 등이 있다. 바그너의 예술 이론과 악극은 20세기 음악가들의 사상에도 큰 영향을 끼쳤다. 낭만주의 시대의 음악은 점점 더 많은 표현, 더 고급스러운 예술, 그리고 더 심오한 의미를 추구하게 되었다.

미술
119

피터르 브뤼헐

피터르 브뤼헐(Pieter Bruegel the Elder, 1525-1569)은 16세기 네덜란드의 화가이다. 그는 순수한 풍경화를 그린 최초의 화가 중 한 명이며 세심한 관찰을 통해 풍경화를 전통적인 역사화와 종교화의 경지로 끌어올렸다. 브뤼헐은 인문주의 화가로서 농촌의 일상생활을 애정 어린 시각으로 화폭에 담아내며 회화 장르의 새로운 분야를 개척했다. 그는 인간 조건을 보편적 시각으로 조명하며, 대비되는 여러 요소를 하나의 작품에서 자연스럽게 융화시켰다.

각 시대를 대표하는 다양한 미술 양식끼리 혹은 종교적 주제와 세속적 주제를 결합시켰고, 고전적인 구성과 바로크적인 구성, 이탈리아 화풍을 연상시키는 양식과 네덜란드 지방의 화풍 및 다양한 기법을 동시에 구사했다. 인물들은 알록달록한 색으로 칠해진 반면 바탕은 푸르스름한 갈색 색조가 주를 이룬다.

브뤼헐은 캔버스나 목제 패널 위에 유채나 템페라 기법으로 단편이나 연작을 제작했다. 그가 선택한 주제들은 흔히 '마이너'라 부르는 장르에 속했다. 그는 복잡한 구성의 광활한 자연 풍경을《성서》의 장면이나 점성술 삽화, 악마나 전설 또는 민담, 그리고 농부의 일상을 묘사한 풍속화에 배경으로 삽입했다. 이러한 풍경들에서는 뚜렷한 계절의 변화를 느낄 수 있다.

네덜란드 브라반트의 농민 집안에서 태어난 브뤼헐은 화가 피테르 쿠케 반 알스트의 밑에서 도제생활을 했고, 이후 그의 딸 마이켄과 결혼했다. 브뤼헐은 장인의 공방에서 독립한 후 출판업자인 이에로니무스 코크를 위해 일한다. 1551년부터는 안트베르펜의 화가 길드에 가입해서 활동했다. 이 시기에 풍경화 판화와 소묘 등을 제작하면서 이탈리아 알프스로 여행을 떠났다. 여행 기간 중 브뤼헐은 알프스와 나폴리의 광활한 풍경에 매료되어 수많은 스케치를 남겼다. 또한 세밀화가의 공방에서도 일했는데, 광활하고 깊이감 넘치는 자연 풍경 묘사법과 정밀한 세부 묘사 양식은 이 시기에 형성되었다. 그의 초기 작품들은 플랑드르 전통의 영향을 받았는데, 이후 풍경화에서 이탈리아적인 요소들이 결합되기 시작한다.

여행에서 돌아온 브뤼헐은 한동안 판화 제작에만 전념하다가 전업 화가로 나서기 위해 벨기에의 브뤼셀로 이주하였다. 이곳에서 그는 두 아들을 얻었다. 큰아들 피터르와 둘째 아들 얀은 정교한 정물화 분야의 대가였다. 1565년 브뤼헐은 자신의 최대 걸작으로 꼽히는 연작 〈계절〉을 완성했다. 브뤼셀에서 작업한 그의 작품들은 초기 작업의 과도한 세부 묘사를 포기하고 새롭고 간결한 양식을 보여주었다. 39세 젊은 나이로 요절하기까지 브뤼헐은 회화 45점과 135점의 소묘를 남겼다.

<일곱 개의 대죄>(1558)

문학
120 알렉산드르 푸시킨

알렉산드르 푸시킨(Aleksandr Sergeevich Pushkin, 1799-1837)은 러시아의 국민 시인이자 소설가이다. 모스크바 명문 귀족의 아들로 태어나 어려서부터 시적 재능을 인정받았다. 푸시킨은 차르스코예셀로(황제 마을)의 전문학교에 다니던 시절, 당시 러시아에서 가장 유명한 시인 가브릴라 데르자빈의 극찬을 받으며 시인으로서 명성을 얻었다.

1817년, 학교를 졸업한 푸시킨은 외무성의 관리가 되었다. 이 무렵 그는 여러 비밀결사 단체에 가담하여 활동했으며,《자유의 송가》,《농촌》등의 정치적 시와 풍자시를 통해 권력층을 비방했다. 이러한 활동은 황제의 분노를 사게 되었고, 친구들의 구명운동 덕분에 관직을 유지한 채 남러시아 캅카스로 좌천되었다. 그곳에서 푸시킨은 바이런에 심취하여 반역적 로맨티시즘의 걸작《캅카스의 포로》,《바흐치사라이의 샘》,《집시》등의 서정시를 쓰며, 비밀결사 회원들과 계속 교류했다. 1826년 새로 황제에 오른 니콜라이 1세는 푸시킨을 사면하고 그의 후견인이 될 것을 약속했다. 하지만 약속과 달리 그는 비밀경찰의 감시 대상이 되어 모든 작품을 검열받아야 했고, 여행도 제한을 받았다.

1831년, 푸시킨은 13세 연하의 나탈리야와 결혼했다. 나탈리야는 매우 아름다웠고, 궁중 연회 때 최고의 미인으로 꼽힐 만큼 사교계에서 유명해졌다. 당시의 근위대 소위 조르주 단테스는 사교계에서 소문난 바람둥이였다. 그는 나탈리야에게 흑심을 품고 치근덕거렸다. 그러자 평소 푸시킨에게 반감을 가졌던 무리가 입에 담지 못할 추문을 퍼뜨렸다. 그 소문은 시간이 지나면서 점점 증폭되어 푸시킨을 괴롭혔다. 결국 참다못한 푸시킨은 단테스에게 결투를 신청했다.

1837년 1월 27일, 두 사람은 페테르부르크 교외의 공터에 마주섰다. 당시 유럽에서는 결투 시 보통 25-30보 간격을 취했지만 그들은 명중률을 높이기 위해 10보를 선택했다. 결투의 법칙은 도전받은 자가 먼저 총을 발사할 권리를 갖는다. 그에 따라 단테스가 먼저 푸시킨을 향해 총을 발사했고, 총알은 푸시킨의 하복부 오른쪽을 명중했다. 푸시킨은 쓰러지면서 응사했으나 단테스는 오른손을 스치며 경상에 그쳤다. 치명상을 입은 푸시킨은 페테르부르크 모이카 12번지에 있는 집으로 옮겨져 이틀 만에 숨졌다.

푸시킨의 사망 소식에 그의 집 주변에는 2만여 군중이 모여들었다. 크게 놀란 니콜라이 1세는 일반인의 장례식 참석을 금지하고 비상사태에 대비하여 군대를 주둔시켰다. 푸시킨의 시신은 니콜라이 1세 명령에 따라 극비리에 페테르부르크에서 멀리 떨어진 스뱌토고르스키 수도원에 옮겨져 안장되었다. 그럼에도 불구하고 당시 그의 묘지를 찾은 사람만 수만 명에 이를 정도였다고 한다. 푸시킨은 생전에 시, 소설, 희곡 등 많은 작품을 남겼으며, 그중 여러 작품이 차이콥스키, 스트라빈스키, 라흐마니노프 등 음악가들에 의해 오페라와 발레로 재창작되어 널리 사랑받고 있다.

주요 작품으로 《예브게니 오네긴》, 《청동의 기사》, 《벨킨 이야기》, 《대위의 딸》 등이 있다.

세계사 121

칭기즈칸

1206년 봄, 테무진은 오논강변의 초원에서 쿠릴타이*를 통해 칸으로 추대되었으니, 바로 칭기즈칸(Chingiz Khan, 1155-1227)이다.

그는 즉위하자마자 몽골의 군대와 사회를 재구성하는 작업에 착수했다. 먼저 15세에서 70세까지의 모든 남자를 95개의 천호(千戶) 주력군으로 나누고, 구세대 귀족들을 제거한 뒤 자신의 가신들을 95명의 천인대장에 임명했다. 당시 이렇게 조직된 몽골군의 수는 약 13만 명이었으며, 모두 기마병이었다. 칭기즈칸은 조직의 정비가 끝나자 즉시 대외전쟁에 나섰다. 이제 막 통합된 몽골 사회를 전시 체제로 전환하여 완전히 장악하려는 의도였다. 또한 전쟁과 기후변화로 몽골고원의 목축경제는 심각한 타격을 입었기 때문에, 대외전쟁으로 자국민의 전리품 획득에 대한 기대에 부응할 필요성도 있었다.

1209년 4월, 칭기즈칸은 서역과 중원으로 향하는 안전한 통로를 확보하기 위해 먼저 탕구트족이 세운 서하를 공격했다. 서하는 금나라에 구원 요청을 했다가 묵살되자 싸움을 포기하고 항복했다. 이로써 몽골은 중국에서 투르키스탄까지 통행로를 장악하여, 금의 영토를 서쪽에서 포위할 수 있게 되었다. 또한 탕구트족의 좋은 말과 낙타, 성능이 뛰어난 활과 검, 갑주를 확보하였다.

1211년 3월, 칭기즈칸은 금나라를 치기 위하여 원정에 나섰다. 칭기즈칸은 첫 원정에서 금의 총사령관 완안승유가 이끄는 40만의 정예군을 전멸시켰고, 40만 마리의 말을 탈취했다. 이에 금은 전투력과 기동력에 막대한 손실을 입었다. 1212년 가을, 몽골군은 두 번째 원정에 나서 금의 많은 지역을 점령했으나 전투 중 칭기즈칸이 금군의 화살에 맞아 퇴각한다. 그러나 이듬해 가을 세 번째 원정에 나섰고, 앞서 두 번의 원정이 공격 일변도였다면 세 번째 원정에서는 유인술과 기습공격, 위장전술을 적절하게 사용하면서 금군을 유린했다. 칭기즈칸은 하북과 산동 평원을 가로질러 제남을 함락시켰고, 여진족의 발상지인 만주의 북부, 흑룡강성과 송화강 일대를 평정했다. 칭기즈칸은 금의 수도 중노(지금의 베이징)를 고립시키기 위해 사방에서 공격해 들어갔다. 그러자 금의 내부는 크게 동요했다. 1213년 8월, 금의 북방 변경의 지휘자 호사호가 궁정반란을 일으켜 황제 영제를 암살하고, 영제의 조카 오도보를 황제로 추대했다. 몽골군은 금의 혼란을 틈타 중도 봉쇄작전에 돌입했다. 공포에 떨던 금은 몽골과 화친을 맺었고, 칭기즈칸은 수많은 인질과 전리품을 챙겨서 몽골 초원으로 돌아갔다. 몽골군이 돌아가자 금의 제8대 선종은 수도를 개봉(카이펑)으로 옮겼다. 중도가 유라시아 초원에서 가까워서 몽골군의 공격에 취약하다는 이유였다. 그러나 여진인과 토착 한인 사이의 식량 문제로 처참한 싸움이 벌어졌고 결국 개봉이 몽골군에 포위되자 금의 제9대 애종은 달아났다가 훗날 자살하고 말았다.

칭기즈칸은 무칼리를 금나라 정벌의 총사령관으로 임명한 뒤 중국에 대한 군사행동 일체를 일임했다. 이후 투르키스탄 정복에 나선 칭기즈칸은 8년에 걸쳐 러시아와 중동, 중앙아시아, 페르시아, 인도 북부, 중국 등 유라시아 대부분을 몽골 제국에 편입시켰다. 이로써 중앙아시아의 오아시스 국가들은 동서 무역의 주도권을 장악했고 새로운 질서의 시대가 열렸다. 패쇄적으로 기능하던 각 지역의 경제 시스템은 몽골 제국을 통해 하나로 통합되었다. 유라시아대륙을 포괄하는 최초의 세계사가 칭기즈칸으로부터 비롯된 것이다.

* 쿠릴타이(Khuriltai): 북방 유목민 사이에 옛날부터 관행되어온 합의제도

철학 122 에피쿠로스

에피쿠로스(Epikouros, 기원전 342-기원전 271)는 고대 그리스의 철학자이다. 그는 빵과 물만 있다면 신도 부럽지 않다고 말하며, 필수적인 욕망만 추구한다면 고통 없는 상태인 아타락시아에 이를 수 있다고 했다.

에피쿠로스는 이오니아의 사모스섬에서 태어났다. 그의 아버지 네오클레스는 그리스 본토 출신으로 사모스에 이주하여 농업에 종사했다. 그러나 대대로 학자적 기풍을 이어온 집안 출신으로서 그는 직접 학교를 세워 자식들을 가르쳤다. 그 덕분에 에피쿠로스는 어린 시절부터 전원생활을 만끽하며 학업에 열중할 수 있었다. 그의 아버지는 에피쿠로스가 학문에 탁월한 성취를 보이자 그를 이오니아의 타오스로 유학을 보냈다. 에피쿠로스는 그곳에서 데모크리토스파인 철학자 나우시파네스 문하에 들어갔다. 그는 데모크리토스의 유물론에 감명을 받았는데, 특히 원자론과 데모크리토스의 쾌락주의는 그의 철학 전반에 큰 영향을 끼쳤다.

데모크리토스는 대부분의 육체적 쾌락을 배격했다. 그는 인간이 감각적인 즐거움이나 욕망에 이끌리지 않고 자연의 전체적인 진행과 조화를 이루면서 사는 것을 쾌락으로 보았다. 에피쿠로스는 이런 관점을 받아들였다. 하지만 그는 자연 자체는 평화로운 곳이 아니며 자연의 본성은 사나운 것이라고 보았다. 따라서 인간은 그 자연의 본성에서 멀어져 자기 내면의 평화를 유지하며 사는 것이 최고의 쾌락이라고 주장했다. 그는 이러한 신념 아래 윤리학과 논리학, 자연학을 기술했다.

에피쿠로스는 30대 초반에 제자들의 도움으로 아테네 교외에 정원(Garden)이라고 불리는 학원을 열었다. 그는 그곳에서 제자들과 함께 농사를 지으면서 자신의 사상을 설파했다. 그의 강의 내용은 주로 즐거움에 관한 것이었다. 어떻게 하면 진정한 즐거움을 느끼며 살아갈 수 있느냐 하는 것이 주제였다. 그의 강의는 때와 장소를 가리지 않았다. 밭일을 하다가 그 자리에서 즉석 강의를 하기도 했고, 산책할 때나 정원의 화단을 가꾸다가도 강의했다. 이런 그에게 사람들은 '정원 철학자'라는 별명을 붙여주었다.

윤리학, 자연학, 논리학 등 모든 분야에서 그는 '삶의 즐거움'을 역설했다. 즐거움을 얻는 것이 모든 인간의 공통된 목표이자 윤리학의 목적이라고 가르쳤다. 이 때문에 에피쿠로스를 쾌락주의자로 오해하기도 한다. 하지만 에피쿠로스는 육체적 욕망을 철저하게 차단하며 살았다. 이러한 삶은 금욕주의에 가까웠다. 그는 진정한 즐거움이란 숱한 욕망에서 벗어나 자신의 정신을 평화로운 상태로 유지하는 일이라고 보았다. 매우 검소한 그는 항상 채식을 했는데, 식탁에 오른 모든 음식의 재료는 그가 손수 재배한 것들이었다.

에피쿠로스는 36년 동안 300여 권에 달하는 저서를 집필했고, 많은 제자를 길러냈다. 하지만 그의 저서는 대부분 사라져 지금은 몇 편의 편지와 단편만이 남아 있다.

신화 123

오이디푸스

테베의 왕 라이오스는 자식에게 살해당한다는 무서운 예언을 들었다. 그는 사내아이가 태어나자 목동을 은밀하게 불러 아기의 복사뼈에 핀을 박아 키타이론산에 버리라고 명령했다. 목동은 차마 명령을 따르지 못하고 코린토스의 왕 폴리보스의 목동에게 맡겼다. 아들이 없던 코린토스의 왕은 왕비와 의논하여 그 아기를 양자로 삼고 이름을 '부은 발'이라는 뜻의 오이디푸스(Oedipus)로 지었다.

출생의 비밀을 모른 채 성장한 오이디푸스는 어느 날 자신이 버려진 아이였음을 우연히 알게 되었다. 그는 사실을 확인하기 위해 찾아간 델포이의 아폴론 신전에서 '아버지를 살해하고 어머니와 결혼하게 될 것이다'라는 충격적인 신탁을 받았다. 양부모를 친부모로 믿은 만큼 오이디푸스는 그 예언을 피하기 위해 집으로 돌아가지 않고 방랑길에 올랐다.

어느 날 오이디푸스는 울창한 숲을 지나가던 중 좁은 길에서 마주 오던 화려한 마차와 맞닥뜨렸다. 오이디푸스는 마차 일행과 시비가 붙어 격렬하게 다투던 중 서로에게 칼을 겨눴다. 치열한 결투 끝에 오이디푸스는 그만 상대방 일행을 모두 살해하고 말았다. 그런데 그중 한 명이 오이디푸스의 친아버지인 라이오스 왕이었다. 하지만 오이디푸스는 그 사실을 전혀 알지 못했다.

다시 길을 떠난 오이디푸스는 테베로 가게 되었다. 그런데 당시 테베에 스핑크스라는 괴물이 나타나 지나가는 사람들에게 수수께끼를 내고 그 문제를 풀지 못하면 잡아먹고 있었다. 테베 사람들이 공포에 사로잡힌 이유를 알게 된 오이디푸스는 스핑크스를 찾아갔다.

"아침에는 네 발로 걷고, 낮에는 두 발로 걸으며, 저녁에는 세 발로 걷는 것이 무엇이냐?"

스핑크스의 수수께끼에 오이디푸스는 사람이라고 답했다. 사람은 어릴 때는 네 발로 기어 다니고, 젊어서는 두 발로 다니며, 늙어서는 지팡이를 짚기 때문이었다. 스핑크스는 수수께끼 내기에서 패하자 절벽 아래로 몸을 던져 스스로 죽음을 택했다.

스핑크스를 제거한 오이디푸스는 테베 백성들의 열광적인 환영을 받았다. 백성들은 오이디푸스에게 과부가 된 왕비 이오카스테와 결혼하여 테베를 다스려줄 것을 간청했다. 오이디푸스는 백성들의 간청을 받아들였다. 오이디푸스는 테베의 왕이 되어 평화롭게 나라를 다스렸고, 왕비 이오카스테에게서 네 자녀를 얻었다. 그는 세상에 부러울 것 없는 행복한 시간을 보냈다.

그러던 어느 날 코린토스에서 폴리보스 왕의 죽음을 알리기 위해 사자가 왔다. 그는 과거 오이디푸스를 폴리보스 왕에게 양자로 보냈던 목동이었다. 사자는 오이디푸스에게 코린토스로 와서 왕위를 물려받으라는 폴리보스 왕의 유언을 전했다. 오이디푸스는 사자에게 자신이 받은 신탁을 밝히며 어머니와 결혼할 위험을 피하기 위해 돌아가지 않겠다고 말했다. 사자는 오이디푸스가 폴리보스의 친아들이 아니라 입양아였다고 밝혔다. 오이디푸스와 사자의 이야기를 옆에서 듣던 이오카스테는 오이디푸스가 자신의 아들임을 알게 되었다. 그녀는 큰 충격을 받았지만 내색하지 않고 조용히 그 자리를 물러나 자신의 방에서 목을 매어 자살했다.

오이디푸스 역시 자신의 출생 비밀을 깨닫고 큰 충격에 휩싸였다. 그는 이오카스테의 시신을 발견하고 심한 죄책감과 슬픔에 사로잡혀 스스로 자신의 두 눈을 찔러 멀게 했다. 그는 테베를 떠나 고행을 거듭하다가 아테네의 왕 테세우스의 보호 아래 숨을 거뒀다.

종교 124 이스가리옷 유다

이스가리옷 유다(Judas Iscariot)는 예수의 열두 제자 중 한 명이다. 그는 이스가리옷 시몬의 아들로, 예수의 제자가 된 후 사도단의 회계를 맡았다.

어느 날 예수가 베다니에 있는 나병 환자 시몬의 집에 들렀다. 마리아는 값비싼 나르드 향유가 든 옥합을 가져와서 그것을 깨뜨리고 향유를 예수의 발에 부었다. 그러자 유다가 나서서 "왜 향유를 낭비하는가? 이것을 팔면 300데나리온도 더 받을 수 있고, 그 돈을 가난한 사람에게 나누어줄 수 있는데"라면서 마리아를 나무랐다.

그러자 예수가 말했다.

"참견하지 말라. 마리아는 나에게 갸륵한 일을 하는데 왜 괴롭히느냐? 가난한 사람들은 언제나 너희 곁에 있으니 도우려고만 하면 언제나 도울 수가 있다. 하지만 나는 언제까지나 너희와 함께 있지 않을 것이다. 마리아는 내 장례를 위해 미리 내 몸에 향유를 부은 것이니 자기가 할 수 있는 일을 다 한 것이다. 나는 분명히 말한다. 온 세상 어디든지 복음이 전해지는 곳마다 마리아가 한 일도 알려져 사람들이 기억하게 될 것이다."

이에 화가 난 유다는 예수를 고발하기로 마음먹었다. 그는 유대교 대제사장들을 찾아가 "예수를 넘겨주면 여러분은 제게 무엇을 주실 수 있습니까?"라며 거래를 제안했다. 대제사장들은 유다와 거래에 응했고, 은 30냥을 지불했다. 이 금액은 당시의 노예 시세, 엄밀히 말하면 노예가 황소에 받혀 죽었을 때 노예의 몸값으로 주인에게 지불하는 보상금이었다. 이때부터 유다는 호시탐탐 스승을 넘길 기회를 엿보았다.

예수는 자신이 죽을 때가 다가오는 것을 깨닫고는 성(聖) 목요일에 제자들과 최후의 만찬을 나누면서 식사를 하던 중 "내가 진실로 너희들에게 말하노니, 너희 가운데 한 사람이 나를 팔아넘길 것이다"라고 말했다. 이에 제자들이 저마다 자기는 아니라고 부정하면서 그자가 누구인지 가르쳐달라고 했다. 그러자 예수는 "나와 함께 접시에 손을 넣어 빵을 적시는 자, 그자가 나를 팔아넘길 것이다"라고 말했다. 그러고는 빵 한 조각을 적신 다음 유다에게 주었다. 그런데 유다는 시치미를 떼고 “선생님, 저는 아니겠지요?”라고 반문했다. 예수는 “네가 그렇게 말했다. 네가 하려는 일을 어서 하라”고 했다. 다른 제자들은 예수가 그에게 왜 그런 말을 하는지 이해하지 못했다. 아마 예수가 회계를 맡은 유다에게 필요한 물건을 사라거나 가난한 사람들에게 무엇을 주라고 한 말로 여긴 것이다. 마침내 유다는 빵을 받고서 밖으로 나가 그대로 대제사장을 찾아가 예수가 미래의 왕이라고 했다며 밀고했다. 예수를 없애려고 혈안이던 제사장들은 쾌재를 불렀다.

한편 최후의 만찬을 끝낸 예수는 나머지 열 한 명의 제자들과 함께 겟세마네동산으로 올라가서 기도했다. 기도가 끝날 무렵 유다가 군인들을 이끌고 왔다. 사방은 어두워서 사람을 분간하기 어려웠다. 유다는 예수에게 다가가 입을 맞추었다. 그것은 군인들에게 예수가 누구인지 알려주는 신호였고, 예수는 그 자리에서 체포되었다.

다음 날 예수는 산헤드린*에서 십자가형을 선고받고 유대 총독 본디오 빌라도에게 끌려갔다. 이때 유다는 뒤늦게 자신의 행동을 뉘우치고 대제사장들에게 가 은 30냥을 돌려주면서 “내가 죄 없는 사람을 팔아넘겨 죽게 만든 죄를 범했다”라고 말했다. 그러자 대제사장들은 “그게 우리와 무슨 상관이냐? 그것은 네 일이다”라고 답했다. 그러자 유다는 그 돈을 성전 안에 내던지고 나와 목을 매어 자살했다. 대제사장들은 그 돈을 주워서 나그네들을 위한 묘지의 땅값으로 썼다고 한다.

* 산헤드린(Sanhedrin): 고대 유대 사회에서 최고재판권을 지니고 있던 종교적 · 정치적 자치조직

음악
125 세르게이 라흐마니노프

세르게이 라흐마니노프(Sergei Rachmaninoff, 1873-1943)는 19세기와 20세기에 가장 유명한 러시아 후기 낭만주의를 대표하는 작곡가이자 동시대 가장 탁월한 피아니스트 중 한 명이었다.

제정 러시아 말기 노브고로트의 부유한 귀족 집안에서 태어났지만 아버지가 자신의 영지를 사회에 환원하면서 생활이 궁핍해졌다. 5세 때 어머니로부터 피아노를 배웠는데, 이때부터 피아노 연주와 작곡에 탁월한 재능을 보였다. 페테르부르크음악원과 모스크바음악원에서 본격적인 음악 수업을 받았다.

1892년에 오페라와 교향곡 등을 썼으며 그의 피아노곡 〈전주곡(내림마단조)〉이 런던에 소개되었다. 이 곡은 피아노 독주와 전체 오케스트라를 위한 곡이었다. 라흐마니노프는 어린 나이에도 불구하고 이 곡을 웅장하고 인상적으로 보이도록 작곡했다. 1895년, 최초의 〈교향곡 제1번〉을 작곡하고 상트페테르부르크에서 초연하였다. 그러나 청중의 반응은 냉담했고, 비평가들에게 가혹한 평가를 받았다. 그 후 지휘자로 데뷔했으나 역시 좋은 성과를 얻지 못하던 중 1898년에 영국필하모니협회의 초청을 받았다.

라흐마니노프는 러시아에서 인정받지 못했지만 영국에서는 작곡가, 피아니스트, 지휘자로 성공하여 명성을 얻는다. 그 후 영국에서 돌아온 라흐마니노프는 심각한 슬럼프에 빠졌다. 1899년 〈피아노 협주곡 제2번〉의 작곡에 들어갔는데 신경쇠약으로 심한 우울증에 시달렸으며, 음악에 대한 흥미도 잃어 곡의 완성은 미루어졌다. 그러던 중 친구의 권유로 심리치료사 니콜라이 달에게 암시요법을 통해 치료를 받았고, 마침내 건강을 회복하여 1901년에야 곡을 완성했다. 라흐마니노프는 이 곡을 감사의 마음을 담아 니콜라이 달 박사에게 헌정했다. 이 곡은 모스크바필하모닉 오케스트라와 함께 모스크바에서 초연하여 대성공을 거두었고, 그의 명성은 더욱 높아졌다.

라흐마니노프는 오늘날 가장 유명한 작곡가 중 한 사람으로 알려졌지만, 활동 당시는 연주자로 더 유명했다. 동시에 그는 위대한 지휘자이기도 했다. 1901년, 볼쇼이극장의 수석 지휘자를 맡은 후 미국에서 몇몇 흥미로운 공연과 접목해 연주하기도 했다. 왕성한 작품 활동을 펼치던 라흐마니노프는 1917년 러시아가 혁명의 소용돌이에 빠져들자 망명을 결심하고 파리를 거쳐 1918년에 미국으로 건너갔다.

미국에서 피아노 연주와 작곡 활동에 전념한 라흐마니노프는 자신의 음악을 러시아에 뿌리를 두고, 차이콥스키의 음악적 전통을 이어받아 고전 협주곡을 부활시켰다. 그의 음악은 20세기에 숨을 쉬면서도 19세기 낭만의 흐름을 고집해왔고, 낭만 시대의 명곡들과 어깨를 나란히 하며 지금까지도 사랑받고 있다. 그는 3개의 교향곡, 교향시, 관현악곡 그리고 피아노 분야에 훌륭한 작품을 많이 남겼다. 특히 피아노의 경우 악기의 극한까지 특성을 발휘한 것이 특징이다.

스탈린은 라흐마니노프를 제1급 예술가로 인정하여 귀국을 권유했지만 그는 끝내 응하지 않았다. 미국 캘리포니아의 남서부에 위치한 비벌리힐스에서 70세의 나이로 생을 마감했다.

미술
126 페테르 파울 루벤스

페테르 파울 루벤스(Peter Paul Rubens, 1577-1640)는 독일 출신 플랑드르의 화가이자 외교관이다. 렘브란트와 함께 바로크 미술의 양대 거장으로 일컬어진다. 그는 플랑드르 문화와 르네상스 시대의 이상을 결합해 이를 집대성했다. 그가 남긴 많은 위대한 작품들은 역동적인 형태와 강렬하게 뿜어 나오는 화려한 색채로 장대하고 웅장한 느낌을 준다.

루벤스의 회화적 표현은 장식적이고, 내러티브*를 내포하고 있으면서도 동시에 강렬한 힘과 부드러움, 새로운 정신이 한데 어우러져 한눈에 들어온다는 특징을 갖는다. 루벤스는 역사적·종교적·신화적 작품, 귀족 또는 그들 가족의 초상화, 자화상, 풍경화 등 모든 장르를 넘나들며 많은 작품을 남겼다. 그의 천재적인 재능은 많은 작품에서 엿볼 수 있지만, 그중에서도 특히 웅장한 규모로 장식된 연작에서 더욱 빛을 발한다.

루벤스는 독일의 지겐에서 법학자의 아들로 태어났다. 10세 때 아버지가 세상을 떠나자 가족과 함께 안트베르펜에 정착했다. 14세 때 랄랭 백작부인의 시동이 되어 귀족 사회를 체험하고 화가가 될 결심을 했다. 15세 때 풍경화가에게 그림의 기초를 배우고, 역사화가 프랑켄과 포르부스 형제, 아담 반 노르트에게 사사했으며, 특히 베니우스 밑에서 고대 미술과 로마의 회화를 접했다. 21세 때인 1598년에 안트베르펜화가조합에 등록한다. 23세 때 이탈리아로 유학을 떠난 그는 8년 동안 베네치아, 로마 등지에서 고대 미술과 르네상스 거장들의 작품을 연구했다. 또한 이탈리아 바로크의 대표적 화가인 카라바조와 카라치파의 영향을 받아 장족의 발전을 이루며, 점차 명성을 얻었다.

1603년, 만토바공(公)의 인정을 받은 루벤스는 외교 임무를 부여받고 에스파냐를 여행했다. 1608년에 안트베르펜으로 돌아온 루벤스는 돌아오자마자 대단한 성

* 내러티브(Narrative): 실화나 허구의 사건들을 묘사하고 표현하는 구조적 형식

공을 이루었다. 다음 해 플랑드르 총독의 궁정 화가가 되었고, 명문가의 딸 이사벨라 브란트와 결혼했다. 이후 그는 자신의 공방에서 100명이 넘는 조수들과 함께 방대한 작품을 생산해냈으며, 그의 작품은 전 유럽으로 수출되었다. 루벤스의 값비싸고 관능적인 그림들은 유럽 왕실의 소장품이 되었으며, 수집가들은 그의 작품을 손에 넣고자 애를 썼다.

만년에 그는 스페인 왕 펠리페 4세의 궁정 화가로 임명되어 마드리드 왕궁을 장식할 그림을 그렸다. 이 무렵부터 그는 통풍으로 고통에 시달렸다. 그럼에도 작품에 대한 열정을 불사르며 〈베누스의 축제〉, 〈미의 세 여신〉, 〈성인들에게 둘러싸인 성모〉 등의 걸작을 완성했다. 통풍으로 말미암은 심장발작으로 숨을 거두기 전까지 루벤스는 웅장한 연작을 비롯해 100여 점의 작품을 남겼다.

<꽃 화환 위의 마돈나>(1619)

문학
127 빅토르 위고

프랑스 브장송에서 태어난 빅토르 위고(Victor-Marie Hugo, 1802-1885)는 프랑스 낭만주의 문학의 거장으로 불리는 시인이자 소설가 겸 극작가이다. 그의 아버지는 나폴레옹 휘하의 장군이었고, 어머니는 왕당파 집안 출신이었다. 그는 어릴 때부터 아버지를 따라 코르시카, 이탈리아, 에스파냐 등지를 여행했고 1812년부터 파리에 정착했다. 기숙학교에 입학한 위고는 군인이 되기를 원했던 아버지의 기대와 달리 문학에 뜻을 두었다. 그는 낭만주의 문학의 창시자로 불리던 당대의 저명한 작가 겸 정치가 프랑수아 샤토브리앙을 목표로 작가의 꿈을 키워나갔다. 1817년 아카데미 프랑세즈의 콩쿠르와 1819년 투르즈의 아카데미 콩쿠르에서 시 부문 수상자가 되면서 위고의 꿈은 현실이 되어갔다. 그해에 형 아베르와 함께 낭만주의운동에 공헌한 잡지 〈문학수호자〉를 창간하였다.

1822년, 어릴 적 친구였던 아델 푸세와 결혼한 위고는 같은 해 시집《오드, 기타》를 발표하면서 본격적인 작가의 길에 들어섰다. 1827년, 희곡《크롬웰》을 발표하여 고전주의 연극의 전통인 '삼일치의 법칙*'을 깨뜨리고 낭만주의를 선언한다. 1829년,《동방시집》을 출간하면서 낭만주의의 중심에 서게 되었다. 1830년, 그는 5막 운문극 〈에르나니〉의 상연을 계기로 고전파와 격렬한 투쟁을 벌여 낭만주의 연극에 승리를 가져다주었다. 이 무렵부터 위고는 차츰 인도주의와 자유주의적 경향을 띠기 시작했다. 그는 시집《가을의 나뭇잎》을 시작으로《황혼의 노래》,《마음의 소리》,《빛과 그림자》, 희곡 〈뤼 블라〉, 〈뷔르그라브〉 등을 통해 내면 세계의 깊이를 보여주었다. 한편 불후의 걸작으로 꼽히는 위고의 낭만주의적 역사소설《노트르담 드 파리》는 소설가로서의 명성을 확고하게 해주었다.

1833년, 아내의 외도로 방황하던 위고는 미모의 여배우 쥘리에트 드루에와의 교제를 통해 심리적 안정을 찾았다. 드루에는 반세기 동안 위고의 연인으로 함께하며 그를 헌신적으로 도왔다. 1843년 가을, 위고가 가장 아끼던 딸이 센강에서 익사하자 그는 큰 슬픔에 빠졌고, 이후 10년간 문학 활동을 중단했다. 그 대신 정치 활동에 관심을 가지던 그는 1845년 상원의원에 임명되었다.

1851년 나폴레옹 3세가 쿠데타를 일으키자 이에 반대하다가 국외로 추방당했고, 이후 19년 동안 영국해협 채널제도에 속한 저지섬과 건지섬에서 망명생활을 했다. 이 섬들은 영국 왕실의 소유지만 프랑스의 노르망디에 가까웠다. 위고는 이곳에서 문학적으로 많은 결실을 맺었으니, 《정관시집》을 비롯해 《여러 세기의 전설》, 《레미제라블》, 《바다의 노동자》, 《웃는 남자》 등의 대작을 집필한다. 특히 《레미제라블》은 1845년에 시작해서 1862년에 완성한 장편의 대하소설로, 시대 풍속이 잘 드러난 위고의 대표작이다.

1870년, 프로이센과의 전쟁으로 나폴레옹 3세가 몰락하자 위고는 대대적인 환영을 받으며 파리로 돌아왔다. 그는 평화로운 말년을 보내며 철학적인 시와 역사소설 《93년》 등을 발표했다.

위고가 세상을 떠나자 장례식은 성대한 국장으로 치러졌고, 그의 유해는 팡테옹* 에 안장되었다.

* 삼일치의 법칙: 극의 행위, 시간, 장소가 동일해야 한다는 프랑스 고전주의 연극의 기본 법칙. 극의 행위는 일관되게 단일해야 하고, 지속 시간이 하루 24시간 이내여야 하며, 전개되는 장소는 5막을 통하여 동일한 장소여야 한다는 통일 법칙이다.

* 팡테옹(Pantheon): 국가를 빛낸 인물을 기리는 사당으로, 프랑스의 위대한 시인, 학자, 정치가 등의 무덤이 있다. 퀴리 부인, 볼테르, 루소, 에밀 졸라, 위고, 알렉상드르 뒤마, 장 모네, 앙드레 말로, 미라보 등이 이곳에 묻혀 있다.

세계사 128 주원장

주원장(朱元璋, 1328-1398)은 중국의 명나라를 건국한 황제로, '홍무'라는 연호를 사용하였기 때문에 홍무제라고도 한다. 그는 북방 민족 천하를 '중화의 천하'로 바꿔놓았다. 주원장은 안휘성 호주(濠州)에서 빈농의 아들로 태어났다. 그의 원래 이름은 여덟 번째 아들을 의미하는 중팔이었고, 후에 스스로 자신의 이름을 '원장'으로 고쳤다. 17세 때 전염병으로 부모와 큰형을 잃고 출가하여 승려가 된 후 3년 동안 탁발승으로 여러 곳을 전전했다.

1355년, 곽자흥이 백련교의 난*에 호응하여 기병하자 주원장은 그의 휘하에 들어가 여러 번 전공을 세워 신임을 받았다. 곽자흥의 양녀인 마씨와 결혼하여 그의 사위가 되었다가, 곽자흥이 병사하자 그 부하들을 이끌고 백련교의 소명왕 한임아를 받들면서 민심을 얻었다. 1356년에 남경을 점령하여 응천부로 고치고 이곳을 근거지로 삼았다. 이때부터 세력을 확장하고 봉기군에서 탈피하여 독자세력을 구축해나갔다. 1363년에 황제를 자칭하던 진우량을 정벌한 주원장은 백련교를 이끌던 소명왕을 사고로 꾸며 살해했다. 1367년, 그는 평강을 점거하여 성왕이라 자칭한 장사성을 사로잡았고, 다시 해상에서 봉기한 방국진의 항복을 받아냈다. 이렇게 주원장은 남방의 할거세력을 대부분 제거해 중국의 통일을 완성하였다.

이후 주원장은 원나라에 대항하기 위하여 '오랑캐를 쫓아내고 중화의 대민족을 회복하자'는 구호를 내세워 산동 등지를 점령하였다. 1368년 정월, 주원장은 남경에서 제위에 올라 국호를 명(明), 연호를 홍무(洪武)라 하여 명의 태조가 되었다.

주원장은 장군 서달에게 원나라의 도읍지인 대도(북경)를 총공격하게 했다. 원의 마지막 황제 혜종(토곤테무르)은 상도로 피신했고, 주원장의 군대는 대도에 무혈 입성했다. 주원장은 '북방을 평정했다는 의미'로 대도를 북평으로 개칭했다. 북평은 이후 주원장의 아들인 영락제가 북경(베이징)으로 변경했다.

주원장은 한족의 왕조를 회복한 후 몽골의 복장, 언어, 몽골식 이름을 금지하고 몽골풍을 일소했지만 군제 등은 몽골의 제도를 참고했다. 1379년, 재상 호유용의 모반죄를 빌미로 과거 자신과 동고동락한 측근들을 포함하여 1만 5,000명의 홍건군 출신을 숙청했다. 1380년, 6개의 관청을 총괄하는 중서성을 폐지하여 황제 직속에 두고, 군을 총괄하는 대도독부를 다섯 개로 분할하여 관료를 감시하는 어사대와 함께 황제에게 직속시켰다. 또한 황제의 친위대 금의위를 조직하여 관료를 감시했다. 그는 24인의 황자를 전국 요지에 번왕으로 봉하여 제실의 안정을 도모하였다. 이로써 주원장은 중앙집권적 독재 체제의 확립을 통해 황제로서의 지위를 공고히 다졌다.

주원장 일족의 지배는 탄탄한 반석 위에 선 것처럼 보였다. 그러나 1392년, 황태자가 39세 나이로 급사하자 황위는 손자(건문제)에게 돌아갔다. 주원장은 16세의 어린 손자의 황권을 강화해주기 위해 장군 남옥의 모반 사건을 날조하여 위협이 될 만한 인물을 모두 제거했다. 그러나 정작 건문제의 황권을 위협한 것은 주원장의 아들이었다. 71세의 주원장이 병사하자 그의 넷째 아들 연왕(주체)이 '정난(靖難)의 변'을 일으켜 거병했다. 무력으로 제위를 찬탈한 연왕은 명나라의 제3대 황제 영락제로 즉위했다.

* 백련교(白蓮教)의 난: 명·청나라 때 백련교도들이 주동하여 일으킨 여러 종류의 종교적 농민반란. 백련교는 송(宋)·원(元)·명(明)나라에 걸쳐 성행하였던 신흥종교이다.

철학
129 아우구스티누스

초대 기독교의 위대한 철학자이자 사상가인 아우구스티누스(Aurelius Augustinus, 354-430)는 플라톤의 사상을 계승하여 삼위일체 등 정통 가톨릭의 교의를 확립했다. 그는 그리스도교의 사상을 비롯해 온갖 사상 조류에 큰 영향을 끼쳐서 서구의 아버지로 불린다. 자서전《고백록》에서 그는 젊은 시절의 방탕했던 삶을 숨김없이 고백했다.

아우구스티누스는 북아프리카의 타가스테에서 태어났다. 로마의 하급 관리인 그의 아버지는 무신론자였지만, 어머니는 독실한 그리스도교인이었다. 어린 시절부터 어머니의 영향으로 그리스도교에 익숙한 그였지만 쉽게 어머니의 신앙을 수용하지는 않았다.

어린 시절은 카르타고에서 보냈지만 청년기로 접어들면서 새로운 지식을 접하기 위해 로마로 갔다. 그는 로마에서 수사학을 배우고, 철학에 몰두하기도 했지만 마니교*에 이끌려 마니교도가 된다. 그는 마니교에 열정을 쏟으며 심취하였으나 오래지 않아 회의를 품고, 로마를 떠나 고향으로 돌아왔다. 고향에서 웅변 교사로 생활하며 키케로와 신(新)아카데메이아학파들의 학문에 몰두하였지만 역시나 실망했다. 그는 새로운 도약을 위해 밀라노를 찾았고, 거기서 신(新)플라톤주의자들의 저서를 접하면서 물질의 세계 이외에 관념의 세계가 있음을 발견했다. 그는 플라톤의 사상과 유대교가 교묘하게 결합된, 유일하며 절대적인 신을 가진 데다 탁월한 논리적 근거를 획득한 새로운 종교를 발견한다. 바로 어머니가 믿고 있던 그리스도교였다. 이후 그는 다시 한 번 종교적 열정을 쏟아 33세 때 영세를 받았다.

밀라노를 떠나 고향으로 돌아온 아우구스티누스는 타가스테에 수도원을 세웠다. 그리고 본격적인 저작 활동에 들어가서 자신이 한때 몸담았던 마니교와 이론적인 대결을 벌여나갔다. 391년에 사제에 서품되고, 395년에는 히포의 주교가 되었다. 그때부터 35년 동안 수많은 저서를 집필했고, 그 저서들을 통해 '서구의 아버지'가 되었다. 그는 철학이라는 반석 위에 그리스도교를 올려놓음으로써 서양에 새로운 정신적 지주를 마련해주었다.

주요 저서로는《고백록》,《삼위일체론》,《신국론》 등이 있다. 이 저서들을 통해 그는 유대교의 유일신과 그리스의 사상을 조화시켜 중세 기독교를 떠받치는 신학적 이론들을 확립했다.

* 마니교(Manichaeism): 3세기 초 페르시아 왕국의 마니가 조로아스터교에 기독교, 불교 및 바빌로니아의 원시 신앙을 가미하여 만든 자연 종교의 하나. 선은 광명이고 악은 암흑이라는 이원설을 제창하고 채식, 불음, 단식, 정신, 예배 등을 중시했다.

신화 130

에코와 나르키소스

에코(Ēchō)는 헬리콘산에 사는 님프이다. 그녀는 수다 떠는 것을 좋아했다. 잠시라도 입을 다물면 입술이 근질거려 참지 못하는 수다쟁이였다. 어느 날 제우스가 지상으로 내려와 숲의 아름다운 님프들과 어울렸다. 그 사실을 안 헤라는 화가 나서 숲 속까지 쫓아왔다. 에코는 제우스가 도망갈 시간을 벌어주려고 헤라에게 수다를 떨었다. 에코의 수다는 끝없이 이어졌고, 그녀의 의도를 간파한 헤라는 분노가 폭발했다. 헤라는 에코에게 말을 하지 못하도록 저주를 내리고는 상대가 먼저 말을 걸면 그 말의 끝부분만을 따라 하도록 했다. 이제 에코는 자신의 취미인 수다를 떨 수 없게 되었다. 그녀는 상심한 나머지 숲속 깊숙한 곳으로 숨어들었다.

어느 날, 사냥꾼들이 에코가 숨어 사는 숲으로 사냥을 나왔다. 그 사냥꾼 중에 나르키소스(Narcissus)라는 멋진 청년이 있었다. 사슴을 쫓던 나르키소스는 일행들로부터 혼자 떨어지게 되었다. 나르키소스는 길을 잃고 헤매다가 바위 뒤에 숨어 있던 에코와 마주쳤다. 에코는 나르키소스를 보고 한눈에 반했다. 그러나 말을 할 수 없었던 에코는 내심 나르키소스가 자신에게 말을 걸어주기를 바랐다. 그런데 정작 나르키소스가 말을 걸어도 그녀는 그의 말만 똑같이 따라 할 수 있을 뿐이었다. 나르키소스는 에코가 장난으로 자신의 흉내를 내는 것이라고 생각했다. 하는 말마다 에코가 계속 따라 하자 그는 자신을 놀리는 것으로 오해하여 화를 내며 그 자리를 떠났다.

점점 멀어지는 나르키소스의 뒷모습을 바라보며 에코는 주체할 수 없는 슬픔에 빠져 눈물을 흘렸다. 그날부터 에코는 동굴 속에 틀어박힌 채 식음을 전폐하며 나르키소스만을 생각했다. 그녀의 몸은 점점 야위어갔고 결국 숨을 거두고 말았다. 오랜 시간이 흘러 에코의 몸은 가루가 되어 바람에 날려 흩어졌다. 하지만 에코의 목소리만은 숲에 남아 여전히 나르키소스를 찾아 헤맸다.

에코는 숨을 거두기 전 복수의 여신 네메시스에게 나르키소스를 향한 복수를 기원했다. 네메시스는 그녀의 기원을 받아들여, 나르키소스가 헬리콘산의 샘을 통해 자기 얼굴을 보도록 만들었다. 나르키소스는 샘에 비친 자신의 얼굴을 보고 스스로 도취되었다. 그때부터 자아도취에 빠진 나르키소스는 매일 샘에서 자신의 얼굴을 들여다보는 낙으로 살았다. 그러다가 나르키소스도 죽음을 맞았다. 신들은 죽은 나르키소스를 동정하며 수선화로 변화시켰다. 이후 수선화의 꽃말은 '자기 사랑'이 되었다.

에코에 대한 또 다른 이야기가 있다. 목신(牧神) 판이 에코를 찬미하며 연정을 품었으나 에코는 판의 사랑을 외면하고 사티로스를 사랑했다. 앙심을 품은 판은 에코가 말을 하지 못하게 하고 남의 말을 반복하도록 만들었다. 이후 그녀의 말버릇에 분개한 양치기들이 에코를 갈기갈기 찢어 죽였다. 그러자 대지의 여신인 가이아가 그 시체를 거두고, 말을 반복하는 힘만은 계속 남겨두었다. 귀엽고 사랑스러운 모습의 요정 에코는 나중엔 모습이 완전히 사라지고 목소리만 남아 메아리가 되고 말았다.

종교
131

바울

그리스도교의 사도 바울(Paulus)은 길리기아 다소 출신으로, 본명은 사울이다. 그는 저명한 율법학자 가말리엘에게 배웠고, 로마의 시민권을 가진 엘리트 유대인이었다.

바리새파인 사울은 예수를 믿는 사람들을 핍박했다. 그는 예수가 다윗의 후손이며, 이사야 선지자가 예언한 메시아라고 주장하는 그의 추종자들에게 격분했다. 더욱이 유대인들이 십자가에 죽인 예수를 하나님이 3일 만에 부활시켰으며, 유대인들이 이러한 죄를 회개하면 하나님이 용서해주신다는 말에 분노했다.

당시 예수의 제자들을 돕는 스데반(스테파노)이라는 초대교회의 집사가 있었다. 그가 놀라운 이적을 베풀고 사람들을 가르치며 교회로 이끌자 산헤드린 측은 거짓 혐의를 씌워 그를 기소했다. 스데반은 〈구약성서〉를 인용하며 자신의 입장을 변론했고, 메시아를 살해한 유대 종교지도자들의 죄를 엄격하게 지적했다. 그러자 격분한 산헤드린 무리는 스데반을 예루살렘에서 끌어내어 돌로 쳐 죽였다. 그 현장에 사울이 있었다.

스데반의 처형에 동참한 사울은 예수를 따르는 사람들을 잡아넣기 위해 산헤드린의 정식 공문을 가지고 다메섹으로 향했다. 도중에 사울은 갑자기 하늘에서 쏟아지는 강한 빛을 보고 땅에 고꾸라졌다. 그는 눈을 뜰 수 없었다. 홀연히 하늘에서 소리가 들렸다.

"사울아 사울아, 네가 어찌하여 나를 핍박하느냐?"

그가 대답했다.

"뉘시나이까?"

"나는 네가 핍박하는 예수니라. 일어나 성으로 들어가라. 행할 것을 네게 이를 자가 있느니라."

사울과 동행했던 자들은 그 소리만 듣고 아무도 보지 못한 채 서 있기만 했다. (사도행전 9:6-9)

다메섹에 들어간 사울은 아나니아를 만나 그의 인도로 시력을 회복하고 세례를 받았다. 그리고 다메섹으로 오는 길에서 자신이 겪은 일을 증언했다. 이때부터 사울은 그리스도인의 박해자에서 예수의 사도로 거듭났다. 그는 자신의 이름을 사울에서 바울로 바꿨다. '바울'은 헬라어로 '작은 자'라는 의미이다. 바울은 예수의 사도로서 이방인과 비유대인들을 대상으로 예수의 복음을 전파하기 시작했다. 처음에는 유대인을 대상으로 전도하다가 스스로 '이방인을 위한 사도'로 자처하며, 당시에는 세상 끝이라 여겨졌던 지중해 전역으로 전도 여행을 떠났다. 그는 세 차례의 여행에서 죽을 고비를 여러 차례 넘기며 많은 시련을 겪었다.

바울은 기독교의 세계화에 결정적 기여를 했다. 그는 예수의 복음을 이방 세계에 전하기 위해 자신의 모든 것을 쏟아부었다. 심지어 목숨조차 아끼지 않았다. 바울은 유대 관습에 낯선 이방인들에게 문화적 충격 없이 복음을 전파하기 위해 구원의 의미를 '은혜' 중심으로 설명했는데, 이는 대단히 효과적이었고 성공적이었다.

바울은 초대 그리스도교의 교리를 정리해서 체계를 세운 뒤 자신의 사상을 추가하여 기독교 교리를 정립했다. 그는 예수를 유대인의 구원자에서 '인류의 보편적 구원자'로 정립시켰다. 또한 성령 개념을 도입해서 신의 은총과 인간의 믿음을 연결시켜주는 삼위일체 개념을 제시했다. 마지막으로 인간의 죄를 대신해 죽음으로써 인간이 구원에 이르도록 했으나 이는 전적으로 하나님의 뜻에 따른다는 예정설을 지지했다.

이방인의 사도 바울은 평생 예수의 복음을 전파하기 위해 열정을 쏟다가 로마에서 순교했다. 그러나 바울이 정립한 신학사상은 유대교의 한 지파에 머물 뻔했던 초기 기독교를 인류의 보편종교로 발전시켰다.

음악
132
표트르 일리치 차이콥스키

표트르 일리치 차이콥스키(Pyotr Il'yich Chaikovsky, 1840-1893)는 러시아 후기 낭만주의를 대표하는 작곡가이다. 그는 서구적 양식에 러시아적 정서와 정신을 투영시켜 완벽한 음악을 창출해냈다. 또한 러시아적 정서를 전 세계 인류의 감성으로 승화시켰다.

차이콥스키는 러시아의 캄스코보트킨스크에서 태어났다. 고위 공직자였던 아버지는 가부장적이었으며 고압적 자세로 어린 차이콥스키를 양육했으나 어머니는 늘 자애로웠다. 그가 여성을 동경하고 동성애자가 된 데는 어린 시절의 성장 과정과 무관치 않다. 그는 어머니에게 직접 피아노를 배우며 음악에 눈을 떴다. 하지만 관료가 되기를 바라는 아버지의 뜻을 따라 상트페테르부르크 법률학교를 졸업하고 공무원이 된다. 러시아 법무성에서 근무한 지 6개월 후 부서기관이 되었고, 2개월 후 다시 진급하여 1등 서기관이 된다. 그러나 탄탄대로였던 차이콥스키의 공직생활도 음악에 대한 그의 열정을 누르지 못했다.

공무원생활을 정리한 차이콥스키는 당대 최고의 피아니스트이자 지휘자이며 작곡가인 안톤 루빈시테인이 설립한 상트페테르부르크음악원에 입학했다. 졸업 후 탁월한 음악적 능력을 인정받아 파격적으로 모스크바음악원의 화성학 교수로 선출되었다.

차이콥스키는 교향곡 제1번 〈겨울날의 환상〉과 관현악곡 〈환상 서곡 '로미오와 줄리엣'〉을 작곡하면서 본격적으로 작곡 활동을 시작한다. 그는 아름다운 멜로디를 작곡하는 데 탁월한 재능을 발휘했다. 1877년에 제자이던 여가수 안토니나 밀류코바와 급작스럽게 결혼했으나 오래지 않아 파경을 맞았다. 그리고 부유한 철도 경영자의 미망인 메크 부인과 운명 같은 관계가 시작된다. 두 사람은 서로 대면하지 않은 채 편지로만 이야기를 나누었고, 메크 부인은 무려 14년간 차이콥스키에게 경제적 후원을 아끼지 않았다. 그 덕분에 차이콥스키는 1878년 모스크바음악원을 사퇴한 후 오직 작곡에만 몰두할 수 있었다.

1891년, 뉴욕 카네기홀 개관 행사에 참석하기 위해 미국에 머물던 차이콥스키는 고향에 대한 그리움으로 급히 귀국, 자신의 모든 열정을 〈교향곡 제6번〉에 모두 쏟아부었다. 1892년, 차이콥스키는 호프만의 동화《호두까기 인형과 생쥐대왕》으로 발레곡을 작곡해달라는 의뢰를 받았다. 그는 함부르크에서 자신이 작곡한 오페라 〈예브게니오네긴〉의 공연을 관람하고 돌아온 후 〈호두까기 인형〉을 완성했다. 그리고 1892년에 상트페테르부르크황실극장에서 처음 이것을 공연했는데 그 결과는 참담했다. 하지만 오늘날 이 작품은 세계 어디서나 공연되는 훌륭한 작품으로 많은 사랑을 받고 있다.

1893년, 상트페테르부르크에서 〈교향곡 제6번〉의 초연을 가졌다. 이 공연은 청중의 환호와 갈채 속에 성황리에 끝났고, 집으로 돌아온 차이콥스키는 곡명을 〈비창〉으로 정했다. 이 곡은 우아한 선율에 완벽한 형식, 정교한 관현악 편성 면에서 어떤 교향곡도 따라올 수 없기에 오늘날 세계 3대 교향곡 중 하나로 평가받고 있다. 3일 후 차이콥스키는 친구들과 조촐한 축하연을 가졌다. 이날 찬물을 마신 것이 탈이나 당시 유행하던 콜레라에 걸리고 말았다. 다방면으로 치료에 힘썼으나 53세 나이로 숨을 거두었다.

주요 작품으로 발레 음악 〈템페스트〉, 〈백조의 호수〉, 〈잠자는 숲속의 미녀〉 등을 남겼다.

미술 133

프란스 할스

프란스 할스(Frans Hals, 1580-1666)는 네덜란드 '황금 세기'를 대표하는 초상화가로, 카라바조풍의 인물 재현에서 전통과 혁신을 조화시킨 화가로 평가받는다. 그는 작품 속 공간을 능숙하게 다루면서 인물의 동작을 즉석에서 포착해 이를 생생하게 재현해냈다. 활력이 넘치는 큼직한 붓놀림과 자유분방한 기법 속에서 발산되는 섬세한 검은 색조는 작품의 깊이를 더한다. 할스는 생동감 있고 빛나는 톤으로 인물의 혈색을 표현했으며, 거침없는 붓 터치로 모델의 모습뿐만 아니라 심리 상태까지 탁월하게 포착했다. 그는 인물들의 경쾌하고 생동감 넘치는 모습을 담은 초상화 장르를 주로 그렸고, 개인이나 부부 혹은 여러 명이 등장하는 집단 초상화를 가리지 않았다. 그는 또 개성 강한 인물의 초상화까지 다양한 모델을 대상으로 작품을 제작했다. 그래서 그의 작품에는 목자나 유랑민, 천박한 여인과 작은 도시의 시장 부인, 부르주아 계층의 아이들이나 젊은이 등 다양한 인물 군상이 등장한다. 할스는 주로 부르주아 계층과 화가조합으로부터 작품을 주문받아 제작했다.

할스는 플랑드르의 안트베르펜에서 태어났다. 그의 아버지는 방직공이었다. 1591년, 가족과 함께 하를럼으로 이주해서 전 생애를 그곳에서 보냈다. 화가이며 역사학자인 카럴 판 만더르 밑에서 그림을 배운 그는 29세 때 독립하여 하를럼 성 루가 화가조합에 등록하여 본격적으로 화가 활동을 시작했다.

할스는 두 번의 결혼을 통해 전부 열 명이 넘는 아이를 얻었으며, 이 가운데 네 명이 훗날 그의 뒤를 이어 화가의 길을 걷는다.

네덜란드 부르주아 계층과 교분을 쌓으면서 초상화를 전문적으로 그렸던 그는 문학이나 사회 전반에 대해 다양한 관심을 보였다. 그는 초상화가로 큰 성공을 거두지만 부양할 가족이 많아 평생을 경제적 어려움에서 벗어나지 못했다. 말년에 그는 자선 단체의 도움을 받으며 살아갈 만큼 생활이 매우 궁핍했다. 하를럼의 한 양로원에서 쓸쓸하게 생을 마친 그는 109점의 초상화를 포함해 총 209점의 작품을 남겼다.

문학 134 알렉상드르 뒤마

알렉상드르 뒤마(Alexandre Dumas, 1802-1870)는 프랑스의 소설가이자 극작가이다. 그의 아들은《춘희》의 작가인 알렉상드르 뒤마 피스다.

뒤마는 파리 북쪽의 작은 마을인 빌레코트레에서 태어났다. 모계의 흑인 혼혈인인 그의 아버지는 나폴레옹 휘하의 장군으로 활약하다가 젊은 나이에 사망했다. 이 때문에 뒤마는 경제적으로 어려운 성장기를 보내야 했다. 그는 공부를 싫어했지만 독서와 글쓰기를 즐겼고, 검술이나 사격 훈련에 열중하며 소년 시절을 보냈다. 15세 때 공증인 사무실에서 일하기 시작했는데, 이즈음 친구의 영향으로 어학을 배우고 소설을 읽으며 연극에 관심을 가지게 되었다.

파리를 방문했다가 프랑스의 배우 탈마의 연극을 보고 감격하여 파리로 이주한 뒤 아버지 친구의 추천으로 오를레앙공의 비서가 되었다. 그는 교양을 익히기 위해 독서에 열중하면서, 한편으로 희곡을 쓰기 시작했다. 당시 뒤마는 자신의 이웃인 재봉사 카트린과 잠자리를 가졌지만 그녀와 평생 결혼은 하지 않았다. 이때 두 사람 사이에 태어난 사생아가 피스이다. 피스는 아버지의 재능을 이어받았지만 작품의 경향은 전혀 달랐다. 아버지의 무책임한 사랑행위의 결과 사생아로 자란 피스는 결혼의 신성함을 강조한 작품을 썼다.

1829년, 뒤마의 사극 〈앙리 3세와 그의 조정〉은 첫날부터 대성황을 이루며 그에게 큰 명성을 안겨주었다. 〈앙리 3세와 그의 조정〉은 고전주의 규칙을 무시하고 운문이 아닌 산문으로 된 전형적인 낭만주의 작품이었다. 1831년 낭만파 연극의 첫 작품인 〈앙토니〉로 뒤마는 가장 인기 있는 극작가로서의 입지를 굳히며 연달아 많은 작품을 발표했다. 그러나 이후 소설의 매력에 빠지면서 방향을 전환해 1844년《삼총사》를 발표했다. 이 작품이 공전의 히트를 기록하면서 뒤마는 작가로서 황금기를 누렸다. 다음 해 발표한《몬테크리스토 백작》역시 폭발적인 인기를 얻으며 그의 문학적 명성을 더욱 확고하게 만들었다.《몬테크리스토 백작》은 프랑스 혁명의 와중에 정치적 음모에 휘말린 한 청년의 사랑과 복수를 그리고 있다.

뒤마는 연극과 신문 그리고 소설에서 독보적 인기를 누리며 막대한 수익을 얻게 되자 호화로운 저택을 짓고 사치스러운 삶을 즐겼다. 또한 극장을 설립하고 신문을 창간했으며, 혁명에 참여하기도 했다. 작가로서 전성기를 누리던 그는 무절제한 낭비벽과 사업 실패로 재정이 파탄나면서 위기를 맞지만, 그때마다 왕성한 창작 활동으로 작품을 발표하며 재정 위기를 극복했다. 하지만 위기와 극복을 몇 차례 반복하면서 그의 삶은 점점 피폐해져갔다. 결국 뇌졸중을 일으켜 68세 나이로 생애를 마쳤다. 그의 유해는 2002년 12월 팡테옹에 이장되었다. 주요 작품으로《철가면》,《여왕 마고》,《몬테크리스토백작》의 후편인《20년 후》등이 있으며 일생 동안 250여 편의 작품을 남겼다고 한다.

세계사 135

강희제

강희제(康熙帝, 1654-1722)는 청 제국의 4대 황제이다. 순치제의 아들로 태어난 그는 8세 때 부황의 죽음으로 제위를 계승했다. 15세 때부터 친정을 시작해 61년 동안 제국을 통치했다.

강희제는 문무를 겸비했던 인물로, 유교는 물론 서양의 학문과 기술을 받아들여 지식을 쌓았으며, 전쟁에서는 늘 선봉에서 싸울 만큼 무예도 뛰어났다. 그는 인재 등용에 한족이든 만주족이든 차별을 두지 않았다. 또한 명나라 때 10만을 넘었던 환관과 궁녀의 수를 400명으로 줄여 예산을 절약했으며, 스스로 사치를 멀리하고 검소한 생활을 실천했다. 그는 만주족이었으나 중국에서 가장 위대한 황제로 인정받았다.

1673년, 명의 유력한 군벌 오삼계, 경정충, 상지신 등이 '반청복명'을 내세워 '삼번의 난'을 일으켰다. 당시 그들은 군사와 제정권을 갖는 독립정권의 막강한 지위를 누리고 있었다. 반란군은 8년간 저항하면서 한때 청 제국의 남반부(양쯔강 이남 일대인 쓰촨과 산시)를 지배할 정도로 강했다. 당시 20세이던 강희제는 직접 군대를 지휘하며 앞장서 싸워 1681년 반란군을 모두 진압했다. 그 결과 청 제국의 지배 질서가 최종적으로 확립되면서 청의 중국 지배가 확고해졌다. 이후 강희제는 대만, 외몽골, 칭하이, 티베트를 정복하여 영토를 확장했다. 그는 인두세를 폐지하여 백성의 조세 부담을 줄이고, 정부를 간소화하여 재정을 절약했다. 또한 강희제 시대에 중국 사상 최초의 국제 조약이 맺어졌으니, 1689년 청이 러시아를 격퇴하고 맺은 네르친스크 조약이다. 이로써 중국과 러시아 간 영토 분쟁은 종지부를 찍었다.

그가 이룩한 국내외 정치에서의 성공은 문화에도 반영되어 백과사전《고금도서집성》의 편찬이 시작되었고《강희자전》등을 비롯한 많은 서적을 편찬했다. 또한 중국에서 처음으로 서양의 삼각측량법으로 실측한 자료를 바탕으로 경위도를 적은 정밀한 지도 〈황여전람도〉를 제작했다. 강희제는 61년간 중국을 통치하면서 태평성대를 열었고, 만주족 왕조가 한족 사이에서 뿌리를 내리게 했으며, 300년 가까이 이어질 청 제국의 기반을 다져놓았다.

강희제는 슬하에 35명의 아들과 20명의 딸을 두었다. 처음에 두 살짜리 아들을 황태자로 책봉했지만 차기 황제를 둘러싼 중신들의 정쟁과 황태자의 비행이 밝혀지자 폐위시켰다. 그는 임종 전 10년 동안 황태자를 두지 않았다. 후계자가 정해지지 않은 상태로 임종을 맞이한 강희제는 신하의 손바닥에 붓으로 '사(四)' 자를 써서 넷째 아들을 지명했다. 그가 바로 청나라 제5대 황제가 된 옹정제이다. 당시 옹정제가 후계자가 된 것은 조작에 의해서라는 소문이 나돌았다. 원래 강희제가 지명한 것은 십사(十四) 황자였으나 십(十) 자를 빼고 사(四) 자로 조작했다는 것이었다. 이후 옹정제는 재위를 둘러싼 폐단을 없애기 위해 미리 황태자의 이름을 적은 종이를 비단 상자에 넣어두었다가 사후에 열어보게 하는 제위 계승법을 정했다.

철학
136

토마스 아퀴나스

토마스 아퀴나스(Thomas Aquinas, 1225-1274)는 중세 유럽의 스콜라 철학을 대표하는 이탈리아의 신학자이다. 그는 아리스토텔레스의 철학을 기독교에 도입하여 목적론적 세계관의 체계를 쌓았다. 이것이 가톨릭의 공식적인 신학이 되었다. 토마스 아퀴나스에 따르면 사물에는 원인과 결과가 있다. 움직이는 사물은 다른 무언가의 힘에 의해 움직인다. 이런 인과법칙으로 끝없이 거슬러 올라가면 모든 사물을 움직이게 하는 원동자가 존재하는데, 이런 우주의 근본에 있는 존재라면 '신'밖에 없다. 그는 이런 식으로 신의 존재를 차례차례 증명함으로써 신앙의 진리를 철학으로 논증하려 했다.

아퀴나스는 나폴리왕국의 로카세카에서 귀족의 아들로 태어났다. 그는 부모에 의해 다섯 살 때 몬테카시노의 베네딕토 수도회에 보내졌다. 교회 국가와 세속 왕국인 시실리안의 경계에 있던 몬테카시노 수도원은 당시 막강한 권력을 가지고 있었다. 교회 세력과 세속적인 세력 사이의 분쟁이 다시 심화되자 프리드리히 2세가 이탈리아로 쳐들어왔다. 그는 교황 그레고리우스 9세가 자신과 대립하자 몬테카시노 수도원에 있는 수도사와 학생들을 추방했다. 아퀴나스는 어쩔 수 없이 베네딕토 수도회를 떠나야 했다.

나폴리로 간 아퀴나스는 나폴리대학에 진학한 후 그리스 철학을 배웠다. 대학에서 도미니코회를 알게 된 그는 대학을 졸업하자마자 19세로 도미니코회에 입단했다. 하지만 가족들은 그의 입단 결정에 반대해 결국 아퀴나스를 납치하고는 고향 집에 감금하다시피 했다. 그러나 아퀴나스는 자신의 신념을 접지 않고 1년 후 마침내 도미니코회에 입단한 뒤 프랑스 파리로 갔다. 파리에 정착한 아퀴나스는 파리대학교 신학부에서 당시 만물박사로 통하던 알베르투스 마그누스 교수에게서 4년간 다양한 지식을 배웠다.

1256년 파리대학교 교수로 생활하던 아퀴나스는 교황 우르바노 4세의 부름을 받고 이탈리아로 돌아왔다. 그는 교황청에서 강사생활을 하던 중 빌헬름 수사로부터 아리스토텔레스의 저작물에 대한 번역서와 주해서를 얻게 되자 본격적으로 아리스토텔레스 연구에 몰입했다. 사비나 수도원을 거쳐 교황 클레멘스 4세 때 비테르보에서 강사로 일하던 아퀴나스는 다시 파리대학교로부터 교수로 초빙되었다.

1269년부터 3년간 파리대학교의 교수로 재직하면서 그의 학문은 정점에 이른다. 하지만 수도원 출신들이 교수가 되는 것을 못마땅해하는 동료 교수들의 배척 등 많은 도전에 직면하였다. 그러나 아퀴나스는 그들과의 논쟁을 피하지 않았고, 논쟁이 심해질수록 아퀴나스의 학문적 입지는 더욱 확고해졌다. 그의 논리는 정확하고 과감했으며, 결코 기독교의 범주를 넘어서는 일이 없었다. 이런 과정에서 중세 철학의 최고봉에 오른 아퀴나스에 대한 교황청의 신뢰는 대단했다.

1274년, 아퀴나스는 그레고리우스 10세의 초청을 받고 리옹으로 가던 도상에서 병을 얻어 눕게 되었고, 결국 회복하지 못한 채 숨을 거두었다. 저서로《신학대전》,《진리에 대하여》,《신의 능력에 대하여》,《대이교도대전》 등이 있다.

신화 137 오리온

바다의 신 포세이돈은 여전사 부족인 아마존의 여왕 에우리알레와 사랑을 나누었고, 그들 사이에서 거인 오리온(Orion)이 태어났다. 조각상을 빚어놓은 듯한 아름다운 남자 오리온은 뛰어난 사냥꾼이었다. 그는 포세이돈으로부터 바닷속을 자유롭게 걸어 다니는 능력을 부여받았다. 오리온은 시데와 결혼했는데, 그녀는 헤라와 아름다움을 경쟁하다가 헤라의 분노를 사서 저승 세계로 추방당했다.

아내를 잃고 상심한 오리온은 키오스섬의 공주 메로페에게 호감을 가졌다. 그는 메로페의 아버지 오이노피온 왕을 찾아가 정식으로 구혼했다. 오이노피온은 키오스섬 깊숙한 곳에 사는 사자를 처치하면 딸과의 결혼을 승낙하겠다고 약속했다. 오리온은 그 약속을 믿고 맨손으로 사자를 때려잡은 후 가죽을 벗겨 메로페에게 바쳤다. 하지만 오이노피온은 약속을 지키지 않고 차일피일 미루기만 했다. 화가 난 오리온이 약속을 이행할 것을 독촉하자 오이노피온은 오리온에게 술을 잔뜩 먹여 취하게 만든 뒤 두 눈을 불로 지져 장님으로 만들었다. 장님이 된 오리온은 '동쪽 나라로 가서 아침에 떠오르는 태양빛을 받으면 시력을 회복할 수 있다'는 신탁을 받았다. 이에 오리온은 림노스섬의 대장간에서 헤파이스토스가 쇠붙이를 두들기는 소리를 따라 대장간으로 찾아갔다. 대장간에는 헤파이스토스의 제자인 케달리온이 있었다. 오리온은 케달리온을 어깨에 앉히고 그의 인도에 따라 동쪽 나라로 향했다.

마침내 동쪽 나라에 도착한 오리온은 태양신 헬리오스를 만나 시력을 회복하였다. 그와 동시에 마음까지 정화되어 오이노피온에 대한 복수심과 메로페에 대한 사랑의 감정이 깨끗이 씻겼다.

오리온은 크레타섬으로 건너가 사냥을 하며 지냈다. 그는 숲의 요정들과도 자연스럽게 어울리게 되었다. 특히 사냥의 여신 아르테미스와 사냥꾼 오리온은 서로 생각이 비슷하고 마음도 잘 맞았다. 그들은 온종일 숲을 돌아다니며 함께 사냥을 즐겼다. 오리온과 아르테미스는 우정을 넘어 사랑의 감정으로 발전하고 있었다. 그들의 관계를 못마땅하게 지켜본 아폴론은 오리온을 없애기로 마음먹었다.

어느 날 아침, 태양의 신 아폴론은 바다를 건너가는 오리온을 발견했다. 그 순간 오리온을 죽일 계략이 떠올랐다. 아폴론은 활 솜씨를 겨루자는 핑계로 아르테미스를 바닷가 절벽 위로 불러냈다. 그러고는 먼 바닷가에 어렴풋이 보이는 점을 표적으로 맞추는 내기를 했다. 아폴론은 아르테미스에게 먼저 쏠 것을 권했다. 그녀가 화살을 날려 표적을 명중시키자, 그제야 아폴론은 그 표적이 오리온임을 밝혔다. 아르테미스는 깜짝 놀라 바닷가로 달려갔다. 파도가 오리온의 시체를 해안의 모래톱으로 밀어냈다. 아르테미스는 오리온의 시체를 끌어안고 오열하다가 오리온을 영원히 기억하기 위해 밤하늘의 별자리(오리온자리*)로 만들었다.

<눈먼 오리온이 태양을 찾는 풍경>(푸생, 1658)

* 오리온자리: 겨울철 남쪽 하늘의 별자리. 라틴어 이름으로는 Orion이며 천문학에서 사용하는 약자로는 Ori이다.

종교 138

사사

이스라엘의 첫 번째 왕은 사울(Saul)이다. 그가 왕이 되기 전 이스라엘을 통치한 것은 14명의 사사(Judge)였다. 사사는 이스라엘의 군사 및 정치 지도자였으며 위기 때마다 백성을 구한 영웅이었다. '사사'를 가리키는 히브리어 '쇼페트'나 헬라어 '크리테스'는 원래 '재판하다', '다스리다'는 뜻으로 재판관의 성격이 강했는데 점차 그 범위와 영향력이 정치나 군사 등으로 확대되었다. 사사들이 다스렸던 시대를 기록한 것이 구약의 〈사사기〉이다.

사사 시대는 모세의 후계자인 여호수아와 갈렙*이 이스라엘 백성을 이끌고 가나안에 정착한 후 사울이 왕으로 세워질 때까지의 시기이다. 이 시기의 이스라엘은 왕이 없는 상태에서 도덕적 혼란과 방종으로 빠져들었던 극도의 혼란기였다. 거기에 더해 모아브, 가나안, 블레셋, 미디안, 암몬족 등 여러 민족으로부터 침략과 압제에 시달렸고, 그때마다 사사들이 위기에 빠진 이스라엘을 구원했다.

사사는 모두 14명이지만, 〈사사기〉에는 제사장 엘리와 사무엘을 제외한 12명이 기록되어 있다. 그중 6명(옷니엘, 에훗, 드보라, 기드온, 입다, 삼손)을 '대사사'로 부르고, 다른 6명(삼갈, 돌라, 야일, 입산, 엘론, 압돈)을 '소사사'라고 부른다.

이스라엘의 첫 번째 사사는 옷니엘이며, 마지막 사사는 〈사사기〉에는 언급되지 않은 사무엘이다. 드보라는 사사들 중 유일한 여성이었다. 〈사사기〉는 14명의 사사 중 기드온, 옷니엘, 입다, 삼손 이들 4명에게만 '여호와(하나님)의 신이 임하셨다'라고 하였다. 이들 중 기드온과 300용사 이야기는 너무나도 유명하다.

기드온이 사사로 부름받기 전 이스라엘은 미디안의 압제에 고통당하고 있었다. 신은 기드온을 사사로 선택했고, 기드온은 미디안과 전쟁을 위해 군대를 소집했다. 이때 모인 이스라엘의 군사는 3만 2,000명이었다. 하지만 그들의 신은 기드온의 군

* 갈렙(Caleb): 유다지파의 대표.

대 규모를 줄이기를 원했다. 이에 따라 두려움에 떠는 2만 2,000명은 처소로 돌려보내고, 나머지 1만 명은 물가에서 시험을 받았다. 이때 대다수의 군사가 무릎을 꿇고 엎드려 물을 마셨고, 300명은 물을 손으로 떠서 혀로 핥아먹었다. 이렇게 선발된 300명의 용사에게 기드온은 나팔과 항아리와 횃불을 들려 전장에 나가 큰 승리를 거두었다. 미디안의 왕들은 기드온에게 붙잡혀 죽임을 당했다.

그 후 선지자 사무엘의 시대에 이르러 이스라엘 백성들이 왕을 원하자 그 요구에 따라 사무엘은 사울에게 기름을 부어 왕으로 삼았다. 왕국의 등장으로 사사 시대는 끝이 났고, 사무엘은 이스라엘의 마지막 사사로 기록되었다.

음악 139

오페라

오페라(Opera, 가극)는 무대에서 음악을 통해 이야기를 보여주는 음악극이다. 음악을 중심으로 한 종합 무대 예술인데, 가수가 독창·중창·합창을 하며 연기하는 동안 오케스트라는 서곡이나 간주곡을 연주한다.

오페라의 가수에는 네 가지 유형이 있다. 카스트라토는 변성을 막기 위해 어렸을 때 거세당한 남성 가수이다. 과거 수세기 동안 카스트라토의 목소리는 남성의 힘과 여성의 아름다움을 동시에 지녔다는 이유로 각광받았다. 헬덴테노르(영웅적 테너라는 뜻)는 오페라에서 힘찬 목소리를 지닌 테너 가수이다. 바그너의 오페라에서 자주 볼 수 있다. 메조소프라노는 고음의 소프라노와 콘트랄토 사이의 성역을 내는 여성 가수로, 대개 '중간' 소프라노를 말한다. 프리마돈나는 오페라에서 주역의 여성 가수를 이르는 말로, 여신을 뜻하는 '디바'로도 알려져 있다.

오페라는 17세기 초 피렌체에서 탄생했다. 최초로 성공한 오페라 작곡 인물은 이탈리아의 작곡가이자 가수인 클라우디오 몬테베르디이다. 그의 대표작인 오페라 〈오르페오〉는 지금까지도 공연되는 명작이다. 몬테베르디가 70세 되는 해 그의 생일을 기념하여 고향 베네치아에 세계 최초의 오페라 극장인 '오페라하우스'가 지어졌다. 바르디 백작의 궁정에 모인 문화예술인들의 모임인 카메라타가 그리스 비극을 소재로 한 공연을 무대에 올렸는데, 이것이 오페라의 시초다.

중세 말기부터 피렌체를 대표하는 세력으로 부상한 메디치 가문은 막대한 재력을 바탕으로 예술가들을 전폭적으로 후원하며 16세기 이탈리아에서 문화를 꽃피웠다. 그 덕분에 미켈란젤로, 레오나르도 다 빈치, 라파엘로 등 르네상스를 대표하는 불후의 거장들이 활약할 토대가 마련되었다. 부유한 상류층들은 화려한 여흥을 즐기기 위해 문화생활에 아낌없이 투자했고, 이 덕분에 오페라를 비롯해 발레·미술· 요리 등 여러 분야가 눈부신 발전을 이루었다.

이탈리아는 1800년대에 통일을 이루기 전까지 도시국가들로 이루어져 있었다. 피렌체가 오페라를 잉태했다면, 동방 무역으로 거대한 부를 축적한 베네치아는 오페라 발전에 크게 기여했다. 1637년 최초의 오페라 극장이 생긴 뒤로 30여 년간 극장이 9개나 세워졌고, 주로 상류층의 결혼이나 접대 등 축하 행사를 위해 오페라가 상연되었다.

〈에우리디케〉는 메디치 가문의 딸과 프랑스 왕 헨리 4세 결혼식에서 상연된 최초의 오페라였다. 본래 비극적인 결말이었지만 결혼 축하 공연인 만큼 해피엔딩으로 각색되었다.

미술
140 피에트로 다 코르토나

피에트로 다 코르토나(Pietro da Cortona, 1596-1669)는 이탈리아 바로크 시대의 건축가이자 화가이다. 그는 반종교개혁이라고도 불린 가톨릭 내부의 종교개혁 시기에 가톨릭교회를 위해 많은 작품을 제작했다. 극적인 장식과 회화, 건축에서 로마 바로크 양식의 중심적 인물이었으며 탁월한 솜씨로 작품과 건축물의 완벽한 조화를 이루어냈다. 그의 표현 방식은 성직자와의 교감 속에서 완성되었으며, 공간을 향해 자유롭게 뻗어 나가는 색채와 형태를 지나칠 정도로 풍부하게 사용함으로써 비현실적이고 환상적인 분위기를 구현해냈다.

코르토나는 순교나 신의 재림, 교황 찬양과 같은 가톨릭개혁의 주제들을 우화와 메타포, 상징이나 기호로 가득 찬 수사적 표현 방식으로 화폭에 재현해냈다. 가톨릭교회의 천장과 벽을 장식한 프레스코화가 작품의 주를 이루지만, 이젤화 등 세속적인 주제로도 꾸준히 제작했다.

코르토나의 본명은 페에트로 베레티니이다. 이탈리아 코르토나에서 석공의 아들로 태어난 그는 1612년 피렌체의 화가 콤모디에게 그림을 배우고, 그를 따라 로마로 가서 피렌체 고전주의 회화를 배웠다. 처음에는 사케티가를 위해, 그다음에는 추기경 바르베리니를 위해 활동했다.

코르토나는 초창기에 새로운 표현 방식으로 채색된 고전적 프레스코화를 제작했는데, 빌라 아리코니의 작품이 대표적이다. 1634년 전성기에 이르러 절정의 기량을 선보이던 코르토나는 디 산 루카 아카데미아의 수장으로 임명된다. 그는 바르베리니 궁전 천장에 〈신의 섭리에 관한 우의화〉를 완성하여 환상적이고 극적인 바로크 양식을 선보였다. 이후 교황 우르바노 8세를 비롯해 군주와 귀족 등 여러 후원자의 신임을 얻어 이들을 위해 많은 작품을 제작했다. 캔버스나 거대한 천장에 남긴 수많은 작품 중 주요작으로 〈바쿠스의 승리〉, 〈인간의 네 시기〉, 〈아이네이아스 이야기〉, 〈성모 승천〉 등이 있다.

문학
141 찰스 디킨스

찰스 디킨스(Charles John Huffam Dickens, 1812-1870)는 셰익스피어와 함께 영국을 대표하는 최고의 작가다. 그의 작품은 다양한 언어로 번역되어 지금도 세계 여러 나라에서 폭넓은 사랑을 받고 있다.

디킨스는 영국 남부의 해안 도시 포츠머스에서 해군 관리 존 디킨스의 여덟 자녀 중 둘째 아들로 태어났다. 그의 아버지는 낙천적인 성격에 경제관념이 없어서 늘 빚에 쪼들렸고 결국 감옥에 갇히기까지 했다. 그 때문에 디킨스는 어려서부터 공장에서 하루 10시간이나 노동을 하는 등 힘겨운 유년기를 보내야 했다. 이러한 경험으로 디킨스는 평생 가난한 사람들에게 동정을 느꼈고, 자신이 몸소 체험한 사회 밑바닥의 생활상과 애환을 작품에 담아 생생하게 묘사할 수 있었다.

디킨스는 중학 과정을 2년 다니다 그만두고, 15세 때 법률 사무소 사환으로 취직한 후 그곳에서 속기술을 익혀 20세 때 신문기자가 되었다. 그는 기자로 일하면서 통찰력 있는 시각과 빼어난 문장력을 습득할 수 있었다.

디킨스는 24세 때부터《피크위크 페이퍼스》를 삽화와 함께 잡지에 기고했다. 중년 신사 픽윅이 영국을 여행하며 겪는 모험과 인정 넘치는 사건들로 이루어진 이 소설은 대중의 폭발적 인기를 얻으며 디킨스를 일약 유명 작가의 반열에 올려놓았다. 디킨스는 같은 시기에《올리버 트위스트》를 발표했는데, 주인공 올리버는 온 국민의 열렬한 사랑을 받는 캐릭터가 되었다. 이후 30여 년 동안 당대의 최고 작가로 활동하면서 독특한 해학과 다채로운 인물 창조를 특징으로 하는 풍성한 작품 세계를 펼쳐 보였다. 그의 작품들은 세상의 모순과 부정을 용감하게 지적하면서도 유머를 섞어 비판했다. 이러한 비판적 경향은 후기 작품들에서 더욱 뚜렷해진다.

비평가들로부터 디킨스 최고의 작품으로 평가받는《위대한 유산》은 문학적 명성과 대중적 인기를 모두 누린 작품이다. 이 작품은 핍이라는 소년의 성장 과정을 그리고 있다. 이 소설에서도 하층민의 삶이나 상류 계급의 위선적이고 탐욕적인 모습이 생생하게 드러나 있다. 계급과 부의 차이 때문에 벌어지는 사회 불평등은 주인공 핍의 신분 상승 욕망을 자극한다. 핍은 우연히 엄청난 유산을 상속받게 되자 신분 상승에 대한 강한 욕구를 품고 점차 속물적 인간으로 변해간다. 하지만 기대했던 유산은 물거품이 되고, 핍은 큰 좌절과 실망감에 빠진다. 이 과정에서 핍은 타락한 자신의 모습을 반성하고, 진정한 성공을 이룬다. 즉, 유산으로 가지게 된 기대가 좌절되면서 오히려 진정한 유산을 얻게 된다는 이야기이다.

이밖에도《데이비드 코퍼필드》,《두 도시 이야기》,《리틀 도릿》등 14권의 장편소설이 있으며,《크리스마스 캐럴》을 비롯한 다수의 중·단편 소설과 여러 산문 작품이 있다. 말년에는 영국과 미국 등지를 순회하며 낭독회를 열기도 했다. 그의 유해는 웨스트민스터 사원에 안장되었으며 그의 묘비명에는 이렇게 새겨져 있다.

'그는 가난하고 고통받고 박해받는 자들의 지지자였으며 그의 죽음으로 말미암아 세상은 영국의 가장 훌륭한 작가 중 하나를 잃었다.'

세계사 142

무굴 제국

무굴 제국(Mughal Empire)은 16세기 전반에서 19세기 중엽까지 인도 지역을 통치한 이슬람 왕조(1526-1857)이다.

티무르 제국의 마지막 왕 바부르는 제국이 멸망한 뒤 군사들을 이끌고 아프카니스탄의 카불을 점령하여 근거지로 삼았다. 1526년에 인도로 침입하여 델리 왕조* 중 하나인 로디(1451-1526)의 이브라힘 왕을 파니파트전투에서 격파하고, 델리에 무굴 제국을 세웠다.

제2대 황제인 후마윤은 1540년 아프간계(系) 수르 왕조의 셰르 샤에게 패하여, 페르시아로 도망하였다가, 1555년 델리를 수복하고 일시 중단되었던 무굴 왕조를 부활시켰다.

제3대 황제인 아크바르는 북인도에 지배력을 확보하고 그 세력을 인도의 다른 지방까지 확대하여 라자스탄 지방의 독립국들과 동맹을 맺었다. 1573년 서방의 구자라트 지방을 지배하고 있던 이슬람 왕조를 멸망시켰으며, 1576년 동방의 벵골 지방까지 지배하에 넣었다. 이슬람교도에 의해 건국된 무굴 제국의 가장 중요한 과제는 다신교인 힌두도들을 수용하는 일이었다. 아크바르 황제는 힌두교도 중 유력한 가문의 딸과 결혼하였으며, 이슬람교도나 힌두교도 등 종파를 가리지 않고 능력에 따라 관료로 중용하였다. 또한 이슬람교가 이교도에게 부과하는 지즈야(인두세와 지세)를 폐지하는 등 유연한 정책을 펼쳐 집권의 안정을 꾀했다. 무굴 제국의 행정·사법·지방행정 등의 지배 체제는 아크바르 황제 시대에 거의 완성되었다고 할 수 있다. 아크바르 황제는 데칸 지방을 제외한 인도 전역과 아프카니스탄을 무력으로 지배했다.

무굴 제국의 제5대 황제 샤 자한은 페르시아계 절세 미녀인 뭄타즈 마할(왕궁 최고의 꽃이라는 뜻)과 결혼했다. 그들은 슬하에 14명의 자녀를 낳고 행복한 결혼생활을 이어갔으나, 뭄타즈 마할은 39세 나이로 세상을 떠났다. 왕비를 추모하기 위해 샤 자한은 2만여 인력을 동원하여 22년에 걸쳐 묘를 만들었다. 이 묘가 인도 이슬람 예술 작품 가운데 가장 훌륭한 것으로 손꼽히는 타지마할이다.

제6대 황제 아우랑제브는 데칸의 이슬람 왕조들을 정복하여 최대의 영토를 확보하였다. 그러나 독실한 이슬람교도인 그는 힌두교도의 관섭을 무시하고 전 영토의 이슬람화를 시도했다. 그 과정에서 힌두교 사원은 파괴되었고, 지즈야 부활 등 무리한 정책을 강행함으로써 결국 힌두교도들의 반란을 불러왔다. 1674년 라타족을 중심으로 한 힌두교도들이 데칸고원에 마라타 왕국을 세워, 무굴 제국의 강력한 적대세력으로 등장하였다. 1707년, 아우랑제브가 데칸고원의 원정 도중 사망하자 제위(帝位) 계승을 놓고 벌어진 분쟁으로 무굴의 중앙권력은 급속히 쇠퇴했다. 18세기 말, 무굴 황제의 지배력은 마라타동맹에 좌우될 만큼 급속하게 약화되었고 무굴 제국은 1857년 영국에 종속되었다.

* 델리 왕조: 13세기 초부터 16세기 초까지 인도 델리를 수도로 300여 년간 존속한 인도 · 이슬람 5개 왕조의 총칭

철학 143

니콜로 마키아벨리

니콜로 마키아벨리(Niccolò Machiavelli, 1469-1527)는 이탈리아의 역사학자이자 정치이론가이다. 그는 이탈리아의 통일과 번영을 꿈꾸며 새로운 정치사상을 모색했다.

마키아벨리는 피렌체에서 토스카나 귀족 가문의 먼 후손으로 태어났다. 학구열이 높았던 아버지 덕에 마키아벨리는 12세 무렵에 라틴어를 자유롭게 구사할 수 있었다. 이후 피렌체대학에서 인문학을 공부했고, 졸업 뒤 출세가도를 달려 30세가 되기 전 피렌체 공화정의 제2서기관장에 임명되었다. 이후 14년 동안 내무, 병무, 외교 등의 분야에서 공직생활을 했으며, 그중 10여 년은 여러 나라에 대사로 나가 각국의 지도자들과 만나면서 외교에 주력했다.

마키아벨리는 로마에 갔다가 교황 알렉산데르 6세의 아들이자 전제군주인 체사레 보르자에게 강한 인상을 받았다. 보르자는 나중에 《군주론》에서 마키아벨리가 묘사한 이상적 군주의 모델이 되었으며, 마키아벨리는 보르자에게서 이탈리아 통일을 이뤄낼 영웅의 모습을 보았다고 자주 이야기했다. 하지만 오래지 않아 마키아벨리는 보르자에게 실망하게 되고, 그에 대한 평가를 달리한다.

1512년, 피렌체 공화정을 무너뜨리고 들어선 메디치 왕정은 마키아벨리를 쫓아낸다. 그는 강요된 칩거생활의 외로움을 로마 시대의 고전을 읽으며 벗어나고자 했다. 이 과정에서 근대 현실주의 정치사상의 정수인 《군주론》이 탄생했다. 《군주론》은 현실주의 정치사상의 원조로 읽힌다. 마키아벨리는 "정치는 더럽고 잔인하며 어두운 것이고 정치가의 최고 이익과 목표는 권력을 쥐고 유지하는 것으로, 목적을 위해서라면 수단과 방법을 가릴 필요가 없으며 도덕적인지 아닌지를 고민할 필요가 없다"고 설파했다.

마키아벨리의 주장은 '악의 교사'라는 비난을 받았기에, 그는 오늘날 역사의 올바른 평가를 받지 못한 인물 중 한 명이 되었다. 그러나 마키아벨리는 현실주의 정치사상의 정치적 효율성과 유용성을 언제나 '국가 이익의 추구'라는 목적과 '정치 영역'

으로 제한하여 추구하고자 했다.

마키아벨리는 당시 사분오열되어 외세의 침입에 시달리던 이탈리아반도의 통일과 로마 공화정의 재건이라는 이상을 품고 살았다. 그는《군주론》에서 자신이 희구하는 이상적 목표에 도달하기 위해서는 어떤 전략과 전술을 채용해야 하는가 하는 방법론에 몰두했다. 이러한 실천적 감각은 현실정치에 대한 분석을 통해 강한 국가를 건설해야 한다는 결론으로 나아갔다. 마키아벨리는《군주론》을 공직에 복귀하고자 하는 소망을 담아 메디치가에 헌정했지만 끝내 뜻을 이루지 못한 채 숨을 거두었다.

<니콜로 마키아벨리의 초상화>(산티 디 티토)

신화
144 오르페우스와 에우리디케

오르페우스(Orpheus)는 아폴론과 칼리오페 사이에 태어난 아들이다. 그는 음악의 신 아폴론의 음악적 재능을 물려받았다. 아폴론은 헤르메스에게 얻은 황금 리라를 아들인 오르페우스에게 선물로 주었다. 오르페우스가 리라를 연주하면 신들과 님프, 짐승들까지 넋을 잃고 선율에 깊이 빠져들었다. 오르페우스는 물의 님프인 에우리디케(Eurydice)를 사랑하게 되었다.

두 사람이 결혼하는 날, 혼인의 신 히멘(히메나이오스)이 결혼 선물을 잊고 가져오지 않았다. 또한 그가 들고 온 횃불에서 나는 매캐한 연기에 하객들이 눈물을 흘렸다. 이것은 미래에 대한 불길한 징조였다.

어느 날, 에우리디케는 숲속 오솔길을 산책하고 있었다. 마침 그곳을 지나던 양치기 청년이 에우리디케의 미모에 반해서 그녀를 겁탈하려고 했다. 에우리디케는 놀라서 도망치다가 그만 독사를 밟았고, 놀란 독사는 그녀를 물었다. 그녀는 온몸에 독이 퍼져 목숨을 잃고 말았다.

오르페우스는 아내를 잃고 슬픔에 빠졌다. 그가 연주하던 아름다운 선율은 구슬프게 변했고, 듣는 이의 심금을 울렸다. 비탄에 빠져 있던 오르페우스는 저승 세계로 내려가 아내를 구해 오기로 마음먹었다. 저승 세계는 살아서는 갈 수 없는 곳이었지만 죽음도 아내에 대한 오르페우스의 사랑을 막지 못했다.

오르페우스는 저승으로 흐르는 아케론강으로 가, 저승의 뱃사공 카론 앞에서 리라를 연주했다. 구슬픈 선율은 카론의 심금을 울렸다. 그는 조건 없이 오르페우스를 배에 태우고 저승 입구로 데려다주었다. 그곳은 저승 세계의 수문장 케르베로스가 지키고 있었다. 개의 머리가 셋이나 달린 몸집이 거대하고 사나운 괴물 앞에서 오르페우스는 차분히 리라를 연주했다. 구슬픈 선율이 흘러나오자 사나운 케르베로스도 감동하여 오르페우스가 저승 세계로 들어갈 수 있도록 길을 열어주었다.

오르페우스는 마침내 하데스와 그의 아내 페르세포네를 만나 사랑하는 아내를 돌려달라고 호소했다. 하데스는 한 번 저승 세계에 들어온 자는 누구든지 돌아갈 수 없다며 거절했다. 그러자 오르페우스는 눈물을 흘리며 리라를 연주했다. 순식간에 저승 세계는 깊은 슬픔에 잠겼다. 페르세포네와 감정이 메마른 복수의 여신들조차 슬픔에 빠져 눈물을 흘렸다. 여신들은 하데스에게 에우리디케를 돌려보내자고 부탁했다. 그러자 하데스의 마음도 움직였다. 그는 에우리디케를 이승으로 데려가도 좋다고 허락하면서 한 가지 조건을 붙였다. 그녀는 이미 죽은 망자여서 반드시 오르페우스의 뒤를 따라가야 하며, 오르페우스가 지상에 도착하기 전에는 절대 고개를 돌려 아내를 보려고 해서는 안 된다고 당부했다. 오르페우스는 하데스에게 감사 인사를 건넨 후 아내를 데리고 길을 떠났다. 그는 아내의 손목을 잡은 채 저승과 이승의 경계를 지나갔다. 마침내 저 멀리서 빛이 보이기 시작했다. 오르페우스는 감격에 겨운 나머지 하데스의 당부를 잊고, 그만 아내를 보기 위해 고개를 돌렸다. 그 순간 에우리디케의 모습은 서서히 저승 세계로 사라져갔다. 오르페우스는 가슴을 치며 후회했지만, 이미 소용없는 일이었다.

그 뒤 오르페우스는 삶의 의욕을 잃고 하루하루를 절망 가운데 보냈다. 그는 예전에 친하게 지내던 트리키아 여인들과도 어울리지 않고 거리를 두었다. 그러자 자신들을 무시한다고 여긴 트로키아 여인들은 분노에 사로잡혀 오르페우스를 갈가리 찢어 죽였다. 강물에 던져진 오르페우스의 시신은 바다를 떠돌다가 레스보스섬의 주민들에게 발견되었다. 그들은 오르페우스의 시신을 거두어 정성껏 장례를 치른 후 무덤을 만들어주었다.

종교
145 천국

천국(Heaven)은 존재할까? 존재한다면 어떤 곳일까? 우리가 부정할 수 없는 사실은 인간이 죽는다는 것이다. 인간으로 태어난 순간 어느 누구도 죽음을 피할 수 없다. 그 사실을 깨닫게 된 이후부터 인간은 죽음을 이겨내고 영원히 사는 방법에 집착했다. 대표적 인물이 중국 대륙을 최초로 통일한 진의 시황제이다. 하지만 천하를 호령했던 그 역시 죽음을 피하지 못했다.

죽음을 이겨내려는 인간의 노력은 이후에도 계속되었다. 하지만 화성에 우주도시를 추진하고 있는 현대에도 죽음은 여전히 인간이 넘어서지 못할 난공불락이다. 인간이 죽음을 피할 수 없다면 사후엔 어떻게 될까? 이 문제 역시 인간은 답을 얻고자 오랜 세월 노력해왔다. 하지만 동서양을 막론하고 고대로부터 현재까지 답을 찾은 이가 없다. 결국 인간은 이 세상을 초월한 존재, 즉 신에게서 답을 구했다.

이 세상에 존재하는 모든 종교는 우리가 사는 세계 외에 또 다른 세상, 즉 사후 세계가 존재한다고 이야기한다. 그곳은 '천국'과 '지옥'으로 부른다. 유대교에서는 메시아가 강림해 의로운 자들이 부활한 이후에 천국이 실현될 것이라고 주장한다. 조로아스터교는 사후에 모든 인간은 낙원에 간다고 주장한다. 낙원에서 새롭게 태어나는데, 항상 젊음을 유지하며 악이 없는 새 세상에서 영원히 즐거운 삶을 누리게 된다는 것이다. 기독교는 천국을 '새 하늘과 새 땅'에서 영원히 신을 찬양하며 즐겁게 사는 곳이라고 가르친다. 천국에 가면 모든 고통과 눈물과 죽음이 영원히 자취를 감추게 된다는 것이다. 이슬람교는 천국에서 '둥지에 놓인 타조의 알처럼 순결하고 수줍은 검은 눈의 미녀들'에 둘러싸여 영원한 젊음을 지닌 채 살아간다고 한다. 한편, 동방 종교의 천국 개념은 서양 종교와 사뭇 다르다. 동방 종교는 현세의 환상과 고통에서 해방되는 것을 극락(천국)의 삶으로 생각한다. 힌두교의 해탈과 불교의 열반* 이 여기에 해당된다.

* 열반(涅槃): 불교에서 수행을 통해 진리를 체득하여 미혹과 집착을 끊고 일체의 속박에서 해탈한 최고의 경지. 즉, 모든 괴로움이 종식된 상태를 말한다.

음악
146
주세페 베르디

주세페 베르디(Giuseppe Fortunino Francesco Verdi, 1813-1901)는 19세기 이탈리아 오페라를 대표하는 최고의 작곡가이다. 그는 민족주의를 바탕으로 이탈리아 오페라의 전통을 확립한 음악가로 평가받고 있다.

베르디는 이탈리아 북부의 작은 마을 파르마에서 태어났다. 그의 부모는 식료품점과 여인숙을 운영했다. 베르디는 여인숙에 투숙하는 떠돌이 악사들의 연주를 들으며 음악과 친숙해졌다. 베르디의 음악적 재능을 제일 먼저 알아본 아버지의 친구 안토니오 바레치는 베르디를 자신의 집에 데려다가 본격적인 음악 공부를 시켰다. 바레치는 베르디가 전문적인 음악 공부를 하도록 밀라노음악원에 보냈지만 나이가 많다는 이유로 입학을 거절당했다. 그러자 바레치는 베르디가 밀라노에 머물면서 음악원 교수에게 개인 교습을 받도록 후원했다. 공부를 마치고 고향에 돌아온 베르디는 1836년 바레치의 딸 마르게리타와 결혼한 후 부세트의 음악감독에 취임했다.

1839년, 26세의 베르디는 처음으로 오페라를 작곡했는데 〈산 보니파치오의 백작 오베르토〉다. 이 작품은 스칼라극장에서 첫 공연을 했으나 관객은 겨우 14명에 그쳤다. 그러나 이후 세 번의 오페라 계약이 이루어졌고, 오페라의 인기는 서서히 비상했다. 이 시기에 베르디는 개인적으로 재앙에 가까운 시련을 겪었다. 사랑하는 딸의 사망에 이어 다음 해에는 아들이, 또 그다음 해에는 부인이 세상을 떠났다. 불과 결혼 4년 만에 온 가족을 모두 잃는 비운의 주인공이 된 베르디는 슬픔을 이기지 못하고 낙향했다. 하지만 고향 사람들의 격려 속에서 〈나부코〉, 〈가면무도회〉, 〈맥베스〉를 비롯한 작품들을 발표했다. 베르디는 38세 때 베네치아에서 오페라 〈리골레토〉를 발표하면서 오페라 작곡가로서 신기원을 열었다. 그 후 〈일 트로바토레〉, 〈라 트라비아타〉, 〈시칠리아섬의 저녁 기도〉, 〈가면무도회〉 등을 전 유럽의 무대에 올리면서 그의 황금시대를 열었다.

1850년대 이탈리아 독립운동이 한창일 때 베르디의 음악이 통일을 염원하던 이탈리아인들의 정서와 부합하면서, 그의 음악은 곧 통일의 상징이 되었다. 그는 19년간 독신으로 살다가 46세 되던 해 스칼라극장의 프리마돈나 주세피나 스트레포니와 재혼했다.

1870년, 베르디의 〈아이다〉 공연이 큰 성공을 거두었다. 이후 그는 새로운 예술적 스타일을 창안하기 위해 시도했고, 그 결과 레퀴엠 중 걸작으로 평가받는 〈진혼곡〉을 발표했다. 1883년 70세 때, 그는 음악가로서 부와 명성을 모두 얻어 최상의 삶을 누렸다. 하지만 그의 창작열은 멈추지 않았다. 또 하나의 대작인 〈오텔로〉의 작곡에 착수, 73세 때 완성했다. 이탈리아 오페라의 새로운 돌파구를 마련하기 위한 시도는 〈오텔로〉를 통해 성취되었다. 베르디는 80세 때 오페라계로 돌아와 세익스피어의 희곡을 각본으로 한 〈팔스타프〉를 마지막 작품으로 자신의 음악인생을 정리했다. 이어 1896년 최후의 성가 4곡을 완성한 후 그는 제노바와 밀라노에서 마지막 여생을 보내다가 88세로 생을 마감했다. 그의 마지막 길에는 3만여 인파가 몰려와 애도했다고 한다. 베르디의 모든 유산은 그의 유언에 따라 은퇴한 음악가를 지원하는 요양원을 만드는 데 사용되었다.

미술 147

푸생

푸생(Nicolas Poussin, 1594-1665)은 프랑스 고전주의의 상징이며 근대 회화의 시조이다. 엄격하고 고독한 작품 세계를 선보이며 존경을 받았던 그는 시적이고 감성이 풍부한 숙련된 작품 세계를 발전시키고, 스토아 철학이 가미된 기독교와 시적인 범신론을 결부시켰다. 또한 '이상적인' 풍경 속에 균형과 비례가 정확한 인물들을 등장시켰는데, 조화로운 구성, 완벽한 데생과 절제된 감정, 거기에 시적이고 풍부한 감성을 불어넣었다고 평가받는다. 주로 신화와 역사, 성경 속 이야기들을 주제로 삼아 중간 또는 큰 규모의 작품들을 그렸다. 목가적인 풍경화들은 라틴어 서정시나 당대의 문학에서 영감을 얻어 그렸다. 푸생은 바르베리니 추기경이나 루이 18세 같은 권력자들의 공식적인 주문보다 개인 후원자들을 위해 고전적 주제의 작품과 풍경화를 그리는 것을 선호했다. 푸생은 조국인 프랑스의 파리보다 로마를 더 사랑해 주로 로마에 머물며 고대를 주제로 한 많은 작품을 그렸다.

푸생은 레장드리의 가난한 귀족 집안에서 태어났다. 처음에는 고향에서 쿠엔틴 바랭에게서 그림을 배우다가 여러 화가의 공방을 옮겨 다니면서 공부했다. 1621년에 파리에서 주문을 받아 종교화를 그리기 시작했으며, 필리프 드 샹파뉴와 함께 뤽상부르궁의 장식을 담당했다. 이때 왕궁에 보관되어 있던 라파엘로의 작품을 본 푸생은 로마에 대한 동경에 사로잡혔다. 1624년 푸생은 시인 마리노의 추천을 받아 로마에 가 교황 우르바노 8세의 조카인 바르베리니 추기경과 만나고, 고대 세계에 심취한 예술 애호가 달 포초와도 교류했다.

푸생은 로마에서 라파엘로와 티치아노의 주제를 재해석하여 큰 명성을 얻었다. 그는 프랑스 화가 중 '가장 이탈리아적인' 화가라고 알려졌으며, 17세기 고전주의를 가장 훌륭하게 보여주었다. 1634년 무렵 푸생의 명성은 알프스를 넘어 프랑스에까지 이르렀다. 그는 리슐리외 추기경의 주문을 받아 신화를 주제로 한 〈판의 승리〉, 〈바쿠스의 승리〉, 〈넵튠의 개선〉을 1636년에 완성했다. 이 시기에 〈사막에서 만나를 줍는 유대인들〉 등 역사 대작을 그렸다. 푸생은 1640년에 파리로 가서 궁정 수석

화가로 있다가 1642년 로마로 돌아와 여생을 마쳤다.

그의 작품은 18세기 후반 신고전주의 태동에 결정적인 역할을 했으며, 장 오귀스트 도니미크 앵그르, 외젠 들라크루아, 폴 세잔, 파블로 피카소에게까지 영향을 끼쳤다. 푸생은 약 200점의 그림과 450점의 데생을 남겼는데 주요 작품으로 〈예루살렘의 파괴〉, 〈아폴론과 다프네〉, 〈솔로몬의 재판〉, 〈아르카디아의 목자〉 등이 있다.

<게르마니쿠스의 죽음>(1628)

문학
148 에밀리 브론테

에밀리 브론테(Emily Jane Brontë, 1818-1848)는 빅토리아 시대를 대표하는 영국의 소설가이자 시인으로, 《제인 에어》를 쓴 샬럿 브론테의 동생이기도 하다. 요크셔주의 목회자 집안에서 태어나 3세 때 어머니를 여의고, 엄격한 아버지와 이모 밑에서 자랐다. 기숙학교에서 학생 또는 교사로 지낸 짧은 기간을 제외하고는 평생을 황량한 들판에 둘러싸인 요크셔의 목사 사택에서 독신으로 지냈다. 1847년, 그녀는 요크셔 지방의 황야를 무대로 격정적인 사랑과 증오를 다룬 《폭풍의 언덕》을 발표했다. 소설의 주 배경은 끊임없이 불어오는 바람을 맞고 서 있는 까닭에 '폭풍의 언덕'이라고 불리는 요크셔의 한 농장이다.

어느 날, 농장의 주인 언쇼는 리버풀에서 집시 출신 고아를 집으로 데려온다. 언쇼는 아이에게 히스클리프라는 이름을 지어주고 자신의 아들 힌들리, 딸 캐서린과 함께 키운다. 캐서린은 히스클리프와 마치 운명에 이끌리듯 친하게 지내지만, 힌들리는 히스클리프를 극도로 싫어하며 사사건건 트집을 잡고 괴롭힌다. 언쇼가 죽자 농장의 주인이 된 힌들리는 히스클리프를 학대하고 마치 하인처럼 부린다. 캐서린은 우연히 유복한 지주 린튼가의 초대를 받고 스러시크로스 저택에 가는데 린튼가의 첫째 에드거는 캐서린에게 연정을 품게 된다. 캐서린은 히스클리프를 사랑하면서도 신분에 대한 미련을 이기지 못하고 에드거의 구혼을 받아들인다. 그 사실을 알게 된 히스클리프는 크나큰 상처를 받고 폭풍의 언덕에서 모습을 감춘다. 캐서린은 필사적으로 히스클리프의 행방을 수소문했으나 찾지 못하고 결국 결혼한다.

3년 후 부자가 된 히스클리프는 복수심에 불타 폭풍의 언덕으로 돌아온다. 히스클리프는 아내를 잃고 술독에 빠져 사는 힌들리를 꾀어 도박으로 전 재산을 몽땅 빼앗고, 그의 아들 헤어턴을 하인으로 삼아 괴롭히며 보복한다. 또한 캐서린의 남편인 에드거의 동생 이사벨라를 유혹하여 결혼한 후, 그녀를 괴롭히다가 쫓아낸다.

캐서린은 히스클리프의 집착에 시달리다가 딸을 출산하고 숨을 거두지만, 그녀에 대한 히스클리프의 집착은 멈추지 않는다. 에드거의 재산을 손에 넣기 위해 히스클리프는 이사벨라가 낳은 자신의 아들 린튼과 캐서린의 딸 캐시를 강제로 결혼시킨다. 린튼은 오래지 않아 병으로 죽고, 에드거도 숨을 거둔다. 히스클리프는 폭풍의 언덕에서 캐시와 헤어턴을 무자비하게 다룬다. 그러나 두 젊은이에게서 캐서린의 모습을 발견한 그는 괴롭힘을 그만둔다. 이후 히스클리프는 식음을 전폐한다. 비가 세차게 내리던 어느 날 아침, 그는 창문을 열어놓은 방에서 비에 흠뻑 젖어 숨진 채 발견된다. 그리고 사랑이 싹튼 캐시와 헤어턴이 결혼함으로써 3대에 걸친 폭풍의 언덕의 사랑과 복수는 막을 내린다.

당시 브론테가 가명으로 발표한 이 작품은 문단의 혹평과 함께 많은 비난을 받았다. 그러나 오늘날 이 소설은 인간의 애증을 극한까지 추구한 고도의 예술 작품으로 평가받고 있다. 1939년에 윌리엄 와일러 감독에 의해 영화로 만들어져 문예영화 최고의 고전이 되었다.

서머싯 몸이 세계 10대 소설 중 하나라고 평가한《폭풍의 언덕》은 에밀리가 쓴 유일한 장편소설이다. 그녀는 폐결핵에 걸렸으나 마지막 순간까지 치료를 거부하다가 30세의 나이로 세상을 떠났다.

세계사 149 오스만 제국

오스만 제국(Osman Empire)은 13세기 말 몽골인의 지배를 피해 소아시아로 이주한 튀르크족이 세웠다. 그들은 군주 오스만 1세의 이름에 따라 자신들을 '오스만인'으로 불렀다. 앙카라전투에서 티무르 왕조에 패하여 한때 존망의 기로에 섰으나, 티무르의 죽음으로 위기에서 벗어났다.

1453년 제7대 술탄 메흐메드 2세는 비잔틴 제국의 수도 콘스탄티노플을 점령하여 오스만 제국의 수도로 삼고, 이름을 이스탄불로 고쳤다. 이로써 로마 제국은 무려 1600년 동안 이어져온 역사에 종말을 고했다.

오스만 제국은 15세기 후반에서 16세기 초에 걸쳐 대제국으로 성장했다. 이 시기에 메소포타미아, 아라비아반도, 이집트, 시리아를 정복하여 동지중해로부터 서아시아에 이르는 거대한 영토를 차지했다. 이집트를 정복했을 때 오스만 제국의 술탄은 당시 이집트에 망명 중이던 압바시야 왕조 칼리프의 자손으로부터 칼리프의 지위를 물려받았다. 칼리프는 이슬람의 창시자인 무함마드의 대리인이자 이슬람 공동체의 지도자이다. 그 결과 오스만 제국의 지배자는 수니파 이슬람교도의 종교적 지도자로서 권위를 갖게 되었다.

그리스도교 세계와 이슬람교 세계의 경계선에서 대제국으로 성장한 오스만 제국은 이슬람 법률을 충실하게 이행하는 이상적인 이슬람의 국가 건설을 목표로 삼았다. 그리하여 기본적으로 민족의 차이보다 종교적 차이, 즉 이슬람교도인가 아닌가를 우선시해 비이슬람교도에 대해서는 종교별로 공동체를 만들게 하여 세금을 내는 조건으로 자치권을 인정했다.

발칸반도에 거주하는 그리스도교에 대해서는 세금 대신에 이슬람의 교육을 시켰다. 교육을 마친 청년들은 관료나 군인으로 제국 통치에 이바지했다. 특히 그리스도교에서 이슬람으로 개종한 청년들로 조직된 보병 부대, 예니체리(새로운 군대라는 뜻)는 세계 최강의 군대로 명성을 떨쳤다.

오스만 제국의 전성기는 술레이만 1세 시대였다. 그는 26세 때 제10대 술탄으로 즉위하여 약 반세기 동안 재위하면서 아시아, 유럽, 북아프리카 3대륙에 걸쳐 20여 민족, 6,000만 명을 지배했다. 술레이만 1세는 제국 내에서는 '입법자', 유럽에서는 '장엄한 왕'으로 불렸던 유럽 최대의 군주로, 헝가리를 정복하고 프랑스와의 동맹으로 오스트리아 빈을 포위하여 공포에 떨게 했다. 또한 스페인을 주력으로 한 연합 함대를 격파하여 지중해에 대한 제해권을 장악했다.

강성한 오스만 제국도 러시아의 예카테리나 2세에게 크림반도를 빼앗기면서 서서히 쇠퇴의 길을 걷게 되었고, 19세기에는 그리스와 이집트의 독립으로 치명적인 약점이 드러났다. 20세기 들어서는 제1차 세계대전에서 패하여 제국이 열강들에 의하여 분할되었다. 1922년, 근대 터키의 아버지라 불리는 케말 아타튀르크가 술탄제도를 없애고 공화국을 건설함으로써 제국의 역사는 막을 내렸다.

철학 150 프랜시스 베이컨

프랜시스 베이컨(Francis Bacon, 1561-1626)은 근대 철학의 선두에 서서 과학 시대를 이끌었던 영국 경험주의 철학의 선구자다. 그는 스콜라 철학 때문에 생긴 편견을 없애기 위해 '4대 우상론'을 내세웠고, 귀납법에 기초한 지식 체계를 만들고자 했다. 그는 성경과 미신에 주눅들어 있던 인간의 이성을 회복시켜주었으며 '아는 것이 힘이다'라는 말을 남겼다.

베이컨은 런던의 요크하우스에서 태어났는데, 그의 친가와 외가 모두 유력한 귀족 집안이었다. 그의 아버지 니콜라스는 엘리자베스 왕조에서 20년간 궁내대신으로 근무했고, 어머니는 에드워드 6세의 왕사를 지낸 쿠크 경의 딸이자 엘리자베스 왕조의 실세 윌리엄 세실의 처제였다.

베이컨은 13세에 케임브리지대학교에 입학했고, 16세 때 프랑스 주재 영국대사가 되었다. 그러나 18세에 갑작스럽게 부친이 사망하자 그는 경제적 어려움에 처했다. 그는 변호사 면허를 얻어 외가의 도움으로 겨우 법관의 자리에 올랐다. 그는 제임스 1세 즉위 후 고속 승진을 하게 되었다. 1613년 법무대신이 되었고, 1618년에는 대법관에 올랐다. 하지만 1621년 뇌물혐의로 재판을 받고 실형이 선고되어 수감되었다. 다행히 그의 감옥살이는 단 며칠로 끝났지만 관직은 박탈당했다. 그때부터 철학에 몰두하여 많은 저작을 남겼다. 대표적인 것으로《학문의 진보》,《새로운 기관》,《대혁명》 등이 있다.

베이컨은 자신의 신념에 걸맞게 스스로 과학 실험을 했는데, 한겨울에 온도와 부패에 관한 실험을 하다가 폐렴에 걸려 사망했다. 직접 잡은 닭의 배 속에 눈을 가득 채운 뒤 얼마 만에 부패하는지 알아보기 위한 실험이었다고 한다.

철학사에서 베이컨의 가장 큰 공헌은 저서《노붐오르가눔》을 통해 아리스토텔레스의 연역법과 귀납법의 중요성을 강조한 것이다. 그는 실생활에 영향을 미칠 수 있는 실용적인 새로운 학문 방법론을 정립하기 위해 노력했다. 또 다른 저서《뉴 아틀란티스》는 과학 활동의 중요성을 강조하면서 모든 사람이 과학 활동에 참여하고 그 결과를 공유하는 이상 세계를 그리고 있다. 사실 베이컨은 철학자로서 그리 주목받지는 못했다. 그러나 루소는《학문·예술론》에서 '인류의 스승' 또는 가장 위대한 철학자라고 추켜세웠고, 칸트는《순수이성비판》에서 근대 과학 및 철학의 개혁자로 언급하였다.

<프랜시스 베이컨>(1618)

신화
151 클리티아

클리티아(Clytia)는 긴 머리의 아름다운 소녀 요정이다. 바빌로니아의 왕 오르카모스가 에우리노메와의 사이에서 낳은 딸이며, 레우코토에와는 자매지간이다.

클리티아는 우연히 태양신 헬리오스를 보고 사랑의 마음을 품었다. 그때부터 강가에 앉아 눈이 부신 줄도 모르고 태양만을 바라보았다. 그러던 어느 날, 숲에 사냥 나온 헬리오스와 마주친 클리티아는 떨리는 마음을 누르고 용기를 내어 사랑을 고백했지만 거절당하고 마음에 상처를 입는다. 클리티아는 물과 음식을 모두 끊고 몹시 괴로워하면서도 헬리오스의 모습을 보려고 계속 하늘만 바라보았다. 한자리에서 두고두고 하늘만 보던 클리티아는 결국 쓰러져 몸은 대지에 뿌리를 내렸고 얼굴은 해바라기 꽃이 되었다. 그 후로 해바라기는 변하지 않는 마음의 표징으로 쓰이고 있다.

오비디우스의 《변신 이야기》에 따르면, 미의 여신 아프로디테는 전쟁의 신 아레스와 몰래 사랑을 나누다가 남편 헤파이스토스에게 현장을 잡혀 큰 망신을 당했다. 헤파이스토스에게 두 신의 불륜을 알려준 것은 태양신 헬리오스였다. 아프로디테는 그 일로 헬리오스에게 앙심을 품었다. 그녀는 아들 에로스를 시켜 사랑의 화살로 헬리오스를 쏘게 했다. 사랑의 화살을 맞은 헬리오스는 레우코토에에게 마음을 빼앗겼고, 다른 여인에게 전혀 관심을 두지 않았다. 헬리오스가 클리티아를 멀리한 것도 그 이유였다.

헬리오스는 에우리노메로 변신해서 레우코토에에게 접근한 뒤 그녀와 정을 통했다. 이 사실을 알게 된 클리티아는 질투심에 불타올랐다. 그녀는 레우코토에가 헬리오스에게 순결을 잃었다는 소문을 퍼뜨렸고 소문은 곧 오르카모스의 귀에까지 들어갔다. 오르카모스는 격노하여 딸을 불러서 소문의 사실 여부를 추궁했다. 레우코토에는 태양신의 강압으로 일어난 일이니 자신은 아무 잘못이 없다고 강변했다. 하지만 분노로 이성을 잃은 오르카모스는 그 말을 믿지 않고 딸을 산 채로 매장했다. 슬픔에 빠진 헬리오스는 그녀가 죽은 곳에 신들이 마시는 넥타르를 뿌렸는데, 그곳에서 유향나무가 자라났다.

한편, 클리티아는 레우코토에가 죽은 뒤에도 헬리오스의 마음을 얻지 못하자 크게 상심했다. 그녀는 9일 동안 식음을 전폐한 채 태양만 쳐다보다가 결국 쓰러져, 몸은 대지에 뿌리를 내렸고 얼굴은 꽃이 되었다. 클리티아는 해바라기가 되어 오직 태양만을 바라보는 존재가 되었다.

토마스 무어는 해바라기 꽃에 대해 이렇게 노래하고 있다.

참사랑을 아는 마음은 결코 잊지 않고 한결같은 마음으로 끝까지 사랑한다.
저 해바라기가 해 뜰 때 보낸 눈길을 해질 때까지 거두지 않는 것처럼.

종교
152
지옥

인간은 죽음 이후에 어떻게 될까? 이러한 의문은 고대로부터 있어왔다. 종교에서는 인간이 죽고 나서 천국이나 지옥(Hell)에 간다고 말한다. 천국(낙원)은 영원한 행복이 주어지고, 지옥은 영원한 고통이 함께한다. 동서양의 모든 종교가 말하는 천국과 지옥은 크게 다르지 않다.

유대교에서 지옥은 죄인들을 위한 징벌의 장소이다. 힌놈의 골짜기로 불리는 그곳에는 항상 불길이 타오르고 있다. 기독교의 지옥은 영원한 불길이 타오르고, 영원한 징벌이 가해지는 곳이다. 예수는 '게헨나(힌놈을 헬라어로 음역한 말)'라는 말로써 불도 꺼지지 않고 구더기도 죽지 않는 지옥의 상황을 묘사했다. 〈요한의 묵시록〉에 따르면 생명책에 이름이 기록되지 않은 사람들은 불 못에 던져진다. 단테는《신곡》의 〈지옥편〉에서 기독교의 지옥 개념을 대부분 인용했다.

이슬람교의 경전《코란》에서 지옥은 종종 '악마가 머무는 장소' 또는 '불'로 묘사된다. 하지만 불은 울타리와 같은 역할에 불과하다. 진짜는 불에 녹인 쇳물처럼 뜨거운 물이 죄인들의 몸에 쏟아져 내려 고통을 더욱 가중시키는 것이다. 불신자는 불붙은 옷을 입은 채 쇠막대기로 두들겨 맞는다.

반면 동방 종교는 천국 개념과 마찬가지로 서양 종교와는 지옥에 대한 개념이 매우 다르다. 힌두교의 전통적 지옥 개념은 현세의 삶이 계속해서 지속되는 것을 의미한다. 이런 상태를 '삼사라(윤회)'라고 하는데, 이것이 끊임없이 거듭되는 것이다.

티베트불교(라마교) 경전인《바르도 퇴돌(티베트 사자의 서)》은 죽어가는 자, 즉 '중간 상태에 놓인 자'를 언급한다.《바르도 퇴돌》에 따르면 인간의 영혼은 죽은 뒤 49일 동안 바르도에 머물면서 열반의 세계로 갈지 또는 세상에 다시 태어날지를 기다린다. 이때 영혼의 운명을 결정짓는 것은 죽어가는 과정 자체이다. 선한 죽음은 영혼을 깨달음의 세계, 즉 열반으로 이끌지만 악한 죽음은 다시 세상에 태어나게 만든다. 그와 같은 이유로 티베트의 불교는 죽어가는 상태에 있는 자를 선한 죽음으로 이끌기 위해 많은 노력과 시간을 기울인다.

음악 153

요하네스 브람스

요하네스 브람스(Johannes Brahms, 1833-1897)는 독일 북부의 항구도시 함부르크에서 태어났다. 그의 아버지는 작은 악단의 연주자로 성실하게 일했지만 수입은 넉넉지 못해서 늘 궁핍했다. 어려서부터 아버지에게 바이올린과 첼로를 배웠고 교사 코셀과 함부르크 제일의 음악가 마르크스젠에게 피아노와 작곡을 배웠다. 브람스는 피아노 연주에 뛰어난 실력을 보였고, 10대 이전에 자신만의 음악을 쓰기 시작했다. 12세 때 바흐와 베토벤에 심취한 브람스는 두 작곡가의 음악을 집중적으로 연구했다. 그 결과 베토벤에게서 고전적인 형식을, 바흐에게서 다성적인 요소를 배워 클래식 음악의 모든 형태를 터득했다.

브람스는 어려서부터 가족을 부양하기 위해 연주를 해야 했다. 1852년 브람스는 헝가리 출신의 바이올리니스트 레메니이와 함께 연주 여행을 다녔다. 이 여행에서 브람스는 헝가리 스타일의 음악에 깊은 관심을 갖게 된다. 레메니이는 당대의 최고 바이올리니스트 요제프 요아힘을 브람스에게 소개했고, 요하임은 브람스의 음악적 재능에 크게 감탄한다. 친구가 된 브람스와 요아힘은 종종 함께 연주를 할 만큼 음악적 호흡이 잘 맞았다. 헝가리 출신인 두 친구와의 음악적 교류는 훗날 브람스가 〈헝가리무곡〉을 작곡하는 계기가 되었다.

요하임은 브람스에게 음악의 귀재로 불리는 로베르트 슈만을 소개했다. 슈만과의 만남은 브람스의 일생에 가장 중요한 사건이었다. 브람스의 연주를 들은 슈만과 그의 부인 클라라는 "이제까지 이런 새로운 음악은 들은 적이 없다!"라며 극찬했다. 슈만은 자신이 발간하는 〈음악신보〉에 '새로운 길'이라는 제목으로 브람스를 대서특필했다. 브람스는 슈만, 클라라와 친분을 쌓으면서 예술적으로 깊이 교류했다. 20여 년의 세월을 뛰어넘은 브람스와 슈만의 우정은 매우 각별했다. 슈만이 라인강에 투신했다가 구조된 후 가장 먼저 병원으로 달려가 간호한 것도 브람스였다. 1856년에 슈만이 세상을 떠나자 브람스는 미망인 클라라와 평생 깊은 우정을 이어가면서, 슈만의 작품을 널리 알리기에 힘썼다.

1862년, 브람스는 음악의 수도 빈으로 거처를 옮겨 본격적인 작곡 활동에 들어갔다. 빈 시대의 초기 작품인 〈독일 레퀴엠〉은 돌아가신 어머니의 명복을 빌고 존경하는 슈만의 죽음을 애도하며 썼다. 모든 합창곡 중에서 가장 뛰어난 명작으로 손꼽히는 이 작품은 완성하기까지 무려 10년이 걸렸다고 한다. 1863년, 30세의 브람스는 빈에서 징아카데미합창단의 지휘자가 되었고 빈에 정착해 살면서 4개의 교향곡을 포함하여 수많은 아름다운 작품을 창작한다. 브람스는 39세 때 빈음악협회 예술감독이 되었으며, 이때부터 안정적인 수입을 거두며 작곡에 전념할 수 있었다. 이후 〈제1 교향곡〉을 시작으로 수많은 걸작을 발표했다. 그는 당대 가장 뛰어난 작곡가로 자리매김하면서 낭만주의 시대를 대표하는 인물이 되었다. 브람스의 작품 속에는 질서의식, 음악적 구조, 깊은 서정성 그리고 전체를 조화롭게 이끄는 멜로디와 하모니가 있다. 브람스는 오페라를 제외한 모든 장르를 넘나들며 작품을 썼고, 모든 장르에 걸쳐 최고 수준의 작품을 남겼다.

브람스와 평생 우정을 이어가던 클라라가 세상을 떠난 그다음 해, 평생 독신으로 살며 음악에 정진했던 브람스도 64세 나이로 삶을 마감한다. 브람스의 장례식 날 그의 고향 함부르크에서는 항구에 정박한 모든 배가 돛을 절반만 올려 위대한 작곡가의 죽음을 애도했다.

미술 154 렘브란트 판 레인

렘브란트 판 레인(Rembrandt Harmenszoon van Rijn, 1606-1669)은 네덜란드 황금 시대의 대표적인 화가이며, 인습에서 탈피한 역사화가이자 초상화가이다. 그는 자기관찰적 자화상과 사실적 표현을 내면적 사실성으로 변화시킨 작품들 속에서 빛과 어둠을 극적으로 배합하는 자신만의 혁신적인 명암법, 흐릿하거나 강렬한 색채, 두꺼운 물감층의 질감, 표현주의 기법으로 사람들을 설득하고 감동시켰다.

렘브란트는 미술사를 통틀어 가장 위대한 에칭* 조각가이기도 하다. 역사화와 초상화, 특히 자화상을 즐겨 그렸으며 인간애라는 숭고한 의식을 작품의 구성 요소로 스며들게 하였다. 고대 신화, 성경, 일상생활, 여성의 사실적인 누드는 그가 선호하는 주제들이었다. 렘브란트의 고객들은 주로 상인, 의사, 설교자, 유대교 제사장 그리고 다른 화가들이었다. 교회의 주문으로 몇몇 종교화를 그렸고, 이탈리아의 루포 백작을 위해서 역사화를 그리기도 했다.

렘브란트는 네덜란드의 레이던에서 제분업자의 아들로 태어났다. 그는 조기에 학교 교육을 중단하고 레이던의 야코프 반 스바넨부르흐의 공방에서 3년간 그림과 판화를 배웠다. 이후 암스테르담으로 가서 역사화가 피터르 라스트만의 제자가 되었다. 렘브란트는 레이던과 암스테르담의 도제 시절 다 빈치의 화법과 루벤스의 역동적인 바로크 미술, 독일의 아담 엘스하이머의 명암법에 큰 감명을 받았다. 그 영향은 자연스럽게 그의 화풍에 녹아들었다.

레이던으로 돌아온 렘브란트는 공방을 열고 본격적인 작품 제작에 돌입했다. 이 시기에 그는 사실적인 심리 묘사를 강조하는 라스트만의 역사화에서 많은 영향을 받았다. 〈발람의 당나귀〉나 〈토론하는 두 철학자〉 등 초기 작품에는 그러한 경향이 뚜렷하게 나타난다.

* 에칭(Etching): 오목판화 기법 중 하나로 금속판에 부식액을 발라 금속이 부식되는 성질을 이용해 이미지를 새기고, 새겨진 홈에 잉크를 채워 찍어내는 기술이다.

1631년 암스테르담으로 이주한 렘브란트는 이듬해 〈툴프 박사의 해부학 강의〉를 발표하면서 명성을 얻기 시작한다. 당시 렘브란트는 암스테르담의 부유한 미술상인 반 오일렌부르흐의 집에 잠시 머물렀는데, 이때 그의 사촌인 사스키아와 연인이 되어 이듬해 결혼했다. 사스키아와 함께한 결혼생활은 렘브란트 인생의 황금기였다. 이 시기에 그는 웅장한 대작들을 제작했다. 1642년 〈야간 순찰〉을 그릴 무렵 렘브란트는 화가로서 절정에 다다랐다. 그러나 아내 사스키아가 사망하고 파산 위기에 몰리는 등 불운이 겹치기도 했다. 1668년, 사랑하는 아들 티토를 떠나보낸 렘브란트는 이듬해 아들의 뒤를 따르면서, 드라마 같은 생애와 미술사의 한 시대를 마감했다. 그는 생전에 총 400점의 작품을 남겼는데, 그중 55점이 자화상이다.

<야간 순찰>(1642)

문학

155 홍루몽

《홍루몽(紅樓夢)》은 1791년 출판된 중국 청나라 때의 장편 통속소설이다. 전체 120회로 구성되어 있으며, 전반부 80회는 조설근이, 후반부 40회는 고악이 지었다. 원래 제목은 《석두기》였으나 고악이 《홍루몽》으로 고쳐 출간하였다.

지은이 조설근(曹雪芹)은 이름이 '점'이고 '설근'이 호이다. 그는 청나라 강희건륭 시대의 소설가로 난징의 명가에서 태어나 유복한 환경에서 성장했다. 조설근의 할아버지 조인은 통정사사의 장관을 지냈는데, 강희제가 강남 지방을 순시할 때 그의 집을 네 번이나 임시 행궁으로 정했을 만큼 신임이 매우 두터웠다. 그러나 조설근이 14세 때 그의 아버지가 죄를 지어 가산을 몰수당하고 일가는 베이징으로 이주했다가, 다시 서교의 산중으로 옮겼다. 당시 그는 학교에서 조교 일을 하기도 하고, 돈을 벌기 위해 다른 지역으로 일을 찾아다니기도 했다. 만년에 이르러 생활이 더욱 곤궁해지자, 그는 그림을 그려주고 받은 돈으로 술을 사 마셨다. 그리고 10년이라는 세월 동안 《홍루몽》 집필에 자신의 에너지를 모두 쏟아부었지만, 결국 완성하지 못하고 세상을 떠났다. 건륭 56년, 고악이 40회를 더 써 《홍루몽》을 완성하였다.

조설근은 여성의 자존심, 자유, 재주, 희망, 여성 생명 속의 커다란 환희와 고통을 통쾌하면서도 생동감 있게, 깔끔하면서도 함축적으로 묘사하였다. 작품 속에서 지은이는 인물들의 입을 통해 여성에게 찬사를 보냈다. 특히 주인공 가보옥의 '여성의 골육은 물로 만들어지고 남성의 골육은 진흙으로 만들어졌다. 여성을 만나면 기분이 상쾌한데 남성을 만나면 악취가 난다'라는 대사가 유명하다. 조설근은 당시 사회에서 억압받는 여성의 처지를 동정했고, 나약한 여성의 모습을 통해 불안정한 나날을 보내던 작가 자신의 내적 심리와 운명을 반영하기도 했다.

《홍루몽》은 호화로운 귀족 가정을 배경으로 꿈과 현실을 오가며 펼쳐지는 비련의 이야기로, 중국의 봉건제도에 대한 통렬한 비판 정신을 발견할 수 있는 뛰어난 문학 작품이다. 등장인물만 500명을 넘고, 비중이 약한 인물까지 자세하게 묘사하고 있는데, 특히 여성에 대한 묘사가 탁월하다고 평가받는다.

세계사 156

티무르

티무르(Timūr, 1336-1405)는 사마르칸트를 중심으로 중앙아시아, 이란, 아프가니스탄 등을 지배한 중앙아시아 유목 민족의 영웅이다.

트란스옥시아나*에 정착한 몽골족 후손들은 튀르크와 이슬람의 일부가 되었다. 티무르는 하급 지도자의 아들로 태어났다. 그는 몽골족에 포로로 붙잡혔다가 1340년에 사마르칸트로 갔다. 그곳에서 용병이 된 티무르는 거듭된 부상 때문에 '절름발이 티무르'라는 별명이 붙었다. 죽는 해까지 계속된 그의 정복 원정은 학문과 선전 및 선동, 천재적 전략, 흉폭함이 어우러진 조합이었다.

칭기즈칸의 후손이라는 정통성이 없어서 몽골 제국 칸의 자손을 초대하여 옹립한 티무르는 아미르(장군)로서 실권을 쥐고 유라시아 규모의 거대한 이슬람 제국을 꿈꾸며 티무르 왕조를 열었다. 그는 모스크바와 알레포, 바그다드, 카스(카슈가르), 델리 등을 정복했고 인도에 이슬람을 전파했다. 1399년부터 시작한 7년 원정에서 아나톨리아반도 동부, 시리아 일대를 공략했고, 서아시아의 대표 도시인 다마스쿠스를 점령했다. 그는 정복한 도시 전체를 무너뜨리고 경고의 의미를 담아 해골 피라미드를 세웠다. 티무르군의 원정으로 발생한 사상자가 무려 1,700만 명에 이른다는 추정도 있다. 학문에도 조예가 깊었던 티무르는 프랑스 왕, 카스티야 왕과 서신을 주고받았다. 1402년, 튀르크인이 세운 오스만 제국과 전쟁을 벌여 술탄을 포로로 잡으며 대승을 거두었다(앙카라전투). 오스만 제국의 앙카라를 정복함으로써 티무르 왕조는 서아시아를 거의 다 통일하는 대제국이 되었다. 그 후 티무르는 악천후 속에서 20만 대군을 이끌고 영락제가 다스리는 명을 향해 원정에 나섰다가, 건강이 악화되어 세상을 떠났다.

* 트란스옥시아나(Transoxania): 중앙아시아의 우즈베키스탄 · 타지키스탄 · 카자흐스탄의 남서부 지역을 지칭하는 지명

티무르 제국의 수도 사마르칸트에는 인구가 15만에 이르렀는데 튀르크인, 아랍인, 그리스인, 아르메니아인 등 다양한 민족이 어우러져 살았다. 중국에서 원나라가 명나라에 의해 쫓겨나자 명나라를 원수처럼 여기며 폄하했다. 사신들이 오면 낮은 자리에 앉히고 명나라 황제를 '돼지'라고 불렀다. 이는 다분히 몽골 제국에 대한 향수를 의식한 행동이었다.

티무르 왕조는 자손들에 의해 영토가 서투르키스탄과 이란으로 분열하자 약체가 되었고, 우즈베크인의 침입으로 멸망했다. 티무르 왕조의 마지막 황제인 바부르는 우즈베크인에게 쫓겨 아프가니스탄 동부로 피했다가 인도에 무굴 제국을 세웠다. 무굴은 '몽골'을 뜻한다.

철학
157 토머스 홉스

영국의 철학자이며 정치학자인 토머스 홉스(Thomas Hobbes, 1588-1679)는 베이컨의 유물론 철학을 계승하여 체계화시켰다.

홉스는 영국 윌트셔 맘스베리에서 목사의 쌍둥이 아들로 태어났다. 옥스퍼드대학교 진학 후 경제적 어려움 때문에 가정 교사로 지냈다. 이후 몇 차례 프랑스를 방문하면서 새로운 문물을 접할 기회를 얻었고, 1640년 정치적 이유로 프랑스에 망명했다. 프랑스 정착 후 영국 유물론의 창시자인 베이컨과 5년간 함께하면서 그의 경험주의 철학에 깊은 영향을 받았다. 한편, 데카르트와 교류했는데 당시 데카르트는 홉스보다 12세나 아래였지만 학문에서는 선배였다.

홉스는 베이컨의 철학적 토대 위에서 데카르트의 학문을 참고 삼아 경험 철학의 체계를 완결하였다. 온건한 이원론자인 데카르트와 비교하면 동시대를 살았던 토머스 홉스는 악명 높은 급진파였다. 그는 정신의 바람직하고 여유로운 상태인 난센스를 모조리 제거했을 뿐만 아니라 그것을 인과관계에 종속시켰다. 즉, 우리의 표상은 감각적 인상들의 세분화된 조합에 불과하며, 우리의 생각은 연상법칙에 따라 인과관계로 이어져 있다는 것이다.

'우리의 의지조차 자유로운 것이 아니라 불안과 욕망 사이의 손뜨개질의 결과일 뿐이다. 선과 악 또한 상대적이다. 호감이 가는 대상을 선, 반감의 대상을 악이라고 한다. 인간이란 하나의 기계다. 빈틈없는 인과관계는 신이 개입할 여지를 남기지 않는다. 신을 통한 인간의 보존은 하나의 새로운 법칙에 의해 교체된다. 이 법칙은 홉스가 발견한 '자기보존'이다. 이것은 성스럽기도 하고 끔찍하기도 하다.'

이 악마적인 본능의 토대 위에 그는 국가 이론을 세웠고 그 국가 이론을 개진한 책이 바로《리바이어던》이다.

인간들은 폭력적 죽음에 대한 두려움 때문에 서로 계약을 맺으니 이른바 사회계약이다. 이 계약 속에서 인간들은 단 한 사람의 지배자에게 자기들의 권리나 권능을 행사하도록 위임한다. 이런 식으로 전체 사회는 하나의 개체, 즉 국가가 된다. 국가란 리바이어던*, 즉 유한한 신과 같은 존재로 불사의 신 바로 다음으로 평화와 안전에 대해 우리가 고마워하는 신이다. 이 신, 즉 국가는 절대적이다. 이것은 당파와 도덕을 초월한다. 이 이론은 사회계약이라는 개념을 바탕으로 절대왕권을 옹호하고 있다.

1651년, 홉스는 망명생활을 청산하고 영국으로 돌아왔다. 그는 한동안 궁정과 거리를 두었으나 1660년 자신의 제자 찰스 2세가 국왕이 되면서 다시 궁정과 관계를 맺었다. 그는 91세를 일기로 생을 마칠 때까지 비교적 순탄하게 학문적 영역을 넓혀 나갔다. 대표작으로《철학원론》,《시민론》,《자연법과 국가의 원리》등이 있다.

<리바이어던의 파괴>(귀스타브 도레, 1865)

* 리바이어던(Leviathan): <구약성서> 욥기에 나오는 바다 괴물. 레비아탄이라고도 한다.

신화 158 판도라

제우스는 자기 허락 없이 인간에게 불을 주고 사용법을 알려준 프로메테우스('미리 아는 자'라는 뜻)에게 형벌을 내린 후에도 화가 풀리지 않았다. 인간에게도 재앙을 내리기로 마음먹은 제우스는 헤파이스토스에게 아름다운 여자를 만들게 하니, 바로 최초의 여성 판도라(Pandora)다. 그리스어로 'pan'은 모든(all), 'dora'는 선물(gift)인데 신들로부터 모든 선물을 받았다는 의미를 담고 있다. 올림포스의 신들은 판도라에게 맑고 아름다운 눈, 섹시한 입술, 백옥같이 흰 피부, 날씬한 허리, 어여쁜 목소리, 설득력 있는 말솜씨 등 모든 매력적인 요소를 불어넣었다. 마지막으로 제우스는 그녀의 마음속에 강력한 호기심을 채워넣었다. 제우스는 판도라에게 황금 상자를 하나 주었는데 그 속에는 인간들을 불행하게 만들 각종 재앙이 들어 있었다. 제우스가 판도라의 마음에 호기심을 가득 채운 것은 이 상자를 열어보게 만들려는 의도였다.

제우스는 헤르메스를 불러 판도라를 프로메테우스의 동생 에피메테우스('나중에 아는 자'라는 뜻)에게 데려다주도록 했다. 프로메테우스는 캅카스산에서 형벌을 받기 전 이 일을 미리 내다보고 에피메테우스에게 제우스가 보낸 선물을 절대 받지 말라고 경고했다. 하지만 판도라의 미모에 마음을 빼앗긴 에피메테우스는 형의 경고를 무시하고 그녀를 아내로 삼았다. 나중에 두 사람은 딸을 낳아 피라로 이름 지었다.

어느 날 판도라는 호기심이 발동해서 제우스가 절대 열어보지 말라고 경고했던 황금 상자를 열고 말았다. 상자가 열리자 질병, 가난, 불행, 고통, 저주, 질투, 갈등, 다툼 등 온갖 재앙이 한꺼번에 쏟아져 나왔다. 판도라가 급히 상자 뚜껑을 닫았지만 그 안에 남은 건 단 하나, 희망뿐이었다. 인간들이 온갖 재앙으로 고통을 받으면서도 낙망하지 않고 견디어낼 수 있는 것은 바로 이 희망이 간직되어 있었기 때문이다.

판도라의 상자는 인류의 불행과 희망을 나타내는 상징으로도 유명하다. 판도라의 이야기는 일종의 교훈을 담고 있다. 에피메테우스의 경우 앞으로 벌어질 일의 결과를 잘 생각해서 행동하라는 경고를, 판도라의 경우엔 쓸데없는 호기심을 갖지 말라는 주의를 준 것이다.

종교
159 불교

불교(佛敎)에는 신이 없다. 불교를 창시한 석가(붓다)는 세상을 창조한 신도 아니고, 신의 말씀을 전하는 예언자도 아니다. 그는 세상의 진리와 고통에서 벗어나는 방법을 스스로 깨닫고 그것을 전했을 뿐이다. 하지만 석가가 열반에 든 후 석가를 숭배하려는 경향이 강해졌고, 점차 그것이 구체적인 형태를 띠기 시작했다. 대표적인 것이 불상으로, 시대를 거듭할수록 다양해져 지금과 같이 여래, 보살, 명왕 등의 이름이 붙은 불상이 생겨났다.

불교의 창시자 고타마 싯다르타는 인도의 귀족이었다. 그는 타인의 고통을 목격하고 수도승이 되었다. 그는 보리수* 밑에서 49일 동안 수행하다가 삶의 진리에 눈떴다. 그 뒤 제자들에게 사제(사성제)와 팔정도(여덟 가지 바른 길)를 설파했다.

힌두교에서는 윤회가 각 생애의 행동에 좌우된다고 한다. 반면 석가는 현세의 삶에서 끝없는 윤회의 고리를 끊고 열반에 이르러야 한다고 했다. 석가의 가르침은 어떤 식으로든 열반과 연관되어 있었다. 석가에게 성스러운 삶이란 '열반에 들어가기 위한, 열반으로 건너가기 위한, 열반을 성취하기 위한 삶'이었다. 즉, 초기 불교의 가르침은 곧 열반에 관한 가르침이었으며, 석가의 가르침은 괴로움과 괴로움의 종식에 대한 가르침이니 곧 불교의 기본적 가르침인 사성제를 이룸이다. 붓다가 된 싯다르타는 여행을 하면서 팔정도의 가르침을 전했다. 다른 붓다들이 그 뒤를 따랐고, 열반에 들어가지 않고 중생을 인도하고자 애쓰는 보살도 그를 따랐다.

불교는 마우리아 왕조의 제3대 아소카 왕 시대에 이르러 널리 확산되었다. 그는 인도 역사상 최초의 통일 제국을 건설하여 불교의 자비, 불살생, 비폭력 이상을 통치의 이념으로 삼았으며, 불교 경전을 편찬하고 전파하였다. 이후 불교는 아시아 전역으로 퍼져나갔다. 아소카 왕의 아들 마힌다는 승려가 되어 당시 불교의 한 교파를 스리랑카에 전하기도 했다. 전승에 의하면 이 교파는 18개에 가까운 초기 불교의 많은 교파 중 유일하게 생존한 교파이다.

불교는 여러 신앙과 호환되는 유연한 특성이 있다. 중국에서는 노자사상, 도교 철학이 합쳐져 선종 불교가 탄생했다. 선종 불교는 포교를 통해 세계 여러 나라로 퍼져 나갔다. 오늘날 세계 여러 나라의 수많은 사람이 선종 불교를 수행하고 있다. 그러나 불교의 발상지인 인도에서는 힌두교가 득세하면서 점점 쇠퇴하고 있다.

불교 기념물의 앞에 서 있는 아소카의 여왕

* 불교에는 4대 성지가 있다. 석가가 보리수 아래에서 깨달음을 얻은 장소인 인도의 '부다가야', 석가가 태어난 네팔의 '룸비니', 석가가 최초로 설법을 한 '사르나트', 석가가 열반에 든 '쿠시나가라'가 그곳이다.

음악 160 리하르트 바그너

1813년, 음악사에 길이 남을 두 작곡가가 태어났다. 이탈리아 오페라의 금자탑을 세운 베르디와 독일 후기 낭만파의 거장인 리하르트 바그너(Wilhelm Richard Wagner, 1813-1883)이다.

바그너의 아버지는 일찍 세상을 떠났고, 바그너의 어머니는 남편의 친구와 재혼했다. 바그너의 새아버지는 배우이자 극작가였다. 새아버지의 영향으로 어린 시절 바그너는 음악과 연극에 관심을 가졌다. 16세 되던 해 음악 공연에서 소프라노의 노래를 듣고 오페라 작곡에 대한 비전을 가지게 되었다. 5년 후 바그너는 자신의 꿈을 실현한다. 첫 번째 오페라를 마그데부르크의 무대에 올린 것이다. 하지만 청중의 반응은 좋지 않았고, 큰 빚까지 져 파산했다. 바그너는 올바른 경제관을 가지지 못해서 평생 금전적으로 많은 어려움을 겪었다. 방랑벽이 있어서 여러 지역을 떠돌았고, 사생활 또한 건전하지 못해 평생 여성편력이 심했다. 26세 때는 빚쟁이들을 피하기 위해 당시 거주하던 러시아 제국령인 리가를 떠나야 했다.

바그너는 당시 오페라의 중심지였던 파리로 이주해 가난과 싸우며 오페라 〈리엔치〉, 〈방황하는 네덜란드인〉을 작곡했다. 1842년 모국으로 돌아온 바그너는 드레스덴에서 〈리엔치〉와 〈방황하는 네덜란드인〉을 차례로 공연하여 크게 성공한 뒤 드레스덴 궁정의 지휘자가 된다. 생활이 안정된 바그너는 음악 활동에 전념하며 오페라 〈탄호이저〉, 〈로엔그린〉을 완성했다.

1848년 2월 프랑스 혁명을 기점으로 전 유럽에 혁명의 불길이 타올랐고, 그 불길은 드레스덴까지 번졌다. 이 혁명에 가담한 바그너는 체포령이 떨어지자 스위스로 망명했다. 그곳에서 악극 〈트리스탄과 이졸데〉를 비롯한 여러 작품을 작곡했다.

바그너는 51세 때 스위스에서의 오랜 망명생활을 마치고 독일로 돌아왔다. 바이에른의 국왕 루트비히 2세는 바그너의 음악에 매료되어 후원을 약속하며 환대했다. 바그너는 이 무렵 리스트의 딸 코지마와 무려 24세의 나이 차이를 극복하고 동거에 들어갔다. 그녀는 바그너가 세상을 떠난 후에도 남편의 음악을 세상에 널리 알리기 위해 많은 노력을 기울였으며, 자신의 일기를 통해 바그너의 예술과 생애를 상세하게 기록하여 후세에 남겼다. 뮌헨에 정착한 바그너는 악극 〈뉘른베르크의 명가수〉, 〈니벨룽겐의 반지〉 등을 완성했다. 바그너의 오페라를 공연하기 위한 페스트슈필하우스도 지어져 1876년에 〈니벨룽겐의 반지〉를 공연하였다. 1882년, 그는 마지막 작품인 〈파르지팔〉을 완성했다. 이 작품을 초연한 후 바그너는 가족과 함께 베네치아에서 휴양생활에 들어갔고 이듬해 심장마비로 사망했다.

바그너는 분업화되어 있던 기존의 오페라를 개혁하여 작사, 작곡, 연출을 모두 자신의 손으로 직접 처리하여 이상적인 종합예술의 개념을 구현했다. 바그너는 성악 중심의 기존 오페라가 지닌 한계를 지적하며 일생 동안 음악, 미술, 무용, 연극, 시, 철학을 융합하여 오페라를 발전시킨 악극의 형태를 완성했다. 이를 기존 오페라와 구분하여 '악극'이라고 한다. 바그너는 전 작품을 통해 사랑과 평화의 이상을 실현한 위대한 작곡가였다. 그는 철두철미하리만큼 일관되게 사랑과 평화를 동경했으며 그것이 구원의 이상이기도 했다.

미술 161

윌리엄 호가스

윌리엄 호가스(William Hogarth, 1697-1764)는 영국의 화가이자 판화가이다. 사회 참여적 면모를 보인 호가스는 조지 왕 시절의 영국 문화를 캔버스에 옮겨 담았다. 그는 풍자와 교훈적 담화, 해학과 관습, 사실과 공상을 동시에 표현했으며, 작품에서 사회 교화와 철학적 담화의 표현을 목표로 했다.

유명한 초상화가이자 풍속화가인 호가스의 작품들은 때로는 초벌 그림 같기도 하고 때로는 섬세하게 마무리되기도 하면서 회화적 이야기와 묘사를 담았다. 호가스의 작품은 대부분 귀족과 부르주아 계층의 초상화, 풍속화, 연작화이다. 특히 시민들의 애환을 묘사한 그의 풍속화는 폭넓은 대중적 인기를 누렸다. 말년에는 정치적인 주제와 사회적 논쟁이 된 주제를 그리기도 했다.

호가스는 영국 런던에서 교사의 아들로 태어났다. 일찍이 은세공사의 공방에서 판화와 삽화 기술을 배웠다. 이후 도서 삽화나 풍자 판화로 명성을 얻었지만 그의 궁극적인 목표는 명예와 부를 거머쥘 역사화가가 되는 것이었다. 호가스는 좀 더 전문적인 미술 공부를 위해 제임스 손힐의 문하에 들어갔다. 손힐은 조지 1세의 궁정 화가이며, 화가로는 최초로 작위와 함께 '경'의 호칭을 받은 영국 화단의 거장이었다. 호가스는 그의 딸 제인과 결혼했다.

호가스는 초창기에 당시 유행하던 집단 초상화 형식의 귀족 초상화를 그렸다. 〈스티븐 베킹엄과 메리콕스의 결혼식〉, 〈올리스턴가〉, 〈폰테인가〉 등이 당시 완성한 초상화이다. 그러나 곧 도덕적 교훈을 주제로 삼는 새로운 형태의 미술, 즉 사회풍자화를 창안했다. 호가스는 교훈적 목적과 명랑하지만 통렬한 선동적 태도를 숨기지 않았다. 부패한 귀족들의 세계와 상류 사회에 진입하고자 하는 부르주아지의 꼴사나운 출세주의자, 탐욕스런 성직자, 게으른 군인, 가난한 하류 계층을 포함한 모든 사회 계급의 관습을 날카롭게 비판했다.

호가스의 작품이 대중의 인기를 얻고 판화로 제작되어 저렴한 가격에 보급되자, 질 낮은 복제품들이 유통되기 시작했다. 호가스는 표절을 막기 위해 저작권 보호 법률 제정을 위한 캠페인을 벌였다. 결국 1735년 '판화가'의 저작권 '법령'이 통과되었다.

1757년에 호가스는 조지 2세의 궁정 화가가 되었으며, 이는 조지 3세 때에도 이어졌다. 그는 영국 고유의 학파를 창시했으며, 영국 왕립아카데미의 설립 토대를 제공하고, 세인트마틴레인아카데미를 직접 창설했다. 또한 〈미의 분석〉이라는 논문도 발표했다. 호가스는 생전에 약 200점의 그림과 250점의 판화 작품을 남겼다.

<스티븐 베킹엄과 메리콕스의 결혼식>(1729)

문학
162 열미초당필기

《열미초당필기(閱微草堂筆記)》는 기윤이 지은 청대의 기담집이다. 기윤은 청나라 중기의 문헌학자로, 건륭 황제의 총애를 받아《사고전서》의 편집 책임을 맡았고, 후일 예부시랑 겸 병부상서를 역임하였고 예부상서협판대학사를 지냈다. 조정으로부터 '문달'이라는 칭호를 받으면서 '기문달공'으로 불렸다.

'열미초당'은 기윤의 서재 이름이고 '필기'란 수필이나 기록글을 가리킨다. 내용은 주로 유령이나 여우 등의 괴담과 기담이 대부분이지만, 이국의 물산이나 전설, 지은이의 추억담 등도 포함되어 있다. 기윤은 송나라 이후 이학(理學)이 보여준 엄숙주의를 싫어하여 실증적인 청조고증학을 추진했다. 그는 '사실'을 무엇보다 중시했으며, 설령 그것이 기담이나 괴담일지라도 하나의 견문으로 기록된 이상, 그것을 사실적인 자료로 평가했다. 그런 관점에서 당시 널리 읽히던 포송령*의《요재지이》가 문체상으로는 6조(六朝)의 지괴*소설과 당나라의 전기소설을 혼용하고, 내용상으로는 견문과 공상을 혼용하고 있는 데 불만을 가졌으며, 그것이《열미초당필기》의 집필 동기가 되었다.

그는 스스로 보고 들은 기담과 괴담을 격조 높은 고문으로 기록했다. 그는 다른 사람에게 들은 이야기는 화자의 이름을 적어 출처를 분명히 밝혔다. 그리고 픽션을 철저히 배제한 엄격한 기록 정신으로 편찬하였다. 담백하고 간결한 문체에서도 그의 풍부한 교양과 온건하고 합리적인 정신이 드러나고 있다.

《열미초당필기》는 간행된 연대순으로《난양소하록》,《여시아문》,《괴서잡지》,《고망청지》,《난양속록》의 5부 24권으로 나누어지며, 총 1,200여 편이 수록되어 있다.

* 포송령(蒲松齡): 중국 청나라 초기의 소설가 겸 극작가. 그의 괴이소설집《요재지이》는 모두 16권 445편으로 신선이나 도깨비, 이상한 인간 등의 이야기를 담고 있다.

* 지괴(志怪): 중국 한 말부터 육조 시대의 남조에 유행했던 설화의 명칭으로, 귀신 · 인물 야담 · 전설 · 불교와 도교의 종교 설화 등을 다룬다.

세계사 163 페스트

1347년에 창궐한 페스트(Plague, 흑사병)로 4년간 유럽 인구의 3분의 1이 목숨을 잃었다. 흑사병은 실크로드를 따라 전파되었는데, 크림반도에서 이탈리아 무역상인이 옮아 온 것이다. 흑사병의 매개체는 곰쥐에 붙어사는 벼룩이었지만, 호흡기를 통해서도 전염되었다. 공동체생활을 하는 수도원에서 특히 많은 희생자가 나왔다. 당시 '백년전쟁'을 치르던 영국과 프랑스는 특히 그 피해가 심했다. 전쟁과 기근에 전염병까지 겹치면서 농민들의 반란이 일어났다. 겁에 질린 사람들은 인적이 드문 시골을 찾아 이주했다. 흑사병이 유럽 전역으로 퍼져나가자 많은 선박이 드나들던 이탈리아는 비상이 걸렸다. 베네치아에서는 모든 외국 선박의 선원들을 40일 동안 격리시킨 후 항구에 내리도록 했다.

흑사병은 그 명칭에서 보듯이 '인간의 악의에 의해 퍼진 질병'이라고 생각했다. 많은 사람이 흑사병의 원인을 마녀나 유대인의 탓으로 돌렸다. 유대인들이 우물과 샘에 독을 풀었다는 소문까지 나돌면서 유대인에 대한 증오가 폭발해 폭도들은 유대인 거주지에 불을 지르고 유대인들을 살해하기 시작했다. 1349년부터 1351년까지 유럽에서는 유대인들의 대형 공동체 6개와 소형 공동체 150개가 사라졌고, 350회 이상의 학살이 자행되었다. 이로 말미암아 중서부 유럽의 유대인 공동체는 거의 뿌리 뽑혔다. 흑사병의 공포는 예술에도 큰 영향을 미쳤다. 당시 많은 예술가가 목숨을 잃었고, 살아남은 예술가들은 대부분 페스트가 남긴 공포의 기록만을 남겼다. 이 시대의 작품에서 해골은 흔하게 등장했다.

영국 길드는 개별 급수 시설 덕에 피해가 적었던 것을 감사하는 의미에서 성경 이야기로 공연을 했다. 이 성사극(대규모 종교극)에서 상업 연극이 탄생했다. 또한 사회계층에도 급격한 변동이 일어났다. 수많은 노동자의 희생으로 노동력이 부족해지자 임금이 급격히 상승했다. 사람들은 새로운 일자리를 찾아 도시로 몰려들었고, 그들에겐 이전보다 훨씬 많은 재산이 할당되었다. 그 수입을 토지나 무역에 투자해서 막대한 이득을 얻은 졸부들도 생겨났다. 이들은 수세기 동안 이어진 귀족의 특권을 위협했다.

철학
164 르네 데카르트

르네 데카르트(René Descartes, 1596-1650)는 프랑스의 철학자이자 수학자이며 물리학자이다. 그는 근대 철학의 아버지로 불리며, 대륙합리론의 시조이다. 대륙합리론에서는 인간이 태어나면서부터 이성을 부여받았다고 보고 그 이성의 힘으로 만물의 원리를 파악하여 모든 법칙과 진리를 추구하려고 했다. 그리고 과거의 모든 사상을 원점으로 돌리고 거기서 철학의 체계를 다시 세웠다. 그는 학문을 하나의 나무에 비유하고 그 뿌리가 형이상학, 줄기가 자연학, 가지가 기계학과 의학과 윤리학이라고 했다. 형이상학이란 감각적인 세계의 깊숙한 곳에 있는 원리를 탐구하는 학문으로, 근본의 근본인 셈이다. 뿌리가 제대로 자리 잡아야 줄기와 가지 위의 다양한 학문도 안정된다. 뿌리 부분이 썩으면 모든 학문이 무너지기 때문이다.

데카르트는 프랑스 투렌의 귀족 집안에서 태어났다. 9세 때 라 플레슈의 예수회 학교에 입학하여 17세까지 교육받았다. 1613년에 파리로 유학했으며 푸아티에대학교에서 법학사 학위를 받았다. 하지만 철학에 흥미를 느껴 법학을 포기하고 철학 공부에 매달렸다. 1617년, 군에 입대하여 4년간 복무하고 1621년에 제대했다. 이후 유럽 여행을 떠나는데 그 여행은 1628년 네덜란드에서 비로소 끝났다. 그는 네덜란드의 한 마을에 정착한 후 그곳에서 30여 년 동안 머무르며 은둔생활을 했다.

데카르트는 은둔 중 한때 하녀와 교제해 딸을 두었으나, 딸이 홍역으로 세상을 떠나자 하녀와의 동거를 끝냈다. 딸의 죽음으로 슬픔에 빠져 있던 데카르트는 1642년에 프리드리히 왕의 딸 엘리자베스 공주와 교제하면서 다시 활기를 되찾았다. 당시 데카르트는 49세였고, 엘리자베스는 26세였다. 엘리자베스는 뛰어난 미모에 6개 국어를 구사하며, 수학과 자연과학에 조예가 깊어 데카르트의 좋은 편지 친구가 되었다. 데카르트는 그녀의 지성에 감탄하여 자신의 저서를 완전히 이해한 사람은 엘리자베스 공주 한 사람뿐이었다고 고백했다.

1645년, 데카르트는 한 사람의 편지 친구를 얻는다. 스웨덴 주재 프랑스 대사이자 그의 친구인 사뉴로부터 스웨덴의 크리스티나 여왕을 소개받은 것이다. 이것이

인연이 되어 데카르트는 1649년 스웨덴으로 초청을 받고 여왕의 스승이 되었다. 하지만 그의 스웨덴 왕궁에서의 생활은 오래가지 못했다. 데카르트가 폐렴에 걸려 회복하지 못하고 끝내 숨을 거둔 것이다.

유럽합리론의 선구자이며 근대 철학의 아버지로 불리는 그가 남긴 저작물로는 《우주론》, 《방법서설》, 《철학의 원리》, 《정념론》, 《성찰론》 등이 있다.

<르네 데카르트의 초상>(프란스 할스)

신화 165

헤라클레스

그리스 신화에 등장하는 최고의 영웅은 헤라클레스(Hēraklēs)이다. 그는 제우스와 인간인 알크메네의 아들이다. 제우스는 페르세우스와 안드로메다의 손녀인 알크메네의 아름다움에 취해서 그녀에게 흑심을 품었다. 알크메네에게는 암피트리온이라는 약혼자가 있었는데, 제우스는 그녀의 약혼자로 변신해 그녀와 하룻밤을 지냈다. 그런데 다음 날 전쟁에 나갔던 약혼자 암피트리온이 귀국하여 그녀와 동침하면서 알크메네는 제우스의 아기와 암피트리온의 아기를 함께 임신하게 되었다. 이렇게 해서 신의 아들인 헤라클레스와 인간의 아들인 이피클레스는 쌍둥이로 태어났다. 헤라클레스가 태어나기 직전 제우스는 "곧 아르고스의 왕이 태어날 것이다"라고 말했다. 헤라는 그 말을 듣고 심한 질투심에 사로잡혔다. 헤라는 헤라클레스의 출생을 고의로 늦추고 사촌 형인 에우리스테우스를 먼저 태어나게 했다. 그녀는 또 헤라클라스가 태어난 후 8개월 무렵 독사를 보내어 헤라클레스를 죽이려고 했다. 하지만 헤라클레스는 독사에게 물리기는커녕 오히려 독사를 가지고 놀다가 목을 졸라 죽였다.

은하수의 기원도 헤라클레스와 관련이 있다. 제우스는 헤라의 분노를 가라앉히기 위하여 아들의 이름을 헤라클레스로 지었는데, 그 뜻은 '헤라의 영광'을 의미한다. 제우스는 헤라클레스가 신과 같이 당당한 풍채를 가지도록 해주고 싶었다. 그래서 헤라에게 속임수를 써서 헤라클레스를 기르도록 했다. 나중에 속은 것을 알게 된 헤라는 헤라클레스에게 물렸던 젖꼭지를 빼서 남은 젖을 하늘에 뿌렸는데, 그 젖이 은하수가 되었다고 한다.

청년으로 성장한 헤라클레스는 키타이론산의 사자를 물리치고, 테베에 공물을 요구하는 이웃 나라를 정복하여 영웅의 면모를 드러내기 시작했다. 테베의 왕 크레온은 헤라클레스의 전공을 치하하며 자신의 딸 메가라를 아내로 주었다. 두 사람 사이에 3명의 아들이 태어났다. 그런데 헤라클레스에 대한 헤라의 미움은 집요하고 잔인했다. 헤라의 저주로 정신착란을 일으킨 헤라클레스는 자신의 손으로 사랑하는 아내와 자식들을 죽였다. 헤라클레스는 델포이 신전으로 가서 그 죄를 씻을 방법을 신탁에 구했다. 그는 신탁에 따라 사촌 형제인 미케네와 티린스의 왕 에우리스테우스의 노예가 되어 12년 동안 그를 섬기며 속죄해야 했다. 에우리스테우스는 헤라클레스에게 인간으로선 도저히 수행할 수 없는 12가지 어려운 임무를 부여했다. 헤라클레스는 그 임무를 모두 수행한 후에야 비로소 자신의 죄를 씻어낼 수 있었다.

헤라클레스는 훗날 데이아네이라와 결혼했다. 그런데 헤라클레스에게 원한을 가진 켄타우로스족 네소스가 데이아네이라를 납치하려고 했다. 그 모습을 본 헤라클레스는 히드라의 독이 묻은 화살을 네소스에게 쏘았다. 네소스는 숨을 거두기 전 데이아네이라에게 남편의 애정이 식었을 때 자신의 피를 그의 옷에 묻히면 사랑을 되찾을 수 있다고 속였다. 그로부터 몇 년 후 헤라클레스에게 젊은 여자가 생겼다. 위협을 느낀 데이아네이라는 네소스의 피를 남편의 옷에 묻혔다. 그 피에는 히드라의 독이 섞여 있었기에 그 옷을 입은 헤라클레스는 전신에 독이 퍼졌다. 고통을 견디지 못한 헤라클레스는 불타는 장작더미 속에 스스로 몸을 던져 죽음을 맞았다.

제우스는 헤라클레스의 영혼을 거두어 올림포스로 데리고 가서 신으로 만들었다. 새롭게 태어난 헤라클레스는 자신을 괴롭혔던 헤라와 화해하고, 헤라의 딸인 청춘의 여신 헤베와 결혼했다.

종교 166 불타

불교의 창시자인 붓다는 본명이 고타마 싯다르타였다. 고타마는 그의 성이고 싯다르타는 이름이다. 붓다는 '삶의 본질과 의미를 깨달은 이'라는 뜻의 존칭이고 불타(Buddha)는 붓다의 음역이다. 사찰이나 신도 사이에서는 진리의 체현자라는 의미의 여래, 존칭으로서의 세존·석존 등으로도 불린다.

그는 기원전 5세기 무렵, 샤카족의 왕자로 태어났다. 전설에 따르면 석가모니가 태어났을 때, 히말라야산에서 선인 아시타가 찾아와 왕자의 상호(相好, 신체의 크고 작은 특징)를 보고는 "집에 있어 왕위를 계승하면 전 세계를 통일하는 전륜성왕이 될 것이며, 만약 출가하면 반드시 불타가 될 것"이라고 예언하였다고 한다. 그는 태어나자마자 일곱 걸음을 걸은 뒤, 하늘과 땅을 가리키며 '천상천하 유아독존'이라고 외쳤다. 싯다르타는 16세 때 '고파' 혹은 '아쇼다라'라는 여인과 결혼하여 라훌라라는 아들을 두었다. 그는 처자식을 거느리고 3개의 궁전을 오가며 매우 풍족한 삶을 누렸으나, 29세 때 모든 것을 버리고 출가하였다. 그는 출가에 앞서 병자, 노인, 시체, 출가한 비구(남자 승려) 등 네 가지 모습을 보았다. 그 각각은 병들어 건강하지 못함, 나이 들어 쇠약해짐, 죽음에 대한 두려움, 모든 것을 초월할 수 있다는 '희망'을 상징한다. 이러한 경험 후 싯다르타는 출가하여 삶과 죽음의 괴로움에 대한 해답을 찾고자 했다.

싯다르타는 출가 후 6년 동안이나 브라만 승려의 가르침에 따라 진리를 추구했지만 깨달음을 얻는 데 실패했다. 그러나 35세 때 부다가야의 보리수 아래서 좌선을 시작하면서 깨달음에 이르렀다. 이 깨달음을 '정각(正覺)'이라고 한다. 이후 그는 여러 곳을 다니며 자신이 깨달은 진리를 전파하였다. 그의 설법은 45년간 계속되었고, 그 과정에서 비구와 비구니(여자 승려)로 구성된 승가 공동체를 만들었다. 붓다가 된 싯타르타는 80세의 나이에 오늘날 인도의 우타르프라데시에 있는 쿠시나가라에서 열반에 들었다. 석가모니의 사후 그의 유해는 다비(화장)되고, 그 유골은 중부 인도의 8부족에게 분배되어 사리탑에 분장되었다. 이 사리탑은 중요한 예배 대상으로 간주되어 후에 불탑 신앙으로 발전하였다.

음악
167 안토닌 드보르자크

안토닌 드보르자크(Antonín Dvořák, 1841-1904)는 체코가 낳은 세계적인 작곡가이다. 스메타나와 함께 체코를 대표하는 클래식 작곡가이며, 19세기 중후반 민족주의 음악을 대표하는 음악가이다.

당시 오스트리아 제국의 프라하 근교에서 8형제 중 장남으로 태어났다. 그의 부모는 정육점과 여관을 운영했다. 그는 어릴 때 친척으로부터 바이올린과 트럼펫을 배워 민속 음악의 영향을 받았다. 드보르자크는 13세 때 안토닌 리만에게 작곡을 배웠는데, 그는 드보르자크가 음악가의 길을 가도록 드보르자크의 아버지를 설득해 프라하의 오르간 학교에 입학시켰다. 그러나 가정 형편이 어려워 교회에서 바이올린 연주를 하며 직접 학비를 벌어야 했다. 학교 졸업 후 25세 때부터 프라하국립극장 오케스트라 단원으로 7년간 일했으며, 32세 때부터 작곡가로 본격적인 활동을 했다.

1870년, 첫 오페라 〈알프레드〉는 바그너의 음악적 영향이 심하게 드러난 작품이다. 3년 뒤 〈힘노스〉를 발표하여 성공하자 오케스트라를 그만두고 작곡에 전념했다. 1874년 교향곡 제3번으로 오스트리아국립음악상을 수상했고, 2년 뒤 〈모라비아 이중주〉로 다시 한 번 수상했다. 이 두 번의 오스트리아국립음악상 수상으로 드보르자크는 유명해졌다. 당시의 심사위원 브람스는 〈모라비아 이중주〉의 출판을 권유했으며, 국가에서 연금을 받도록 추천했다.

1884년, 영국에 초빙되어 자신의 작품과 체코 음악의 아버지로 불리는 스메타나의 작품을 연주했다. 영국에서의 첫 공연은 청중의 갈채 속에 큰 성공을 거두었고, 드보르자크는 돈과 명성을 한꺼번에 거머쥐었다. 이후 여덟 차례나 더 영국을 방문하여 공연했다. 1891년, 프라하음악원의 교수가 되어 학생들에게 작곡을 가르쳤다.

1892년 미국의 뉴욕국립음악원 원장으로 초빙된 그는 뉴욕에서 흑인영가에 매혹되어 그 음악 채집에 몰두했다. 이때 흑인영가가 보헤미아의 민요와 같이 5음 음계에 바탕을 두고 있다는 공통점을 발견했다. 조국 보헤미아에 대한 사랑과 애절하고도 깊은 영감을 느끼게 하는 흑인영가의 선율이 그의 마음속에 자리 잡자 새로운 창조의 불꽃이 타올랐다. 뉴욕에서 머문 3년 동안 〈신세계〉, 〈첼로 협주곡〉, 〈현악사중주〉, 〈아메리카〉 등 여러 작품을 작곡하여 큰 성공을 거두었다. 특히 〈첼로 협주곡〉에 대해 브람스는 극찬을 아끼지 않았다. 1895년, 뉴욕생활을 정리하고 귀국한 드보르자크는 프라하음악원의 교수로 있으면서 민족적인 교향곡과 오페라를 작곡하여 더욱 명성이 높아졌다. 1901년, 재직 중이던 프라하음악원의 원장이 되어 교육자로서도 크게 공헌했다.

드보르자크는 체코 국민주의 음악운동의 선구자로서 스메타나와 함께 세계적으로 이름을 떨쳤다. 그는 음악이 예술로서 따스한 정감과 고향의 내음을 담고 표출될 수 있다는 것을 자신의 작품을 통해 증명해 보였다. 드보르자크는 교향곡과 협주곡 분야에서 높은 평가를 받았다. 그의 음악은 서정적이며 민족적인 선율과 리듬에 의해서 명확하게 표현한 것이 특징이다. 신에 대한 경건한 태도, 조국과 자연에 대한 따뜻한 마음과 정열이 그의 작품의 기반이다. 특히 국민 음악의 특성이 가득하지만 동시에 아름다움의 극치를 보여주기 때문에 국경과 인종을 초월하여 지금도 찬란한 예술로 빛나고 있다.

미술
168 장 오노레 프라고나르

장 오노레 프라고나르(Jean Honoré Fragonard, 1732-1806)는 프랑스 로코코 시대의 화가이다. 그는 쾌활하고 명랑하며 감성적이고 충동적인, 대담하고 자유로운 예술가였다. 초상화, 풍경화, 거장들을 모사한 모사화, 미세화를 비롯한 모든 회화 장르를 섭렵한 그의 작품에는 18세기의 열망, 모순, 대비가 담겨 있다. 그는 생기 넘치는 상상력, 뛰어난 재능, 유창한 제작 방식을 뽐냈다. 그는 16세기 회화적 특징을 따랐으며, 베네치아의 전통에서 영감을 받아 생생한 색채와 간결한 화법을 받아들였다. 그는 주로 비유를 사용하여 미묘하면서 암시적인 분위기를 만들어냈다. 그의 명성을 높여준 대표작 〈그네〉와 〈탈주〉는 18세기 프랑스 귀족 사이에서 유행하던 가볍고, 경쾌하며, 향락적인 데다 연극적인 로코코 미술의 전형을 보여준다. 그는 찰나의 움직임을 포착하는 감각, 거장다운 뛰어난 솜씨, 관능적인 황금빛 색채 표현, 촌극 속에 담긴 사랑으로 당대를 대표하는 거장으로 추앙받았다.

프라고나르는 프랑스의 그라스에서 태어났다. 6세 때 가족을 따라 파리로 이주한 그는 짧은 기간 동안 샤르댕과 부셰의 지도를 받았으며, 1752년에 로마상을 수상하고 1756년에 이탈리아로 유학을 떠났다. 이탈리아에서 5년간 공부하고 귀국한 그는 〈대승정 코레슈스의 희생〉을 아카데미에 제출하여 호평을 받았다. 이후 역사화를 버리고 살롱이나 아카데미와 관련이 없는 자유로운 입장에서 쾌활하고 감성적이면서도 관능적인 주제를 작품으로 표현했다. 그의 작품은 귀족들의 입소문을 타면서, 사랑의 한순간을 아름답게 그리는 데 탁월한 작가라는 명성을 안겨주었다.

이 시기에 루브르에 정착한 프라고나르는 비로소 결혼하고 가정을 꾸렸다. 그러나 1770년대에 들어서면서 관능적인 주제를 점차 버리고 낭만주의적 경향을 보이기 시작했다. 1771년, 그의 명성과 작품 세계는 절정에 도달한다. 이 시기에 그는 궁정 화가의 직책을 제안받았지만 거절하고 작품 활동에 전념했다. 화려한 성공과 높은 명성을 얻었지만 만년에는 곤궁한 삶을 살았다. 1788년에 딸을 잃었고, 이어 혁명이 발발하자 후원자들을 잃고 파산했다. 작품 활동을 중단하고 칩거하던 그는 제자의 도움으로 루브르박물관의 작품 보존가로 일했다.

문학 169

허먼 멜빌

허먼 멜빌(Herman Melville, 1819-1891)은 에드거 앨런 포, 너대니얼 호손과 함께 19세기 미국 문학을 대표하는 작가이다. 스코틀랜드계 부유한 무역상의 아들로 뉴욕에서 태어난 그는 풍족한 유년 시절을 보냈다. 13세 때 아버지가 파산한 후 정신이상으로 세상을 떠나자 가족들은 막대한 빚을 짊어지게 되었다. 가정 형편 때문에 학업을 중단하고 상점이나 농장 등에서 일을 해야만 했다. 20세 되던 해인 1839년, 그는 상선의 선원이 되어 영국 리버풀을 오가며 항해했다. 이 경험은 나중에 소설《레드번》의 토대가 되었다.

1841년, 허먼 멜빌은 포경선 애큐시넷호의 선원이 되어 남태평양으로 출항했다. 식인종 타이피족의 섬에서 동료 한 명과 같이 그들의 포로가 되었는데, 타이피족은 그에게 해를 입히지 않고 극진히 대접했다. 이 체험을 토대로 1846년《타이피족》을 썼다. 이후 포경선과 미 해군 프리깃함 유나이티드스테이츠호를 탔던 경험은《오무》,《마디》,《하얀 재킷》등 작품의 토대가 되었다. 1847년,《오무》를 발표한 그는 대법원 판사의 딸 엘리자베스 쇼와 결혼하여 뉴욕으로 이사했다.《마디》,《레드 번》이 뉴욕에서 출판되자 1849년《하얀 재킷》의 원고를 들고 런던으로 향했다.

1850년 여름, 멜빌은 메사추세츠주 피츠필드 근처에 농장을 사들여 이사한 뒤《모비 딕》의 집필에 들어갔다. 이곳에서 그는 작가와 출판인들의 모임에 참석했다가《주홍글씨》의 저자인 너대니얼 호손을 만났다. 그들은 서로 상대의 인품과 문학적 열정에 매료되어 15세의 나이 차에도 불구하고 벗이 되었다. 이후 멜빌은《모비 딕》의 초고를 호손에게 보여주었고, 호손은 호평을 하며 조언을 아끼지 않았다. 멜빌은 호손의 천재성에 대한 헌사와 함께《모비 딕》을 호손에게 헌정했다.

《모비 딕》은 미국의 상징주의 문학사상 최고의 걸작으로 손꼽히는 작품이다. 멜빌은 거대한 흰 고래와 인간의 목숨을 건 대결을 아름다운 서사시적 산문으로 그렸다. 서술자 이슈메일과 그의 식인종 친구 퀴퀘크는 에이해브가 선장으로 있는 피쿼드호의 선원이 된다. 흰 고래한테 한쪽 다리를 잃은 선장 에이해브는 향유고래의 기름보다는 흰 고래에 대한 복수가 항해의 목적이다. 에이해브는 오랜 추격 끝에 마침내 모비 딕을 발견했다. 모비 딕과의 싸움은 사흘간 계속되었고 그 결과는 재앙이었다. 피쿼드호는 선원들과 함께 바다에 가라앉고 이슈메일만 목숨을 건져 피쿼드호의 비극을 전한다.

멜빌은 포경선 선원으로서의 경험을 통해 포경선의 구조와 세부 기능, 포경 작업의 순서, 고래의 생태와 활동, 고래 해체법, 고래 고기 요리법 등을 작품 속에 세밀하게 묘사했다. 그래서 이 작품은 출간되었을 때 서점에서 한동안 소설 분야가 아닌 해양학으로 분류되기도 했다.《모비 딕》은 멜빌이 심혈을 기울여 집필한 야심작이었지만 문단의 혹평과 함께 판매 성적도 좋지 못했다. 그러나 멜빌은 실망하지 않고 집필에 전념하여 이듬해《피에르》를 발표했다. 1855년《이즈레이얼》을 비롯한 작품들을 발표하고 유럽과 성지를 여행했다. 귀국 후 그는 강연 여행을 다녔지만 시간이 지날수록 가난에 시달렸다. 그가 발표한 작품들은 독자들로부터 외면받았고, 출판사가 파산하면서 인세조차 받을 수 없었다. 빚이 점점 늘자 1866년 뉴욕 세관에 취직하여 20년간 감독관으로 일했다. 그 사이 큰 아들이 18세 나이로 권총 자살했고, 둘째 아들은 35세 때 객사했다. 연이어 아들을 잃는 불행 속에 멜빌은 은퇴했고, 작가로서 그의 이름도 세상에서 잊혀갔다. 그가 지병인 심장병으로 세상을 떠났을 때 그는 언론의 관심조차 받지 못했다. 그러나 멜빌의 탄생 100주년이던 1919년, 연구자들이 그의 생애와 작품을 연구하며 멜빌을 미국을 대표하는 작가 중 한 명으로 꼽았다.

한편, 스타벅스의 브랜드명은 소설《모비 딕》에서 유래했다. 창업주 고든 보커, 제럴드 볼드윈, 지브 시글 세 사람은《모비 딕》의 팬이었다. 이들은《모비 딕》에 등장하는 1등 항해사 '스타벅'의 이름을 따서 브랜드명을 정했다. 스타벅이 3명이라는 뜻으로 '스타벅스(Starbucks, 복수형을 취함)'가 되었고, 세이렌(Siren, 바다의 요정)의 이미지로 로고를 만들었다.

세계사 170 합스부르크 왕가

합스부르크 왕가(Habsburg Haus)는 프랑스 알자스의 노르트가우 백작 가문 출신인 군트람으로부터 시작되었다. 11세기 스위스에 산성 합스부르크(매의 성)를 쌓은 이후 가문의 이름이 합스부르크가 되었다.

1273년, 독일 제후 프리드리히 2세가 합스부르크가의 루돌프 1세를 독일의 국왕으로 선출하였다. 그는 오스트리아를 합병하여 가문을 권좌에 올려놓았다. 1291년, 루돌프 1세가 사망하고 그의 아들인 알브레히트 1세가 독일 국왕에 선출되었다. 하지만 1308년에 그가 암살된 후 15세기까지 합스부르크가는 독일 왕위에서 멀어졌다. 그러나 영토 확대정책이 계속 진행되었기에, 그 결과 합스부르크가는 남동 독일의 최대 세력으로 부상했다. 1438년 알브레히트 2세가 국왕에 즉위한 이후 합스부르크가는 독일의 왕위와 제위를 계속 차지했다.

1440년에 교황이 합스부르크가의 프리드리히 3세를 신성로마 제국의 황제로 선포했다. 프리드리히 3세는 합스부르크가에서 가장 존경받는 두 명 중 첫 번째 인물이었다. 두 번째 인물인 카를 5세가 즉위한 1519년 무렵, 이 가문은 유럽 전역의 왕가와 혼인을 맺었다. 프리드리히 3세의 아들 막시밀리안 1세는 부르고뉴 공국의 상속자인 마리 드 부르고뉴 공주와 결혼했다. 이 결혼으로 합스부르크가는 지금의 네덜란드, 벨기에, 룩셈부르크 일대의 영토를 차지했다. 당시 에스파냐 아라곤 왕국의 왕자 페르난도와 카스티야 왕국의 이사벨이 결혼하여 두 왕국은 하나가 되었고, 그들의 딸 후아나 공주는 막시밀리안 1세의 아들 펠리페 1세와 결혼했다. 에스파냐 왕 페르난도가 아들이 없이 사망하자 왕국은 사위인 펠리페 1세에게 넘어갔다. 이로써 합스부르크 왕가는 신성로마 제국이라는 지위와 함께 에스파냐까지 통치하게 되었다.

신성로마 제국 황제와 에스파냐 왕을 겸했던 카를 5세에 이르러 독일, 에스파냐, 네덜란드까지 합스부르크 왕가의 지배 영역은 최대 규모에 달하였다. 당시 프랑스의 프랑수아 1세는 합스부르크 왕가의 영향력을 견제하기 위해 카를 5세와 전쟁을 벌였다. 이 전쟁에서 승리한 카를 5세는 프랑수아 1세를 인질로 잡고 막대한 배상금을 받아냈다. 카를 5세의 사망 후 그의 동생인 페르디난트 1세가 신성로마 제국의 황제가 되었다. 이후 왕국이 너무 커져 통치가 어려워지자 신성로마 제국 제위를 보유하는 오스트리아 계통과, 카를 5세의 아들 펠리페 2세가 통치하는 에스파냐 계통으로 나뉘었다. 에스파냐계는 1700년에 후손이 없어 가문의 대가 끊겼고, 에스파냐의 왕위는 프랑스 왕 루이 14세의 손자인 펠리페 5세가 차지하였다. 이에 반발한 오스트리아와 영국이 프랑스와 전쟁을 벌였지만 프랑스에 패배했다. 이후 에스파냐는 프랑스 부르봉 왕가의 후손이 통치하게 되었다.

합스부르크 왕가와 프랑스의 대립은 나폴레옹의 시대까지 이어졌다. 합스부르크 왕가는 나폴레옹과의 전쟁에서 패하여 라인동맹*이 설립되자 신성로마 제국의 칭호를 버렸고, 1804년 이후 오스트리아 황제로 불렸다. 19세기 후반에 독일 통일을 놓고 프로이센과의 주도권 싸움에서 패한 오스트리아는 독일 제국의 세력권 밖으로 밀려났다. 제1차 세계대전에서 패전국이 된 오스트리아는 카를 5세가 퇴위하면서 오스트리아 공화국이 되었다. 이로써 500년에 가까운 합스부르크 왕가의 역사가 막을 내렸다.

* 라인동맹: 라인연방이라고도 하며 1806년 7월 12일에 나폴레옹의 후원으로 조직된 남서 독일 16개국의 동맹이다.

철학
171 블레즈 파스칼

블레즈 파스칼(Blaise Pascal, 1623-1662)은 프랑스의 철학자이자 수학자이다. 또한 물리학자와 신학자이며 계산기 발명가로도 유명하다. 그는 확률론, 수론 및 기하학 등에 걸쳐서 큰 공헌을 했다.

파스칼은 프랑스 중부 클레르몽페랑에서 태어났다. 그는 자연과학에 조예가 깊었던 아버지의 영향을 받아 16세 때 논문 〈원뿔곡선 시론〉을 발표했는데, 여기에 '파스칼의 정리'가 들어 있다.

파스칼은 "인간은 생각하는 갈대이다", "클레오파트라의 코가 조금 더 낮았더라면 세계의 역사가 달라졌을 것이다", "철학을 경멸하는 것, 그것이야말로 참다운 철학을 하는 것이다"라고 말했다. 사상가요 천재적 과학자이기도 한 파스칼은 수학자로서는 확률론, 물리학자로서는 파스칼의 원리(액체와 기체의 압력에 관한 원리) 등의 업적을 남겼다. 동시에 파스칼은 경건한 기독교인이었다. 그는 조예가 깊었던 확률론을 이용해 신을 향한 신앙을 설명하기도 했다.

파스칼은 대륙합리론을 제창한 데카르트의 철학을 평가절하하면서 혹독하게 비판했다. 데카르트는 이성은 만능이며 신의 존재 따위는 이성으로 증명할 수 있다고 주장했지만, 파스칼에게 신이란 인간의 이성으로 헤아릴 수 없는 존재였다. 이 두 사람은 '지성의 데카르트 대 신앙의 파스칼'이라는 대립관계의 도식 안에서 17세기를 대표하는 철학자로 자주 비교된다.

파스칼은 신앙이란 일종의 내기지만 신이 존재하는 쪽에 거는 것이 낫다고 주장했다. 왜냐하면 신이 존재한다고 믿었는데 죽은 후에 정말로 있다면 영원한 행복을 누릴 것이고, 없다면 실망스럽기는 해도 자기 나름대로 올바른 삶을 살았으니 큰 손해는 아니라는 것이었다. 반대로, 신이 없다고 믿었는데 실제로 있다면 지옥 불에 빠질 것이요, 만약 없다면 자기 생각이 맞았음을 확인할 뿐 달라지는 것은 별로 없다는 것이었다. 그러니 신의 존재를 믿는 쪽에 내기를 걸어야 한다는 게 그의 주장이었다. 이처럼 신의 존재를 합리적으로 증명하는 것이 아니라 실용적으로 증명한다고 해서

'실용주의 논쟁'이라고도 부른다.

파스칼의 유고집《팡세》에 이런 구절이 있다.

'인간은 한 줄기 갈대이다. 자연 안에서 가장 약한 존재이다. 하지만 그것은 생각하는 갈대이다.'

풀이하자면 다음과 같다. 무한한 우주와 비교하면 인간은 하찮은 갈대처럼 미덥지 않고 연약한 존재이다. 우주가 인간을 죽이려고 하면 이슬 한 방울의 힘으로도 충분하다. 하지만 그것을 알고 있는 인간은 '생각하는 갈대'여서 그것을 모르는 우주보다 훌륭하다. 인간은 사고를 포괄한다. 갈대처럼 연약한 인간, 하지만 사고의 힘은 헤아릴 수 없을 만큼 크다.

더불어 경건한 기독교도인 파스칼은 "모든 것을 아는 것보다 사랑을 행하는 것이 더욱 위대하다"고 주장했다.

신화
172 아킬레우스

아킬레우스(Achilleus)는 여신 테티스와 인간 펠레우스의 아들이다. 펠레우스와 테티스가 결혼하던 날 운명의 여신은 두 사람의 미래를 예언했다. 그들 부부가 아들을 낳을 것이며, 그 아들은 빼어난 용모에 힘과 용맹스러움을 겸비한 위대한 영웅이 될 것이라고 했다. 하지만 젊은 나이에 트로이인의 화살에 목숨을 잃을 것이라고 덧붙였다. 충격을 받은 테티스에게 운명의 여신은 아이가 태어나면 스틱스강으로 데려가서 강물에 아이를 담근 뒤 강의 신으로부터 축복을 받으라고 했다. 그렇게 하면 아이의 운명을 바꿀 수 있다는 것이었다. 아킬레우스가 태어나자 테티스는 아이를 데리고 스틱스강으로 가서 아이를 물에 담근 뒤 강의 신으로부터 축복을 받았다. 하지만 테티스가 붙잡고 있던 발목 부분에는 물이 닿지 않았고, 그곳은 불사의 몸이 된 아킬레우스의 유일한 약점으로 남게 되었다.

트로이의 왕자 파리스가 스파르타의 왕비 헬레네를 데리고 도주한 사건이 일어났다. 아내를 빼앗긴 메넬라오스는 트로이를 응징하고 헬레네를 찾겠다며 트로이 원정대를 결성했다. 이때 아킬레우스는 어머니 테티스의 만류를 받아들여 참여하지 않았다. 그는 이웃 나라로 몸을 피한 뒤 그 나라의 왕궁에 숨어 지냈다. 트로이 원정대의 총사령관 아가멤논은 오디세우스에게 아킬레우스를 찾아 원정대에 참여하도록 설득해줄 것을 부탁했다. 오디세우스는 수소문 끝에 아킬레우스의 거처를 알게 되었다. 오디세우스는 장사꾼으로 위장하여 이웃 나라 궁전을 찾아갔다. 궁녀들은 모두 옷감이나 장신구에 관심을 보였는데 단 한 명만이 단검에 관심을 보였다. 오디세우스는 그가 아킬레우스임을 간파했다. 오디세우스의 끈질긴 설득에 아킬레우스도 마음을 돌려 트로이 원정길에 나서게 되었다.

그리스와 트로이의 전쟁은 올림포스 신들까지 개입하면서 장장 9년 간 이어졌으나 승패가 나지 않았다. 어느 날, 아킬레우스와 아가멤논이 전리품으로 데려온 여인 문제로 큰 다툼을 벌였다. 화가 난 아킬레우스는 전투에서 빠졌고, 그리스군은 참패했다. 위기에 처한 그리스군은 아킬레우스에게 출전을 부탁했으나 아킬레우스는 요지부동이었다. 그러자 아킬레우스의 친구인 파트로클로스가 아킬레우스의 투구와 갑옷을 입고 전쟁에 임했다. 그러나 파트로클로스는 헥토르의 창에 목숨을 잃었고, 이 일로 아킬레우스는 고집을 꺾고 다시 전장으로 돌아왔다. 그는 트로이의 총사령관 헥토르의 목숨을 빼앗으며 그리스군의 승리에 크게 공헌했다. 그리스군의 사기는 크게 올랐고, 곧 승리할 것이라는 기대감에 부풀었다. 그러나 이디오피아군과 아마존의 여전사들이 트로이군에 가세하면서 전쟁은 다시 지루한 공방전이 되었다.

그 무렵 아킬레우스는 우연히 만난 트로이의 공주 폴릭세네에게 마음을 빼앗겼다. 아킬레우스는 그녀에게 청혼하기로 마음먹었다. 그리스의 장수들도 이 결혼을 지지하면서 전쟁이 평화적으로 끝나기를 기대했다. 아킬레우스는 사자를 트로이의 왕궁에 보내 자신의 뜻을 전했다. 트로이의 프리아모스 왕도 아킬레우스의 청혼을 환영했다. 그러나 파리스는 생각이 달랐다. 그는 형의 복수와 헬레네를 돌려주지 않기 위해서 아킬레우스를 죽일 계획을 세웠다. 그는 아킬레우스가 청혼하러 트로이 궁전에 들어온 날을 기다려 마침내 그를 살해했다. 아킬레우스는 운명의 여신이 예언한 대로 트로이인의 화살에 최후를 맞았다.

종교
173

삼법인

인생의 목표는 속세에서 누리는 쾌락이 아니고, 인생은 고통이며 세상의 만물은 영원하지 않다는 데서 출발한 게 불교이다. 그래서 불교의 궁극적 목적은 평생의 수행을 통해 깨달음을 얻는 데 있다. 그래야 괴로움에서 벗어날 수 있다는 것이다.

삼법인(三法印)은 불교의 깨달음을 위한 기본적인 교리, 즉 석가의 가르침을 나타내는 세 가지 진리의 표식이다. 삼법인에는 불교의 근본사상이 담겨 있는데 인(印)이란 인신(印信)·표장(標章)의 뜻으로 일정불변하는 진리를 가리킨다. 석가는 깨달음을 얻은 후, 모든 존재는 생명이 계속되는 한 고통에 시달려야 한다는 사실을 알고, 그 고통에서 벗어날 방법으로 삼법인의 진리를 가르쳤다.

첫째는 '제행무상인(諸行無常印)'이다. 모든 사물은 계속 변하고 한 가지 모습에 머무르지 않는다는 의미다. 둘째는 '제법무아인(諸法無我印)'이다. 이 세상에 실존하는 '나'라는 개체는 없으며, 모든 것이 서로의 인연으로 이루어져 있다는 뜻이다. 이 제행무상인과 제법무아인을 깨달으면 불교의 이상인 절대 열반의 경지에 도달하는데, 그것이 삼법인의 셋째인 '열반적정인(涅槃寂靜印)'이다.

이 삼법인에 '이 세상의 모든 것은 괴로움'이라는 뜻의 '일체개고(一切皆苦)'를 추가하여 사법인으로 쓰기도 한다.

음악 174 프란츠 리스트

프란츠 리스트(Franz Liszt, 1811-1886)는 헝가리 서부의 라이딩에서 태어났다. 6세 때부터 아마추어 피아니스트이자 첼리스트인 아버지에게 음악을 배웠다. 9세 때 헝가리의 귀족들이 모인 공개 연주회에서 모차르트에 비교될 만한 신동이라는 극찬을 받았다. 이때 리스트의 천재적 재능을 발견한 에스테르하지 후작은 리스트가 빈에서 음악 공부를 하도록 후원했다. 리스트는 빈에서 살리에리에게 작곡을 배웠고, 카를 체르니에게 피아노 테크닉을 배웠다.

15세 때 아버지를 잃고 스스로 삶을 개척해가야 했던 그는 당시 이미 훌륭한 피아니스트였다. 리스트는 10년간 파리에서 피아니스트와 작곡가로 활동하며 큰 인기를 누렸다. 그는 쇼팽, 베를리오즈, 슈만, 바그너와 우정을 나누며 음악적 영향을 주고받았다. 리스트는 8년간 연주 여행을 다녔는데 가는 곳마다 청중의 반응이 폭발적이었다. 특히 스위스와 이탈리아에서 그의 인기는 대단했다. 공연장 부근은 늘 인산인해를 이루었고 여성 팬들은 열광했다.

1833년, 23세의 리스트는 28세의 마리 다구 백작부인과 깊은 사랑에 빠졌다. 두 사람은 프랑스, 스위스, 이탈리아로 옮겨 다니며 동거했다. 그들에게서 세 딸이 태어났는데 둘째인 코지마는 훗날 바그너의 부인이 된다. 그러나 10년간의 동거는 결국 파경을 맞았다. 마리는 떠나고 리스트는 세 딸의 양육을 책임져야 했다. 리스트는 아이들을 자신의 어머니에게 맡기고 생활비를 벌기 위해 연주 여행을 다녔다.

1847년, 그는 우크라이나 연주를 마지막으로 작곡에 전념하기로 결심한다. 그 시기에 남은 인생을 함께할 운명의 여인을 만났다. 유부녀인 비트겐슈타인 공작부인이었다. 1848년 리스트는 연인이 된 공작부인의 권유로 바이마르 궁정의 악장으로 취임했다. 1849년 리스트는 소규모 오케스트라로 바그너의 〈탄호이저〉 공연을 성황리에 마쳤다. 이 공연을 계기로 리스트와 바그너는 우정을 나누는 각별한 사이가 됐다. 바그너가 혁명에 가담한 후 체포령을 피해 바이마르에 왔을 때 리스트는 바그너가 스위스로 망명할 수 있도록 적극 도왔다. 이들의 인연은 바그너가 리스트의 둘째 딸 코지마와 결혼하면서 장인과 사위로 맺어졌다.

리스트는 교향시라는 새로운 형식의 음악을 창안했다. 교향시는 어떤 형식에 구애받지 않고 또 악장을 나누지 않는 음악으로, 시적 또는 회화적인 내용을 표현하려고 한 표제 음악이다. 교향시는 리스트가 파리생활 때 사귄 베를리오즈로부터 이어받은 음악 정신에서 나온 것으로, 베를리오즈가 전통적인 형식을 따른 반면 리스트는 형식에 구애받지 않고 뜻하는 바를 그대로 표현했다.

리스트는 화성법에서도 화음의 조성은 파괴하지 않으면서 극히 자유롭게 구사했다. 그는 피아노 소품, 피아노 독주곡, 교향곡, 교향시, 미사곡, 오라토리오를 남겼으며, 편곡 솜씨도 뛰어나 베토벤의 교향곡과 바그너의 오페라 작품을 자신의 스타일에 맞춰 피아노 연주용으로 편곡하여 찬사를 받았다. 리스트는 바그너가 사망한 후 마지막 연주 여행을 다녀와서 딸의 집에 잠시 머물렀다. 그는 코지마가 주관하는 바이로이트 축제에서 바그너의 마지막 작품을 보고 난 뒤 폐렴으로 사망했다. 리스트의 나이 75세였다.

대표작으로 교향시 〈마제파〉, 표제 교향곡 〈파우스트〉, 피아노와 관현악을 위한 〈헝가리 환상곡〉, 피아노를 위한 12개의 〈초절기교 연습곡〉, 피아노 독주곡 〈사랑의 꿈〉 등이 있다.

미술 175

자크 루이 다비드

프랑스의 화가 자크 루이 다비드(Jacques Louis David, 1748-1825)는 역사화와 프랑스 초상화 거장들을 계승하여 신고전주의 미술을 주도했으며, 이후 프랑스 화단에 큰 영향을 끼쳤다. 그는 초상화에도 탁월한 감각을 보였으며, 매우 열정적인 기질을 지닌 예술가였다.

역사에 동참하여 대혁명, 집정 정부, 제정을 거친 프랑스의 사회적·정치적 격동기를 캔버스로 옮겨 담았다. 그는 사사로운 개인 감정보다 더 큰 공익을 실현하기 위해 도덕적이고 규범적인 삶으로 대중을 계몽하려 했다. 자신의 소신에 따라 다비드는 그리스·로마의 고전을 바탕으로 시민에게 귀감이 될 내용의 그림을 그렸다. 도덕, 이상, 사실성이 지배하는 힘차고 직설적이며 다양한 다비드의 작품 세계는 '신고전주의적 로코코 양식'에서 '전기 낭만주의적 신고전주의'로 변화해간다.

다비드는 고전주의적인 고대의 신화·종교, 당대의 역사화·초상화, 모범적 인물이나 사건 등 주로 고상한 장르의 그림만 그렸다. 그는 호메르스나 오비디우스, 베르길리우스, 티투스 리비우스, 프란체스코 페트라르카 등의 작품에서 영감을 얻었다. 그의 작품의 크기는 매우 다양한데 가장 큰 그림은 실물 크기로 인물을 그렸다고 한다. 그는 나폴레옹에게 중용되어 예술적·정치적으로 미술계 최대의 권력자로서 당시 화단에 많은 영향을 끼쳤다.

다비드는 파리의 부르주아 가문에서 태어났다. 그는 아버지가 일찍 세상을 떠나면서 힘겨운 어린 시절을 보냈다. 1766년에 에콜 데 보자르(프랑스의 국립미술학교)에 입학했으며, 1774년에 〈안티오쿠스의 병의 원인을 밝혀낸 에라시스트라토스〉로 로마대상(Grand Prix de Rome)을 수상하면서 이탈리아 유학을 떠났다. 이탈리아에서 그는 파르마, 볼로냐, 피렌체에 머물면서 고대 조각과 회화를 접하고 깊은 감화를 받았다. 다비드는 5년간 이탈리아에 머물면서 대가들의 작품을 열정적으로 모사하고, 그들의 고유 양식을 모두 자신의 것으로 흡수했다.

1780년, 프랑스로 돌아온 다비드는 〈헥토르를 애도하는 안드로마케〉와 〈적선 받는 벨리사리우스〉를 발표하여 명성을 얻었고, 아카데미 회원으로 선출되는 등 큰 성공을 거둔다. 1789년에 프랑스 혁명이 일어나자 그는 국민의회 의원에 선출되고, 자코뱅 당원으로 로베스피에르를 지지했다. 로베스피에르가 공포정치를 펼치다가 실각한 후 처형되자 다비드는 투옥되었다. 그러나 황제가 된 나폴레옹은 그를 궁정 수석화가에 임명했다. 그는 나폴레옹의 대관식을 기념하기 위해 〈나폴레옹 1세의 대관식〉 등 여러 작품을 그렸다.

1814년, 나폴레옹이 러시아 원정에 실패하여 엘바섬으로 유배되고 왕정이 부활했다. 루이 18세가 왕위에 오르자 다비드는 벨기에로 망명했다. 브뤼셀에 화실을 마련한 다비드는 〈제라르 장군의 초상〉 등 초상화들과 〈에로스와 프시케〉, 〈아킬레우스의 분노〉 등 신화적 소재의 작품들을 완성했다. 1825년에 프랑스로부터 귀국 제안을 받았으나 거절했으며, 그해 12월 29일 망명지에서 생을 마감했다. 그는 생전에 유화, 습작, 데생, 잉크화로 구성된 작품 200점을 남겼다.

<나폴레옹 1세의 대관식>

문학 176 표도르 도스토옙스키

표도르 도스토옙스키(Fyodor Mikhailovich Dostoevskii, 1821-1881)는 러시아 문학을 대표하는 소설가이자 비평가이며 사상가이다. 그는 인간 본성에 대한 이해와 죄와 절망, 죽음에 대한 집착 등 인간 심리에 대한 통찰력이 매우 뛰어났다. 그의 탁월한 인물 분석과 성격 묘사 능력은 수많은 소설가와 심리학자는 물론 프리드리히 니체에서부터 알베르 까뮈에 이르는 철학자들에게까지 영향을 미쳤다.

도스토옙스키는 러시아 모스크바에서 군의관이던 미하일 안드레예비치의 7남매 중 둘째 아들로 태어났다. 신앙심이 깊고 온화한 그의 어머니와 달리 아버지는 잔인할 정도로 엄격했던 소지주였다. 도스토옙스키가 유년 시절을 보낸 곳은 아버지가 근무하던 빈민 구제 병원이었는데, 그 병원의 환자들은 대부분 가난하고 억눌린 사람들, 사회에서 버림받은 사람들이었다. 어린 도스토옙스키는 그들과 자연스럽게 어울리며 많은 대화를 나누었고, 이것이 그가 훗날 심리 소설의 거장으로 우뚝 설 수 있도록 만드는 토양이 되었다.

도스토옙스키는 어려서부터 문학을 좋아했는데, 특히 환상적이고 낭만적인 전기와 역사소설에 흥미를 느꼈다. 학교를 졸업하고 공병국에 근무했으나, 적응하지 못하고 결국 1년 만에 퇴직하여 전업 작가의 길을 가게 된다. 그는 1846년에 첫 작품 《가난한 사람들》을 발표하여 비평가들로부터 호평을 받았다. 성공적인 데뷔를 통해 문단의 기대를 한 몸에 받던 그는 1849년 프랑스 사회주의자들의 금서를 읽는 지식인 그룹에 참여한 혐의로 체포되어 국가 모반죄로 사형을 선고받았다. 하지만 죽음의 문턱에서 형 집행이 취소된 후 감형되어 시베리아의 옴스크수용소에서 4년간 강제노역을 했다. 당시 수용소에서 겪었던 일들은 이후 창작 활동에 귀중한 자원이 되어, 그의 작품 속 분위기와 내용에 뚜렷한 흔적으로 남아 있다.

수형생활을 벗어난 후 도스토옙스키는 창작열에 불타올랐지만 간질과 도박 중독으로 어려움을 겪었다. 그는 도박 빚 때문에 출판사와 무리한 계약을 했고, 이 때문에 속기사인 안나 스니트키나의 도움을 받아 구술로 작품을 써야 했다. 1866년에 발표된《죄와 벌》도 도스토옙스키가 구술로 쓴 작품 중 하나이다. 이 작품은 한 할머니를 살해한 청년의 죄책감과 고통을 분석한 대작이다.

합리주의자이며 무신론자인 23세의 청년 라스콜리니코프는 선악을 넘어서서 스스로 법이 되는 비범한 사람에 관한 사상에 사로잡힌다. 그는 자신의 생각을 증명하기 위해 고리대금업자인 노파를 살해하고, 이를 목격한 노파의 여동생마저 살해한다. 그는 죄책감에 사로잡혀 괴로워하면서 자신의 범죄 사실이 밝혀지는 것을 두려워한다. 그는 매춘부인 소냐의 설득으로 자신의 범죄를 경찰에 자백한다. 이 작품의 결론은 죄를 저지른 후 죄인이 내면에서 느끼는 죄책감과 두려움이야말로 사회가 부여하는 어떤 형벌보다 더 가혹하다는 것이다.

무신론자이던 도스토옙스키는 나이가 들면서 부모의 신앙을 따라 러시아 정교회로 돌아갔다. 그는 기독교 신앙의 영향을 받은 여러 편의 작품을 발표했다. 그중《카라마조프의 형제들》은 지금까지 발표된 가장 의미심장한 기독교소설이라는 평가를 받고 있다. 60세에 폐동맥 파열로 세상을 떠나기 전까지 그는《학대받은 사람들》,《지하생활자의 수기》,《백치》,《악령》,《미성년》등 다수의 작품을 발표했다.

세계사 177

교황

교황(Pope, Pontifex maximus)은 '아버지'를 뜻하는 헬라어 '팝파스'에서 유래된 표현으로, 원래는 존경과 사랑의 뜻을 가진 교직자를 부르던 명칭이다. 3-5세기에는 대부분 주교를 부르는 호칭으로 사용되었다. 로마 가톨릭은 9세기부터 로마 주교(교황)에게만 사용하고 있다.

《교황청 연감》에 따르면 교황이란 '로마의 주교, 예수 그리스도의 대리자, 사도의 우두머리인 베드로의 후계자, 전 세계 가톨릭교회의 수장, 서유럽의 총대주교, 이탈리아의 수석대주교, 로마 관구대주교이자 수도대주교, 바티칸의 주권자'로 규정되어 있다.

로마의 1대 교황은 성 베드로이다. 베드로는 로마에서 십자가에 거꾸로 매달려 순교했고, 콘스탄티누스 황제는 그곳에 성 베드로 대성당을 세웠다. 베드로는 예수의 12제자 중 수제자이며 예수로부터 천국의 열쇠를 받았다.

'내가 천국열쇠를 네게 주리니 네가 땅에서 매면 하늘에서도 매일 것이요. 네가 땅에서 풀면 하늘에서도 풀리리라.'(마태복음 16:19)

이 때문에 로마 가톨릭교회와 동방정교회는 그를 초대 교황으로 받들었다. 초대 교회 시대는 바로 '사도 시대'인데, 사도들은 일정한 장소에 자리를 잡고 살지 않아, 교회는 유동적인 순회적 사도직제에 따랐다. 사도 시대 이후 교회의 우두머리는 고정된 지위를 갖게 되었고, 주교들이 사도들의 뒤를 이었다. 이후 사도의 우두머리인 베드로가 세운 로마교회의 수장은 바로 전체 교회의 수장이 되었다. 이 제도는 지금까지 이어져오고 있으며 현재의 프란치스코 교황은 266대이다.

4세기 초 콘스탄티누스 황제가 수도를 콘스탄티노플로 옮기면서 로마 주교는 교황으로서 로마, 이탈리아 민중의 영적 중심이 되었다. 교황직은 제64대 교황인 그레고리오 1세에 의해서 기초가 형성되었다.

교황의 권위는 제157대 교황인 그레고리오 7세 시대에 강화되었다. 그는 교회의 자유, 즉 일체의 세속권력으로부터의 교황직과 교회의 자유와 독립을 선언했다. 또한 성직자의 임면권을 놓고 신성로마 제국의 황제와 대립하였고, 결국 황제를 교회에 복종하도록 만들었다. 이후 교권이 왕권을 압도하면서 교황의 권위는 점점 높아졌다.

제176대 교황 인노첸시오 3세는 로마냐, 안코나 등지의 황제령을 교황령에 합병하였다. 또한 독일의 왕이자 신성로마 제국 황제인 오토 4세, 영국의 존 왕과 성직 임면권을 둘러싸고 다투다가 그들을 모두 굴복시켰다. 그의 재임 중 제4회 십자군이 콘스탄티노플을 점령했다.

이후 제217대 교황인 레오 10세 때, 서구 그리스도교 세계는 종교개혁으로 신앙 분열의 상황을 맞으면서 교황직의 지위가 점차 침체되었다.

철학 178 바뤼흐 스피노자

스피노자(Baruch de Spinoza, 1632-1677)는 예속을 벗어난 자유의 철학을 주장했던 네덜란드의 철학자이다. 그는 유대인 가정에서 태어났다. 그의 아버지는 포르투갈에서 종교를 찾아 네덜란드로 이민 온 유대인 상인이었다. 유대인 공동체 안에서 유대교 방식으로 교육받은 그는 유대인의 관습에 따라 반드시 한 가지 기술을 익혀야 한 덕분에 렌즈 가는 기술을 배워 생계 수단으로 삼았다. 그는 모국어인 히브리어는 물론 네덜란드어, 스페인어, 포르투칼어, 라틴어 등 언어에 능통했다. 그 덕분에 다양한 외국 서적을 접할 수 있었고, 고대의 그리스 철학에서부터 데카르트, 홉스 등에 이르기까지 철학과 문학, 르네상스의 사상과 과학 등 다양한 학문을 습득했다.

스피노자는 신이 유일한 실체이고, 신이 자연을 창조한 것이 아니라 신이 곧 자연이라고 생각했다. 이러한 사상을 범신론이라고 하는데, 자연 자체를 신이라고 설정하는 일반적 범신론과 스피노자가 주장하는 범신론에는 차이가 있었다. 그는 자연은 신의 드러난 형태(양상)일 뿐이며 그 이면에 자연을 만드는 근원적 존재가 있다고 했다. 따라서 그가 주장하는 신은 그 근원적 존재와 자연 두 가지 모두이다. 그의 주장은 유대교 전통의 인격적인 초월신 개념을 부정하는 결과를 낳았기에 그는 유대교에서 파문당했다.

스피노자는 이후 평생 망원경이나 현미경의 렌즈 가공을 생업으로 삼아 자신의 사상을 담은 책을 썼다. 1670년에 익명으로 출판한《신학정치론》에서 그는 정의와 관용, 연설 및 사상의 자유를 보장하는 국가를 이룩하기 위한 변론과 인간의 자연권을 기술하며 종교와 철학의 분리를 주장했다. 이 책은 출간되자마자 금서 목록에 올랐고 판매 금지를 당했다. 이후 책의 저자가 스피노자라는 것이 밝혀지면서 많은 비판과 찬사가 한꺼번에 쏟아졌다. 1673년, 하이델베르크대학교로부터 철학 교수로 초청받지만 그는 환경에 구속받기 싫다는 이유로 거절했다.

45세를 일기로 세상을 떠난 그의 사망 원인은 폐결핵이었다. 그는 죽기 전에 집주인에게 자신의 책상 열쇠를 맡겼는데, 그 서랍 속에 그가 생전에 집필한 원고들이

고스란히 들어 있었다.《에티카》,《국가론》,《지성개선론》,《신과 인간에 대한 소론》이 출판되자 사람들은 비로소 그의 가치를 알게 되었다.

괴테는 그의《에티카》를 한 번 읽고 개종했다고 하며, 질 들뢰즈*는 스피노자를 '철학자들의 왕자', '철학자들의 그리스도'라고 부르며 높게 평가했다.

바뤼흐 스피노자

* 질 들뢰즈(Gilles Deleuze, 1925-1995): 프랑스의 철학자. 서구의 2대 지적 전통인 경험론 · 관념론이라는 사고의 기초 형태를 비판적으로 해명했다. 저서로《차이와 반복》,《앙티 오이디푸스》,《천 개의 고원》 등이 있다.

신화 179 카시오페이아

카시오페이아(Cassiopeia)는 에티오피아의 왕비였다. 그녀는 자신의 아름다움에 대한 자부심이 무척 강했다. 항상 남들 앞에서 자신의 미를 자랑했고, 심지어 바다의 님프인 네레이스들보다 자신이 더 아름답다고 큰소리쳤다. 이 이야기는 곧 네레이스들의 귀에 들어갔다. 그녀들은 카시오페이아의 오만함을 바다의 신 포세이돈의 부인인 암피트리테에게 고발했다. 암피트리테가 포세이돈에게 카시오페이아를 혼내줄 것을 요청하자 포세이돈은 바다 괴물을 에티오피아 해안으로 보냈다. 괴물이 해안의 마을을 쑥대밭으로 만들고 사람들을 잡아먹자 어부들은 두려워서 고기잡이에 나서지 못했다.

에티오피아의 왕 케페우스는 바다 괴물의 문제로 신탁을 구했다. 그 결과 카시오페이아의 오만함 때문에 괴물이 나타났으며, 외동딸 안드로메다를 괴물에 바쳐야 신의 분노가 가라앉을 것이라는 대답을 들었다. 케페우스는 아내의 잘못으로 딸을 괴물한테 바쳐야 한다는 사실에 분노가 폭발했다. 그는 의자에 앉아 있던 카시오페이아를 그대로 바다에 던져버렸다. 카시오페이아는 그 모습 그대로 하늘에 올라가 별자리가 되었다.

케페우스는 백성들의 피해가 갈수록 심해지자 어쩔 수 없이 안드로메다를 제물로 바치기로 했다. 그는 눈물을 흘리며 딸을 바위에 묶었다. 잠시 후 벌어질 끔찍한 광경을 상상하며 사람들이 두려움에 떨고 있을 때 하늘에서 날개 달린 말을 탄 용사가 나타났다. 그는 메두사를 처치하고 고향으로 돌아가던 페르세우스였다. 페르세우스는 케페우스에게 괴물을 처치할 테니 안드로메다와 결혼하게 해달라고 제안했다. 괴물로부터 딸의 목숨을 구할 수 있다는 생각에 케페우스는 기쁜 마음으로 페르세우스의 제안을 받아들였다. 잠시 후 바다에 거대한 소용돌이가 치더니 그 가운데서 끔찍한 형상의 바다 괴물이 솟구쳐 올라왔다. 페르세우스는 재빨리 페가소스(페가수스)를 타고 괴물 곁으로 다가가서 칼을 괴물 목에 찔렀다. 괴물이 크게 울부짖으며 페르세우스를 삼키려고 달려들자, 페르세우스는 재빨리 자루에서 메두사의 머리를 꺼내 괴물을 향해 내밀었다. 그 순간 바다 괴물은 머리부터 딱딱하게 굳더니 마지막엔 몸 전체가 바위로 변했다. 페르세우스는 안드로메다를 데리고 고향으로 가서 그녀를 아내로 삼았다. 카시오페이아의 오만함은 딸을 바다 괴물의 제물로 바치게 했지만, 페르세우스와 같은 영웅을 사위로 얻는 결과를 가져왔다.

<안드로메다를 해방시키는 페르세우스>(피에르 미냐르, 1679)

종교
180

팔정도

붓다는 갈망과 집착을 종식하는 실제적 방법으로 '팔정도(八正道)'를 제시했다. 팔정도는 깨달음을 성취하고 열반에 이르는 여덟 가지의 올바른 길로, 이 길들은 모두 연결되어 하나의 길로 통한다. 그것은 도덕을 일깨우는 계(戒), 흐트러진 마음을 하나로 모으는 정(定), 사물을 바르게 통찰하는 혜(慧)라는 세 범주로 구분되는 여덟 요소로 이루어져 있다. 붓다는 최고의 인생이란 덕과 지혜가 개발되는 삶이라고 보았고, 팔정도는 그것들이 결실을 맺게끔 고안된 삶의 방식을 제시해준다.

첫째, 정견(正見)은 진리를 바라보는 올바른 견해를 말한다. 붓다의 가르침을 받아들이고, 붓다의 진리를 통해 세상을 바라보라는 것이다. 둘째, 정사유(正思惟)는 바른 마음가짐으로 생각하는 것이다. 탐욕, 분노, 질투, 불신 등으로 사리를 분별하지 못하는 어리석음을 경계하여 치우침 없는 바른 마음으로 사유하라는 의미다. 셋째, 정어(情語)는 바른 말이다. 진실을 말하고, 사려 깊고 세심하게 말하는 것을 뜻한다. 악한 말로 죄를 범하지 말고, 바르고 고운 언어를 사용하여 선업을 쌓으라는 것이다. 넷째 정업(正業)은 바른 행위를 말한다. 살인, 도둑질, 거짓말, 음주, 간음 등 잘못된 신체적 행위 혹은 감각적 쾌락에 대한 잘못된 행위를 삼가고 선행을 쌓으라는 것이다. 다섯째 정명(正命)은 바른 생활을 말한다. 의식주를 구할 때 정당한 방법으로 구하고 바른 생활습관을 가지라는 것이다. 즉, 자신의 이익을 위해 타인에게 피해를 주지 말라는 것이다. 여섯째, 정정진(正精進)은 바른 노력이다. 자신의 생각을 통제하고 긍정적인 상태의 마음을 끊임없이 닦는 것을 의미한다. 붓다의 가르침에 따라 열반에 이르려면 쉼 없이 노력해야 한다. 일곱째, 정념(正念)은 부단한 자기성찰과 각성을 말한다. 이는 성찰되지 않은 인생은 살 만한 가치가 없다고 한 소크라테스의 주장과도 일맥상통한다. 여덟째, 정정(正定)은 바른 명상을 말한다. 마음을 집중하고 인격을 통합하는 다양한 기법을 통해 깊은 수준의 정신적 안정을 개발하는 것이다. 바른 방법과 바른 마음가짐으로, 바르게 명상하고 바르게 사유하는 바른 선정에 들라는 것이다.

불교의 사상은 세상이 괴로움으로 가득하다는 사실을 깊이 깨닫고 그 괴로움이 마음의 번뇌에서 나옴을 인정하는 데에서 시작되며, 팔정도를 실천하면 열반에 이를 수 있다는 것이다.

마하비라(자이나교 창시자) 열반에 대한 칼파수트라(제사 의례 규범집)

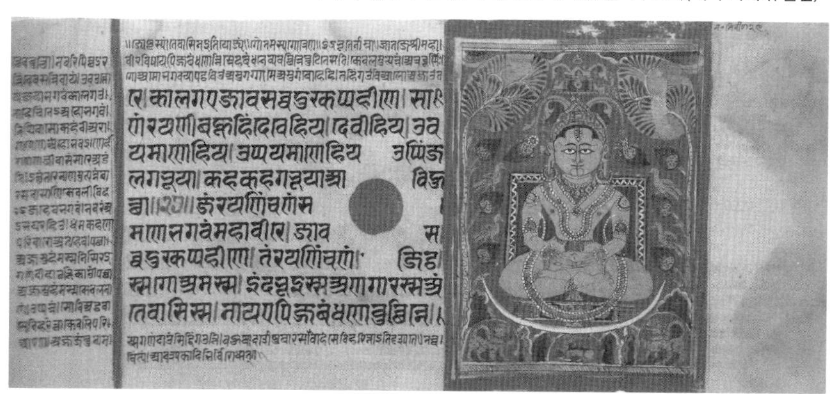

음악
181 요한 슈트라우스 2세

'왈츠의 아버지'로 불리는 요한 슈트라우스 1세는 생전에 251곡을 작곡했다. 그 중 152곡이 왈츠이며 대표작인 〈라데츠키 행진곡〉으로 유명하다. 그는 3남 2녀를 두었는데 아들들 모두가 왈츠 작곡가로 명성을 얻었다. 세 아들 중 장남이 '왈츠의 왕'으로 불리는 요한 슈트라우스 2세(Johann Strauss II, 1825-1899)다. 둘째인 요제프 슈트라우스, 막내아들인 에두아르트 슈트라우스도 작곡가였다. 에두아르트 슈트라우스의 아들인 요한 슈트라우스 3세도 작곡가가 되었다. 이처럼 슈트라우스라는 이름은 작곡가 개인의 이름이자 가문의 이름이기도 했다.

요한 슈트라우스 2세는 어려서부터 음악에 천부적인 재능을 보였다. 그는 6세 때 36마디로 된 왈츠를 작곡했다고 한다. 그의 아버지는 아들이 음악가가 되는 것을 원치 않았기에 상업학교에 입학을 시켰다. 하지만 요한 슈트라우스 2세는 아버지 몰래 어머니의 지원을 받아 바이올린과 작곡을 공부했다. 당시 궁정 무도회의 지휘자이던 그의 아버지는 빈의 대중 음악에 막강한 영향력을 발휘했고, 그의 인기는 영국에서도 폭발적이었다. 런던에서 무려 72회나 콘서트를 열었고, 빅토리아 여왕의 대관식 축하 연주도 했을 정도였다.

1844년, 18세의 요한 슈트라우스 2세는 15명으로 구성된 악단을 조직했다. 그의 악단은 최초의 무도회를 열어 호평을 받았고, 이듬해에는 관현악단의 지휘자로 명성을 얻으며 아버지의 강력한 경쟁자로 떠올랐다. 당시 그의 아버지는 가정을 버리고 다른 여인과 동거 중이었고, 아들은 그런 아버지와 라이벌이 되어 서로 대립했으나 1846년에 화해했다.

1849년, 아버지가 전염병으로 세상을 떠나자 슈트라우스 2세는 자신의 악단과 아버지의 악단을 하나로 합쳤다. 이후 유럽 각지로 순회공연을 다녔는데, 가는 곳마다 인기가 대단했다. 그는 30세 때 러시아의 레닌그라드에 위치한 페트로포로프스키 공원의 하기 연주회 지휘자가 되었다. 38세 때는 과거 아버지가 지휘봉을 잡았던 오스트리아 궁정 무도회의 지휘자가 되었다. 이 시기에 그는 무려 400곡의 왈츠를 작곡했다. 그의 대표작 중 하나인 〈아름답고 푸른 도나우〉는 오스트리아에서 가장 유명한 왈츠가 되었다. 그는 바그너를 존경했으며 브람스와도 교류하며 친분을 쌓았다. 1872년에 미국을 방문한 그는 보스턴에서 프로이센과 프랑스 간의 종전을 축하하는 음악회를 열었다. 1만 명의 오케스트라, 2만 명의 합창단, 100여 명의 부지휘자를 동원한 대규모 공연이었다.

요한 슈트라우스 2세는 1862년에 가수 헨리에테 트레프츠와 결혼했으나 사별했다. 1878년, 30세 연하의 여배우 디트리히와 재혼했으나 그 결혼 역시 파탄에 이르렀다. 세 번째 결혼 상대는 아델레 도이치였다. 그는 그녀와의 재혼 후 비로소 행복한 결혼생활을 누렸다. 74세 때 폐렴으로 세상을 떠난 그는 생전에 500여 곡의 왈츠와 16개의 오페레타*를 남겼다. 대표작으로 〈 박쥐 〉, 〈 베네치아의 한밤〉, 〈집시남작 〉 등이 있다.

* 오페레타(Operetta): 소형의 오페라를 이르며, 희가극(喜歌劇) 또는 경가극 등으로도 불린다.

미술
182 프란시스코 고야

에스파냐의 화가 프란시스코 고야(Francisco José de Goya y Lucientes, 1746-1828)는 인본주의적 근대 미술의 '예언자'로 불린다. 그는 계몽주의자이자 열정적인 성격의 소유자로 관습에 반기를 들었다. 로코코 기법에서 '검은' 그림들에 이르기까지 놀라운 변화를 보여주는 고야의 작품 세계는 조국 에스파냐의 역사와 개인적인 삶에 깊이 결부되어 있다.

초상화, 장식화, 태피스트리* 밑그림의 대가이자 뒤러와 렘브란트에 필적하는 판화가인 고야는 현실에서 환상으로, 쾌활함에서 비극으로, 밝은 다색화에서 어두운 단색화로의 전환을 보였다. 언제나 양식화한 그의 화풍은 때로는 매끄럽고 때로는 붓의 터치가 살아 있는 기법을 보여준다.

고야는 풍속화와 역사화, 종교화와 초상화 그리고 정물화를 즐겨 그렸다. 그의 작품의 주제는 사냥, 사랑, 대중적인 장면, 사회의 악습, 사랑과 좌절, 인간의 폭력성, 마녀, 악마 등 다양했다. 그의 작품들은 에스파냐의 역대 왕과 왕족, 귀족과 성직자, 그리고 후원자의 주문으로 그려졌다.

고야는 에스파냐 아라곤 지방의 펜데토도스에서 금도금 장인의 아들로 태어났다. 어릴 때 아라곤의 주도 사라고사로 이주해 13세 때 종교화가인 호세 루산에게 그림을 배우고, 1770년 이탈리아로 자비 유학을 떠났다. 로마에서 1년 동안 체류한 고야는 고대와 르네상스 거장들의 작품을 연구한 후 사라고사로 돌아왔다.

1771년, 고야는 생애 첫 프레스코화인 〈신의 이름을 찬미하는 천사들〉을 완성하고, 곧이어 샤르트뢰즈 수도원에서 성모 마리아의 일생을 담은 장식화를 주문받는다. 1773년, 당시 유명 화가인 바예우의 여동생과 결혼한다. 이후 바예우의 추천으로 왕립태피스트리팩토리에 취직한 고야는 카를로스 3세를 위한 태피스트리 밑그

* 태피스트리(Tapestry): 여러 가지 색실로 그림을 짜 넣은 직물. 벽걸이나 가리개 따위의 실내 장식품으로 쓰며, 일반적으로 날실에는 마사, 씨실에는 양모사나 견사를 쓰는데 고블랭직(문직물)이 가장 발달한 것이다.

림을 제작한다. 1775년, 왕립태피스트리팩토리의 요청으로 마드리드에 간 그는 궁전 방 안 벽을 덮을 대형 태피스트리들의 밑그림을 그렸다. 한편으로 판화 제작에도 뛰어들었다. 1780년에 고야는 왕립아카데미 회원으로 선출되었고, 1789년에 카를로스 4세가 즉위하자 궁정 화가가 되었다. 이후 그는 수석화가로 왕실을 위해 일하면서 초상화가로서 명성을 얻었다.

1823년, 고야는 스페인을 떠나 프랑스 보르도에 정착했고 이곳에서 활동하며 여생을 보냈다. 그는 생전에 논란이 된 〈옷을 벗은 마야〉를 비롯한 700점의 회화와 280점의 동판화, 100점의 소묘 작품을 남겼다.

<파라솔>(1777)

문학
183 귀스타프 플로베르

귀스타프 플로베르(Gustave Flaubert, 1821-1880)는 '소설가의 소설가', '현대 문학의 아버지'로 불리는 작가이며, 《여자의 일생》을 쓴 기 드 모파상의 스승으로도 잘 알려져 있다. 프랑스 북부 루앙에서 시립병원 외과의사의 아들로 태어난 그는 10대 시절 이미 소설 《광인일기》, 《11월》 등을 습작했으며, 17세 때 학교에서 문예 신문인 〈르 콜리브리〉를 발행했다. 파리대학교 법학부에 입학했으나, 24세 때 간질 발작을 일으켜 마차에서 떨어지는 사고를 당했다. 사고 후 요양생활을 하면서 법학 공부를 포기하고 문학에 전념했다.

1845년에 첫 장편소설 《감정교육》을 완성하지만, 여러 번의 개작을 거쳐 1869년에야 출간했다. 1856년 발표한 《보바리 부인》이 성공을 거두며 당대 최고의 작가라는 명성을 얻었다. 하지만 이후 출간한 《살람보》, 《성 앙투안의 유혹》 등의 대작들은 비평적으로나 대중적으로 큰 성공을 거두지 못했다. 말년에는 재정적 어려움으로 고생을 겪으며 도서관 하위직으로 일하기도 했다. 1880년에 파리 여행을 준비하던 중 그는 뇌출혈로 쓰러져 사망했다.

귀스타프 플로베르의 대표작인 《보바리 부인》은 그가 5년 이상 열정을 쏟으며 집필했던 작품으로 19세기 리얼리즘 소설의 대표작이다. 그가 활동한 시기는 1789년 프랑스 혁명 후 귀족들이 차지했던 모든 기득권이 새로 중산층으로 부상한 사업가와 상인들에게 넘어간 때였다. 지식인 엘리트교육을 받은 그는 신흥 부자들의 우둔하고 물질주의적인 가치관을 혐오했다. 그런 혐오는 자연스럽게 그의 작품 속에 녹아들었다.

샤를 보바리는 루앙 근처의 작은 마을에서 개업한 의사다. 그는 부유한 미망인과 결혼했다가 아내가 죽자 자신이 돌보던 환자의 딸 에마 루오와 재혼한다. 그러나 사랑과 결혼에 대한 로망을 가졌던 에마는 따분한 샤를과의 결혼 생활에 곧 권태감을 느낀다. 그녀는 아이를 낳고 엄마가 되었지만 여전히 낭만적인 사랑을 갈망한다. 결국 에마는 파티에서 만난 잘생기고 돈 많은 바람둥이 로돌프와 불륜에 빠진다. 하지만 로돌프가 자신을 버리고 떠나자 절망한 에마는 종교에 귀의하고 남편에게 충실한 삶을 살기로 마음먹는다. 그러나 그녀의 의지와 다르게 그녀의 욕망은 여전히 새로운 사랑을 갈망한다. 그녀는 로돌프를 만나기 전 애정을 품던 마을의 젊은 법률 서기 레옹과 다시 불륜에 빠지고 이번엔 큰 빚까지 지게 된다. 결국 에마의 빚은 점점 늘어나서 감당하기 어려워져 남편의 재산까지 탕진하기에 이른다. 그녀는 채무를 조금이라도 줄이기 위해 로돌프와 레옹에게 도움을 요청하지만 그들은 에마를 외면한다. 절망에 빠진 에마는 자살이라는 극단적인 선택에 이른다.

이 소설은 진부한 일상생활을 정밀하게 묘사하는 데 성공하여 유명해졌다. 이 소설에서 유래된 '보바리즘'이라는 용어는 현실의 자신과 다른 모습을 자신의 모습으로 여기는 것을 의미한다.

귀스타프 플로베르

세계사 184 비잔틴 제국

동로마 제국이 비잔틴 제국(Byzantine Empire)으로 불리기 시작한 것은 1557년 독일의 역사학자 울프가 자신의 역사서에서 '비잔틴'이라는 용어를 사용하면서부터였으며, 후에 몽테스키외 등의 학자들의 저작물을 통해 일반화되었다. 그러나 당시에는 그리스어로 로마 제국을 의미하는 '바실레이아 톤 로마니온' 혹은 '임페리움 로마노룸'이라고 불렸다.

324년, 서로마 황제 콘스탄티누스와 동로마 황제 리키니우스는 로마 제국의 패권을 놓고 격돌했다. 전쟁에서 승리한 콘스탄티누스는 로마 제국을 통일해 '하나의 제국, 하나의 법, 하나의 시민, 하나의 종교'를 통치 이념으로 삼았다. 그는 친히 제1회 니케아 공의회를 주재하고 성부, 성자, 성령이 본질적으로 동질의 신격을 갖는다는 '삼위일체설'을 기독교 기본 교리로 확정했다.

콘스탄티누스와 그 어머니 헬레나는 예루살렘에 교회를 세우고 기독교 전파에 노력했다. 그는 로마를 기독교 도시로 만들기로 하고 바티칸에 산 피에트로 대성당을 건축했다. 그러나 원로원의 반대에 부딪쳐 기독교도시화는 좌절되었다. 하지만 콘스탄티누스는 포기하지 않았다. 그는 동방의 비잔티움을 개조하여 새로운 기독교도시를 만들었다. 이 무렵부터 로마는 제국의 중심으로서의 지위를 잃기 시작했다. 이탈리아반도의 정치적 경제적·중심이 밀라노와 라벤나로 옮겨졌다. 그 뒤 로마는 로마 가톨릭교회의 중심지로서 역할을 맡게 된다. 330년, 콘스탄티누스는 로마 제국의 수도를 아예 로마에서 교통과 해상무역의 중심인 콘스탄티노플로 옮겼다. 이는 로마 제국을 효율적으로 통치하고 기독교도시가 로마 제국의 중심도시가 되도록 하려는 목적이기도 했다.

비잔티움은 대대적으로 개조되어 종교도시로 탈바꿈한 뒤 '새로운 로마'로 불렸다. 하지만 337년에 황제가 죽자 사람들은 콘스탄티누스의 이름을 따 '콘스탄티노플(콘스탄티누스의 도시)'이라고 불렀다. 392년, 테오도시우스 황제는 기독교를 로마 제국의 국교로 정했다. 395년 로마 제국은 다시 동로마와 서로마로 분열되었고 이후 서로마 제국은 476년에 멸망했다. 당시 서로마의 황제 로물루스는 나이가 2세에 불과했고, 게르만의 용병대장 오도아케르는 갓난아이였던 황제를 폐하여 제국을 멸망시키고 동로마 황제 제논의 신하가 되었다.

동로마 제국은 서로마 멸망 후 천 년이라는 긴 세월 동안 비잔틴 제국으로 존속했다. 6세기 중엽에 유스티니아누스 황제는 페르시아 제국과 50년간의 평화협정을 맺은 후 지중해 주변의 게르만 제국을 차례로 무너뜨렸다. 그는 전성기의 로마 제국을 재건하기 위해 노력했다. 그러나 7세기, 곡창 지대인 이집트와 상업의 중심지인 시리아를 이슬람 세력에게 빼앗기고 세력이 현저하게 약화되었다.

12세기의 콘스탄티노플은 경제도시로 번영했고 인구는 약 100만 명에 달했다. 1204년, 제4차 십자군에 의해 콘스탄티노플이 점령되면서 비잔틴 제국은 발칸반도의 극히 일부만 지배하는 처지로 몰락했다. 14세기 말, 콘스탄티노플의 인구는 약 10만 명에 불과했고, 1453년 이슬람 국가인 오스만 터키에 의해 콘스탄티노플이 함락되면서 비잔틴 제국 시대는 막을 내렸다.

콘스탄티노플은 이스탄불로 이름이 바뀌어 오스만 제국의 수도가 되었다.

철학
185

존 로크

영국 경험론의 대표적 철학자이자 정치사상가인 존 로크(John Locke, 1632-1704)는 계몽 철학 및 경험론 철학의 원조로 일컬어진다. 그는 인간의 마음이 처음에는 아무것도 적혀 있지 않은 백지 상태라고 주장했다. 태어났을 때는 백지였지만 경험에 의해 여러 정보가 쌓인다는 것이다. 당시에는 '생득관념(生得觀念)'이라고 해서 태어날 때부터 관념을 지니고 있다는 주장이 설득력을 얻고 있었다. 데카르트는 생득관념을 인정했지만 로크는 부정했다.

로크는 경험론에 입각하여 사회계약론을 제창하는 등 다방면에서 활약했다. 이러한 로크의 경험론은 아일랜드의 조지 버클리에 의해 더욱 발전한다. 버클리는 '존재하는 것은 지각되는 것이다'라고 주장했다.

로크는 영국 서미싯주의 링턴 마을에서 태어났다. 그는 웨스트민스터대학교와 옥스퍼드대학교를 다니며 스콜라 철학을 접했고, 귀족 가정에서 가정 교사로 일했다. 1671년에 프랑스로 망명했으며, 그곳에서 데카르트의 철학을 접했다. 그는 데카르트의 명석함과 과학적 논리에 심취했으나 '타고난 관념'과 물체관은 부인했다. 1679년, 다시 네덜란드로 망명한 그는 윌리엄 공이 왕위에 오르자 영국으로 돌아와 집필활동에 전념했다.

로크의《인간오성론》은 인식론의 이정표가 되었고, 프랑스 계몽주의의 교본이 되었다. 또한 칸트에 이르는 이후의 철학적 문제들을 명확히 표현하는 발판을 마련해 주었다. 그는 소설 속에 문학의 주관화(내면화)를 가속화했고, 문학가와 예술가, 심리학자들에게 커다란 영향을 끼쳤다.

그의 또 다른 저서인《통치이론》은 시민민주주의의 마그나카르타*가 되었다. 이 책은 1688년 명예 혁명, 1776년 미국 혁명, 그리고 1789년 프랑스 혁명을 정당화했다. 미국의 독립선언서는 로크의 표현을 거의 문자 그대로 차용했고, 프랑스 혁명

* 마그나카르타(Magma Carta): 자유권을 최초로 보장했다고 평가되는 1215년의 대헌장

의 인권선언도 마찬가지였다. 그 헌법 이론은 몽테스키외와 볼테르에 의해 프랑스로 수입되어 잠시 보관되었다가, 사법권 개념으로 보완되어 미국으로 수출되었다. 그것은 국민주권, 인권과 의회주의 정권의 권력 분할을 정당화했으며, 이로써 오늘날 우리가 신봉하는 정치적 문명화의 토대가 마련되었다. 72세를 일기로 세상을 떠난 그의 철학은 로버트 보일, 아이작 뉴턴 등의 과학자들에게도 큰 영향을 끼쳤다.

<존 로크 초상화>

신화 186 에리직톤

곡물의 여신 데메테르의 신전 뒤에는 아주 큰 떡갈나무가 한 그루 있었는데, 사람들은 그 나무를 데메테르의 나무라 부르며 신성시했다. 신전 근처에 살던 에리직톤(Erysichthon)은 사람들이 신전에서 데메테르에게 기도하고 제물을 바치는 것을 늘 못마땅하게 여겼다. 게다가 그는 신전 뒤의 떡갈나무도 무척 싫어했다.

어느 날 에리직톤은 하인들을 데리고 신전 뒤편의 떡갈나무 앞으로 갔다. 그는 하인들에게 나무를 베어버리라고 명령했다. 하인들은 떡갈나무를 베면 데메테르 여신의 노여움을 사 벌을 받을 것이라며 에리직톤을 만류했다. 그러자 화가 난 에리직톤은 하인이 들고 있던 도끼를 빼앗아 직접 나무를 찍기 시작했다. 그 순간 상처 난 나무 부위에서 붉은 피가 흐르기 시작했다. 하인들은 더욱 두려워서 떨며 에리직톤을 말렸다. 그러자 에리직톤이 신경질을 부리며 하인들 중 한 명의 몸을 도끼로 찍었다. 그 하인은 비명을 지르며 쓰러졌다. 에리직톤은 다시 도끼로 나무를 찍어댔고 하인들은 더는 말리지 못하고 겁에 질려 떨기만 했다.

떡갈나무의 님프인 드리아드는 더 이상 견디지 못하고 나무를 탈출하여 데메테르 여신을 찾아갔다. 님프는 에리직톤의 만행을 여신에게 알리고 도움을 요청했다. 데메테르는 여자 사제의 모습으로 변신해 떡갈나무 앞으로 가 에리직톤에게 나무 베기를 중단하라고 경고했다. 그러나 에리직톤은 그녀의 경고를 무시하며 비웃기까지 했다. 화가 난 데메테르는 님프 오레아스를 불러 굶주림의 여신인 리모스(파메스)에게 자신의 말을 전하라고 시켰다. 님프는 리모스에게 에리직톤이 영원한 굶주림을 맛보게 하라는 데메테르의 명을 전달했다.

리모스는 즉시 밤하늘을 날아 에리직톤의 집으로 갔다. 여신은 잠든 에리직톤의 혈관 속에 굶주림의 독을 주입했다. 그 순간, 잠에서 깬 에리직톤은 갑자기 허기를 느꼈다. 그는 부엌으로 달려가 눈에 보이는 음식을 모두 먹어치웠다. 하지만 어쩐 일인지 아무리 먹어도 허기는 가시지 않았다. 에리직톤은 날마다 하인들에게 먹을 것을 가져오라고 명했다. 그는 쉬지 않고 음식을 먹었지만 여전히 배가 부르지 않았다. 급기야 그는 집 안에 있던 값비싼 물건들을 음식을 사들이기 위해 모두 팔아치웠다. 에리직톤의 재산은 얼마 지나지 않아 모두 거덜이 나버렸다. 하인들도 제 살길을 찾아 뿔뿔이 흩어져 이제 에리직톤의 곁에는 외동딸인 메스트라만이 남았다. 하지만 먹을 것을 구하기 위해 에리직톤은 자신의 딸까지 노예로 팔고 말았다. 딸을 팔아 받은 돈으로 음식을 장만했지만 그마저도 며칠을 가지 못했다. 에리직톤에게 남은 것은 이제 자신의 몸이 전부였다. 그는 먹을 것이 떨어지자 자신의 팔을 뜯어먹었다. 양팔을 먹어치운 후에는 다리를 먹었다. 그렇게 자신의 몸까지 먹어치운 에리직톤은 결국 이만 남았다. 결국 그는 자신의 삶까지 모두 삼켜버리고 최후를 맞았다.

종교
187

반야심경(반야바라밀다심경)

원래 붓다의 시대에는 경전이 없었다. 붓다의 가르침은 문자로 기록되지 않았기 때문이다. 그러다 붓다가 열반에 들자 제자들이 올바른 가르침을 전하기 위해 경전을 편찬했다. 불교가 발전하면서 경전의 수는 점점 늘어나서 적어도 3,000개 이상이 존재한다고 한다. 그중 지금까지 남아 있는 유명한 경전으로《반야경》,《법화경》,《화엄경》,《대일경》,《아미타경》이 있으며 가장 대표적인 경전은《반야심경(般若心經)》이다.《반야심경》은 수백 년에 걸쳐 편찬된《반야경》의 중심사상을 270자로 함축해서 서술한 경전이다. 불교의 모든 경전 중 가장 짧지만, 그 안에 불교의 본질인 '공(空, 자아가 없는 상태)'의 사상이 잘 나타나 있어 지금도 여러 불교 교파에서 대표 경전으로 인정하고 있다. 지혜는 우리의 삶을 바람직한 방향으로 이끌고 간다. 그런 지혜를 일러 '반야'라고 한다. 반야란 지혜를 뜻하는 산스크리트어 '프라즈냐(prajnā)'의 음사어(音寫語)다. 반야심경의 본래 제목은 '반야바라밀다심경(般若波羅蜜多心經)'이다. '반야심경'의 '심'은 중심 또는 핵심을 뜻하니, 반야심경이란 지혜의 완성, 그 핵심을 설한 경전이라는 뜻이다.

《반야심경》에는 불교의 정수가 들어 있고, 이것을 이해하면 불교의 본질을 알 수 있다. 기원전 2세기경 불교계의 개혁을 요구하는 진보적 대승불교운동이 시작되면서, 석가모니 때 발달했던 원시불교와 아소카 왕이 불교의 보급과 발전에 공헌했을 때의 불교를 통틀어 소승불교라고 불렀다.《반야심경》은 대승불교에서 자신들의 정통성(붓다의 정신을 이은)을 주장하며 소승불교와의 차별화를 위해 만든 경으로 대승불교의 바탕이 된다. 하지만 불교 자체가 붓다의 가르침이기 때문에 원형에 가까운 원시불교 경전을 빼놓고서는 불교를 말할 수 없다. 반야경 계통의 경전은 소승과 대승을 잇는 다리와 같은 위치에 있는 책이다.

《반야심경》은 공(空)에 입각해서 불(佛)과 무(無)자를 반복 사용하여, 온갖 분별이 끊겨 어디에도 집착하지 않는 지혜의 완성을 설하였다. 즉, 온갖 분별이 소멸된 상태에서 설한 '깨달음의 찬가'이다.

음악

188 프란츠 슈베르트

프란츠 슈베르트(Franz Peter Schubert, 1797-1828)는 오스트리아 빈에서 교육자 집안의 아들로 태어났다. 초등학교 교장인 아버지와 요리사인 어머니 모두는 음악을 좋아했고, 그 영향으로 슈베르트는 일찍 음악을 접했다. 슈베르트의 재능을 알아본 그의 아버지는 집안 형편이 넉넉하지 못했음에도 8세 때부터 그에게 바이올린을 가르쳤다.

슈베르트는 11세 때 빈 궁정 교회의 소년합창단 단원으로 음악을 시작했다. 이 시기부터 음악 이론을 공부했으며, 베토벤을 흠모했다. 베토벤을 존경하는 마음은 죽는 날까지 변함이 없었다. 심지어 사망 시 베토벤 옆에 묻어달라고 유언을 남겼을 정도다. 13세 때 작곡을 시작한 그는 15세 때 최초의 서곡을 썼다. 16세 때는 교향곡을 작곡하였으며, 18세 때는 괴테가 지은 이야기 시 〈마왕〉을 읽고 마치 신들린 사람처럼 곡을 붙였다. 슈베르트는 이 곡을 작곡하는 데 겨우 한 시간 남짓 걸렸다고 한다. 하지만 이 곡은 시와 선율과 반주가 유기적으로 융합되어 예술가곡의 극치로 평가받으며 슈베르트의 대표작이 되었다. 슈베르트는 18세에 이르러 이미 가곡을 140곡이나 썼다.

그러나 슈베르트의 아버지는 그가 교사가 되기를 원했고, 아버지의 뜻을 따라 교편을 잡았지만 3년 만에 그만두었다. 그리고 친구들의 도움을 받으며 음악 활동에 전념했다. 슈베르트는 화가, 작곡가, 작가 등 여러 분야의 예술가와 모임을 가지며 그들과 창작에 대한 영감을 주고받았다. 그 외에 사회 활동은 접고 오로지 연주와 작곡에 전념했다. 그러한 몰입의 결과, 1815년 한 해에만 144곡의 빼어난 가곡을 작곡할 수 있었다.

1827년은 슈베르트의 인생에 여러 면에서 특별했다. 그가 평소 존경했던 베토벤이 세상을 떠났고, 친구이자 시인이던 빌헬름 뮐러가 불귀의 객이 되었다. 그는 두 사람의 죽음에 충격을 받고 슬픔에 잠겼다. 친구 쇼버의 집에 머무르던 중 우연히 빌헬름 뮐러의 시 〈겨울 나그네〉를 읽은 슈베르트는 이 시가 고통과 번민에 사로잡혔던 자신의 심경을 노래한 것처럼 느껴 시에 곡을 붙이기로 결심했다.

모두 24곡으로 구성된 연가곡집 〈겨울나그네〉에서, 사랑에 실패한 청년이 추운 겨울 연인의 집 앞에서 이별을 고하고 눈과 얼음으로 뒤덮인 들판으로 방랑의 길을 떠난다. 눈과 얼음으로 가득한 추운 들판을 헤매는 청년의 마음은 죽을 것만 같은 고통과 절망 속에서 허덕이고 어느덧 까마귀, 숙소, 환상, 도깨비불, 백발과 같은 죽음에 대한 상념이 마음속에 자리 잡는다. 마지막으로 마을 어귀에서 라이어*를 돌리고 있는 늙은 악사에게 함께 여행을 떠나자고 제안하는 장면에서 이야기는 끝을 맺는다. 이 곡은 슈베르트 음악의 서정성과 깊은 우수를 모두 담아낸 명곡으로, 독일 가곡의 금자탑이자 예술가곡의 정점에 서 있다.

1828년 3월, 슈베르트는 자신의 작품만으로 연주하는 최초의 공개 연주회를 할 행운을 잡았다. 그러나 행운도 잠시 그해 11월, 31세의 나이를 넘기지 못한 채 세상을 떠나고 말았다. 그의 유해는 생전 유언에 따라 빈의 중앙 묘지에 있는 베토벤의 묘 옆에 묻혔다.

대표작으로 〈들장미〉, 〈죽음과 소녀〉, 〈송어〉, 〈아름다운 물방앗간의 처녀〉, 〈백조의 노래〉 등 600여 가곡 외 9개의 교향곡과 미사곡, 실내악을 남겼다.

* 라이어(Lyre): 악기에 달아 악보를 꽂을 수 있도록 만든 장치

미술 189

카스파르 프리드리히

카스파르 프리드리히(Caspar David Friedrich, 1774-1840)는 독일 낭만주의운동의 대표 화가이다. 고독과 우수에 젖은 독특한 성격의 프리드리히는 초라한 아틀리에에서 생활했는데, 이는 상징과 시각적 은유의 밑거름이 되어준 풍부한 상상력을 발전시키는 데 도움이 되었다. 흔히 안개 낀, 비현실적이고 몽환적인 분위기를 풍기는 대기 속에 존재하는 간결한 풍경, 높은 산, 바닷가 또는 얼어붙은 풍경은 그의 강렬한 내면 세계를 대변한다. 얇고 가벼운 정확한 터치는 흰색, 푸른색, 녹색, 갈색의 색채 배합으로 차갑고 신비로운 느낌의 자연과 광활하고 아찔한 세계를 표현하고 있다. 프리드리히는 발트해, 하르츠산맥과 같은 대자연의 모습, 나무, 암석, 섬, 계절과 하루 중 시간에 따라 변화하는 빛 속의 생동감 있는 시골 전경을 화폭에 담았다. 그의 풍경에는 십자가, 묘지, 교회, 고깃배 같은 인간의 존재 흔적이 점점이 박혀 있다. 프리드리히는 수많은 개인 후원자의 지원을 받아 작품을 제작했는데 그중에는 프러시아의 프리드리히 3세와 작센바이마르 공작, 덴마크의 프레데리크 6세, 러시아 황제와 귀족들도 있었다.

프리드리히는 발트해 연안의 작은 항구도시 그라이프스발트에서 태어났다. 그의 아버지는 엄격한 루터교 신앙인으로, 비누와 양초를 만드는 일을 했다. 프리드리히의 유년기는 불운했다. 그가 7세 때 어머니가 천연두에 걸려 죽고, 그의 누이는 발진티푸스에 걸려 죽었다. 또한 함께 스케이트를 타던 남동생이 갈라진 얼음 틈에 빠져 미처 손 쓸 새도 없이 익사하고 말았다. 이후 다른 여동생마저 세상을 떠났다. 10여 년 동안 그에게 일어난 연이은 비극은 우울한 분위기의 풍경화와 종교성이 짙은 작품으로 그를 이끌었다.

프리드리히는 20세 때 코펜하겐의 미술아카데미에서 교육을 받았다. 그 당시 드레스덴은 낭만주의운동의 주요 거점이었다. 이곳에서 프리드리히는 드레스덴의 화가, 시인, 사상가 들과 교류하며 그들로부터 많은 영향을 받았다. 이후 세피아*를 사용한 데생과 수채화 작품이 괴테의 찬사와 함께 인정을 받자 한 단계 더 나아가 회화 작품을 그리기 시작한다. 이때의 작품들이 바로 〈안개〉, 〈여름〉이다. 이후 프리드리히 최초의 걸작 유화 〈산중의 십자가〉는 발표되자마자 수많은 비평과 논란을 불러일으켰다. 연이어 발표한 〈바닷가의 수도사〉와 〈떡갈나무 숲속의 수도원〉도 마찬가지다.

1810년, 프러시아 왕가가 프리드리히의 작품을 구입하면서 그의 명성은 절정에 달한다. 1836년에 〈달빛이 비치는 바다〉를 완성한 프리드리히는 뇌출혈로 세상을 떠났다. 그는 생전에 회화 약 310점을 남겼다.

<엘베 사암산의 바위가 있는 풍경>(1822-1823)

* 세피아(Sepia): 오징어 먹물에서 뽑은 불변색의 암갈색 물감. 수채화와 펜화에 쓰이며 그림자를 흐리게 하는 데도 쓰인다.

문학
190 헨리크 입센

헨리크 입센(Henrik Ibsen, 1828-1906)은 노르웨이의 시인이자 극작가이다. 그는 근대 사실주의 희극을 확립하여 현대극의 아버지로 불렸으며, 근대사상과 여성 해방운동에 깊은 영향을 끼쳤다.

입센은 노르웨이 남부의 작은 항구 마을 시엔에서 태어났다. 상인이던 아버지는 입센이 7세 때 파산했고, 이후 그의 집안은 가난에 허덕였다. 15세 때 고향을 떠나 그림스타드로 가서 약국의 도제로 일하면서 대학 입학시험을 준비했다. 이 무렵 입센은 신문에 시와 풍자만화를 기고하기도 했다. 21세 때 입센은 대학 입시를 위해 수도인 크리스티아니아(지금의 오슬로)에 올라왔으나 이듬해 낙방했다. 낙심한 입센은 대학 진학을 포기하고 전업 작가의 길을 가기로 결심한다.

정치와 시회문제에 관심이 많던 입센은 노동 단체에 가입해 친구들과 함께 사회 개혁운동을 펼쳤다. 1851년, 입센은 베르겐국민극장의 전속 작가이자 무대감독이 되었고, 1857년 신설된 노르웨이극장으로 자리를 옮겨 예술감독으로 일했다. 이 무렵 그는 수잔 토레센과 결혼했는데, 여성 해방운동가들과 교류하는 그녀의 영향을 받아 여성 문제에 관심을 가지게 되었다. 1864년 입센은 노르웨이 정부의 지원을 받아 로마로 건너간 뒤 그때부터 27년 동안 로마, 드레스덴, 스톡홀름 등 유럽 대륙을 여행하며 집필에 전념했다.

로마에 정착한 입센은 1866년 극단적 이상주의자 브란트의 투쟁과 실패를 통해 노르웨이 사회의 위선을 고발하는 비극《브란트》를 썼다. 이 작품의 성공으로 입센은 명예와 경제적 안정을 모두 얻게 되었다. 이듬해 발표한《페르귄트》는 괴테의《파우스트》에 비교되는 스케일의 극시라는 찬사와 함께 주인공의 성격에 대한 비난이 쏟아지면서 많은 논란을 불러일으켰다. 1879년에 발표한 최초의 페미니즘 연극〈인형의 집〉은 입센의 대표작이자 여성 해방운동의 선구적 작품으로, 여성의 자유와 사회적 인간으로서의 독립을 주제로 삼고 있다.

미모의 여인 노라는 결혼 8년 차에 세 아이의 엄마이며, 부부간 금슬도 좋다. 남편은 은행장 승진이 예정되어 있다. 세상 부러울 것 없어 보이는 그녀에게도 비밀이 있다. 신혼 초 남편의 건강에 문제가 생겼고, 요양비를 마련하기 위해 사채를 빌려야 했던 것. 그런데 문제는 보증을 서줄 친정아버지가 병환으로 누워 있었다. 노라는 고민하다가 차용증에 부친의 사인을 위조하여 서명한다. 노라는 그 사실을 지금까지 남편에게 숨겼다. 그런데 공교롭게도 그 사채업자는 남편의 은행에 근무하는 직원이었고, 노라의 남편은 업무상 비리를 이유로 그를 해고한다. 자신의 복직을 위해 사채업자는 노라를 협박한다. 노라가 중재하지만 사채업자는 복직에 실패한다. 그러자 사채업자는 노라의 남편에게 편지를 보내 노라의 비밀을 폭로한다. 남편은 이 일로 자신의 명예가 실추될 것과 사채업자의 요구에 끌려다닐 것을 걱정하며 불같이 화를 낸다. 남편의 요양비를 마련하기 위해 한 행동을 비난받자, 그녀는 남편이 자신을 한 인격체로 대우하기보다 인형처럼 대했다는 사실에 실망한다. 자아를 찾기로 결심한 노라는 가정과 자녀를 버리고 집을 나간다. 이러한 노라의 행동은 당시 노르웨이 사회에서 받아들이기 힘든 큰 논란거리였다.

1891년, 63세의 입센은 고국으로 돌아와 크리스티아니아에 정착했다. 1899년부터 건강이 쇠약해진 입센은 이듬해 동맥경화와 전신마비로 사망했다. 그의 장례식은 국장으로 치러졌다.

세계사 191

카사노의 굴욕

11세기 후반 황제와 교황 사이에 '성직자 임면권'을 두고 양측의 힘겨루기가 시작되었다. 왕권과 성직자의 권위 신장을 도모하던 황제와 교황은 각자 몸집을 키우면서 반목하기 시작했다. 게르만족의 대이동으로 혼란스럽던 유럽이 안정을 되찾고 교회가 성장하면서 가톨릭은 황제의 간섭을 벗어나기 시작했다. 반면 강력한 왕권 중심 체제를 구축하려던 황제 입장에서는 교회가 걸림돌이었다. 이러한 입장 차이 속에서 1075년, 교황 그레고리오 7세는 국왕이나 제후들의 권한이던 성직자 임면권을 부인하고 교황만이 그 권한을 가졌다 선언하였다. 이것을 발단으로 황제와 교황이 성직자 임면권을 놓고 충돌하는 초유의 사태가 벌어졌다.

당시 신성로마 제국의 황제 하인리히 4세는 왕권도 신이 내린 것이므로 교황만이 모든 권한을 갖는 것이 아니라고 반박했다. 이에 교황은 황제에게 교황의 명령에 순종하라는 교지를 보냈다. 그러나 하인리히 4세는 교황의 교지를 무시하고 1076년 1월, 보름스에서 제국의회를 소집하여 교황 그레고리오 7세 폐위 결의안을 통과시켰다. 그러자 교황도 중앙집권화에 반대하며 황제와 대립하던 제후들을 이용하여 하인리히 4세를 파문했다. 반대파 제후들은 만약 황제가 1년 안에 교황으로부터 파문을 취소받지 못하면 황제를 폐위하겠다고 결의했다. 거기에는 황제를 지지했던 제후들과 성직자들도 동참했고, 교황권에 맞서 싸울 기반을 잃은 하인리히 4세는 궁지에 몰렸다. 그는 교황에게 굴복할 수밖에 달리 대안이 없었다.

1077년, 황제는 왕비와 왕자 그리고 신하들을 거느리고 교황이 머무르던 북부 이탈리아의 카사노성을 찾아갔다. 그는 교황에게 몇 번씩이나 접견을 요청했으나 교황은 한사코 만남을 거부했다. 하인리히 4세는 눈 쌓인 성문 앞에서 사흘 동안을 꼬박 무릎을 꿇고 용서를 빌고 나서야 접견을 허락받았다. 그가 교회에 복종한다는 서약을 하고 나서야 파문은 취소되었다. '카사노의 굴욕(Casano's Humiliation)'이라고 불리는 이 사건을 계기로 교황의 권위는 점점 높아졌다. 독일로 돌아온 하인리히 4세는 지지 세력을 재집결하고 반대파 제후들을 응징했다. 그러고는 대군을 이끌고 로마를 쳐들어가 그레고리오 7세를 퇴위시켰다. 이로써 하인리히 4세는 '카사노의 굴욕'을 설욕했다.

하지만 성직자 임면권을 둘러싼 황제와 교황의 다툼은 그 후 12세기 전반까지 계속되었다. 그 과정에서 당시 흩어져 있던 각지의 교회가 교황을 중심으로 모여 하나의 조직으로 통일되었다. 로마교회의 주교는 순교한 사도 베드로의 후계자로서 최고의 권위를 인정받아 교황이라는 칭호를 얻었는데, '카사노의 굴욕' 사건이 그 실체를 입증하는 계기였음이다.

철학
192 고트프리트 라이프니츠

독일의 위대한 철학자 고트프리트 라이프니츠(Gottfried Wilhelm von Leibniz, 1646-1716)는 독일 계몽 철학의 서장을 열었으며, 객관적 관념론의 입장에 섰다. 라이프니츠는 신의 편재를 증명해보려고 했지만 실패했다. 하지만 그는 과학의 레오나르도 다 빈치가 되었다. 그는 거의 모든 학문에 통달해 있었으며, 미분법을 고안해냈고, 베를린 과학아카데미의 초대 원장이 되었다.

라이프니츠는 독일의 라이프치히에서 법률가이자 도덕 철학 교수인 아버지와 명망 있는 법률가의 딸인 어머니 사이에서 태어났다. 그의 아버지는 일찍 세상을 떠났지만 많은 장서를 남겨 라이프니츠가 다양한 분야의 해박한 지식을 갖는 데 도움을 주었다. 라이프니츠는 입학 전부터 독학으로 라틴어와 스콜라 철학을 공부했으며, 12세 때 논리학 문제를 탐구했고, 14세 때 라이프치히대학교에 입학할 만큼 조숙했다. 대학 졸업 후 박사 과정을 밟으려 하였으나, 대학교에서는 그가 나이가 어리다는 이유로 입학을 불허했다. 그는 알트도르프대학교로 옮겨서 21세 때 박사 학위를 받고 교수 자격을 획득했다. 그러나 학교가 제공한 객원교수 자리를 사양하고 첫 직장인 연금술연구회 로젠크로이체르를 거쳐, 마인츠 선제후의 법률 고문, 파리 주재 외교관, 궁중고문, 도서관장을 지냈다.

라이프니츠는 수학, 자연과학, 법학, 신학, 언어학, 역사 등 다양한 학문 분야에서 놀라운 업적을 남겼다. 그는 미적분학의 창시자요, 수리논리학의 기초를 놓은 인물이다. 게다가 물리학에서는 에너지 보존법칙이라 할 만한 것을 구상하였고, 심리학 쪽에서 본다면 무의식을 처음 생각해냈다. 나아가 신학 분야에서는 어지간한 신학자들보다 신의 존재를 더 잘 증명했고, 역사학에서는 사료에 충실한 역사 기술의 모범을 보여주었다.

라이프니츠는 미적분학 연구 결과를 1684년에 발표했고, 뉴턴은 1687년에 발표했다. 하지만 뉴턴은 이미 오래전부터 미적분학을 연구했고, 그 결과를 늦게 발표했기 때문에 누가 원조인가를 놓고 격렬한 논쟁이 벌어졌다. 그 논쟁은 현대까지 이어지고 있다. 현대의 미적분학은 라이프니츠의 것을 이어받고 있다. 현대 컴퓨터의 기반이 되는 이진법을 개발하기도 한 라이프니츠는 70세를 일기로 생을 마쳤다.

주요 저작으로《형이상학서설》,《단자론》,《변신론》등이 있다.

<라이프니츠 초상화>(1695)

신화 193

아도니스

아도니스 증후군*은 현대 사회에서 남성들이 외모 때문에 갖는 강박관념, 우울증 등을 지칭하는 용어로, 남성 외모집착증이라고도 한다. 아도니스(Adonis)는 그리스 신화에 등장하는 아름다운 청년으로 미의 여신 아프로디테의 사랑을 받았다. 그의 어머니는 시리아의 공주 스미르나(미르나)인데, 스미나르의 어머니는 자신의 딸이 아프로디테보다 아름답다며 여신의 아름다움을 깎아내렸다. 화가 난 여신은 근친의 저주를 내렸고, 스미르나는 자신의 아버지에게 연정을 품게 되었다. 어느 날 스미르나는 아버지가 술에 취했을 때 그와 동침했다. 술에서 깨어나 그 사실을 알게 된 그녀의 아버지는 격노했다.

스미르나는 분노한 아버지로부터 도망치다가 아프로디테에 의해서 몰약나무가 되었다. 이 나무의 기둥에서 사내아이가 태어나자 아프로디테는 그 아이를 데려다가 하데스의 부인인 페르세포네에게 양육을 맡겼는데, 그 아이가 바로 아도니스이다. 시간이 흘러 아도니스는 아름다운 청년으로 성장했고, 아프로디테는 페르세포네에게 아도니스를 돌려달라고 요구했다. 그러나 아도니스에게 연정을 품고 있던 페르세포네는 그녀의 요구를 거절했다. 두 여신이 아도니스를 서로 차지하겠다고 다툼을 벌이자 결국 신들의 왕 제우스가 중재에 나섰다.

제우스는 1년 중 3분의 1은 저승 세계에서 페르세포네와 지내고, 3분의 1은 지상에서 아프로디테와 그리고 3분의 1은 아도니스가 스스로 원하는 곳에서 지내도록 했다. 아도니스는 저승 세계에서 페르세포네와 4개월을 보낸 후 지상으로 올라가 아프로디테와 함께 지내면서 여신의 연인이 되었다. 자연스럽게 아도니스는 자신이 선택할 수 있는 4개월의 시간까지 아프로디테와 함께 보내게 되었다.

아프로디테는 아도니스와 열렬한 사랑에 빠져 잠시도 그와 떨어지려고 하지 않았다. 아프로디테와 아도니스의 애정은 전쟁의 신 아레스를 질투심에 사로잡히게 만들었다. 아레스는 아프로디테와 동침하는 현장을 그녀의 남편 헤파이스토스에게 발각당해 망신을 당하기도 했지만, 두 신의 애정관계는 여전히 지속되고 있었다. 어느 날 아프로디테는 중요한 일이 생겨서 아도니스를 남겨두고 잠시 올림포스에 올라갔다. 그 사이 아도니스는 사냥을 나갔는데 그를 제거할 기회를 노리던 아레스는 사나운 멧돼지로 변신한 후 날카로운 송곳니로 아도니스를 갈가리 찢어 죽였다. 아프로디테가 돌아왔을 때 아도니스는 이미 싸늘한 시신이 되어 있었다. 아도니스의 시신을 끌어안고 슬픔에 빠진 아프로디테는 연인이 흘린 붉은 피 위에 신들의 음료인 넥타르를 뿌렸다. 그러자 넥타르와 붉은 피가 섞여 거품이 일더니 그곳에서 한 송이 붉은 꽃이 피어났다. 그 꽃은 아네모네, 즉 바람꽃이다. 이 꽃은 마치 아도니스의 운명처럼 1년 중 4개월은 땅속에 있고, 4개월은 성장하고, 나머지 4개월은 곡물 형태를 취한다. 꽃말은 '사랑의 괴로움'이다.

* 아도니스 증후군(Adonis Syndrome): 2001년 하버드대학교 의과대학 교수 해리슨 포프(Harrison G. Pope)의 저서《아도니스 콤플렉스》에서 처음 등장한 용어다. 포프는 심각한 신체 변형 공포증을 겪는 미국 내 300만 명 이상의 남성을 설명하면서 아도니스 증후군이라고 명명했다. 그는 미국의 수많은 남성이 근육질 몸매를 가꿔야 한다는 강박관념에 빠져 있다고 주장했다.

종교 194

불상

불상(佛像)은 그 종류도 많고 형상도 다양하다. 대개 불상은 여래, 보살, 명왕, 천의 네 종류로 나뉘며 이들은 각각 다른 역할을 맡고 있다.

여래는 최상위의 부처로, 붓다와 동등하게 진리에 도달한 다양한 부처를 나타낸다. 석가여래, 아미타여래, 약사여래가 유명하다. 여래는 부처의 열 가지 존칭 중 하나이기도 하다. 특징으로는 정수리의 육계(상투 모양으로 뼈가 튀어나온 곳)와 이마의 백호(미간의 희고 빛나는 고수머리)를 들 수 있다.

보살은 신자들의 소원을 들어주고 부처의 가르침을 전파하는 역할을 하며, 관음보살과 미륵보살 등이 유명하다. 그중 지장보살만 유일하게 승복을 입었고, 그 외의 보살은 보석으로 꾸민 관이나 팔찌 등 많은 장식품을 걸친 화려한 모습이다.

명왕은 교화하거나 구제하기 어려운 중생을 깨우치기 위해 여래나 보살이 무서운 형상으로 나타난 화신이다. 중생 중에는 인과의 도리를 모르고, 업보가 끊이지 않으며, 불법을 비방하는 등 교화하기 어려운 무리가 있다. 명왕은 그들을 위협하거나 경계하고, 악을 무찌르기도 하므로 대부분 무서운 형상을 하고 있다. 부동명왕, 애염명왕, 공작명왕 등이 있으며, 활과 화살, 금강저 등의 무기류를 들고 있다.

천은 불법, 승려, 신자 들을 지키는 역할을 한다. 원래는 브라만교 등 다른 종교의 신이었으나 불교로 편입되면서 수호신으로 바뀐 경우가 많다. 제석천, 변재천, 길상천(락슈미) 등 많은 천이 있으며, 팔부신중(팔부중, 불법을 수호하는 여덟 신), 십이천(인간 세상을 지키는 열두 하늘) 등으로 무리지어 활동하기도 한다. 팔부신중은 부처가 설법할 때 항상 따라다니며 불법을 수호하는 여덟 신장(神將)으로 천룡팔부, 용신팔부 등으로 불리며 약칭 팔부라고 한다. 《법화경》에는 '불타팔부중'이라고 부르는 이들의 명칭이 천, 용, 야차, 건달바, 아수라, 가루라, 긴나라, 마후라가로 기록되어 있다. 십이천은 불교에서 세상을 지키는 십이천신을 말한다. 상방의 범천, 하방의 지천, 동방의 제석천, 남방의 염마천, 북방의 비사문천, 사방의 수천, 남동방의 화천, 남서방의 나찰천, 북서방의 풍천, 북동방의 이사나천, 일천, 월천을 말한다.

음악 195

자코모 푸치니

이탈리아 루카에서 베르디의 후계자로 이탈리아 오페라의 새 장을 연 자코모 푸치니(Giacomo Puccini, 1858-1924)가 태어났다. 그의 집안은 대대로 음악을 한 가문이었다. 푸치니는 고향에서 음악 공부를 하며 교회 합창단원이나 오르가니스트로 활약했다. 18세 때 그는 베르디의 오페라를 관람하기 위해 무려 100리나 떨어진 피사까지 걸어갔다. 그곳에서 〈아이다〉를 본 푸치니는 큰 감동을 받고 오페라 작곡가가 되기로 결심했다.

푸치니는 22세에 밀라노 음악학교에 입학하면서 본격적으로 음악을 공부했다. 처음엔 마르게리타 여왕으로부터 장학금을 지원받았으나 장학금이 중단되자 고학으로 음악원을 졸업하였다. 그 시절 마스카니, 레온카발로와 친분을 쌓았다.

오페라 〈조콘다〉를 작곡한 폰키엘리에게 작곡을 배운 그는 1884년 첫 작품 〈빌리〉와 두 번째 작품 〈에드가르〉를 발표했으나 크게 주목받지 못했다. 세 번째 작품인 〈마농 레스코〉를 발표하고 나서야 비로소 주목받기 시작했다. 1896년에 발표한 〈라보엠〉이 관객들의 폭발적인 반응을 이끌어내며 대성공을 거두었고 그의 대표작이 되었다. 이 작품은 원래 친구인 레온카발로가 구상한 작품인데, 푸치니가 아이디어를 훔쳐 먼저 발표했다고 한다. 1900년 〈토스카〉의 초연이 성공하면서 명실상부한 푸치니 시대가 열렸다.

푸치니는 베르디의 전통을 이어받은 동시에 바그너의 스타일이나 스트라빈스키의 음악을 배워 자신만의 독특한 스타일로 만들었다. 그는 깊이보다 아름다움을 택했고, 비평가들의 혹평에도 불구하고 대중은 그의 음악에 열광했다.

푸치니는 오페라 작곡 과정에 심혈을 기울인 것으로 유명하다. 그는 결벽증에 걸렸다고 할 만큼 까다롭게 대본을 선택했고, 오케스트레이션 과정에서 악기 하나를 선택하기 위해 며칠씩 소비하는 게 보통이었다.

1920년, 푸치니도 60세를 넘기고 있었다. 음악가로서 부와 명성을 모두 거머쥔 푸치니는 더 이상 부러울 게 없었지만 일생의 마지막 대작을 구상하고 있었다. 소재는 고대 중국의 이야기였다. 그는 중국 음악 연구와 함께 작곡을 진행해나갔다. 이 무렵 푸치니는 몸에 이상을 느끼기 시작했다. 심리적으로 불안한 상태가 되면서 신경질적으로 변해갔다. 무려 4년이라는 시간을 쏟아부으며 〈투란도트〉 작곡에 심혈을 기울였으나 완성하지 못했다. 1924년 그는 목의 통증이 갈수록 심해지자 아들과 함께 벨기에의 브뤼셀로 가서 수술을 받았다. 하지만 회복하지 못하고 66세 나이로 세상을 떠나고 말았다.

〈투란도트〉는 푸치니의 제자인 알파노에 의해 완성되었고, 1926년 세계적인 명지휘자 토스카니니의 지휘로 초연되어 대성공을 거두었다.

푸치니의 대표작으로 〈나비 부인〉, 〈서부의 아가씨〉, 〈제비〉, 〈외투〉, 〈수녀 안젤리카〉, 〈지안니 스키키〉 등이 있다.

미술
196 조지프 말로드 윌리엄 터너

조지프 말로드 윌리엄 터너(Joseph Mallord William Turner, 1775-1851)는 영국 근대 미술의 아버지로 불리는 국민 화가이다. 또한 미술사에서 가장 위대한 풍경화가로 꼽힌다. 그에게는 두 가지 주요 목표가 있었다. 바로 과거의 거장들과 당대 화가들을 뛰어넘는 것, 그리고 당시의 사회적 이슈를 주제로 자연에 대한 자신의 심상을 캔버스에 옮겨 담는 것이었다. 터너는 풍경화를 주로 그렸으며, 데생과 명암의 대비를 생략한 대신 몽환적 분위기를 더해주는 빛을 중요하게 여겼다. 고전적이며 환상적 분위기를 연출하는 기법은 음계를 이루는 듯 조화로운 색조와 물감을 덧칠해서 표현한 강렬한 색채를 거쳐, 소용돌이치는 빛과 색채로 변화한다. 그의 풍경화는 영웅주의 성격을 띠었으며 눈보라, 폭풍우, 화재와 같은 광폭한 장면이나 집시, 어부, 생선장수가 등장하는 전원적이고 아름다운 풍경을 담고 있다.

터너는 영국 런던에서 이발사의 아들로 태어났다. 터너는 15세 때 왕립아카데미에 들어가서 드로잉, 판화, 수채화, 지형학, 회화 과정을 공부했다. 이 시기에 그는 매년 수채화를 출품했으며 건축가, 지형학자 들과 함께 작업했다. 1803년, 스위스 여행 중 눈 덮인 알프스의 풍광에 감동한 터너는 '숭고'라는 낭만적 감정을 경험하였다. 이후 대기 효과와 자연의 경이로움을 회화적으로 탐구하기 시작했으며, 분석적 태도에서 벗어나 감정과 소통하고자 했다.

터너는 초기작에서 독자적이고 낭만적이며 환상적인 화풍을 수립했다. 그는 자연을 숭배했고, 클로드 로랭, 푸생 같은 전통 화가들을 매우 존경했다. 터너는 푸생과 로랭의 작품 구성에서의 도식, 교묘하게 엮어지는 색조와 부동의 빛을 연구했다. 또한 베네치아학파 색채 화가들과 로마의 고전적인 볼로냐학파, 네덜란드 화가들의 화풍을 흡수하여 자신만의 고유한 스타일을 확립했다. 말년에 이르러서는 비와 증기 표현에 골몰했으며, 미술사상 처음으로 빠르게 달려가는 증기 기관차를 소재로 삼았다.

터너는 평생 독신으로 살다가 칩거 중이던 첼시의 저택에서 세상을 떠났다. 1984

년 제정된 영국 최고 권위의 현대미술상인 '터너상'은 터너의 이름을 따 만든 것으로, 해외에서 활동하는 영국 국적의 미술가나 영국에서 활동하는 외국 미술가를 대상으로 수여한다.

그는 282점의 유화와 수천 점의 수채화, 과슈*, 데생, 판화 작품을 남겼는데 유화 작품 중 100점 정도는 미완성 상태로 남아 있다. 주요 작품으로는 〈바다의 어부들〉, 〈난파선〉, 〈트라팔가르해전〉, 〈폴리페모스를 비웃는 율리시스〉, 〈눈보라 속의 증기선〉, 〈저 멀리 보이는 강가 풍경〉 등이 있다.

<비, 증기, 그리고 속도-대서부 철도>(1844)

* 과슈(gouache): 수용성의 아라비아고무를 섞은 불투명한 수채물감 또는 이 물감을 사용하여 그린 그림

문학
197 레프 톨스토이

레프 톨스토이(Leo Tolstoy, 1828-1910)는 러시아의 대문호로 칭송받는 작가이자 사상가이다. 그는 러시아 남부 툴라 근교의 영지 야스나야 폴랴나에서 부유한 지주 귀족인 니콜라이 일리치 톨스토이 백작의 넷째로 태어났다. 9세 때 부모를 잃고 형제들과 함께 친척의 손에서 자랐다. 16세 때 카잔대학교 법학과에 진학하였으나 공부에 흥미를 잃고 학업을 중단한 뒤 고향으로 돌아왔다. 1848년, 고향을 떠나 모스크바와 상트페테르부르크에 머무르던 톨스토이는 방탕한 생활에 빠져 도박으로 빚을 많이 졌다. 그 바람에 부모로부터 상속받은 저택을 처분해야만 했다.

톨스토이는 방황을 끝내고 1851년 군인인 형을 따라 육군 장교로 입대하여 체첸 공격에 투입되었다. 다음 해 자전적 소설《유년 시절》을 발표하여 문단의 주목을 받았다. 1856년 전역 후 프랑스, 이탈리아, 독일 등지를 여행하고, 1858년에 고향으로 돌아와 농민 자녀들을 위한 학교를 열었다.

1862년, 34세의 톨스토이는 18세의 소피야 안드레예프나 이슬레네프와 결혼하였다. 그들은 슬하에 8남매를 낳고 50여 년을 함께 살았지만 결혼생활은 행복하지 못했다. 두 사람은 성격부터 대조적이었다. 톨스토이가 이상주의자였다면 소피야는 현실주의자였다. 이런 성격 차이는 시간이 갈수록 더욱 심해져 톨스토이는 힘겹고 불미스러운 말년을 보내야 했다.

1869년에 발표한《전쟁과 평화》는 나폴레옹의 침공을 받은 러시아를 무대로 3명의 젊은 귀족 피에르 베즈호프, 나타샤 로스토프, 안드레이 보르콘스키 공작의 삶을 통해 당대 러시아가 직면한 고민을 그리고 있다. 결론적으로 톨스토이는 이 소설을 통해 역사를 형성하는 위대한 힘은 비이성적이고 예측 불가능한 인간의 행동임을 보여주고 있다. 1877년에 발표한 대작《안나 카레니나》는 '행복한 가정은 모두 비슷하다. 그러나 불행한 가정은 모두 각자 불행할 수밖에 없는 나름의 이유가 있다'라는 문장으로 시작한다. 뛰어난 미모에 돈 많은 귀족과 결혼해 아이까지 낳은 주인공 안나 카레니나는 누가 봐도 부러울 것 하나 없을 듯하지만, 낭만적인 사랑을 추구하다가 불륜에 빠져 사회로부터 경멸당한다. 결국 불륜으로 맺은 사랑마저 식어가자 안나는 기차에 몸을 던져 자살한다. 그녀의 비극적인 자살을 선택하는 순간을 묘사한 장면은 사실주의의 백미를 이룬다.

《전쟁과 평화》와《안나 카레니나》의 성공으로 명성을 얻은 톨스토이는 40대 후반 중년의 위기를 겪으며 삶과 죽음, 그리고 종교 문제를 깊이 파고들었다. 신학과 성경 연구에 전념한 톨스토이는 말년에 평화주의자이자 독실한 크리스천이면서 동시에 아나키스트, 즉 무정부주의를 지지했다.

1908년, 80세 생일을 맞아 전 세계에서 축하 인사가 답지할 정도로 그의 명성은 절정에 이르렀다. 하지만 톨스토이의 사생활은 파국으로 치닫고 있었다. 아내와의 갈등이 절정에 이른 1910년 10월 29일 새벽, 톨스토이는 장녀와 주치의를 대동하고 집을 떠나 방랑의 길에 올랐다. 하지만 기차 여행 중 감기에 걸린 톨스토이는 아스타포보 역장의 집에 몸져눕게 되었다. 건강을 회복하지 못한 톨스토이는 얼마 후 숨을 거두었다.

주요 작품으로《참회록》,《나의 신앙》,《예술이란 무엇인가》,《부활》,《신부 세르게이》,《인생의 길》등이 있다.

세계사 198

십자군

십자군(Crusades)은 십자가를 뜻하는 라틴어에서 비롯되었다. 11세기에서 14세기까지 이어진 종교 대립을 이르며, 대부분 유럽이 예루살렘을 이슬람교도로부터 해방시키려는 목적에서 소집되었다. 예루살렘은 이슬람의 창시자인 무함마드가 죽은 후 비잔틴 제국에 함락되었다. 이후 이집트의 파티마 왕조와 페르시아의 셀주크 왕조 등 여러 칼리프가 되찾으려고 노력했다.

1077년, 예루살렘이 셀주크튀르크에 점령되면서 가톨릭교도들의 성지순례가 방해받기 시작했다. 비잔틴 제국은 동방교회를 지키기 위하여 서로마 제국의 교황 우르바노 2세에게 원군을 요청했다. 우르바노 2세는 1095년 프랑스 클레르몽에서 종교회의를 소집하여, 예루살렘 성지 회복을 위한 원대한 계획을 발표했다. 이렇게 해서 십자군이 소집되었다.

십자군 원정의 명분은 성지 탈환이었으나, 로마 가톨릭과 동방정교회로 분열된 교회를 통합하고, 유럽에서 교황의 영향력을 높이려는 정치적 목적이 컸다. 교황은 누구든 십자군에 참가하면 모든 죄가 사해진다고 선포했다. 중세의 엄격한 기독교 사회에서 죄의 사함을 받는다는 것은 천국행을 보장받는다는 의미이기도 했다. 또한 성지 회복 후 기독교 기사들이 지배하라는 교시도 내렸다. 기사들의 입장에서는 땅과 전리품으로 부와 명예가 보장된 것이다. 교황은 기독교를 보호하기 위해서 이단자들을 죽이는 것은 십계명에 위배되지 않는다고 선포했다.

1096년, 은둔자 베드로라는 성직자의 지휘 아래 소작농과 지위 낮은 귀족들로 구성된 대규모 십자군이 원정길에 올랐다. 십자군은 1차 원정길 곳곳에서 전투를 계속해가며 3년 만에 팔레스타인에 도착하여 1099년 7월 예루살렘을 함락했다. 그들은 이교도를 처치한다는 명분으로 무슬림과 유대인을 가리지 않고 하루에만 무려 7만 명을 학살했다고 한다. 살아남은 무슬림과 유대인들은 노예로 팔리거나 예루살렘에서 추방당했다.

1144년, 성지 탈환을 외치는 이슬람의 반격으로 예루살렘이 위협받자 1147년 프랑스 루이 7세와 독일의 콘라트 3세는 제2차 십자군을 일으켰다. 그러나 다마스쿠스 정복에 실패하자 십자군은 소득 없이 모두 고국으로 돌아갔다. 1187년, 이집트의 살라흐 앗딘(살라딘)이 파티마 왕조를 무너뜨리고 예루살렘을 정복하자 제3차 십자군이 소집되었다. 이 원정에는 독일의 황제 프리드리히 1세, 영국의 사자왕 리처드, 프랑스의 왕 필립이 참가했다. 전쟁은 2년간 계속되었지만 끝내 예루살렘 탈환은 실패했다. 제4차 십자군이 교황 인노첸시오 10세의 주도 아래 예루살렘 탈환에 나섰지만 그들은 목적지를 바꿔 기독교도시인 헝가리의 자라성을 공격했다. 또한 동로마에서 추방당한 왕족들의 제안으로 1204년 콘스탄티노플을 점령하고 약탈했다. 비잔티움 제국은 수도를 니케아로 옮겨갔다. 이 사건을 계기로 기독교의 분열이 심화되었다.

십자군 원정은 약 200년 동안 모두 여덟 차례나 감행되었다. 하지만 제4차 원정 이후 그 규모는 갈수록 줄어들었고, 성지 탈환이라는 목적은 변질되어 탐욕과 폭력으로 얼룩졌다.

십자군에 의한 예루살렘 정복을 묘사한 밀라노 대성당의 문

철학
199 조지 버클리

영국의 성직자이자 철학자인 조지 버클리(George Berkeley, 1685-1753)는 로크의 경험론을 일면적으로 진전시켜 전형적인 주관적 관념론을 완성했다. 그는 우리가 받아들이는 것은 경험뿐이라고 주장하면서 일체의 외적 실재를 부정했다. 사물이 있다는 생각 자체가 경험의 산물일 뿐이라는 것이다. 따라서 우리가 직접 경험하지 못하는 일체의 것들은 존재의 측면에서 완전히 배제된다. 그렇다면 우리가 경험하지 못한 것들은 모두 존재 자체를 부정해야 하는가? 바닷속에 사는 초식성 포유류 듀공을 한 번도 본 적 없는 사람에게는 듀공이 없는 것일까? 버클리는 "내가 지각하지 못해도 신은 모든 것을 지각한다. 신이 지각하기 때문에 만물은 존재한다"고 대답했다. 버클리는 신을 통해 관념론을 합리화했지만 신이라는 것도 결국엔 상상의 소산일 뿐 지각된 경험적 존재는 아니라는 문제점이 불거졌다. 결국 그의 관념론은 신을 부정하는 결론에 도달한다.

영연방 아일랜드의 남부 지방에서 태어난 버클리는 더블린 트리니티대학교를 졸업한 후, 25세 때 영국 국교회(성공회)의 신부가 되었다. 1709년의 《시각신설론》과 1710년의 《인지원리론》에서는 그의 경험론과 관념론의 주된 주장들을 찾아볼 수 있다. 그는 지각에 대하여 일원론을 주장했으며, 자연과학의 유물론, 무신론 경향을 부정하고, 신의 영광을 옹호했다. 극단적 관념론인 그의 철학은 일반인에게는 인기가 없었지만, 많은 철학자가 그의 문제의식과 방법론에 공감했다. 현대 철학에서는 '현상론'이라는 이름으로 그를 계승하는 철학자가 많다.

버클리는 49세 때 성공회의 주교가 되었다. 다른 유명한 주교 철학자로는 아우구스티누스가 있는데 그는 가톨릭 주교였다. 버클리는 당시 영국의 식민지인 미국의 로드아일랜드에 가서 3년 동안 교육 및 선교 활동을 했다. 그래서 그의 흔적이 미국에 남아 있다. 미국 캘리포니아대학교의 버클리 캠퍼스는 그의 이름을 따서 지었는데, 학교 설립 시 '제국은 서쪽으로 진로를 정한다'라는 그의 시구에 영향을 받았기 때문이라고 한다. 같은 이름의 버클리음악대학도 유명한데 두 학교는 아무런 관련이 없다.

신화
200

카드모스

페니키아의 왕 아게노르와 텔레파사는 6명의 자녀를 두었다. 카드모스(Kadmos)는 그중 장남이었으며 포이닉스, 킬릭스, 피네우스, 타소스, 에우로페가 동생이다. 어느 날 외동딸인 에우로페가 제우스에게 납치되자, 아게노르는 아들들을 불러 에우로페를 찾아오라고 명했다. 만약 여동생을 찾지 못하면 집으로 돌아올 생각도 하지 말라는 엄포가 뒤따랐다.

카드모스는 남동생들과 함께 에우로페를 찾으러 집을 나섰다. 카드모스는 전국 방방곡곡을 뒤졌지만 에우로페의 흔적조차 찾을 수 없었다. 카드모스는 지쳤지만 그렇다고 포기할 수도, 집으로 돌아갈 수도 없었다. 난처해진 카드모스는 아폴론 신전으로 가서 신탁을 구했다. 그러자 아폴론은 "암소 한 마리를 만나면 그 암소의 뒤를 따라가 암소가 머무는 곳에 도시를 세우고 그 도시의 이름을 테베로 하라"는 신탁을 내렸다. 카드모스는 신탁의 명령에 따라 흰 암소의 뒤를 따라갔다. 흰 암소가 멈춰 서서 한곳에 머무르자 카드모스는 암소를 신에게 바치기로 결정한 뒤, 부하들에게 아레스의 샘에서 성수를 길러 오라고 명했다. 하지만 샘에 도착한 그의 부하들은 샘을 지키는 거대한 용의 공격을 받고 모두 처참하게 죽임을 당했다. 부하들이 돌아오지 않자 찾아 나섰던 카드모스는 부하들의 주검을 발견하고는 화가 나서 성스러운 용을 죽이고 말았다. 그때 아테나 여신이 나타나 용의 이빨을 땅에 뿌리라고 명령했다. 카드모스가 여신의 명령을 따르자 갑자기 땅속에서 무장한 군인들 '스파르토이'가 나타났다. 군인들은 서로 치열하게 싸우다가 마지막에 5명만 남았는데 에키온, 우다이오스, 크토니오스, 히페레노르, 펠로로스이며, 에키온은 훗날 카드모스의 사위가 된다. 카드모스는 이들과 함께 성채를 건설한 후 자신의 이름을 따서 카드메이아로 불렀다.

그러나 카드모스는 자신이 건설한 나라의 왕이 되기 전 뱀을 죽인 벌로 아레스의 종이 되어야 했다. 무려 8년이 지나서야 자유를 얻은 카드모스는 비로소 왕이 되었고, 도시의 이름도 카드메이아에서 테베로 바꿨다. 왕이 된 카드모스는 전쟁의 신 아레스와 미의 여신 아프로디테 사이에 태어난 딸 하르모니아와 결혼했다. 그들 사이에는 아들 폴리도로스와 4명의 딸 아우토노에, 이노, 세멜레, 아가베가 태어났다. 하지만 어찌 된 영문인지 카드모스의 자식들과 자손들은 대부분 비참한 운명을 맞이했다. 아우토노에의 아들 악타이온은 아르테미스가 목욕하는 장면을 몰래 엿본 죄로 사슴으로 변해 자신의 사냥개들에게 갈기갈기 찢겨 죽었고, 제우스의 애인이 된 세멜레는 제우스에게 진짜 모습을 보여달라고 간청하다 재가 되었다. 그리고 이노는 제우스의 자식인 조카 디오니소스를 기르다 헤라의 저주로 미쳐버렸다.

카드모스는 자식들의 끔찍한 운명이 모두 자신이 성스러운 뱀을 죽인 탓으로 여기며 밤낮으로 괴로워했다. 그는 차라리 자신도 뱀이 되었으면 좋겠다고 한탄했다. 그러자 카드모스의 몸은 뱀으로 변했고, 그의 아내인 하르모니아도 남편을 따라 뱀이 되게 해달라고 신에게 간청했다. 이렇게 해서 두 사람은 모두 뱀이 되었다. 신들의 왕 제우스는 이들을 측은하게 여겨 '축복받은 자들의 섬'이라 불리는 엘리시온* 으로 보내 그곳에 살게 했다.

* 엘리시온(Elysion): 엘리시움(Elysium)이라 불리며 그리스 · 로마 신화에서 영웅과 덕 있는 자들의 영혼이 머문다는 마지막 휴식처이자 낙원이다. '축복받은 자들의 섬' 또는 신들이 사랑하는 사람들이 사는 섬이라 알려져 있으며, 이상향이라는 뜻이다.

종교 201

사성제

사성제(四聖諦)는 불교의 중심 교리 중 하나로 네 가지 가장 훌륭한 진리라는 뜻이며, 줄여서 '사제'라고도 한다. 인생의 모든 문제와 그 해결 방법에 대한 네 가지 근본 진리를 말한다.

붓다는 보리수 아래서 깨달음을 성취한 뒤 사슴 동산(녹야원)에서 다섯 비구를 상대로 첫 설법을 했다. 이때 가르친 사성제는 불교의 정수를 잘 알려주고 있다. 불교 전통에서는 이 사건의 중대함을 기념하여 그 설법을 '전륜법'이라고 일컫는다.

붓다가 가르친 첫 번째 진리는 고통의 원인에 관한 것으로, 태어나고 죽는 것, 병들고 늙어가는 것, 미워하는 사람과 만나는 것, 사랑하는 사람과 헤어지는 것, 이 모든 것이 괴로움이라는 것이다.

두 번째 진리는 쾌락이나 삶, 심지어 죽음에 대해서도 욕망하는 것을 괴로움의 원인이라고 식별한다. 욕망은 삶이 제공하는 즐거운 경험들에 대한 중독이다. 이것은 감각적 쾌락에 대한 갈망, 존재에 대한 갈망, 비존재에 대한 갈망이라는 형태로 나타난다.

세 번째 진리는 고통에 원인이 있다면 그 원인을 제거함으로써 고통도 제거할 수 있다는 것이다. 즉, 갈망이 제거될 때 고통은 사라지고 열반이 성취된다는 선언이다. 열반이란 탐욕, 혐오, 망상의 소멸을 의미한다. 이 삶에서의 열반이란 평화, 정신적 즐거움, 자비 등 새로운 인격으로의 전환, 즉 의심, 걱정, 불안, 공포와 같은 부정적인 정신 상태와 감정들이 완전하게 없는 상태이다. 열반과 해탈의 세계가 곧 불교가 추구하는 이상 세계이다.

네 번째 진리는 고통의 원인을 제거하고 궁극적 진리를 보는 길이다. 세상은 괴롭고, 그 괴로움의 원인은 갈망과 집착에 있기 때문에 그 원인을 제거하면 마음의 평화가 온다는 내용이다.

음악
202

펠릭스 멘델스존

펠릭스 멘델스존(Jakob Ludwig Felix Mendelssohn-Bartholdy, 1809-1847)은 독일 함부르크에서 성공한 유대계 은행가의 아들로 태어났다. 그의 할아버지 모세 멘델스존은 유명한 철학자였다. 멘델스존은 집 안에 사설 오케스트라까지 갖춰놓을 만큼 풍부한 음악적 환경 속에서 자랐다. 그는 어려서부터 비범한 음악적 재능을 보였다. 9세 때 첫 공개 연주회를 가졌고, 10대 초반에 작곡을 시작했다. 12세 때 12곡의 현을 위한 교향곡을 쓰기 시작해서 14세 때 완성했고, 13세 때 피아노 4중주, 15세 때 첫 교향곡, 16세 때 첫 현악 8중주 등을 작곡했다. 17세 때 셰익스피어의 희곡《한여름밤의 꿈》을 읽고 깊은 감동을 받은 그는 곧바로 〈한여름밤의 꿈 서곡〉을 써서 발표했다. 발표회에 참석했던 귀족들은 마치 요정들이 직접 연주하는 듯 신비롭고 경이로운 이 음악에 깜짝 놀랐다고 한다.

1829년, 멘델스존은 바흐의 명작인 〈마태오수난곡〉을 바흐가 세상을 떠난 후 처음으로 발굴하여 연주했다. 멘델스존은 바흐의 진가를 알리는 데 주역을 담당했고, 수많은 작품의 초연 지휘를 맡음으로써 당대 최고의 지휘자라는 찬사를 받았다.

바그너가 멘델스존을 가리켜 '최고의 풍경화가'라는 찬사를 아끼지 않았을 정도로 멘델스존은 슈베르트가 지닌 담백한 서정성과 낭만 속에 회화적 표현을 가미시켜 독특한 자기만의 악풍을 만들어냈다. 고전적 품위와 차원 높은 예술 위에 싱그러운 향기와 추억을 아름답고 조화롭게 표현하여 빛나는 발자취를 낭만 속에 심어놓았다. 멘델스존은 38년이라는 짧은 생애 속에서 피아니스트이자 지휘자로 그리고 작곡가로 활약하며 자신의 소명을 다했다. 10회에 걸쳐 영국으로 떠난 연주 여행은 그의 예술 인생에 큰 영향을 주었다.

멘델스존은 그림에도 조예가 있었다. 그는 자신이 느낀 감흥을 선율로 그릴 줄 알았다. 20세 때 첫 영국 여행을 떠났다가 북부 스코틀랜드 지방의 풍물과 자연경관을 보고 감탄해서 친구들에게 음악으로 설명하며 쓴 곡이 작품번호 26 〈핑갈의 동굴〉이다.

멘델스존이 스코틀랜드 여행을 통해 얻은 또 하나의 작품은 〈스코틀랜드 교향곡〉이다. 1829년 7월, 멘델스존은 스코틀랜드의 수도 에든버러에 도착하여 옛 왕성이었던 홀리루드의 유적을 찾았다. 그곳은 옛날 '피의 여왕'이라는 별명으로 불렸던 메리 여왕이 살던 곳이다. 여왕은 이탈리아 출신의 신하 리지오를 특별히 총애했다. 스코틀랜드의 귀족들은 반란을 일으켜 메리 여왕이 보는 앞에서 리지오를 살해했다. 멘델스존은 참혹한 역사 현장에서 형용할 수 없는 감회에 젖어들었고, 뛰어난 상상력과 표현력을 동원하여 스코틀랜드의 풍물과 역사적 내용을 담은 〈스코틀랜드 교향곡〉을 작곡했다.

멘델스존은 1835년에 라이프치히 게반트하우스 관현악단의 상임지휘자에 임명되었다. 1843년, 프러시아 왕 빌헬름 4세로부터 의뢰받아 〈한여름밤의 꿈〉을 작곡했다. 이 곡은 멘델스존이 17세 때 작곡한 〈한여름밤의 꿈 서곡〉을 합해서 모두 13곡의 부수 음악*이 되었다. 〈한여름밤의 꿈〉은 1년 중 낮이 제일 긴 하지 무렵 성 요한 축제를 배경으로 인간과 요정 사이에서 벌어지는 흥미로운 이야기를 줄거리로 하고 있다.

멘델스존은 라이프치히에서 38세의 나이로 세상을 떠났다. 작곡가들 중에서 가장 부유하게 살았고, 생전에는 오히려 지휘자로 더 유명했던 그는 슈만과 함께 라이프치히음악원을 세워 음악교육의 길을 열었고, 유럽 음악계의 후학을 키우는 보수적 전통 음악의 산실로 명맥을 이어왔다.

* 부수 음악(Incidental Music): 연극 등에 붙여지는 음악. 부대 음악이라고도 한다.

미술
203 장 오귀스트 도미니크 앵그르

장 오귀스트 도미니크 앵그르(Jean Auguste Dominique Ingres, 1780-1867)는 프랑스 신고전주의를 대표하는 화가이다. 그는 예민하고 격한 기질과 강한 의지의 소유자로, 데생과 색채에 뛰어난 재능을 보였다. 활동 당시 앵그르는 고전주의의 거장으로 추앙받았다. 하지만 존재의 본질을 표현하려는 의지와 추상적인 우아한 곡선, 화려한 단일 색조를 보면 낭만주의에서도 중요한 위치였다고 할 수 있다.

앵그르는 트루바두르* 시대의 그리스·로마, 또는 고딕풍의 주제와 장식에서 손으로 만져질 것 같은 질감 표현과 추상화에 가까운 곡선을 사용한 관능적인 나체 표현에서 크게 두각을 나타냈다. 그는 고대와 중세의 프랑스 역사·고대 문학·성경 · 신화에서 작품에 대한 영감을 얻었는데, 그의 작품은 영국과 프랑스의 귀족들 그리고 나폴레옹 1세와 프랑스 정부 및 로마 총독의 지지와 후원을 받았다.

프랑스 남부의 몽토방에서 태어난 앵그르는 화가이자 조각가인 아버지 밑에서 데생과 음악을 배웠다. 11세 때 툴루즈의 왕립아카데미에서 로크에게 사사했다. 그림뿐만 아니라 음악에도 뛰어난 재능을 보여서 카피톨오케스트라의 제2바이올린 연주자로 활동하기도 했다.

1797년에 파리로 가서 다비드의 아틀리에에 들어갔고, 4년 후 〈아가멤논의 사자들〉을 출품하여 로마대상을 수상했다. 로마로 유학을 떠난 그는 그곳에서 15세기 이탈리아 미술, 특히 라파엘로의 영향을 강하게 받아 자신만의 화풍을 수립했다. 1824년, 파리로 돌아온 앵그르는 그해 〈루이 13세의 성모에의 맹세〉를 살롱에 출품하여 대성공을 거두고, 이듬해 미술아카데미 회원이 되었다. 이후 신고전주의의 기수로서 위치를 굳건히 하며 화가로서 탄탄대로를 달렸다. 그는 파리에서 미술아카데미 관장을 역임하고, 1835년 로마에 있는 프랑스아카데미의 관장으로 부임했다. 로마

* 트루바두르(Troubadour): 중세 남부 프랑스의 음유 시인을 통틀어 이르는 말. 이들이 무훈(武勳)과 기사도를 소재로 하여 지은 연애시는 서정성이 강한 것이 특징이다.

에서 8년간 체류하며 아카데미를 재정비하고 제자들을 가르치는 데 전념한 앵그르는 파리에 돌아온 이후 다시 활발한 작품 활동을 시작했다.

화가로서 절정의 경지에 오른 앵그르는 〈황금시대〉 등 여러 점의 스테인드글라스 작품들을 주문받아 기념비적인 장식화 대작을 제작했다. 또한 〈샤를 7세 대관식의 잔 다르크〉 같은 종교화를 완성했다. 그리고 최후의 작품이 된 〈박사들과 함께 있는 예수〉를 완성하고 세상을 떠났다. 그는 생전에 약 177점의 작품과 수천 점의 데생 습작을 남겼다.

<자화상>(1865)

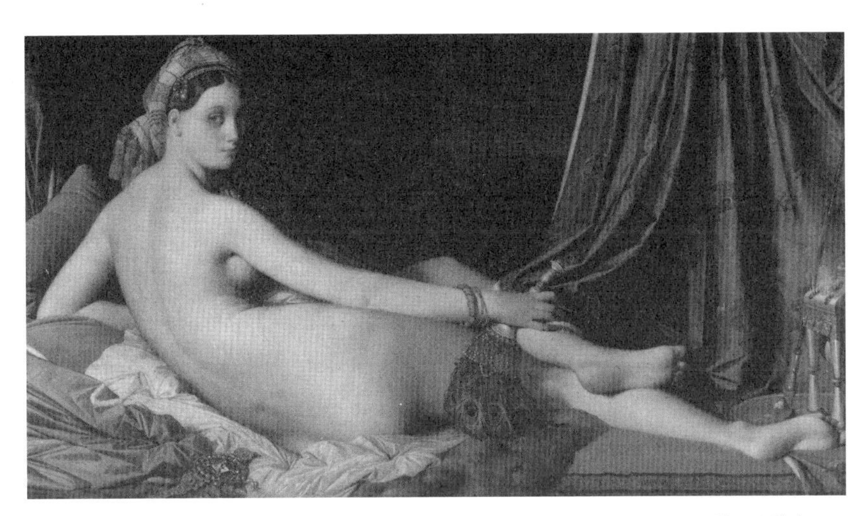

<그랑드 오달리스크>

<노예와 있는 오달리스크>

문학 204 루이스 캐럴

루이스 캐럴(Lewis Carroll, 1832-1898)은 영국의 수학자이자 동화작가로 근대 아동 문학을 확립한 작가 중 한 사람이다. 본명은 찰스 루트위지 도즈슨으로, 시공간을 초월한 세계 속에 뛰어난 상상력과 유머와 환상이 가득한 작품들을 집필했다.

캐럴은 영국의 체셔 데어스베리에서 태어났다. 성공회 사제인 아버지 찰스 도즈슨의 11남매 중 셋째로 태어났다. 외딴 시골마을에서 외부와 차단된 채 형제들과 자란 캐럴은 7세 때 기독교 문학의 고전인《천로역정》을 읽을 만큼 총명하고 감수성이 풍부했다. 11세 때 요크셔 지방의 리치먼드문법학교에 들어갔으며, 럭비학교를 거쳐 19세 때 옥스퍼드 크라이스트 처치에서 수학과 신학, 문학을 공부했다. 졸업 후 성직자의 자격을 얻고 모교의 수학과 교수가 되었다.

캐럴은 성격이 내성적이고 말을 더듬는 버릇이 있어서 학생들에게 인기 없는 교수였고, 성직자였지만 평생 설교를 하지 않았다. 또한 괴팍할 정도로 꼼꼼하고 규칙을 중요하게 여겨 사람들과 교류가 어려웠으며, 평생 독신으로 살았다. 그는 대학 재학 시절 학장이었던 헨리 리델의 집에 드나들면서 그의 세 딸 로리나, 앨리스, 이디스와 친하게 지냈다. 특히 둘째 딸 앨리스를 유난히 귀여워했다. 그는 아이들과 만나면 자신이 지어낸 이야기를 들려주곤 했는데, 그때마다 연필이나 잉크로 그림까지 그려가면서 아이들에게 보여주었다고 한다.

1862년, 캐럴은 세 자매를 데리고 템스강에서 뱃놀이를 했다. 그때 앨리스를 주인공으로 한 이야기를 즉석에서 지어 들려주었고, 앨리스는 그 이야기를 책으로 써서 선물로 달라고 졸랐다. 집으로 돌아온 캐럴은 이야기의 내용을 더욱 확장시켰고, 앨리스의 사진과 자신이 직접 그린 삽화까지 넣어 한 권의 책으로 완성해서 앨리스에게 선물했다. 그 책이 바로《땅속 나라의 앨리스》이다.

회중시계를 꺼내 보는 토끼 신사를 따라 땅속 나라로 들어간 앨리스는 몸이 커졌다 작아졌다 하면서 담배 피우는 애벌레와 체셔 고양이, 가발 쓴 두꺼비 등 신기한 동물들을 만난다. 그리고 트럼프 나라의 여왕과 함께 크로케 경기를 하는 등 신기하고 환상적인 모험을 한다.

다양한 사건이 뒤죽박죽 얽힌 유머러스하고 환상적인 캐럴의 동화 속 세상은 어린이의 내면에 존재하는 무한한 상상의 세계와 다름없었다. 빅토리아 시대의 사회적, 문화적 배경들이 판타지 세계와 유머로 한데 어우러진 이 작품은 1865년《이상한 나라의 앨리스》로 출간되면서 전 세계 수많은 어린이와 어른까지 사로잡으며 아동 문학사의 기념비적인 작품이 되었다.

캐럴은 1871년《거울나라의 앨리스》를 발표했으며, 1881년에 대학을 나온 후 사제가 되었다. 말년에는 이야기체의 난센스 산문시《스나크 사냥》, 동화《실비와 브루노》 및《실비와 브루노》 완결편을 썼다. 그는 기관지염이 악화돼 생을 마감했다.

25세 때의 루이스 캐럴

세계사 205 백년전쟁

백년전쟁(Hundred Years' War)은 프랑스 국내의 영국 왕 영지에 대한 귀속 문제를 두고 영국과 프랑스 사이에 발생했다. 사실 이 전쟁은 1337년에서 1453년까지 116년 동안이나 계속되었다.

서프랑크 왕국의 왕 샤를 3세와 바이킹족 지도자 롤로는 911년 생클레르쉬레프트 조약을 맺었다. 이 조약으로 노르만족은 센강 하류 지역을 봉토로 수여받고, 프랑스 왕의 가신이 되었다. 이로써 프랑스에 노르망디 공국이 세워졌다.

1066년 노르망디공 기욤(윌리엄 1세)은 잉글랜드 왕국을 정복하여 영국에 노르만 왕조를 수립했다. 이로써 영국 왕은 프랑스 안에 영지(노르망디공령)를 보존하게 되었다. 이후 헨리 2세가 아키텐의 엘레오노르와 결혼하면서 프랑스 영토 5분의 3이 그의 통치하에 들어갔다. 그러나 헨리 2세의 아들인 존 왕은 프랑스와의 전쟁에 패배하면서 영국이 소유한 프랑스 내 영지를 대부분 잃고 말았다.

1337년, 프랑스 왕 필리프 6세는 프랑스 내에 있는 영국 왕의 마지막 영지인 가스코뉴에 대한 몰수령을 내렸다. 이에 반발한 영국의 에드워드 3세는 프랑스의 왕위 계승권을 주장하며 프랑스에 선전포고를 했다. 그러나 왕위 계승권은 명분에 지나지 않았고 실제 목적은 따로 있었으니, 양모 수입을 통해 막대한 관세 수입을 영국에 안겨주는 플랑드르 지역을 프랑스가 차지하는 것을 막기 위해서였다.

1340년, 슬라위스해전에서 프랑스 함대를 격파한 영국군은 1346년 크레시전투에서 프랑스군을 대파하고, 이듬해 도버해협의 요충지인 칼레를 함락해 프랑스 내에 견고한 교두보를 확보했다. 1356년, 푸아티에전투에서는 프랑스의 왕 장 2세와 막내아들 필리프를 비롯한 다수의 귀족을 포로로 잡았다.

당시 유럽은 페스트의 유행으로 인구의 3분의 1이 죽었다. 여기에 전쟁으로 황폐해진 영국과 프랑스는 전염병과 재정난에 시달렸고, 프랑스에서는 '자크리의 난'이라는 농민폭동까지 일어났다. 다급해진 프랑스는 1360년에 영국과 휴전 조약을 맺었다. 이 조약으로 에드워드 3세는 거액의 보상금과 프랑스 안에 넓은 영지를 확보했다.

그러나 휴전은 오래가지 않았다. 몸값 부족으로 미처 풀려나지 못한 장 2세가 런던에서 객사하자 프랑스에서는 그의 아들 샤를 5세가 즉위했다. 1370년 프랑스 내 영국 영토에서 연이어 반란이 일어났다. 당시 프랑스의 영국 영지는 에드워드 3세의 아들인 '흑세자' 에드워드가 통치하고 있었다. 그의 엄격한 통치에 제후들이 반발하여 일어났고, 샤를 5세는 이를 빌미로 영국의 영지에 대해서 몰수령을 내렸다. 분노한 흑세자는 전쟁을 일으켰다. 하지만 프랑스군의 반격은 강력했고 영국군은 점차 밀리게 되었다. 1374년 무렵, 영국 왕의 영지는 대폭 축소되었고 전쟁은 소강상태로 접어들었다. 1376년에 흑세자가 죽고, 뒤이어 에드워드 3세와 샤를 2세가 차례로 세상을 떠나자 양국은 20년간 휴전하기로 합의했다.

1380년, 샤를 5세가 죽고 뒤를 이은 샤를 6세는 즉위 후 정신이상 증세를 보였다. 정상적인 국정운영이 어려워지자 국가재정을 놓고 귀족 파벌들 간에 내전이 일어났다. 이때 영국 왕 헨리 5세가 부르고뉴공국과 동맹을 맺고 전쟁을 일으켰다. 프랑스에 대승을 거둔 헨리 5세는 노르망디공국을 다시 얻고 샤를 6세의 딸 카트린과 결혼하면서 프랑스의 왕위 계승권까지 확보했다.

하지만 1422년, 헨리 5세와 샤를 6세가 함께 사망하자 왕위 계승권을 놓고 영국과 프랑스는 다시 충돌했다. 영국은 헨리 6세가 프랑스 왕위를 계승해야 한다고 주장했고, 프랑스는 샤를 6세의 아들인 샤를 왕세자의 왕위를 주장했다. 당시 수도 파리를 비롯한 북부 프랑스는 모두 영국이 장악하고 있었다.

샤를 왕세자가 전의를 상실해갈 무렵, 1492년 평민 소녀 잔 다르크가 찾아왔다. 그녀는 꿈속에서 샤를 왕세자로 하여금 랭스에서 대관식을 치르게 하라는 성인들의 명령을 받았다고 주장했다. 그녀의 활약은 프랑스군의 사기를 높여 전세를 뒤바꿔 놓았다. 왕세자는 무사히 대관식을 치르고 샤를 7세로 즉위했다. 이후 샤를 7세는 칼레를 제외한 프랑스 전 영토를 회복할 수 있었다. 이후 영국과 프랑스의 갈등은 크림전쟁까지 이어졌다.

철학
206 데이비드 흄

데이비드 흄(David Hume, 1711-1776)은 로크, 버클리와 함께 영국의 계몽주의 철학을 빛낸 위대한 철학자이다. 로크는 잉글랜드, 버클리는 아일랜드 출신이며 흄은 스코틀랜드 출신이다.

흄의 사상은 여러 다양한 것을 철저히 의심하는 것이어서 '회의론'이라고도 불렸다. 그는 인과율도 부정했다. 인과율이란 '사과에서 손을 뗐기 때문에 사과가 바닥에 떨어졌다'처럼 어떤 사태가 일어나려면 반드시 그것에 앞서 그렇게 되는 원인이 존재한다는 원칙이다. 그러나 지나치리만큼 경험론을 신봉한 흄은 이 인과율도 부정했다. 그는 인간이 '물체에서 손을 떼면 떨어진다' 같은 경험을 몇 번씩 되풀이할 때마다 '또 똑같이 되겠지' 하고 기대하고 굳게 믿을 뿐이라고 주장한다. 즉, 인과율은 우리의 경험에 바탕을 둔 생생한 상상에 지나지 않는다는 것이다. 그는 '뉴턴의 역학'마저 인과율이므로 의심스럽다고 했다. 어쩌면 이 세계 어딘가에서 한 번쯤 손을 놓아도 물체가 떨어지지 않는 일이 일어날지도 모른다는 것이다.

흄은 데카르트의 '자아'도 부정했다. '나는 존재한다'에 대해서 '나는 없다'라는 식으로 대응했다. 있는 것은 오직 지각뿐이다. 경험론은 이렇게 해서 회의론에 다다랐다.

흄은 스코틀랜드의 에든버러에서 태어났다. 그는 원래 법학을 전공했으나 스스로 법학도를 포기하고 철학도가 되었다. 26세 때《인성론》을 집필했는데, 이 책은 그가 프랑스 체류 기간 동안 완성했으며 1740년 런던에서 출간되었다. 하지만 당시 별다른 주목을 받지 못했다. 그러나 흄이 여러 편의 소책자를 계속 발표하여 세인의 주목을 받은 후에야 비로소 그 진가를 인정받게 되었다. 이 시기에 흄은 영국 정치인들을 보필하면서 유럽을 여행했다.

흄의 처녀작인《인성론》은 초판이 출간된 지 8년이 지나 재구성하여《지성론》과《도덕론》으로 출간되었다. 그는 두 차례 대학교수를 지원하였으나 뜻을 이루지 못하고, 에든버러도서관의 사서가 되었다. 이곳에 근무하는 동안 집필한《영국사》가 베스트셀러가 되면서 그에게 돈과 명성을 모두 안겨주었다. 이후 흄은 파리 주재 대사관의 비서로 근무하면서 루소 등 명사와 교류했다. 당시 볼테르와 루소 등의 계몽주의에 고무되어 있던 파리의 귀족들, 특히 귀족 부인들이 그의 학문에 매료되었다.

그를 파리 귀족 사회에 소개한 사람은 프랑스 왕 루이 15세의 정부로 알려진 퐁파두르 부인이었다. 그녀가 후원자가 되면서부터 흄은 파리 귀족 사회의 귀부인들 사이에서 대단한 인기를 누리게 되었다. 영국으로 돌아온 흄은 1767년 국무성 차관이 되어 2년간 직무를 수행하였다. 그는 평생을 독신으로 귀부인들 속에 묻혀 살았다. 그리고 만년에는 귀족 사회와 거리를 두고 자신이 작성한 논문들을 종합하여《인간 오성론》과《도덕원리론》을 집필했다.

영국 스코틀랜드 에든버러에 있는 세인트 자일스 대성당 전경. 데이비드 흄의 기념비

신화 207 페르세우스

아르고스의 왕 아크라시오스는 자신의 딸 다나에가 낳은 사내아이에게 죽임을 당할 것이라는 신탁을 받았다. 그는 예언이 실현될 것을 두려워하여 딸을 청동탑에 가둔 뒤 외부와 차단했다. 그것으로 인간의 접근은 막았지만 신의 접근까지 막아내지는 못했다. 더구나 상대는 신들의 왕 제우스였다. 평소 다나에를 마음에 두고 있던 제우스는 황금의 비가 되어 다나에의 무릎 사이로 흘러들었고, 페르세우스(Perseus)가 태어났다. 다나에는 아버지의 눈을 피해 출산을 한 뒤 몰래 아이를 키웠다. 그러나 오래지 않아 발각되고 말았다. 아크라시오스는 딸과 외손자를 상자에 넣어 바다에 던져버렸다. 상자는 표류하다가 세리포스섬에 이르러 어부 디크티스에게 구조되었다.

세리포스섬의 왕 폴리데크테스가 다나에의 아름다움에 반해 그녀를 유혹하려 들었다. 건장한 청년으로 성장한 페르세우스는 왕에게 방해가 되는 존재였다. 폴리데크테스는 페르세우스를 사지로 몰아넣기 위해 페르세우스에게 고르곤의 목을 가져오라고 명령했다.

고르곤은 원래 아름다운 세 명의 자매였다. 셋 가운데 두 명은 불사의 몸이었고, 막내인 메두사만이 인간이었다. 이 세 자매는 자신들의 외모에 대한 자부심이 지나쳤고, 위대한 신들보다 비교해도 더 낫다고 자랑하기에 이르렀다. 그녀들은 서서히 신들의 눈 밖에 나기 시작했다. 그런데 더 큰 문제가 발생했다. 메두사가 포세이돈과 함께 하필이면 아테나의 신전에서 정을 통한 것이다. 이 일로 아테나는 크게 분노했다. 그녀는 고르곤 자매의 외모를 모두 추악한 괴물의 모습으로 바꾸었다. 특히 메두사는 머리카락까지 흉물스럽게 뱀으로 바뀌었다.

페르세우스는 아테나의 보호를 받으며 헤르메스의 안내로 그라이아이를 찾아갔다. 그라이아이는 고르곤 세 자매와 부모가 같았다. 그라이아이는 하나의 이빨과 하나의 눈을 서로 공유하고 있었다. 페르세우스는 그녀들의 눈을 빼앗아 협박하여 고르곤을 죽이는 데 필요한 도구를 가진 님프들의 거처를 알아냈다. 님프들을 찾아간 페르세우스는 날개 달린 샌들과 머리에 쓰면 투명인간이 되는 모자, 그리고 잘라낸

목을 넣을 주머니를 빌렸다. 헤르메스는 낫을, 아테나는 청동 방패를 페르세우스에게 건넸다. 페르세우스는 고르곤 자매들이 사는 곳으로 가서 밤이 되기를 기다렸다. 그리고 고르곤 자매들이 잠든 사이 메두사의 머리를 잘라 주머니에 넣었다. 불사의 몸을 가진 메두사의 언니들은 페르세우스를 뒤쫓았으나, 마법의 모자를 쓰고 모습을 숨긴 페르세우스를 잡을 수 없었다.

페르세우스는 집으로 가던 길에 바다 괴물의 재물로 바쳐진 에티오피아의 공주 안드로메다를 구했다. 안드로메다와 함께 집으로 돌아온 페르세우스는 자신의 어머니를 괴롭히는 폴리데크테스와 그 일당을 메두사의 머리로 모두 돌로 만들어버렸다. 복수에 성공한 페르세우스는 메두사를 퇴치하기 위해 빌렸던 도구들을 님프들에게 돌려주었다. 메두사의 머리는 아테나 여신에게 바쳤는데, 아테나는 메두사의 머리를 자신의 방패 중앙에 장식했다.

페르세우스는 어머니와 아내를 데리고 세리포스를 떠나 아르고스로 돌아왔다. 그의 외할아버지 아크라시오스는 과거의 신탁을 떠올리며 몸을 피했다. 어느 날 페르세우스는 테살리아 라리사 지방으로 가서 그 나라 왕의 죽음을 기리기 위한 5종 경기에 참가했다. 원반던지기 시합에 출전한 페르세우스는 젖 먹던 힘까지 다해 원반을 던졌다. 날아가던 원반은 갑자기 관중석을 향해 방향을 바꾸더니, 이 경기를 관람하던 아크리시오스의 머리를 강타했다. 결국, 외손자가 할아버지를 죽일 것이라는 신탁은 그대로 실현되었다.

종교
208

육신오행

이슬람교의 핵심 교리는 여섯 가지 진리와 다섯 가지 계율을 지킨다는 육신오행(六信五行)이다.

육신이란 여섯 가지 믿음의 대상을 말하는데 첫 번째는 전지전능한 창조주 '알라', 두 번째는 신과 사람을 중개하는 '말라이카(천사)', 세 번째는 예언자의 손으로 기록된 계시인 '키타브(경전)', 네 번째는 신의 가르침을 전하는 '나비(예언자)', 다섯 번째는 인간은 신에게 최후의 심판을 받고 천국이나 지옥으로 가게 된다는 '아히라(내세관)', 여섯 번째는 신이 모든 것을 정해놓았으며 '신을 믿으면 구원받는다'는 '까다르(천명)'이다.

오행이란 이슬람교도가 천국에 가기 위해 지상에서 지켜야 할 다섯 가지 계율, 즉 신앙고백, 예배, 기부, 금식, 순례를 말한다. 이슬람교도는 일상생활에서 오행을 철저하게 실천하는 것을 사명으로 여기는데, 오행의 구체적인 실천 사항은 다음과 같다.

첫째, 신앙고백으로 알라 외에 신은 없으며, 무함마드는 알라의 사도라고 맹세해야만 이슬람교도가 될 수 있다. 둘째, 예배는 하루에 다섯 번 성지 메카를 향해 기도를 올리는 것인데, 모든 신자는 예배당에 갈 필요 없이 어느 곳이든 큰 천을 깔고 기도하면 된다. 셋째, 기부는 가난한 사람을 위해 돈을 내는 것으로, 이슬람 국가의 국민은 수입의 약 2.5%를 가난한 사람에게 기부할 의무가 있다. 이것을 '자카트'라 하는데 이슬람법으로 정해진 구빈세이다. 대부분 곡물, 과일, 가축, 금은, 상품 등에 매기는 세금이며 세율은 이익의 2.5-10%로 현재 이슬람 국가의 주요 재원이 되고 있다. 넷째, 단식은 1년에 한 달간, 이슬람 달력으로 아홉 번째 달에 실시한다. 다섯째, 순례는 메카에 가서 예배함으로써 알라에 대한 믿음을 표현하는 행위인데, 이슬람교의 모든 신자는 경제적으로 가능하다면 평생에 한 번은 메카를 순례하는 것을 사명으로 여긴다.

음악
209 구스타프 말러

구스타프 말러(Gustav Mahler, 1860-1911)는 독일의 최대, 최후의 낭만파 교향곡의 작곡가이며 당대 유럽 최고의 명지휘자였다. 교향곡은 베토벤을 정점으로 슈베르트, 슈만에 의해 내리막길을 걷다가 브루크너, 브람스에 이르러 종착지에 이르렀으나 말러의 9개 교향곡으로 말미암아 다시 꽃을 피우게 되었다.

말러는 매우 성실했다. 연주의 리허설이 시작되면 화장실을 가는 일을 제외하고 지휘대를 떠나는 일이 없었다. 그런 말러가 자신이 지휘하는 연주회 당일 연습 도중에 한 시간 정도 자리를 비운 일이 있었다. 돌아온 말러에게 악장이 궁금해서 무슨 일이 있었냐고 물었더니 말러는 태연하게 대답했다.

"결혼하고 왔지요."

말러는 20세 연하의 알마 쉰들러와 결혼했다. 그녀는 빈에서 가장 아름다운 여성으로 알려질 만큼 뛰어난 미모에 재능을 지닌 피아니스트이자 작곡가였다. 당시 그녀가 작곡한 가곡만 100여 곡이 넘었으며, 오페라 제작에까지 관심을 가질 정도로 그녀는 문화적으로 상당히 깨어 있었다.

말러가 활동하던 시기는 고전주의에서 낭만주의로, 낭만주의에서 후기 낭만주의로 치닫던 시기였다. 당시의 음악계를 특정하는 단어가 '포화'와 '과잉'이다. 대표적인 음악이 1910년 9월 12일 독일 뮌헨에서 초연된 말러 교향곡 제8번이다. 합창단 850명, 독창자 8명, 오케스트라 단원 171명, 지휘자인 말러를 포함해서 1,030명을 동원했다. 이후 말러의 교향곡 제8번에는 '천인 교향곡'이라는 부제가 붙었다. 그는 교향곡 제8번을 발표하면서 "지금까지 나의 모든 교향곡은 이 작품을 위한 전주곡에 지나지 않는다"고 말했다.

구스타프 말러는 보헤미아(체코)의 칼리슈트에서 태어났다. 그의 부모는 유대인으로 상업에 종사했다. 말러는 6세 때 할머니의 다락방에서 폐물이 된 피아노를 발견했다. 4년 뒤 그 피아노로 첫 번째 공연을 하게 된다. 그는 놀라울 정도로 피아노를 빨리 습득했는데 13세 때 뛰어난 실력의 피아니스트가 되어 사람들을 놀라게 했다. 1875년 15세 때 빈국립음악원에서 피아노, 작곡, 지휘를 배운 그는 피아노 연주와 작곡상을 받고 우수한 성적으로 졸업했다. 빈대학교에 들어가서는 음악 외에도 역사와 철학에 흥미를 가지면서 칸트, 쇼펜하우어, 헬름홀츠, 니체 등의 영향을 받는다. 말러는 바그너의 음악을 듣고 그를 평생 존경하게 되었고, 자연스럽게 그의 음악적 영향을 많이 받았다.

1888년에 부다페스트왕립가극장의 지휘자에 취임한 후 능력을 인정받아 함부르크가극장 수석지휘자를 거쳐 1897년에 빈국립오페라극장의 지휘자로 옮겨, 빈 오페라의 황금시대를 구축했다. 그는 명실상부한 유럽 최고의 지휘자였다. 1907년, 그는 유럽을 넘어 뉴욕의 메트로폴리탄과 뉴욕필하모닉의 상임 지휘자로 활동 무대를 넓혀나갔다. 1911년, 건강에 이상을 느낀 그는 서둘러 빈으로 돌아왔으나 그해 5월 18일 교향곡 제10번을 마무리하지 못하고 세상을 떠났다. 말러가 남긴 9곡의 교향곡은 모두 한 시간이 넘는 대작들이다. 그의 교향곡은 장려하고도 무거운 분위기에서 베토벤과 바그너를, 즐겁고 가벼운 서정성에서 슈베르트와 멘델스존을 연상시킨다.

미술
210 낭만주의

낭만주의(Romanticism)는 본래 중세 유럽의 모험담을 가리키는 로망스에서 비롯된 용어로, 18세기 말에서 19세기 중엽까지 유럽 전역과 그 문화권인 남북 아메리카에 전파된 문예사조를 가리킨다. 개성을 존중하고 자아의 해방을 주장하며 상상과 무한한 것을 동경하는 주관적·감정적인 태도가 특징이다.

낭만주의는 고전주의의 차가운 형식 존중에 대한 반동의 형태로 나타났다. 루벤스의 화풍을 따른 화가들은 대체로 고전주의적 성향을 보였는데 프랑스의 화가들이 그러했다. 반면 렘브란트의 화풍을 따른 화가들은 낭만적 성향을 보였는데 주로 영국과 독일의 화가들이 이에 해당했다.

고전주의와 낭만주의의 분열은 프랑스 혁명 시기와 19세기에도 계속된다. 영국과 독일에서는 낭만주의 화풍이 등장한 반면, 프랑스에서는 엄격한 형식을 강조하는 고전주의 화풍이 강조되었다. 대표적인 작가는 자크 루이 다비드이다. 그는 고전주의 화풍에서 강조되던 엄격한 형식을 다시 도입했다. 프랑스 혁명기에 자코뱅 당원으로 활약하며 정치에 몸담았던 그는 훗날 궁정 화가가 되었고, 나폴레옹을 숭배했다. 수제자였던 앵그르와 함께 19세기 중엽까지 프랑스에서 고전주의가 찬란한 꽃을 피우게 했다.

이 시기에 영국의 낭만주의 화가인 윌리엄 터너는 풍경을 회화의 주제로 삼았다. 그의 작품은 환상적이고 역동적이며 빛으로 충만한 주관적인 풍경화의 세계를 보여주었다. 그는 자연에 대한 객관적 재현이 아니라 자연이 화가나 관찰자에게 환기시켜주는 느낌을 중시했다. 이러한 화풍은 독일의 낭만주의자인 카스파르 프리드리히에게서도 발견된다. 프리드리히는 자연을 관찰하는 인간을 주로 그렸다. 풍경화는 그에 의해서 단순한 자연표현의 아름다움이라는 영역을 넘어서서 좀 더 깊이 있는 형이상학적 품격을 갖추게 되었다. 프리드리히의 범신론적 풍경화 속에서는 독일 낭만주의를 이끌었던 그의 뛰어난 선구자적 발자취를 찾아볼 수 있다.

다비드와 앵그르에 의해서 고전주의가 꽃을 피웠던 프랑스에도 낭만주의 물결이 밀려들었다. 테오도르 제리코에서 시작된 프랑스의 낭만주의는 외젠 들라크루아에 이르면서 보색 대비에 의한 자유분방한 색채, 선의 움직임이 살아 있는 필치, 생동감이 가득 찬 영웅적 작품들을 남겼다. 특히 들라크루아의 동방 취향 또는 이국적 취미에 의한 후기 작업은 낭만주의의 한 특색을 보여주고 있다.

문학
211 마크 트웨인

마크 트웨인(Mark Twain, 1835-1910)은 미국 문학의 전통을 창조한 작가로 평가받는다. 윌리엄 포크너는 그를 미국 문학의 아버지로 칭했으며, 어니스트 헤밍웨이는 '미국의 모든 현대 문학은《허클베리 핀의 모험》에서 시작되었다'라고 평가했다.

미주리주 플로리다의 가난한 개척자 집안에서 태어난 마크 트웨인은 어려서부터 흑인 노예들이 학대받는 모습과 백인 개척민들의 거친 언동을 보며 자랐다. 12세 때 아버지가 세상을 떠나자 학교를 중퇴하고 인쇄소에 취직했다. 그곳에서 지방신문의 조판 작업을 하면서 틈틈이 기자 일을 배우고 유머 콩트를 쓰기도 했다. 22세 때부터 미시시피강의 수로 안내인으로 일했다. 어린 시절 미시시피강 유역에서 뛰놀던 추억과 수로 안내인으로 일하며 쌓은 경험은 후일 그의 작품 세계에 큰 영향을 미친다.

1863년, 버지니아주에서 지방신문의 기자로 일하면서 처음으로 '마크 트웨인'이라는 필명을 사용했다. 1865년 발표한 단편집《캘리베러스의 명물 뛰어오르는 개구리》가 호평을 받으면서 유머 작가로서 이름을 올렸다. 1870년에 부유한 석탄 상인의 딸 올리비어 랭든과 결혼한 그는 이 무렵부터 강연과 집필 활동을 본격적으로 펼쳐나갔다. 1871년 황금만능주의로 치닫던 미국의 사회풍조를 풍자한《도금시대》를 출간하면서 마크 트웨인은 작가로서 명성을 얻기 시작했다.

이후 19세기 미국 문학의 장을 열었다고 평가받는 미시시피 3부작《톰 소여의 모험》,《허클베리 핀의 모험》,《미시시피강의 생활》을 발표하며 작가로서의 천재성을 유감없이 발휘했다. 이 작품들은 단순히 소년들의 모험담이 아니라 남북전쟁 직전의 미국 사회, 특히 남부 지역의 도덕과 관습을 밀도 있게 조망한 미국인의 문학적 기본 자산의 한 부분이다.

《허클베리 핀의 모험》의 주인공 허크는 도덕주의자 미스 왓슨의 보호를 받고 있다. 그녀는 자신이 보호하는 아동들을 사회적으로 존경받는 인물로 키우고 싶어 한다. 어느 날 허크는 술주정뱅이에 건달인 아버지에게 납치되어 숲속 오두막에 감금

된다. 허크는 그곳에서 탈출한 뒤 아버지와 왓슨이 다시는 자신을 찾지 않도록 죽은 것처럼 위장한다. 미시시피의 한 섬으로 도망간 허크는 그곳에서 도망 온 노예 짐을 만난다. 짐을 쫓는 추격자들을 따돌리기 위해 그들은 뗏목을 타고 미시시피강을 따라 내려간다. 이 뗏목 여행에서 허크가 마주친 세계는 너무 잔인하다. 그가 현실에서 목격하는 폭력적인 죽음은 일상의 일부가 된다. 《허클베리 핀의 모험》에서 언급된 살인만 모두 20여 건에 이른다.

허크는 사회의 아웃사이더다. 그는 가족도 없고, 학교에 다니지도 않고, 한곳에 머무는 일도 없다. 그는 자신의 뗏목에서 미시시피강변에 자리 잡고 있는 사회를 관찰한다. 그리고 존경받는 중간 계급의 품위는 기만적임을 알려준다. 허크는 문명 사회에 등을 돌리고 개척되지 않고 있었던 서부의 황야로 향한다.

《허클베리 핀의 모험》은 '미국 근대 문학의 뿌리'라고 일컬어지는 명작이지만 출간 직후 금서로 지정되기도 했다. 흑백 문제 및 노예 문제를 정면으로 다루면서, 아프리카 출신 미국인들을 경멸하는 단어인 '니그로'를 사용했다는 이유였다. 그럼에도 마크 트웨인의 명성은 최고조에 달했다. 이러한 문학적 성공에도 불구하고 그의 말년은 불행했다. 무리한 사업 시도로 파산했으며, 아내와 두 딸을 먼저 떠나보낸 뒤 편집증과 우울증에 시달리던 그는 코네티컷주 레딩의 자택에서 세상을 떠났다.

1900년의 마크 트웨인

세계사 212

메디치가

메디치가(Medici family)는 공화제 도시국가였던 이탈리아 피렌체의 지도자 대부분을 배출한 최고의 명문가이다. 메디치가의 지도자들은 탁월한 국정수행 능력을 보이며, 시민들을 귀족의 압제에서 보호했고, 노블레스 오블리주를 실천하여 피렌체 시민들의 마음을 사로잡았다. 그러나 메디치가의 명성은 정치적 영향력에서 얻어진 것이 아니다. 그들은 수많은 예술가, 학자, 사상가 들을 후원하여 피렌체에서 르네상스가 찬란한 꽃을 피워낼 수 있도록 토양이 되어주었다. 르네상스 시대의 이탈리아 피렌체를 이끌며 인류의 역사를 새롭게 쓴 명문가 메디치의 명성은 거기에서 비롯되었다.

메디치라는 이름이 기록에 처음 등장한 것은 1230년이며, 이 가문은 13세기 이후부터 피렌체에서 존재감을 드러내기 시작한다. 1397년, 메디치가의 조반니는 메디치 은행을 설립했다. 그는 로마와 아비뇽에 두 명의 교황이 존재하는 분열 시대에 로마 교황청의 재무관리자가 되었다. 또한 피렌체의 행정장관에 임명되면서 오늘날 국제 상업의 유형을 마련했다.

조반니의 아들 코시모 데 메디치는 이탈리아를 넘어 런던과 아비뇽 등 유럽으로 은행의 지점을 확대하여 막대한 부를 쌓았다. 이후 그는 정치로 관심을 돌려 피렌체의 지배권을 강화했다. 또한 철학을 연구하는 플라톤아카데미를 세우고 플라톤 전집을 라틴어로 번역하게 해서 학문과 예술의 발달에 기여했다. 코시모의 아들인 피에로 역시 아버지의 뒤를 이어 학자와 예술가를 후원했고, 수많은 서적을 수집하고 보급하여 문예부흥에 영향을 끼쳤다. 피에로의 아들인 로렌초는 뛰어난 정치적 수완을 발휘하여 이탈리아 여러 국가의 이해관계를 조정했다. 또한 보티첼리, 미켈란젤로, 레오나르도 다 빈치, 단테, 갈릴레이 등 수많은 예술가와 과학자를 후원하여 르네상스 태동에 크게 기여했다. 그는 '일 마그니피코(위대한 자)'로 불리며 르네상스 전성기의 피렌체를 이끌었다. 정치 철학자인 니콜로 마키아벨리는 로렌초의 아들에게 헌정하기 위해《군주론》을 집필하기도 했다.

국제적으로 명성이 높아진 메디치가는 프랑스의 부르봉가, 오스트리아의 합스부르크가 등 유럽 왕가들과 혼인관계를 맺고, 로마 가톨릭의 교황을 여럿 배출했다. 메디치가 출신의 교황 레오 10세는 로마를 아름답게 재건하기 위해 '성직'과 '면죄부'를 판매했는데, 이는 마르틴 루터의 종교개혁의 도화선이 되었다. 클레멘스 7세는 영국 헨리 8세의 이혼을 승인하지 않았고, 합스부르크의 카를 5세에 반대하는 교황령을 지지했다. 1527년, 코냑동맹전쟁에서 동맹군이 패하여 로마가 함락되면서 메디치가의 르네상스 후원도 끝이 났다. 메디치가의 직계는 1737년 코시모 3세의 딸인 안나 마리아 루이사가 사망한 뒤 대가 끊겼다. 이후 메디치가의 남겨진 유산과 엄청난 양의 예술품은 루이사의 유언에 따라 토스카나 대공국과 피렌체에 기증되었다. 그 결과 오늘날 피렌체는 세계에서도 손꼽히는 관광 명소가 되었다.

철학 213

막스 베버

독일의 사회과학자 막스 베버(Max Weber, 1864-1920)는 강단사회주의*자와 대결하였으며 역사학파가 가지는 이론적 약점을 지적하고, 그 극복을 위해 노력하였다. 베버의 아버지는 정계의 막후 실력자였고, 어머니는 독실한 금욕주의적 기독교도였다. 이러한 집안 분위기는 베버와 그 형제들에게 현실정치가와 금욕적 학자라는 대조적인 정체성을 제공했고, 그로 말미암아 상당 기간 혼란을 겪어야 했다. 특히 그의 아버지는 권위적이어서 베버는 자주 이에 저항했다. 심한 언쟁 이후에 아버지가 세상을 떠나자 베버는 죄책감으로 신경증과 불면증을 앓았다. 아버지에게서 보고 느낀 무조건적인 권위는 그의 학문의 중심인 '합리화' 개념과 대조를 이룬다. 그는 전통적 권위에 반대되는 합리화를 미신과 주술에서 벗어나는 '탈주술화'로 생각했으며 이를 통해 이성의 합리적 체계화가 이루어진다고 보았다.

베버는 논문 〈프로테스탄티즘의 윤리와 자본주의 정신〉에서 근대 자본주의의 역사적 배경과 그 기원을 추적하면서 '자본주의 정신'이 어디서 비롯되었는지를 탐구했다. 그는 여기서 '왜 서구 유럽이 먼저 자본주의를 형성하게 되었는가?'를 묻는다. 베버는 루터와 칼뱅에서 비롯된 '프로테스탄티즘'과 역사 발전에서 일어나는 '합리화 과정'에서 그 해답을 찾았다.

베버가 말하는 프로테스탄티즘의 핵심에는 칼뱅주의의 '구원예정설'이 있다. 이는 우리 중에 누가 구원받을지는 신께서 이미 정해놓으셨기 때문에 인간의 노력여부와 관계없다는 것이다. 그렇다면 우리가 구원받는다는 것을 어떻게 알 수 있을까? 그것은 스스로 증명해나가는 수밖에 없다. 노동은 신을 찬양하는 가장 신성한 길이고, 직업은 신이 준 의무, 즉 소명으로 여겨진다. 《성서》의 달란트 비유에서 보듯이

* 강단사회주의(Kathedersozialismus): 1860년대부터 1890년대에 걸쳐 독일 경제학의 주류를 이루었던 신역사학파의 경제학자들이 주장한 사회정책론을 이르는 말. 당시 사회문제가 가지는 다양성에 따라서 여러 사회정책을 재창하였는데 구스타프 폰 슈몰러, 아돌프 바그너, 루요 브렌타노 등이 대표적 인물이다.

신은 우리에게 재능을 주시고 그것을 발휘해서 최고의 이익을 낼 때 기뻐하신다. 신의 선택을 받은 자는 물질에서도 축복을 받기 때문에 현세의 성공이 구원의 징표가 된 것이다. 베버는 여기서 자본주의적 동기가 발동한다고 보았다. 과거에는 부의 추구를 사악하게 여겨 죄악시하였지만, 이제는 재산을 모으는 일 자체가 신의 축복을 증명하는 길이기 때문이다. 그러니 부자든 노동자든 신이 자신을 구원했음을 입증하려면 일을 해야 했다. 또한 자신이 획득한 이윤을 소비하지 않고 재투자하여 이윤을 극대화해야만 했다. 자본주의 정신은 이렇게 완성되었다. 이 정신에 따라 개신교도들은 자신이 획득한 이윤을 소비하지 않고, 기업에 재투자하여 이윤 극대화에 사용했다. 그들은 나날이 복잡해져가는 시장 환경과 기업구조 속에서 최선의 방법을 찾아내야만 했고, 그 과정에서 이윤 추구를 위한 합리성을 몸에 익혔다.

오늘날 자본주의 사회는 합리성이 지배하는 곳이 되었다. 프로테스탄티즘은 사라지고 자본주의만 남았다. '신의 영광을 위해서 일한다'는 신성한 목표는 사라지고 돈벌이 그 자체가 목적이 되었다. 사회적 성공과 높은 연봉은 개인 능력을 입증하는 잣대로 쓰인다. 현대 사회는 역사상 가장 풍요로운 시대이다. 하지만 자본주의하에서 인간은 아무리 큰 부를 축적해도 만족할 수 없다. 마치 그리스 신화의 에리직톤이 아무리 배불리 먹어도 허기를 채울 수 없었던 것처럼, 자본주의는 아무리 큰 부를 축적해도 계속 부를 쌓으라고 요구한다.

베버의 주장은 이후 엄청난 학술적 논쟁을 불러왔지만, 오늘날의 여러 사회과학 분야에 지대한 영향을 끼쳤다.

신화 214 아르고호 원정대

아르고호 원정대는 바다 멀리 저편으로 떠나는 영웅들의 모험 이야기다. 이 모험의 주인공인 이아손은 아버지가 계승해야 할 왕위를 숙부인 펠리아스에게 빼앗긴 상태였다. 여행 도중에 이아손은 노파로 변장한 여신 헤라를 업고 강을 건너다가 신발 한 짝을 물에 빠뜨렸다. 왕위를 돌려받기 위해 찾아온 조카를 보고 펠리아스는 '신발이 한쪽밖에 없는 남자를 조심하라'는 신탁을 떠올렸다. 펠리아스는 이아손을 죽일 생각으로 위험한 과제를 냈다. 바로 황금 양피를 찾아오는 것이었다.

과거 오르코메누스의 아타마스 왕과 그의 부인인 구름의 여신 네펠레 사이에 태어난 프릭소스와 헬레 두 남매가 있었다. 어느 날 아타마스는 테베의 왕 카드모스의 딸 이노에게 반해 네펠레를 버리고 그녀를 두 번째 부인으로 삼았다. 헬레와 프릭소스는 계모에게 맡겨졌는데 이노는 남매를 미워했다. 그해 가뭄이 들어 농작물이 자라지 않고 백성들이 기근에 시달리자 이노는 아타마스에게 프릭소스를 제우스 신에게 제물로 바치면 기근이 해결된다는 신탁을 받았다고 거짓말을 했다. 이노가 자신들을 죽이려고 한다는 사실을 알게 된 프릭소스와 헬레는 친어머니가 헤르메스로부터 받아 보내준 하늘을 나는 황금 양피를 타고 바다를 건너 콜키스로 도망갔다. 프릭소스는 그곳의 왕 아이에테스에게 자신들을 받아준 감사의 표시로 황금 양피를 바쳤다. 콜키스의 왕은 그것을 아레스의 성스러운 숲에 있는 떡갈나무에 걸어두고 입에서 불을 뿜는 잠들지 않는 용에게 지키게 했다.

이아손은 선장 아르고스가 아테나 여신의 도움을 받아 만든 목선 아르고호를 타고 자신과 함께 모험을 떠날 영웅들을 모았다. 오르페우스와 헤라클레스를 비롯한 뛰어난 영웅들이 이아손의 원정에 합류했다. 콜키스를 향해 떠난 아르고호는 흑해 서해안에 이르러 그 나라의 왕이자 예언자인 피네우스와 만났다. 그때 피네우스는 식사 때마다 괴물 새 하르피아의 공격을 받아 아사 직전에 놓여 있었다. 아르고호 원정대가 하르피아를 물리쳐주자 피네우스는 감사의 표시로 안전하게 항해하는 비결을 가르쳐주었다. 그 덕분에 아르고호는 여러 난관을 겪으면서도 무사히 콜키스에

도착했다.

이아손은 콜키스의 왕 아이에테스를 찾아가 황금 양피를 달라고 부탁했다. 그러나 아이에테스는 어려운 조건을 내세워 이아손을 난감하게 만들었다. 헤라와 아테나는 아이에테스의 딸 메디아에게 이아손을 사랑하는 마음을 불어넣었다. 이아손은 메디아와 결혼을 약속한 후 그녀의 도움을 받아 아이에테스가 제시한 조건을 충족시켰다. 그러나 아이에테스는 약속을 지키지 않았고, 오히려 아르고호의 영웅들을 암살할 계략을 꾸몄다. 그 사실을 안 메디아는 황금 양피를 지키는 용에게 마법의 약을 먹여 잠들게 만들었고, 이아손은 쉽게 황금 양피를 손에 넣었다. 목적을 달성한 원정대는 어둠을 틈타 바다에 배를 띄웠다. 아르고호의 돌아오는 길도 험난했지만 위기 때마다 여러 영웅이 협력하여 이겨내고 무사히 임무를 마쳤다.

종교 215 해탈과 열반

동양과 서양의 천국 개념은 많이 다르다. 힌두교와 불교는 현세의 환상과 고통에서 해방되는 것을 극락의 삶으로 생각한다. 고대 인도의 철학 경전인《우파니샤드》에 따르면 우리의 행동은 사실상 환상에 불과하며, 진정한 삶은 우리의 감각을 초월하는 궁극적인 현실에 이르는 것, 즉 브라만이다.

브라만은《우파니샤드》의 중심사상이며 우주의 근본원리를 말하는데, 개인의 본질인 아트만과 함께 범아일여(梵我一如)사상의 주요 개념으로 관념론적 일원 철학이라고 할 수 있다. 또 외부가 아닌 내면의 신을 찾고, 의례적 제식이 아니라 만물에 스며 있는 브라만을 찾으라는 것이《우파니샤드》의 핵심이다.

브라만을 깨닫지 못한 채 환생을 좇는 것은 우리의 불행이다. 이러한 행동(카르마) 때문에 우리는 죽음과 탄생의 순환 고리, 즉 '삼사라(윤회)'에서 벗어나지 못한다. 삼사라는 전생, 재생, 유전을 말하며 브라만에 이르지 못하면 우리는 끊임없이 윤회를 거듭하게 된다. 인간은 업에 따라 윤회를 반복하지만 선정과 고행을 통해 진리의 인식에 도달하면 윤회에서 벗어날 수 있다. 즉, 브라만(우주의 진리)을 깨닫는 순간에 곧 생로병사의 순환에서 해방될 수 있다는 것이다. 이러한 해방을 힌두교에서 해탈(Vimoka)이라고 한다.

열반(Nirvāna)이란 해탈한 최고의 경지를 이른다. 부처의 가르침에 의하면 고통의 원인은 욕망이다. 욕망은 무엇인가를 소유하고 싶은 마음, 무엇이 되고자 하는 것을 의미한다. 욕망은 애착에 대한 목마름이다. 욕망은 우리를 환상의 속박으로 몰아넣는 내면의 불길이다. 그것은 곧 우리의 자아를 의미한다. 욕망은 우리를 불사르는 불길이다. 부처는 욕망이 고통을 가져다주고 우리를 생로병사의 끝없는 순환(윤회)에 옭아맨다고 설파했다. 욕망은 이번 생뿐만 아니라 다음 생까지 꺼지지 않고 계속 불타오른다. 우리의 희망은 열반, 즉 욕망의 불꽃이 꺼진 상태에 이르는 것이다. 열반에 이르면 고통도 아울러 끝이 난다. 즉, 윤회에서 벗어나는 것이 열반이다.

음악
216 프레데리크 쇼팽

프레데리크 쇼팽(Frédéric François Chopin, 1810-1849)은 폴란드 바르샤바에서 태어났다. 그의 아버지는 혁명을 피해 폴란드로 이주한 프랑스인이었고, 어머니는 폴란드 귀족 출신이었다. 프랑스와 폴란드의 혼혈아라는 정체성, 아버지의 불같은 정열, 어머니의 세련되고 귀족적인 풍모 등이 융합되어 쇼팽 예술의 밑거름이 되었다. 쇼팽의 부모는 아들의 음악적 성취를 위해 자신들이 할 수 있는 모든 방법을 동원해서 적극적으로 지원했다.

쇼팽은 피아노를 좋아해서 평생 피아노 외 다른 악기를 위한 작품은 거의 쓰지 않았다. 그의 피아노 사랑 덕분에 더 아름다운 피아노곡을 남길 수 있었다. 훌륭한 피아니스트였던 쇼팽은 즉흥 연주에도 능했으며, 섬세하고 정서적인 그의 곡에는 격정과 애수가 흘러넘친다. 쇼팽의 음악은 조국에서 만들어진 초기 작품과 조국을 떠나 프랑스에 정착하면서 조르주 상드와의 사랑을 통해 만들어진 후기 작품으로 구분할 수 있다.

쇼팽은 6세 때 피아노를 배우기 시작해서 7세 때부터 작곡을 했고, 8세 때 오케스트라와 협연을 했다. 16세에 바르샤바음악원에 입학했고, 19세부터 외국 연주를 시작했다. 20세 때 폴란드를 떠나 빈으로 갔으나 정착하지 못하고 영국의 런던으로 갔다가 다시 1831년에 파리로 옮겨간다. 폴란드에서 성장하면서 음악과 민족주의를 배웠다면 파리에서는 인생, 사랑, 예술 그리고 국제주의를 배웠다. 이와 함께 감각과 지성, 관능과 구조의 대립도 나타난다. 마주르카*는 감각적이고 소나타는 지성적이며 폴로네즈*의 정열과 녹턴*의 우울함도 비교된다.

쇼팽이 파리에 정착한 지 5년 후, 쇼팽은 인생 최대의 전환점을 맞이한다. 절친이자 피아니스트인 리스트의 소개로 여류 시인 조르주 상드를 만난 것이다. 당시 상드는 파리 사교계의 여왕이자 정열의 화신으로 쇼팽보다 6세 연상이었다. 두 사람은 운명처럼 서로에게 깊이 빠져들었고 1838년에는 비밀리에 스페인의 휴양지 마요르카로 떠난다. 그곳에서 쇼팽은 결핵으로 고생을 했고, 상드는 극진한 간호로 헌신적인 사랑을 베풀었다. 그 기간에 24개의 〈피아노를 위한 전주곡〉이 탄생했다. 하지만 쇼팽의 병세는 심각한 지경에 이르렀고, 결국 그들은 쇼팽의 치료를 위해 프랑스로 돌아가야만 했다.

그들의 두 번째 요양생활은 프랑스 남부의 노앙에 있는 상드의 별장에서 시작됐다. 상드의 보살핌 속에 쇼팽의 병세도 호전되어가면서 평화롭고 행복한 나날이 이어졌다. 이 시기에 쇼팽은 〈피아노 소나타 2번〉을 비롯해, 폴로네즈, 발라드, 왈츠, 야상곡, 마르주카 등을 작곡했다.

1844년, 쇼팽은 아버지의 죽음에 충격을 받아 다시 병상에 쓰러졌다. 그리고 2년 뒤 쇼팽과 조르주 상드는 9년간의 동거생활을 청산했다. 1849년 초, 쇼팽은 제자인 제인 스털링의 초대를 받아 스코틀랜드로 향했다. 그러나 어둡고 습한 스코틀랜드의 기후로 말미암아 쇼팽의 병세는 급격히 악화되었다. 쇼팽은 서둘러 파리로 돌아왔지만 결국 39세 나이로 숨을 거두었다.

* 마주르카(Mazurka): 백파이프 음악에 맞추어 춤을 추는 폴란드의 민속무용과 그 무곡

* 폴로네즈(Polonaise): 폴란드의 대표적인 민족무용, 또는 그로부터 발생한 기악곡의 명칭

* 녹턴(Nocturne): 낭만파 시대에 주로 피아노를 위하여 작곡된 소곡. 야상곡이라고도 한다.

미술 217

외젠 들라크루아

외젠 들라크루아(Ferdinand Victor Eugène Delacroix, 1798-1863)는 19세기 전반 서양 미술사의 중심인물로, 프랑스 낭만주의 회화를 대표하는 화가이다. 그는 교양과 매력을 겸비한 열정적이고 빈틈없는 성격의 소유자였다. 미술사가이자 색채이론가이기도 한 그는 마지막 역사화의 대가 중 한 명이다. 그의 작품에는 과거의 거장들과 동양의 향기가 살아 숨 쉬고 있다. 초창기 습작들에서 느껴지는 자극과 감정은 이후 작품들에서도 그대로 보존되었다. 주제와 구성, 역동적이며 활기 넘치는 형태는 색채화가로서의 그의 재능과 열정을 보여준다.

들라크루아는 파리 근교의 생 모리스에서 외교관의 아들로 태어났다. 그가 7세 때 아버지가 세상을 떠나자 이듬해 파리의 기숙학교에 들어가 고전교육을 받았다. 1815년, 유명한 신고전주의 화가인 게랭의 화실에 들어갔다. 이듬해 에콜 데 보자르에 입학하여 화가 수업을 이어갔다.

그는 가장 먼저 〈수확의 성모〉 같은 고전적인 종교화를 그렸다. 1822년 〈지옥의 단테와 베르길리우스〉를 파리 살롱에 출품했는데, 이것이 그의 살롱 첫 출품작이었다. 이 무렵 들라크루아는 〈저널〉이라는 일기를 쓰기 시작했는데, 여기에는 그의 삶의 궤적이 비교적 상세히 기록되어 있다. 이후 들라크루아는 정기적으로 살롱에 작품을 출품했고, 시인 샤를 피에르 보들레르는 이때부터 들라크루아의 가장 열렬한 옹호자가 되었다. 습작 〈무덤가의 고아 소녀〉와 〈키오스섬의 학살〉을 발표하면서 들라크루아는 낭만주의의 선구자로 떠오른다. 이후 앵그르가 주도하던 고전주의와 대립이 격화되었다.

들라크루아는 종교와 신화, 문학과 역사에서 얻은 영감을 바탕으로 풍속화, 풍경화, 정물화, 초상화, 동물들의 싸움을 그려냈다. 상상으로만 꿈꾸던 동방의 세계 역시 그에게 영감을 제공했다. 1832년, 들라크루아는 모르네 백작의 외교사절단을 따라 모로코로 갔다. 이 여행은 그에게 동방의 아름다움에 눈뜨도록 해주었고, 오래도록 영감의 원천이 되어주었다.

1848년, 공화정 설립 후 들라크루아는 정부로부터 의뢰를 받아 〈피톤을 죽이는 아폴론〉을 제작했다. 그리고 제2제정 시대에는 만국박람회에서 42점의 작품을 전시하여 뜨거운 찬사를 받았다. 이후 레지옹도뇌르 3등 훈장을 수여받고 프랑스 학사원의 회원이 되었다.

들라크루아의 고객 중에는 샤를 10세와 나폴레옹 3세를 비롯한 국가 지도자들이 많았다. 그는 고객들의 주문으로 엄청난 크기의 대작들을 제작해냈다. 말년에 동물들의 싸움을 그린 몇몇 작품을 완성한 뒤 결핵으로 세상을 떠났다. 그는 약 853점의 프레스코화, 캔버스화, 유화 습작, 수채화, 소묘, 동판화, 석판화 그리고 수천 점의 데생, 파스텔화를 남겼다.

<묘지의 고아 소녀>(1823)

문학 218 에밀 졸라

에밀 졸라(Émile-Édouard-Charles-Antoine Zola, 1840-1902)는 프랑스의 소설가로, 사회와 인간의 모습을 객관적이고 사실적으로 표현하는 데 중점을 둔 '자연주의'의 대표 작가이다. 졸라는 프랑스 파리에서 태어났다. 이탈리아인인 그의 아버지 프란체스코는 유능한 토목 기사였다. 1842년 졸라의 가족은 아버지의 새로운 근무지를 따라 프랑스 남부의 엑상프로방스로 이사했다. 프랑스 남부의 자연 속에서 청소년기를 보낸 졸라는 빅토르 위고, 알프레드 드 뮈세 등의 낭만파 시인을 동경해 시인의 꿈을 키워나갔다.

졸라는 18세 때 파리로 상경하여 생루이고등학교를 졸업했다. 1859년에 대학 입학 자격시험에 응시했다가 실패하자 시인이 되기 위해 습작 활동에 들어갔다. 그 기간 동안 졸라의 생활은 매우 궁핍했고, 그는 차츰 현실에 눈뜨기 시작했다. 1864년, 졸라는 몽상과 현실의 갈등 속에서 집필한 단편집《나농에게 주는 이야기》를 출간하면서 소설가의 길을 걷기 시작했다. 같은 해 그는 프랑스 시민으로 귀화했다. 1865년, 자전적 중편소설《클로드의 고백》 발표 후 졸라는 본격적으로 전업 작가의 길을 가기 위해 출판사를 그만두었다. 이 무렵 졸라는 폴로베르와 공쿠르 형제의 작품에 영향을 받기 시작했는데 처음으로 자연주의적인 작품《테레즈 라캥》과《마들렌 페라》 등의 소설을 발표했다. 한편 그의《마르세유의 신비》는 발자크의《인간희극》에 영향을 받은 작품으로 졸라가《루공마카르총서》를 구상하는 결정적 계기가 되었다.

《루공마카르 총서》는 루공과 마카르가(家)의 후손들을 중심으로 제2 제정기의 프랑스 사회를 묘사한 작품이다. 졸라는 이 작품에서 두 집안의 5대에 걸친 유전적 결함들을 생물학적으로 연구하고자 했다. 그는 제1권《루공가(家)의 운명》 집필 후 해마다 한 권씩 발표해, 1893년《파스칼 박사》를 끝으로 모두 20권을 출간했다.《루공마카르총서》는 집필에만 무려 24년이라는 시간이 소요되었지만 졸라에게 그에 상응하는 충분한 부와 명성을 안겨주었다. 그의 대표작《목로주점》,《나나》,《제르미날》,《대지》,《인간야수》 등이 모두 이 총서에 들어 있다.

1894년, 유대인 출신 프랑스 군인 드레퓌스가 독일에 군사 정보를 팔았다는 혐의로 체포된 사건이 일어났다. 범죄를 입증할 만한 증거가 없자 유대인이라는 이유로 법원은 그에게 무기징역을 선고했다. 나중에 장교 에스테라지가 진범으로 밝혀졌지만 프랑스 군부는 잘못된 판결을 바로잡지 않고 진실을 묻으려 했다. 이에 졸라는 드레퓌스 변호를 위해 캠페인을 전개했다. 그는 1898년 1월 13일 일간지 〈오로르〉에 '나는 고발한다'로 시작하는 선언문을 실어 드레퓌스의 무죄를 공개적으로 주장했다. 이 일로 졸라는 군부로부터 고발당하면서 영국으로 망명했다가, 1898년 8월 드레퓌스가 무혐의 처리되면서 파리로 돌아왔다.

훗날 그는 자택에서 잠을 자던 중 굴뚝이 막혀서 일산화탄소 중독으로 사망했다.

에밀 졸라(1902)

세계사 219 마르틴 루터

마르틴 루터(Martin Luther, 1483-1546)는 독일의 종교개혁자이다. 가톨릭교회의 교리와 폐쇄성에 의문을 제기하고, 성경을 통한 하나님과의 직접적인 접촉 및 하나님의 구원을 설파하였으며, 기존의 라틴어 성경을 독일어로 번역하여 대중화에 기여하였다.

루터가 종교개혁을 일으킬 당시 로마 가톨릭교회는 부패하여 성직과 면벌부(면죄부)를 판매하는 등 폐단이 심했다. 면벌부는 가톨릭교회가 신자에게 고해성사 이후에도 남아 있는 벌의 일부 혹은 전체를 사면해주었음을 증명하는 문서로, 이것을 사면 자신의 죄뿐만 아니라 가족의 죄까지 사면받을 수 있다는 것이었다. 루터는 여기에 반발하여 1517년 마인츠의 대주교에게 라틴어로 쓴 '95개조 반박문'을 보냈다. 그는 교회의 부패와 교황의 잘못에 항거하여 성경의 권위와 오직 그리스도에 대한 믿음과 하나님의 전적인 은혜를 통한 구원을 강조했다. 루터의 반박문은 독일어로 번역, 인쇄되어 독일 전역으로 신속하게 퍼져나갔고 대중에게 폭발적인 영향력을 발휘했다. 루터는 로마 교황청의 제1공적이 되었다.

1519년에는 라이프치히논쟁이 일어났다. 루터와 가톨릭교회를 대변했던 요한 에크와의 논쟁은 크게 네 가지로 요약할 수 있다. 교황의 권위와 기원, 성경의 권위, 연옥, 면죄부와 고해성사에 관한 것이다. 루터는 교황의 권위와 기원은 위조문서에 기초하여 세워진 허위라고 주장하며, 성경의 가르침을 따라 교회를 개혁하자고 주장했다. 또한 외경에 근거한 연옥교리의 잘못을 지적하고, 교회의 전통에 근거한 면벌부와 고해성사는 성경의 교훈에 배치되는 것이라고 주장했다. 이 논쟁으로 루터와 로마 가톨릭교회는 더 이상 공존이 어려워졌다.

1520년, 교황 레오 10세는 교서에서 60일 안에 루터가 자신의 주장을 철회하지 않으면 파문할 것이라고 최후통첩을 하였다. 루터는 이를 거부함으로써 결국 로마 교황청으로부터 파면을 당한다. 당시 가톨릭교회에서 파문당하는 것은 신변보호를 받지 못하는 것과 다름없어 매우 위험한 노릇이었다. 독일의 영주들은 보름스국회

청문회에서 루터가 자신을 변호하도록 기회를 제공했다. 루터는 죽음을 무릅쓰고 청문회에 참석하여 자신의 주장을 굽히지 않았다.

이후 루터는 성경 보급이 절실한 시대적 과제라고 여겨 독일어로 〈신약성서〉를 번역했다. 당시 성경은 라틴어로 되어 있었기에 오직 소수의 귀족과 성직자만 읽을 수 있었다. 하지만 루터의 번역으로 누구나 성경을 읽게 되면서, 기독교인들은 교회의 권위와 성직자의 지배에서 해방되었다. 이로써 종교개혁운동이 빠르게 확산될 수 있었으며, 독일어 발전에도 크게 기여하여 근대 국민 문학, 국가 발전의 밑거름이 되었다.

로마 가톨릭이 성직자의 독신을 강조했지만 루터는 순결과 결혼, 가족의 가치를 중요시했으며, 자신도 수녀였던 카타리나 폰 보라와 결혼했다. 루터는 글로 종교개혁의 필요성과 당위성을 외쳤다. 그는 죽기 전까지 해마다 평균 1,800쪽의 글을 썼다. 그 글들을 모은 '바이마르판 루터 전집'은 무려 120권에 이르렀으니, 그의 열정적인 글쓰기가 종교개혁을 이루었다고 해도 과언이 아니다.

보름스의 의회에서의 루터

철학
220

장 자크 루소

장 자크 루소(Jean-Jacques Rousseau, 1712-1778)는 18세기 프랑스의 사상가이며 소설가이다. 그가 활동했던 시기는 인간의 이성이 꽃을 피운 계몽의 시대였다. 루소는 계몽주의자들과 함께 어울리면서도 그들을 비판했다. 이러한 루소에게는 '자기모순'이라는 꼬리표가 따라붙었다. 그의 저작들은 개인과 사회 사이에서 서로 상반된 진술을 남겼다. 그의 삶 역시 그의 사상과의 사이에서 모순점이 발견된다. 그는 하숙집 하녀와의 사이에 태어난 다섯 명의 아이를 모두 고아원에 보냈다. 양육비가 많이 든다는 것과 소란스럽게 한다는 게 이유였으니, 교육론《에밀》을 쓴 저자의 행동으로 보기에는 납득하기 어렵다. 이러한 자기모순의 감정으로 루소는 심각한 자기증오에 빠졌고, 자신을 정당화하기 위해 부단히 노력했다.

루소는 스위스 제네바에서 시계공의 아들로 태어났다. 그의 어머니가 출산 후 9일 만에 세상을 떠났기에 홀아버지 아래서 자랐다. 하지만 루소가 10세 때 아버지마저 집을 나간 후 실종되었다. 그 후 루소는 외삼촌에 의해 교회 목사의 집에 맡겨졌다. 하지만 루소는 얼마 지나지 않아 물건을 훼손시켰다는 누명을 쓰고, 목사의 집에서 나와 제네바로 돌아왔다. 이후 루소는 재판소 서기의 필사 견습공과 조각가의 도제 등 여러 일을 전전했다.

16세 때 루소는 제네바를 떠나 북부 이탈리아와 프랑스 여러 지역을 다니며 떠돌이생활을 했다. 이 과정에서 루소는 귀족과 귀부인, 성직자와 사기꾼 등 여러 부류의 사람을 만나 다양한 경험을 하게 되었다. 당시 인연을 맺은 바랑 남작부인은 루소에게 어머니와 같은 존재였는데, 나중에 애인이 되었다. 루소는 10여 년간 그녀의 원조를 받으며 공부할 기회를 얻었다. 1742년, 파리에 정착한 루소는 드니 디드로, 장 르 롱 달랑베르, 콩디야크 등 당대의 계몽주의자들과 교류하며 사상가로서 싹을 틔웠다. 디드로는 달랑베르와 함께《백과전서》의 공동 편집자가 되었고, 루소는 음악 관련 항목을 집필하는 필자가 되었다.

1750년, 루소는 디종의 아카데미 현상 논문에 〈과학과 예술론〉이 당선되면서 사상가로서 인정을 받았다. 이후 루소는 왕성한 집필 활동과 함께 자신의 독자적인 사상을 펼쳐 나아갔고, 홉스에서 로크로 계승되었던 사회계약론을 한 단계 더 발전시켰다. 1762년에 루소는《사회계약론》을 발표했다. 이 책은 '인간은 태어나면서부터 자유롭다. 하지만 곳곳에서 쇠사슬로 묶여 있다'라는 문장으로 시작된다. 루소는 자연으로의 회귀와 인간간의 자연적 평등을 열렬히 옹호했으며, 사회가 세워놓은 자의적인 장벽들이 인간 사이의 감정적 교류를 막는 것을 비판했다.

루소가 지향했던 사회는 개개인이 모든 사람과 연결되어 있지만, 그럼에도 불구하고 자기 자신 이외엔 복종하지 않고 이전처럼 자유로운 상태이다. 그는 현행의 제도는 모두 강자를 위한 것이며, 강자가 강자인 이유는 '힘'이라고 말했다. 하지만 힘만으로 질서를 유지하려고 하면 좀 더 강력한 힘의 출현을 두려워하게 된다. 여기서 루소는 진정한 평화에 도달하기 위해서는 '힘'이 아닌 '도덕적인 심정'을 질서로 삼아야 한다고 주장했다.《사회계약론》은 평등의 수사학 때문에 프랑스 혁명에서 급진주의자들의 성서가 되었다.

루소는 만년에《고독한 산책자의 몽상》을 쓰기 시작했으나 완성하지 못하고 세상을 떠났다. 주요 저서로는《신 엘로이즈》,《에밀》,《고백록》 등이 있다.

신화 221

델포이

태양의 신 아폴론은 달의 여신 아르테미스와 쌍둥이로 태어났다. 그의 아버지는 신들의 왕 제우스이며, 어머니는 여신 레토이다. 아폴론은 테미스 여신에 의해 양육되었고, 신들의 술과 음식인 넥타와 암보르시아를 먹고 며칠 만에 어른이 되었다. 그는 광명, 의술, 예언을 담당하는 신이 되어 예언을 행하기 위해 세상의 중심인 델포이(Delphi)로 향했다. 델포이에는 거대한 뱀 피톤이 살면서 대지의 여신 가이아의 신탁을 전하고 있었는데, 성질이 포악하여 사람이나 짐승을 가리지 않고 잡아먹었다. 아폴론은 활로 피톤을 쏘아 죽인 뒤 그곳에 자신의 신탁소를 세웠다. 그곳이 바로 아폴론 신전이다.

아폴론 신전에는 상징물로 만든 원추형 돌인 옴파로스(Omphalos, '배꼽', '세계의 중심'이라는 의미)가 놓였고, 신탁을 맡아보는 무녀를 뽑아 피티아라고 불렀다. 아폴론 성지는 그리스를 대표하는 가장 영험한 신탁소로 절대적 권위의 장으로 숭배되었다. 아폴론의 신탁은 신화 속 영웅들과 고대 그리스인들의 운명을 좌우한 것으로도 유명하다. 신화에 등장하는 많은 영웅이 신탁을 구하기 위해 델포이로 향했고, 그 중 대표적인 인물이 헤라클레스와 오이디푸스이다. 헤라클레스에게 12과업을 명한 것도, 오이디푸스에게 비극적 운명을 알려준 것도 모두 아폴론의 신탁이었다.

고대 그리스의 여러 도시는 중요한 정치적 판단을 내릴 때 반드시 델포이에 신탁을 구했다. 그들은 신탁에 의지해 미래에 일어날 불운을 피하고, 스스로 결정할 수 없는 어려운 문제들의 답을 신에게서 구했다.

BC 480년, 아테네 함대를 주력으로 그리스 연합군이 살라미스해협에서 막강한 전력을 자랑하는 페르시아의 대함대를 괴멸시켰다. 이 전쟁을 승리로 이끈 아테네는 결전에 앞서 델포이 신전에 사자를 보내 신탁을 구했고, 그리스의 장군 테미스토클레스는 신탁의 예언에 따라 세운 전략으로 그리스군을 대승으로 이끌었다. 이 전쟁에서 대패한 페르시아는 두 번 다시 그리스 원정에 나설 수 없게 되었고, 반면에 막강한 해군력을 보유한 아테네는 오랫동안 지중해의 강자로 군림할 수 있었다.

종교 222

탄트라

탄트라(Tantra)는 '규정하다, 집행하다, 유지하다, 부양하다'라는 뜻을 지닌 산스크리트어 '탄트리'에서 파생된 말로서, '의식, 의례, 원칙, 밀교, 자손, 가족, 의류, 주문, 약, 통치 방법, 군대' 등의 다양한 의미를 지닌다.

7세기경 힌두교 내에서는《베다》의 엄격한 제식주의를 반대하는 모신 숭배 종파가 나타났다. 탄트라는 그들의 경전이며, '지식, 요가, 예절, 실천'의 4부로 구성되어 있다.

탄트라는 서민의 민속신앙까지 흡수하여 그 내용이 난해한《베다》와 달리 이해하기 쉬웠으며, 카스트제도 밖의 불가촉천민에게 문호를 개방하여 교세를 인도 전체로 확산시켰다. 특히 현재의 카슈미르 지역에서 8세기 말부터 11세기 초까지 성행하였고, 10-18세기에 많은 문헌이 등장해 티베트, 캄보디아, 미얀마, 인도네시아 등 아시아 각국으로 전파되었다. 또한, 불교에도 영향을 끼쳐 밀교의 융성을 촉진했다.

탄트라는 윤회, 카르마, 해탈 등 힌두교 교리를 계승하고 있지만, 우주론에서는 견해 차이가 있다. 탄트라에 따르면 우주는 남성상의 상징이자 궁극적 실재인 '시바'와 여성상의 상징이자 활동력인 '샤크티' 두 모습으로 드러나며, 모든 창조 활동은 이들의 결합에서 시작된다. 즉, 시바와 샤크티의 결합이 창조 활동의 근원이며, 모신 샤크티의 활동성과 창조력에 더 주목한다.

힌두교의 가르침에 따르면, 샤크티는 물질 우주에서 여성체, 여성적 창조성, 여성적 풍부함 또는 여성의 생식력을 통해 가장 잘 드러난다. 이런 면에서 샤크티는 한자로 성력(性力)이라고 번역되기도 한다. 힌두교에서 두르가(샤크티의 화신, 여전사의 모습으로 등장한다)를 숭배하는 종파가 있는데 이들을 샤크티파(탄트라)라고 한다.

샤크티파는 시바파, 비슈누파와 함께 힌두교의 3대 주요 종파로 꼽힌다. 샤크티파는 샤크티의 창조력과 에너지를 중요시하며, 극단적으로 샤크티가 없는 시바는 죽은 것이나 다름없다고 주장하기도 한다. 이들은 명상할 때 쓰는 기하학적 도형 얀트라와 밀교의 그림 만다라, 주문의 효과를 강조하고 성행위와 비슷한 좌도 수행법을 행한다. 또한 여성과 성적 상징, 비밀스러운 종교의식을 강조했는데, 이를 활용한 요가 수행법이 '탄트라 요가'이다.

탄트라 요가는 대우주와 소우주, 곧 '세계와 인간이 본래 하나'라는 인도 전통사상의 실천운동이다. 일반적으로 종교에서는 육체를 부정하고 고통스러운 것으로 간주하는 경향이 있다. 하지만 탄트라에서 육체는 신이 거주하는 사원이자 해탈을 위한 신성한 도구로 여긴다. 이 때문에 탄트라 요가를 통한 해탈은 관념적 명상이 아니라 육체를 활용해 그 경지를 추구하는 것이다. 탄트라는 해탈의 목표를 고행이나 금욕이 아닌 성 에너지를 우주의 창조력이 구체화된 것으로 이해하여 그 힘을 최고의 신비 체험을 달성하기 위해 사용한다. 곧 성교를 통해 해탈을 달성할 수 있다고 제시함으로써 성을 구원의 수단으로 삼았다.

음악
223

로베르트 알렉산더 슈만

로베르트 알렉산더 슈만(Robert Alexander Schumann, 1810-1856)은 음악가 중에서 가장 교양이 풍부했다. 그는 어려서부터 음악에 천부적 재능을 드러냈다. 하지만 홀어머니의 권유로 라이프치히대학교 법학과에 입학했다. 그러나 법률 공부에 흥미를 잃고 밤마다 음악에 빠져 살았다. 그는 어머니에게 진로 문제로 고민하고 있다는 사실을 편지로 고백했다. 어머니는 아들의 진로 문제를 당시 피아니스트로 명성을 떨치던 프리드리히 비크 교수와 의논했고, 비크의 조언에 따라 슈만은 다시 음악의 길로 들어섰다.

슈만은 비크의 제자가 되어 밤낮으로 피아노 연습에 몰입했다. 그의 실력은 하루가 다르게 향상되어갔다. 하지만 피아노 연습에 지나치게 열중한 나머지 손가락에 문제가 생기면서 피아니스트의 꿈을 접고 작곡가로 방향을 전환하게 되었다. 당시 슈만은 비크의 집에 거주했는데, 비크에겐 클라라라는 딸이 있었다. 그녀는 아비지의 집중적인 교육을 받으며 뛰어난 피아니스트로 성장했다. 클라라는 파리를 중심으로 연주 여행에 올라 대성공을 거두고 있었다. 그녀의 성공을 바라보며 슈만은 작곡가의 꿈을 이루기 위한 창작에 열정을 쏟았다.

1834년, 24세의 슈만과 15세의 클라라는 서로에게 사랑의 감정을 느꼈다. 하지만 비크는 두 사람의 교제를 완강하게 반대했다. 그들은 어쩔 수 없이 몰래 사랑을 키워나갔고, 1840년 부모의 반대에도 불구하고 마침내 결혼했다. 두 사람은 라이프치히에 신혼살림을 차렸고, 슈만은 그해 주옥같은 가곡을 무려 124곡이나 작곡했다. 슈만은 〈시인의 사랑〉, 〈여인의 사랑과 생애〉, 〈미르테의 꽃〉 등 3대 연가곡집을 발표하면서 1840년을 '가곡의 해'로 장식했다. '그대는 나의 마음, 그대는 나의 생명'으로 시작되는 〈미르테의 꽃〉은 모두 모두 26곡으로 구성된 사랑의 노래로 결혼 전야인 9월 11일 클라라에게 헌정되었다. 두 사람의 결혼생활은 행복했고, 슈만은 작곡가로서 전성기를 맞이했다.

1843년, 그는 라이프치히음악원의 교수가 되었으나 오래지 않아 그만두고 이후에는 작곡 활동에 전념했다. 슈만은 탁월한 문장력과 뛰어난 통찰력을 지닌 음악평론가로 이름을 떨쳤다. 처음엔 일반 음악신문에 비평문을 기고하다가 직접 〈음악신보〉를 창간한 후 음악계의 낡은 사상을 타파하고 혁신하기 위해 노력했다. 슈만은 이 잡지에 브람스를 소개하는 기사를 크게 썼는데, 그때부터 브람스는 악단으로부터 주목받기 시작했다. 이 일을 계기로 슈만과 브람스는 깊은 친분을 쌓았다.

1854년 무렵, 슈만은 심한 우울증과 신경쇠약으로 요양원에 들어가 치료를 받게 되었는데, 간호하던 클라라가 잠시 자리를 비운 사이 라인강에 투신자살하는 소동을 벌였다. 다행히 뱃사공의 도움으로 목숨은 건졌지만 마지막 생애를 정신병원에서 보내야 했다. 2년 후, 그는 라인강변에 위치한 엔데니히 정신병원에서 46세를 일기로 세상을 떠났다.

미술
224 장 프랑수아 밀레

장 프랑수아 밀레(Jean François Millet, 1814-1875)는 19세기 프랑스 농촌의 생활상을 전문적으로 그린 사실주의 화가이다. 그는 가난한 프랑스 농민들의 고단한 일상을 우수에 찬 분위기와 서사적 장엄함을 담아 그려냈다. 밀레는 바르비종파*의 대표적인 작가로 평가받지만, 다른 화가들과 달리 풍경보다는 농민생활을 주로 그렸다.

밀레는 프랑스 노르망디 해안의 농촌 마을 그레빌에서 태어났다. 1835년부터 그림 공부를 시작했으며, 셰르부르시 장학금을 받고 파리로 가서 에콜 데 보자르에 입학했다. 1839년 로마대상에 낙선한 후 학업을 중단하고 고향으로 돌아와 초상화가로 활동했다. 1841년 결혼 후 풍속화를 그려 겨우 생계를 유지했으나, 3년 만에 아내가 결핵으로 목숨을 잃었다. 이후 카트린 르메르와 만나 평생을 동거하며 9명의 자녀를 낳았고, 임종 직전 그녀와 정식으로 결혼했다.

1848년, 〈키질하는 사람〉을 살롱에 출품하여 입선하면서 농민화가로서의 시작을 알렸다. 하지만 이 그림이 빈농문제를 다룬 혁명적인 것으로 인식되면서, 당시 그림의 주요 고객인 부르주아지들로부터 외면당했다. 밀레는 생활이 궁핍해지자 1849년 가족들을 데리고 바르비종에 정착해 그림을 그리고 농사를 지으며 평생을 보냈다.

이듬해 〈씨 뿌리는 사람〉과 〈건초 묶는 사람〉을 살롱전에 출품하였고, 〈씨 뿌리는 사람〉으로 입선했다. 이 작품은 노동의 고단함을 암시하는 한편, 대지와 투쟁하는 농부의 모습을 숭고하고 장엄하게 표현했다. 하지만 그의 작품은 또다시 논쟁을 불러일으켰고, 보수주의자들로부터는 경계의 대상으로, 사회주의자들로부터는 찬사를 받았다. 1857년, 밀레는 〈이삭 줍는 여인들〉을 살롱전에 출품했다. 추수가 끝난 들판에서 나이 든 농촌 여인 셋이 이삭을 줍고 있는 모습으로, 빈농층의 고단한 일상을

* 바르비종파(École de Barbizon): 바르비종은 파리 근교 퐁텐블로 숲 근처의 작은 마을이다. 1820년대 후반부터 많은 화가가 시골 풍경을 그리기 위해 이곳으로 모여들었는데, 이들을 바리비종파라고 불렀다.

대변하는 것이었다. 이 작품 역시 비평가들에게 혹평을 받았지만, 진보적 지식인들로부터는 찬사를 받았다. 밀레의 또 다른 대표작 〈만종〉은 해가 저물 무렵 젊은 농부 부부가 저녁 기도 종소리를 듣고 삼종기도를 올리는 경건한 모습을 그렸다. 이 작품은 큰 인기를 얻으며 19세기 후반 전국적으로 복제되기 시작했다. 1864년에 〈송아지의 탄생〉으로 마침내 살롱전 대상을 수상했고, 1867년에 파리 만국박람회에 〈만종〉과 〈이삭줍기〉 등을 출품하면서 국제적인 명성을 얻었다. 이후 화가로서 큰 명성을 얻으며 영광을 누렸고, 1869년에 프랑스에서 최고 권위를 인정받는 레종 도뇌르 훈장을 받았다. 하지만 그는 이 영광을 오래 누리지 못하고 건강이 악화되어 세상을 떠났다.

<빵 굽는 여인>(1854)

문학
225 기 드 모파상

기 드 모파상(Guy de Maupassant, 1850-1893)은 프랑스의 소설가이다. 그는 현대 문학의 아버지로 불리는 귀스타브 플로베르의 제자로도 잘 알려져 있다. 에드거 앨런 포, 안톤 체호프와 더불어 세계 3대 단편소설 작가로 불린다.

그는 프랑스 노르망디 지방 미로메닐에서 태어났다. 아버지 귀스타브 드 모파상은 몰락한 귀족 가문 출신이며, 어머니는 평민이었다. 8세 때 부모가 이혼하자 동생 에르베와 함께 어머니를 따라 에트르타로 이주한 뒤, 노르망디의 전원과 농민들의 생활을 접하면서 어린 시절을 보냈다. 13세 때 이브토의 신학교에 들어갔으나 학교의 교육 방식에 적응하지 못하고 루앙의 중등학교로 전학했다. 루앙중등학교 시절 교사로 근무하던 어머니의 친구이자 시인인 루이 부이에의 지도를 받으며 시작(詩作)을 공부했다. 1869년 대학 입학자격고사에 합격하여 파리 법과대학에 입학했다가 1870년 프랑스와 프로이센의 전쟁이 일어나자 징집을 받아 입대했다. 쇼펜하우어에 심취해 있던 모파상은 전쟁의 참상을 직접 목격한 후 전쟁을 극도로 혐오하게 되었다.

1871년, 제대 후 그는 가정 형편 때문에 복학하지 못하고 취업을 위해 파리로 갔다. 아버지의 도움으로 해군성의 관리가 되었고, 나중에 공공교육부로 자리를 옮겨 1881년까지 공무원생활을 했다. 공직에 근무하면서 그는 문학에 뜻을 두고 시, 단편소설, 희곡을 쓰며 습작 활동을 하다가 외삼촌의 절친인 플로베르에게서 문학 수업을 받았다.

모파상은 매주 한 번씩 플로베르의 살롱에서 문학 수업을 받았는데, 그곳에서 투르게네프, 텐, 도데, 공쿠르 형제, 에밀 졸라 등 당대의 유명 작가들을 소개받고 그들과 교류했다. 1880년 에밀 졸라가 주도하던 메당그룹의 동인지 〈메당의 저녁〉에 중편소설《비곗덩어리》를 발표하여 문단의 주목을 받았다. 플로베르는 '후세에 남을 걸작'이라며 칭찬을 아끼지 않았다. 1880년은 모파상에게 문학적으로 큰 성취를 이룬 영광의 해가 되었지만 동시에 큰 슬픔도 안겨주었다. 그해 5월 아버지처럼 믿고 따르던 스승 플로베르가 뇌출혈로 사망한 것이다. 큰 충격에 빠진 모파상은 건강상의 이유로 직장에 장기 요양 휴가를 신청한 후 다음 해까지 복귀를 미루다가 결국 사직했다. 이후 모파상은 북아프리카, 이탈리아, 영국 등지를 여행하면서 작품에 매진하여 10년 동안 300여 편의 중·단편소설과《벨아미》등 6권의 장편소설,《물 위》등 3권의 기행문을 집필했다. 그는 자신이 체험한 노르망디 농민들의 생활, 프랑스와 프로이센의 전쟁, 파리에서의 공무원생활 등을 아이러니컬하면서 염세적인 분위기를 풍기는 간결하고 강한 문체로 단편에 담아냈다.

1883년에 발표한《여자의 일생》은 모파상에게 부와 명성을 안겨준다.《여자의 일생》은 잔이라는 한 순진무구한 여자의 불행하고도 비극적인 인생을 담담하게 그려낸 작품으로, 자연주의 문학의 발전에 지대한 영향을 끼쳤으며 오늘날까지 심리소설의 걸작으로 평가받고 있다.

그러나 모파상은 문학적 성취와는 달리 각종 질병과 신경질환으로 고통을 당했다. 환각 증세가 심해져 1892년 자살을 기도했고, 다음 해 파리 근교의 정신병원에서 43세로 생을 마쳤다. 그의 유해는 몽파르나스 묘지에 안장되었다.

세계사 226 종교개혁

종교개혁(Reformation)은 1517년 로마 가톨릭교회의 성직자 마르틴 루터가 당시 교회의 부패와 타락을 비판하면서 시작되었다. 당시 메디치가 출신의 사치스러운 교황 레오 10세는 로마의 성 베드로 대성당을 재건축하는 등 대규모 사업을 잇달아 벌이며, 성직 매매를 통해 막대한 자금을 조달했다. 추기경, 대주교, 수도원장 등 고위 성직을 큰돈을 받고 팔아넘긴 것이다. 당시 많은 사람이 신학적 지식과 소양 훈련을 받지 않고도 돈으로 성직자가 되었다.

성직자가 된 이들은 투자한 돈을 교인들을 갈취해 충당했다. 이런 상황에서 대대적인 면벌부를 판매했다. 면벌부는 교회가 발행한 양피지 한 장으로 된 증서로, 이를 구입하면 죄를 용서받고 천국에 갈 수 있다고 했다. 원래 면벌부는 돈으로 사는 것이 아니라 죄를 용서받은 사람이 감사의 표시로 교회에 헌금하는 것이 관례였다. 하지만 중세 말에 이르러 별다른 참회 없이 면벌부를 사기만 하면 죄를 지은 벌을 면제받을 수 있다는 생각이 확산되었다. 면벌부 판매는 유럽 각국에서 시행되었으며 특히 극성을 부린 곳이 독일이었다.

1517년, 독일 비텐베르크대학교 신학교수인 마르틴 루터는 비텐베르크 교회 정문에 라틴어로 쓴 '95개조 반박문'을 게시했다. 반박문은 '우리는 주님이시며 선생이신 예수 그리스도께서 회개하라고 하실 때, 그는 신자들의 전 생애가 참회되어야 할 것을 요구하셨다'라는 제1조로 시작하여, 제95조에서 그리스도인은 면벌부와 같은 행위적 회개나 칭의에 의해서가 아니라 '오히려 많은 고난을 통해 하늘나라에 들어간다'고 결론을 내렸다. 돈을 받고 죄를 면해주는 면벌부 판매 등 교회의 부당한 처사를 비판하면서 '인간은 신앙에 의해서만 구원받을 수 있다'고 주장한 것이다. 반박문은 독일어로 번역되어 2주 만에 온 나라로 퍼져나갔다.

교황은 루터의 주장이 많은 사람의 지지로 힘을 얻어가자 반박문을 취소하라고 강요했다. 그러나 루터는 자신의 주장을 굽히지 않았고, 오히려 교황의 권위까지 부정했다. 결국 루터는 가톨릭교회에서 파문을 당했다. 성직자의 지위를 잃고 교회 출입도 금지되었으며, 신변의 안전을 보장받을 수조차 없었다.

반교황파 작센공 프리드리히 3세는 루터를 바르트부르크성에 숨겨주었다. 루터는 그곳에서 라틴어 〈신약성서〉를 독일어로 번역하는 작업에 몰두했다. 1522년 9월에 출판된 독일어판 〈신약성서〉는 '9월성서'로 불렸다. 이것은 당시 구텐베르크에 보급된 인쇄 기술에 힘입어 대량으로 일반 대중에게 보급되었다. 그로 말미암아 종교개혁운동이 빠르게 확산될 수 있었다.

루터는 '만인제사장설'을 주장하여 교황과 주교 등 사제의 권위를 부정했다. 평신도와 세속 군주와 주교들 사이에 어떤 위계적 차이도 없다는 루터의 발상은 유럽의 민주 사회 진전에 큰 영향을 미쳤다. 신앙적 평등을 넘어 계급 타파와 평등사상의 혁명적 진전을 가져온 것이다.

철학 227

임마누엘 칸트

임마누엘 칸트(Immanuel Kant, 1724-1804)는 독일의 철학자로, 세계 철학사에서도 손꼽히는 거물이다. 그는 인간이 인식할 수 있는 영역과 인식할 수 없는 영역 사이에 선을 그으며 탁월한 도덕 철학을 구축했다.

칸트는 독일의 옛 도시인 쾨니히스베르크(지금의 칼리닌그라드)에서 한 마구상의 아들로 태어났다. 1740년에 쾨니히스베르크대학교에 입학하여 1755년에 박사 학위와 교수자격증을 획득하였다. 당시 초임교수였던 칸트의 월급은 안정된 생활을 하기에 턱없이 부족했고, 생계를 이어가기 위해서는 가정 교사를 겸해야 했다. 그런 생활은 1770년 정교수가 되어서야 끝났다.

1781년,《순수이성비판》이 출간되자 그는 하루아침에 유명인사가 되었다. 1786년, 쾨니히스베르크대학교의 총장을 맡으면서 그의 명성은 더욱 높아졌다. 하지만 프리드리히 빌헬름 2세는 칸트가 스피노자를 계승한 무신론자라고 비난했다. 그리고 1794년, 내각 명령으로 헤센주에서 칸트 철학에 대한 강의를 금지시켰다. 하지만 대다수의 유럽 대학들은 칸트를 열광적으로 지지했고, 칸트 철학의 입지는 갈수록 강화되었다.

칸트는 선험적 철학을 주창하여 합리론과 경험론의 한계를 극복하고 철학의 혁신을 감행했다.《순수이성비판》,《실천이성비판》,《판단력비판》등의 세 비판서로 대표되는 그의 사상은 형이상학과 유물론을 '코페르니쿠스적 발상의 전환'을 통해 새로운 경지로 이끌어냈다. 이 저작들로 칸트는 다음의 세 가지 위대한 질문에 답하고 있다.

'나는 무엇을 알 수 있는가?'

'나는 무엇을 해야 하는가?'

'나는 무엇을 기대해도 좋은가?'

칸트는 발상의 혁명적 전환을 통해 새로운 개념의 관념 철학을 이끌어냈고, 그것은 다시 피히테의 주관적 관념론과 프리드리히 셸링의 객관적 관념론을 거쳐 헤겔의 절대관념론에 도달함으로써 독일 관념론의 체계가 완성된다.

칸트는 평생 독신으로 살았다. 그는 '걸어 다니는 시계'라는 별명을 얻을 만큼 시간 개념이 정확했다. 매일 같은 시각에 집을 나서 같은 길을 산책했기 때문에 이웃 사람들은 칸트가 지나가는 모습을 보고 자기 집 시계를 맞추었을 정도였다. 그는 새벽 5시에 일어나서 밤 10시면 어김없이 잠자리에 들었다고 한다. 성격은 꼼꼼하고 정확했으며, 예리하고 날카로웠다. 그가 가장 싫어했던 일은 자신의 일과를 누군가로부터 방해받는 것이었다. 그의 주변은 늘 깔끔하게 정리 정돈되어 있어야 했고, 흐트러진 모습을 극도로 싫어했다고 한다.

시인 하이네는 칸트를 일컬어 '마을 교회의 큰 시계라 할지라도 칸트만큼 냉철하고 규칙적으로 하루의 책임을 다했다 할 수 없을 것이다'라고 평가했다. 칸트는 예민하고 신경질적인 성격임에도 불구하고 비교적 장수했다. 그는 80세 되던 해 세상을 떠났는데, 숨을 거두기 전 "이걸로 됐다"라고 말했다 한다.

칸트의 친구들 크라우스, 요한 하만, 고틀리프, 히펠, 카를 고트프리트

신화
228 테세우스

트로이젠의 공주 아이트라는 하룻밤에 두 남자와 동침을 했다. 한 명은 바다의 신 포세이돈이며, 다른 한 명은 아테네의 왕 아이게우스였다. 이렇게 해서 신과 인간의 자질이 합쳐진 아들이 태어났다.

아이게우스는 여행을 마치고 아테네로 돌아가던 중 트로이젠의 작은 도시에서 아이트라와 하룻밤을 보냈다. 그는 떠나기 전 큰 바위 밑에 칼과 신발을 숨기고, 아들이 태어나서 그 바위를 들어 올릴 만큼 성장하면 그것들을 가지고 아테네로 찾아오게 하라고 당부했다. 세월이 흘러 테세우스(Theseus)가 씩씩한 청년으로 성장하자, 아이트라는 테세우스에게 바위 밑에 숨겨둔 칼과 신발을 가지고 아테네로 가도록 했다. 테세우스는 빠른 항로 대신에 멀리 돌아가는 육로를 선택하고 길을 나섰다. 그는 내심 자신이 존경하는 헤라클레스와 같은 무용담을 만들고 싶어 했다. 그래서 아테네로 가는 길에 만나는 악당들을 모두 해치우기로 마음먹었다.

테세우스는 의술의 신 아스클레피오스의 성지인 에피다우로스를 지나다가 그곳에서 페리페테스와 마주쳤다. 페리페테스는 헤파이스토스의 아들인데 지나가던 행인을 약탈하고 몽둥이로 때려 죽여 '몽둥이를 휘두르는 자'라는 별명을 가진 악당이었다. 테세우스는 페리페테스를 죽이고 그의 몽둥이를 전리품으로 챙겼다. 그 후 몽둥이는 테세우스의 상징이 되었다.

테세우스가 두 번째 만난 악당은 시니스였다. 그는 지나가는 사람을 두 소나무 가지에 매어 놓고, 그 소나무를 구부렸다가 놓아 사람이 하늘로 튕겨 올라갔다가 땅에 떨어져 죽게 만들었다. 테세우스는 시니스를 붙잡아 그가 다른 사람들에게 한 짓을 그대로 돌려줬다. 시니스는 구부린 소나무의 반동으로 하늘 높이 올라갔다가 땅으로 떨어져 즉사했다.

테세우스가 세 번째 만난 것은 티폰의 자식이자 암퇘지 형상을 한 크롬미온의 파이아였다. 테세우스는 가던 길을 멈추고 그 괴물을 죽였다. 테세우스의 다음 표적은 스키론이라는 악당이었다. 그는 벼랑 끝의 좁은 길에서 행인을 기다렸다가 자신의 발을 씻기게 하고 끝나면 발로 차서 절벽 아래 바다로 떨어뜨렸다. 테세우스는 스키론을 바다로 던져버렸다. 테세우스가 아테네 인근 지역에 이르렀을 때 엘레우시스의 왕 케르키온을 만났다. 그는 행인과 레슬링 시합을 해서 진 사람을 참혹하게 죽였다. 테세우스는 케르키온과 레슬링 시합을 해서 승리한 후 그를 죽였다.

테세우스가 아테네로 가는 여정에서 마지막으로 만난 악당은 프로크루스테스였다. 그는 침대를 하나 가지고 있었는데 자신의 집에 찾아온 손님을 침대에 눕히고 침대보다 키가 크면 다리나 머리를 자르고, 키가 작으면 사지를 늘려 죽였다. 테세우스는 프로크루스테스를 제압하여 침대에 눕히고는 악당이 정한 규칙을 적용해 머리를 잘라 죽였다.

드디어 테세우스는 아테네에 입성했다. 그의 무용담은 이미 성안에 퍼져 있었고, 아이게우스 왕의 아내인 메디아는 테세우스가 큰 위험이 되리라는 사실을 예감했다. 그녀는 남편에게 테세우스를 연회에 초대하여 독살하자고 설득했다. 드디어 연회가 열리고, 초대된 테세우스는 독이 든 술잔을 집어 들었다. 그 순간 아이게우스는 테세우스가 차고 있는 칼을 보고 그가 자신의 아들임을 알아차렸다. 그는 테세우스가 마시려던 독이 든 잔을 깨뜨려 자신의 아들을 독살의 위험에서 구해냈다. 그러고는 자신의 아들을 독살하려 했다는 이유로 메디아를 추방했다.

이 무렵 아테네는 해양 강국 크레타에 9년에 한 번씩 아테네의 젊은 남녀를 각각 7명씩 인신공물로 보내야 했다. 이들은 황소 머리 괴물 미노타우로스의 먹이로 바쳐졌다. 테세우스는 자진하여 인신공물로 나섰다. 크레타로 떠나는 날 아이게우스는 흰 돛과 검은 돛 두 개를 주며 크레타로 갈 때는 검은 돛을 달고, 미노타우로스를 무찌르고 아테네로 돌아올 때는 흰 돛을 달라고 말했다.

크레타에 도착한 테세우스는 미노스 왕의 딸 아리아드네의 도움을 받아 미노타우로스를 처치했다. 아테네로 돌아오는 날, 테세우스는 흰 돛을 달고 오라는 아버지의 당부를 깜빡 잊었다. 바닷가 절벽 위에서 아들의 무사귀환을 고대하던 아이게우스는 검은 돛을 달고 돌아오는 아들의 배를 보고 절망했다. 그는 아들이 죽은 것으로 생각하여 절벽 아래 바다로 몸을 던졌다. 그때부터 이 바다를 '아이게우스의 바다'라는 의미로 아이가이해라고 불렀다. 테세우스는 아버지의 뒤를 이어 아테네의 왕이 되었다.

종교
229 성불

부처가 되는 일은 부동의 깨달음이다. 깨달음을 방해하는 번뇌에서 해방되니 이것을 해탈이라고 하며, 불(佛, 깨닫는 자)을 이룬다는 의미에서 '성불(成佛)'이라고 한다.

싯다르타는 바라나시 근처의 보리수 밑에서 명상에 들어갔다. 이때 마왕 마라 파피야스가 그를 '세 가지 시험'으로 유혹했다. 첫째, 마라는 무시무시한 12마군을 이끌고 와서 싯다르타가 수행을 포기하도록 위협했다. 둘째, 마라는 싯다르타의 공적을 부인했다. 명상을 해도 성불 같은 것은 꿈꿀 수도 없는 헛일이라고 했다. 셋째, 마라는 자신의 세 딸을 데리고 나타났다. 그녀들은 '불만, 쾌락, 욕망'이라는 이름의 요염한 마녀였다. 싯다르타는 이 모든 유혹을 물리쳤다.

밝은 보름달이 뜬 밤, 싯다르타는 보리수 밑에서 명상에 잠겼다. 이때 싯다르타는 '네 단계 선정'을 거쳐 세 가지 앎을 얻었다. 첫째 단계 선정에서는 상쾌하고 즐거운 감정이 솟아나 마음이 한곳에 모이는 경험을 했다. 둘째 단계에서는 마음이 흔들림 없이 고요하면서 고양되는 느낌을 받았다. 셋째 단계에서는 즐거움 가운데 마음이 한곳에 모이면서 그 위에 마음의 평정과 다함과 밝은 통찰이 찾아왔다. 넷째 단계에서는 즐거움도 사라지고 오로지 '마음의 평정과 다함과 밝은 통찰'만 남았다.

그 상태로 초저녁에 이르러 첫 번째 앎을 얻었으니, 바로 '숙명통'이다. 그것은 자신이나 타인의 전생을 자유롭게 보는 능력, 그리고 그 전생의 전생을 보는 것, 그러다가 점점 더 많은 전생을 모두 다 보는 것으로, 그의 마음은 자비심으로 가득하게 되었다. 과거와 현재가 한 선상에 있는 시간의 영원성을 체험한 것이다. 밤이 깊어 싯다르타는 두 번째 앎에 이르렀는데, 이것을 '천안통'이라 한다. 완전히 깨끗해진 '하늘의 눈'을 가지고 모든 중생이 지은 업에 따라 태어나고 죽는 것을 보는 능력, 그 원리를 알게 되었다. 카르마와 인과율의 법칙을 깨달은 것이다. 중생이 끝없이 윤회하는 것을 보면서 그의 자비심은 더욱 깊어졌다. 밤이 더욱 깊어졌을 때 싯다르타는 세 번째 앎에 이르렀는데, 이를 '누진통'이라 한다. 이는 번뇌와 망상을 완전하게 끊어버리고 모든 것을 다 아는 능력이다. 이 세 가지 앎을 '삼명통'이라고 한다.

강 저 너머로 먼동이 트면서 싯다르타는 무지에서 깨어나 앎에 이르렀다. 어둠은 사라지고 빛이 떠올라 완전한 깨달음에 이르렀다. 붓다, 곧 깨달은 이가 된 것이다. 이러한 깨침을 성불, 성도, 대각, 활연대오라 한다.

석존의 깨달은 마음이 번뇌의 속박에서 해방된 상태이므로 이를 '해탈'이라 부르며, 이 해탈한 마음에 의해 터득된 진리를 '열반'이라 한다. 붓다는 해탈과 열반을 성취함으로써 인간이 번뇌의 속박에서 벗어나 신들의 경지인 해탈과 열반에 들 수 있음을 보여주었다.

음악
230

카미유 생상스

파리에서 태어난 카미유 생상스(Camille Saint-Saëns, 1835-1921)는 3세가 되기 전부터 피아노를 시작했고, 5세 때는 이미 작곡을 해서 모차르트처럼 신동으로 불렸다. 10세 때 파리에서 모차르트의 피아노 협주곡으로 최초의 공개 연주를 했다. 생상스는 파리음악원에 입학해서 작곡과 오르간 그리고 피아노를 공부했다. 당시 유럽 악단에서 인정받으려면 로마대상을 수상해야 했는데 생상스도 한때 그 상을 목표로 노력했다. 하지만 그는 실패했고, 주변의 우려와 달리 로마대상을 수상하지 못했음에도 불구하고 유럽 최고의 예술가로 대우받았다. 1848년에 첫 교향곡을 작곡했으며 1850년부터 니데르메이에르에서 교수로 근무했다. 그곳에서 가브리엘 포레, 앙드레 메사제와 같은 유능한 제자를 길러냈다.

생상스는 프랑스 국민 음악운동의 선구자이며, 당대 최고의 작곡가이자 오르간 연주자였다. 생상스의 음악은 프랑스 민요를 많이 사용했다. 그의 음악에서 밝고 해학적인 멋이 돋보이면서도, 깊은 종교성에서 우러나오는 감동이 느껴지는 것은 그의 이력과 무관치 않다. 그는 1858년부터 마들렌 교회의 오르간 연주자에 취임하여 20여 년간 활약했다. 마들렌 교회는 음악 예술과 인연이 깊은 곳으로, 쇼팽의 장례식이 치러진 곳이기도 하다. 그래서인지 생상스의 음악에서는 따뜻한 인간미와 종교적 겸허함이 느껴진다.

생상스는 오르간 연주자로 활동하면서 창작에도 열정을 쏟아 〈삼손과 델릴라〉를 비롯한 오페라를 작곡했다. 하지만 정치적인 이유와 당시 프랑스에서는 '성경 이야기'를 무대에 올리는 것을 금지한 탓에 공연은 하지 못했다. 1877년 리스트에 의해 독일 바이마르에서 초연되었으나 정작 파리에서 공연된 것은 15년 뒤인 1892년이었다. 1871년에 생상스는 '국민음악협회'를 창립하여 세자르 프랑크, 포레, 모리스 라벨 등 쟁쟁한 작곡가들과 호흡을 함께했다. 그 후 생상스는 좀 더 많은 대중을 감동으로 이끌 집단 예술에 관심을 두고 작업에 몰두했다. 오케스트라운동과 더불어 교향곡, 실내악 작곡, 실내악운동을 활발하게 주도해나갔다. 1881년에는 프랑스 최고의 학술기관인 학사원의 회원에 선출되었다. 말년의 생상스는 해외로 다니면서 프랑스 문화를 세계에 알렸다. 그중 북아프리카의 알제리에서는 오래 머무르며 그곳의 풍물을 담은 〈알제리 모음곡〉 등을 작곡했다.

1886년 오스트리아의 작은 도시 크리덤에서 머물던 생상스는 친구가 주최한 크리덤의 카니발 피날레를 장식하기 위한 음악으로 〈동물의 사육제〉를 작곡했다. 모두 14곡으로 구성된 〈동물의 사육제〉는 각 곡마다 동물 이름이 붙어 있는 풍자와 기지가 넘치는 기발한 관현악 모음곡이다. 그중 '백조'는 피아노 반주에 첼로 독주로 연주되는 감미롭고도 담백한 곡으로 따로 떼어서 연주하는 경우도 많다.

1902년에 영국의 국왕 에드워드 7세의 대관식 행진곡을 썼고, 1913년에는 다시 영국을 방문하여 글로스터 페스티벌에서 〈약속된 땅〉을 지휘했다. 이것이 마지막 영국 방문이 됐다. 생상스는 86세로 알제리에서 숨을 거두기 전까지 꾸준히 작곡 활동을 했고, 무려 170여 곡의 작품을 남겼다. 그는 평생을 연주자와 작곡가, 학자로서의 1인 3역을 해내며 에너지 넘치는 열정적인 삶을 살았다. 그는 세계를 휩쓰는 낭만의 물결 속에서 그 어떤 것과도 영합하지 않고, 독자적인 예술 영역을 넓혀가며 초연한 삶을 살다간 위대한 음악가였다.

미술
231

귀스타브 쿠르베

귀스타브 쿠르베(Gustave Courbet, 1819-1877)는 프랑스의 화가이며, 19세기 사실주의 회화의 선구자이다. 그는 위엄 있고 당당하며 명예를 중시했다. 쿠르베는 아카데미 풍의 형식주의와 낭만주의를 거부하고, 현실 세계를 있는 그대로 관찰하고 파악하여 표현하는 사실주의를 표방했다. 그는 너그럽고 친절하며 쾌활한 낙천주의자인 동시에 타협을 모르는 고집스러운 공화주의자이자 사회주의자이기도 했다. 회화와 사실주의에서 쿠르베는 '사실'의 위대한 혁신자다. 정확한 데생, 뛰어난 중간조 색채, 대담한 붓과 나이프의 표현력, 생물과 무생물을 바라보는 정확한 시선, 삶의 신비로움에 대한 형이상학적 고찰이 그를 거장의 반열에 올려놓았다. 그의 사실주의는 근대 회화의 '회화성' 확립의 초석이 되었다.

쿠르베는 정물화, 초상화, 자화상, 상상 속 인물, 풍속화, 풍경화와 같이 다양한 주제를 그렸지만 역사화는 그리지 않았다. 작은 크기의 그림에서 장대한 스케일에 이르기까지 다양한 크기의 작품들은 대부분 유채화였다.

쿠르베는 1819년 프랑슈 콩테의 오르낭에서 부유한 농부의 아들로 태어났다. 신학과 법학을 공부하다가 1836년부터 그림을 그리기 시작했고, 본격적으로 미술에 전념한 것은 1842년부터였다. 그의 미술 수업은 거의 독학에 가까웠고, 루브르박물관을 드나들며 거장들의 그림을 열성적으로 연구했다.

1844년 자신을 그린 자화상 〈검은 개를 데리고 있는 쿠르베〉를 처음으로 살롱에 출품하여 입선했다. 초기에는 주로 초상화를 많이 그렸으며, 1846년부터 사실주의에 몰두하였다. 이때부터 일상생활을 주제로 삼은 대작들을 그렸다. 네덜란드 여행에서 렘브란트의 작품에 강한 인상을 받은 이후 그의 작품에는 렘브란트의 흔적이 나타나게 된다. 쿠르베가 그린 〈불이 난 곳으로 달려가는 소방관들〉은 렘브란트의 〈야간 순찰〉을 응용한 작품이다.

정치적으로 사회주의자이며 열렬한 공화정 옹호자인 쿠르베는 1848년 2월 혁명에 참가했으며, 1851년 쿠데타가 일어나자 나폴레옹 3세에 맞서 대항했다. 1870년,

프러시아 전쟁이 일어날 당시 쿠르베의 명성은 절정에 달했고, 프랑스 정부는 그에게 레지옹도뇌르 훈장을 수여했다. 그러나 이를 사양하고 이듬해 파리 코뮌*에 가담했다. 그는 미술위원회 회장에 선출되어 미술관에 소장된 작품 보존과 미술관의 재정비에 힘을 쏟았다. 그러나 파리 코뮌이 진압되고 제3공화국이 수립되자 쿠르베는 나폴레옹 1세의 동상 파괴에 가담한 죄로 투옥되었다. 석방된 뒤에는 스위스로 망명했고, 그곳에서 최후의 작품들을 완성한 후 세상을 떠났다. 그는 생전에 1,050점의 작품을 남겼다.

주요 작품으로 〈오르낭의 매장〉, 〈돌 깨는 사람들〉, 〈안녕하세요 쿠르베 씨〉, 〈센 강변의 아가씨들〉, 〈잠〉, 〈파도와 여인〉, 〈폭풍우치는 바다〉 등이 있다.

* 파리 코뮌(The Paris Commune): 1871년 파리 시민과 노동자들의 봉기에 의해서 수립된 혁명적 자치 정부이다. 프랑스 민중이 세운 세계 최초의 사회주의 자치 정부요, 세계 최초로 노동자 계급의 자치에 의해 수립된 민주주의 정부라고 평가되고 있다. 이후 사회주의와 공산주의 운동에 큰 영향을 주었다.

문학 232

안톤 체호프

안톤 체호프(Anton Pavlovich Chekhov, 1860-1904)는 러시아의 소설가이자 희곡작가이다. 25년의 작품 활동을 통해 콩트·단편·중편·희곡* 등 총 600여 편을 남겼다. 그중 다수의 작품이 세계적인 고전이 되었다.

체호프는 러시아 남부 아조프해 연안의 항구도시인 타간로크에서 7남매 중 셋째로 태어났다. 그의 할아버지는 해방된 농노였으며, 아버지는 잡화상을 운영했다. 체호프가 16세 때 아버지의 사업이 파산하면서 그의 가족은 모스크바의 빈민가로 이주했다. 모스크바대학교 의학부에 진학한 후 가족들의 생계를 위하여 여러 유머 잡지에 다양한 필명으로 단편소설*을 연재했다. 그의 작품은 주로 풍자와 유머와 애수가 담긴 내용들이 많았으며, 대학을 졸업할 때는 이미 어느 정도의 명성을 얻었다. 1884년에 대학 졸업 후 의사가 된 체호프는 그해 단편 〈카멜레온〉, 1885년에 〈하사관 프리시베예프〉와 〈슬픔〉 등을 발표했다. 1886년, 러시아의 소설가 드미트리 그리고로비치로부터 '재능을 낭비하지 말라'는 충고가 담긴 편지를 받고, 작가로서 새롭게 자각하는 계기가 되었다. 1888년에 단편집《황혼 속에서》를 발표하여 학술 아카데미의 푸시킨 상을 수상했다. 이후 체호프는 러시아의 중심 작가로서 문학의 새로운 흐름을 이끌었다.

체호프는 언제나 자신의 작품에 새로운 시도를 했다. 그는 객관주의 문학론을 주장했는데, 작가의 역할은 질문을 던지는 것이지 독자에게 정답을 주는 것이 아니라고 생각했다. 그래서 그의 작품에는 당시 고전 문학에서 필수였던 도덕적 결말을 찾아보기 어렵다. 체호프의 작품들은 단편소설을 중요한 문학 장르로 확립시키는 데 결정적인 역할을 했고, 현대 단편소설의 발전에 가장 지대한 영향을 끼친 훌륭한 본보기로 여겨진다. 그는 자신의 단편소설에서 일상의 단조로움과 진부함으로 자기 연

* 희곡: 시와 소설, 비평과 함께 문학의 대표적인 장르 중 하나로서, 특히 무대 공연을 위해 쓰인 대본을 가리킨다.

* 단편소설: 보통 200자 원고지 70매 내외 분량의 소설을 말한다.

민에 빠진 사람들을 현실에 대한 예리한 관찰력으로 실감나게 그려냈다. 그의 작품은 100개가 넘는 언어로 번역되어 세계인의 사랑을 받았다. 또한 영화와 TV, 연극 등으로 제작되어 지금도 끊임없이 재상연되고 있다.

체호프의 작품 중《갈매기》,《바냐 아저씨》,《세 자매》,《벚꽃 동산》은 희비극의 대표적인 걸작으로 평가받는다. 체호프의 4대 희극으로 불리는 이 작품들은 연극적 요소를 최소화하면서 세대 간 갈등과 그 밖의 가족 문제를 다루고 있다. 또한 인간은 고난을 딛고 미래를 갈망해야 한다는 작가의 신념이 담겨 있다.

체호프는 작가로서 활동하는 동시에 농민들에게 의료봉사를 했다. 기근과 콜레라에 대한 대책을 세웠으며, 학교 건립과 교량 및 도로 건설 등 사회사업에도 힘썼다. 그는 비교적 늦은 나이인 41세에 결혼했는데, 상대는 여배우로 활동하던 올리가 크니페르였다. 하지만 결혼생활은 오래가지 못했다. 결혼 후 3년이 지날 무렵, 체호프는 독일의 요양지 바덴바덴에서 44세의 젊은 나이로 세상을 떠났다.

세계사 233 청교도 혁명

청교도란 16-17세기 영국 및 미국 뉴잉글랜드에서 칼뱅주의의 흐름을 이어받은 프로테스탄트 개혁파를 말한다.

종교개혁운동이 유럽 전역으로 번져가면서 개신교 신학은 점차 장 칼뱅 신학 쪽으로 기울었다. 그 결과 루터교가 뿌리내린 독일과 스칸디나비아를 제외하고 칼뱅주의가 주류 개신교 신학으로 자리 잡는다. 칼뱅주의를 토대로 하는 개신교가 '개혁교회'이며 프랑스에서 그들을 '위그노'라 불렀다. 칼뱅의 제자 존 녹스는 스코틀랜드에 개혁주의를 전파하여 '장로교회'를 설립하였다. 장로교는 사제를 대신하여 장로들이 주축이 되는 교파이며 이 후예가 나중에 청교도가 된다. 청교도는 유대교와 여러 면에서 닮았다. 〈구약성서〉를 중요시한다는 점이나, 부를 신의 축복으로 여긴 점 등이다. 이러한 청교도와 유대인들이 건설한 나라가 오늘날의 미국이다.

청교도들은 1559년 엘리자베스 1세가 통일령과 수장령을 통해 확립한 성공회(영국 국교회)에 반대했다. 그들은 국교회의 가톨릭제도를 배척하고 칼뱅주의에 입각한 철저한 개혁을 주장하였다. 또한 교회의 해석이나 전승보다 성경의 권위를 존중하고, 예배에서 가톨릭의 미신적 요소를 배격하며, 특권 계급을 암시하는 사제들의 제복 폐지, 성만찬*의 비성경적 의식을 반대하였다. 그들이 교회의 개혁과 정화를 요청했다고 하여 '퓨리턴'이라고 부르기도 했다.

1603년, 청교도들은 제임스 1세가 즉위하자 1,000명의 서명을 받아 교회개혁을 청원했다. 그러나 이 청원은 1604년 '햄프턴 어전회의'에서 모두 거부되었다. 청교도에게 영국 국교를 신봉하라는 명령이 내려졌고, 이를 거부하면 가혹한 박해가 따랐다. 청교도는 박해를 피해 네덜란드와 주변 국가로 피난했다. 이들 가운데 1620년 9월 6일 영국의 플리머스항에서 메이플라워호를 타고 신대륙을 찾아 나선 102

* 성만찬: 예수가 십자가에 매달리기 전날 밤 열두 제자와 마지막으로 나눈 저녁 식사. 예수의 수난을 기념하는 기독교의 의식을 이른다.

명의 청교도 미국인들을 '필그림 파더스(순례자)'라고 불렀다. 이들은 12월 21일 미국 동북쪽 매사추세츠연안에 도착하여 이 지역을 플리머스로 명명했다. 그들은 그 해 겨울을 넘기면서 절반이 추위, 굶주림, 질병으로 신대륙에서 죽었다. 이후 1640년까지 대서양을 건넌 청교도는 무려 2만여 명에 달했다.

제임스 1세를 이어 영국 왕이 된 찰스 1세는 장로교를 믿는 스코틀랜드에 국교인 성공회를 믿으라고 강요했다. 이에 스코틀랜드에서 무장봉기가 일어났다. 찰스 1세는 전비를 마련하기 위해 의회를 소집했는데 이것이 청교도혁명의 단초가 되었다. 의회를 지배하는 젠트리*가 국왕의 폭정을 비난하고 나서자 국왕은 무력으로 이를 탄압했고, 이에 청교도들이 의회파와 연합해 내전을 일으켰다. 1649년, 크롬웰이 이끄는 의회파가 승리하여 왕정을 폐지하고 공화정을 수립했는데 이를 '청교도 혁명(Puritan Revolution)'이라고 부른다.

* 젠트리(Gentry): 영국에서 중세 후기에 생긴 중산적 토지 소유자층. 지주와 상인 등이 이에 속하며 젠틀맨 계층이라는 뜻이다.

철학 234

제러미 벤담

영국의 철학자 제러미 벤담(Jeremy Bentham, 1748-1832)은 공리주의 이론을 체계적으로 정리했다. 선거권 확대를 위한 선거법 개정에 참여하는 등 자유주의적 정치 개혁운동에도 힘을 쏟았다. 영국 런던의 법률가 집안에서 태어난 벤담은 어려서부터 몸이 허약했기에 늘 독서에 열중했다. 지능이 높고 학구열도 대단해서 4세 때 라틴어, 7세 때 프랑스어를 배우고 12세 때 옥스퍼드대학교에 입학할 정도였다. 18세 때 변호사 자격을 취득했으나 변호사 실무에는 관심을 두지 않고 학문적인 법이론 연구에 몰두했다. 28세 때는 공리주의사상을 제창했다.

벤담에 따르면 자연은 인류를 고통과 쾌락이라는 두 군주의 지배 아래 두었다. 고통과 쾌락이야말로 인간의 모든 언동과 사고를 지배한다. 벤담은 쾌락을 늘리는 행위가 선이고, 고통을 늘리는 행위가 악이라는 '공리주의 원리'를 세웠다. 예로부터 쾌락을 억제하는 것이 도덕적으로 선이라는 것이 일반적인 상식이었다. 쾌락을 탐닉하는 것은 나쁜 것이었다. 금욕은 선이요, 쾌락에 눈먼 것은 악인 것이다. 벤담은 금욕을 관철하는 것은 불가능하며 금욕 자체가 선도 아니라며 금욕주의를 내던졌다. 그는 동성애도 옹호했다.

벤담 철학의 특징은 철학이지만 전혀 철학답지 않다는 점이다. 그는 과학적 관점에서 행위의 선악은 행위로 말미암은 결과가 얼마나 많은 쾌락을 포함했는가에 따라 결정된다고 보았다. 그래서 어떤 행위의 결과가 얼마나 많은 양의 쾌락 또는 고통을 낳는지를 재어서 그 크기를 비교하는 방법, 이른바 '쾌락 계산'을 주장했다. 쾌락을 계산하는 일곱 가지 기준은 쾌락의 강도, 쾌락의 지속성, 쾌락의 확실성, 쾌락의 근접도, 쾌락의 다산성, 쾌락의 순수성, 쾌락의 범위이다. 이러한 것을 계산해 쾌락과 고통의 총량이 결정된다고 생각했다. 이 쾌락 계산은 개개인뿐 아니라 사회 전체에도 적용할 수 있다. 사회 전체의 행복은 이 '공리의 원리'를 입법·행정의 원리로까지 확대함으로써 실현되는 것이다. 그때까지 아무도 생각지 못했던 쾌락을 계산하는 방법은 현대 자본주의에 큰 영향을 끼쳤다.

신화 235

파리스의 심판

제우스가 한때 사랑했던 여신 헤라가 갓 태어난 헤파이스토스를 바다로 던졌을 때 그를 구해서 양육한 여신이 테티스이다. 그녀는 헬리오스와 포세이돈 등 여러 남신의 마음을 사로잡았으나, 신들의 왕 제우스의 뜻에 따라 인간인 펠레우스 왕과 결혼했다.

펠레우스와 테티스의 결혼식에는 모든 신이 초대되었다. 유일하게 초대받지 못한 불화의 여신 에리스는 이에 앙심을 품었다. 그녀는 연회장에 '가장 아름다운 여신에게'라고 쓴 황금 사과를 던졌다. 그녀의 계획대로 헤라와 아테나, 아프로디테가 자신이 가장 아름다운 여신이라며 황금 사과를 놓고 서로 다투었다.

세 여신은 제우스에게 판결을 요청했고, 어느 편도 들 수 없었던 제우스는 헤르메스를 이다산으로 보내 양을 치는 트로이의 왕자 파리스에게 판결을 맡겼다. 헤라는 전 세계를 지배하는 권력을, 아테나는 전쟁의 승리와 지혜를, 아프로디테는 세상에서 가장 아름다운 신부를 조건으로 걸고 파리스의 선택을 기다렸다. 파리스는 아프로디테의 손을 들어줬다. 하지만 이 선택으로 파리스는 헤라와 아테나 두 여신의 미움을 받게 되었다.

당시 세상에서 가장 아름다운 여인은 스파르타의 왕비 헬레네였다. 아프로디테는 스파르타의 왕 메넬라오스가 파리스를 초대하도록 만든 뒤 헬레네의 마음에 파리스에 대한 사랑을 불어넣었다. 메넬라오스가 잠시 왕궁을 비웠을 때 기회를 잡은 파리스는 헬레네를 유혹하여 트로이로 데려갔다. 그 사실을 안 메넬라오스는 크게 분노했다.

과거 그리스의 여러 왕이 헬레네에게 구혼했을 때, 그녀의 아버지는 모든 구혼자에게 서약을 받았다. 그 서약은 누가 헬레네와 결혼하든지 그들 부부에게 어려운 일이 생기면 무조건 지원한다는 맹세였다. 메넬라오스는 트로이를 응징하고 헬레네를 찾아오기 위해 과거 구혼자들을 소집했다. 그리고 자신의 형인 미케네의 왕 아가멤논을 총대장으로 한 원정대를 결성했다. 이 원정에는 아가멤논의 지휘 아래 불사의 영웅 아킬레우스, 이타카의 왕 오디세우스, 용맹스러운 장수 아이아스, 아르고스의 왕 디오메데스 등 그리스의 위대한 영웅들이 총출동했다. 결국 파리스의 선택은 축복이 아니라 그리스와 트로이의 전쟁을 불러오는 비극을 낳고 말았다.

<파리스의 심판>(요아힘 브테바엘, 1615)

종교
236

윤회사상

윤회(輪廻)의 산스크리트어 삼사라(Saṃsāra)는 '함께 흘러간다', '삶과 죽음을 되풀이한다', '괴로운 생존을 되풀이한다' 등의 뜻으로 쓰인다. 불교와 힌두교는 공통으로 윤회의 고통에서 벗어나 열반의 경지에 이른다는 신앙을 가졌다. 이 세상을 떠난 자는 지위 고하를 막론하고 '삼계'와 '육도(六道)' 가운데 하나에서 다시 태어나기를 무한 반복한다. 이것이 불교의 생사관인 '윤회전생'이다. 육도란 천상도, 인간도, 아수라도, 축생도, 아귀도, 지옥도의 여섯 세계를 말한다. 이때 받는 몸과 태어나는 곳은 자신의 행위에 따라 결정된다는 것이 고대 인도인들 특유의 관념이다.

천상도는 모든 욕망과 즐거움이 충족되었으나 열반에는 이르지 못한 세계로 선정을 닦아야 하는 곳이다. 인간도란 5계와 10선을 닦은 사람이 태어나는 세계로 탐욕, 분노, 어리석음이 숨어 있어 불법 수행에 가장 적합한 곳이다. 아수라도 5계와 10선을 닦은 사람이 태어나는 곳으로, 지혜는 있지만 싸우기를 좋아하는 세계이다. 축생도란 고통이 많고 즐거움이 적은 곳으로, 어리석은 짓을 많이 한 사람이 태어나는 곳이다. 아귀도란 굶주림과 목마름의 세계로 생전에 욕심을 부리고 보시를 하지 않은 사람이 태어나는 곳이다. 지옥도란 육도 중 가장 고통이 심한 곳으로, 분노를 일으켜 남에게 해를 입힌 사람이 태어나는 곳이다. 이처럼 무한히 반복되는 삶과 죽음 그 자체가 고통이므로 불교에서는 수행을 통해 윤회에서 벗어나(해탈) 극락으로 가는 것(극락왕생)을 최종 목적으로 삼는다. 극락은 기독교의 천국에 해당하는 곳이다. 죽은 지 49일이 되면 생전 지은 죄에 따라 윤회와 해탈 여부가 결정된다. 해탈은 수행을 통해 집착에서 벗어나야 하는데, 수행이 부족하면 육도를 다시 반복해야 한다.

윤회설이 처음 언급된 곳은 《리그베다*》이고, 《우파니샤드》에는 좀 더 구체적인 설명이 나와 있다. 윤회설에서 가장 중요한 윤회의 주체인 아트만은 영혼과 같은 개념이다. 이러한 윤회사상은 브라만교의 영향을 받아 성립되었으며, 불교와 힌두교의 생사관에서 그 공통점을 찾아볼 수 있다.

* 리그베다(Rigveda): 고대 인도의 브라만교 성전인 네 가지 《베다》 중 하나로, 신을 찬미하는 운문 형식의 찬가 모음집이다. 인도에서 현존하는 가장 오래된 종교 문헌이자 인도사상의 원천이다.

음악
237

에드바르 그리그

에드바르 그리그(Edvard Hagerup Grieg, 1843-1907)는 오슬로음악협회를 설립, 평생을 국민 음악운동에 심혈을 기울인 노르웨이 국민 음악의 선구자이다. 그는 스웨덴의 지배 아래서 소외된 민족의 노래들을 발굴한 뒤 높은 예술로 승화시켜 북구 특유의 신선함을 표현해냈다.

그리그는 노르웨이의 항구도시 베르겐에서 태어났다. 베르겐은 울창한 살림과 북해의 물결, 맑고 시원한 공기 속에 자연을 품은 전형적인 북구의 도시로서 훗날 그리그의 작품에 반영되어 깨끗하고 투명한 음의 세계로 재현되었다. 당시 노르웨이는 덴마크의 영토였다가 1814년 스웨덴에 강제로 합병되었다. 그리그가 태어났을 때 그의 조국 노르웨이는 없었다. 그리그는 어려서부터 피아니스트였던 어머니에게 피아노를 배웠다. 15세부터 4년간 독일의 라이프치히음악원에서 전통 독일 음악의 진수를 공부했다. 이후 1866년까지 덴마크의 수도 코펜하겐에서 살다가 고향으로 돌아왔다. 그는 24세 때 사촌 동생이자 유명한 소프라노인 니나 하게르트와 결혼했다. 그녀는 훌륭한 내조자로 남편의 성공을 세상에 알리는 데 크게 공헌했다.

그리그는 노르웨이 출신의 젊은 작곡가 리카르 노르드라크(노르웨이 국가 작곡자), 빈터 히엘름, 린데만 등에게 민속 음악을 토대로 국민 음악 작품을 만드는 법을 배웠다. 이후 그리그는 직접 민속 음악을 발굴하기 시작했고, '그 오묘한 분위기, 마법 같은 화음과 리듬은 다른 악기로 재현할 수 없다'고 평가했다. 그의 음악은 독일 낭만주의에 기초를 두었지만, 당시 유럽에 퍼진 국민 음악의 영향을 받아 노르웨이 특유의 스타일을 찾으려고 노력했다. 그리그는 연주자와 교사로 생활하면서 틈틈이 자연을 무대로 민속을 찾고 작곡을 했으며 1866년에 〈피아노 협주곡〉을 발표했다. 이 곡은 큰 인기를 얻으면서 곧 노르웨이의 대표곡이 되었다. 라이프치히에서 출판된 10편의 〈서정 소곡집〉이 유럽에서 큰 인기를 끌면서 그에게 '북구의 쇼팽'이라는 별명이 붙었다.

1869년, 이탈리아 여행에서 리스트는 젊은 작곡가들과 교류한 후 다음 해 작가

비외르손의 시에 곡을 붙인 〈남쪽 수녀원 앞에서〉라는 곡으로 대성공을 거둔다. 당시 노르웨이 출신의 극작가 헨리크 입센이 노르웨이 설화를 소재로 〈페르귄트〉라는 5막짜리 희극을 써서 발표했다. 그리그는 입센으로부터 〈페르귄트〉의 음악을 의뢰받고 모두 24곡의 부수 음악을 작곡했다. 유명한 〈솔베이지의 노래〉가 들어 있는 이 작품은 두 편의 모음곡으로 발표되면서 그리그에게 국제적인 명성을 안겨주었다. 그 덕분에 그리그는 1874년의 예술가로 선정되었고, 종신연금을 받게 되자 고향에서 오직 작곡에만 몰두하였다.

대표작으로 합창곡 〈네 편의 시〉, 연탄곡 〈노르웨이무곡〉, 〈노르웨이 농부들의 춤과 노래〉 등이 있다. 그는 세계 여러 나라로부터 초청을 받아 순방했으며 51세 때 케임브리지대학교, 64세 때 옥스퍼드대학교에서 각각 명예 음악박사 학위를 받았다. 미국을 방문하여 3개월간 30회에 걸쳐 연주회를 개최, 청중의 열광적인 호응을 이끌어낸 그는 영국으로부터 초청을 받고 출발하던 중 갑작스럽게 지병이 악화되어 64세를 일기로 세상을 떠났다.

미술
238 인상주의

인상주의(Impressionism)는 19세기 후반에서 20세기 초 프랑스를 중심으로 일어난 근대 예술운동의 한 갈래이다. 1874년 프랑스의 사진가 나다르의 제작실에서 카미유 피사로, 클로드 모네, 오귀스트 르누아르, 폴 세잔, 알프레드 시슬레 등이 전시회를 개최했는데, 모네는 이 전시회에 〈인상, 일출〉을 출품했다. 이 그림의 제목을 본 한 신문기자가 이들 모두를 가리켜 '인상주의자들'이라고 명명했다. 다분히 조롱의 의미가 담겨 있는 그 명칭을 화가들이 거부감 없이 받아들이면서 일반화되었다. 이후 이들이 추구하던 인상주의운동은 음악과 문학으로까지 확산되었다.

인상주의는 미술사에 매우 중요한 혁명적 사고의 전환을 보여준다. 미술은 자연이나 종교, 또는 역사적 내용을 묘사하기 위해 존재가치를 지니는 것이 아니라, 미술 그 자체의 순수 조형적 가치 때문에 존재 의의를 지닌다는 것이다. 인상파 화가들은 그림의 주제보다 색채와 형태의 구성에 더 큰 비중을 두었다. 또한 역사, 문학, 신화, 상상 등의 소재를 거부하고 오직 화가의 눈으로 직접 대면한 현실의 대상만을 그렸다. 기존의 화가들이 화실에 틀어박혀 작품을 완성했지만, 인상파 화가들은 작품의 시작부터 완성까지 모든 과정을 야외에서 작업했다. 그들이 야외에서의 작업을 고집했던 것은 눈에 포착된 대상의 시각적 인상을 최대한 충실하게 표현하고자 했기 때문이다.

인상파 화가들은 사물을 고정불변의 형태와 색채를 지닌 것이 아니라, 날씨와 계절, 시간 등 외부적 혹은 주관적 조건에 따라 끊임없이 변화하는 존재로 보았다. 그들은 시시각각 변화하는 대상의 세부 묘사보다는 그 전체 인상을 속도감 있게 화폭에 담아내야만 했다. 이들은 빛과 함께 시시각각으로 움직이는 색채의 변화 속에서 자연을 묘사하고, 색채나 색조의 순간적 효과를 이용하여 눈에 보이는 세계를 정확하고 객관적으로 기록하려고 하였다.

인상주의를 추구한 화가들을 인상파라고 하는데, 대표적인 화가로 모네, 에두아르 마네, 피사로, 르누아르, 에드가 드가, 세잔, 폴 고갱, 빈센트 반 고흐 등이 있다. 그들 가운데 세잔과 반 고흐는 서로 극단적인 노선을 걸었다. 고흐는 광기의 문을 두드렸고, 세잔은 그 반대 방향으로 나아가서 모더니즘의 아버지가 되었다. 세잔은 인상주의를 버리고 그림의 공간적 깊이를 중앙 집중적 시선이 아니라 색채를 통해 형상화할 수 있는지를 실험했다. 그의 그림들은 전체적인 구도에 의해서가 아니라 개별적인 형태들을 통해서 형상화되었다. 세잔은 19세기 프랑스 회화사의 한 획을 그었는데, 20세기에 와서 입체파 및 추상파의 원천을 이루었다.

문학
239 앙드레 지드

프랑스의 소설가 앙드레 지드(André-Paul-Guillaume Gide, 1869-1951)는 문학의 가능성을 위해 다양한 실험을 했다. 그는 삶과 자아 정체성, 시대와 개인의 권리 등을 문학적 실험을 통해 탐구함으로써 20세기 프랑스 소설 및 현대 소설의 발전에 지대한 공헌을 했다. 독일, 미국, 프랑스 등에서 가장 명망 높은 작가 중 한 명으로 꼽힌다.

앙드레 지드는 프랑스 파리에서 태어났다. 아버지 폴 지드는 파리 법과대학 교수였으며, 어머니 쥘리에트 롱도는 노르망디의 부르주아지 가문 출신이었다. 유년 시절에는 아버지의 고향인 랑그도크와 어머니의 고향인 노르망디 지방을 오가며 보냈다.

18세 때부터 소설가가 되는 데 관심을 가졌으며, 19세 때 소르본대학교에 입학했다. 대학에서 공부보다 문학에 몰두했으며, 예술가들의 모임에도 참여했다. 이 시기부터 폴 발레리, 프랑시스 잠과 평생의 우정을 시작하였다. 지드는 1893년에 친구인 화가 마리 로랑생과 아프리카 여행을 떠났는데, 이 여행은 지드의 인생에 터닝 포인트가 되었다. 그는 이 여행을 통해 자신을 구속하던 것들로부터 해방되어 내적 자유를 찾게 되었다고 한다. 그리고 1년 후 오스카 와일드와 함께 다시 알제리를 여행했으며, 이때 자신의 동성애적 성향을 깨달았다.

1895년 어머니가 세상을 떠나고, 보름 후 외사촌 누나 마들렌 롱도와 결혼했다. 그러나 두 사람은 플라토닉한 관계였는데, 지드에게 그녀는 '성스러운 여인'이었고, 그 사랑은 '신비주의적인 사랑'이었다. 지드는 마들렌과 평생 육체관계를 갖지 않았다고 한다.

1895년에 《팔뤼드》를 발표했고, 1897년에 《지상의 양식》, 1902년에 《배덕자》 등 인간의 본능과 욕망, 쾌락을 옹호하는 도발적인 작품들을 잇달아 발표했다. 기독교 윤리관을 크게 벗어난 이 작품들은 보수주의자들로부터 '청년들을 타락시킨다'라고 맹비난을 받았으며, 바티칸은 지드 사후 그의 전 작품을 금서로 지정했다.

아프리카 여행을 다녀온 지드는 삶이 베푸는 기쁨을 향유하기 시작했고, 이후 그의 문학은 변신에 변신을 거듭했다. 1909년의《좁은 문》과 1919년의《전원 교향곡》은 엄격한 신앙, 종교적 계율이 지닌 위선과 그로 말미암아 발생하는 비극을 중심으로 내적 자아를 탐구해나가는 작품이다. 정교한 심리 묘사와 아름다운 서정으로 오늘날까지 독자들의 사랑을 받는 지드의 대표작으로 꼽힌다. 지드가 이때까지 발표한 작품은 대부분 중편 수준의 작품이었다. 지드는 스스로 이 작품들을 소설이라고 부르지 않았다. 소설적 구성이나 형식을 따르지 않고, 자신의 내면을 탐구하는 도구로 쓰인 글이라고 여겼기 때문이다. 지드가 자신의 작품 중 스스로 '소설 작품'이라고 칭한 것은 1926년에 출간한《사전꾼들》이다. 안티로망의 선구적 작품으로 일컬어지는 이 장편소설은 모험과 도박만 아는 사생아 베르나르의 성장 과정을 중심으로 가정, 결혼, 성, 종교, 예술 등의 문제를 모두 다루고 있다. 이 작품은 지드의 윤리관과 예술을 집대성한 작품으로 평가받는다.

이후 지드는 종교에 반대하는 공산주의운동에 찬동하며 많은 사회 활동을 전개했다. 1938년 아내 마들렌이 사망하자 '존재의 이유를 잃었다'라고 할 만큼 절망에 빠졌다. 제2차 세계대전에서 독일이 프랑스를 점령하자 튀니지로 피란하여 전쟁이 끝날 때까지 그곳에 머물렀다. 1947년 옥스포드대학교에서 문학박사 학위를 받고, 노벨 문학상을 수상했다. 그는 파리에서 폐결핵으로 사망했다.

세계사 240

루이 14세

'태양왕'으로 불리는 루이 14세(Louis XIV)는 프랑스 역사상 가장 유명한 군주다. 그는 절대군주의 대명사로 통한다. "짐이 곧 국가다"라는 말로 유명하지만 실제로 그가 이 말을 했다는 기록은 어디에서도 찾아볼 수 없다. 1643년 왕위에 올랐을 때 그는 겨우 5세였다. 어린 아들을 대신하여 합스부르크 왕가 출신의 어머니가 섭정을 맡았고, 쥘 마자랭이 국정 자문 역할을 맡았다. 이탈리아 출신의 추기경 마자랭은 고등법원, 왕족, 막강한 대제후 콩데공 등이 차례로 주도한 '프롱드의 난'을 슬기롭게 해결했다. '프롱드'는 아이들이 가지고 노는 돌팔매 도구를 말한다. 난이 일어났을 때 귀족들이 돌팔매로 파리 곳곳의 저택 유리창을 깨뜨렸기 때문에 '프롱드의 난'으로 불렸다.

마자랭은 왕권에 도전한 주요 세력을 숙청함으로써 루이 14세가 강력한 왕권으로 통치할 기반을 닦았다. 1661년에 마자랭이 세상을 떠나자 루이 14세는 직접 정치에 나섰는데, 재상 직을 없애고 그를 대신할 국왕 참사회를 구성했다. 고등(정치, 외교), 재무, 계정(사법), 공문서, 양심(종교) 등의 분과 참사회는 공식적인 최고 행정기관으로서 역할을 수행했다. 이 기구들은 소수정예로 운영되었으며 대표적 인물이 콜베르였다. 그는 국정 전반에 광범위하게 참여하면서 '콜베르주의'로 불리는 중상주의 정책을 수립하고 시행했다. 또한 각종 장려책을 써서 상공업을 보호, 육성하고 관세 체계와 물류 시설을 정비하여 통상 무역의 수익구조를 높였다.

그의 정책들은 왕실의 부와 명예, 권력을 증대시키는 데 큰 기여를 했다. 그 결과 루이 14세는 국왕 중심의 행정 시스템과 건실한 재무구조를 갖춰 세계 각지의 많은 식민지를 통치할 수 있었다. 그는 화려하고 웅장한 베르사유 궁전을 짓고 문예를 후원했으며, 우수한 전략가와 군사 전문가를 발탁하여 막강한 군사력을 갖추었다. 직접 통치를 시작한 지 몇 해 지나지 않아 풍족한 재정과 막강한 군사력에 절대권력까지 모두 성취한 것이다. 그는 '태양왕'을 자처하며 왕이 신을 대신하는 존재임을 과시했다.

그러나 네덜란드 침공, 아우크스부르크동맹전쟁, 에스파냐 왕위 계승전쟁 등을 치르면서 국가 재정은 파산 위기를 맞았다. 1685년, 종교의 자유를 보장했던 낭트 칙령을 폐지하여 칼뱅파 신도(위그노)들에 대한 법적 보호를 박탈했다. 그 결과 수만에 이르는 고급 기술 인력과 유능한 상공업자들이 국외로 망명했다. 이로써 파산 위기에 몰린 국가 재정은 더욱 어려워졌다. 말년의 루이 14세는 '태양왕'다운 기품을 점차 잃어갔다. 왕위 계승자였던 왕세자의 죽음 그리고 다음 계승자였던 부르고뉴 공작 부자의 갑작스러운 죽음을 지켜보며 암살의 공포와 지병에 시달렸다. 그가 세상을 떠나자 프랑스의 영광도 서서히 빛을 잃어갔다.

철학
241 게오르크 헤겔

"철학이 회색으로만 세상을 그리게 되면 하나의 삶의 방식이 낡은 것이 되며, 회색으로만 그리는 것으로는 다시 젊음을 되찾을 수 없고 오로지 인식될 수 있을 뿐이다. 미네르바의 올빼미는 해 질 녘이 되어서야 날기 시작한다."

_법철학 서문

게오르크 헤겔(Georg Wilhelm Friedrich Hegel, 1770-1831)은 데카르트로 시작되는 근대 철학을 완성했다. 18세기의 합리주의적 계몽사상의 한계를 통찰하고 '역사'가 지니는 의미에 눈을 돌렸다. 모든 사물의 전개를 정(正)·반(反)·합(合)의 3단계로 나누는 변증법은 그의 논리학과 철학의 핵심이다. 그는 존재론에서 인식론까지 철학 대부분의 영역에 걸친 체계를 구축했다. 헤겔이 관심을 두었던 것은 '누구나 자유를 구가할 수 있는 사회의 실현을 위해서 기독교가 어떤 역할을 해야 하는가'라는 문제였다.

헤겔은 독일의 슈투트가르트에서 태어났다. 1788년 튀빙겐대학교 신학과에 입학하여, 철학자 프리드리히 셸링, 《히페리온》의 작가 횔덜린과 함께 공부했다. 세 사람은 모두 슈바벤 지방 출신으로, 의기투합해서 철학을 연구하고 고대 그리스 문화에 심취했으며 프랑스 혁명에 열광했다. 대학 졸업 후 헤겔은 학업을 계속하기 위해 1793년부터 바젤, 프랑크푸르트 등에서 고된 교사생활을 하였으며, 이 7년 동안 횔덜린과 함께 신비주의적 범신론에 몰두하였다. 1801년, 셸링의 권고에 따라 독일 철학의 중심지인 예나대학교의 강사가 되었다.

1807년에 그는 첫 저작 《정신현상학》을 집필하였다. 《정신현상학》을 탈고할 무렵, 프로이센을 침공하여 점령한 나폴레옹군의 승전 행렬을 보고 '한 마리 말에 올라앉아 세계에 군림하고 세계를 제패한 개인을 본다는 것은 실로 엄청난 감동을 주는 일이었다'라며 칭송했다.

헤겔은 뉘른베르크에서 한동안 신문 편집인과 고등학교 교장으로 재직했다. 이 시기에 그는 두 번째 저작인《논리학》을 완성했다. 이 저작 덕분에 그는 1816년 하이델베르크대학교 철학교수로 초빙되었다. 그리고 이곳에서《철학적 학문의 백과사전》이 탄생했다. 이듬해 헤겔은 베를린대학교 철학교수가 되었다.

1821년에《법철학 강요》를 발표하여 명성을 얻은 헤겔은 엄청난 영향력을 행사했다. 그의 제자들은 독일 각지의 대학에서 교수직을 얻었으며, 헤겔학파는 어떤 철학자도 누리지 못했던 막강한 영향력을 획득했다.

그는 콜레라에 걸려 사망했는데, 헤겔의 철학은 20세기 역사에 중요한 변혁을 일으킨 마르크스에게 상당한 영향을 끼쳤다.

<예나에서의 헤겔과 나폴레옹>(1895)

신화 242 레토와 니오베

테베의 왕 암피온과 왕비 니오베(Niobe)는 슬하에 아들 일곱과 딸 일곱이 있었다. 아들들은 모두 늠름하고 씩씩했으며, 딸들은 모두 여신처럼 아름다웠다. 니오베는 권력과 재산, 훌륭한 자녀를 두어 세상에 부러울 것이 없었다. 그녀는 무척 거만했으며 자부심 또한 강했다. 테베에서는 매년 레토(Leto) 여신의 기념일이 되면 사람들이 광장에 모여 축제를 열었다. 레토 여신은 태양의 신 아폴론과 달의 여신 아르테미스의 어머니이다. 그런데 니오베는 레토 여신을 기념하는 축제를 못마땅하게 생각했다. 그녀는 사람들에게 레토 여신은 자녀를 두 명밖에 갖지 못했지만 자신은 열네 명의 자녀를 두었으니 자신이 훨씬 더 축복받았다고 주장했다. 니오베는 사람들에게 레토 여신의 축제를 중단하고, 자신을 위한 축제를 열라고 명령했다.

그 사실을 알게 된 레토 여신은 분노했다. 그녀는 두 자녀 아폴론과 아르테미스를 불러 거만한 니오베를 응징하라고 시켰다. 아폴론과 아르테미스는 활을 챙겨서 테베로 내려갔다. 먼저 아폴론은 니오베의 일곱 아들을 향해 화살을 날렸다. 화살은 순식간에 날아가 니오베의 일곱 아들의 가슴에 명중했다. 그들은 차례차례 바닥에 쓰러져 숨을 거뒀다. 아들들의 죽음에 충격을 받은 암피온은 비통해하며 스스로 목숨을 끊었다. 졸지에 일곱 명의 아들과 남편을 잃은 니오베는 그래도 뉘우치지 않고 오히려 자신에게 일곱 딸이 남아 있다며 큰소리쳤다. 그 말에 대답이라도 하듯이 이번엔 아르테미스가 쏜 화살이 날아가 딸들의 가슴을 명중시켰다. 딸들이 한 명씩 쓰러져가자 니오베는 그제야 자신의 어리석은 행동을 후회했다. 그녀는 레토 여신에게 마지막 남은 막내딸만은 살려달라고 애원했다. 그러나 레토 여신은 그녀의 부탁을 들어주지 않았다. 아르테미스가 쏜 화살은 인정사정없이 니오베의 막내딸에게 명중했다. 니오베는 평소 그토록 자랑하던 자식들과 남편이 졸지에 모두 숨을 거두자 그 충격으로 넋이 나갔다. 그녀의 몸은 점점 굳기 시작하더니 이내 딱딱한 바위로 변하고 말았다. 신과 겨루며 자신이 신보다 더 훌륭하다고 뽐내던 니오베는 결국 비참한 최후를 맞았다. 그 후 사람들은 신성모독을 금기로 여기게 되었다.

종교 243

유교

유교(儒教)는 세계관이며 사회윤리이고, 정치사상이며 학문 전통이요 삶의 방식이다. 동아시아 문화권에서 종교화되기도 했으나 신을 기반으로 하지 않는다. 그렇지만 유교가 동아시아인의 정신 세계와 정치 문화에 깊은 영향을 끼쳐왔음을 부인할 수 없다. 유교는 동아시아의 통치 체제, 사회문화, 교육, 가정생활에 많은 영향을 끼친 이래로 중화 문명권(중국, 대만, 일본, 남한, 북한, 홍콩, 싱가포르, 베트남 등)은 '유교적'이라고 특징지어져왔다. 그리고 2500년이 넘는 기간 동안 유교윤리와 그 정신적 가치는 개인은 물론 공동체와 국가 사이의 모든 입장에서 상호관계의 가장 중요한 고려 대상이었을 뿐만 아니라 영감의 원천으로 작용해왔다.

유교는 송나라 시대에 부흥한 이래 조선 왕조와 베트남의 후기 레 왕조, 일본의 에도 시대의 통치 기술, 엘리트교육의 형식과 내용, 민중들의 도덕적 담론에 이르기까지 많은 영향력을 끼쳤다. 오늘날 많은 사람이 공자를 유교의 창시자로 알고 있지만 그는 아니다. 그가 이끈 유가는 학자들의 가문을 의미하며 계보, 학파, 배움의 전통을 나타낸다. 그렇다고 하더라도 공자는 뛰어난 스승이었고, 성인이었으며, 유교의 도를 온전히 체화한 사람으로 공경받아왔다.

유교는 역사적 현상이다. 유교 전통은 삶의 방식으로 부상한 뒤 국가 종교의 지위로 격상되었으며 결국에는 윤리적 이념으로 쇠퇴하였다. 유교의 특성은 일상적 인간 세계를 깊은 영성 차원으로 보려는 의도에 있다. '세속'을 신성하게 여김으로써 유교인들은 '천인합일(天人合一)', 즉 하늘과 사람이 하나라는 문화적 이상을 따라 내면으로 시작하여 세상을 변화시키고자 노력한다.

수세기 동안 공자는 중국의 대표 사상가 중 한 사람이었으며, 유교는 중국 사상계의 학파 가운데 하나로 여겨졌다. 공자에 의해 주창된 '학문적 전통'을 중국의 지배적인 지적 세력으로 확립하기 위하여 그 제자들은 몇 시대에 걸쳐 지속적인 노력을 하였다. 이들의 노력을 통하여 유교의 가르침은 고대 중국과 동아시아 문화권 전역으로 퍼져나갔다.

음악 244

조르주 비제

조르주 비제(Georges Bizet, 1838-1875)는 프랑스 파리에서 태어났다. 아버지는 성악 교사, 어머니는 피아니스트였다. 그는 늘 음악의 선율이 흐르는 환경에서 자랐고, 음악은 어린 비제의 감수성을 흔들어놓았다. 10세 때 파리음악원에 입학하여 앙투안 마르몽텔에게 피아노를, F. 브누아에게 오르간과 푸가를, P. 지메르만에게 작곡을 배우고, 때로는 샤를 구노의 강의를 들었다.

비제는 특히 뛰어난 작곡가이자 교사인 구노와 자크 알레비로부터 음악적으로 많은 영향을 받았다. 19세 때 칸타타 〈클로비스와 클로틸드〉로 로마대상을 수상했다. 수상 혜택으로 프랑스 정부가 주는 장학금을 받아 이탈리아로 유학을 떠났다.

비제는 유학 중 합창 교향곡 〈바스코 다 가마〉와 함께 〈테 데움〉을 발표했다. 귀국 후 피아노 개인교수와 편곡 등을 하면서 생활했다. 1863년, 오페라 〈진주잡이〉를 상연하여 호평을 받으면서 본격적으로 오페라 작곡에 들어갔다. 1869년 6월에는 스승인 알레비 교수의 차녀와 결혼하였다. 1872년 알퐁스 도데의 소설을 극화한 〈아를의 여인〉의 부제 음악 27곡을 썼고, 서곡 〈조국〉 등을 발표하여 대중적 성공을 거뒀다.

1873년부터 작곡을 시작한 불멸의 오페라 〈카르멘〉은 비제가 혼신의 힘을 쏟아 1875년에 완성한 작품으로, 파리에서 초연하였다. 그러나 이 작품은 당시 '천박한 작품'이라는 혹평을 받았고 비제는 3개월 후 37세 나이로 세상을 떠났다. 하지만 〈카르멘〉은 비제 사후에 서서히 인기를 얻기 시작하더니 곧 새로운 시대를 여는 걸작으로 재평가되었다. 〈카르멘〉의 인기는 영국, 헝가리, 뉴욕, 멕시코 등 세계 각국으로 뻗어 나갔다.

상트페테르부르크 공연을 관람한 차이콥스키는 "우리 시대의 가장 뛰어난 오페라", "깜짝 놀랄 만한 아름다움으로 가득 차 있는 음악의 꽃"이라고 극찬했다. 이후 비제의 작품은 오페라 외에도 피아노곡과 교향곡 그리고 종교 음악까지 새롭게 평가받았다.

비제는 천재적 독창성을 발휘하여 등장인물의 정확한 표현, 치밀한 무대 구성, 세련되고 참신한 작곡 기법으로 19세기 오페라에 큰 업적을 남겼다. 그의 음악은 대단히 참신하며 그가 구사한 화성, 대위법, 조바꿈법, 관현악법 등은 당시 수준을 훨씬 뛰어넘었다. 또한 프랑스풍의 감수성이 지닌 화려함을 지니고 있다. 그는 우리 일상의 소재를 사용하여 현실적인 감동을 주는 극음악을 작곡하였다.

비제는 〈카르멘〉은 스페인을, 〈아를의 여인〉은 프랑스의 남부 등지를 무대로 하여 지방의 민요와 율동을 사용하여 음악에 지방색을 표현했으니, 생생하고 정열적인 극음악을 창시해낸 작곡가라 하겠다.

미술 245

에두아르 마네

에두아르 마네(Edouard Manet, 1832-1883)는 인상주의의 아버지로 불리는 프랑스의 화가이다. 그는 순간적으로 포착된 당시 삶의 모습을 대담하고 근대적인 화풍으로 담아냈다. 그의 작품은 공간과 양감으로 구성되어 있고, 일본 판화에 대한 그의 지식은 꾸밈없는 시각과 원색, 검은색의 단일 색조를 발전시키는 데 많은 도움이 되었다.

야외에서 직접 그린 작품에서는 인상파 화가로서의 재능을 유감없이 발휘했다. 말년의 자연주의적 작품들은 간결하고 힘이 넘치며 마네만의 종합적이고 고유한 기법의 정수를 보여준다. 마네는 인물을 실제 크기로 그릴 수 있는 스케일이 큰 작품을 선호했다. 그는 도시의 삶과 일상 속 사실적인 주제들을 화폭에 담았다. 그의 작품 속 모델은 술집 여종업원들, 배우들, 군중이 주를 이루었는데, 스페인풍의 주제들을 즐겼다. 또한 초상화와 바다 풍경화, 당대의 사건들을 기록한 역사화를 그렸고, 드물게는 종교화와 정물화도 있다. 하지만 인상파 화가들이 특히 선호했던 풍경화는 일절 그리지 않았다.

마네는 프랑스 파리에서 법관의 아들로 태어났다. 그는 어려서 화가의 길을 가기로 결심했으나 아버지의 반대에 부딪혔다. 마네는 해군사관학교 입학시험에 두 번이나 실패하고 나서야 겨우 아버지의 허락을 받아 그림을 시작했다. 마네는 1850년 토마 쿠튀르의 아틀리에에서 정식 미술 수업에 들어갔다. 하지만 그는 스승의 수업에 만족하지 않았다. 그는 루브르박물관과 유럽의 미술관을 찾아다니고 과거 거장들의 작품을 모사하며 그들의 기법과 화풍을 연구했다. 그가 존경한 화가들은 사실적인 화풍의 디에고 벨라스케스, 렘브란트 판 레인, 프란스 할스, 베첼리오 티치아노, 외젠 들라크루아였다.

마네는 틀에 박힌 아카데미풍 회화적 관습을 거부했다. 그는 시인 보들레르, 소설가 에밀 졸라와 교류하며 예술적 견해를 나누었고, 그들은 마네에게 든든한 지지자가 되어주었다. 만년에 마네는 레지옹도뇌르 훈장을 수여받으며, 예술가로서 영광을 누린다. 하지만 몸이 쇠약해진 마네는 그때부터 유화보다 육체적 피로가 적은 파스텔화로 작품을 전환했다. 이후 작품인 〈폴리 베르제르의 술집〉과 〈크리스털 꽃병 속의 클레마티스〉는 최후의 걸작이 되었다. 괴저로 세상을 떠난 그는 생전에 약 450점의 작품을 남겼다. 주요 작품으로 〈튈르리 공원의 음악회〉, 〈풀밭 위의 점심〉, 〈올랭피아〉, 〈피리 부는 소년〉, 〈독서하는 여인〉 등이 있다.

<튈르리 공원의 음악회>(1862)

문학
246 마르셀 프루스트

마르셀 프루스트(Marcel Proust, 1871-1922)는 프랑스 파리의 오퇴유에서 태어났다. 아버지는 저명한 내과의사에 파리대학교 교수였으며, 어머니는 부유한 유대 상인 집안 출신이었다. 프루스트는 11세에 파리 콩도르세중등학교에 입학했고, 17세 때 친구들과 함께 교내 잡지 〈향연〉을 발간했다. 이때부터 사교계의 생활을 위해 문학살롱에 드나들고, 문학 습작을 시작했다. 파리대학교에서 법학과 정치학을 공부하면서 사교계 활동에 몰두해 작가, 화가, 음악가, 귀족 들과 폭넓게 교류했다. 그런 한편 비평이나 단편소설을 꾸준히 발표하면서 법학사 시험과 문학사 시험에도 합격했다. 1903년 아버지가 사망하면서 프루스트는 많은 유산을 물려받았다. 2년 후 이번에는 어머니가 세상을 떠났고, 그 슬픔 때문에 지병인 천식이 심해졌다.

1910년, 39세가 된 프루스트는 연작소설《잃어버린 시간을 찾아서》의 집필에 들어갔다. 이 소설은 20세기를 대표하는 걸작이요 작가의 정신적 자전으로 평가받는다. 문학청년인 프루스트가 1인칭 고백 형식으로 쓴 시간의 방대한 파노라마이며, 프랑스 제3공화정 시대 부르주아 귀족들의 풍속사인 동시에, 작가의 기억을 통해 탐색된 인간 심리의 대해부학이다. 19세기에서부터 20세기 초까지 3세대에 걸쳐 무려 500여 명의 등장인물을 동원시키면서 수천 쪽에 걸쳐 과거를 복원해냈다.

주인공 '나'는 유소년기에 바캉스를 보낸 콩브레를 떠올리고 마을의 유명인사였던 스와 씨와 귀족 게르망트공의 저택으로 이어지는 두 갈래의 산책길과 두 집안에 얽힌 추억에 잠긴다. '나'는 스완과 고급 매춘부 오데트의 딸 질베르트를 사랑하지만 실연당한다. 그후 할머니와 함께 찾은 노르망디 해안에서 아름다운 소녀들을 만나고, 그녀들 중 특히 알베르틴에게 끌린다. '나'의 가족들은 파리 게르망트 저택 한 쪽으로 이사한다. 그곳에서 알베르틴과 다시 만난 '나'는 게르망트 공작부인이 주최하는 연회에 초대를 받고 귀족 사회에 발을 들인다. '나'는 게르망트 공작의 동생 샤를뤼스 남작과 재봉소 남자의 남색 행위를 목격한다. 곧 '나'는 알베르틴과 살기 시작하지만 알베르틴도 동성애자가 아닐까 의심한다. 그녀에 대한 의심과 질투는 다툼으로 이어지고, 알베르틴과 이별을 생각할 만큼 관계가 심각해질 무렵 그녀가 '나'를 떠난다. '나'는 알베르틴을 다시 집으로 데려오기 위해 사방으로 찾아다닌다. 그러다가 그녀의 큰어머니로부터 편지를 받고 알베르틴이 낙마 사고를 당해 숨졌다는 사실을 알게 된다. 제1차 세계대전 후 파리로 돌아온 '나'가 돌바닥에 발을 헛디딘 순간, 과거의 선명한 기억이 잇따라 되살아난다. 이 체험을 통해 '나'는 자신의 문학적 재능을 발견하고 앞으로 집필할 소설 생각에 잠긴다.

《잃어버린 시간을 찾아서》는 특이한 문체, 잔인할 만큼 정밀한 관찰, 병적일 만큼 집요하고 정확한 분석이 특기할 만하다. 이 작품은 카프카나 조이스의 작품과 함께 현대 문학에 새로운 길을 제시한 중요한 작품으로 평가받는다. 하지만 3년 동안의 각고의 노력 끝에 완성한 제1편 원고《스왕네 집 쪽으로》는 출판사들로부터 외면을 받아 결국 자비로 출판해야 했다. 다행히 제2편《꽃피는 아가씨들 그늘에서》로 1919년 공쿠르상을 수상하면서 오랫동안 꿈꾸던 문학적 영광을 차지할 수 있었다. 이후 그는《잃어버린 시간을 찾아서》의 집필에만 몰두했다. 말년에는 관절염으로 싸우며 죽기 전까지 원고와 씨름하다가 숨을 거두었다. 마지막 제7편은 초고로 남겨져 있다가 작가 사후에 출판되었다.

세계사
247
예카테리나 2세

러시아의 가장 큰 변화를 주도했던 표트르 대제가 1725년에 세상을 떠나자 왕비인 예카테리나가 차르(황제)가 되었다. 그녀는 합법적인 왕위 계승자를 제거하고 스스로 왕위에 올랐다(예카테리나 1세). 그리고 자신의 딸 엘리자베타에게 왕위를 확보해주었다. 엘리자베타 여제의 통치 기간 중 러시아는 교육망의 확대와 문화적 성취를 이루었으며, 7년전쟁(3차 슐레지엔전쟁, 1756-1763)에서 당시 최강의 군사력을 자랑하던 프로이센의 프리드리히 대제를 파멸의 가장자리로까지 몰고 갔다. 그녀는 여성이었지만 러시아의 차르 중 가장 인기가 많은 통치자였다.

자식이 없던 여제는 언니인 안나 페트로브나의 아들 표트르 3세를 자신의 후계자로 삼았다. 그리고 무능한 조카의 부족한 면을 보완해줄 훌륭한 조력자로 독일 왕가 출신의 소피아를 배필로 맺어주었다. 독일인이던 표트르 3세는 프로이센과 평화 조약을 맺었지만 얼마 후 살해당했다. 1762년, 소피아는 남편의 뒤를 이어 예카테리나 2세(Ekaterina II, 1729-1796)로서 러시아의 차르가 되었다.

예카테리나 2세는 유능한 정복자이자 통치자이며 또한 박식가였다. 그녀는 1762년부터 1796년까지 러시아를 통치하며 40만 명에도 미치지 못했던 군대를 100만 명으로 대폭 증강했다. 표트르 3세는 러시아 동방정교회가 있는 영토에 대한 소유권을 주장했는데 예카테리나는 그 주장을 실행해나가는 한편 법률을 정비했다. 오스만 제국과의 전쟁에서 러시아는 크림반도와 흑해 항구, 우크라이나를 얻었다. 또한 1772년부터 세 차례에 걸친 폴란드 분할에 참여하여 상당한 영토를 손에 넣었고, 동쪽으로 진출하여 알래스카를 차지했다.

예카테리나는 문화와 프랑스 계몽운동의 이상을 지지했다. 그녀는 병원을 세우고 국민 위생을 개선했으며, 직접 천연두 예방주사를 맞음으로써 면역접종이 위험하지 않음을 홍보했다. 그녀는 볼테르를 비롯해 수많은 계몽주의 철학자와 서신을 교환했으며 바쁜 업무 중에도 풍자, 동화, 회고록 등 활발한 저작 활동을 했다. 말년에는 로마 황제들의 역사를 집필했다. 그녀는 영국의 엘리자베스 여왕, 스웨덴의 크리스티나 여왕과 함께 역사상 가장 비범했던 여성 통치자들 중 하나였다.

철학
248 아르투르 쇼펜하우어

아르투어 쇼펜하우어(Arthur Schopenhauer, 1788-1860)는 독일의 염세주의 철학자이다. 그는 고대 인도의 철학 경전《우파니샤드》등을 통해 인도 철학과 플라톤, 칸트의 사상 등 서양 철학을 수용해 독자적인 범신론 체계를 구축했다. 그의 사상은 니체, 프로이트, 비트겐슈타인 등의 철학자와 심리학자, 예술가 등에게 큰 영향을 끼쳤다.

쇼펜하우어는 유럽 북쪽의 단치히에서 태어났다. 그의 부모는 모두 네덜란드계로 아버지는 부유한 상인, 어머니는 소설가였다. 쇼펜하우어는 아버지와 사이가 좋았으나 어머니나 누이동생과는 사이가 좋지 않았다. 그 영향으로 여성에 대한 혐오증을 갖게 되었고, 평생 결혼하지 않고 독신으로 살았다.

1820년, 베를린대학교에서 교수 자격을 획득했지만 헤겔과의 경쟁에서 패배하면서 스스로 교수직에서 물러났다. 이후 여행을 다니면서 많은 문제를 연구했고, 그 결과를 글로 썼다. 하지만 그의 글은 대중의 주목을 받지 못했다. 그는 자신의 가치를 알아보지 못하는 세상 사람들을 비판했다. 1819년 과학 기술적 세계관을 반성하는《의지와 표상으로서의 세계》를 출판하면서 그가 끊임없이 부르짖던 염세주의가 대중의 관심을 불러일으켰다. 한때 공포와 망상에 사로잡혀 이해하기 힘든 행동을 하기도 했지만《부록과 보유》라는 책으로 주목받았다.

쇼펜하우어는 인생은 고뇌일 뿐, 모든 노력은 덧없다고 생각했다. 이 세계는 한없이 나쁘고, 만약 더 나빴다면 존재할 수조차 없었을 것이라고 말했다. 그는 그러한 고통의 세계에서도 조금은 긍정적으로 살아갈 수 있다고 생각했다. 그것은 타인을 동정하는 마음이며, 타자의 '살고자 하는 의지'를 승인하는 감정이다. 그는 동정을 소중히 하면 이기주의를 버리고 이타주의를 취할 수 있다고 보았다. 즉, 개인이 살고자 하는 맹목적 의지를 초월해 다른 사람을 배려함으로써 세계의 '근본의지(우주)'와 융합되어 인생의 고뇌가 누그러진다는 것이다.

쇼펜하우어에 따르면, 고통을 줄일 수 있는 또 하나의 방법은 '예술 감상'이다. 예술에 접하면 인간은 현상의 세계에서 '근본의지'의 세계에 접할 수 있다. 즉, 우주의 에너지원 같은 곳을 잠시나마 엿볼 수 있으므로 그동안은 고통에서 해방된다. 하지만 동정과 예술 감상은 일시적인 진정제와 같을 뿐 고뇌와 세계의 비참함에서 탈출할 수 없다. 그는 살고자 하는 의지를 부정하는 '금욕'이야말로 고통에서 벗어날 길이라고 생각했다. 즉, '더 이상 욕망하지 않고, 무엇이든 자신의 의지가 집착하지 않도록 경계하고, 모든 사물에 대한 무관심을 자신의 내면에 확립하도록 노력한다'는 것이다.

쇼펜하우어는 끊임없이 금욕을 되풀이하면 인생의 고통에 쫓길 일도 없고 적극적인 금욕의 고통에 의해 해탈의 경지에 다다를 수 있다고 보았다.

신화 249 아라크네

아라크네(Arachne)는 리디아의 콜로폰 출신으로, 베를 짜는 솜씨와 자수 솜씨가 뛰어나 그 지역에서 모르는 사람이 없을 정도로 유명했다. 그녀는 자신의 솜씨에 대한 자부심이 무척 강했다. 어느 날 그녀는 친구들 앞에서 자신의 솜씨가 세상에서 최고라고 자랑했다. 그러자 한 친구가 "네 솜씨가 아무리 뛰어나도 아테나 여신에 비하면 보잘것없어"라고 말했다. 아라크네는 그 말에 발끈하며 자신의 솜씨가 아테나 여신보다 더 뛰어나다고 큰소리쳤다. 아라크네의 말은 돌고 돌아서 아테나의 귀에까지 들어갔다. 화가 난 아테나는 노파로 변신하여 아라크네를 찾아갔다. 노파는 아테나 여신께 죄를 고하고 용서를 빌라고 충고했다. 하지만 아라크네는 자신은 틀린 말을 하지 않았다며 노파의 충고를 무시했다. 아테나는 돌연 여신의 모습으로 돌아가 기회를 줘도 잘못을 뉘우치지 않는다며 아라크네를 꾸짖었다. 아라크네는 여신의 모습에 잠시 놀랐지만, 자신의 주장을 굽히지 않았다. 아테나는 아라크네에게 베짜기 시합을 제안했다. 만약 아라크네가 진다면 그에 따른 대가를 치르게 될 것이라는 전제 조건이 따랐다. 하지만 자신의 솜씨를 과신한 아라크네는 아테나의 조건을 받아들였다.

이렇게 해서 신과 인간의 베짜기 대결이 벌어졌다. 아테나는 신들의 위엄을 보여주는 작품을 완성했다. 반면 아라크네는 제우스가 여자들을 몰래 취하는 부도덕한 모습을 작품으로 완성했다. 이에 아테나는 크게 화를 냈다. 아테나는 아라크네가 완성한 작품을 찢어버린 뒤 손가락으로 아라크네의 이마를 짚었다. 그 순간 아라크네는 비로소 자신의 죄를 깨닫고 부끄러워 견딜 수가 없었다. 아라크네는 스스로 나무에 목매어 숨을 거뒀다.

아테나는 아라크네의 자손들이 모두 목매고 자살하도록 저주를 내렸다. 아테나는 아라크네의 시신에 아코니틴이라는 즙을 뿌렸다. 그러자 아라크네는 거미로 부활하였다. 아테나는 아라크네에게 겸손히 살라 충고한 후 떠났다. 여신에게 맞서며 신들의 왕 제우스마저 모독한 아라크네는 결국 저주를 받고 거미로 살아가야 했다.

종교
250 공자

공자(孔子, 기원전 551-기원전 479)는 이름이 구(丘), 자는 중니(仲尼)이며, 중국인들의 생각과 행동에 가장 깊은 영향력을 끼친 대표적 인물이다. 그는 인류의 스승이자 문화의 전승자였으며, 역사의 해석자였고, 중국의 정신을 형성한 사람이다. 인간이 자신의 노력과 공동체의 노력을 통하여 교육받을 수 있고, 진보할 수 있으며, 완전해질 수 있다는 공자의 주장은 중국인의 사고방식에 깊이 뿌리내렸다.

공자는 노나라 양공 22년 지금의 산둥성 취푸에서 태어났다. 그는 중국 역사의 문헌에 항상 '공자' 또는 '공부자(공 선생님이라는 의미)'로 등장한다. 공자는 홀어머니 밑에서 어려운 유년기를 보냈으나, 청소년기에 이르러 스스로 '학문을 즐기는 사람'이라고 생각했다. 학문을 탐구하는 그의 자세는 유교 윤리의 가장 중요한 덕 중 하나가 배움을 즐기는 것이라는 점을 잘 보여주고 있다.

공자는 19세 때 결혼했는데, 그 무렵 이미 다재다능한 학자라는 평판을 들었다. 20세 때 아들을 얻었으니, 노나라 왕으로부터 '잉어'를 하사받은 것을 기념하여 아들 이름을 '이(鯉)'라고 지었다. 그는 육예(예법·음악·궁술·마술·서예·수학)에 능통했고, 시와 역사에 정통해서 30대에 이르러 훌륭한 스승이 될 수 있었다. 배움과 가르침의 조화를 통해 공자는 문화적 전통을 수용하여 전달하는 학자로서 삶을 형성해 나갔다.

공자는 모든 인간에게 자아 수양은 유익하다는 신념을 가지고 있었다. 그는 배움이란 단지 지식을 획득하는 것에 그치지 않고 인격을 형성하는 것이라고 규정했다. 더 나아가 배움을 성취하면 반드시 세상을 이롭게 해야 한다고 생각했다. 공자는 수십 년 동안 적극적으로 관직에 나아가 자신의 인문주의적 사상을 구현하고자 노력하였다. 그는 요순이 다스리던 황금기를 태평성대라고 여겼으나, 정작 그가 이상적으로 평가한 인물은 주나라의 주공이었다. 주공은 봉건의례 체계를 강화하고 개선하여 주나라가 500년 이상 평화와 번영을 누릴 수 있도록 만들었다. 주공의 통치력에 감화된 공자는 관직에 나가 주공을 모방할 수 있기를 꿈꿨다. 공자는 40대 후반에서 50대 초반 사이에 노나라에서 첫 관직에 나아갔고, 사공과 대사구를 역임했다. 그러나 공자의 관직생활은 길지 않았다. 그는 56세 때 노나라 왕이 자신의 정책에 관심이 없다는 것을 깨닫고, 자신의 이상을 펼쳐줄 다른 제후를 찾아 떠났다.

공자는 13년 동안 여러 나라를 주유했으나, 정작 자신이 추구하던 이상적인 정치를 실천에 옮길 기회는 찾지 못했다. 하지만 그의 통찰력과 사명감에 대한 평판은 널리 퍼져나갔고, 그를 따르는 제자의 수는 갈수록 늘어났다. 그는 67세 때 고향으로 돌아와 본격적으로 후학을 양성하는 한편, 고전 문헌 저술 및 편집에 전념했다.《사기》에 따르면 공자의 제자 중 72명이 육예에 통달했으며, 당시 그의 문하생은 3,000여 명에 이르렀다.

공자는 70세에 이르러 자신의 마음이 하고자 하는 대로 행동하여 법도를 어기지 않게 되었다고 말했다. 그는 73세로 세상을 떠났지만 2,500여 년의 시간이 흐른 오늘날에도 여전히 존경의 대상이 되고 있다. 공자의 생일인 9월 28일은 대만에서 공휴일인 '스승의 날'로 지켜지고, 중국 본토와 홍콩, 싱가포르 등 동아시아에서는 문화적인 기념일로 지켜지고 있다.

음악 251

클로드 드뷔시

클로드 드뷔시(Achille Claude Debussy, 1862-1918)는 클래식 음악에 새로운 혁명을 몰고 온 프랑스의 작곡가이다. 그는 전통적인 화성 체계에서 탈피해 자기만의 음계인 '온음음계'를 창안했다.

프랑스 생제르망에서 도자기 상인의 아들로 태어났다. 10세 때 파리국립음악원에 입학해서 작곡과 오르간, 화성법을 공부했다. 1884년 22세에 칸타타 〈방탕한 아들〉을 작곡, 프랑스예술원이 주최하는 콩쿠르에서 심사위원들의 압도적인 지지로 로마대상을 수상했다. 대상 수상자에게 주어진 혜택으로 이탈리아에 유학을 갔지만 그는 학업에 별다른 흥미를 느끼지 못하고 파리로 돌아왔다. 한동안 일정한 직업 없이 친구들의 도움으로 생활했다.

이 무렵 드뷔시는 바이로이트로 건너가 바그너의 〈파르지팔〉을 보고 크게 감격했고, 러시아의 모데스트 무소르그스키 그리고 니콜라이 안드레예비치 림스키코르사코프의 오페라를 통해서도 큰 영향을 받았다. 그러나 이러한 음악적 영향보다 드뷔시의 최대 관심사는 문학이나 미술 쪽에 있었다. 당시 프랑스 상징파를 대표하는 시인 스테판 말라르메는 매주 화요일 저녁마다 자신의 집에서 '화요회'라는 모임을 열었다. 그 모임에는 화가 마네, 모네, 드가, 고갱, 폴 발레리, 프루스트 등 쟁쟁한 예술가들이 참석했고, 드뷔시도 화요회의 멤버였다. 드뷔시는 모임에서 만난 인상파 화가들과 교류하면서 자신만의 독창적 음악 양식을 추구해 나아갔다. 그는 인상파의 화려한 색채와 빛에 대한 새로운 해석과 강렬한 화법에 완전히 매료되어, 시나 미술에서 느껴지는 강렬한 인상을 음악으로 표현하고 싶었다. 그는 시각, 소리, 향기, 심지어 맛에 대한 인상을 불러일으키려는 시도를 자신의 음악에도 도입하고자 했다.

드뷔시는 30세 때 화요회의 리더인 말라르메의 시 〈목신의 오후〉에서 영감을 얻어 관현악곡 〈목신의 오후 전주곡〉을 작곡했다. 이 작품은 인상주의 음악의 탄생을 알리는 신호탄이 되었다. 인상주의 미술이 순간적이고 주관적인 자연의 인상을 부드럽고 몽환적인 색채로 표현했다면, 인상주의 음악은 이를 모호하고 몽상적인 선율로 표현했다. 드뷔시는 자연의 모습과 주관적인 감각을 좀 더 생생하게 표현하고자 했는데, 낭만이 지닌 인위적 미화가 아니라 좀 더 진실한 자기표현을 강조하면서 멜로디나 리듬보다 화음을 근간으로 하는 음의 색채감에서 무언가를 찾으려 했다. 그러한 노력의 소산으로 박자나 화성 등 기존의 음악법칙에서 벗어나 독창적인 음악 기법을 창조했다. 말라르메는 이 작품을 감상한 후 "드뷔시가 만들어낸 선율은 물감보다 강하다!"는 감상평을 남겼다.

드뷔시는 성격이 괴팍했다. 일정한 수입도 없이 원하는 것은 무엇이든지 손에 넣어야 직성이 풀리는 성격 덕분에 생활비 지출은 늘어만 갔고, 반대로 재산은 줄어갔다. 1913년 이후부터 러시아와 영국 등 해외에 지휘자로 초빙되어 다녔지만 그의 몸과 마음은 쇠약해져가고 있었다. 그는 고통을 벗어나기 위해 간간이 모르핀이나 흥분제를 사용하기도 했다.

1915년부터 세상을 떠날 때까지 3년간 그는 예술 활동을 접고 환자로서 투병생활을 했다. 정신과 육체가 피폐해진 그에게 경제적 어려움까지 더해져 겨울에 석탄이 없어 추위에 떨던 그는 결국 출판사에 편지를 보내 도움을 청하기까지 했다. 그는 부인과 딸이 지켜보는 가운데 눈을 감았는데, 그의 장례식에 참석한 문상객은 겨우 10여 명에 불과했다고 한다.

대표작으로 〈야상곡〉, 〈펠레아스와 멜리장드〉, 〈바다〉, 〈베르가마스크 모음곡〉, 〈영상 1〉, 〈영상 2〉, 〈전주곡집〉, 〈첼로 소나타〉 등이 있다.

미술
252 에드가 드가

프랑스의 화가 에드가 드가(Edgar Degas, 1834-1917)는 일반 회화뿐만 아니라 파스텔화와 독특한 조각 작품을 제작했다. 그는 높은 학식을 갖춘 귀족이자 신랄하고 반동적인 기질에 타협을 거부하는 강한 자존심의 소유자였다. 그의 캔버스에는 파리 사교계의 일상이나 일하는 사람들의 모습이 담겼다. 그는 자신의 눈에 포착된 움직임들을 대담하고 다양한 화면 배치를 통해 표현했다. 눈에 띄지 않을 정도로 희미하게 출발하여 선명하게 반짝이는 색채는 앵그르 화풍의 선과 절묘한 조화를 이룬다. 섬세하게 또는 넓게 칠해진 파스텔로 선영(그늘)을 넣은 색채들은 인공적인 빛 아래에서 차가운 느낌을 자아낸다.

드가는 프랑스 파리에서 성공한 은행가의 아들로 태어났다. 당시 그의 아버지는 집안 소유의 나폴리은행의 파리 지점을 맡고 있었다. 고등학교 재학 중 박물관에 갔다가 그림에 관심을 가지게 된 드가는 졸업 무렵 루브르박물관의 그림을 모사할 수 있는 허가를 받고 그림을 그렸다. 집안의 권유로 법학을 전공했으나 곧 포기하고, 에콜 데 보자르에 들어갔다. 그곳에서 고전적인 미술교육을 받으며 앵그르의 선과 전통적인 드로잉 학습을 충실하게 했다.

드가는 루브르박물관을 드나들며 사귄 마네와 우정을 쌓았다. 그리고 마네의 소개로 졸라, 마네, 루이 에드몽 뒤랑티, 세잔 등 진보적인 지식인들과도 교류했다. 그는 인상파 모임에도 참여했으나 그들이 추구하는 빛으로 빛은 색의 표현이나 직접 야외에서 그린 풍경화엔 관심이 없었다. 그는 사람, 특히 여성의 표정, 몸짓, 감정을 포착하는 데 열중했다. 또한 그는 사진이나 일본 판화 등 당시 파리에서 막 인기를 끌기 시작한 새로운 표현 방식에 관심을 가졌다.

1870년대 전반기, 마네는 자신이 선호하는 두 가지 주제에 관심을 집중했다. 오페라 극장(특히 발레리나)과 경마장의 경주였다. 1873년 뉴올리언스를 여행한 후 드가는 빈민가의 세탁부와 가정부, 재봉사 등 평범한 인물에서 작품에 대한 영감을 얻기 시작했다. 이후 드가의 관심 주제에 서커스가 추가되었다. 또한 매춘부들에게 관심을 갖고 〈여주인의 축제〉를 그리기도 했다. 1886년부터 드가는 전문적인 그림 거래상에만 작품을 팔기 시작했고, 외부와의 접촉을 끊은 채 고갱 등 몇몇 친구와 후원자들만 만났다. 1905년, 드가는 시력을 상실하면서 붓을 놓고 조각에만 전념했다. 이후 청력까지 상실하면서 세상과 완전히 단절하고 만다. 드가는 평생을 독신으로 지냈고, 83세 나이로 세상을 떠났다.

그는 생전에 총 2,000점이 넘는 화화와 파스텔화를 남겼다. 주요 작품으로 〈오를레앙시의 불행〉, 〈압생트〉, 〈발레 수업〉, 〈머리 빗는 여인〉, 〈모자가게〉, 〈무대 뒤의 무희들〉, 〈대야〉 등이 있다.

<발레 수업>(1873)

문학
253

토마스 만

토마스 만(Thomas Mann, 1875-1955)은 독일의 문학을 세계적 수준으로 높였다고 평가되는 20세기 독일의 대표 소설가이자 평론가이다. 그는 독일 슐레스비히홀슈타인주 뤼베크에서 태어났다. 아버지는 부유한 상인으로 뤼베크의 참정의원을 지냈다. 토마스 만은 안락하고 풍요로운 유년기를 보냈지만, 16세 때 아버지가 사망하자 가세가 기울면서 가족들은 뮌헨으로 이주해야만 했다. 토마스 만은 루드비히막시밀리안대학교와 뮌헨공과대학교에서 청강하면서 단편소설을 습작했다. 이때 역사, 문학, 정치, 경제, 예술 과정을 공부했으며, 쇼펜하우어, 바그너, 니체에게 큰 영향을 받았다.

1894년에 첫 작품인 단편소설 〈전락〉을 발표했고, 1896년에 두 번째 단편소설 〈행복에의 의지〉를 발표하여 문단의 인정을 받았다.

1905년 2월, 토마스 만은 뮌헨대학교 교수인 프랑스하임의 딸 카타리나와 결혼했다. 1912년, 부인 카타리나가 병에 걸려 스위스 다보스의 요양원에 입원하자 토마스 만은 그곳에 머물면서 직접 부인을 간병했다. 이때 장편소설《마의 산》을 집필하기 시작했는데, 제1차 세계대전이 발발하자 집필을 중단했다가 무려 12년 만에 완성했다.《마의 산》은 한스 카스토르프가 폐결핵 요양원에서 보낸 7년을 그린 교양소설이다.

평범한 청년 한스는 사관생도인 사촌 요아힘을 문병하려고 알프스산에 있는 국제요양원 베르크호프를 찾는다. 그곳에서 3주를 보낸 한스는 요양원 원장으로부터 폐에 질환이 있다는 진단을 받고 요양원에 머무르기로 한다. 한스는 요양원에서 매혹적인 러시아 귀족 부인 쇼샤에게 연정을 품는다. 두 사람은 서로 사랑하게 되지만 부인이 요양원을 떠난다. 한편, 한스가 존경하는 이탈리아 인문학자 세템브리니가 요양원 근처 마을로 오는데, 그곳에 사는 신학자 나프타 교수와 항상 의견이 부딪힌다. 어느 날 한스는 눈 덮인 산에서 조난을 당해 생사를 헤맨다. 그 경험을 통해 한스는 세템브리니와 나프타의 논쟁을 하찮게 느끼게 된다. 사촌 요아힘이 세상을 떠난 후 소샤 부인이 네덜란드인 갑부와 함께 요양원으로 돌아온다. 갑부는 한스에게 의형제를 맺기로 약속한 후 자살한다. 요양원에서 강령술이 유행하면서 한스도 모임에 참여한다. 모임 중에 한스는 죽은 요아힘이 자리에 앉아 있는 모습을 본다. 세템브리니와 나프타의 논쟁은 결투로 이어진다. 세템브리니가 하늘을 향해 총을 쏘자 나프타는 비겁하다고 비난하며 자신의 머리에 총을 쏘았다. 제1차 세계대전이 일어나자 한스는 산을 내려가 전쟁터로 향한다. 한스는 혹독한 전쟁터에서 요양원에 있을 때 감동받았던 슈베르트의 〈보리수〉를 흥얼거린다.

이 작품으로 토마스 만은 유럽 지식인들의 열광적인 지지를 받으며 '바이마르 공화국의 양심'으로 불렸다. 1929년, 토마스 만은《부덴브로크가의 사람들》로 노벨 문학상을 수상했다. 말년에 스위스 취리히 근처에서 여생을 보내다가 사망했다. 주요 작품으로《토니오 크뢰거》,《태공전하》,《베네치아에서의 죽음》,《요셉과 그 형제》,《선택받은 사람》 등이 있다.

세계사 254 사우드가

사우디아라비아의 왕가는 이슬람의 발생지인 메카와 메디나가 위치한 땅을 통치하고 있다. 세계 최대 석유 매장량을 보유한 재력 덕분에 이슬람의 종주국으로 불린다. 사우디아라비아의 건국은 와하브파의 이슬람원리주의운동과 밀접한 관련이 있다. 18세기 전반 오스만 제국의 세력이 미치지 않는 아라비아반도 중부에서 무함마드 이븐 아브드 알 와하브가 예언자 무함마드 시대처럼 순수한 이슬람 사회로 돌아갈 것을 주장하며 개혁운동을 일으켰다. 당시 나폴레옹군의 침입을 받던 상황에서 와하브운동은 지금의 사우디 왕가와 연결된 호족 사우드가(The House of Saud)의 지원을 받아 고양되었다. 1744년 사우드 가문은 알 와하브와 동맹을 맺고 오늘날의 사우디아라비아에 독립적 신정정치 체제를 수립했다. 두 가문의 동맹은 오늘날까지 이어져 지금도 와하브주의는 사우디 왕국의 국가 종교이념이 되었다.

당시 오스만 제국은 사우디 왕국의 세력 확장을 우려하여 이집트 총독 무함마드 알리에게 공격 명령을 내렸다. 1818년, 오스만-이집트 원정대는 사우디 왕국을 초토화시켰다. 이로서 74년 동안 이어져온 사우디 왕국의 역사는 막을 내렸다. 하지만 6년이 지난 1824년 사우디 왕가의 투르키 빈 압둘라는 네지드(아라비아반도 중부 지역)로부터 이집트 수비대를 축출하고 다시 국가를 세웠다. 이후 왕국 북쪽의 자발 샴마르 토후국, 남쪽으로는 오만 국경 지대까지 영토를 확장했다.

1891년, 오스만 제국에 호의적인 라시드 왕국의 통치자 무함마드 빈 라시드는 네지드 대부분을 장악한 후 사우디 왕국을 속국으로 삼으려고 했다. 두 왕국은 전쟁을 벌였고, 라시드 왕국이 승리를 거두었다. 패전한 사우디 왕국의 군주 압둘 라흐만은 일족을 데리고 네지드를 떠나 쿠웨이트로 망명했다. 그러다가 1902년 압둘 라흐만의 아들인 압둘 아지즈는 리야드를 재탈환하고, 네지드 지배를 강화했다.

제1차 세계대전 때 영국은 사우드가의 경쟁자인 명문 하심가의 후세인을 지원했고 후세인은 아라비아반도 서부의 헤자즈에 왕국을 세웠다. 그러자 사우드가는 헤자즈를 침공하여 타이프를 장악하고, 메카와 메디나를 점령한 후 하심 왕가를 몰락시켰다. 1926년, 압둘 아지즈는 메카 대사원에서 스스로를 헤자즈의 왕이자 네지드의 술탄이라고 선포했다. 이듬해, 압둘 아지즈는 영국과의 제다 조약을 통해 신생 독립국임을 공식적으로 인정받았다.

1932년 아라비아반도를 통일한 압둘 아지즈는 국가의 공식 명칭을 사우디아라비아로 개칭했다. 이후 페르시아만의 리야드와 담맘 인근에서 대규모 유정이 발견되자 사우디 정부는 미국 석유 회사의 출자로 설립한 아람코*에 석유 채굴권을 임대했다. 현재 아람코의 지분은 사우디 정부에서 100퍼센트 보유하고 있다. 국왕이 세속적 지배권과 최고 종교지도자를 겸하는 사우디아라비아는 사우드가의 국가이며, 왕족이 나라를 사유화하고 있다. 사우드 왕가는 석유를 통한 부의 축적과 이슬람 성지 메카와 메디나 덕분에 아랍의 맹주가 되었다.

* 아람코(ARAMCO): 사우디아라비아의 국영 석유기업으로 세계 최대의 석유 생산 회사이다.

철학
255

존 스튜어트 밀

존 스튜어트 밀(John Stuart Mill, 1806-1873)은 벤담의 공리주의를 계승해서 발전시킨 철학자이다. 밀은 영국 런던에서 태어났다. 그의 아버지인 제임스 밀은 유명한 역사가이자 철학가이며 또한 경제학자였다. 밀은 어려서부터 아버지에게 집중적으로 영재교육을 받으며 자랐고, 그 덕분에 지적으로 빠르게 성장했다. 3세 때 그리스어를 배워 8세 무렵에는 라틴어로 된 플라톤의 수많은 저작을 다 읽었다. 12세 무렵에는 자신이 읽었던 역사책을 간추려 자신만의 사관을 담은 역사책을 썼다. 아버지 제임스는 제러미 벤담과 친분이 두터웠고, 벤담과 함께 공리주의로 알려진 정치철학의 초기 주창자였다. 그러한 친분으로 존은 벤담에게서 공리주의를 배웠다.

공리주의란 모든 행동(도덕적으로나 정치적으로)이 그 결과에 의해 판단될 수 있다는 신념이다. 즉, 사회의 근원적 형성보다는 현재 사회에서 무엇이 옳거나 정당한가를 어떻게 판단할지에 비중을 둔다. 따라서 최대의 행복을 유발하는 행동이 정의상 최고의 행동이다. 도덕적 잣대는 어떤 행위가 최대 다수에게 최대의 행복(또는 최소의 고통)을 안겨줄 수 있는가이다. 이런 맥락에서 밀은 행복을 쾌락의 극대화와 고통의 극소화에서 비롯된다고 정의했다. 하지만 그는 벤담의 공리주의에 빠진 부분이 있다고 생각했다. 바로 쾌락의 질적인 차이였다. 벤담의 '쾌락 계산'에서는 어떤 일을 하는 동기가 포함되지 않아서 어떤 마음에서 행동했는지 평가되지 않는다. 행위를 도덕적으로 판단할 때 그 행위에서 생기는 결과를 기준으로 삼는 사고방식을 '결과주의'라고 한다. 여기에서 동기는 계산에 들어가지 않았다. 밀은 어떤 행위에서 구체적인 결과를 얻지 못해도 행위를 통해 얻는 내적 충실감이 있다고 보고 벤담의 공리주의를 수정해나갔다. 또한 쾌락에도 고급 쾌락과 저급 쾌락이 있다고 보았다. 즉 같은 쾌락이라도 질적 차이가 크다는 것이다. 이런 점을 두고 밀은 "만족하는 돼지보다 만족하지 못하는 인간이 낫고, 만족하는 바보보다는 만족하지 못하는 소크라테스가 낫다"라고 표현했다.

1823년, 밀은 아버지가 몸담고 있던 동인도회사에 서기로 취직하고, 그곳에서 35

년 동안 근무했다. 당시 그는 심각한 우울증에 시달렸는데, 몸도 허약했다. 그러나 지성을 갖춘 해리엇 테일러 부인을 만나면서 정신적 위기를 점차 극복한다. 이후 두 사람은 20년 동안 순수한 교제를 지속하다가 테일러 씨가 사망한 후 결혼하였다. 밀은 그녀와 함께《자유론》을 집필하고 공저로 출간했는데, 이 책은 밀의 저서 중 가장 오래 사랑받았다.

밀은《자서전》에서 그가 유년 시절 받았던 영재교육법이나 해리엇에 대한 생각을 밝히고 있다. 해리엇은 밀과 결혼한 후 7년 만에 결핵으로 세상을 떠났다. 부인을 잃고 비탄에 빠졌던 밀은 곧 기운을 차리고 정치에 참여하여 웨스트민스터 지역구 의원으로 활동하였다. 그는 임기 내내 여성과 소수자의 권리를 적극 옹호하며 왕성한 의정 활동을 전개했다. 그는 아비뇽에서 "나는 내 일을 다 끝마쳤다"는 말을 남기고 세상을 떠났다.

주요 저서로《공리주의》,《종교론》,《대의정부론》,《사회주의론》,《여성의 종속》등이 있다.

신화 256 오디세우스

이타카의 왕 오디세우스(Odysseus)는 트로이전쟁을 승리로 이끈 그리스의 영웅이다. 트로이를 응징하고 헬레네를 되찾기 위해 아가멤논이 트로이 원정대를 소집했을 때 그는 빠지려고 했다. 아름다운 아내 페넬로페이아와 갓 태어난 아들 텔레마코스를 두고 목숨을 걸어야 하는 위험한 전장에 나가고 싶지 않았기 때문이다. 그는 아가멤논의 사자가 찾아와 출정을 독촉하자 미친 척하며 상황을 모면하려고 했다. 그러나 사자도 지혜로운 사람이어서 오디세우스를 시험했고, 그의 연기는 거짓임이 드러났다. 결국 오디세우스는 출정할 수밖에 없었다.

그리스와 트로이의 전쟁은 9년이 지나도록 끝나지 않았다. 그리스의 영웅 아킬레우스의 손에 트로이의 총사령관 헥토르가 목숨을 잃고, 아킬레우스는 헥토르의 동생 파리스가 쏜 화살에 목숨을 잃었다. 다시 시간이 흘러 10년째 되던 해, 오디세우스는 전쟁에서 승리하려면 무엇보다 전략이 필요함을 절실하게 깨달았다. 그는 거대한 목마를 만들고 그 속에 군사들을 숨긴 뒤 목마를 해변에 버려두고 거짓으로 철수했다. 그리고 사촌 동생 시논을 남겨두어 그가 트로이군의 포로가 되도록 만들었다. 시논은 프리아모스 왕에게 그리스군이 전쟁을 포기하고 철수했으며 목마는 아테나 여신에게 바치는 제물이라고 거짓 자백했다. 트로이군은 기뻐하며 전리품인 목마를 성안으로 옮기려 했다. 그때 트로이의 신관 라오콘은 목마가 트로이를 멸망시킬 저주받은 물건이라며 경고하고 나섰다. 그러나 바다에서 올라온 두 마리의 거대한 뱀이 라오콘과 그의 아들을 휘감아 죽이자 트로이군은 시논의 말을 사실로 받아들였다. 목마는 오디세우스의 계획대로 성안에 옮겨졌다. 그날 밤 트로이군은 승리의 기쁨에 먹고 마시며 즐거워했고, 밤이 깊어지자 술과 잠에 취해 쓰러졌다. 때가 되기를 기다리며 목마 속에 숨어 있던 그리스군들이 나와 굳건하게 닫혀 있던 트로이의 성문을 열었다. 성 밖에 대기하던 그리스 병사들이 물밀듯이 밀려 들어왔다. 술에 취해 곯아떨어진 트로이군은 갑작스런 공격에 대항조차 못하고 쓰러졌고, 그리스군의 약탈과 방화로 도시는 처참하게 파괴되었다.

전쟁에서 마침내 승리한 그리스군은 벅찬 가슴을 안고 각자 고향으로 돌아갔다. 오디세우스도 사랑하는 아내와 아들을 다시 만날 생각에 들떴다. 그러나 고향으로 돌아가는 길은 평탄하지 않았다. 오디세우스와 동료들은 물과 식량을 구하기 위해 정박했던 섬에서 외눈박이 거인 폴리페모스의 눈을 멀게 했는데, 그 거인은 포세이돈의 아들이었다. 이 사실을 안 포세이돈은 크게 노하여 폭풍을 일으켰다. 사나운 파도가 오디세우스의 배를 삼켜버렸다. 바다가 잔잔해졌을 때 유일한 생존자는 오디세우스였다. 그는 바닷가를 떠돌다가 오기기아섬에 도착했는데, 그곳엔 여신 칼립소가 살고 있었다. 칼립소는 오디세우스의 마음을 사로잡아 섬에 머물도록 했다. 오디세우스는 7년 동안 칼립소와 함께 보냈으나 칼립소는 제우스의 명령에 따라 오디세우스를 떠나보내야 했다. 포세이돈의 방해는 그 후로도 계속되었지만, 오디세우스는 전후 10년 만에 고향으로 돌아갈 수 있었다. 오디세우스가 20년 동안 집을 비운 사이 그의 아내인 페넬로페이아는 수많은 구혼자에게 괴롭힘을 당하고 있었다. 오디세우스는 장성한 아들 텔레마코스와 함께 구혼자들을 모두 물리치고 아내와 영토를 다시 찾았다.

종교

257

맹자

맹자(孟子)의 성은 '맹'이며 이름은 '가'이다. 그는 공자의 제자를 자처했으며, 뒤이어 공자의 손자인 자사(子思)에게 배웠다. 공자의 고향인 취푸와 가까운 추나라에서 태어난 그는 처음에 어머니로부터 교육을 받았는데, 교육에 대한 그녀의 열정은 '맹모삼천지교'로 유명하다.

맹자는 사회 비판자, 도덕 철학자, 정치적 활동가로서 자신의 역할을 훌륭히 수행하였다. 그는 특히 학자, 관료 계급을 수양시키는 일에 사명감을 가지고 열정을 바쳐 헌신하였다. 맹자는 학자로서 나라의 중대한 일에 지적 능력을 제공하는 것이 유교인의 도리라고 생각했다. 또한, 지배 계급층에 '인정'과 '왕도'를 가르치는 책임을 다하는 것이 곧 백성의 이익을 위하는 일이라고 보았다. 그는 왕들을 만나 정치적 조언을 하면서 그들의 스승으로서 처신했다. 그는 진정한 '대장부'라면 부와 권력 그리고 심지어 가난 앞에서도 의연해야 한다고 천명했다.

맹자의 주장은 유교적 도의 보급과 확산에 전념하는 유기적 지식인의 역할과 기능에 관한 것이었다. 맹자는 대장부라는 관념을 통치자에게 적용해 복무하는 사람에서 도를 수호하는 사람으로 재해석했다. 그는 '진정한 대장부는 도를 위하여 의로운 길을 걸으며 인에 거한다'고 말했다. 맹자는 제후들에게 그들만의 세상에서 나와 넓은 세상을 바라보고, 그들의 재상·대신·관원·백성과의 공동의 유대를 강화할 것과 '인의'를 확장시킬 것을 요구했다. 통치 체제가 모든 백성에게 공통적으로 적용되어야 한다는 맹자의 호소는 백성이 국가보다 중요하며, 국가는 왕보다 중요하다는 그의 강한 '민본사상'에 근거했다. 그는 왕도에 부합하지 않는 통치자는 통치자로서 자격이 없고, 비난받아 마땅하며, 태도가 바뀌지 않으면 마지막 수단으로 퇴위시켜야 한다고 주장했다. 정치적인 면에서 맹자의 민본사상은 인간이 자아 수양을 통해서 완전해질 수 있으며, 인간 본성은 기본적으로 선하다는 그의 철학적 이상에 근거해 있다.

맹자는 모든 인간은 측은지심(남을 불쌍히 여기는 타고난 착한 마음), 수오지심(자기의 옳지 못함을 부끄러워하고, 남의 옳지 못함을 미워하는 마음), 사양지심(겸손하여 남에게 사양할 줄 아는 마음), 시비지심(옳고 그름을 가릴 줄 아는 마음)이라는 '사단'을 가지고 있다고 보았다. 이 감정들은 '인의예지'라는 네 가지 기본적인 덕으로 나타난다. 맹자는 '인의의 덕'을 바탕으로 하는 왕도정치를 시행하라고 유세하며 여러 제후국을 다녔고, 제(濟)의 선왕과 양(梁)의 혜왕을 만났다. 그러나 부국강병만을 추구하던 당시의 제후들이 중시한 것은 권모술수였다. 그러한 제후들의 현실적 관심과 동떨어진 맹자의 이론은 어느 제후에게도 채택되지 못했다.

자신의 이상을 포기하고 고향으로 돌아온 맹자는 제자들과 함께《시경》과《서경》, 그리고 공자의 정신에 대해 토론했으며, 그때 만들어진 책이 오늘날 전해지는《맹자》7편이다. 맹자는 공자의 사상을 더욱 발전시키며 유교 지식인의 모범이 되었다.

맹자

음악 258

잔 시벨리우스

핀란드 국민 음악의 창설자 잔 시벨리우스(Jean Sibelius, 1865-1957)는 헤멘린나에서 태어났다. 그는 조국 핀란드의 민족 음악의 특징을 살려 독특한 멜로디와 리듬을 만들어낸 작곡가이다. 핀란드의 신화와 역사, 자연, 정서 등에서 영감을 얻어 아름다운 선율을 만들어냄으로써 핀란드 국민 음악의 아버지로 불렸다.

시벨리우스는 3세 때 그의 아버지가 콜레라로 세상을 떠나자 어머니 손에 이끌려 외가로 들어갔다. 5세 때 피아노를 배우기 시작해서 15세부터 정식으로 음악 공부를 시작했다. 그러나 가족들의 뜻에 따라 1885년 19세 때 헬싱키대학교에 입학하여 법학을 전공하였다. 그러나 다음 해 음악에 대한 미련을 버리지 못하고 바이올리니스트가 되기 위해 헬싱키음악원에 등록했다. 하지만 바이올린을 체계적으로 공부하기에는 늦은 나이라는 판단에 따라 목표를 변경하여 마르틴 베겔리우스와 페루초 부소니에게 작곡을 배웠다.

1889년 가을, 시벨리우스는 음악 공부를 계속하기 위해 베를린으로 유학을 갔다. 그곳에서 리하르트 슈트라우스의 오페라 〈돈후안〉의 초연, 한스 폰 뷜로가 연주하는 베토벤의 〈피아노 소나타〉, 요아힘 4중주단의 연주를 듣고 큰 자극을 받았다. 그는 빈으로 브람스를 찾아갔으나 만나지 못하고 페루초 부소니와 카를 골트마르크, 로베르트 훅스 등을 차례로 사사했다.

1891년, 러시아가 핀란드의 자치권을 박탈하자 핀란드에 민족주의 바람이 거세게 불기 시작했다. 이 시기에 귀국한 시벨리우스는 핀란드의 민속학자인 엘리아스 뢴로트가 핀란드 신화를 집약해서 집필한 서사시 〈칼레발라〉에 주목한다. 핀란드 민족의 정체성을 음악으로 표현하려는 시벨리우스에게 〈칼레발라〉는 보물과도 같은 자료였다. 1892년 4월, 시벨리우스는 〈칼레발라〉를 소재로 한 첫 교향곡 〈클레르보〉를 발표하여 일약 핀란드 음악계의 기대주로 떠오르면서, 모교인 헬싱키음악원의 교수로 임명되었다. 음악가로 성공한 시벨리우스는 아르비드 예르네펠트 장군의 딸 아이노와 결혼하면서 심리적 안정감을 얻게 되었다. 그 후 7년간 시벨리우스는 〈칼레발라〉에 수록된 핀란드 전설과 그 외 민족적 유산에서 영감을 얻어 〈엔사가〉, 〈투오넬라의 백조〉, 〈레민카이넨 모음곡〉 등 작품을 지속적으로 발표했다.

1899년, 러시아는 핀란드 내정을 장악한 후 집회와 언론의 자유를 철저히 통제했다. 이 시기에 시벨리우스가 발표한 〈핀란디아〉는 핀란드인들의 민족의식을 고취시키는 데 결정적인 역할을 했다. 그로 말미암아 시벨리우스는 핀란드 문화의 수호자이자 국민적 영웅이 되었다. 1901년부터 약 4년간은 심각한 귀앓이로 고생하기도 했는데 그 영향 때문인지 이후의 작품들은 어두운 분위기가 짙다.

시벨리우스는 1930년대까지 유럽과 미국에서 최고의 작곡가로 인기를 구가했다. 1924년 그는 마지막 교향곡 〈제7 교향곡〉을, 다음 해 교향시 〈타피올라〉를 발표한 뒤 은둔생활에 들어갔다. 92세 나이로 세상을 떠난 시벨리우스의 음악은 오늘날까지 높은 예술적 가치를 인정받고 있다.

미술
259 클로드 모네

클로드 모네(Oscar-Claude Monet, 1840-1926)는 인상파 양식의 창시자 중 한 명이며, 그의 작품 〈인상, 일출〉에서 인상주의라는 용어가 생겨났다. 그는 '빛은 곧 색채'라는 인상주의 원칙을 끝까지 고수했으며, 연작을 통해 동일한 사물이 어떻게 변하는지 탐색했다. 모네는 순간적인 대기의 느낌을 포착하기 위해 야외에서 직접 풍경을 연구했다. 자연뿐만 아니라 도시 풍경 속에서 빛의 순간성과 움직임, 물 표면에 비친 상, 구름의 모습을 화폭에 옮기고자 했다. 그는 밝고 순수한 삼원색과 이들의 보색을 캔버스에 직접 세분화해서 칠하고 음영에 색을 입혔다. 때로는 두텁고 때로는 캔버스의 올이 보일 정도로 옅은, 수직 또는 수평의 터치를 사용했다. 모네의 작품은 유럽과 미국에서 수많은 추종자를 낳았으며, 그는 추상적인 풍경화와 서정적인 추상화의 선구자로 추앙받고 있다.

클로드 모네는 프랑스 파리에서 식료품 상인의 아들로 태어났다. 그는 어려서부터 그림에 취미를 가졌는데, 그의 재능을 가장 먼저 알아본 사람은 풍경화가인 외젠 부댕이었다. 그와의 만남은 모네가 화가로서의 소명을 깨닫는 운명적인 계기가 되었다.

1859년, 모네는 파리의 쉬스아카데미를 드나들다 카미유 피사로를 만난다. 이후 모네는 1년 남짓 알제리에서 군생활을 했다. 제대 후 에콜 데 보자르 교수인 샤를 글레르의 아틀리에에 들어갔다. 그곳에서 프레데리크 바지유, 르누아르, 시슬레와 만나 그들과 사귀며 공부했다. 이들의 우정은 새로운 생각과 열정이 반영된 미술을 탄생시키는 밑거름이 되었다.

1870년, 모네는 카미유 동시외와 결혼한 후 프로이센과 프랑스의 전쟁이 일어나자 가족과 함께 런던으로 이주했다. 그는 런던에서 터너, 존 컨스터블 등 영국 풍경학파의 작품을 접한 후 색채 표현 기법에서 큰 발전을 이룬다. 1871년에 파리로 돌아온 모네는 마네, 르누아르, 시슬레, 세잔 등과 무명예술가협회를 조직했는데, 이 모임은 인상주의의 모태가 되었다. 1879년에 아내가 사망하자 모네는 노르망디 지방으로 이사했고, 그곳에서 미술품 수집가의 미망인 알리스와 재혼했다.

모네는 1893년 자신의 집 정원에 연못을 만들어 수련을 심고, 연못 위로 일본풍의 아치형 다리를 놓았다. 이후 연못에서 핀 수련은 모네의 작품에서 지속적으로 등장하는 소재가 되었다. 1909년에 발표한 〈수련〉이 엄청난 호평을 받으면서 성공을 거두자, 그는 수련을 주제로 한 그림들을 더욱 발전시킨다. 이 결과로 탄생한 〈수련〉 연작은 자연에 대한 우주적 시선을 보여준 위대한 걸작으로 평가받고 있다. 그는 생전에 수백 점의 작품을 남겼고, 그중 400점이 주요 작품으로 평가받고 있다.

<정원의 여자들>(1866-1867)

문학 260

헤르만 헤세

독일계 스위스의 소설가이자 시인이며 화가인 헤르만 헤세(Hermann Hesse, 1877-1962)는 독일 남부 뷔르템베르크의 칼프에서 태어났다. 그의 아버지 요하네스는 개신교의 목사이고, 어머니 마리 군데르트 역시 유서 깊은 신학자 가문의 딸이었다. 저명한 신학자이자 언어학자인 외할아버지 헤르만 군데르트는 인도에서 다년간 선교활동을 했으며, 그의 성품과 종교적인 열정은 헤세에게도 큰 영향을 끼쳤다.

헤세는 7세 때 부모님을 따라 스위스 바젤로 이주한 뒤 9세 때 다시 고향으로 돌아왔다. 1890년, 라틴어학교를 우수한 성적으로 입학했다. 이듬해 성직자가 되기 위해 마울브론의 기숙신학교에 들어갔다. 그러나 문학, 미술, 음악 등 예술적 감성과 열정으로 충만했던 헤세는 신학교의 속박된 기숙사생활에 적응하지 못하고 뛰쳐나와 한때 자살을 시도하기도 했다. 결국 학교를 그만두고, 한동안 시계 공장에 근무했다가 서점으로 옮겨 일과 문학 수업을 병행했다.

1899년에 첫 시집《낭만적인 노래》를 발표한 헤세는 라이너 마리아 릴케의 인정을 받으면서 문단의 주목을 받기 시작한다. 1904년, 27세의 헤세는 주인공 페터의 정신적 발전을 묘사한 자전적 소설《페터카멘친트》로 유명세를 떨치면서 문학적 지위가 확고해졌다. 그해 9세 연상의 피아니스트 마리아 베르누이와 결혼한 후 스위스로 이주하여 보덴호반에 신혼살림을 차렸다. 이후 발표한 작품마다 성공을 거두었고 세 아들을 얻었다. 그러나 안정된 삶에 권태기가 찾아오자 헤세는 싱가포르, 인도, 유럽 등지로 여행을 다니며 작품을 집필했다.

헤세는 제1차 세계대전을 겪으면서 전쟁의 야만성을 경험했다. 그는 제2차 세계대전이 발발한 히틀러의 나치 치하에서 전쟁에 반대했다. 조국의 배신자, 매국노라는 맹비난이 쏟아졌고 그의 모든 저서는 판매 금지 조치가 내려졌다. 이후 아버지가 사망하고 아내가 정신분열증까지 앓게 되자 그는 극심한 심리적 압박감에 시달렸다. 결국 헤세도 정신과 치료를 받게 되었다. 이때 그는 의학심리학의 대가 칼 구스타프 융의 제자인 요제프 베른하르트 랑 박사를 만났고, 그의 도움으로 정신적 위기에서 벗어났을 뿐만 아니라 창작의 영감도 얻었다. 이후 그의 작품 세계는 새로운 전환점을 맞는다. 헤세는 이 무렵부터 그림을 그리기 시작했고, 그림은 음악과 더불어 그의 삶에서 평생의 동반자가 되었다. 그는 자연을 벗삼으며 음악과 미술을 사랑했고, 평화와 자유와 사람을 사랑했다.

1943년에 미래 환상소설인《유리알 유희》를 발표했고, 이 작품으로 1946년 노벨 문학상과 괴테상을 수상했다. 하지만 그는 자신에게 연미복이 어울리지 않는다며 시상식장에는 불참했다.《유리알 유희》는 동서양의 음악, 문학, 철학, 신학을 종합하는 지적 유희가 펼쳐져 있어 유럽의 지식인들 사이에서 특히 인기가 매우 높았다. 헤세는 85세 되던 해에 이탈리아 몬타놀라에서 뇌출혈로 세상을 떠났다.

헤세의 주요 작품으로《수레바퀴 밑에서》,《데미안》,《싯다르타》,《황야의 늑대》,《나르치스와 골트문트》 등이 있고, 그 외 단편집, 시집, 우화집, 여행기, 평론, 수상록, 서한집 등 다수의 간행물이 있다.

세계사 261

미국 독립혁명

우리는 다음과 같은 진리를 당연한 것으로 받아들인다. 즉, 모든 인간은 평등하게 창조되었다는 것, 그들은 창조주로부터 양도할 수 없는 일정한 권리를 부여받았고 그 권리 중에는 생명, 자유, 행복을 추구할 권리가 포함되어 있다는 것, 그리고 이러한 권리를 확보하기 위해 정부를 수립했으며, 정부의 당당한 권력은 국민의 동의에서 발생한다는 것이다. 그리고 어떤 형태의 정부라도 이러한 목적을 파괴할 때에는 언제든지 그 정부를 바꾸거나 없애고 국민의 안전과 행복을 가장 잘 이룩할 수 있는 새로운 정부를 조직하는 것이 국민의 권리이다.

_ 미국 독립선언문

17세기부터 영국인들은 북아메리카로 이주했다. 주로 경제적 어려움과 종교적 박해가 원인이었다. 1620년에 메이플라워호를 타고 간 청교도들이 미국인의 조상으로 간주된다. 그들은 첫 겨울을 나면서 절반 정도가 추위와 굶주림으로 숨졌다. 남은 이들이 작물을 재배하면서 교회를 짓고 청교도 신앙에 의지해 살아갔다. 그 후 북아메리카의 영국 식민지는 점점 늘어나 18세기 전반에는 13개 주가 되었다.

1756년부터 프랑스와 7년전쟁을 치른 영국은 부족한 재정을 메우기 위해 식민지에 각종 세금을 부과했다. 1767년 타운센드법을 만들어 유리, 종이, 차 등에 대한 수입 관세를 부과했다. 식민지 거주민들은 거세게 반발하며 영국 제품 불매운동을 벌였고, 영국은 차에 대한 세금만 남겨두고 다른 세금을 모두 없앴다. 하지만 거주민들의 분노는 가라앉지 않았다.

1773년, 인디언으로 변장한 거주민들이 보스턴항에 정박한 영국의 동인도회사 소속 배를 습격했다. 그들은 배에 실려 있던 차 상자들을 모두 바다에 던져버렸다. 이것이 유명한 보스턴 차 사건이다. 이 사건은 영국의 입장에서 보면 식민지의 반란이었기에 영국은 군대를 동원하여 보스턴항을 봉쇄하고 전투태세에 돌입했다. 이에 맞서 식민지의 주 대표들은 필라델피아에 모여 대륙회의를 열었다. 이들은 조지 워싱턴을 총사령관으로 임명하고, 1776년 7월 14일 독립선언문을 발표했다.

초기에는 영국군이 기선을 잡았지만 유럽 각국이 전쟁에 참여하면서 전쟁은 새로운 국면에 돌입했다. 특히 프랑스는 군수품과 함께 상당량의 화약을 지원하여 결정적인 도움을 주었다. 그 덕분에 식민지 군대는 전쟁에서 승리하여 1783년에 파리 조약으로 독립을 승인받았다. 그 후 북아메리카의 13개 주는 삼권분립에 기초한 헌법을 만들고 연방 정부를 세웠다. 초대 대통령으로 조지 워싱턴이 선출되었다.

<미국 독립 선언>(존 트럼불)

철학 262

쇠렌 키르케고르

쇠렌 키르케고르(Søren Aabye Kierkegaard, 1813-1855)는 덴마크의 철학자이자 기독교 사상가이다. 니체와 더불어 실존 철학의 시조로 평가받으며 코펜하겐의 소크라테스로 불리기도 한다.

키르케고르는 인간의 영혼이 절망에서 구원받는 세 단계를 제시했다. 먼저 미적 실존이 있다. 이 단계에서 인간은 '인생은 즐거우면 그만이다'라는 생각으로 쾌락에 몸을 던지며 산다. 하지만 쾌락을 아무리 추구해도 만족하지 못하고 언젠가는 허무함을 느낀다. 두 번째 단계는 '윤리적 실존'이다. 쾌락의 노예로 전락하지 않고 인간으로서 지켜야 할 가치와 윤리에 따라 생활한다는 뜻이다. 이때 인간은 비로소 주체적 진리를 현실의 자기 인생에서 추구하게 된다. 즉, 양심을 지키고, 스스로 선택하고 결단하며, 책임지는 삶을 사는 것이다. 하지만 불행히도 인간은 언젠가는 죽을 수밖에 없는 존재이다. 아무리 성인군자처럼 살아도 언젠가는 삶의 종말을 맞게 되리라는 불안에서 벗어날 수 없다. 그렇기에 윤리적 인간이 되려는 노력도 허탈해지고, 인간 존재마저 허무하게 느껴진다.

키르케고르의 저작《이것이냐 저것이냐》에서는 '미적 실존'과 '윤리적 실존'의 틈새에서 사는 이야기가 나온다. '당신은 어느 쪽을 선택하겠는가?' 하는 내용이다. 기독교도인 키르케고르는 그 어느 쪽도 선택하지 않고 세 번째 단계인 '종교적 실존'을 마지막 목표로 삼았다. 나 자신이 구원받는지는 확실치 않지만 철저하게 역사적 사실로서 그리스도의 십자가를 믿는다. 여기서 실존은 주체적으로 생각하고 철저하게 자신을 사는 '단독자'가 된다는 뜻이다. 키르케고르의 이러한 생각을 철학 교과서에는 헤겔의 '양적 변증법'에 견주어 '질적 변증법'이라고 부른다.

키르케고르는 덴마크 코펜하겐의 경건한 기독교 가정에서 태어났다. 아버지는 부유한 상인이었고, 어머니는 하녀였다. 아버지와 어머니의 불건전한 관계에서 태어난 키르케고르는 어려서부터 출생에 대한 트라우마에 시달려야 했다. 17세 때 코펜하겐대학교에 입학한 그는 10년이 지나서야 신학 국가시험에 합격하였으며 〈소크라테스에 주안점을 둔 아이러니 개념론〉으로 석사 학위를 받았다. 이 논문의 제목은 키르케고르의 사상에서 복잡하게 연관될 두 가지 기본 특징이 무엇인지 암시하고 있는데, 바로 소크라테스적 사유와 아이러니이다.

키르케고르의 정신 세계에 큰 영향을 미친 인물은 그의 아버지였다. 그의 어머니와 다섯 누이는 불과 몇 년 사이에 차례로 사망했다. 이러한 불행을 겪으며 그의 아버지는 깊은 종교적 절망에 빠졌으며, 모든 불행의 원인이 자신의 죄로 말미암은 신의 형벌이라 여겼다. 아버지의 절망은 어린 키르케고르의 심성에도 좋지 않은 영향을 미쳤다. 키르케고르는 자신은 유년 시절에 행복한 적이 없었다고 고백했다.

1838년, 아버지가 사망하자 키르케고르는 많은 재산을 상속받았다. 이후 풍족한 삶을 누리면서 자신의 저술을 출간하는 데 재산을 전부 탕진하고는 42세를 일기로 세상을 떠났다. 당시 키르케고르에게는 장례를 치를 비용만 겨우 남아 있었다고 한다. 저서로는《죽음에 이르는 병》,《변증법적 서정시》,《그리스도교의 수련》 등이 있다.

신화 263 아이네이아스

아이네이아스(Aeneas)는 미의 여신 아프로디테와 인간인 안키세스의 아들이다. 트로이의 공주인 크레우사와 결혼했다. 그리스군이 목마를 이용해 성안으로 침투했을 때 아이네이아스는 그들과 맞서 용감하게 싸웠다. 하지만 전세는 이미 기울었다. 그리스군의 일방적인 공격에 트로이군은 속수무책으로 무너졌다. 트로이의 왕 프리아모스는 아킬레우스의 아들에게 목숨을 잃었고, 그 모습을 목격한 아이네이아스는 신전에 숨어 있던 헬레네를 죽이려고 했다. 트로이 멸망의 모든 원인이 그녀에게 있다고 여겼기 때문이다. 하지만 아이네이아스의 어머니이자 미의 여신인 아프로디테가 그에게 트로이를 포기하고 도망치라고 조언했다. 아이네이아스는 어머니의 조언에 따라 가족과 부하들을 데리고 불타는 트로이를 탈출했다. 그가 처음 찾아간 곳은 이다산이었는데 가는 도중에 아내를 잃었다. 아이네이아스 일행은 그곳에서 배를 만들어 트리키아로 갔다. 그들은 트리키아에 도시를 건설하려고 했지만 불길한 징조가 나타났다. 제물을 바친 장소 근처의 나뭇가지를 꺾자 피가 흘러나왔던 것이다. 아이네이아스는 트리키아가 저주받은 땅이라고 여겨 그곳을 떠났다.

아이네이아스는 델포이로 가서 신탁을 구했다. 조상들의 땅을 찾아가라는 신탁에 따라 그들은 크레타를 거쳐 소아시아로 갔다. 그런데 그곳에는 괴물 새 하르피아가 살고 있었다. 하르피아를 쫓아낸 후 일행은 아프로디테의 신전에 도착했는데 그곳에서 안키세스가 세상을 떠난다. 일행은 이탈리아로 가서 정착하라는 계시를 받아 다시 항해에 나섰다. 그들은 그리스 서쪽 해안에 도착해서 그곳을 다스리는 트로이 출신의 망명자 헬레노스와 만났다.

헬레노스는 아이네이아스에게 무서운 괴물 스킬라*와 카리브디스*를 피해 안전

* 스킬라(Scylla): 다리가 열둘인 바다 괴물
* 카리브디스(Charybdis): 여자 괴물. 포세이돈과 가이아의 딸로, 너무나 대식가여서 제우스가 그녀를 시칠리아 가까운 바닷속에 던져버렸다. 그녀가 하루에 세 번 바닷물을 마신 다음 그것을 토해낼 때 커다란 소용돌이가 일어나는데, 오디세우스도 그 소용돌이에 휘말렸다가 겨우 목숨을 건졌다.

하게 항해할 수 있도록 조언했다. 그러나 폭풍과 거센 풍랑 때문에 시칠리아로 가던 그들의 배는 아프리카의 카르타고해안까지 밀려갔다. 그곳의 여왕 디도는 아이네이아스 일행을 따뜻하게 맞아주었다. 아이네이아스는 디도의 연인이 되어 그곳에서 행복한 시간을 보냈다. 하지만 아이네이아스는 제우스가 일러준 사명을 잊지 않았다. 그는 다시 일족을 거느리고 길을 떠났다. 아이네이아스가 떠나자 충격을 받고 비탄과 좌절에 빠진 디도는 타오르는 불길에 몸을 던져 자살했다. 그 후 아이네이아스는 라티움에 도착했고, 신탁에 따라 그 나라의 공주인 라비니아와 결혼했다. 그는 새로운 도시를 세우고 아내의 이름을 따서 라비니움이라고 지었다. 세월이 흘러 아이네이아스의 후손인 로물루스와 레무스 형제가 로마를 세우면서 아이네이아스는 로마의 시조가 되었다.

<불타는 트로이에서 도망치는 아이네아스>
(페데리코 바로치, 1598)

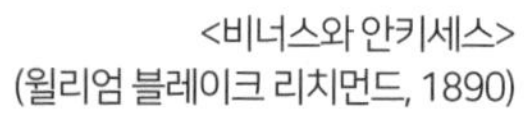

<비너스와 안키세스>
(윌리엄 블레이크 리치먼드, 1890)

종교 264 도교

도교(道敎)는 문자적으로 '도', 즉 길이 가진 의미의 중요성에 주목한 학파이다. 하지만 도라는 용어는 중국의 여러 학파에서 다양한 의미로 사용되었다. 심지어 도교인들조차 도를 각각 다르게 설명했다. 그러나 분명한 것은 도교에서 도의 개념은 다른 어떤 철학 체계나 종교 체계보다 더 높은 지위를 차지하고 있다는 점이다. 그리고 노자와 장자의 철학 체계에서도 도는 가장 중요한 개념이라는 것이다. 중국에서 도교는 두 가지 형태로 발전해왔다. 노자로 시작된 도가, 즉 철학적 도교와 종교적 도교가 그것이다.

도교는 전국 시대 중엽인 기원전 3-4세기에 시작되어 기원전 2세기, 즉 전한 시대에 유행하였다. 초기에는 도교가 불교의 영향을 받았으나, 나중에 중국의 불교는 도교의 영향을 받아 선불교로 발달했다. 도교는 오늘날 중국의 여러 종교(불교, 유교, 이슬람, 천주교, 개신교) 중에서 중국의 토착 종교를 대표한다. 도교는 본질적인 에너지, 기의 흐름을 중시해서 침술, 풍수지리, 태극권 같은 관습의 근간을 이룬다.

초기 노자와 장자로 대표하는 철학적 도가의 핵심 교의(종교에서 공인된 진리로 가르치는 신조)는, 우주의 고유한 근원인 도에 의해서 모든 만물이 존재한다는 것이다. 도교는 우주를 영구적인 상태가 아니라 순환 과정으로 해석하고 엄격한 구별을 피하려고 한다. 양극성은 성향이지 절대적인 것이 아니라고 믿으며, 인간은 의도적이고 비본성적인 행위를 버리고 자연의 법칙을 따라야 한다는 것이다.

도교의 다신적 체계 안에는 신들에 대한 숭배와 조상 숭배 양자가 모두 포함된다. 도교의 만신전에는 노자가 신으로 숭배를 받고 있으며, 그 외 고대 황제로부터 역사적 거물, 영웅, 학자, 장군 등이 포함되어 있다. 도교는 좋은 날씨를 기원하는 기도나 조상신에 대한 제사, 악귀를 퇴치하는 것 등 중국인에게 알려진 거의 모든 고대 제사의 의식을 흡수하였다. 그리고 다른 종교와 달리 내세의 삶에 대해서는 관심이 없다. 중국의 종교 가운데 유일하게 도교는 전적으로 육체의 불사를 추구한다. 중국의 많은 민간 설화에서는 도교의 신들이 지상에 내려와서 일반인들과 서로 관계를 맺기도 한다. 특히 여성신들의 경우 인간과 결혼하여 세속적인 삶을 살기도 한다.

현재 중국의 도교는 두 개의 주요 분파인 정일교와 전진교가 존재한다. 정일교는 후한 시대(25-220)에 장릉이 창시한 오두미교에서 유래했다. 전진교는 금나라(1115-1234) 때 왕중양과 그의 제자인 구처기에 의해 성립되었다. 정일교는 대만에서, 전진교는 중국 본토에서 교세가 확장되었다. 전진교 도사들은 불교 승려들처럼 도교의 사원 도관에서 생활하며 도복을 입고 제한된 습생을 한다. 반면 정일교의 도사들은 전진교와 달리 거처나 식사, 복장의 제약이 없으며 보통 재가도사로 알려져 있다.

음악
265 모리스 라벨

프랑스 근대 음악의 선구자로 불리는 모리스 라벨(Maurice Joseph Ravel, 1875-1937)은 프랑스의 시부르에서 태어났다. 그의 아버지는 스위스, 어머니는 스페인계인데 라벨이 태어난 후 파리에 정착했다. 라벨은 6세 때부터 피아노를 배웠고, 1889년 파리음악원에 입학하여 화성과 피아노를 전공했다. 가브리엘 포레에게서 작곡을, 앙드레 제달주에게서 대위법을 배웠다. 작품은 에릭 사티의 영향을 받았다.

1901년, 프랑스예술원이 주최하는 로마대상에 칸타타 〈미라〉를 제출했으나, 심사위원들의 불공정한 평가 때문에 2등을 수상했다. 이후 두 차례 더 콩쿠르에 참가했지만, 심사위원들은 의도적으로 라벨의 작품을 수상권에서 제외했다. 이 일로 분개한 당시 프랑스의 대문호이자 음악평론가인 로맹 롤랑은 심사의 문제점을 지적하며 비판했다. 결국 파리음악원의 원장을 비롯한 몇몇 심사위원이 사표를 냈고 이후 프랑스 음악계가 양분되는 사태에 이르렀다. 하지만 라벨은 흔들리지 않고 〈셰헤라자데〉, 〈거울〉, 〈스페인 랩소디〉 등의 작품을 발표하면서 호평을 받아 음악가로서의 지위를 확고히 했다.

라벨은 한때 드뷔시의 작품을 이을 후계자로 주목받았다. 하지만 드뷔시와는 음악적 기법도 다르고 심미관도 확연히 달랐다. 드뷔시는 상징적이고 인상적인 심미관을 가졌으나, 라벨은 고전적이며 이지적이다. 드뷔시는 서정적이고 막연한 형식에 온음 음계를 임의로 사용했지만, 라벨은 온음 음계를 피하였다. 드뷔시는 리듬을 멜로디·하모니·음색 등을 위한 보조역할로 주로 사용했으나, 라벨은 리듬을 중시했다. 드뷔시가 인상주의 외길로 나아갈 때 라벨은 인상주의가 지닌 한계를 꿰뚫어 보고 자신의 길을 개척해나갔다. 1905년에 발표한 피아노 독주곡 〈거울〉 이후의 작품부터 인상주의 분위기를 벗어나, 명확하고 간결한 형식의 프랑스 고전 음악 경향을 보이기 시작했다. 1917년에 발표한 〈쿠프랭의 무덤〉은 타고난 고전적 감각을 절제된 형식 속에 응결시켜, 신고전주의의 작풍을 명확히 보여주고 있다.

제1차 세계대전 후 파리에 재즈가 수입되면서 당시 음악가들의 흥미를 끌었다. 라벨도 예외가 아니었다. 그는 재즈의 요소를 자신의 음악에 적극 반영했다. 1927년, 라벨은 미국에 초빙되어 보스턴교향악단의 지휘자로 취임했다. 이 시기에 무용곡 〈볼레로〉를 작곡했다. 귀국 후 프랑스 정부는 라벨에게 훈장을 수여했으나 라벨은 이를 거부했다.

제1차 세계대전에서 오른손을 잃은 오스트리아의 피아니스트 파울 비트겐슈타인을 위해서 쓴 〈왼손을 위한 피아노 협주곡〉은, 라벨 자신의 지휘로 1931년 11월 27일에 연주되었다. 1932년 〈둘시네의 돈키호테〉를 완성한 그는 자동차 사고로 머리를 다쳤고, 그 후유증으로 실어증에 시달렸다. 1937년 뇌수술을 받은 그는 회복하지 못한 채 62세를 일기로 세상을 떠났다.

라벨은 고전적 형식을 현대적으로 업그레이드한 명작들을 남겼다. 그의 작품은 우아하고 도회적이며, 자유로운 발상과 리듬, 치밀한 구성력, 관능적이면서도 풍요로운 선율로 청중을 사로잡는다. 특히 피아노곡 중 뛰어난 작품이 많고 관현악, 실내악, 발레 음악 등이 있다.

미술 266

폴 세잔

폴 세잔(Paul Cézanne, 1839-1906)은 근대 회화의 아버지로 불리는 프랑스의 화가이다. 그가 이룩한 화풍은 입체파의 기반이 되었다. 초기의 거친 작품들은 평정과 균형미를 거쳐 작품에 일체감을 부여해주는 형식과 색의 조화로 발전해갔다.

세잔은 풍경화와 초상화, 정물화를 주로 그렸다. 그가 애착을 보인 주제로는 사과, 과일 그릇, 목욕하는 여자들과 남자들, 생트 빅투아르산과 에스타크이다. 여성들의 초상화도 여러 점 찾아볼 수 있다.

세잔은 작품에서 전통적인 구도의 원칙을 무시했다. 원근법의 표시에서는 소실점 자체가 존재하지 않는 경우도 있으며, 동일한 풍경을 여러 각도로 보여주기도 한다. 또한 실제처럼 보이는 사실적 표현을 거부하고 평면적으로 축소된 양감과 3차원적 환영을 결합했다. 그가 남긴 미완성 작품들은 '형태의 추상화'에 도달하고자 했던 세잔의 의지를 엿볼 수 있다.

세잔은 프랑스 엑상프로방스에서 은행가의 아들로 태어났다. 어려서부터 절친한 에밀 졸라의 영향으로 화가의 길에 들어섰다. 세잔은 아버지의 권유로 대학에서 법학을 전공했으나 중퇴하고 1861년 파리로 이주했다. 세잔은 쉬스아카데미에서 그림을 배우며 루브르박물관을 드나들었다. 당시 세잔은 피사로, 모네, 드가, 르누아르 등 인상파 화가들과 어울렸다. 1863년 공식적인 미술아카데미와 쿠르베, 마네, 들라크루아와 같은 신진 화가들이 대립하자 세잔 또한 반아카데미적 입장을 취했다. 하지만 이후 세잔은 인상주의를 벗어나서 독자 세계를 구축해나가기 시작했다. 그는 회화는 빛과 색채의 인상이 아니라 기하학적 입체에 대한 구성이라고 생각했다. 이후 기하학, 형태와 구도의 양감에 관심을 갖기 시작한 세잔은 이들을 조직화하여 〈생트 빅투아르산〉과 〈가르딘의 마을〉 등 풍경화들을 완성했다.

1886년, 아버지가 세상을 떠나면서 막대한 유산을 물려받은 세잔은 경제적 여유를 찾았다. 이 무렵 세잔과 졸라의 우정에 금이 가고 두 사람은 멀어졌다. 1889년 만국박람회와 이듬해 브뤼셀에 참가한 세잔은 1895년에 회고전을 열었다. 그의 회고전은 큰 이슈를 불러일으키며 대성공을 거두었다. 이후 세잔은 화가로서 인정을 받으며 명성을 얻기 시작했다.

만년에 접어들면서 그의 작품들은 기하학적 형태와 색채를 마음껏 발산했다. 세잔의 작품은 이후 나비파, 야수파, 입체파 화가들에게 많은 영향을 끼쳤다. 그는 생전에 약 900점의 회화 작품과 400점의 수채화를 남겼다.

<자 드 부팡>(1876)

문학
267 버지니아 울프

버지니아 울프(Adeline Virginia Woolf, 1882-1941)는 대표적인 모더니스트 소설가이자 페미니즘, 평화주의, 사회주의 이론가로서 20세기를 풍미했다. 제임스 조이스와 함께 시간과 의식을 탐험하는 새로운 방식의 문학적 기법(의식의 흐름 소설 기법*)을 개척하여, 후세대의 작가들에게 큰 영향을 끼쳤다.

버지니아 울프의 본명은 애덜린 버지니아 스티븐으로, 영국의 수도 런던에서 태어났다. 그녀의 아버지는 유명한 문학평론가이자 등반가인 레슬리 스티븐이다. 그녀는 부모의 화려한 문학적 인맥 안에서 어린 시절을 보내며 문학 감수성을 키워나갔다. 22세 때 아버지가 세상을 떠나자 런던의 블룸즈버리로 이사했다. 여기서 캠브리지 출신들을 주축으로 한 지식인들의 모임 '블룸즈버리그룹*'을 결성했다.

이 모임은 작가, 철학가, 예술가 들이 모여 진보적인 정치와 문학에 대한 현대적 접근을 지향했다. 울프의 오빠 토비를 중심으로, 미술평론가 로저 프라이, 화가 덩컨 제임스 그랜트, 버네사 벨, 소설가 에드워드 포스터, 데이비드 가넷, 전기작가 자일스 스트레이치, 경제학자 존 케인스, 정신과의사 A. 스티븐 등이 주축이 되었다. 그들은 각기 자신의 영역에서 20세기 문화의 개척자가 되었고, 지성에 대한 신뢰와 세련된 미적 감각을 지니고 있었다. 1912년, 울프는 토비의 친구이자 블룸즈버리그룹의 멤버인 레너드 울프와 결혼했다. 5년 후 그녀는 남편과 함께 호가스 출판사를 설립했다. 출판사 초기에는 대부분 울프 자신의 작품을 출간했으나 나중에 토머스 엘리엇, 에드워드 포스터, 프로이트 등의 저서를 출간하면서 명성을 얻었다.

* 의식의 흐름 소설 기법: 특별한 줄거리가 없고, 등장인물의 의식, 즉 두서없이 떠오르는 여러 생각이며 느낌을 고스란히 서술하는 기법

* 블룸즈버리그룹(Bloomsbury Group): 1906년부터 1930년경까지 런던과 케임브리지를 중심으로 활동한 영국의 지식인 · 예술가의 모임으로, 이 그룹의 중심인물들이 런던 중심가 대영박물관 근처의 블룸즈버리에 살고 있었던 데서 이 명칭이 유래되었다.

1925년에 발표한 소설《댈러웨이 부인》은 대중의 인기와 더불어 비평가들의 호평도 이어졌다. 1927년 작《등대로》와 다음 해 출간한《올랜도》등의 작품이 계속해서 대중과 문단의 주목을 받았다. 이후 그녀의 명성은 더욱 확고해졌다. 특히 케임브리지대학교 내 여자 대학인 거턴과 뉴넘 칼리지에서 강연한 내용을 보강해서 쓴 에세이《자기만의 방》은 큰 반향을 일으키며 훗날 페미니즘의 경전이 된다.

어려서부터 신경이 예민했던 울프는 결혼 후 증세가 심해져 자주 우울증에 시달렸다. 제2차 세계대전 중 자신의 집이 나치스의 폭격으로 파괴되자 큰 충격을 받은 그녀는 정신질환 증세가 더욱 심해졌다. 이 때문에 서식스주 로드멜 근처 별장으로 이주해서 전원생활을 하였으나 호전되지 않았다. 결국 자신의 정신질환을 비관한 울프는 주머니에 돌을 가득 채운 채 템스강으로 걸어 들어가 스스로 목숨을 끊었다.

1902년의 울프

1927년의 울프

세계사 268 프랑스 혁명

1789년, 프랑스 혁명(French Revolution)이 일어났다. 혁명은 절대왕정과 신분제를 무너뜨렸다. 혁명 전 프랑스는 크게 세 신분으로 나뉘었다. 제1신분은 성직자, 제2신분은 귀족, 제3신분은 평민이었다. 문제는 전체 인구의 2퍼센트에 불과한 성직자와 귀족이 부와 권력을 독차지한 데 있었다.

성직자는 국가에 기부금만 내면 얼마든지 부를 축적할 수 있었다. 귀족들은 중세 기사에 기원을 두었기에 '나라를 지킨다'는 명분 아래 세금 면제의 특권을 누렸다. 반면 평민은 무거운 세금을 부담하면서도 정치에 참여할 권리가 없었다. 이러한 구제도의 모순을 자각한 평민 부자들은 살롱*에서 계몽사상을 접하고 정치나 문학에 대한 토론을 즐겼다.

프랑스 혁명의 직접적 계기는 재정 위기였다. 영국에 타격을 주기 위해 미국의 독립전쟁을 과다하게 지원한 것이 화근이 되어 재정은 파탄에 이르렀다. 루이 16세는 1789년 성직자와 귀족, 평민 대표들이 모이는 삼부회의를 소집했다. 목적은 세금을 걷어 재정 적자를 메우기 위해서였다. 그러자면 세 신분의 동의를 얻어야 했다. 삼부회의 투표는 신분당 1표를 행사하게 되어 있었다. 3표 중 2표를 얻는 쪽이 이기는 것이다. 성직자와 귀족이 뜻을 모으면 평민은 무조건 질 수밖에 없는 불리한 구조였다. 평민들은 신분당 1표가 주어지는 투표권을 개인당 1표로 변경할 것을 요구했다. 그러나 루이 16세는 기존의 투표 방식을 고수했다. 평민들은 개인별 투표를 계속 요구했고 여기에 일부 귀족과 성직자가 합세한 후 이들은 삼부회의를 '국민의회'로 부르기로 의결했다. 이에 루이 16세는 평민들의 회의실을 폐쇄해버렸다. 국민의회 의원들은 실내체육관으로 장소를 옮겨 농성에 들어갔다. 이 소식을 들은 파리 시민들이

* 살롱(Salon): 귀족 부인들이 일정한 날짜에 자기 집 객실을 문화계 명사들에게 개방, 식사를 제공하면서 문학·도덕에 관한 자유로운 토론과 작품 낭독 및 비평의 자리를 마련하던 풍습. 문학사에서는 특히 17-18세기 프랑스 상류 사회에서 성행되던 귀족과 문인의 정기적 사교 모임을, 미술에서는 살아 있는 화가나 조각가의 연례 전람회를 가리킨다.

무기를 들고 시위에 나섰다. 시위대가 바스티유로 몰려들자 이를 저지하려는 수비대와 전투가 벌어졌다. 7월 14일, 바스티유 요새의 수비대장은 항복했고, 바스티유는 파리 시민의 수중에 들어갔다. 이날은 프랑스 혁명이 시작된 날로 훗날 프랑스의 가장 중요한 국경일로 자리매김한다. 프랑스 혁명의 열기는 들불처럼 번져나갔다. 1791년 6월, 루이 16세는 가족과 함께 외국으로 도망치려다가 국경 부근에서 사로잡혔다. 1793년 1월에 루이 16세는 단두대에서 처형당했고, 10월에는 왕비 마리 앙투아네트도 남편의 뒤를 따랐다.

이때 정권을 잡은 자코뱅당의 지도자 막시밀리앙 로베스피에르는 공포정치를 펼치다가 1794년 7월, 반대 세력에게 처형당했다. 이후 혼란스러운 정국이 계속되었고, 1799년 나폴레옹이 쿠데타를 일으켜 정권을 잡으면서 프랑스 혁명은 막을 내렸다.

철학 269 헨리 소로

헨리 데이비드 소로(Henry David Thoreau, 1817-1862)는 미국의 시인이자 사상가이다. 그는 1817년 매사추세츠주의 보스턴 근교 콩코드에서 태어났다. 1837년에 하버드대학교를 졸업하고 고향에서 교편을 잡았다. 그러나 2주 만에 교직에서 물러났다. 학생에 대한 체벌을 거부했기 때문이다. 형 존 소로우 주니어와 함께 진보적 성향의 학교를 세워 성공을 거두었으나 형의 건강으로 오래 운영하지 못했다. 이 무렵 소로는 에머슨의 초월주의에 매료되었다. 그는 초월주의자 클럽이 발간하는 기관지 〈다이얼〉에 시와 산문을 실으면서 문필 활동에 뛰어들었다. 소로는 대중보다는 개인을, 이성보다는 감성을, 인간보다는 자연을 중시했는데, 이러한 사상적 성격은 초월주의와 일치했다.

소로의 대표작《월든》은 2년 2개월에 걸친 야생생활의 기록으로, 시대를 초월하여 지금도 많은 이에게 진한 감동을 주고 있다. 소로는 이 책에서 19세기에 21세기를 내다보는 혜안을 발휘한다. 소로는 월든 호숫가에 오두막을 직접 지어 1845년 7월 4일 미국 독립기념일에 맞춰 입주했다. 그는 오두막에서 '한 주일에 하루는 일하고 엿새는 정신적인 삶에 정진하는 삶이 가능한지' 실험했다. 소로는 일주일에 엿새 일하고 하루만 쉬는 미국인들의 일상을 뒤집어보려고 했던 것이다. 소로는 1846년부터 자연인의 삶을 궁금해하는 마을 사람들의 다양한 질문에 답하는 형태로《월든》을 집필했으며, 그의 오두막은 자연을 관찰하는 집필실이 되었다. 소로는 1847년 9월 6일까지 거기서 보냈으며,《월든》은 첫해 1년간의 생활을 담은 것이다.《월든》에 나타난 자연 묘사는 영문학의 탁월한 성과로 평가받으며, 소로의 정신적 자서전으로 읽히기도 한다. 또한《월든》에는 지혜로운 내용이 가득하다.

소로의 또 하나의 대표작《시민 불복종》은 만 하루 동안의 감옥 체험이 계기가 된 저서이다. 소로는 인두세 납부를 거부하다가 붙잡혀 투옥된다. 그의 세금 납부 거부는 노예제도의 존속과 영토 확장을 위한 멕시코전쟁에 반대한다는 의사 표시였다. 친지가 세금을 대신 납부하여 수감 이튿날 풀려났지만, 이 경험으로 그는 시민적 권리에 대한 깨우침을 얻었다. 그것은 흔히 '시민 저항권'으로 불린다.

'모든 사람이 혁명의 권리를 인정한다. 다시 말해서 정부의 폭정이나 무능이 너무나 커서 참을 수 없을 때에는 정부에 충성을 거부하고 정부에 저항하는 권리 말이다.'

《시민 불복종》은 훗날 간디와 마틴 루터 킹 등의 비폭력주의운동에 큰 영향을 끼쳤다. 소로는 평생 독신으로 살다가 지병인 폐결핵으로 45세 되던 해 세상을 떠났다.

1861년 8월, 소로의 마지막 촬영 사진

신화
270

키클로페스

그리스 신화의 키클로페스(Kyklopes, 둥근 눈의 족속)는 외눈박이 거인이다. 고대 그리스의 시인 헤시오도스의 《신통기》에 따르면, 우라노스와 가이아는 아르게스(섬광), 브론테스(천둥), 스테로페스(번개)의 세 키클로페스를 아들로 두었다. 우라노스는 이들을 다른 자식들과 함께 타르타로스에 유폐시켰다. 크로노스는 아버지 우라노스를 거세한 뒤 키클로페스들을 해방했다가 다시 타르타로스에 가두었다. 이후 제우스에 의해서 해방된 키클로페스들은 시칠리아섬에 살게 되었다. 그들은 시칠리아섬의 화산 밑에 대장간을 세우고 신들이 좋아하는 무기와 전차를 만들었다. 제우스의 천둥과 번개 그리고 벼락, 포세이돈의 삼지창, 모자를 쓰면 모습이 보이지 않게 되는 하데스의 모자가 그들의 작품이다. 그런데 제우스가 그들이 만든 번개로 아폴론의 아들인 아스클레피오스를 죽이자 이에 앙심을 품은 아폴론이 키클로페스들을 모두 죽이고 말았다.

호메로스는 키클로페스들을 시칠리아섬에 사는 외눈박이 거인으로 묘사했다. 그들은 목축생활을 하는 야만스런 종족으로 성격이 포악했다. 오디세우스 일행이 그들의 섬에 도착했을 때 키클로페스의 수령인 바다의 신 포세이돈의 아들이자 폴리페모스는 오디세우스의 부하 6명을 잡아먹었다. 이에 오디세우스는 그를 술에 취해 잠들게 한 뒤 불에 달군 곤봉 끝으로 그의 눈을 찔러 장님으로 만들었다. 그런 뒤 폴리페모스의 양을 훔쳐 눈을 잃고 고통에 몸부림치는 그를 남겨둔 채 섬을 빠져나갔다. 이 일로 포세이돈의 미움을 산 오디세우스는 고향으로 돌아가는 길에 수많은 고난을 겪으며 대가를 치러야만 했다.

종교
271
노자

노자(老子)의 성은 이(李)요, 이름은 이(耳)이며 자는 담(聃)이다. '노(老)'는 늙음을 의미하고 '자(子)'는 고대 중국에서 훌륭한 선비에 대한 존경을 표현하는 칭호이다. 문자적으로 해석하면 '늙은 스승'을 의미한다. 그는 지금의 하남성 남부에 해당하는 초나라 고현 출신이다. 공자와 동시대인 기원전 6세기에 살았으나, 공자보다 먼저 태어났다고 한다.

도교의 창시자 노자를 두고, 후기 도교에서는 불교에 대항하기 위해 노자가 석가모니의 스승이었다고 주장하기도 한다. 또한, 노자에게 '성조대도현원황제'라는 고귀한 명칭을 부여하기도 했으며, 전진교에서는 도교의 최고신 격인 삼청 중 세 번째 신으로 간주되었다. 삼청이란 옥청원시천존*, 상청영보천존(태상도군), 태청도덕천존(태상노군)을 말하며, 노자는 태상노군으로 숭배받고 있다. 그리고 노자가 쓴《도덕경》은 성스러운 경전으로 숭앙받으며 '도덕진경'이라는 칭호가 부여되었다.

노자는 '무위하나 자연히 변화하고 고요하나 저절로 곧게 된다'라고 주장했다. 전승에 따르면 노자는 오랜 기간 주나라에 머물렀는데, 곧 주나라의 멸망을 예견하고는 서쪽으로 길을 떠났다. 노자가 함곡관을 지나가는데, 그곳의 관문을 지키는 윤희가 그를 알아보았다. 윤희는 노자에게 속세를 떠나 은둔하기 전에 자신을 위해 책을 한 권 써줄 것을 간청했다. 이에 노자는 약 5,000자를 가지고 도(道)와 덕(德)의 의미를 기록했다. 이 책은 그의 이름을 따서《노자》라고 불렸으며, 후대에 가서는 '도덕경'이라는 이름으로 알려지게 되었다.《도덕경》은 모두 81장으로 구성되어 있으며 상편인 〈도경〉과 하편인 〈덕경〉으로 나뉘어져 있다.

노자는 '천도무위'를 주장하며 인간 세상은 마땅히 '천도'에 순응해야 한다고 보았고, '무위이치*'와 '소국과민*'을 정치 이상으로 삼았다.

노자의 관심은 인류 사회의 분쟁을 어떻게 해소할 것인가, 인간의 행위를 어떻게 해야만 '도'의 자연성과 자발성을 본받을 것인가, 정치권력이 백성의 생활에 간섭하지 못하게 할 방법은 무엇인가에 집중되어 있었다. 그가 추앙한 '성인의 다스림'은 다음과 같다.

'능력 있는 자를 높이지 않으면 백성이 다투지 않게 할 수 있다. 얻기 어려운 재물을 귀하게 여기지 않으면 백성이 도둑질하지 않게 할 수 있다. 욕심낼 만한 것을 보이지 않으면 백성이 문란함에 빠지지 않게 할 수 있다. 그러므로 성인의 다스림은 그들의 마음을 비우고 배는 채우며 의지는 약하게 하고 뼈는 강하게 한다. 항상 백성들을 무지무욕*하게 하라.'

성인은 도가에서 인정하는 가장 이상적인 인물로 자연을 체득하고 내재된 생명을 확장하여 비워냄과 고요함, 다투지 않음을 이상적 생활로 삼는다.

* 원시천존(元始天尊): 도교에서 섬기는 신 중에서 최고의 신. 세상의 모든 것을 창조했다고 한다.

* 무위이치(無爲而治): 인위적인 잣대를 가하지 않고 자연스럽게 두어도 세상이 잘 다스려진다는 의미이다.

* 소국과민(小國寡民): 노자는 나라가 작으면서 백성이 적은 국가를 이상적인 국가로 보았다.

* 무지무욕(無知無欲): 사물의 이치를 바로 깨달아 도(道)의 경지에 이르면 저절로 욕심이 발동하지 않는다는 뜻이다.

음악 272 리하르트 슈트라우스

리하르트 슈트라우스(Richard Georg Strauss, 1864-1949)는 독일 뮌헨에서 태어났다. 그의 아버지 프란츠 슈트라우스는 뮌헨궁정가극장 단원으로 호른의 명수였다. 슈트라우스는 음악가인 아버지로부터 여러 음악을 접할 기회가 많았다. 4세 때부터 음악적 재능을 보였고, 6세 때는 피아노곡과 가극을 작곡하여 신동으로 불렸다. 그의 아버지는 아들의 음악성을 길러주기 위해 수시로 모차르트, 베토벤 등의 고전 음악을 숙독시켰다.

1882년 뮌헨대학교에 입학하여 철학, 미학, 문화사 등을 공부했다. 이 시기에 슈트라우스는 독자적인 방법으로 지휘자로서의 훈련과 작곡의 모든 기법을 마스터했다. 그는 브람스를 존경했으나 바그너의 오페라 〈트리스탄과 이졸데〉를 접하고 바그너 음악에 심취하면서 브람스와 바그너의 중간노선을 걷게 된다.

베를린에서 활동하던 1883년 당시 화가들의 영향을 받았으며, 1885년에 유명한 피아니스트이자 지휘자인 한스 폰 뷜로에게 인정을 받아 그의 보조 지휘자가 되었다. 슈트라우스는 뷜로 밑에서 일하며 브람스, 베를리오즈, 바그너, 리스트 등의 음악을 접하고는 작곡가로의 전향을 결심하였다. 1886년에 뮌헨가극장의 제3악장이 되었고, 1889년에는 바이마르 궁정의 지휘자가 되었다. 슈트라우스는 소프라노 가수이자 자신의 오페라에 주연을 담당했던 파울리네와 결혼했고, 자신의 부인에게 〈4개의 가곡집 작품 27〉을 선물했다.

1894년 다시 뮌헨가극장의 지휘자로, 1898년 베를린가극장의 지휘자로, 1919년 빈가극장의 지휘자로 활약하였다. 1910년부터 슈트라우스의 전성기가 시작되었다. 1914년 50세 생일을 맞아 고향에 'R. 슈트라우스 거리'가 생겼고, 생가에 기념비가 세워졌다. 영국의 옥스퍼드대학교에서 명예박사 학위를 받았으며, 1923년 미국에서 크게 활약했다. 1924년 60세 생일에는 드레스덴에 'R. 슈트라우스 광장'이 들어섰고, 빈의 명예시민이 되었다. 이후에는 상임지휘자에서 물러나 작곡에만 심혈을 기울였다.

1932년 나치스정권은 정치적 목적을 위해 음악국을 설립했다. 바그너의 열렬한 숭배자인 히틀러는 음악적으로 바그너파에 속해 있던 슈트라우스를 음악국의 초대 총재로 지명했다. 하지만 음악국 총재가 된 슈트라우스는 유대인 출신인 멘델스존의 작품 〈한여름 밤의 꿈〉을 말살하고 새 제목으로 작곡하라는 정부의 명령을 거부했다. 그뿐만 아니었다. 슈트라우스는 유대인 슈테판 츠바이크의 대본에 오페라 〈말 없는 여자〉를 작곡하여 당국의 미움을 샀다. 슈트라우스는 1935년 음악국 총재직을 박차고 나왔다. 하지만 이러한 경력이 후에 슈트라우스를 곤경에 빠뜨렸다.

1945년, 독일이 패망하자 나치스에 협력한 혐의로 슈트라우스는 음악계에서 매장되다시피 했다. 하지만 84세 되던 해 무죄선고를 받으면서 명예를 회복했다. 그해 슈트라우스는 헤르만 헤세의 시를 소재로 가곡 〈봄〉, 〈9월〉, 〈잠들 때〉와 독일 후기 낭만파 시인 요제프 폰 아이헨도르프의 시를 소재로 가극 〈저녁노을 속에〉를 완성했다. 85세 되던 해 생일에는 그를 축하하는 음악회가 전국 각지에서 열렸으며 그의 작품도 연주되어 큰 호응을 얻었다. 3개월 후, 슈트라우스는 바이에른의 작은 마을에서 세상을 떠났다. 슈트라우스는 한국의 애국가를 작곡한 안익태의 스승이기도 하다.

미술 273 폴 고갱

폴 고갱(Eugène Henri Paul Gauguin, 1848-1903)은 프랑스 후기 인상파 화가이다. 독자적인 비주류의 길을 선택한 그는 신비주의에 심취한 회화계의 이단아였다. 고갱은 인상주의에서 출발하여 종합주의의 클루아조니슴*을 탄생시키고 마지막에는 상징주의에 귀착했다. 그는 근원과 원시 사회적 상태로의 회귀를 주장했다. 문명 세계에 대한 혐오감으로 남태평양의 타히티섬으로 떠난 그는 폴리네시아의 활력 넘치는 문화와 그곳 여인들의 아름다움과 열대의 밝고 강렬한 색채로 자신의 예술을 완성했다.

고갱은 프랑스 파리에서 출생하였다. 신문기자인 그의 아버지는 1848년 2월 프랑스 혁명이 일어나자 가족을 데리고 프랑스를 떠나 페루로 향했다. 하지만 아버지는 여객선에서 갑작스런 심장마비로 사망했다. 이후 고갱의 가족은 페루 리마에서 6년간 생활고에 시달리다가 다시 프랑스로 돌아와 오를레앙에 정착했다. 1865년, 고갱은 선박의 항로를 담당하는 상선의 견습 도선사가 되어 라틴아메리카와 북극 등 지구촌 여러 곳을 항해했다. 1871년, 어머니의 사망 소식을 접한 고갱은 사표를 내고 파리로 가서 증권 회사에 취직한다. 그리고 덴마크 출신의 메테 소피 가트와 결혼했다. 생활이 안정되자 고갱은 그림을 그리기 시작했다. 1882년 프랑스 주식 시장이 붕괴되면서 주식거래를 업으로 삼은 그의 위치도 불안한 상황에 놓인다.

이 무렵부터 그는 인상주의 화가들과 교류하며 본격적으로 전업 화가의 길을 걷는다. 그러나 화가로 살아가면서 생활이 어려워지자 아내와 불화를 겪었고, 결국 부부는 별거에 들어갔다. 이후 파리에서 고독한 시간을 보내던 그는 브르타뉴의 퐁타벤으로 이주했고, 그곳에서 만난 젊은 화가 샤를 라발과 함께 남대서양의 마르티니크섬으로 갔다. 섬에서의 생활은 길지 않았다. 향수병에 시달리던 고갱은 섬생활을

* 클루아조니슴(Cloisonnisme): 표현 대상이 형태를 단순화하고 윤곽선을 상조하는 회화 기법이다. 스테인드글라스, 일본 판화 및 원시 미술의 영향을 받았다.

포기하고 파리로 돌아왔다. 그때 짧았던 섬생활에서 고갱은 강렬한 색채에 눈을 떴다. 고갱은 이후 인상주의자들의 매혹적인 광선과 부드러운 색채를 거부하고, 단순한 형태와 강렬한 색채를 사용하여 묘사보다는 암시에 치중했다. 당시 완성한 고갱의 작품 〈설교 후의 환영〉에는 '거칠고 미신적인 단순함'이 잘 표현되어 있다.

1888년 고갱은 아를에서 고흐의 노란집에 머물렀지만 두 사람의 우정은 오래지 않아 끝나고 말았다. 고갱은 퐁타벤으로 돌아갔고 〈황색의 그리스도〉, 〈황색 그리스도가 있는 자화상〉 등을 완성했다. 이후 좀 더 순수하고 근원적인 것을 찾아서 타히티섬으로 떠났다. 그곳에서 고갱은 근대 사회로부터 완전히 단절되었다. 그는 근대 사회에는 더 이상 상상력의 여지가 남아 있지 않다고 보았다. 타히티의 문화와 풍요로운 색채는 그의 영감의 원천이 되었다. 그곳에서 제작된 작품들은 충만한 색채로 가득 차 있다.

타히티에 전기가 들어오자 고갱은 마르키즈제도 히바오아섬으로 피신했고, 그곳에서 주술사와 선교사가 지켜보는 가운데 숨을 거두었다. 그는 생전에 약 400점의 회화 작품을 남겼다.

<우리는 어디에서 와서 어디로 가는가>(1897)

문학
274

제임스 조이스

제임스 조이스(James Augustine Aloysius Joyce, 1882-1941)는 20세기 모더니즘 문학을 이끈 아일랜드의 소설가이자 시인이다. 그는 문학의 형식과 내용 모두를 재구성함으로써 문학을 근본적으로 바꿔놓은 실험가였다.

조이스는 더블린의 중류 가정에서 태어났다. 예수회 계통의 학교에서 초등교육을 받은 조이스는 학업 성적이 우수하고, 글쓰기에 뛰어난 재능을 보였다. 아버지의 실직으로 가정형편이 어려워지면서 학업을 중단할 위기를 맞았다. 하지만 아일랜드 전국학생작문경시대회에서 우수상과 장학금을 받고, 유니버시티칼리지에 입학했다. 대학에서 영어, 이탈리아어, 프랑스어 및 문학과 역사학을 공부했다. 졸업 후 파리로 건너가 1년간 영어 교사를 하면서 더블린의 〈데일리 익스프레스〉 등에 서평을 발표했다. 어머니가 위독하다는 소식을 듣고 더블린으로 돌아왔다. 어머니가 세상을 떠난 후 초등학교 임시 교사로 근무하면서 틈틈이 아일랜드인의 생활상에 대한 짧은 글들을 쓰기 시작했다.

1904년 6월, 노라 바너클과 사귀다가 그해 10월 동거에 들어갔다. 이 시기에 조이스는《더블린 사람들》의 토대가 될 몇몇 단편소설을 발표했다. 이후 그는 더블린을 떠나 파리, 취리히, 로마 등 해외에 머물면서 〈에고이스트〉에《젊은 예술가의 초상》을 연재하고,《율리시스》를 구상했으며, 희곡《망명자들》을 썼다. 1915년, 제1차 세계대전을 피해 취리히로 이주한 후 이듬해 뉴욕의 문예잡지 〈리틀 리뷰〉와 〈에고이스트〉에《율리시스》를 연재했다.

《율리시스》는 아일랜드의 수도 더블린을 배경으로, 아침 8시부터 다음 날 새벽 2시까지 하루 동안 일어난 사건을 묘사하고 있다. 조이스가《율리시스》에서 더블린 시가지의 지리를 매우 정확하게 묘사했기 때문에, 당시 사람들은《율리시스》를 도시 안내지도로 사용해도 될 정도라며 감탄했다. 조이스는 이 작품에서 등장인물들의 내적 상태를 생생하게 표현하기 위해 의식의 흐름이라는 심리주의적 서술 기법을 사용했다.

주요 등장인물 중 블룸은 헝가리 출신의 유대인이며 광고업에 종사하고 있다. 블룸의 아내 마리온은 수많은 남성과 관계를 가지고 있다. 스티븐 디달러스는 교사로 일하며 시인이 되기를 꿈꾸는 젊은 지식인이다. 아침 8시부터 다음 날 새벽 2시까지 18시간 동안, 작품의 주요 등장인물들은 먹고, 마시고, 배설하고, 목욕하고, 미사에 참석하고, 죽은 자를 매장하고, 괴로워하고, 다투고, 선행을 베풀고, 배회하고, 노래하고, 편지를 쓰고, 술집을 드나들고, 술에 취하고, 책을 읽고, 성행위에 몰두하고, 간음을 저지르고, 출산하고, 사창가를 방문하고, 마지막에 그들의 침대로 돌아온다.

지극히 평범하기만 한 이 일상 속에는 조이스가 자기 스타일로 소화해낸 수천 년에 걸친 인류의 지적 유산, 즉 동서고금의 문학, 철학, 역사, 신학, 예술 등의 축적된 지식이 모자이크처럼 짜맞추어져 있다. 또한 과거와 현재 그리고 미래를 넘나들면서 총체적 사회와 개별적 인간, 육체와 정신 사이를 탐색하여 결합해내려는 대서사시적 시도가 응축되어 있다.《율리시스》는 연재 당시 외설 논란과 신성 모독 논란이 불거져 연재 중단 및 출간 거부를 당했다가 1922년 파리에서 먼저 출간되었다. 이후 미국에서는 1933년, 영국에서는 1935년까지 출간이 금지되는 불운을 겪기도 했다. 그러나 오늘날에는 현대 영문학 사상 최고의 작품으로 평가받고 있다.

말년의 조이스는 불행했다. 자신의 건강 악화와 딸의 정신분열증에 아내의 가출까지 더해져 엄청난 심리적 고통을 겪다가 스위스 취리히에서 사망했다.

세계사 275

나폴레옹

나폴레옹(Napoléon Bonaparte, 1769-1821)이 두각을 나타낸 것은 영국으로부터 툴롱 해군기지를 지켜내면서였다. 3년 뒤 그는 총사령관이 되어 이탈리아에 주둔한 오스트리아군을 격파했다. 나폴레옹의 명성은 높아졌고, 프랑스에서 가장 인기 있는 장군이 되었다. 카리스마와 야망이 넘치는 나폴레옹은 계몽주의의 이상을 보여주었다.

그는 군사와 조사를 목적으로 이집트 원정에 나섰다. 원정대에는 고고학자를 필두로 학술조사단 175명도 포함되었다. 나폴레옹은 이집트 통치자들을 없애고 문화와 과학을 담당하는 이집트아카데미를 창설할 계획이었다. 나폴레옹이 피라미드전투에서 맘루크 왕조를 무찌르자 영국은 넬슨 제독을 지중해로 파견했다. 넬슨 제독은 나일강 입구의 아부키르만에 정박한 프랑스 함대와 해전을 벌여 대승을 거두었다. 또한 영국은 러시아, 오스트리아와 동맹을 맺어 프랑스에 대한 제2차 동맹전쟁을 일으켰다. 정세가 급박해지자 파리로 돌아온 나폴레옹은 의회에서 쿠데타를 단행하여 통령 정부를 세웠다. 제1통령이 된 나폴레옹은 4만여 병력을 이끌고 해발 3,000미터에 이르는 눈 덮인 알프스산을 넘어 이탈리아에 주둔한 오스트리아군을 격파했다. 1802년, 영국과 아미앵화약을 체결한 나폴레옹은 헌법을 개정하여 종신통령에 오른 뒤 1804년 국민투표를 거쳐 황제로 즉위했다(Napoléon I). 당시 그는 35세였다.

황제가 된 나폴레옹은 사회 안정에 힘썼다. 능력 위주로 인재를 등용하고 교육제도를 개혁했으며,《나폴레옹법전》을 제정하여 혁명으로 얻은 국민의 권리를 지키려고 했다. 1805년 영국·오스트리아·러시아·프로이센이 프랑스를 상대로 제3차 동맹을 결성하였다. 나폴레옹은 영국 본토를 공격하기 위해 병력을 집결시켰다. 먼저 오스트리아군이 공격해오자 울름해전에서 이를 격파했다. 하지만 트라팔가르해전에서 넬슨 제독이 이끄는 영국군에 대패하면서 프랑스의 영국 본토 공격은 무산되었다. 이 전투에서 넬슨 제독은 전사했다.

1806년, 나폴레옹은 아우스터리츠(슬라프코프)에서 오스트리아와 러시아 동맹군을 격파한 후 라인동맹을 결성하여 신성로마 제국을 해체했다. 이어서 영국 산업에 타격을 주기 위해 유럽 대륙 국가들에게 영국과의 무역을 금지시켰다. 영국과의 경쟁에서 자유로워진 독일은 산업이 발전했다. 러시아가 영국 봉쇄정책에 협력하기를 거부하자, 1812년 나폴레옹은 프랑스와 독일, 프로이센으로 구성된 40만 대군을 이끌고 러시아 원정에 나섰다. 그의 군대는 모스크바를 점령했지만 겨울 추위 때문에 퇴각했고, 이때 러시아군은 반격에 나서 프랑스군을 전멸시켰다. 1814년, 오스트리아와 프로이센 동맹군은 파리를 점령한 후 나폴레옹을 엘바섬에 유배시켰다. 이후 나폴레옹은 엘바섬을 탈출하여 재기에 성공하지만 워털루전투에서 웰링턴 장군이 지휘하는 유럽 연합군에 패배했다. 그는 세인트헬레나섬에 유배되어 51세로 생을 마감했다.

철학 276

카를 마르크스

카를 마르크스(Karl Heinrich Marx, 1818-1883)는 사회주의·공산주의의 창시자이며, 변증법적 및 사적 유물론, 과학적 경제학의 정립자이다. 그는 1818년 독일 라인주의 트리어에서 유태인 변호사 집안의 7남매 중 셋째로 태어났다. 아버지의 뒤를 이어 법률가가 되기 위해 베를린대학교 법학부에 입학했다. 하지만 법학에 싫증을 느껴 예나대학교로 옮겨 철학을 공부했다. 당시 그는 혁명가나 공산주의자가 아닌 단순한 철학도이자 시인을 꿈꾸는 문학도였다.

마르크스가 공산주의자로 변한 것은 그가 편집장을 맡고 있던 〈라인신문〉이 프로이센의 국왕 명령으로 폐간되고 나서였다. 그는 아놀드 루게와 공산주의 공동체생활을 하면서《독일, 프랑스 연감》을 발행했다. 그러나 자신의 독단적이고 성급한 성격 때문에 루게 가족과 불화가 생기자 그는 프랑스로 갔다. 그곳에서 하인리히 하이네와 만나면서 프랑스 사회주의자들과 교제했다. 하지만 프로이센 정부의 요청으로 그는 프랑스에서 추방되었다. 임시로 브뤼셀에 머무르게 된 그는 그곳에서 16명의 회원을 규합하여 제1차 세계공산당 창당식을 가졌다. 그리고 곧 런던으로 떠났다.

런던에서 마르크스는 사업가 프리드리히 엥겔스를 만나 재정적 지원을 받게 되었다. 1847년에《철학의 빈곤》을 발표했고, 이듬해 엥겔스와 함께《공산당 선언》을 출판했다. 이 책들은 기존의 사회는 인간성을 말살시키는 구조를 가졌으므로 전복시켜야 한다는 주장으로 시작하여, 프롤레타리아 혁명을 거쳐 인간성 본질의 최고단계인 공산국가의 건설이라는 대명제로 끝맺고 있다.

그들은 인간의 문명사를 경제적인 계층 사이에서 발생하는 계급 투쟁의 역사로 요약했다. 노동자 계급의 혁명을 통해 '각 개인이 각자의 능력에 따라 일하고, 각자의 필요에 따라 공급받는다'는 원리에 입각한 공산 사회 건설이 그들의 목표였다. 이렇게 해서 마르크스는 역사적인 유물론의 아버지가 된다. 그러나 국가를 전복시켜 새로운 체제를 만들자는 그의 주장은 엄청난 탄압으로 돌아왔다. 당장 경제적 어려움이 덮쳐 그의 삶을 비참하게 만들었다. 자식들이 굶주림에 허덕이다 죽어갔고, 집안의 가재도구는 차압되어 무엇 하나 사용할 수 없었다.

이런 고통 속에서도 그는 집필을 멈추지 않았고, 마침내《자본론》1권을 완성했다. 하지만 전3권으로 기획된 이 책을 채 완성하지 못하고 65세를 일기로 세상을 떠났다.

딸들과 엥겔스와 함께한 마르크스

신화 277 미다스

프리지아의 왕 고르디아스는 소달구지를 타고 프리지아의 수도에 들어와 신탁에 따라 왕으로 추대된 인물이다. 고르디우스는 왕으로 추대된 것을 기념하면서 신탁을 내린 신전에 소달구지를 바쳤다. 그리고 멍에를 복잡한 매듭의 고삐로 묶어놓은 뒤 이 매듭을 푸는 사람은 앞으로 아시아의 지배자가 될 것이라고 예언했다. 그 후 많은 사람이 이 매듭을 풀려고 시도했으나 누구도 성공하지 못했다. 이후 '고르디아스의 매듭'은 복잡하게 얽혀 도저히 해결할 수 없는 불가능한 문제를 뜻하게 되었다.

고르디아스의 아들 미다스(Midas)는 어느 날 길을 헤매던 디오니소스의 스승 실레노스*를 발견하고 자신의 집으로 초대했다. 미다스는 정성을 다하여 실레노스를 극진하게 대접한 후 그를 디오니소스에게 인도했다. 디오니소스는 미다스에게 스승을 대접한 사례를 하겠다며, 소원을 말하면 들어주겠다고 했다. 미다스는 며칠을 궁리한 끝에 자기 손에 닿는 것은 무엇이든 황금으로 변하면 좋겠다고 말했다. 디오니소스는 그가 원하는 소원을 들어주었다.

미다스는 만지기만 하면 황금으로 변하자 흥분해서 쉬지 않고 황금을 만들었다. 식사 시간이 되자 허기를 느낀 미다스는 식탁에 앉아 식사를 하려고 했다. 그런데 포크나 나이프, 심지어 빵이나 포도주마저 그의 손이 닿는 순간 황금으로 변해버렸다. 그는 아무것도 먹을 수가 없었다. 심지어 오랜만에 집을 찾아온 딸이 반가워서 포옹을 했는데, 그 순간 딸마저 황금으로 변하고 말았다. 그가 축복이라고 여겼던 황금을 만드는 손이 이제는 저주의 손처럼 느껴졌다. 미다스는 디오니소스를 찾아가 자신의 잘못을 뉘우치며 자기 손과 딸을 원래대로 돌려달라고 애원했다. 디오니소스는 미다스에게 파크톨로스강에 가서 손을 씻으라고 말했다. 미다스는 강물에 손을 담그고 지문이 닳도록 박박 문질러 씻었다. 그 뒤 이 강에서 사금이 많이 나왔다고 한다.

사티로스*인 마르시아스와 아폴론이 음악 경연을 벌였을 때였다. 미다스는 아폴론의 승리가 부당하다며 심판에게 이의를 제기했다. 화가 난 아폴론은 미다스의 귀를 당나귀 귀로 만들어버렸다. 큰 귀로 음악을 제대로 들으라는 의미였다. 미다스는 자신의 귀를 남들에게 보이기 부끄러워 모자로 가렸다. 유일하게 그의 비밀을 아는 것은 이발사뿐이었다. 미다스는 이발사에게 비밀을 누설하면 그 즉시 처형하겠다며 협박했다. 하지만 이발사는 입이 가벼운 사람이었다. 그는 비밀을 참지 못하고 땅에 구덩이를 판 뒤 그곳에 대고 "미다스 왕의 귀는 당나귀 귀다!"라고 외쳤다. 그 구덩이에서 갈대가 자라자 바람이 불 때마다 미다스 왕의 비밀이 갈대숲 사이에서 들려왔다고 한다. 이렇게 해서 그의 비밀은 세상에 알려졌다.

* 실레노스(Silēnos): 그리스 신화에 나오는 산야의 요정으로, 지혜가 많다고 알려져 있다. 헤르메스와 님프 또는 판과 님프 사이에서 태어난 아들이라고 한다.

* 사티로스(Satyr): 그리스 신화에 나오는 반은 사람이고 반은 짐승인 괴물. 얼굴은 사람의 모습이지만 머리에 작은 뿔이 났으며, 하반신은 염소의 모습이다. 술의 신 디오니소스의 시종으로, 디오니소스 숭배를 상징하는 지팡이나 술잔을 든 모습으로 그려지기도 한다.

종교
278

장자

장자(莊子)는 전국 시대의 사상가로 이름은 주(周), 자는 자휴(子休), 호는 '남화진인'이다. 노자와 더불어 도가사상의 중심인물이다.

장자가 살았던 연대나 생애에 대해서는 잘 알려져 있지 않다. 그에 대한 역사적 기록이라면, 사마천의《사기》에 장자를 재상으로 삼으려는 초나라 위왕의 요청에 대해 진흙탕을 뒹굴어도 자유롭게 살고 싶다는 말로 보기 좋게 거절했다는 이야기가 소개되어 있다.

장자가 남긴 저술《장자》는 모두 33편으로 구성되어 있으며, 〈내편〉, 〈외편〉, 〈잡편〉으로 나뉘어 있다. 이 중 장자의 작품은 〈내편〉 7편뿐이고, 나머지는 장자학파 사람들이 장자의 이름을 빌려 썼다는 것이 정설이다. 장자는 문학 형식으로 도가의 철학사상을 풀어나갔는데, 그래서인지《장자》의 내용은 상당히 복잡하고 신비하며 미학적 가치가 있다.《장자》는 중국 문학의 '낭만주의' 사조를 열었다고 볼 수 있으며, 정치나 통치에 대한 영향력은 그다지 크지 않지만 중국 지식인의 인격 형성에 적지 않은 영향을 끼쳤다고 평가받는다.

장자는 만물을 지배하는 근본 원리는 '도'요, 그 도에서 보면 모든 사실에는 구별이 없다고 했다. 그리고 이 도와 일체화하는 것, 곧 무심의 경지에서 모든 것을 있는 그대로 받아들일 때 자유로운 삶을 살 수 있다고 하였다. 그것을 위한 수양을 '심재(마음의 활동을 하나로 통일시켜 잡념을 떨쳐버리는 것)', '좌망(조용히 앉아서 자신을 구속하는 일체의 것들을 잊어버림으로써 무아의 경지에 들어가는 것)'이라고 했다.

장자는 절대적인 정신의 자유를 추구하며 '지인(至人)에게는 사심이 없고 신인(神人)에게는 공적이 없으며 성인(聖人)에게는 명예가 없다'고 여기고 이를 이상적 인격으로 보았다. 즉, 도덕적이고 고상한 '거인'만이 자신을 잊는 경지에 이를 수 있고, 정신 세계가 물질 세계를 초월한 '신인'은 공을 따지지 않으며, 수양을 하여 완벽하고 아름다운 '성인'은 명예와 높은 지위를 추구하지 않는다는 것이다. 그의 문장에는 광활한 정신 세계와 강건한 정신적 힘이 담겨 있다. 장자의 산문은 광대하고 끝없는 공간을 묘사한다.

'북녘 바다에 물고기가 있는데 이름을 곤이라 한다. 곤의 크기는 몇천 리나 되는지 알 수 없다. 이 물고기가 변해서 새가 되면 그 이름을 붕이라 한다. 붕의 등 넓이는 몇천 리나 되는지 알 수 없다. 힘차게 날아오르면 그 날개는 하늘 가득 드리운 구름과 같다. 이 새는 바다 가운데 움직여 큰바람이 일 때 그것을 타고 남쪽 바다로 날아가려 한다. 남쪽 바다는 천지다.'

장자는 유교의 인위적인 예교를 부정하고 자연으로 돌아가자는 자연 철학을 제창하였는데, 무위자연의 처세를 주장하는 노자와 일체화되어 노장사상으로서 후세 사람들의 삶에 큰 영향을 끼쳤다.

음악
279 에드워드 엘가

영국의 작곡가 에드워드 엘가(Edward Elgar, 1857-1934)는 오라토리오 〈제론티우스의 꿈〉으로 국제적인 명성을 떨쳤다. 영국의 음악을 발전시킨 공로를 인정받아 왕실로부터 준남작의 작위를 받았다.

엘가는 영국의 서부 우스터 부근의 작은 마을에서 태어났다. 피아노 교사인 아버지는 마을에서 음악 상점을 운영했다. 음악적 환경에서 엘가는 피아노와 바이올린 수업을 받으며 어린 시절부터 음악과 함께 성장했다.

엘가의 첫 직업은 변호사 사무실 직원이었다. 그러나 음악에 대한 미련을 버리지 못한 그는 일하면서 독학으로 작곡법과 지휘, 각종 악기의 연주법을 습득했다. 그리고 지역의 병원 안에 밴드를 꾸려 연주하기도 했다. 그의 일상은 음악 그 자체였다. 엘가는 23세 무렵부터 직업 음악가의 길을 걷기 시작했고, 29세 때 캐롤린 앨리스 로버츠와 결혼했다. 엘가는 〈사랑의 인사〉를 작곡하여 신부에게 약혼 선물로 바쳤다.

1890년, 우스터에서 거행된 3대 합창단의 음악제에서 자작 〈프루아사르 서곡〉을 연주한 것을 기점으로 그의 작품은 일반에게 널리 알려지기 시작했다. 엘가는 작곡과 연주를 동시에 했다. 그래서 따로 녹음할 시간이 없었고, 사람들은 콘서트와 축제를 통해서만 엘가의 음악을 들을 수 있었다. 엘가는 주로 오라트리오를 많이 작곡했다. 그의 오라트리오는 자주 악기 독주와 합창이 함께 연주되었는데, 이 방식은 당시 크게 유행했다.

엘가의 전성기는 42세 때 오케스트라 〈수수께끼 변주곡〉을 발표하며 시작되었다. 이 작품의 성공으로 엘가는 오랜 무명생활에서 벗어났으며, 그의 명성은 영국을 넘어 유럽 전역에 퍼져 나갔다. 20세기가 되면서 엘가는 영국을 대표하는 음악가가 되었다.

엘가는 43세 때 친구로부터 얻은 아이디어를 모티브로 〈위풍당당 행진곡〉을 작곡했다. 제목은 셰익스피어의 희곡 《오셀로》의 대사 '자부심, 그리고 위풍당당함과 영광스러운 땅'에서 착안했다고 한다. 이 작품은 엘가의 첼로 협주곡으로 잘 알려져 있다. 1901년에 리버풀에서 초연되었으며, 런던에서 첫 공연을 했을 때 모든 청중이 일어서서 환호할 만큼 대성공을 거두었다. 또한 이 작품은 그 당시 콘서트에서 앙코르를 두 번 받은 유일한 곡으로도 유명하다. 1924년, 엘가는 67세의 나이로 영국 왕실의 '음악 마스터'가 되었다. 명실상부한 음악 분야 최고의 자리에 오른 것이다.

엘가는 고전 형식을 존중하면서도 영국의 민속적 요소를 첨가해서 자신만의 독자적인 양식을 만들었다. 그는 현대 영국 음악의 선구자라 할 수 있는데, 영국의 음악 발전에 기여한 공로를 인정받아 1900년에 케임브리지대학교에서 명예박사 학위를 받았다.

미술 280

빈센트 반 고흐

빈센트 반 고흐(Vincent van Gogh, 1853-1890)는 네덜란드 출신으로, 프랑스에서 활동한 화가이다. 그는 10년밖에 되지 않은 짧은 기간 동안 작품 활동을 했다. 자신이 직접 목격한 것만 그렸던 고흐의 작품 세계는 고통받고 불안정했던 그의 삶과 자신이 머물렀던 지역들의 흔적을 담고 있다. 절정에 달한 감정으로 색채, 소묘, 형태 사이의 상호 연관성을 추구했던 반 고흐의 열정은 작품 속에서 불타오르고 있다.

고흐는 네덜란드의 준데르트에서 목사의 아들로 태어났다. 1869년 구필갤러리의 직원으로 7년간 헤이그, 브뤼셀, 런던, 파리를 오가며 밀레의 작품을 접했다. 이후 고흐는 신학을 공부하고 전도사로 사역했다. 하지만 곧 화가의 길을 가기로 결심하고 이후 그림에만 전념했다. 고흐는 브뤼셀을 거쳐 안트베르펜으로 가서 에콜 데 보자르에서 본격적인 미술교육을 받았다. 그러나 정규교육은 전통적인 원근법과 기법에서 벗어나 자신만의 세계를 표현하고자 하는 그의 본능적인 욕망을 채워줄 수 없었다.

이 무렵 고흐는 루벤스의 밝은 인상파 그림과 안도 히로시게, 기타가와 우타마로의 일본 판화를 접하고 익살스러우면서도 암울한 분위기를 자아내는 초상화 연작에 착수했다. 〈담배를 물고 있는 해골〉은 이 연작의 초상화 중 하나이다.

1886년, 고흐는 동생 테오의 도움을 받아 파리로 돌아갔다. 당시 파리에서는 새로운 인상주의에 대한 논쟁이 한창이었다. 고흐는 테오의 소개로 피사로, 조르주 쇠라, 폴 시냑, 고갱과 교류했다. 당시 고흐는 세잔과 아돌프 몽티셀리를 존경했다. 1888년, 고흐는 테오의 결혼소식에 아를로 향한다. 그곳에서 지중해의 빛에 매료된 고흐는 〈랑글루아 다리〉, 〈라크로의 수확〉을 그렸다. 이 무렵 고흐는 자신과 작품을 추구하는 방향이 같은 고갱을 남프랑스로 불렀고 두 사람 사이의 특별한 연대의식에서 많은 걸작이 탄생했다. 〈산책〉과 〈아를의 댄스홀〉에 고갱의 화풍과 색채 구상적 영향이 엿보인다. 그러나 두 사람의 관계는 오래 지속되지 못했다. 그들이 공동생활을 하던 중, 정신병이 도져 발작을 일으킨 고흐가 고갱을 죽이려고 하다 결국 자신의 귀를 잘라버렸다. 〈귀가 잘린 사나이〉는 이때 고흐가 자신의 모습을 그린 것이다. 고갱이 아를을 떠난 후 고흐는 정신병원에 입원하여 치료를 받았다. 입원과 퇴원을 반복하면서도 작품에 대한 그의 열정은 식지 않았고, 불타는 것처럼 강렬한 색채로 풍경과 꽃을 소재 삼아 그림을 그렸다. 〈자화상〉과 〈별이 빛나는 밤〉 등 걸작들이 이 시기에 탄생했다.

1890년 여름, 고흐는 친구인 의사 폴 가셰의 집에 머물면서 그의 보살핌을 받았다. 치료를 받으면서도 실험적 회화에 대한 열정을 버리지 않고 작품에 몰두하던 중 동생 테오가 네덜란드로 돌아가자 고흐는 다시 버림받은 느낌을 받았다. 고흐의 마지막 작품이 된 〈까마귀가 나는 밀밭〉에는 당시 고흐가 느낀 정신적 고통이 드러나 있다. 결국 고흐는 자신의 가슴에 총구를 겨누었고, 37세 나이로 생을 마감했다. 그는 생전에 700-850여 작품을 남겼다.

<오베르의 교회>(1890)

문학
281 프란츠 카프카

프란츠 카프카(Franz Kafka, 1883-1924)는 장 폴 사르트르와 알베르 카뮈에 의해 실존주의* 문학의 선구자로 높이 평가받는 체코 프라하 출신의 유대계 작가이다. 그는 인간 운명의 부조리와 인간 존재의 불안을 날카롭게 통찰하여, 현대 인간의 실존적 체험을 극한에 이르기까지 표현했다.

카프카는 장신구 상점을 운영하는 헤르만 카프카의 장남으로 태어나 독일어를 쓰는 프라하 유대인 사회에서 성장했다. 자수성가한 카프카의 아버지는 아들이 법관이나 의사가 되어 체코의 상류층에 자연스럽게 편입하기를 원했다. 당시 체코의 상류층은 독일인이 장악하고 있었고, 그들이 쓰는 언어도 독일어였기 때문에 카프카는 독일계 고등학교를 다녔다.

1901년, 프라하대학교에 진학한 카프카는 문학과 예술에 흥미를 느꼈으나, 아버지의 강요로 법률을 전공했다. 1906년 법학박사 학위를 받은 카프카는 법원에서 1년간 수습을 마친 후 아버지의 기대와 달리 일반 보험 회사에 취업했다. 1908년, 보헤미아 왕국 노동자상해보험 회사로 직장을 옮긴 카프카는 낮에는 회사에서 법률고문으로 일하고, 밤에는 작가로서의 삶을 살았다. 이러한 생활은 1922년, 그가 세상을 떠나기 2년 전까지 계속 이어졌다.

카프카는 자신의 정체성 때문에 늘 고민했다. 그는 유대인의 혈통을 이어받았고, 동유럽의 체코에서 나고 자랐으며 독일어를 사용했다. 프라하의 상층부를 장악하고 있던 독일인에게는 유대인이라는 이유로, 같은 유대인들로부터는 시온주의에 반대한다는 이유로 배척받았다. 이처럼 특수한 환경에서 평생 고독과 외로움이 그의 곁을 떠나지 않았다.

1912년에 집필을 시작한《변신》은《심판》과 함께 그의 대표작으로 평가받는 작품으로, 그의 세계관과 문학적 기량이 유감없이 발휘되어 있다.

《변신》의 주인공 그레고르 잠자는 어느 날 거대한 벌레로 변한다. 충격에 빠진 그레고르는 시간이 지나면서 현실을 수용한다. 그러나 가족들은 점차 그의 존재를 버거워한다. 벽을 기어 다니는 그레고르를 보고 어머니는 기절하고 아버지는 그에게 사과를 던진다. 사과에 맞은 그레고르는 치명상을 입고 죽고 만다. 가족들은 고레고르의 죽음을 슬퍼하기는커녕 오히려 안도한다. 이 작품을 통해 카프카는 우울한 현대의 모습과 소외된 현대인의 삶을 보여주고 있다.

1917년 9월, 각혈을 한 카프카는 폐결핵이라는 진단을 받고, 요양소와 여동생들의 집을 번갈아 드나들며 지냈다. 그는 요양 중에도 집필을 멈추지 않고 장편소설《성》,《배고픈 예술가》를 비롯한 단편을 많이 썼다.

빈 교외의 킬링 요양원에서 41세의 젊은 나이에 생을 마친 카프카는 일주일 후 프라하의 유대인 묘지에 안장되었다. 생전에 카프카는 자신의 작품이 출간되는 것을 꺼렸는데, 출판업자의 권유로 마지못해 발표한 작품들도 대중의 외면을 받아 거의 팔리지 않았다. 그는 친구 막스 브로트에게 남긴 유서에서 자신의 작품을 모두 불태워 없애줄 것을 부탁했다. 하지만 막스 브로트는 유언을 어기고, 카프카의 유고를 정리 발표하여 전 세계에 알렸다.

* 실존주의: 20세기 전반에 합리주의와 실증주의의 사상에 대한 반동으로 독일과 프랑스를 위시하여 일어난 철학 사상. 인간 존재와 인간적 현실의 의미를 그 구체적인 모습에서 다시 파악하고자 하는 사상운동이다. 장 폴 사르트르와 알베르 카뮈는 프랑스의 대표적 실존주의자이다.

세계사 282 워털루전투

1813년 8월, 나폴레옹은 드레스덴에서 프로이센과 러시아 연합군을 격파하고 대승을 거두었다. 나폴레옹은 적을 보헤미아까지 추격하는 대신 베를린으로 진격을 선택했다. 그 덕분에 연합군은 자신들의 병력을 모두 집결시킬 기회를 얻었다. 10월, 라이프치히전투가 시작되었을 때 연합군의 병력은 30만에 이르렀고, 나폴레옹의 병력은 18만에 불과했다. 1주일간 계속된 이 전투에서 프랑스군은 참패했고, 파리로 후퇴한 나폴레옹은 추격해온 연합군에게 항복했다. 1814년, 나폴레옹은 폐위되어 엘바섬으로 유배를 떠났다. 차후의 반란을 방지하려는 목적에서 합스부르크가의 외무장관 클레멘스 메테르니히가 빈에서 동맹 체제와 관련하여 협상을 벌였다. 그 결과 프랑스에 왕정복고가 이루어져 1815년 루이 18세가 왕위에 올랐다. 하지만 프랑스 시민들은 무능한 루이 18세에 실망하였고, 나폴레옹을 다시 옹립하자는 움직임이 일었다. 그해 3월, 나폴레옹은 엘바섬을 탈출하여 칸에 상륙하였고, 자원부대와 함께 파리로 북상하였다. 그 사실을 보고받은 루이 18세는 군에 진압 명령을 내렸다. 하지만 나폴레옹을 진압하기 위해 동원된 부대는 오히려 나폴레옹의 휘하에 들어갔다. 루이 18세와 그의 측근들은 영국으로 몸을 피했고, 공화주의자와 농민들의 지지를 받으며 파리에 입성한 나폴레옹은 다시 권력을 잡았다.

당시 유럽 각국은 나폴레옹을 타도하기 위한 동맹을 맺었는데, 그 병력은 70만이 넘었다. 나폴레옹은 이들을 각개 격파하면 정치적 이해관계로 맺어진 동맹이 와해될 것으로 여겼다. 그는 먼저 영국군과 프로이센의 집결을 막기 위해 12만 5,000의 병력을 이끌고 합스부르크가가 지배하는 벨기에로 진격했다. 6월 16일 리니에서 프로이센군을 격파하고, 6월 18일 워털루에서 영국군에 대한 총공격을 개시하였다. 전투는 프랑스군의 승리로 기우는 듯했지만, 퇴각했던 게프하르트 레베레히트 폰 블뤼허의 프로이센군이 공격에 가담하면서 전세가 역전되었다. 프랑스군은 결국 이 전투에서 프로이센·영국 연합군의 공세에 처참하게 무너졌다. 워털루전투에서 전사한 프랑스군은 4만여 명에 이르렀다. 영국의 명장 웰링턴은 영리했고, 프로이센의

72세 백전노장 블뤼허는 대담했다. 나폴레옹은 평소 보병대와 포병대의 정확한 공격을 선보였다. 하지만 당시 프랑스군은 훈련되지 않은 농민과 나이 든 병사들이 많아 전투력이 달렸다. 무엇보다도 나폴레옹은 블뤼허가 이끄는 군대의 진군속도와 힘을 제대로 예측하지 못했다. 웰링턴은 전력상 열등한 군대를 효율적으로 잘 활용했고, 퇴각하던 프로이센은 다시 기습 공격을 감행했다. 나폴레옹은 대서양의 외딴섬인 세인트헬레나로 유배되었다. 당시 45세의 나폴레옹은 6년 뒤 세상을 떠났다. 나폴레옹의 재집권이 백일천하로 끝나면서 프랑스는 다시 부르봉 왕가의 왕정으로 돌아갔다.

<워털루전투>(윌리엄 새들러, 1815)

철학
283 프리드리히 니체

프리드리히 니체(Friedrich Wilhelm Nietzsche, 1844-1900)는 독일의 레켄에서 태어났다. 그의 가계(家系)는 대대로 성직자였으며, 아버지도 목사였다. 니체는 한때 목사를 꿈꾸었지만 18세 때 기독교를 떠나 새로운 사상을 찾아 방황하기 시작했다. 본대학교 신학부에 입학했으나 한 학기 만에 신학을 포기하고, 라이프치히대학교에서 언어학을 전공하며 쇼펜하우어의 철학에 심취했다. 그는 쇼펜하우어의 염세주의와 비관적 사고 속에서 허무의식을 배웠다. '예술이 허무에서 벗어날 수 있는 유일한 것이요 음악이 예술의 극치'라는 쇼펜하우어의 가르침에 따라 음악에 열정을 쏟으며 몰입했다. 23세 때 군대에 입대하였으나 훈련 중 낙마 사고로 가슴에 상처를 입고 조기 제대해야만 했다.

대학으로 돌아온 니체는 25세에 바젤대학교 언어학 교수가 되었다. 그는 1869년 당대 최고의 음악 거장 리하르트 바그너의 집에 초대를 받으면서 그와 교제를 시작했다. 바그너는 니체에게 음악의 스승이 되어주었고, 니체는 바그너에게 사상의 인도자가 되어주며 각별한 인연을 이어갔다. 하지만 그들의 우정은 오래가지 못했다. 디오니소스적인 자유를 추구하던 니체는 바그너의 아폴로적 형식과 예수에 대한 지나친 찬양을 두고 볼 수 없었다. 바그너와 결별을 선언한 니체는 이후 바그너의 가장 큰 적이 되었다. 그는 바그너가 '서양을 몰락시키는 화신'이라고 비난을 퍼부었다. 그들의 관계는 그렇게 끝장나고 말았다. 그와 동시에 니체는 음악에 대한 열정도 사그라들고, 쇼펜하우어에 대한 도취에서도 깨어났다. 그는 거부반응을 보였던 소크라테스와 프랑스 계몽주의자들에게 눈을 돌리기 시작했다.

이 시기에 니체는 한 여자를 사랑하게 되었으니 루 잘로메였다. 그는 사랑을 고백했지만 그녀는 받아주지 않았다. 상처 입은 니체는 "철학자가 결혼하는 것은 코미디에나 어울린다"며 결혼을 포기하고 독신주의자가 된다. 이때부터 니체는 미친 듯이 집필에 몰두했다. 《차라투스트라는 이렇게 말하였다》, 《도덕의 계보학》, 《선악의 저편》, 《권력에의 의지》, 《생성의 순결》, 《니체의 유언》, 《바그너의 몰락》, 《우상들의 황혼》 등 많은 저서가 이 시기에 완성되었다. 니체의 사상을 명확하게 드러내고 있는 이 글들에는 그의 허무의식과 실존 그리고 인간애가 담겨 있으며, 허무주의를 극복하고 초인으로 당당히 등장하려는 냉철한 이성이 살아 있다. 니체는 말년에 이르러 질병과 정신착란증으로 고통을 겪다가 56세로 세상을 떠났다.

프리드리히 니체

신화
284 탄탈로스

리디아의 왕 탄탈로스(Tantalos)는 제우스를 비롯한 올림포스의 신들로부터 특별한 총애를 받았다. 그는 신들의 연회에 참석하는 특권도 누렸다. 신들의 음식인 암브로시아를 먹고 신들의 음료인 넥타르도 마셨다. 탄탈로스는 신들과의 신분을 과신한 나머지 암브로시아와 넥타르를 집으로 가져가서 친구들에게 나눠주었다. 친구들이 놀라워하자 그는 우쭐하여 신들과의 친분을 자랑했다. 탄탈로스는 신들이 마치 자신의 친구인 것처럼 허풍을 떨었고, 신들의 단점을 들춰내 흉을 보기도 했다. 그는 갈수록 교만해지더니 급기야 신들의 권능까지 의심하기에 이르렀다.

한번은 제우스 신전을 지키는 황금 개를 도둑맞은 사건이 있었다. 범인은 밀레투스의 왕 판다레오스였다. 판다레오스는 신들의 의심을 피하기 위해 이 개를 탄탈로스에게 맡겼다. 제우스가 헤르메스를 보내 개를 돌려달라고 하자 탄탈로스는 모르는 일이라며 시치미를 뗐다. 그는 심지어 판다레오스가 찾아와 개를 돌려달라고 했을 때도 개를 맡은 적이 없다며 잡아뗐다.

어느 날 탄탈로스는 올림포스 신들을 자신의 집으로 초대했다. 그러고는 아들 펠롭스를 죽여 그 시신으로 음식을 요리했다. 그는 신들이 과연 음식의 재료를 알아차릴 수 있는지 궁금했다. 음식이 상 위에 차려지자 제우스를 비롯한 신들은 그 음식의 재료가 펠롭스라는 것을 단번에 알아차렸다. 하지만 페르세포네를 잃고 슬픔에 빠져 있던 데메테르만은 다른 신들이 제지하기도 전에 요리를 먹고 말았다. 신들은 펠롭스의 사체를 모두 모아 가마에 쪄서 펠롭스를 살려냈다. 하지만 데메테르가 삼킨 어깨 부위만은 원상회복이 어려워져 신들은 상아로 그 부분을 만들어주어야 했다.

탄탈로스의 천인공노할 짓에 크게 분노한 제우스는 벼락을 던져 탄탈로스를 즉사시켰다. 탄탈로스의 영혼은 저승 세계로 떨어졌고, 제우스는 탄탈로스의 영혼을 저승의 연못에 묶어놓았다. 연못의 물은 평소에는 탄탈로스의 목까지 차올랐다가, 그가 마시려 하면 순식간에 빠져 바닥을 훤히 드러냈다. 그의 머리 바로 위 나뭇가지에는 탐스러운 과일이 주렁주렁 열려 있었지만 그가 손만 뻗으면 가지가 멀리 달아났다. 이 일은 계속 되풀이되어 탄탈로스는 끝없이 갈증과 허기에 시달리며 극심한 고통을 받았다. 신들로부터 특권을 받았음에도 감사할 줄 모르고 오히려 신들을 시험하려 했던 탄탈로스는 저승에서까지 끝없는 고통에 시달려야 했다.

<탄탈로스>(지오아치노 아세레토, 1640)

종교
285
힌두교

힌두교(Hinduism)는 세계에서 가장 오래된 종교이다. 기원전 2000년경 고대 인도인들이 믿던 브라만교를 모태로 성립되었다. '힌두'는 '강'을 뜻하는 '신두'라는 산스크리트어에서 유래했다. 신두는 고대 인도문명이 가장 먼저 싹튼 인더스강을 가리킨다. 힌두교에는 기독교나 불교, 이슬람교와 달리 역사적 창시자가 없고, 단일한 교리도 없다. 힌두교가 시작되었다고 하는 역사적 시기에 대해서도 다양한 견해가 있다.

브라만교는 중앙아시아에서 북인도로 침입하여 인도 대륙을 정복한 아리아인들이 들여왔다. 복잡한 제사의식을 통하여 현세의 소원을 성취하고 사후에는 극락에 이르게 하는 인도의 종교이다. 브라만교의 신분제도인 바르나, 즉 브라만(사제), 크샤트리아(왕족, 무사), 바이샤(서민, 상인), 수드라(노예)의 네 계급이 정착되었다가 이후 카스트제도로 이어지면서 브라만 계급을 중심으로 성립된 종교라고도 알려져 있다. 특이한 점은 평생 배우고 수도하는 생활을 하도록 하는 인도의 전통 생활 방식이 들어가 있다는 점이다.

브라만교는 기원전 5세기 무렵 불교와 자이나교가 융성함에 따라 한때 쇠퇴했으나 인도의 민간 신앙, 풍습과 융합하여 4세기 무렵 힌두교로 재편되었다. 고대 브라만교와 힌두교의 차이점은, 브라만교가 《베다》에 근거한 희생제를 중심으로 신전이나 신상 없이 자연신을 숭배하는 데 비해, 힌두교에서는 신전과 신상이 예배의 대상이며 인격신이 신앙의 대상이 된다는 점이다.

기원전 300년경 북쪽의 굽타 왕조가 건설되면서 힌두교는 새로운 전기를 마련했고, 7세기 하르샤 시대에 와서 큰 세력을 얻었다. 10세기경 힌두교가 인도아대륙에서 지배적 종교로서의 입지를 확립한 반면 불교는 점점 쇠퇴했다. 그러나 중세 시대에 접어들면서 이슬람의 침략과 지배로 힌두교는 새로운 종교적 위협에 직면했고, 700여 년간 이어진 이슬람 통치 기간에 힌두교 인구 중 약 25퍼센트가 이슬람으로 개종했다. 현대에 들어와서는 인도가 영국의 식민지로 전락하면서 기독교가 힌두교의 새로운 종교적 위협이 되었다. 동시에 힌두교 사상은 기독교의 옷을 입은 과학, 세속주의, 인본주의 등의 새로운 형태의 종교적 위협에 직면하였다.

1947년, 인도는 영국의 식민지에서 무슬림 중심의 파키스탄과 힌두교 중심의 인도로 분리 독립을 했다. 오늘날 힌두교도는 인도 인구의 80퍼센트에 이른다. 힌두교는 어떤 신을 믿느냐에 따라 교파가 달라지는데, 크게 비슈누파와 시바파가 있다. 비슈누파는 학문적 성격이 강하며, 비교적 사회의 상류층에 많다. 비슈누파의 신자들은 비슈누가 인간과 동물로 지상에 나오는 것을 믿으며, 이마에 '비슈누'를 상징하는 V 자를 그려 넣고 다닌다. 반면 시바파는 수행자의 고행, 주술, 제례의식을 치른다. 시바파의 신자는 이마에 제3의 눈을 상징하는 세 개의 선을 그려 넣기 때문에 한눈에 그 사람이 어떤 교파인지 구분할 수 있다.

음악
286 종교 음악

종교 음악(Sacred Music)은 종교 행사에 쓰이는 음악의 총칭이며, 서양에서는 대부분 기독교의 교회 음악을 말한다. 종교 음악의 형식으로는 오라토리오, 칸타타, 모테트, 수난곡 등이 있으며, 레퀴엠도 교회 음악에서 발전한 형식이라고 할 수 있다.

오라토리오란 종교적인 내용을 지닌 극적인 대본을 독창, 합창, 그리고 오케스트라를 동반하여 표현하는 형식이다. 초기에는 오페라처럼 의상을 입고 무대장치 위에서 상연되기도 했으나 요즘에는 그런 형식을 찾아보기 어렵고, 독창보다 합창에 많은 중점을 두고 있다. 대표적인 작곡가는 하이든이며, 〈천지창조〉와 〈사계〉는 현대 오라트리오의 전형적 작품이다.

칸타타는 기악으로 연주되는 소나타에 대별되는 성악곡을 말한다. 교회 행사만을 위한 목적으로 작곡되었기 때문에 독일의 교회 음악에서 가장 큰 비중을 차지했다. 요한 제바스티안 바흐는 무려 300여 곡의 교회 칸타타를 작곡했다. 칸타타는 여러 악기와 함께 독창, 합창, 아리아 등이 어우러진다.

수난곡은 그리스도의 수난과 죽음에 관한 복음서를 연극의 형식을 빌어 노래한다. 대표적인 작품으로 바흐의 〈마태오수난곡〉과 〈요한수난곡〉이 있다.

모테트는 중세 르네상스 시대에 종교 음악으로 주로 사용되던 무반주 다성 성악곡이다. 가사가 붙은 여러 개의 독립된 성부(聲部)들이 조화를 이루는 다성 합창곡 양식으로, 라틴어 성경에서 따온 구절을 가사로 사용하였으나 때에 따라서는 라틴어와 프랑스어를 함께 부르거나 역사, 사랑 등 세속적 내용의 가사를 첨가하기도 하였다.

레퀴엠(진혼곡)은 죽은 자의 넋을 위로하기 위한 미사 음악이다. 로마 가톨릭교회의 전례 미사의 한 부분으로서 오랜 전통을 지녔지만 바로크 시대 이후에는 순음악적 양식으로 발전했다. 몬테베르디와 베를리오즈, 베르디 등 많은 작곡가가 주옥같은 레퀴엠을 남겼다. 특히 모차르트가 남긴 〈레퀴엠 d단조〉는 대규모의 관현악과 독창, 합창이 유기적으로 결합된 걸작으로, 레퀴엠의 전형을 만들었다.

미술 287

조르주 쇠라

조르주 쇠라(Georges Pierre Seurat, 1859-1891)는 신인상주의를 창시한 프랑스의 화가이다. 그는 색채학과 광학이론을 연구하여 분할화법을 완성했으며, 구성선과 윤곽 표현을 연구하여 '시각적 회화'를 만들어냈다. 이러한 합리적 화풍은 쇠라의 창조적 상상력의 발판이 되었다. 또한 쇠라는 과학적 접근으로 재능, 냉철한 시각, 지식을 발전시킬 수 있음을 입증했으며, 폴 세잔과 더불어 20세기 회화의 새로운 장을 열었다.

쇠라는 프랑스 파리에서 태어났다. 파리의 에콜 데 보자르에 입학하여 앵그르의 제자인 레만의 지도를 받았다. 이 기간 동안 쇠라는 고전 작품을 연구하고 장 밥티스트 카미유 코로, 외젠 들라크루아, 화학자 미셸 슈브뢸이 쓴《색채의 동시 대비 법칙》을 연구했다.

초창기 색채이론에 심취한 쇠라는 바르비종파 풍경화가들의 기법을 습득하기 위해 콩테를 사용한 소묘에 열중했다. 또한 앵그르의 영향을 받아 견고하고 웅장한 실루엣을 얻어내기 위해 인물들의 형태를 단순화했다.

1883년, 쇠라는 루브르박물관 살롱에 〈아망 장의 초상〉을 출품하여 심사위원들의 호평을 받았다. 하지만 이듬해 출품한 첫 번째 대작 〈아스니에르에서의 물놀이〉는 낙선의 고배를 마셨다. 쇠라는 이 작품을 다시 앙데팡당에 출품하였고, 이번엔 큰 반향을 일으켰다. 이 일을 인연으로 폴 시냑과 친분을 쌓고, 카미유 피사로의 지지를 받았다. 이후 〈그랑드 자트섬의 일요일〉에서 쇠라는 순수색과 보색의 '색채 분할'을 도입하여 시각적 회화를 정립했다. 이 작품은 아카데미파와 일반 대중 사이에서 큰 논쟁을 불러일으켰다. 하지만 상징주의 시인 에밀 베르하렌과 몇몇 미술평론가는 열정적인 찬사를 보냈다.

쇠라는 뉴욕과 파리에서 열린 전시회에서 눈부신 성공을 거둔 후 1886년, 마지막 인상파전과 앙데팡당에 참여했다. 이때 출품된 작품은 〈그랑드 자트, 포즈를 취한 여인들〉, 〈서커스의 퍼레이드〉, 〈기묘한 춤〉, 〈서커스〉이다.

1886년, 샤를 앙리는 선과 색의 표현관계를 해명한《과학적 미학 입문》을 발표했다. 이를 계기로 쇠라는 선의 특성과 그것이 작품에서 차지하는 상관관계와 중요성에 대한 연구에 전념했다. 한창 빛을 발해야 할 쇠라는 그러나 32세에 세상을 떠나고 만다. 그는 짧은 생애 동안 30여 작품밖에 남기지 못했지만, 그럼에도 이후 점묘파, 야수파, 입체파, 미래파 화가들에게 영감을 주며 회화사에 큰 영향을 끼쳤다.

<그랑드 자트섬의 일요일>(1884-1886)

문학
288 펄 벅

펄 벅(Pearl Sydenstricker Buck, 1892-1973)은 미국의 소설가로, 본명은 펄 시던스트라이커이다. 그녀는 중국에서 보낸 유년 시절의 경험을 바탕으로 중국 서민들의 생활을 주로 그려냈다.

웨스트버지니아주의 힐즈버러에서 태어난 그녀는 생후 4개월 만에 선교사인 아버지를 따라 중국으로 건너가 중국의 환경과 사고방식 속에서 자랐다. 그녀는 대학 교육을 미국에서 마쳐야 한다는 어머니의 뜻에 따라 18세 때 미국으로 건너가 랜돌프매콘여자대학교에서 공부하고, 졸업 후 선교사가 되어 다시 중국으로 돌아왔다. 1917년 중국에서 사역하던 존 로싱 벅과 결혼한 그녀는 선교사로 일하면서 난징대학교에서 영문학을 강의했다. 이 무렵부터 글을 쓰기 시작해서 미국의 여러 잡지에 중국 문화에 대한 논문들과 중국을 배경으로 한 단편소설들을 발표했다. 1930년, 동서양의 문명 갈등을 다룬 첫 소설《동풍·서풍》을 발표했다. 이듬해 발표한《대지》는 중국인의 삶과 농민들의 순박한 모습을 감동적으로 그려낸 걸작이다.《대지》는 1930년대 중국의 동란기가 배경이다.

이야기는 인후이성의 가난한 농민 왕룽이 아내를 얻는 날부터 시작한다. 아내 아란은 큰 부잣집인 황가의 하녀이다. 말이 없고 건강한 그녀는 왕룽의 자식들을 잇달아 낳는다. 부부는 새벽부터 밤늦도록 밭을 일군다. 늙은 아버지는 잔소리가 심하고 인색하지만 왕룽은 극진히 모신다. 얼마 뒤 흉년이 들자 먹을 것이 없어진 일가는 기차를 타고 난민들과 함께 장쑤성의 도시로 간다. 그곳에서 왕룽은 인력거꾼으로 일하고, 아란은 구걸을 하며 커다란 저택의 담벼락에 기대듯이 판잣집을 짓고 산다. 이듬해 봄에 폭동이 일어나고, 혼란의 와중에 왕룽 부부는 집주인으로부터 거금을 얻어 고향으로 돌아간다. 이윽고 황가가 몰락하자 왕룽은 그 땅을 손에 넣어 대지주가 된다. 왕룽의 큰아들은 귀족 취미를 갖고, 둘째 아들은 축재에 능하며, 셋째 아들은 군벌의 우두머리가 된다. 아들들은 점점 성장하면서 아버지의 토지를 팔 궁리를 하는데, 이 사실을 알게 된 왕룽은 크게 화를 내며 토지를 없애는 것은 일가의 몰락, 곧 죽음을 뜻한다고 소리친다. 세월이 흘러 아버지와 동생 부부가 죽고, 아란과 왕룽의 충실한 재산관리인 진도 죽는다. 늙은 대지주 왕룽의 고독한 모습에도 죽음의 그림자가 길게 드리운다. 왕룽이 죽을 때까지 집착한 것은 모든 것을 낳고 자라게 하는 대지였다.

강인한 중국 민중과 근대 중국의 주요 문제에 대한 작가의 깊은 이해를 엿볼 수 있는 《대지》는 출간되자마자 센세이셔널을 일으켰다. 평론가들의 찬사와 함께 21주 연속 베스트셀러를 기록하고, 30여 개국에서 번역 출간되었으며 퓰리처상과 미국 문예아카데미하우얼스상을 수상했다. 1932년에 속편 《아들들》, 1935년에 완결편 《분열된 집안》을 출간했다. 코넬대학교 초청으로 중국 문화를 연구하기 위해 미국으로 건너간 그녀는 1935년 벅과 이혼하고 출판사 대표인 리처드 월쉬와 재혼해 미국에 정착한다.

1938년, 스위스예술원으로부터 '중국의 농민생활에 대한 풍부하고도 획기적인 묘사와 자전적 요소가 어우러진 걸작'이라는 평과 함께 《대지》로 노벨 문학상을 받았다. 당시 미국 여류 작가로는 최초의 수상이었다. 그녀는 이후 왕성한 집필 활동을 통해 소설과 수필, 평론 등 약 60여 종을 출간했고, 펄벅재단을 설립해 아시아 10개국에 아동 의료 및 교육사업과 인권운동에 힘을 쏟았다.

세계사 289

아편전쟁

중국에 아편을 들여온 것은 포르투갈 상인이었다. 영국은 중국과 관세가 높은 차를 거래하고 싶어 했다. 중국은 해외 교역에서 은을 화폐로 사용했는데, 미국 독립으로 은이 싼값에 대량으로 유입되었다. 청나라에 매년 세금으로 600만 달러를 내는 것은 영국의 이익에 맞지 않았다. 그래서 영국은 면직물을 인도에 팔고, 인도에서 생산한 아편을 중국에 팔고, 그 돈으로 중국의 차를 사가는 삼각무역*을 실시해 수지 균형을 맞추었다.

아편 판매가 늘어나면서 중국으로 들어오던 은이 오히려 중국 밖으로 빠져나가기 시작했다. 화폐로 쓰이는 은이 부족해지자 중국 경제는 혼란에 빠졌다. 아편의 소비는 폭발적으로 증가했고, 아편 중독자가 늘어나면서 심각한 사회 문제로 떠올랐다. 이에 청나라는 1729년 첫 번째 아편 금지령을 내렸다. 하지만 여러 차례 이어진 금지령에도 아편의 수요는 갈수록 증가했다. 1780년 무렵 1,000상자에 불과하던 아편 밀수입량은 1830년에 1만 상자, 아편전쟁 직전에는 4만 상자로 늘어났다.

청나라는 특단의 대책이 필요했다. 1839년, 청나라는 아편 밀수를 근절하기 위해 임칙서를 당시 유일한 무역항인 광저우에 파견했다. 임칙서는 영국 상인들의 아편을 몰수하여 불태우고 항구를 폐쇄시켰다. 이 문제로 영국 의회는 전쟁 개시 찬반 토론을 했는데, 불과 9표 차이로 전쟁이 승인되었다. 영국은 자국 상인 보호를 구실로 20척의 함선과 4,000명의 원정군을 파견했고, 원정군은 1840년 6월 광저우 앞바다에 도착했다. 전쟁이 시작되자 대포로 무장한 영국군 앞에 청나라 군대는 맥없이 무너졌다. 청나라는 농민들까지 자위조직을 결성하여 곳곳에서 영국군에 저항했지만 역부족이었다. 1842년 6월, 상하이를 점령한 영국군은 난징으로 진격했다. 결국 청나라는 불리한 조건으로 영국과 타협할 수밖에 없었다. 이 전쟁에서 청나라는 2만여 명, 영국은 520명의 사상자를 냈다.

* 삼각무역: 3개국 사이에서 하는 무역.

1842년, 중국과 영국은 난징 조약을 체결했다. 이 조약으로 청나라는 영국에 전쟁 배상금을 지불하고, 홍콩을 넘기고, 광저우·샤먼·푸저우·닝보·상하이 등 5개 항구를 개방해야 했다.

1851년, 청나라에 태평천국의 난이 일어났다. 그 와중에 영국은 2차 아편전쟁을 일으켰고, 이번에는 프랑스도 참여했다. 청나라 관리들이 밀수선 애로호를 단속하는 과정에서 영국기를 내렸다는 것이 전쟁의 명분이었다. 프랑스는 선교 방해를 전쟁 참전의 명분으로 내세웠다. 이 전쟁에서 패한 청나라는 톈진 조약을 맺었다. 이로써 아편무역이 합법화되었으나 중국은 1860년 베이징이 함락될 때까지 저항을 계속했다. 이후 베이징 조약을 맺은 중국은 북부의 항구를 개방하고, 여행·통상·포교의 자유를 허락하고, 배상금을 지불하게 된다. 조약을 중재한 러시아는 연해주를 얻었다.

철학
290

에드문트 후설

에드문트 후설(Edmund Husserl, 1859-1938)은 20세기 철학에 지대한 영향을 끼친 사상가 중 한 명이다. 그는 데카르트의 '방법적 회의'와 같은 신념을 지니고 철학에 맞서 '현상학*'이라는 독자적 입장을 확립했다.

지금의 체코 프로스테요프의 유대인 가정에서 태어난 그는 라이프치히·베를린·빈대학교 등에서 수학을 전공했는데, 수 개념의 본질에 대해 연구하다가 철학에 접근하게 되었다. 당시 많은 학자가 수학의 뿌리가 심리학에 닿아 있다고 생각했는데, 그는 이를 비판하면서 현상학적 개념을 정립했다. 후설에 의하면, 세계는 자신의 주관 속에서만 존재하고 주관 밖에서는 아무것도 존재하지 않는다. 그런데 우리는 세계가 자신의 외부에 존재한다고 당연한 듯 믿는다. 우리는 왜 세계가 실재한다고 확신하는 걸까? 그 확신은 어떻게 하면 생기는 걸까? 그 수수께끼를 밝히는 것이 현상학이다. 후설은 자신의 저서《이념들》서문에서 현상학을 '사실 학문이 아니라 본질 학문으로' 기초를 정립하는 것이 자신의 의도라고 밝혔다.

후설은 1891년 할레비텐베르크대학교 강사로 있던 시기에 첫 번째 저서《산술의 철학》을 발표하고 혹평을 받았지만 1900-1901년에 발표한《논리학 연구》는 흔히 막스 플랑크*, 아인슈타인, 프로이트의 저작과 더불어 이정표와 같은 노작이라고 평가받았다. 또한 논리학에서 심리주의를 배격하는 사상적 진전을 보여주면서, 빌헬름 딜타이*로부터 '칸트 이후 철학이 거둔 최초의 거대한 진보'라는 호평을 받았다.

* 현상학(Phenomenology): 그리스어 동사 '파이네스타이(나타나다, 밝혀지다)'에서 유래했다. 따라서 이 동사의 분사 형태인 '파이노메논'은 '나타나는 것, 현상하는 것'이며 철학적 맥락에서는 '감관(感官)에 현상하는 것'이라는 의미이다. 후설의 현상학은 외부 사물이 인간 주체 안에 현상으로 드러나는 모습을 탐구하고 있다.

* 막스 플랑크(Max Karl Ernst Ludwig Plank): 독일의 물리학자. 열역학의 체계화에 공헌하였으며 양자론의 전개를 초래하고 물리학에 커다란 전기를 가져왔다.

* 빌헬름 딜타이(Wilhelm Dilthey): 독일의 철학자, 생(生)의 철학의 창시자. 자연과학에 대해 정신과학의 영역을 기술적 · 분석적 · 심리적 방법으로 확고하게 만들었다.

이후 1913년《철학과 현상학적 연구 연총》을 발간하기 시작하면서 그 첫 권으로《순수 현상학과 현상학적 철학의 이념들》을 발표했다. 이때부터 그의 저작들은 수학적 내용에서 현상학적 내용으로 바뀐다. 1916년 이후 프라이부르크대학 교수 시절에는 칸트적인(선험적인) 현상학을 시도했다. 1929년, 후설은《형식 논리학과 초월 논리학, 논리 이성 비판의 시론》을 발표했다. 그의 현상학은 막스 셸러에 의해 완성에 도달했고, 알렉산데르 팬더, 모리츠 가이거 등의 학자들에 의해 계승 발전되었다. 일부 이론은 하이데거에 의해 실존주의로 흡수되면서 20세기 철학의 토대가 되었다.

1933년 이후 히틀러의 암흑 시대가 시작되면서, 후설은 나치의 탄압을 받아 굴욕적이고 고독한 삶을 살았다. 그는 유대인이라는 이유로 활동이 금지되었다. 학문에 대한 순수한 열정마저 '유대인 탄압'이라는 히틀러의 야만적 행위 아래 족쇄가 채워진 것이다. 그는 79세를 일기로 생을 마쳤다.

신화
291 프로메테우스

제우스와 크로노스의 전쟁에서 티탄 신족은 크로노스의 편에 섰다. 그러나 티탄 신족 중 몇몇은 제우스 편에 서서 싸웠는데 프로메테우스(Prometheus)와 그의 동생 에피메테우스도 그러했다. 프로메테우스는 '미리 아는 자'라는 의미이며, 에피메테우스는 '나중에 아는 자'라는 의미이다. 미래를 내다보는 능력을 가진 프로메테우스는 제우스가 크로노스와의 전쟁에서 승리할 것임을 알고 제우스 편에 섰던 것이다.

크로노스가 왕좌에 있을 때 프로메테우스 형제는 인간을 창조해서 지상에 살게 했다. 초기에 인류는 모두 남자였다. 그들의 마음속에는 악이라고는 없었고, 욕심이나 다툼, 미움도 없었다. 지상에 있는 모든 것이 그들 소유였으며, 필요한 것은 무엇이든지 가질 수 있었다. 신들은 프로메테우스에게 피조물인 인간이 신에게 제물을 바쳐야 한다고 요구했다. 프로메테우스는 그 요구를 받아들였지만, 인간에게 더 좋은 것을 주기로 마음먹었다. 어느 날 그는 황소 한 마리를 잡아 한쪽 제단 위에는 한 무더기의 뼈를 쌓고 그 위에 기름 덩어리를 보기 좋게 얹었다. 그리고 다른 쪽에는 살코기와 기름진 내장을 떼어 쌓은 다음 소의 위장을 갈라 지저분하게 덮어놓았다.

프로메테우스는 제우스에게 둘 중 하나를 선택하라고 했다. 제우스는 뼈와 기름 덩어리를 선택했고, 이후 인간들은 신에게 바치는 제물을 동물의 뼈와 기름 덩어리로 정했다. 나중에야 속은 것을 안 제우스는 화가 나서 프로메테우스가 창조한 인간들에게 불을 주지 말 것을 명했다. 하지만 프로메테우스는 제우스 몰래 인간들에게 불을 전해주고 사용법까지 일러주었다. 여기서 불이란 인간과 동물을 구별해주고 신과의 유사성을 나타내주는 이성의 불을 상징한다. 그 덕분에 인간은 원시의 야만 상태를 벗어나 문명을 이룰 수 있었다.

인간들이 불을 사용하는 것을 알게 된 제우스는 크게 분노했다. 인간의 입장에서 프로메테우스는 훌륭하고 고마운 신이었지만, 제우스의 입장에서는 인간 세계와 신의 세계의 경계를 모호하게 만들어 우주의 질서를 혼란스럽게 만든 중범죄자였다. 제우스는 프로메테우스를 잡아다가 캅카스산 바위에 쇠사슬로 묶고 독수리를 보내 그의 간을 쪼아먹게 했다. 불사의 몸인 프로메테우스는 죽지 못하고, 쪼아먹힌 간은 밤사이에 다시 회복되어 다음 날 또다시 쪼아먹히는 끔찍한 형벌을 받았다. 그러한 프로메테우스는 인간에게 불을 가져다준 신, 즉 계몽주의자로 간주되어 혁명가의 원형이 되었다.

<프로테우스의 고문>(살바토르 로사, 1646-1648)

종교 292

요가

요가(Yoka)라는 말은 영어의 'yoka'와 어원이 같은 것으로 '결합한다'라는 뜻이다. 힌두교의 사상에서 인간은 수직적 방식과 수평적 방식으로 분석된다. 수직적인 면에서는 신체와 영혼, 또는 물질과 정신의 이분법으로 분리할 수 있고, 수평적으로는 인격의 세 가지 요소인 지식, 감정, 의지로 나뉜다. 물질과 정신이 지식, 감정, 의지와 결합되면 힌두교의 다섯 가지 주요 형태를 취하니, 이것들이 바로 요가다.

요가는 힌두교에서 특별한 의미와 일반적 의미로 사용된다. 즉, 철학의 학파와 관련하여 사용하거나 인간을 신과 연결하는 철학 체계나 기법과 관련하여 사용한다. 또한, 인간을 신에 이르게 하는 체계 혹은 접근 방법을 가리키는 뜻으로 사용한다.

요가는 인간을 신과 결합하게 만드는 기법이다. 대안적 의미에서 요가는 '마르가', 즉 '길'이라는 뜻이다. 이는 깨달음이라는 동일한 목표에 이르게 하는 길을 의미하기도 한다. 대표적으로 하타 요가, 라자 요가, 즈나나 요가, 박티 요가, 카르마 요가로 분류한다.

하타 요가는 자아실현에 도움이 될 몸을 만드는 것이 목적이다. 감각 통제를 통해 몸을 다스릴 수 있고, 신체적 단련을 통해 의식에 영향을 줄 수 있다는 관념이 하타 요가에 의해 발전되었다. 라자 요가는 기원전 2세기에 문법학자 파탄잘리가 기존에 흩어져 있던 요가의 여러 이론과 수행 방법을 통합하고 체계화하여 '요가수트라'로 정리한 요가 철학이다. '요가의 왕'으로 불리며 수행을 통해 마음의 '멍에'를 벗어던지고 해탈을 달성하는 것을 목표로 한다. 즈나나 요가는 자신의 선입견적 사고나 관념에 사로잡히지 않고 경험적인 지식을 갖는 것이다. 즉, 지혜를 통하여 현상적 자아와는 다른 영원한 정신성으로서의 진정한 자아를 발견하고 구현하는 것이다. 박티 요가는 신에게 헌신적 봉헌과 사랑을 바침으로써 신과 신뢰와 사랑의 관계를 맺고, 궁극적으로는 신과의 합일을 통하여 완전한 자유의 경지에 이르고자 하는 요가 형태이다. 카르마 요가는 세속적인 삶과 행위를 부인하지 않으면서 해탈의 추구가 가능할 수 있도록 '행위를 재해석한 해탈의 길'이다. 즉, 결과에 집착하지 않고 욕망 없이 하는 행위는 업을 낳지 않을 뿐만 아니라 해방에 이를 도구가 되기도 한다는 것이다.

현재 이 다섯 가지 요가 외에 더 많은 요가가 나왔지만 주요한 형태는 즈나나 요가(절대적 힌두교), 박티 요가(유신론적 힌두교), 카르마 요가(실천적 힌두교) 정도로 구체화된다. 이 세 가지 요가 체제는 힌두교의 세 축을 형성한다.

박티는 즈나나의 냉정함이 차가운 무관심으로 변질되는 것을 막아준다. 즈나나는 비이성적인 감성주의의 고역으로부터 박티를 구해준다. 카르마는 사회를 무시하고 자기만 생각하는 이기주의로부터 모두를 구해주고 즈나나와 박티는 카르마가 자기중심주의를 고집하지 않도록 도와준다. 이처럼 힌두교는 하나의 요가 내에서도 견제와 균형이 존재한다.

현대 힌두교에서 이 요가들을 대표하는 인물로 라마나 마하르시, 라마크리슈나, 마하트마 간디가 있다.

음악 293

아널드 쇤베르크

아널드 쇤베르크(Arnold Schönberg, 1874-1951)는 오스트리아의 작곡가이며 무조 음악, 12음 기법의 창시자이다. 그는 현대 음악의 새 경지를 개척한 음악가로 높은 평가를 받고 있다.

오스트리아 빈에서 태어난 그는 어려서부터 음악적 재능이 돋보였다. 12세 때 이미 탁월한 바이올린 연주 솜씨를 보였고, 독학으로 바이올린 소곡을 쓸 정도였다. 처음엔 현악기 위주로 공부했으나 작곡과 음악이론은 독학으로 터득했으며, 후에 처남이 된 알렉산더 폰 쳄린스키에게 잠시 대위법 수업을 받은 것이 일생에서 유일한 배움이었다.

쇤베르크는 음악의 형식 언어를 확대하려고 노력했다. 그는 낭만주의가 아름다운 음들을 모두 사용해버려서 불협화음, 즉 조화롭지 못한 음들이라도 사용해야 한다고 생각했다. 또 그는 장조와 단조의 전통적인 구분을 극복하기 위해 12음계를 계발하여, 작곡 기법에 가장 큰 혁명을 일으켰다. 음악에서 조성이란 가장 중요한 질서라고 할 수 있는데 장조도 단조도 아닌 무조적 성격의 음악은 바그너로부터 조짐이 보이기 시작했다. 근대 음악이 생성된 후 조성의 파괴는 점점 도를 더해가더니 급기야 쇤베르크에 이르러 12음 기법이라는 새로운 작곡 기법이 탄생했다.

12음계의 원리는 매우 단순하다. 하나의 음렬에는 12개의 음이 모두 나타나야 한다는 것이다. 악곡의 나머지 부분은 이러한 음렬 위에 세워지며 음렬 내에서는 그 어떤 음도 다른 음을 희생하면서 강조될 수 없다. 따라서 음끼리의 절대적인 평등성, 즉 음악적인 엔트로피의 형식이 12음계의 원칙으로 자리 잡게 된다. 12음 기법은 현대 음악 작법에 기본이 되었고, 20세기 이후 작곡가들에게 쇤베르크의 이론은 반드시 공부해야 할 상식이 되었다. 12음 기법은 쇤베르크의 제자인 알반 베르크와 안톤 폰 베베른에 의해 더욱 발전했다.

쇤베르크는 왕성한 작품 활동을 펼치다가 로스앤젤레스에서 77세를 일기로 세상을 떠났다.

미술 294

구스타프 클림트

구스타프 클림트(Gustav Klimt, 1862-1918)는 빈 분리파를 결성한 오스트리아 화가이며, 아르누보(유겐트 양식)의 대가이다. 그가 창조해낸 상징적, 관능적, 몽환적 예술 세계에서 여성들은 찬미의 대상이 되었다. 강렬한 원색 단일 색조의 기하학적 장식 모티프, 금박과 은박 배경, 꾸불꾸불한 그물망 형태로 양식화한 곡선은 클림트의 대표적 특징이다. 그의 작품 〈키스〉는 20세기 초에 제작된 가장 흥미로운 작품 중 하나로 꼽히고 있다.

클림트는 1862년 바움가르텐에서 태어났다. 그의 아버지는 귀금속 세공사와 판화가로 활동했지만 그리 성공을 거두지 못했고, 클림트 가족은 궁핍한 삶을 살아야 했다. 14세가 되던 해에는 가정형편이 더욱 어려워져 학교까지 그만두었다. 그러나 평소 클림트의 재능을 눈여겨본 친척의 도움으로 그는 빈의 미술공예학교에 입학하게 되었다. 클림트는 재학 당시 교수들의 주목을 받았고, 졸업 후에는 동생 에른스트, 친구 마치와 함께 실내장식과 조형물 작업을 했다.

1829년, 아버지와 동생을 같은 해 떠나보내고 슬픔에 빠진 클림트는 3년 동안 창작의 위기에 빠진다. 1895년에 완성한 〈사랑〉은 클림트가 위기를 극복하고 제작한 최초의 걸작이다. 이후 상징주의로 전환한 클림트는 풀어헤친 머리, 온화한 색채, 애수에 젖은 아름다움 같은 우의적 요소들을 통해 몽상적 세계를 표현했다. 1897년, 클림트는 빈 분리파를 결성했다. 이 조직은 아르누보의 원칙에 충실하여 미술을 개혁하고 오스트리아 미술을 세계적으로 발전시키는 것을 목표로 삼았다. 이듬해 조직은 독립된 건물을 짓고 회지를 발간했다.

'각 시대마다 그 시대의 미술을, 각 미술마다 자유를.'

이 문구는 오토 바그너가* 설계하고 클림트의 〈베토벤 프리즈〉가 장식된 빈 분리파 건물의 현관에 새겨졌다. 이로써 빈 분리파가 세상에 탄생하였다. 빈 분리파는 1897년부터 1905년까지 일본풍 미술 전시회와 후기 인상주의 전시회를 비롯하여 모두 19차례 전시회를 개최했다.

1898년부터 클림트는 풍경화 장르를 다루기 시작했다. 〈움직이는 바다〉, 〈자작나무가 있는 농가〉, 〈너도밤나무 숲〉은 모두 그 결과물들이다. 이후 〈유디트〉와 〈금붕어〉의 '황금빛 양식'에는 클림트의 새로운 시각이 담긴다. 클림트는 연이어 몇몇 벽화를 완성하고 라벤나를 여행했다. 라벤나의 비잔틴 양식에서 영감을 얻은 클림트는 〈삶은 전투다〉와 브뤼셀 스토클레성 벽화를 제작했다. 클림트의 황금빛 양식은 〈희망〉, 〈여자의 세 시기〉, 〈키스〉에서 절정에 달하고 이후부터는 '은빛 양식'으로 바뀐다.

1910년대 이후 클림트는 장식화의 제작을 중단했고, 금색 배경을 포기했다. 이 시기의 초상화들은 은빛을 띤 회색, 검은 갈색의 중간색 또는 강렬한 색을 띠며 인간의 몸은 반신만 그렸다. 이후 클림트의 풍경화에서는 입체감이 살아났고, 농장·가옥·암탉과 같은 시골풍의 요소가 도입되었으며, 모티브들은 더욱 추상적으로 변화했다. 만년에 루마니아를 여행하고 돌아온 클림트는 〈요람〉과 〈신부〉의 작업에 착수했으나, 뇌출혈에 의한 합병증으로 세상을 떠나면서 완성하지 못했다. 그는 생전에 208점의 작품을 남겼다.

* 오토 바그너(Otto Wagner): 오스트리아의 건축가. 제체시온(분리파)운동의 시조이다. 대표작으로 빈 광장 정거장, 헤이그 평화궁 등이 있다.

문학
295 프랜시스 스콧 피츠제럴드

프랜시스 스콧 피츠제럴드(Francis Scott Key Fitzgerald, 1896-1940)는 미국 미네소타주 세인트폴에서 태어났다. 아버지는 가구 상인이었는데 피츠제럴드가 태어난 직후 사업이 파산했다. 가정형편은 어려웠지만 부유한 외가의 도움으로 부족함 없이 자랐다. 어려서부터 글쓰기를 좋아한 그는 프린스턴대학교 진학 후 학업을 제쳐두고 문학과 연극에 몰두했다. 이 시기에 부유한 은행가의 딸 지니브러 킹과 교제하다가 신분 및 경제적 차이로 헤어졌다.

제1차 세계대전이 발발하자 지원병으로 입대한 그는 1918년 앨라배마주에서 군복무 중 판사의 딸인 젤다 세이어와 만나 교제했다. 1919년 제대한 피츠제럴드는 경제적 문제로 파혼 위기를 맞았다. 그러다 그해 말 출판사와《낙원의 이쪽》출간 계약을 맺고, 유력 주간지에 단편소설들을 연재할 기회를 얻으며 파혼의 위기를 넘겼다. 1920년 3월,《낙원의 이쪽》출간 후 4월에 젤다와 결혼했다.《낙원의 이쪽》은 20세기 초 새롭게 등장한 로스트제너레이션*을 그린 자전적 교양소설로 비평가들의 호평 속에 독자들을 열광시키며 출간되자마자 베스트셀러에 올랐다. 피츠제럴드는 뒤이어 단편집《말괄량이 아가씨와 철학자》, 장편소설《저주받은 아름다운 것들》, 단편 〈재즈 시대의 이야기〉를 발표하며 작가로서 부와 명성을 거머쥐었다. 성공에 취한 피츠제럴드는 아내와 함께 향락적인 사교생활에 빠져 방탕한 나날을 보냈다. 사치와 향락으로 얻은 행복은 오래가지 못했다. 부부 갈등으로 아내와의 불화가 반복되면서 그는 알코올에 의존하게 되었고, 그의 삶에 불행의 그림자가 드리워졌다.

1925년 4월, 피츠제럴드는《위대한 개츠비》를 완성했다. 이 작품은 화려한 재즈 시대를 배경 삼아 아메리칸 드림이 얼마나 큰 비극으로 바뀔 수 있는지, 물질주의와 계급적 동경, 부에 대한 갈망 등 미국을 지배하는 관념이 무엇인지를 펼쳐낸 걸작이다.

주인공 개츠비는 가난 때문에 사랑하는 연인 데이지를 다른 남자에게 빼앗겼다고 믿고 있다. 그는 사랑을 되찾기 위해 수단과 방법을 가리지 않고 돈을 번다. 억만

장자가 된 그는 데이지의 집 건너편에 대저택을 짓고 주말마다 화려한 파티를 연다. 개츠비는 데이지와 재회하면서 사랑을 되찾았다고 믿는다. 그러나 개츠비의 차를 운전하던 데이지가 정비공의 부인을 치어 죽게 만들고, 정비공은 개츠비가 사고를 냈다고 오해하여 그를 살해한다. 개츠비의 삶은 이렇게 허망하게 끝난다. 그의 장례식은 쓸쓸하다. 주말마다 그의 집을 찾던 그 많은 사람 중 누구도 참석하지 않는다. 그가 모든 것을 바쳐 사랑했던 여인 데이지도 마찬가지다.

《위대한 개츠비》는 아메리칸 드림과 그것이 무너지는 과정을 사실적으로 보여주고 있다. 이 작품은 어니스트 헤밍웨이 등 당대의 작가들에게 극찬을 받았다. 하지만 출간 당시 판매 실적은 높지 않았고, 그의 사후에 재조명되면서 시대를 뛰어넘어 전 세계적인 스테디셀러가 되었다.

피츠제럴드는 말년에 알코올의존증으로 고통받다가 심장마비로 세상을 떠났다. 그의 나이 44세였다. 미완성 유작으로《최후의 타이쿤》을 남겼다.

* 로스트제너레이션(Lost Generation): 잃어버린 세대, 일반적으로 제1차 세계대전 후에 환멸을 느낀 미국의 지식계급 및 예술파 청년들에게 주어진 명칭이다. 미국의 전후파 작가들인 어니스트 헤밍웨이, 거트루드 스타인, 에즈라 파운드 등이 이에 속한다.

세계사 296

크림전쟁

크림전쟁(Crimean War)은 1853년부터 1856년까지 3년간 러시아와 오스만 제국·영국·프랑스·사르데냐 동맹군이 크림반도·흑해를 둘러싸고 벌인 전쟁이다. 전쟁은 프랑스의 나폴레옹 3세가 로마 가톨릭 세력의 지지를 얻기 위해 예루살렘 성지에서의 가톨릭교도의 특권을 오스만 제국의 술탄에게 요구하면서 시작되었다. 그러자 러시아의 니콜라이 1세는 오스만 제국 내 모든 동방정교회에 대한 통제권과 신자에 대한 보호권을 요구하면서 오스만 제국을 압박했다. 니콜라이 1세는 국경인 도나우강 연안의 몰도바·왈라키아에 러시아군을 파견하여 무력시위에 들어갔다. 이에 나폴레옹 3세는 과거 프랑스에 큰 치욕을 안겨준 빈 체제*를 무너뜨리고 프랑스의 부국강병을 위해 오스만 제국을 지원하기로 결심했다. 빈 체제의 맹주인 러시아와 전쟁을 하기 위해, 프랑스는 오랜 숙적인 영국에 동맹을 제안했다. 영국은 러시아가 발칸반도와 동지중해를 장악할 경우, 자신들이 식민지인 인도를 상대로 하는 교역에 큰 위협이 될 것을 염려했다. 양국의 이해가 맞아떨어지면서 프랑스와 영국은 동맹을 맺고 러시아와의 전쟁에 나섰다.

1853년 7월, 러시아는 오스만 제국의 속국인 몰도바·왈라키아 등을 공격하여 점령했다. 프랑스와 영국의 지원군이 곧 다르다넬스해협에 도착했고, 이에 고무된 오스만 제국은 그해 10월, 러시아에 전쟁을 선포했다. 11월 30일, 시노프항에서 러시아 함대와 오스만 함대는 해전을 시작했다. 수적으로 열세였던 오스만 함대는 대패했고, 시노프는 항구로서의 기능을 상실했다. 시노프해전 이후 영국과 프랑스는 오스만 제국의 수송선단을 보호한다는 명분으로 흑해에 함대를 파견했다. 동시에 러시아에 왈라키아와 몰도바에서 퇴각할 것을 요구했다. 러시아가 이를 거절하자, 영국과 프랑스는 본격적으로 크림전쟁에 참여했다. 그런데 우방인 오스트리아까지 등을 돌려 러시아를 압박하자, 결국 니콜라이 1세는 왈라키아와 몰도바에서 군대를 철수했다.

하지만 전쟁은 계속되었다. 영국과 프랑스는 오스만 제국에 대한 러시아의 영향력을 완전히 제거하기 위해, 오스만 제국 내 동방정교회에 대한 러시아의 비호자 지위를 포기할 것을 추가로 요구했다. 1854년 9월 7일 영국, 프랑스, 오스만 제국의 동맹군 6만 명을 태운 수송선 400척이 러시아 흑해 함대의 사령부인 세바스토폴을 향해 출발했다. 9월 13일 동맹군 5,000명이 크림반도 북서쪽 옙파토리야만에 상륙해서 공격 거점을 확보했다. 본대는 남서부의 해안선에 상륙했다. 동맹군은 세바스토폴로 향하던 중 알마강에서 러시아군과 전투를 벌였고, 수많은 사상자를 낸 끝에 승리를 거두었다. 전투에서 패배한 러시아군은 세바스토폴 방어에 나섰다. 1854년 10월 5일, 동맹군은 대포 120문을 동원하여 세바스토폴의 러시아 해군기지에 융단폭격을 가했고, 동시에 바다에서도 동맹군의 군함 27척이 함포포격으로 협공했다. 러시아는 자국 함정을 침몰시켜 항구를 폐쇄한 뒤 육상에서 진지를 구축하고 총력전을 벌여 요새를 사수했다. 하지만 1년을 버티던 세바스토폴은 결국 함락되었다.

1856년 2월, 니콜라이 1세가 전쟁 중에 사망하자, 뒤를 이은 알렉산드르 2세가 1856년 3월 파리에서 강화 조약을 체결하면서 크림전쟁은 끝이 났다. 그 결과 러시아는 몰도바에 도나우강 하구와 베사라비아의 일부를 양도하였고, 이후 흑해에 함대를 배치할 수 없게 되었다.

* 빈 체제(Wiener System): 나폴레옹 전쟁의 전후 처리를 위해 열린 빈 회의(1814-1815) 이후 30여 년 동안 지속된 유럽의 국제 정치 체제. 절대왕정을 유지하기 위해 각국의 자유주의와 민족주의 운동을 억압하는 반동 복고적 성격을 지녔다.

철학
297 존 듀이

존 듀이(John Dewey, 1859-1952)는 미국의 철학자이자 심리학자이며 교육자이다. 그는 지식을 문제 해결의 도구로 생각하고, 개인의 정신적 자유를 강하게 주장하며, 민주주의의 철학적 기초를 세우는 데 노력하였다. 그의 사상은 전 세계로 퍼져 '서양의 공자'라는 칭호를 얻기도 했다.

듀이는 미국 버몬트주의 벌링턴에서 태어났다. 가정형편이 어려워서 어린 시절부터 신문 배달, 목재상 종업원, 친척 농장 일꾼 등으로 일했다. 그는 유년기부터 일과 학문이 유기적으로 연계된 상황 속에 있었고, 이러한 경험은 그의 가치관에 많은 영향을 끼쳤다.

듀이는 15세에 버몬트대학교에 입학해 그리스어, 라틴어, 고대사, 기하학, 해석학, 수학, 지질학, 생물학 등을 배웠다. 당시 미국의 대학에서는 진화론적 사고관이 팽배했는데, 듀이도 콩트의 실증주의와 더불어 다윈주의에 매료되었다. 대학 졸업 후 듀이는 2년 동안 고등학교 교사로 근무했으며, 잠시 초등학교에서 교편을 잡기도 했다.

1894년 듀이는 철학을 공부하기 위해 존스홉킨스대학교 대학원 과정에 들어갔다. 당시 대학원 과정을 개설한 곳은 존스홉킨스대학교가 유일했다. 듀이는 대학원의 모리스 교수로부터 헤겔의 관념론을 배우면서 철학에 눈을 떴다. 대학원을 졸업한 듀이는 모리스 교수의 추천으로 미시간대학교 강사로 출강했다.

듀이는 1894년 출간된 윌리엄 제임스의 《윤리학 연구》와 《심리학 제원리》를 읽고 나서 그의 실용주의 사상에 매료되어 추종자가 되었다. 제임스의 사상에 몰입한 듀이는 1910년 《사고의 방법》을 출간하는데, 논리학적이고 심리학적인 내용을 담은 교육 방법론에 관한 책이다. 이후 1916년에 《민주주의와 교육》을 발표하면서 그는 본격적으로 교육 문제에 접근했다. 1922년 《인간성과 행위》, 3년 후 《경험과 자연》, 4년 후 《확실성의 탐구》 등을 발표하면서 진화론적 사고관에 바탕을 둔 도구주의적 도덕 철학을 확립했다. 그리고 80세에 출간한 《경험으로서의 예술》, 《공통의 신앙》에서는 자신의 가치철학을 종합적으로 체계화했다.

듀이는 실천과 실용성을 최고의 가치로 내세운 자신의 사상을 현실에서 실현하기 위해 주력했다. 시카고대학교 재직 시에 실험학교를 운영하여 새로운 학교상을 정립하려 했고, 교육자의 권익을 위해 교원조합을 조직했다. 81세 때 세계 문화 자유회의 미국 본부를 조직하여 지도했던 그는 92세로 생을 마감할 때까지 학교제도와 시민 사회를 개혁하는 데 열정을 쏟았다.

존 듀이

신화
298 다이달로스

다이달로스(Daedalus)는 마음만 먹으면 무엇이든 만들 수 있다고 소문난 그리스 최고의 기술자였다. 그의 솜씨는 대장간의 신 헤파이스토스와 비교될 정도였다. 다이달로스는 여동생의 아들 페르딕스를 제자로 삼아 건축과 조각의 기술을 가르쳤다. 그런데 페르딕스는 재능이 뛰어나 기술이 다이달로스의 수준을 넘어서기 시작했다. 자존심이 강한 다이달로스는 조카이자 제자인 페르딕스에게 주체할 수 없는 질투심을 느꼈다. 급기야 질투에 눈이 먼 다이달로스는 페르딕스를 산으로 유인하여 절벽 아래로 밀어뜨려 살해했다. 그러고는 자신의 범행이 밝혀질 것을 두려워한 나머지 아들 이카로스를 데리고 크레타섬으로 도망쳤다. 크레타에서 다이달로스는 미노스 왕으로부터 극진한 환대를 받았다. 그는 미노스의 아내 파시파에를 위해 가짜 암소를 만들어주었고, 미노스 왕을 위해서는 괴물 미노타우로스를 가둬놓을 미궁을 만들어주었다.

그런데 아테네의 왕자 테세우스가 미노타우로스를 죽이고 미노스의 딸 아리아드네의 도움으로 미궁을 빠져나오는 사건이 발생했다. 미노스는 크게 노하여 딸을 찾았으나 아리아드네는 이미 테세우스를 따라 크레타섬을 떠나고 없었다. 이제 미노스의 분노는 다이달로스에게 향했다. 미노스는 다이달로스와 그의 아들 이카로스를 미궁에 가둬버렸다. 자신이 만든 미궁에 갇혀버린 다이달로스는 하늘을 날아 탈출할 계획을 세우고 그때부터 새의 깃털을 모았다. 새의 깃털을 충분히 모은 다이달로스는 밀랍으로 깃털을 이어 붙여 큰 날개를 만들었다. 두 쌍의 날개가 완성되자 다이달로스는 이카로스에게 주의를 주었다. 너무 높게 날면 태양의 열기에 밀랍이 녹을 것이고, 너무 낮게 날면 바다의 습기 때문에 날개가 무거워져 추락할 수 있으니 조심하라고 했다.

다이달로스와 이카로스는 함께 하늘로 날아 올라갔다. 처음에 어색하던 날갯짓도 점차 안정적이게 되었다. 두 사람이 이오니아해 위를 비행할 무렵, 이카로스의 마음에 더 높이 날고 싶다는 욕망이 솟구쳤다. 그는 조심스럽게 날갯짓을 해 높이 날아올랐다. 그런데 높이 날면 날수록 점점 더 높이 오르고 싶은 충동이 솟구쳤다. 이카로스는 증폭되는 희열감에 전율을 느끼며, 아버지의 주의도 잊은 채 점점 더 높이 날아올랐다. 그런데 이카로스의 머리 위로 뜨거운 열기가 쏟아져 내리더니 순식간에 밀랍이 녹아버렸다. 날개의 깃털이 바람에 날려 흩어져 이카로스는 그만 균형을 잃고 바다로 추락하고 말았다. 다이달로스는 이카로스를 부르며 바다 위를 맴돌았지만 아들의 모습은 그 어디에서도 보이지 않았다. 후세 사람들은 이카로스가 떨어져 죽은 바다를 이카로스해라고 불렀다.

<이카루스를 위한 애가>(허버트 제임스 드레이퍼, 1898)

종교
299 카스트제도

인도의 계급제도는 기원전 1000년에서 기원전 500년 사이에 성립되었다고 알려져 있다. 기원전 1500년경 인도를 정복한 아리안은 현지 원주민을 정복하고 다스리는 과정에서 카스트제도(The Caste System)를 만들었다. 이를 토대로 브라만교가 지배하는 신정일치의 나라가 세워졌다. 계급에는 브라만(바라문)과 크샤트리아, 바이샤, 수드라 등 네 가지 바르나(신분 차별제도)가 있고, 카스트에서 제외된 하리잔(달리트)이라 불리는 불가촉천민이 있다. 이 바르나를 바탕으로 신분과 직업을 규정하는 다수의 카스트 집단이 생겨났다.

인도의 카스트는 브라만교의 '업'과 '윤회사상'을 토대로 성립되었다. 즉, 인간은 태어나는 것이 아니라 환생하는 것이라고 믿었다. 따라서 전생의 카르마에 따라 현생의 카스트가 결정되므로, 자자손손 계급과 계급 간 차별이 계승된다. 이는 개인의 자질과 능력에 따라 바뀔 수 없고, 또 카스트별로 종사해야 할 직업도 따로 정해졌다. 직업은 넓게 네 가지 그룹으로 구분할 수 있다.

브라만은 가장 높은 계급으로 사제 등 신성한 직업을 가질 수 있다. 그들은 종교의식을 이끌며 지식을 유지하고 전달했다. 크샤트리아는 왕족이나 귀족, 군인 등이며 국가를 유지하고 통치하는 일을 했다. 바이샤는 평민으로 농사를 짓거나 상업 활동에 종사했다. 수드라는 아리안이 인도를 정복했을 당시의 원주민들로 대부분 육체적 노동을 했다.

인도 인구의 17퍼센트에 해당하는 하리잔(불가촉천민)은 포괄적 카스트 체제에는 포함되지만, 수드라보다 더 심한 직업적 차별을 받는 계급이었다. 이들은 접촉만으로도 힌두교인을 오염시킨다고 여겨져 종교적 차별의 희생자가 되었다. 이들은 주로 청소, 세탁, 이발, 도살, 시체 처리 등 가장 힘들고 어려운 노동을 담당하며, 거주 및 직업 등에서 엄격한 차별 대우를 받았다. 인도는 1955년 '불가촉천민법'을 제정하여 하리잔에 대한 종교와 직업, 사회적 차별을 금지했다. 이후 정부는 입학이나 취업 시 일정 비율을 이들에게 배정하는 등 혜택을 주고 있으며, 하리잔 출신 장관도 배출되었다.

최근에는 인도의 젊은이들이 카스트제도에서 벗어나는 방법으로 불교나 기독교로 개종하는 사례가 늘고 있다. 또한, 인도 경제를 견인하는 IT 산업에 대한 기대도 걸고 있다. IT 분야의 직업은 카스트에 따른 속박이 없으며, 신분과 관계없이 원한다면 누구나 종사할 수 있기 때문이다.

2,000여 년을 이어온 카스트제도는 1947년 법적으로는 금지했지만, 인도인의 정체성을 규정하는 가장 중요한 요소로 인도 사회에 여전히 깊게 뿌리내려 있다.

음악
300 모더니즘

모더니즘(Modernism)은 1880년부터 1960년 사이에 일어난 미학사상이자 예술운동이다. 모더니즘 예술가들은 문학에서 전통적인 시의 운율을 거부하고, 건축에서 장식적인 요소를 배제하며, 음악에서 전통적인 조성과 대위법 규칙을 고의로 위반하고, 미술에서 단순한 스케치를 완성작으로 전시하는 등 새롭고 혁명적인 자기만의 길을 개척했다. 그들은 기존의 지배적 권위에 굴복하지 않고, 기성 문화 체제를 전복하려고 했다.

이것은 사실주의(리얼리즘)에 대한 반항운동이며, 아방가르드*의 한 형태였다. 모더니즘의 주요 특징은 다음의 세 가지로 꼽을 수 있다. 첫째, 물려받은 유산을 강조하거나 과거의 예술로 돌아갔던 이전의 예술운동과 다른, 과거와 갈라서려는 경향이 나타났다. 둘째, 제도권 안에서 이루어지는 예술에 대해 철저히 무시하며, 공식적인 예술기관에 속하지 않았다. 셋째, 양식과 아이디어를 통합하였으니, 모더니즘 예술가들은 특히 언론과 사상의 자유가 새로 구축된 곳이나 그러한 자유를 얻기 위해 활발하게 투쟁을 전개했던 곳에서 왕성하게 활동했다.

음악에서는 과거 수백 년 동안 음악을 지탱해온 조성과 화성 체계가 무너지고, 전통적인 리듬과 박자의 질서가 와해되었다. 그뿐만 아니라 서구 전통에서 벗어난 이국적인 음악 재료가 도입되고, 새로운 소리와 표현법을 탐구하는 등 다양한 방식으로 새로운 세계를 반영하였다. 이러한 움직임은 모더니즘을 대표하는 두 작곡가 아널드 쇤베르크와 이고르 스트라빈스키에게서도 포착된다. 조성을 버리고 표현주의 무조 음악을 추구하던 쇤베르크는 12음계를 계발하여 무조 음악의 새로운 질서를 세웠다. 또 서구 유럽의 전통에서 벗어나 러시아 신화를 재창조하였던 스트라빈스키는 과거의 어법과 양식에 관련지으면서 신고전주의로 양식 변화를 시도하였다. 스트라빈스키의 신고전주의적 변화는 과거의 양식과 어법을 의도적으로 차용함으로써 모더니즘의 진보적 이데올로기에 역행하여 과거로 회귀하고 있다고 평가되었다. 반면 역사적 진보와 필연성을 주장하면서 미래의 음악을 이끌어갈 대안적 작곡 시스템으로 12음계 기법을 내세웠던 쇤베르크는 음악 재료들을 다시 합리화함으로써 계몽주의적 전통에 포섭되었다는 평가를 받았다. 1930년대 모더니즘의 대표적 문인들로는 폴 발레리, 토머스 흄, T. S. 엘리엇, 허버트 리드, 올더스 헉슬리 등이 있다.

* 아방가르드(Avant-garde): 전위예술(前衛藝術). 기성의 예술 관념이나 형식을 부정하고 혁신적 예술을 주장한 예술운동. 또는 그 유파. 20세기 초에 유럽에서 일어난 다다이즘, 입체파, 미래파, 초현실주의 등을 통틀어 이른다.

미술 301

앙리 마티스

앙리 마티스(Henri Matisse, 1869-1954)는 야수파를 창시한 프랑스의 표현주의 화가이다. 신중한 성격의 소유자였던 그는 모든 미술 분야에서 두각을 나타냈으며, 선과 색채의 대가로 손꼽힌다. 마티스는 조화롭고 순수한 색조와 풍부하고 우아한 곡선의 조화 속에서 장식과 웅장함에 대한 탁월한 감각으로 행복감과 충만함을 표현했다. 그는 만년에 종이를 오려서 붙이고 그 위에 색을 칠하거나, 색칠한 종이를 덧붙이는 데쿠파주를 사용하여 작품 세계를 완성했다.

마티스는 프랑스 르카토 캉브레지에서 태어났다. 그는 상인인 아버지의 뒤를 잇기 위해 파리에서 법률을 공부하면서, 변호사의 조수로 일했다. 그때 마티스는 미술에 흥미를 느껴 드로잉 수업을 듣기 시작했다. 1891년, 마티스는 법률 공부를 포기하고 미술을 공부하기 위해 파리로 가, 쥘리앙아카데미를 거쳐 장식미술학교에 입학했다. 루브르박물관에서 작품을 모사하던 중 상징주의 화가 귀스타브 모로의 눈에 띄어 그에게 그림을 배웠다. 마티스는 초기에 에밀 베르나르와 반 고흐, 피사로의 영향을 받았다. 초기 작품인 〈브르타뉴의 직조공〉과 〈두 개의 병이 있는 정물〉에서 그들의 영향이 느껴진다.

1898년에 결혼한 마티스는 런던에서 터너의 작품을 접하고 코르시카에서 지중해의 빛에 눈을 떠 〈코르시카 풍경〉을 그린다. 이후 마티스는 고갱과 세잔, 그리고 일본풍 미술의 혁신적인 세계에 빠져든다. 1901년, 앙데팡당에 작품을 출품한 마티스는 1904년에 최초의 개인전을 열었다. 이때 그의 작품을 구입한 이들은 주로 러시아와 미국, 그리고 덴마크와 독일 등 외국의 미술 수집가들이었다. 프랑스에서 그의 작품을 구입한 이는 거의 없었다.

1904년, 마티스는 분할화법의 대가 시냑의 집에서 머물게 된다. 이때부터 마티스의 '야수파' 시기가 전개되었다. 마티스는 〈생 트로페의 시냑의 집 테라스〉와 〈호사, 평온 그리고 관능〉에서 아르카디아적인 행복을 표현하기 위해 분할화법의 엄격한 기법을 도입했다. 이 짧은 전환기적 시기의 원색과 보색의 대비를 사용한 장방형 터치는 야수파를 촉진하는 역할을 했다.

1905년 가을에 열린 제3회 살롱 도톤느에는 397명의 작가가 1,600여 점을 출품했다. 마티스도 여기에 참여했고, 그의 작품 〈젊은 선원〉과 〈목가〉는 모리스 드 블라맹크, 앙드레 드랭, 라울 뒤피 등 색채를 실험하던 작가들의 작품과 함께 7번 방에 전시되었다. 이들은 비평가 루이 복셀에게 야수들이라는 평가를 받았다. '야수파'라는 말은 이렇게 탄생했다.

1907년, 마티스는 피카소와 친구가 되었다. 두 사람은 자주 어울리며 작품에 대한 의견을 나누었다. 이들은 함께 20세기 미술의 모습을 바꾸어놓았다.

마티스는 생전에 1,000점이 넘는 채색 작품을 남겼다. 그 외에도 파피에콜레*, 스텐실, 소묘, 삽화, 판화, 조각, 스테인드글라스 등 많은 작품이 있다.

1913년 파리에서 앙리 마티스

* 파피에콜레(Papiers collés): 회화 기법의 하나로, 그림물감 외의 다른 소재를 화면에 풀로 붙여서 회화적 효과를 얻는 표현 형식

문학 302

윌리엄 포크너

윌리엄 포크너(William Cuthbert Faulkner1897-1962)는 20세기 미국 문학을 넘어 세계 문학사에 우뚝 선 거장 중 한명이다. 그는 노벨 문학상을 수상했고, 퓰리처상을 두 차례나 받았다. 그의 작품 중《음향과 분노》,《압살롬 압살롬》은 인류 역사상 가장 위대한 책 100권에 선정되었다.

포크너는 1897년 9월 25일 미시시피주 뉴앨버니에서 태어났다. 5세 때 미시시피대학교가 있는 옥스퍼드로 이주해서 생의 대부분을 그곳에서 지냈다. 그는 이 도시와 그 주변을 배경으로 한 가상의 장소인 요크나파토파 카운티를 창조해 이 지역을 무대로《8월의 빛》,《압살롬, 압살롬》 등 많은 작품을 썼다. 그는 작품들을 통해 남부 사회의 모순, 뿌리 깊은 인종차별이나 상류 사회의 부도덕, 도덕 불감증, 방종과 타락, 분열 등을 고발했다.

포크너는 어린 시절부터 유난히 독서와 그리기를 좋아했다. 학창 시절에는 성적과 품행이 바른 모범생이었으나 실제로는 독서와 그림, 자기 자신 외에 관심이 없었다. 고등학교 중퇴 후 할아버지가 운영하는 퍼스트내셔널은행의 회계사로 일했는데, 이 무렵부터 시인을 꿈꾸며 발자크 등 프랑스의 상징주의 시인들에게 몰두했다.

1919년 〈뉴 리퍼블릭〉에 자신의 첫 번째 시 〈목신의 오후〉를 게재했다. 이 시는 프랑스 상징주의 시의 영향을 많이 받은 작품이다. 1929년에 발표한《음향과 분노》는 남부 사회에 속하는 지주 계급의 퇴폐와 붕괴를 연대기 방식으로 그려낸 문제작이다. 비연속적인 시간 구조, 복수의 서사 시점, 암시적이고도 복잡한 문체 등 당시에는 매우 실험적인 창작 기법을 구사해 비평가들 사이에 논란을 불러일으켰으나, 오늘날에는 포크너의 작품 중 최고 걸작으로 꼽힌다.

소꿉친구이자 첫사랑인 에스테르 올드햄과 결혼한 그는 옥스퍼드 외곽에 정착했으며, 미시시피대학교 발전소에 취직했다.

그는 〈아메리칸머큐리〉 등 유수의 잡지들에 단편소설을 발표했다. 1931년 발표한《성역》이 영화화되면서 포크너는 이후 20여 년간 할리우드에서 영화 시나리오 작가로 활동한다. 그는 할리우드 시절에도 장편소설의 집필을 계속했고,《정복되지 않는 사람들》, 《야생 종려나무》 등을 출간했다. 그의 작품들은 사르트르 등 프랑스 비평가들에게 호평을 받았으나 정작 미국에서는 관심을 받지 못했다. 1949년에 노벨 문학상을 수상하고, 1955년에는 《우화》로 퓰리처상을 수상했다. 이듬해 《성역》의 여주인공 템플의 이야기를 담은 《어느 수녀를 위한 진혼곡》이 알베르 카뮈의 각색으로 연극 무대에 올랐다.

말년에 버지니아대학교에서 강의와 집필을 하던 포크너는 대외 활동보다는 소박하고 전원적인 삶을 선택했다. 심장마비로 숨을 거둔 그는 가족 묘지에 안장되었다. 생애 마지막 작품인 《자동차 도둑》은 그가 세상을 떠난 다음 해에 퓰리처상을 안겨주었다.

세계사 303

남북전쟁

남북전쟁(Civil War)은 1861년부터 1865년까지 4년 동안 미합중국의 북부와 남부가 벌인 내전이다. 미국은 서부 개척의 결과 드넓은 땅과 자원을 갖췄다. 상공업이 발달한 북부와 달리 남부에서는 흑인 노예들을 동원하여 목화를 대규모로 농사지었다. 목화는 미국 수출의 60퍼센트를 차지했다. 미국 전역이 삼각무역으로 큰 이득을 보았는데, 노예들은 대부분 농업을 주로 하는 남부 주들로 보내졌다. 이에 산업이 발달한 북부에서는 노예폐지론이 대두되었다.

캔자스에서 노예제 인정 여부를 자율에 맡기는 법안을 통과시키자 노예해방운동가들이 모여들면서 폭력 사태가 벌어졌다. 1860년, 켄터키주 출신의 가난한 농민 아들인 에이브러햄 링컨이 약 59%의 선거인단을 획득하여 미합중국의 제16대 대통령에 당선되었다. 전통적으로 남부가 차지하던 대통령 자리를 북부에 빼앗긴 것이다. 링컨은 미국 영토에 노예제가 확장되는 것을 막는 운동을 벌였고, 남부 노예주들의 세력이 강해지는 것을 반대했다. 그 때문에 남부의 주들은 위기감을 느꼈다. 결국 사우스캐롤라이나, 미시시피, 플로리다, 앨라배마, 조지아, 루이지애나, 텍사스로 구성된 남부 연합(버지니아, 아칸소, 테네시, 노스캐롤라이나는 나중에 합류)은 미합중국연방에서 탈퇴했다. 이어서 남부연합이 구성되고 제퍼슨 데이비스가 대통령에 선출되었다. 링컨은 성경을 인용하여 "분열된 집안은 설 수가 없다"라며 분리를 거부했다.

남부연합은 1861년 4월 12일 사우스캐롤라이나주 찰스턴항의 섬터 요새를 공격했다. 이로써 미국의 남북전쟁이 발발했다. 북부는 미국의 산업기지, 철도, 해군 전군을 보유했다. 남부연합에 비해 전쟁 준비가 잘 갖춰져 있던 북부는 남부의 수입 경로 차단에 성공했다. 남부는 유럽의 원조를 기대했지만 남부를 공식적으로 인정한 국가는 하나도 없었다. 영국은 섬유 산업에 목화가 필요했지만 인도에서 생산을 늘리는 방안을 선택했다. 하지만 유능한 군사 지도자 다수가 남부연합에 합류하면서 전쟁 초기에는 남부군이 우세했다. 링컨은 장군들을 연이어 교체하다가 율리시스 그랜트를 총사령관으로 임명했다. 대부분의 전투에서 남부가 승리를 거두었지만

1862년 9월부터는 달라졌다. 메릴랜드의 앤티텀전투에서 북부군은 남부군의 기습 공격을 막아냈다.

링컨은 남부의 해안선을 봉쇄함과 동시에 모든 주의 노예들에게 자유를 부여하는 노예해방선언을 준비했다. 로버트 리 장군은 북부에 대한 두 번째 급습을 시도했지만 게티즈버그전투에서 패배했다. 이 전투에서 남북 양군 2만 3,000명의 사상자가 났다. 북부의 그랜트와 셔먼 장군이 공동으로 실시한 반격으로 리 장군은 1865년 4월에 항복했다. 이렇게 전쟁은 북군의 승리로 종결되었지만 며칠 후 연극을 관람하던 링컨은 암살되었다. 4년 만에 종결된 남북전쟁은 전비만 50억 달러에 달하며, 무려 62만 명(북부군 36만 명, 남부군 약 26만 명)의 사상자를 냈다. 이는 당시 인구 3,000만 명의 2퍼센트에 해당되는 수치였다.

1860년, 대통령에 당선된 에이브러햄 링컨

철학 304

앙리 베르그송

앙리 베르그송(Henri Bergson, 1859-1941)은 프랑스의 철학자이다. 그는 자연철학적 세계관에 반대하고 물리학적 시간의 개념과 대립해서 '개인 내면의 자유와 독자성'을 강조했다. 데카르트와 함께 프랑스를 대표하는 철학자 중 한 명이다.

베르그송의 관심사는 생명이었다. 그는 생명을 설명할 수 있는 학문을 하고 싶었는데, 그것은 기계적 유물론과 헤겔의 절대적 관념론을 부정하는 길이기도 했다. 그 결과 지성보다 의식을 앞세우고, 의식의 근원에 생명이 독자적으로 존재함으로써 무한한 창조적 발전을 이룰 수 있다는 '생의 철학'을 주창했다.

베르그송은 프랑스 파리에서 태어났다. 그의 아버지는 폴란드계 유대인으로 음악가이자 작곡가였다. 그가 태어난 해에 다윈은《종의 기원》을 출판했고, 현상학자 후설과 실용주의자 듀이가 태어났다. 베르그송은 처음에는 수학과 물리학을 공부했다. 학습 과정에서 근대 과학의 실상과 한계를 맛보면서, 결국 과학의 배후에 숨어 있는 형이상학에 대한 접근을 시도했다. 이로써 자연스럽게 철학의 길에 들어섰다. 대학 졸업 후 클레르몽고등학교의 철학 교사로 재직하면서, 최초의 저작《의식에 직접 주어져 있는 것에 대한 시론》을 썼다. 그리고 8년 후 두 번째 저서인《물질과 기억》을 발표하면서 주목받았고, 고등사범학교 교수를 거쳐 프랑스대학교로 자리를 옮겼다. 1907년에 출판된《창조적 진화》는 폭발적 인기를 끌면서 세계적인 명성을 얻게 했고, 그를 가장 인기 있는 철학자로 만들어주었다.

그의 저서들은 한때 로마 교황청의 금서 목록에 올랐다. 하지만 금서가 되자《창조적 진화》는 오히려 더 큰 인기를 끌었다. 그는 외교에서도 활약했는데 미국이 전제주의에 대항하여 참전하도록 설득했다. 전쟁이 끝난 뒤 그는 '지적 협력에 관한 국제협의회 의장'으로 활동했고, 1919년 정신과 육체에 관한 논문들을 모아《정신적 에너지》를, 1922년에는 아인슈타인과 상대성이론의 의미와 결과를 논한《지속과 동시성》을 출간했다. 그는 학문적 성과를 인정받아 1927년 노벨 문학상을 받았으며, 1932년에《도덕과 종교의 두 원천》, 1934년에《사유와 운동》을 출간했다. 베르그송은 나치 치하의 파리에서 82세를 일기로 생을 마쳤다.

신화 305 파에톤

태양신 헬리오스의 아들 파에톤(Phaethon)은 아버지가 누구인지 모른 채 어린 시절을 보냈다. 파에톤이 사춘기에 접어들자 어머니인 클리메네는 아버지의 존재를 알려주었다. 파에톤은 자신이 태양신의 아들이라는 것을 친구들에게 밝혔다가 거짓말쟁이라는 놀림을 당했다. 파에톤은 자신의 말이 진실임을 친구들에게 증명하기로 했다. 파에톤은 아버지를 찾아 길을 떠났고, 마침내 헬리오스의 신전에 도착했다. 헬리오스는 아들 파에톤을 반갑게 맞이했다. 파에톤은 자신이 태양신의 아들이라는 것을 아무도 믿어주지 않는다며 하소연했다.

헬리오스는 파에톤에게 "누가 뭐라고 해도 너는 분명히 내 아들이다"라며 위로했다. 파에톤은 헬리오스에게 자신이 정말 아들이라면 한 가지 소원을 들어달라고 부탁했다. 헬리오스는 무슨 부탁이든지 들어주겠다면서 스틱스강에 맹세했다. 스틱스강에 맹세하면 누구든지 꼭 지켜야 했고, 이는 신들도 예외가 아니었다. 헬리오스에게 먼저 약속을 받아낸 파에톤은 태양 마차를 몰아보고 싶다고 했다. 태양 마차는 그 자체가 불덩이이며 화염에 휩싸여 있어서 헬리오스 외에는 접근할 수 없었다. 혹여 누군가 몰더라도 자칫 세상에 큰 화재를 불러올 수 있는 위험한 마차였다.

헬리오스는 태양 마차를 모는 것은 매우 위험하니 다른 부탁을 하라며 파에톤을 설득했다. 하지만 파에톤은 스틱스강에 맹세하지 않았느냐며, 태양 마차를 몰게 해달라고 계속 졸랐다. 헬리오스는 스틱스강에 맹세한 것을 후회했지만 약속을 되돌릴 수는 없었다. 헬리오스는 여러 주의 사항을 일러준 뒤 태양 마차의 고삐를 파에톤에게 넘겼다. 파에톤은 태양 마차를 타고 하늘 높이 날아오르자 세상이 모두 자신의 것만 같았다. 그러다 궤도를 벗어난 마차가 하늘 위로 너무 높게 올라가자 대지는 온기를 잃고 꽁꽁 얼어버렸고, 반대로 대지와 가까워지자 산과 들에 불이 붙었다. 산불이 번져 마을을 덮치고 도시까지 휩쓸자 크게 놀란 파에톤은 말을 통제하는 것조차 잊고 두려움에 떨었다. 통제를 벗어난 말들은 이리저리 날뛰었고, 세상은 온통 불바다로 변했다.

올림포스에서 그 모습을 본 제우스는 격노하여 파에톤에게 벼락을 던졌다. 파에톤은 즉사했고, 그의 시신은 마차에서 추락하여 에리다누스강으로 떨어졌다. 파에톤의 누이들은 강가에서 날마다 슬피 울다가 어느 순간 그대로 굳어 포플러나무가 되고 말았다. 나무가 된 후에도 그녀들은 파에톤의 죽음을 슬퍼했고, 나무에서 흐른 눈물은 호박(보석의 일종)이 되었다. 이후 에리다누스강에는 호박이 가득하게 되었다.

<파에톤의 추락>(요한 리스, 17세기 전반)

종교
306 베다

힌두교는 다른 종교와 달리 교조가 없다. 하지만 그 반면에 방대한 양의 경전이 있다. 이 경전들은 인도의 철기 시대(베다 시대)에 만들어진 《베다(Véda)》를 기본으로 한 것이다. '베다'는 고대 인도의 언어인 산스크리트어로 '지혜'를 뜻한다. 그 안에는 힌두교의 교리와 신들에게 바치는 찬미가 수록되어 있다. 경전의 전체 구성은 '계시된 것'과 '기억된 것'으로 구분하는데, 고대의 현자가 직접 들은 것을 사람이 이해할 수 있는 문자로 옮긴 것(계시된 것)과 계시된 것에 글을 쓴 사람의 지식이 들어간 것(기억된 것)으로 되어 있다. 이 기록들은 모두 현대적으로 바뀌었지만, 과거에도 그랬고, 지금도 구두로 전해지고 있다.

《베다》는 《리그베다》, 《사마베다》, 《야주르베다》로 이루어져 있다. 최근에는 여기에 민속 신앙의 성향이 짙은 《아타르바베다》까지 추가하여 '4대 베다'로 부르기도 한다. 《베다》는 한 권의 책이 아닌 정서로서 엄청난 양의 자료가 들어 있다. 그리고 그 모든 것은 계시적 지위를 갖는다. 다시 그들 각각은 네 부분으로 나뉘니 《상히타》 혹은 《만트라(경건한 찬송집)》, 《브라마나(사제의 교본)》, 《아란야카(삼림 교본)》, 《우파니샤드(비밀스럽게 전해지는 철학적 오의서)》가 그것이다. 마지막 부분인 《우파니샤드》는 베단타라고도 하는데, 이 부분은 매우 뛰어난 계시로 여겨진다.

《베다》는 원래 브라만교의 경전이었지만 11세기경부터 700여 년이 흐르는 동안 힌두교의 경전으로 바뀌었다. 《베다》는 역사적으로 오래되고 정경(마땅히 행해야 할 바른길)으로도 우선시되고 있다. 하지만 계시적 기록으로 여겨진 《베다》의 내용을 아는 힌두교인은 거의 없다. 그럼에도 불구하고 《베다》의 권위를 인정하는 것이 힌두교 정통 신앙의 규범이다. 《베다》는 전통적 신앙과 실천의 적당한 기준이라기보다는 전통의 상징이자 궁극적인 것으로서 기능해왔다. 힌두사상은 《베다》에 어긋나지 않는 것은 무엇이든지 받아들였다. 《베다》의 현자들은 이렇게 선언한다.

"지구는 어머니요, 나는 지구의 아들이다."

《베다》는 지금도 《라마야나》, 《마하바라타》 등의 서사시와 함께 힌두교에서 중요한 위치를 차지하고 있다.

음악
307 이고르 스트라빈스키

서양 음악사에 거대한 발자국을 남긴 위대한 예술가 이고르 스트라빈스키(Igor Stravinsky, 1882-1971)는 1882년 러시아 페테르부르크에서 태어났다. 어려서는 러시아 왕실의 전속 가수였던 아버지 밑에서 피아노를 배우며 음악가를 꿈꿨다. 하지만 부모의 반대로 음악가의 꿈을 접고 페테르부르크대학교에서 법률을 공부했다.

당시 러시아 국민 음악파 5인조 중 한 명인 작곡가 니콜라이 안드레예비치 림스키코르사코프에게 음악적 재능을 인정받았다. 그의 제자가 되면서 법학도의 길을 포기하고 다시 음악의 길로 들어섰다. 1908년 스트라빈스키는 림스키코르사코프의 딸을 위해 관현악곡 〈불꽃〉을 작곡했다. 이 곡은 러시아발레단 단장인 세르게이 댜길레프로부터 작품성을 인정받았다. 이후 댜길레프의 요청으로 작곡한 발레곡 〈불새〉도 큰 성공을 거두며 스트라빈스키는 일약 세계적인 작곡가의 반열로 올라섰다.

1913년, 스트라빈스키는 댜길레프로부터 다시 작품을 요청받고 고대 러시아의 종교의식을 소재로 〈봄의 제전〉을 작곡했다. 이 작품은 리듬, 멜로디, 하모니 등 모든 면에서 기존 상식을 완전히 뒤엎음으로써 이교도적 주제와 과도한 리듬을 통해 청중을 충격으로 몰고 갔다. 댜길레프 연출에 바츨라프 니진스키의 안무로 초연된 〈봄의 제전〉은 심한 혹평을 받았다. 하지만 시간이 흐를수록 예술적 진가를 발휘하면서 세계의 음악 애호가들을 사로잡았다.

〈봄의 제전〉 초연 후 5년이 지나면서 스트라빈스키는 초기 원시주의와 민족주의 경향에서 탈피하여 재즈에 관심을 가지기 시작했다. 그는 재즈의 영향을 받아 〈병사 이야기〉를 필두로 〈11개의 악기를 위한 재즈타임〉 등을 발표했다. 그는 대담한 기법과 바바리즘*을 바탕으로 한 충격적인 음악으로 1900년대 초 세계를 놀라게 했다. 민족주의에서 출발한 그는 신고전주의에서 끝을 맺는 동안 강렬한 리듬과 파괴된 화성, 고전주의에서 러시아 민족 음악을 거쳐 재즈에 이르기까지 끝없이 뻗어 나가 최종적으로 신고전주의를 향했다. 그는 자신의 예술 작업과 변화 과정을 통해 근대 음악이 안고 있는 고민과 나아갈 목표를 보여주었다. 20세기의 가장 위대한 음악가로 손꼽히는 스트라빈스키의 작품만으로도 근대에서 현대에 이르는 다양한 음악 예술의 사조를 느낄 수 있다.

러시아 혁명으로 고향을 떠난 그는 제1차 세계대전 이후 파리에서 활동하며 1934년 프랑스 국적을 취득했다. 이 시기에 신고전주의 작품으로 전환하면서, 발레곡 〈풀치넬라〉, 〈병사 이야기〉, 〈결혼〉 등의 작품을 남겼다. 제2차 세계대전이 발발하자 전쟁을 피해 미국으로 건너가 1945년 미국 국적과 시민권을 취득했다. 1957년에 초연된 발레곡 〈아곤〉은 신고전주의적 작풍에서 벗어나지 않았지만, 12음 기법을 도입한 야심작으로 상당한 성공을 거두었다. 1964년 베를린예술제에 초청받아 연주회에 참석한 스트라빈스키에게 베를린 시민들은 기립박수로 환영하며 최고의 예우를 보여주었다. 스트라빈스키는 갑작스러운 심장마비로 89세에 세상을 떠났다.

그는 러시아에서 태어나 미국에서 눈을 감았고, 이탈리아에 묻혔다. 스트라빈스키는 현대 음악을 반석 위에 올려놓은 공로자이다. 그 누구와도 타협하지 않고 스스로 자신의 개성을 찾아서 개척해 나아갔다.

* 바바리즘(Barbarism): 야만성, 미개함

미술
308 조르주 브라크

조르주 브라크(Georges Braque, 1882-1963)는 큐비즘의 중심이 되었던 프랑스의 화가이자 판화가이다. 뛰어난 회화적 감각을 지닌 그는 피카소와 함께 입체파를 창시했다. 브라크는 오랜 시간에 걸쳐 심오하고 압축된 작품 세계를 체계적으로 구축했으며 큰 스케일의 파피에콜레, 정물화와 당구, 아틀리에, 새와 같은 주제별 연작 작품에서 큰 두각을 나타냈다.

브라크는 프랑스의 공예가 집안에서 태어났다. 그는 가옥 도장업자와 실내장식가로 일하면서 밤에는 르아브르의 미술학교에서 공부했다. 이때 간판 제작과 나무, 대리석 표면처럼 보이게 하는 기법을 연구했다. 22세 때 파리에 가서 바티뇰의 시립미술학교에서 공부했다. 1905년 가을, 살롱에 전시된 야수파들의 작품에 매료된 브라크는 이후 직접 야수파에 합세해 〈에스타크의 집〉을 그렸다.

1907년, 세잔의 회고전을 관람한 브라크는 세잔의 기하학적 형태에 크게 이끌렸다. 세잔의 양감 표현은 브라크의 풍경화, 나체화, 정물화에 많은 영감을 주었다. 젊은 화상 앙리 칸바일러의 소개로 피카소를 만난 브라크는 피카소의 〈아비뇽의 처녀들〉에 찬사를 보냈다. 이후 브라크는 피카소와 약 6년 동안 작업을 함께했다. 그들은 2차원의 평면 위에 3차원의 오브제를 표현하기 위해 연구했고, 전통적 구도를 파기하는 시도를 감행했다. 이 무렵 브라크는 파피에콜레를 창안하여 〈기타〉와 〈기타를 든 남자〉에 적용했다. 〈악사의 여인〉을 마지막으로 브라크의 종합적 입체주의와 피카소의 긴밀한 관계는 끝나게 된다. 브라크는 색채 화가로서의 관심사를 되살린 반면 피카소는 색채보다는 공간과 형태에 더욱 집중하게 되었기 때문이다. 서로 다른 기법을 추구하면서 두 사람의 예술적 지향점은 점점 멀어져갔다.

1917년, 브라크는 〈기타와 클라리넷〉과 〈기타와 유리잔〉 같은 정물에서 자신이 창조한 입체주의에 대한 시적 연구에 더욱 박차를 가했다. 이 시기에 브라크는 작품에 인물을 다시 도입하고, 프랑스 고전주의 전통을 계승하여 풍부하고 관능적인 우아한 곡선을 추구했다. 정물은 더욱 힘차고 역동적으로 구성되었으며, 색채는 엄격함과 웅장함이 강조되었다. 1930년대에 베를린, 뉴욕, 바젤, 런던, 브뤼셀에서 열린 첫 번째 대규모 전시회는 그의 명성을 더욱 높여주었다. 1937년, 마티스와 피카소에 이어 카네기상을 수상했다.

1948년, 브라크는 베네치아비엔날레에서 대상을 수상하고 연작 〈아틀리에〉 작업에 착수했다. 말년에 브라크는 루브르박물관 에트루리아 전시실의 천장 장식을 담당하고 생 베르나르 성당의 스테인드글라스 밑그림을 그렸다. 장식가, 삽화가, 조각가, 석판화가로도 활동한 다재다능한 예술인 브라크의 작품들은 근대와 현대 미술의 미학에 변혁을 불러일으켰다. 그는 명실상부한 프랑스 회화의 아버지로 칭송받고 있다.

<바이올린과 팔레트>(1909)

문학

309 어니스트 헤밍웨이

어니스트 헤밍웨이(Ernest Hemingway, 1899-1961)는 20세기 미국의 대표적인 소설가이다. 그는 전쟁 영웅, 기자, 사냥꾼 등 자신의 경험을 바탕으로 20세기 초 미국 젊은 세대들의 상실감과 허무주의를 생생하게 그려냈다.

일리노이주의 오크파크에서 태어난 헤밍웨이는 1917년 고등학교 졸업 후 캔자스시티의 〈스타〉에 기자로 취직했다. 제1차 세계대전이 발발하자 신문사에 사표를 내고 적십자부대의 구급차 운전병으로 입대해 이탈리아 전선에 투입되었다. 그러나 임무 수행 중 총상을 입고 6개월간 병원에서 치료받은 후 미국으로 돌아왔다. 이 일로 그는 이탈리아 정부로부터 무공훈장을 받았다.

1920년, 캐나다 토론토로 건너가 토론토 〈스타〉의 기자로 취직한 후 해외 특파원으로서 파리에 갔다. 당시 파리에 머물던 미국 작가 피츠제럴드, 거트루드 스타인 등과 교류하면서 문학 수업을 했다. 기자생활을 통해 그는 하드보일드 문체라고 불리는 짧고 명료하며 건조한 문체 방식을 확립했다. 1926년, 피츠제럴드에게 소개받은 스크리브너스 출판사에서 첫 장편소설《해는 또다시 떠오른다》를 출간했다. 이 작품은 제1차 세계대전에 참전했다가 부상을 당해 심리적 상처를 받은 신문기자 제이크 반즈를 중심으로, 전쟁 후 허무주의와 환멸에 빠진 당대 젊은이들, 즉 로스트제너레이션의 정신적 풍조를 헤밍웨이 특유의 문장으로 생생하게 그려내고 있다.

1929년, 헤밍웨이는 제1차 세계대전 때 이탈리아 전선에서 적십자 요원으로 종군한 경험을 바탕으로 쓴 장편소설《무기여 잘 있거라》를 발표했다. 이탈리아 전선을 배경으로 펼쳐지는 미군 중위와 영국 간호사 간의 비극적인 사랑 이야기를 그린 이 작품은 출간되자마자 비평가들의 호평 속에 독자들의 뜨거운 사랑을 받으며 큰 성공을 거두었다.

미국인 청년 프레드릭 헨리는 이탈리아군 병상 운반대의 장교로 제1차 세계대전에 참전한다. 전쟁 중 그는 부상을 입고 밀라노로 후송된다. 그곳에서 치료받던 프레드릭은 이탈리아인 군의관의 소개로 영국군 지원 간호사 캐서린 버클리를 만나 사랑에 빠진다. 캐서린은 임신을 하고, 부상이 완치된 프레드릭은 전선으로 복귀한다. 그러나 곧 전쟁의 추악한 모순과 비리를 목격하고 환멸을 느낀 그는 이탈리아군이 후퇴하던 중 목숨을 걸고 탈주한다. 그는 군인으로서의 삶을 버리고 캐서린과 살기 위해 '단독 강화'를 결심한다. 우여곡절 끝에 다시 만난 두 사람은 스위스로 도망쳐 레만호 근처에 보금자리를 마련하고 평화로운 나날을 보낸다. 그러나 캐서린은 난산 끝에 아이와 함께 목숨을 잃고, 홀로 남은 프레드릭은 비통한 마음으로 사랑의 보금자리를 떠난다. 밖에는 캐서린의 예언대로 비가 내리고 있었다.

이 작품은 1932년 프랭크 보제이즈 감독이 메가폰을 잡고, 게리 쿠퍼가 주연을 맡은 영화화로 크게 흥행했고, 1957년에는 존 휴스턴 감독에 의해 리메이크되었다.

1952년에 발표한《노인과 바다》로 1953년 퓰리처상을, 1954년에는 노벨 문학상을 받았다. 하지만 작가로서의 명성이 절정에 달한 것과 달리 그의 심리상태는 매우 불안정했다. 우울증과 알코올의존증, 과대망상에 시달리며 병원에서 치료를 받아야 했고, 집필 활동을 제대로 할 수 없을 지경이었다. 이를 극복하기 위해 1953년 아프리카로 사파리 사냥을 떠났다가 비행기 사고까지 당하면서 건강은 더욱 악화되었다. 결국 우울증에 시달리던 헤밍웨이는 장총을 입에 물고 자살했다.

대표작으로《누구를 위하여 종은 울리나》,《노인과 바다》등이 있다.

세계사 310

제국주의

1848년에 유럽을 휩쓸었던 혁명의 소용돌이가 잠잠해지면서, 정치도 점차 안정되어갔다. 부르주아지(자본가 계급)의 지배는 더욱 확고해졌고, 사람들은 산업 혁명의 혜택을 만끽했다. 부르주아지의 자신감과 넘쳐나는 자본은 유럽 밖으로 분출되었다.

19세기 후반, 탐험가들에 의해 미지의 땅에 대한 정보가 속속 보고되면서 서양 열강은 앞다퉈 식민지 쟁탈에 나섰다. 산업용 원료의 안정적 확보와 기술 혁신으로 생산된 제품을 판매할 시장이 필요했고 아프리카와 아시아는 그런 요구에 딱 맞아떨어지는 곳이었기에 아프리카와 아시아는 유럽에 의해 식민지로 전락했다. 이처럼 자국의 정치적·경제적 지배권을 다른 민족·국가의 영토로 확대하려는 국가의 충동이나 정책을 제국주의(Imperialism)라고 한다.

서구 열강이 아시아와 아프리카를 식민지로 삼은 것은 풍부한 자원과 인력이 탐났기 때문이기도 했다. 그들은 식민지로 삼은 국가들의 오랜 전통과 고유한 문화를 미개하고 야만적인 것으로 치부하면서도 귀중한 문화재들을 약탈해 본국으로 빼돌렸다. 서양 입장에서 제국주의는 경제적 이익뿐만 아니라 국내의 갈등을 잠재우고, 국민을 하나로 단합시키는 효과가 있었다. 또한 늘어난 인구를 국외로 분산시키는 데도 기여했다.

가장 앞선 나라는 영국이었다. 빅토리아 여왕 시절 영국은 매년 본토와 맞먹는 크기의 영토를 늘려갔다. 아프리카 서부와 남부 해안에 식민지를 확보한 영국은 수에즈운하를 프랑스와 공동 소유하게 된 기회를 틈타 이집트를 점령하고, 인도로 통하는 '제국의 대동맥'의 안보를 위해 수단, 우간다, 케냐 등을 장악했다. 이어 네덜란드계 보어인들이 정착한 남아프리카공화국 북동부의 오렌지 자유국과 트란스발을 정복한 뒤 기존의 나탈, 케이프에 이르는 대륙 종단축을 완성했다. 반면 프랑스는 북아프리카의 알제리와 튀니지, 서아프리카의 상당 부분을 점령하면서 동진해갔다. 이러한 횡단정책은 영국의 종단정책과 맞물려 대립이 불가피했다. 두 나라는 파쇼다에서 충돌했으나 국내 문제에 발목을 잡힌 프랑스가 후퇴하면서 전쟁을 피할 수 있었다.

한편 제국주의 후발 주자인 벨기에, 포르투갈, 독일 등이 앞다퉈 식민지 쟁탈전에 뛰어들면서 라이베리아와 에티오피아를 제외한 '검은 대륙' 전체가 식민지화되었다. 이러한 서양 열강의 각축전은 아시아로 이어졌다.

아시아에서도 영국은 대표 주자였다. 1857년 영국은 인도인 용병들의 무력 항쟁을 유혈 진압한 다음 식민부를 신설하고 본국에서 캘커타에 총독을 파견하여 직접 통치했다. 국왕 직속의 인도 제국이 탄생했고, 빅토리아 여왕이 제국의 황제를 겸했다. 영국이 페르시아만의 제해권을 장악하고 아프가니스탄과 티베트, 미얀마 등을 편입시키면서 러시아의 남진을 차단한 것은 인도를 수호하기 위한 정책의 일환이었다. 그 외 아시아 지역은 유럽 열강들에 의해서 분할되었다. 영국이 말레이반도와 홍콩을, 프랑스가 인도차이나를, 독일은 뉴기니 일부와 솔로몬군도를, 네덜란드가 수마트라와 보르네오 등을 차지했다.

유럽 제국주의의 다음 사냥감은 중국이었다. 아편전쟁의 패배로 홍콩을 영국에 넘겨준 중국은 외세의 침입에 시달렸다. 중국은 의화단운동을 빌미로 유럽 6개국의 무력 응징을 받게 되었고, 여러 곳의 땅을 조차지로 내주어야만 했다.

철학
311 버트런드 러셀

버트런드 러셀(Bertrand Arthur William Russell, 1872-1970)은 철학자이자 문필가이고, '패러독스'로 유명한 수학자이다. 또한 서구에서 가장 유명한 철학자이자 가장 많이 읽히는 사상가 중 한 사람이다.

러셀은 처음에 수학자로서 명성을 얻었다. 그는 수학의 토대가 흔들린 이후로 새로운 기초 정립에 힘썼다. 그가 스승인 알프레드 화이트헤드와 함께 펴낸《수학원리》는 수리 철학과 기호논리학이라는 새로운 학문을 열었다. 이 책은 수학적 토대를 연구한 가장 중요한 저작들 중 하나다. 케임브리지대학 교수 시절 제자인 루트비히 비트겐슈타인에게 수학의 원리를 가르쳤고, 철학을 권했다. 또한 비트겐슈타인의 저서인《논리철학 논고》가 출판되도록 힘을 썼다. 1950년에 노벨 문학상을 수상하였고, 1960년대에 핵무기와 베트남전 반대운동을 펼친 실천적 지식인으로 서양 신좌파운동의 우상이 되었다.

러셀은 영국의 유명한 귀족 가문에서 태어났다. 러셀의 할아버지인 존 러셀 경은 두 차례나 영국의 총리를 지냈다. 아버지 역시 집안의 전통에 따라 정치에 뛰어든 진보 정치인이었다. 러셀은 일찍 부모를 잃고 형과 함께 청교도적이고 엄격한 친할머니 손에서 자랐다. 당시 귀족 자제들은 대부분 학교에 다니지 않고 가정 교사에게 배웠는데 러셀도 예외가 아니었다. 가정 교사들에 의한 교육은 러셀이 대학에 들어갈 때까지 이어졌다. 11세 무렵 러셀은 형으로부터 기하학을 배웠는데, 그날 이후 수학의 매력에 깊이 빠져들었다.

1890년, 러셀은 영국 최고의 명문인 케임브리지트리니티칼리지에 장학생으로 입학했다. 그곳에서 러셀은 철학자 화이트헤드와 운명처럼 스승과 제자의 인연을 맺는다. 입학 후 3년 동안 수학에 빠져 지내던 러셀은 졸업 무렵에는 관심이 수학에서 철학으로 옮겨갔고, 점차 수학을 철학의 근본 원리로 삼게 되었다. 그는 수학만이 가장 분명하고 정확하며 진정한 학문이라고 여겼다. 그래서 철학에 몰두하면서도 수학적 원리를 고수했고, 결국 수학은 그의 분석적 언어 철학의 모태가 되었다.

러셀은 1895년부터 모교에서 강사생활을 시작했다. 그러나 제1차 세계대전 중의 반전운동이 화근이 되어 대학에서 쫓겨났고, 6개월 간 수감생활을 해야 했다. 이후 유럽과 미국, 러시아와 중국 등 여러 나라의 대학에서 강의하며 저술 활동에 주력했다.

러셀은 평생 70여 권의 책을 썼는데 그의 저작은 논리학과 인식론, 자연 철학, 종교사상을 다루고 있으며 인간 사회의 올바른 건설에 관한 문제도 논하고 있다. 수학과 논리학을 전공한 철학자가 보여준 놀라운 성취는 그에게 20세기의 레오나르도 다 빈치, 현대의 볼테르라는 별명을 붙여주었다.

러셀은 대표적인 무신론자였다. 그는 종교를 '인류에게 말할 수 없는 불행을 가져다준 근원'으로 보았다. 그는 자신의 저서《나는 왜 기독교인이 아닌가》에서 '종교는 지적인 면에서뿐만 아니라 도덕적인 면에서도 해롭다'고 결론을 내린다. 그는 기독교에 대한 대안으로 과학이 뒷받침된 윤리가 필요하다고 주장했다. 러셀은 사랑에 의해 주도되고 지식에 의해 보조받는 삶이야말로 가장 이상적인 삶이라고 생각했다. 그의 사상은 빈학파나 훗날 영국 철학이 발전하는 데 큰 영향을 미쳤다.

신화 312

아탈란테

아들을 원했던 아버지가 있었다. 그러나 태어난 것은 딸이었다. 아버지는 딸을 아르카디아 황무지에 버려 죽게 했다. 그렇게 버려진 아이를 곰이 데려다가 키웠다. 곰의 젖을 먹고 자라던 아이는 사냥꾼에게 발견되어 인간의 품에서 자랐다. 이 여자 아이가 바로 아탈란테(Atalante, 아탈란타)이다.

아탈란테는 소녀로 성장하면서 사냥꾼들도 놀랄 만큼 달리기와 씨름, 활쏘기에 뛰어난 재능을 보였다. 더구나 그녀는 뛰어난 미인이었다. 아탈란테는 씨름 경기에서 그리스의 영웅 아킬레우스의 아버지인 펠레우스와 겨뤄 이겼으며, 자신을 겁탈하려던 켄타우로스 둘과 싸워 그들을 죽였다.

아탈란테는 이아손이 아르고호 원정대를 모집할 때 지원하였으나 여성이라는 이유로 선발되지 못했다. 아탈란테는 일생 동안 순결을 지키기로 결심하고, 그것을 자신의 사명으로 여겼다. 하지만 미의 여신 아프로디테는 여성의 순결을 자신에 대한 모욕이라고 생각했다. 특히 빼어나게 아름다운 미녀인 아탈란테가 순결을 지키기로 결심하자 아프로디테는 가만두지 않았다.

어느 날 칼리돈에 괴물 멧돼지가 출현하여 사람들을 공격하고 농작물을 망쳐놓았다. 이 멧돼지는 아르테미스 여신이 보낸 것이었는데, 여신은 자신에게 재물을 바치지 않은 칼리돈의 국왕을 응징하고자 했다. 멧돼지 때문에 농토가 황폐해지자 국왕은 전령을 보내 각 지역의 영웅들에게 도움을 요청했다. 아탈란테도 이 사냥에 참여하여 큰 활약을 펼쳤다. 아탈란테는 멧돼지 사냥에서 결정적인 공을 세웠는데, 그녀가 쏜 화살이 멧돼지의 급소를 명중시켜 치명상을 입힌 것이다. 가장 큰 공을 세운 사람에게 주는 보상품(멧돼지 가죽)은 당연히 아탈란테의 몫이었다. 하지만 사냥꾼들은 여자가 보상품을 차지하는 것에 반발했다. 그러나 아르고호 원정대원 출신의 왕자 멜레아그로스는 아탈란테의 공을 인정하며 그녀만이 보상품을 받을 자격이 있다고 주장했다. 이 문제로 멜레아그로스는 자신의 삼촌들과 크게 다투었고, 이내 서로 죽고 죽이는 비극이 벌어졌다.

이 일로 아탈란테는 전보다 더욱 남성에게 실망했고, 남자들에게 아예 관심을 두지 않았다. 그러나 아버지의 끈질긴 설득 끝에 아탈란테는 마음을 돌려 결혼에 동의했다. 하지만 전제 조건이 붙었다. 그녀는 결혼 상대를 스스로 선택하겠다고 했다. 그녀는 자신과 달리기 시합을 해서 이기는 남자와 결혼하겠으며, 만약 시합에서 진 사람은 목숨을 내놓으라고 말했다. 아탈란테는 뛰어난 미인이었지만 달리기에서 남에게 져본 적이 없었다. 얼마 후 아탈란테에게 구혼한 남자들의 머리가 경주장 옆에 수북이 쌓였다.

이에 아프로디테는 히포메네스의 차례에 그를 돕기로 했다. 그녀는 청년에게 황금 사과 세 개를 주었다. 이 황금 사과를 본 사람은 누구든지 절대로 사과에 대한 소유욕을 포기할 수 없게 만드는 마법의 사과였다. 아탈란테와 히포메네스는 나란히 출발했고, 초반에 아탈란테는 히포메네스가 앞서 달리도록 일부러 뒤에서 거리를 두고 달렸다. 언제든지 상대를 따라잡을 수 있다고 자신했기 때문이다. 그런데 아탈란테가 그를 따라잡으려는 순간 히포메네스가 황금 사과를 바닥에 떨어뜨렸다. 그 순간 아탈란테는 탐나는 사과를 줍기 위해 멈춰 섰다. 사과를 손에 넣은 아탈란테는 앞서가는 청년을 다시 추격했는데 그때마다 히포메네스는 사과를 던졌고, 아탈란테는 사과를 줍기 위해 멈춰 섰다. 결국 아탈란테는 승부에서 졌지만 세 개의 황금 사과와 함께 마음에 드는 배우자를 얻게 되었다.

그런데 아프로디테의 도움을 받은 히포메네스는 승리에 대한 감사를 제우스에게 돌렸고, 이 일로 여신의 미움을 사고 말았다. 아프로디테는 두 사람의 욕망을 부추겨서 신성한 제우스 신전에서 성행위를 벌이도록 만들었다. 제우스는 크게 노하여 아탈란테와 히포메네스를 한 쌍의 사자로 만들어버렸다. 고대에는 사자끼리는 서로 맺어질 수 없다는 믿음이 있었기에 두 사람이 영원히 결합할 수 없도록 벌을 내린 셈이다.

종교 313

티베트 불교

불교는 상좌부(소승불교)와 대승불교의 두 조류로 나뉜다. 상좌부는 주로 스리랑카, 미얀마, 태국, 라오스 등 동남아시아에 분포해서 남방불교로 불렸다. 반면 중국과 한국, 일본에 전파된 대승불교는 북방불교로 불린다.

상좌부는 석가의 가르침을 엄격하게 지키며, 스스로 깨달음을 얻고자 하는 보수적인 교파이다. 대승불교는 자신뿐 아니라 타인까지 구제하려 한다. 티베트의 대승불교는 진화를 거듭하여 신비성 강한 티베트 불교(Tibetan Buddhism)로 확립되었다. 스승(라마)을 중시하여 라마교(Lamaism)라고도 한다. 티베트 불교는 인도 불교를 계승했으며, 산스크리스트어 경전의 번역을 위해서 티베트 문화를 새로 만들 정도로 정통 불교의 계승을 위해 노력했다.

불교는 정치를 멀리하라고 가르친다. 대부분의 국가에서 이를 지키지만 티베트의 경우는 정치와 종교가 일치한다. 정교일치 체제인 티베트의 최고 지도자는 '달라이라마*'다.

티베트 불교는 일반 불교와 차이점이 많다. 인도계, 네팔계, 중국계라는 세 계통의 불교와 티베트의 민간 신앙이 혼합되어 발전해왔기 때문인데, 가장 큰 특징은 최고 지도자인 달라이라마가 모든 사람이 구원받을 때까지 몇 번이고 다시 태어나 그들을 인도한다는 '전생활불*'사상이다. 티베트 불교에서는 고승이 죽으면 그를 보살의 화신이라고 믿는다. 그리하여 고승의 죽음은 사람들에게 인생의 무상을 가르쳐주기 위한 과정의 하나이고, 그가 다시 살아나서 자신들을 구해준다는 것이다.

달라이라마가 정치와 종교를 함께 이끌게 된 것은 제5대 달라이라마(1617-1682) 때부터였다. 달라이라마의 후계자는 선거나 세습으로 정해지는 것이 아니다. 달라

* 달라이라마(Dalai-Lama)의 '달라이'는 큰 바다, '라마'는 살아 있는 부처를 뜻한다.

* 전생활불: 라마의 전생을 이르는 말로, 인도의 윤회사상과 티베트인의 살아 있는 신의 관념이 합쳐져 생겼다.

이라마가 사망하면 승려들은 그날 태어난 아기 중에서 달라이라마의 환생자를 찾는다. 이때 선대에서 남긴 암시나 신탁관에 의한 신탁, 성스러운 호수에서 얻은 계시 등이 사용된다. 이러한 환생자 수색에는 몇 년이 걸리기도 한다. 어렵게 찾아낸 후보자는 선대에서 소유했던 물건을 알아맞히거나 전생을 기억해내는 등 여러 검증 절차를 통과해야만 '환생자'로 인정받는다. 티베트는 이러한 방식을 통해 선출한 달라이라마를 최고 지도자로 받드는 정교일치 체제를 300년 이상 지속했다. 하지만 1959년 중국의 침공을 받아 중국의 속국이 되고 말았다.

1940년에 공식 취임한 제14대 달라이라마는 현재 인도로 탈출하여 티베트망명정부를 이끌고 있다. 그는 중국으로부터의 독립을 위해 투쟁하면서, 국가 체제를 삼권분립 형태를 갖춘 정교분리의 민주정치 체제로 바꾸기 위해 힘쓰고 있다. 그는 1989년에 노벨 평화상을 수상했다.

타왕 수도원의 팔덴 라모 수호신의 탕카

음악 314 드미트리 쇼스타코비치

드미트리 쇼스타코비치(Dmitrii Dmitrievich Shostakovich, 1906-1975)는 러시아를 대표하는 작곡가이자 20세기 현대 음악사에 큰 영향을 끼친 거장이다. 러시아의 수도 페테르부르크에서 폴란드 출신 광산기사인 아버지와 피아니스트인 어머니 사이에서 태어났다. 어려서는 어머니로부터 피아노를 배웠으며, 13세 때 페트로그라드 음악원에 입학하여 피아노와 작곡을 배웠다. 아버지가 세상을 떠나면서 경제적 어려움에 처했으나, 어머니의 헌신으로 공부를 마칠 수 있었다.

1925년 19세 때 졸업 작품으로 제출한 〈제1 교향곡〉이 대단한 호평을 받으면서 천재 작곡가로 러시아를 넘어 서방 세계에서 인정받게 되었다. 1927년에 제1회 쇼팽국제피아노콩쿠르에서 명예상을 받아 피아니스트로도 명성을 얻은 그는 1934년 레닌그라드와 모스크바에서 비슷한 시기에 초연한 오페라 〈므첸스크의 맥베스 부인〉이 대성공을 거두면서 작곡가로서의 지위도 확고해졌다. 아방가르드적 경향 중에서 가장 충격적인 작품으로 알려진 〈므첸스크의 맥베스 부인〉은 불협화음, 선적인 대위법, 다조주의와 무조주의에 이르는 조성의 자유로움 등 다양한 언어가 시도된, 실험정신이 투철한 작품이었다. 하지만 쇼스타코비치의 실험정신은 스탈린 체제 아래서 '좌파의 탈을 쓴 부르주아지의 잔재'이며 '기형적인 형식으로 예술을 왜곡'한다는 비판에 직면했다. 그러나 그는 실험을 멈추지 않고 끊임없이 변신을 도모했으니, 사회주의를 드높이는 데 주력하면서 15개의 교향곡으로 러시아 혁명 이후의 사회주의를 다양하게 반영했다.

〈제2 교향곡〉의 제목은 '10월 혁명'이고 〈제3 교향곡〉은 '메이데이', 〈제5 교향곡〉은 '혁명', 〈제7 교향곡〉은 '레닌그라드'이다. 그중 〈제5 교향곡〉은 사회주의 이념에 걸맞는 작품이라는 평가와 함께 당의 신뢰를 얻는 계기가 되었고, 1940년에 작곡한 〈피아노 5중주곡〉으로 제1회 스탈린상을 수상했다.

〈제7 교향곡〉은 1941년 독일군이 레닌그라드를 포위한 후 872일 동안, 레닌그라드 시민들이 100만 명의 희생을 치르면서도 항복하지 않고 죽음으로 저항하던 시기에 완성했다. 1942년 3월, 볼쇼이극장의 오케스트라가 초연했으며, 정부는 조국의 긍지와 인민의 저항정신을 담은 작품이라며 호평했다.

1945년 제2차 세계대전이 끝난 후 쇼스타코비치는 〈제9 교향곡〉을 작곡하여 조국에 바쳤다. 하지만 이 곡은 스탈린을 만족시키지 못하였고 당 중앙위원회로부터 형식주의라는 비판을 받았다. 이후 쇼스타코비치는 스탈린 생전 교향곡 작곡을 중단했고 1953년 3월 스탈린이 죽자 멈췄던 교향곡 작곡을 시작해서 15번까지 완성했으며, 이어 15개의 현악 4중주곡까지 작곡했다.

쇼스타코비치는 술과 담배를 과도하게 즐겼는데, 그 영향으로 건강이 좋지 않았다. 1955년에 한쪽 다리가 장애를 일으켰고, 1958년에는 뇌졸중에 걸려 오른팔마저 사용하기 어려워진다. 1960년, 쇼스타코비치는 〈현악 4중주 제8번〉 다단조 작품을 완성했는데, 이 작품은 정부의 명령에 따라 '파시즘과 전쟁의 희생을 그리는 작품'으로 헌정했다. 이후 마지막 작품인 비올라 소나타를 작곡하고 폐암으로 세상을 떠났다.

미술
315 파블로 피카소

파블로 피카소(Pablo Ruiz y Picasso, 1881-1973)는 입체주의 미술 양식을 창조한 에스파냐 출신의 프랑스 화가이다. 그는 입체파에서 출발하여 자신만의 고유한 화풍에 이르기까지 혁신적인 예술 세계로 나아간 20세기 대표 화가로 추앙받고 있다. 그의 작품들은 아카데미풍, '청색 시대' '장밋빛 시대', 입체파, 고전주의, 초현실주의, 아방가르드와 같이 뚜렷하게 구분되는 기법의 변화를 보여준다.

피카소는 에스파냐 안달루시아 말라가에서 태어났으며, 화가 겸 데생 교수인 아버지의 영향으로 말을 배우기 시작할 무렵부터 그림을 그렸다. 14세 때 그의 가족은 바르셀로나로 이주했고, 미술학교에 입학하여 본격적으로 미술을 공부했다. 당시 그는 아카데미풍의 규모가 큰 작품을 그리다가 점차 아방가르드와 표현주의에 매료되었다.

1900년 19세 때 처음 파리를 방문하였고, 이듬해에 다시 방문하여 몽마르트르를 중심으로 활동하던 젊은 보헤미안* 무리에 합류했다. 피카소는 기욤 아폴리네르, 막스 자코브 등과 교류하며, 모네, 르누아르, 피사로 등 인상파 화가들의 작품을 접했다. 또한 고갱의 원시주의, 고흐의 열정적인 표현주의에 강한 인상을 받았다.

피카소의 초기 작품들은 에드바르 뭉크, 앙리 드 툴루즈 로트레크, 고갱, 피에르 퓌비 드 샤반, 나비파 화가들의 열정적인 단일 색조의 화풍에 큰 영향을 받았다. 피카소는 그들의 예술 세계를 쉽게 자신의 것으로 소화했다.

20세가 되던 해, 피카소는 첫 전시회를 열었다. 당시 그의 작품들은 청색이 주조를 이루었는데, 이때가 피카소의 '청색 시대'다. 친구의 자살로 크게 충격을 받은 피카소는 비장하고 정적인 에스파냐풍의 인물들을 차가운 청색 톤으로 그려냈다. 피카소의 청색 시대는 〈어릿광대〉를 기점으로 장밋빛 시대로 이어졌다. 1906년 여름, 세잔의 영향을 받은 피카소는 다시 한 번 기법을 전환했다. 〈하렘〉과 〈거트루드 스타인의 초상〉을 거쳐 이듬해 〈아비뇽의 처녀들〉을 완성하면서 입체파의 길로 들어섰다. 이 시기는 근대 미술의 출발점으로 기록되었다.

1907년부터 피카소는 브라크와 함께 입체파 양식을 발전시켜 나아갔다. 1914년까지 이어진 두 사람의 예술적 동거는 서로 다른 기법을 추구하기 시작하면서 끝이 났다. 이후 피카소는 공간과 형태에 더욱 집중하면서 분석적 입체파 시기로 접어들었고 〈칸바일러의 초상〉과 〈만돌린 연주자〉에서 보듯이 일그러진 그림을 그렸다.

제1차 세계대전 이후 피카소는 고대 조각과 르네상스 시절의 고전주의에 관심을 가지면서 다시 이해하기 쉬운 작품을 추구했다. 〈샘 주위의 세 여인〉, 〈하얀 옷의 여인〉, 〈올가의 초상〉이 대표적인 그의 고전 시대 작품들이다. 1925년, 피카소는 초현실주의에 매료되어 〈춤〉을 비롯한 일련의 작품을 제작했다. 그리고 흉상과 누드를 조각하고, 금속 조각과 판화도 시작했다. 1936년 피카소의 최고 걸작인 〈게르니카〉가 완성되었다.

제2차 세계대전이 끝날 무렵, 공산주의자가 된 피카소는 〈한국에서의 학살〉을 완성했다. 1949년 세계평화회의 포스터 도안인 '평화의 비둘기'를 완성하면서 피카소의 참여정신은 역사에 남게 되었다. 회화 , 조각, 판화, 도예, 목공에 이르기까지 모든 예술 분야를 끊임없이 연구하고 1만 6,000여 점의 작품을 남긴 피카소는 20세기 가장 위대한 예술가 중 한 사람으로 역사에 기록되었다.

* 보헤미안(Bohemian): 15세기경 프랑스인은 집시를 보헤미안이라고 불렀다. 19세기 후반에 이르러 사회의 관습에 구애되지 않는 방랑자, 자유분방한 생활을 하는 예술가 · 문학가 · 배우 · 지식인들을 가리키는 말이 되었다.

문학 316 앙투안 드 생텍쥐페리

프랑스의 소설가이자 비행사인 앙투안 드 생텍쥐페리(Antoine-Marie-Roger de Saint-Exupéry, 1900-1944)는 프랑스 리옹에서 귀족의 후예로 태어났다. 아버지는 장 드 생텍쥐페리 백작이며, 어머니는 프로방스 지방 귀족인 마리 부아이에 드 퐁스콜롱브이다. 4세 때 아버지가 괴한의 습격을 받고 사망하자 어머니를 따라 외가에서 자랐다. 음악가이자 화가인 어머니는 아들의 문학적 감수성을 키워주었고, 생텍쥐페리는 그런 어머니의 사랑을 받으며 행복한 유년 시절을 보냈다.

12세 때 생텍쥐페리는 집 근처에 있던 앙베리외 비행장을 드나들다가 생애 첫 비행을 했다. 이 경험은 그로 하여금 비행을 평생의 업으로 선택하도록 이끌었다. 청년 시절 생텍쥐페리는 늘 일상으로부터의 탈출을 꿈꿨는데, 1926년 에어프랑스항공에 입사하면서 생애의 큰 전환기를 맞이했다. 1929년 아프리카 카프 주비 비행장 주임으로 근무할 당시《남방 우편기》를 썼고, 같은 해 가을 남아메리카의 야간비행로를 개발하게 되었다. 이 경험을 토대로 쓴 소설《야간비행》은 그에게 페미나상을 안겨주었다.《야간비행》은 극도로 긴장된 상황 속에서 인간이 가진 의미를 탐구하려는 목적으로 시도된 작품으로, 앙드레 지드의 서문을 붙여 1931년에 발표했다.

1935년 에어프랑스항공을 위해 파리와 사이공 간의 시험 비행을 시도했던 그는 리비아사막에 불시착한 뒤 기적적으로 구출되었다. 이 사고를 계기로 그는 영웅주의에서 완전히 벗어나 인간과 인간, 존재와 존재 사이의 관계라는 불가시적 연결고리의 형성을 과제로 삼았다. 1939년에 발표한《인간의 대지》이후로 그의 작품은 모두 이 과제를 추구하고 있다.

1943년에《어느 인질에게 보내는 편지》와《어린 왕자》가 출간되었다.《어린 왕자》는 사막에 불시착한 비행사와 다른 별에서 온 왕자가 마음을 나누는 모습을 그린 생텍쥐페리의 대표작이자 어른을 위한 동화이다.

엔진 고장으로 사하라사막에 불시착한 '나'는 어느 소행성에서 온 어린 왕자와 만난다. 어린 왕자가 있던 별에는 3개의 화산과 별을 부술 수도 있는 바오밥나무, 그리고 장미꽃 한 송이가 있다. 어느 날 장미꽃과 다툰 어린 왕자는 별을 떠나 우스꽝스러운 어른들이 사는 6개의 별을 돌고 지구에 내린다. 지구에서 큰 화산과 한데 모여 핀 장미꽃을 본 그는 자신의 별에 있던 화산과 장미가 흔한 것이라는 생각에 눈물을 흘린다. 어린 왕자는 사막에서 만난 여우에게 같이 놀자고 조르지만, 여우로부터 길들여지지 않았으니 함께 놀 수 없다는 말을 듣는다. 여우의 말에 그는 자신의 별에 있던 장미가 자신이 길들인 소중한 장미였다는 사실을 깨닫는다. 어린 왕자는 자신의 별로 돌아가기로 한다. 그러고는 뱀에 물려 지구에 몸을 남긴 채 자신의 별로 떠난다.

이 작품은 사랑과 연대, 생명의 소중함을 호소하여 전 세계인의 사랑을 받았다. 160여 개국에서 번역 출간되었으며, 누적 판매 부수가 1천억 부에 달하면서《성서》와 카를 마르크스의《자본론》다음으로 전 세계적 베스트셀러가 되었다.

독일과 연합군의 전쟁이 한창이던 1943년 3월, 생텍쥐페리는 연합군 진영에 합류하여 훈련을 받고 6월에 지휘관으로 임명되어 알제리로 갔다. 이듬해 5월에 이탈리아에 주둔하던 233정찰대에 복귀하여 임무를 수행했고, 1944년 7월 31일 지중해 연안으로 정찰 비행에 나섰다가 실종되었다.

세계사
317

제1차 세계대전

발칸의 국가들이 오스만 제국을 유럽에서 몰아냈을 때 가장 큰 이득을 본 국가는 세르비아였다.

1914년 6월, 오스트리아의 황태자 프란츠 페르디난트 부부가 보스니아의 사라예보에서 암살당했다. 범인은 슬라브 민족주의 비밀결사 '검은 손' 소속의 세르비아인이었다. 오스트리아·헝가리는 세르비아에 자유 조사권 보장을 요구하는 최후통첩을 보냈다. 세르비아의 거부에 오스트리아는 며칠 후 선전포고를 했다. 중유럽에서 다져놓은 지배권을 발칸반도까지 확장하려는 속셈이었다. 그러자 러시아가 세르비아를 지원하기 위해 군대를 집결시켰다. 남진정책을 통해 어렵게 확보한 흑해 방면의 출구를 지켜야 했기 때문이다. 오스만 제국은 독일, 오스트리아·헝가리 동맹국에 가담했다.

발칸 일대에서 러시아의 영향력이 확대되는 것을 경계하던 독일은 러시아의 조치에 똑같이 응수했다. 독일이 프랑스로 가는 길목에 있는 벨기에를 침공하자 삼국(영국, 프랑스, 러시아)협상에 따라 프랑스는 러시아 편을 들었다. 그리스, 루마니아, 일본 등 제3국들도 자국의 이익을 추구하며 '협상(영국, 프랑스, 러시아)'과 '동맹(독일, 오스트리아·헝가리)' 진영에 합류했다. 그때까지 중립을 지키던 이탈리아는 '협상' 쪽으로 돌아섰다. 이로써 국지적 분쟁에서 시작한 전쟁은 전 유럽적 국제전쟁으로 비화되었다. 1918년 11월 휴전까지 4년 동안 무려 1,600만여 명이 목숨을 잃었으며, 천문학적인 희생과 전대미문의 손실을 초래했다.

제국주의 경쟁의 연장선상에서 전개된 제1차 세계대전(World War I)은 최초의 산업 전쟁으로 탱크·잠수함·독가스·기관총·전투기 등 현대적 기술이 동원된 총력전이었다. 풍요와 진보를 낳았던 과학 기술과 공업 생산력은 가공할 만한 파괴력으로 돌변했다.

프랑스를 향해 거침없이 진격하던 독일군은 마른전투에서 저지되었다. 서부 전선은 4년 동안 참호전(塹壕戰)이 계속되어 정체 상태였다. 반면 동쪽에서는 동맹국이 선전했다. 러시아의 무능한 지도자들 덕분에 독일은 여러 차례 승리를 거두었고, 내부적으로 러시아 혁명(10월 혁명)이라는 거대한 암초를 만난 러시아는 결국 전쟁에서 물러났다.

영국 해군이 대륙을 봉쇄하자 1916년 유틀란트해전(스카케라크해전)으로 수상함대가 약해진 독일 해군은 잠수함전으로 영국의 해상 활동을 차단했다. 영국은 크림반도 근처의 갈리폴리에 진지를 구축하고 오스만 제국을 차단하고자 했다. 1916년, 프랑스 공격에 실패한 독일은 1917년에 힌덴부르크 방어선으로 철수했다. 당시 전쟁에 개입하지 않고 관망하던 미국이 독일에 맞서 참전했다. 미국의 참전 후 전세는 '협상' 쪽으로 기울었고, 1918년 11월에 독일이 항복하면서 제1차 세계대전은 막을 내렸다.

철학 318

지그문트 프로이트

지그문트 프로이트(Sigmund Freud, 1856-1939)는 정신분석학의 창시자이자 아버지로 불리는 오스트리아의 신경과의사이다. 1856년 오스트리아 모라비아(현 체코)의 유대계 가정에서 태어났으며, 유년 시절 가족들이 모두 빈으로 이주했다. 1873년에 빈대학교 의학부에 입학했고, 졸업 후 히스테리 연구를 하며 무의식의 세계를 발견하고 정신분석 요법을 확립했다.

프로이트는 인격이 이드, 자아, 초자아의 세 영역으로 이루어진다고 생각했다. 이드는 무의식의 영역으로, 개인의 본능적인 에너지가 저장되는 곳이다. 이 영역은 쾌락을 추구하고 불쾌함을 피하는 쾌감 원리만을 따른다. 갓난아기의 정신은 전부 이드로 이루어졌는데, 후에 이드의 일부가 외계와 접촉 변화하여 자아가 형성된다. 자아는 합리성과 현실주의의 주무기관으로, 거기에 적합하지 않는 것은 암호화함으로써 격리시키고 내쫓는다. 초자아는 부모의 훈육으로 형성되는 특별한 영역으로, 양심의 부분이다. 자아는 이드의 원초적 욕망과 초자아의 양심 사이에서 균형을 잡아주는 역할을 한다. 이렇듯이 우리 안에는 '세 가지 작용'이 서로 싸우고 있다.

프로이트는 이드의 배후에는 자기보존본능, 종족보존본능, 자아본능, 성본능의 모든 것이 포함되어 있다는 결론에 다다르고 삶의 본능을 대표하는 것으로 성적 본능을 꼽았다. 이 본능적인 성적 충동을 '리비도'라고 명명했다. 프로이트는 인간의 모든 행동의 근원에는 이 성적인 에너지가 관여한다고 보았다. 만약 이것이 사회생활 속에서 적응하지 못하면, 즉 이드와 초자아의 균형을 잡지 못해서 왜곡되면 다양한 노이로제가 생긴다고 진단했다. 노이로제가 생기면 인간은 하고 싶지 않은 일을 하게 된다. 프로이트에 따르면 무의식적인 트라우마를 의식화하고 자아로 제어할 수 있으면 노이로제는 치료된다. 이 치료법은 비밀스럽고 수수께끼 같은 상징을 푸는 것을 본업으로 하고 있기 때문에, 문예학에 많은 영향을 끼쳤다. 문학예술, 역사, 종교 등의 학문 분야에서 언어와 상징을 중요시하는 것 중 프로이트의 이론에서 깊이 영향받지 않은 것은 거의 없다.

프로이트의 정신분석은 개인이 자기 자신에 대해 성찰하는 형식을 급진적으로 변화시켰다. 만년에 현대문명을 분석하여 생전의 마지막 저서인《인간 모세와 유일신교》를 집필했다. 1938년 나치가 빈을 점령하자 런던으로 망명했고 이듬해 사망했다. 주요 저서로《히스테리 연구》,《꿈의 해석》,《정신분석 강의》 등이 있다.

16세의 프로이트와 그의 모친

신화 319

벨레로폰

벨레로폰(Bellerophōn, 벨레로폰테스)은 제우스에게 대항한 프로메테우스의 직계 자손이다. 어느 날 벨레로폰은 실수로 형제를 죽음에 이르게 했다. 이 일로 그는 고향 코린토스에서 추방되었다. 그는 티린스의 프로이토스 왕에게로 가서 살인죄를 씻고 정화되었다. 그런데 프로이토스 왕의 아내인 안테이아(스테네보이아) 왕비가 젊고 잘생긴 벨레로폰에게 반하고 말았다. 그녀는 벨레로폰을 은밀하게 유혹했다. 하지만 벨레로폰이 그 유혹을 단번에 거절하자 이에 앙심을 품은 왕비는 벨레로폰이 자신을 겁탈하려고 했다는 누명을 씌웠다. 왕비의 말을 그대로 믿은 프로이토스 왕은 벨레로폰을 죽이기로 결심했다. 하지만 함께 식사를 나눈 손님을 죽여서는 안 된다는 관습에 따라 프로이토스는 벨레로폰을 직접 죽일 수가 없었다. 누구든 이 관습을 어기면 그는 복수의 여신들의 분노를 사 끔찍한 저주를 받게 될 것이었기 때문이다.

프로이토스는 자신의 장인인 리키아의 왕 이오바테스에게 벨레로폰이 왕비를 욕보였으니 꼭 죽여달라는 편지를 썼다. 그는 봉인한 편지를 벨레로폰에게 주며 이오바테스에게 전달하도록 했다. 벨레로폰은 자신을 죽여달라는 내용이 담긴 편지인 줄도 모르고 그 편지를 전달하기 위해 길을 떠났다. 리키아에 도착한 벨레로폰은 이오바테스에게 편지를 전달하고 극진한 대접을 받았다. 이오바테스는 벨레로폰을 죽여달라는 사위의 편지를 읽었으나 손님을 죽여서는 안 된다는 관습 때문에 역시 고민에 빠졌다.

당시 리키아에는 괴물 키마이라(키메라)가 해를 끼치고 있었다. 키마이라는 티폰과 에키드나의 자식으로, 머리는 사자의 모습이요 몸통은 염소 그리고 꼬리는 뱀의 모습을 하고 있다. 몸은 하나인데 머리가 셋인 키마이라는 입에서 불을 뿜어내며 사람들을 공포에 떨게 만들었다. 이오바테스는 자신이 직접 손을 쓰지 않고 사위의 부탁을 들어줄 방법을 생각하다가 벨레로폰에게 키마이라를 처치하라는 명령을 내렸다. 그는 벨레로폰이 키마이라에게 죽임을 당할 것으로 여겼다.

벨레로폰은 예언자 폴리에이도스에게 키마이라를 물리칠 방법을 물었다. 예언자는 그에게 천마 페가소스를 얻으면 과업을 성취할 수 있다면서, 아테나 여신의 신전에서 하룻밤을 보내면 그 방법을 알게 될 것이라고 조언했다. 벨레로폰은 신전에서 잠이 들었는데, 꿈속에 나타난 아테나 여신은 그에게 황금 재갈을 건네며 포세이돈에게 흰 황소 한 마리를 제물로 바치라고 조언했다. 잠에서 깬 벨레로폰의 옆에는 황금 재갈이 놓여 있었다. 벨레로폰은 재갈을 챙기고 아테나가 시키는 대로 제물을 바쳤다.

페가소스가 코린토스의 페이레네샘에 자주 물을 마시러 온다는 예언자의 조언에 따라 벨레로폰은 샘 주변에 숨어 기다렸다. 과연 얼마 후 하늘에서 페가소스가 샘가로 내려와 물을 마셨다. 그 틈에 벨레로폰은 재빨리 페가소스에게 재갈을 물렸다. 페가소스를 얻은 벨레로폰은 단숨에 키마이라에게 날아갔고 키마이라가 불을 뿜어내자 납덩이를 화살에 묶어 괴물의 입속에 쏘아 넣었다. 불꽃의 열기에 녹아내린 납이 키마이라의 목 속으로 넘어가 내장을 태우자 괴물은 고통에 울부짖다가 죽음을 맞았다.

벨레로폰이 키마이라를 죽이고 살아서 돌아오자 크게 놀란 이오바테스는 또 다른 일을 시켰다. 하지만 벨레로폰은 그 일도 무사히 마쳤고, 이오바테스는 다시 세 번째 일을 시켰다. 이번에도 벨레로폰이 임무를 완수하자, 이오바테스는 군사들을 동원해서 벨레로폰을 죽이려고 했다. 그러나 군사들마저 벨레로폰에게 모두 죽임을 당하자 이오바테스는 벨레로폰을 죽이려던 계획을 포기했다. 그는 벨레로폰을 사위로 삼은 뒤 나라의 절반을 그에게 나눠주었다.

시간이 지나자 사람들의 존경을 받던 영웅 벨레로폰도 점점 오만해져 신들의 권위에 도전했다. 그는 페가소스를 타고 하늘을 날아 신들이 사는 올림포스까지 올라가려고 했다. 그 모습을 본 제우스는 격노하여 등에 한 마리를 보내 페가소스의 등을 쏘게 하였다. 깜짝 놀란 페가소스가 날뛰는 바람에 벨레로폰은 낙마하여 지상으로 떨어졌다. 가시덤불에 떨어진 벨레로폰은 목숨을 구했지만 두 눈을 잃고 절름발이가 되었다. 벨레로폰은 사람들의 눈을 피해 방황하다가 비참한 최후를 맞았다.

종교
320 힌두교의 신

힌두교는 무수한 신을 신앙의 대상으로 삼는 다신교이다. 신화에 등장하는 신으로부터, 자연계의 동식물로 변신한 신에 이르기까지 숭배 대상이 매우 다양하다. 그 많은 신 중에서 '브라마', '비슈누', '시바'가 힌두교의 3대 신으로 꼽힌다. 이 신들은 각각 창조(방출), 보존, 소멸(파괴)이라는 세 가지 우주적 기능을 담당하고 있다.

브라마는 우주를 창조했으나 형태가 없으며, 신화에도 거의 등장하지 않아서 숭배하는 사람을 찾아보기 힘들 만큼 시들해졌다. 반면 비슈누와 시바에 대한 숭배는 인기를 더해갔다.

비슈누는 세상을 유지하는 신이다. 비슈누는 이 우주를 구제하기 위해 세상에 잠시 나타나는 방식으로 화신(化身)하는데, 심지어 동물의 모습으로 자신을 드러낸다. 기독교나 이슬람교는 오직 하나의 성육신(하나님인 그리스도가 인간의 몸으로 세상에 오심)을 인정하지만, 힌두교는 여러 화신을 인정한다. 그 수는 많지만 대표적으로 물고기, 거북이, 멧돼지, 수사자, 난쟁이, 도끼를 휘두르는 라마, 활을 겨누는 라마, 붓다, 크리슈나 그리고 아직 도래하지 않은 묵시적 존재로 장차 힌두교의 열망을 실현해줄 '칼키'가 있다.

시바는 파괴의 신이다. 네 개의 팔, 네 개의 얼굴, 그리고 과거·현재·미래를 투시하는 제3의 눈이 있으며, 이마에 반달을 붙이고 목에 뱀과 송장의 뼈를 감은 모습을 하고 있다. 성스러운 소 난디를 타고 다니는 것으로 알려져 있다.

힌두교는 일신교와 달리 우상숭배가 활발해서 사원 곳곳에 신의 형상이 장식되어 있다. 시바에게는 파르바티라는 아내가 있으며, 그들에게서 가네샤가 태어났다. 시바의 또 다른 아들로 쿠마라가 있다.

시바의 큰아들인 가네샤는 힌두교에서 지혜와 재산과 행운을 관장하는 신으로 숭배받고 있다. 인도 전통의 복장을 한 남자의 몸에 네 개의 팔, 코끼리 머리를 지녔다. 주로 상업과 학문의 신으로 숭배되며 새로운 시작의 신이자 장애를 제거하는 신이다.

힌두교도들은 모든 예배나 의식은 물론 사업 시작, 여행, 집짓기 등과 같은 중요 세속사를 가네샤에 대한 예배로 시작한다. 이는 장애를 제거하는 그의 역할 때문이다. 스칸다, 카르티케야라고도 불리는 쿠마라는 힌두교의 군신으로서 신들의 장군 역할을 하며, 여섯 개의 머리에 한 손에는 활을, 한 손에는 화살을 들고 공작을 타고 다닌다.

브라마, 비슈누, 시바가 각각의 배우자 사라스와티, 락슈미, 파르바티와 함께 연꽃 위에 앉아 있다.

음악
321

레너드 번스타인

아메리칸 문화를 대표하는 저명한 지휘자 겸 작곡가인 레너드 번스타인(Leonard Bernstein, 1918-1990)은 미국 매사추세츠주에서 태어났다. 그의 부모는 미국에 이주한 러시아 출신 유대인이었다.

고등학교 시절부터 오페라를 직접 편곡하여 지휘했으며, 하버드대학교에서 작곡을 전공했다. 대학 시절 피스턴에게서 작곡을, 디미트리 미트로폴로스에게서 지휘를 배웠으며, 코플란드로부터 절대적인 신임을 얻었다. 졸업 후에는 미국의 대표적 음악학교인 커티스음악원에서 프리츠 라이너에게 지휘를, 버크셔음악센터에서 세르게이 쿠세비츠키에게 지휘법을 배웠다.

1943년 여름, 뉴욕필하모닉의 음악감독 아서 로진스키에게 실력을 인정받아 부지휘자로 발탁되었다. 그해 11월, 번스타인은 독감으로 지휘를 할 수 없게 된 거장 브루노 발터를 대신하여 뉴욕필하모닉의 지휘봉을 잡았다. 연주회는 성공적으로 끝났고, 번스타인은 지휘자로서 능력을 인정받아 본격적인 활동을 전개해나갔다. 번스타인은 음악적 야망이 컸다. 그는 '지휘하는 작곡가'로 명성을 쌓기를 원했기에 자신의 꿈을 성취하기 위해 지휘 활동을 하면서도 작곡에 열중했다. 또한 피아니스트 음악해설자로 활동 영역을 넓혀갔다.

1944년 1월, 번스타인은 스승인 라이너가 이끌던 피츠버그심포니협회에서 지휘봉을 잡고 자신이 작곡한 교향곡 제1번 〈예레미야 심포니〉를 초연했다. 또 다른 스승인 쿠세비츠키 역시 자신이 이끌던 보스턴교향악단에서 이 교향곡을 지휘하도록 배려했다. 번스타인은 이 작품으로 작곡가로서 명성을 얻었고, 1944년 발표작 중 최우수 작품에 선정되어 뉴욕음악비평가협회상을 수상했다.

번스타인은 진보 정당의 창당에 관여하며 진보 단체의 단결을 주장하기도 했다. 이러한 정치적 성향 때문에 당시 포토저널리즘을 주도하던 〈라이프〉에 50명의 대표적인 좌파 블랙리스트 명단으로 오르면서 뉴욕필하모닉 지휘자 명단에서 제외되었다. 1953년 8월이 되어서야 FBI의 감시에서 풀려나 이탈리아 연주회를 다녀온 후 뉴욕필하모닉에 복귀할 수 있었다.

1957년 뮤지컬 〈웨스트사이드 스토리〉를 초연했고, 1958년에 뉴욕필하모닉 상임지휘자로 취임했다. 그리고 다음 해 뉴욕필하모닉 음악감독이 되었는데 미국 출신 지휘자로는 그가 최초였다. 번스타인이 지휘하는 뉴욕필하모닉은 공연마다 흥행을 보증하며 대성공을 거두었고, 명실공히 뉴욕필하모닉 황금시대를 활짝 열었다. 1969년, 뉴욕필하모닉 음악감독에서 물러난 번스타인은 상임지휘자 등 특정 오케스트라의 자리에 머물지 않고 빈필하모닉, 이스라엘필하모닉, 바이에른방송교향악단, 런던심포니, 프랑스국립관현악단 등을 객원 지휘하면서 명연주를 들려주었다. 1985년 세계 청소년 오케스트라를 조직하여 영국, 일본, 그리스, 헝가리 등지에서 활동했으며 이후에는 주로 유럽을 무대로 활동을 벌였다.

1990년 8월 19일 번스타인은 지휘자로서 마지막 무대가 된 탱글우드음악제에서 보스턴교향악단을 지휘한 후 모든 음악 활동을 접기로 결심하고 은퇴를 선언했다. 그는 그해 10월, 폐암으로 세상을 떠났다.

주요 작품으로 〈불안의 시대〉, 〈팬시 프리〉, 〈거리에서〉, 〈타히티의 트러블〉, 〈워터프런트〉 등 다수가 있다.

미술
322 바실리 칸딘스키

바실리 칸딘스키(Wassily Kandinsky, 1866-1944)는 추상 회화의 창시자로 불리는 러시아의 화가이다. 추상 미술과 서정 미술의 아버지로도 불린다. 자신의 '내적 필연성'에서 영감을 얻은 그의 작품에서는 형체로 표현된 오브제가 등장하지 않는다. 그는 최초로 순수 추상 작품을 발표하여 20세기 미술사의 혁명을 이룩했다. 또한《예술에서의 정신적인 것에 대하여》와《점, 선, 면》같은 저술을 통해 20세기 가장 중요한 미술 이론을 세웠다. 후일 그의 작품에 영향을 받아 액션페인팅, 타시즘, 캘리그래피, 앵포르멜*이 탄생한다.

칸딘스키는 러시아의 모스크바에서 태어났다. 예술적 감각이 뛰어난 그는 음악과 미술에 끌렸지만, 법학과 경제를 공부하고 모스크바대학교에서 학생들을 가르쳤다. 그러던 중 모스크바에서 열린 프랑스 인상파 화가전에서 모네의 작품에 깊은 감명을 받았다. 그는 모네의 작품 〈건초더미〉에서 주제가 더 이상 그림의 '필수불가결한 요소'가 아님을 깨달았으며, 내면에 잠재되어 있던 예술가적 열망이 깨어나 화가의 길로 향했다.

1896년에 독일로 건너간 칸딘스키는 아즈베미술학교를 거쳐 뮌헨아카데미에서 프란츠 폰 슈투크의 수업을 들었다. 하지만 아카데미의 교육에 실망한 칸딘스키는 이듬해 팔랑크스전시협회 및 미술학교를 창설했다. 그곳에서 만난 가브리엘 뮌터와 연인이 되었고 두 사람은 1903년에 유럽 여행을 떠났다. 이 여행은 오데사, 이탈리아, 베네치아, 파리를 거쳐 독일로 돌아오기까지 5년간 계속되었다. 1909년, 뮌헨으로 돌아온 칸딘스키는 무르나우에 정착하고, 형태와 색에 대한 연구를 시작했다. 1911년에 칸딘스키가 결성한 아방가르드 모임인 '청기사'는 2년간 독일 표현주의 미술의 핵심적인 역할을 했다.

1914년에 제1차 세계대전이 벌어지자 칸딘스키는 러시아로 돌아갔다. 모스크바 아트워크숍에서 그는 학생들을 가르치며 러시아 전역에 미술관을 건립하는 데 기여했다. 1921년, 독일을 다시 찾은 칸딘스키는 베를린에 정착한 후 바우하우스의 교수가 되었다. 그는 학생들을 가르치면서 구성주의를 연구하고 자신의 회화 이론을 발전시켰으며, 〈구성VIII〉, 〈흰색 위에 II〉, 〈가로줄〉 같은 작품들을 '서정적 기하학'으로 정의했다.

"기호가 상징이 될 때에만 새로운 미학이 탄생할 수 있다. 나에게 형태란 목표에 도달하기 위한 하나의 수단일 뿐이다."

바우하우스 시절 칸딘스키는 '현대 추상화의 창시자'로 불릴 정도로 명성이 높아졌다. 그러나 나치스는 그의 작품에 '퇴폐적 미술'이라는 프레임을 씌웠다. 바우하우스는 폐쇄되었고, 그의 작품 57점은 나치스에 의해 경매에 붙여졌다. 결국 칸딘스키는 프랑스로 망명했다. 파리에서 칸딘스키는 초현실주의자들의 열렬한 지지를 받으며 〈매력적인 상승〉, 〈둘 사이〉, 〈반주가 딸린 중심〉을 완성했다. 그는 프랑스에서 작품에 전념하다가 〈잔잔한 열정〉을 완성한 후 세상을 떠났다.

* 앵포르멜(Informel): 제2차 세계대전 후 프랑스를 중심으로 일어난 새로운 회화운동. 제1차 세계대전 후 독일 표현주의나 다다이즘의 영향을 받아들여 기하학적 추상(차가운 추상)의 이지적인 측면에 대응하여 서정적 측면을 강조, 색채에 중점을 두고 좀 더 격정적이고 주관적인 호소력을 갖는 표현주의적 추상 예술로 나타났다.

문학
323

앙드레 말로

앙드레 말로(Andre Malraux1901-1976)는 프랑스의 소설가이자 혁명가이며 정치가였다. 그는 반식민운동과 중국 혁명운동, 반파시즘운동에 참여하며 지성과 행동의 결합을 추구했다.

파리에서 태어난 말로는 4세 때 부모의 별거로 어머니를 따라 외가에서 자랐다. 독서와 몽상으로 고독한 유년 시절을 보내던 그는 17세 때 콩도르세고등학교 졸업 후 2년간 독학으로 공부했다. 19세 때 새로 창간된 〈라 코네상스〉에 상징주의에 관한 비평인 〈입체파 시의 기원〉을 실었으며, 이후 좌파 성향의 비평지 〈악시옹프랑세즈〉에 비평을 게재하면서 문인의 길을 향한 첫걸음을 뗐다.

1921년, 그는 클라라와 결혼하고 이탈리아 등 유럽 등지를 여행했다. 이 무렵 말로는 동양의 고미술 연구에 관심을 기울였는데, 1923년 아내와 함께 북라오스 고고학 조사단에 참가하여 인도차이나에 갔다가 그곳에서 조사단과 헤어져 독자적으로 크메르문명 유적을 발굴하기도 했다. 그 과정에서 도굴 혐의를 받고 체포되어 징역 3년형을 받았으나 앙드레 지드, 로제 마르텡뒤가르 등 지식인들의 구명운동으로 석방되었다.

1926년에 귀국한 말로는 한 중국인과 프랑스인이 주고받는 서간 형식의《서구의 유혹》을 발표했다. 그리고 2년 후 광둥 혁명을 배경으로 한 소설《정복자》를 출간하여 평단의 호평과 대중적 인기를 얻으며 그해 최고의 책이라는 찬사를 받았다. 1930년에 발표한《왕도》는 크메르 유적 발굴 경험을 토대로 쓴 작품으로, 앵테랄리에상을 받았다.

1933년에 발표한《인간의 조건》은 상하이 혁명가들의 자유의지를 그려낸 소설로, 장제스가 공산당을 이용하여 상하이에서 북방 군벌을 토벌한 1927년을 배경으로 하고 있다.

장제스의 다음 목표는 공산당 축출이다. 장제스의 배신에 분노한 몇몇 이상주의자가 타협안을 내세우는 공산당 지도부의 지시를 거부한 채 국민당에 맞서 폭동을 일으킨다. 베이징대학교 교수인 기요는 폭동을 주도했다 체포되어 모진 고문을 당한다. 육체의 고통 앞에 나약해진 자기 자신에게 회의감을 느낀 기요는 결국 청산가리를 먹고 자살한다. 테러리스트인 첸은 장제스 암살을 시도했다가 실패하고 거사 현장에서 죽음을 맞는다. 혁명가인 카토프는 체포되어 동료들과 함께 시뻘건 불길 속에 던져질 운명에 처한다. 그는 겁에 질린 동료에게 몸에 지닌 청산가리를 건넨 후 타오르는 불길 속에 던져진다. 그는 불길에 던져지지 않을 수 있던 방법을 동료에게 양보한 셈이다.

말로는 각자의 방식으로 인간의 조건에서 벗어나고자 한 주인공들을 통해 끊임없이 인간의 가능성과 위대함을 이야기하고자 했다. 이 작품으로 말로는 공쿠르상을 수상하면서 문단에서의 지위를 확고하게 다졌으며, 행동주의의 대표적 작가로 꼽히게 되었다.

1933년, 독일에서 히틀러가 집권하자 말로는 공산주의자들과 함께 독일 파시스트에 대항하여 전쟁을 막기 위해 노력했다. 1936년, 스페인내전에 참전하여 공화파의 의용군으로 싸웠고, 그 체험을 바탕으로 이듬해 르포르타주소설의 걸작《희망》을 출간했다. 1939년에 독소불가침 조약이 체결되자 말로는 공산주의와 절연했으며, 1940년에 독일이 프랑스를 침공하자 전차병으로 활약했다. 1942년부터 레지스탕스운동에 참여하여, 알자스-로렌부대의 지휘를 맡는 등 적극적으로 가담했다. 1945년 종전 후 드골의 신임을 받아 정보장관 및 문화장관을 역임했다. 정계에서 은퇴한 그는 파리 근교에 은거하며 집필 활동에 전념하다가 세상을 떠났다.

세계사 324 러시아 혁명

제1차 세계대전 중 러시아의 니콜라이 2세는 1,500만 명에 이르는 병력을 전선에 투입했다. 노동력이 급격히 줄고 전쟁이 길어지면서 국내의 상황도 점점 위태로워졌다. 곳곳에서 파업과 시위가 발생했고, 혁명의 기운은 날이 갈수록 고조되었다. 전쟁으로 수많은 사상자가 발생하고, 기근에 굶주리는 사람이 늘었다. 노동자의 파업이 광범위하게 확산되던 1917년 3월, 마침내 수도 페트로그라드(현 상트페테르부르크)에서 대규모 시위가 일어났다. 파업을 선언한 9만여 명이 넘는 노동자가 시위에 참여, "빵을 달라"고 외쳤다. 시위가 들불처럼 확산되고 시위대를 진압하기 위해 동원된 군대까지 시위대에 가담하자 니콜라이 2세는 황제 자리에서 물러나야만 했다.

1917년 3월 15일, 1613년부터 303년을 이어오던 로마노프 왕조는 세계사에 그 종말을 고하였다. 정부는 총사퇴하고 부르주아지를 중심으로 임시 정부가 수립되었다. 자본가로 구성된 임시 정부의 수반 케렌스키는 독일과의 전쟁을 계속 진행했다. 전쟁에서 승리하여 이권을 찾고자 함이었다. 그 결과 민중의 생활은 더욱 어려워졌고, 임시 정부는 노동자와 대립하기에 이르렀다.

케렌스키 정부는 개혁을 이루지 못하고, 국민의 불만 해소에도 실패했다. 이때 전쟁에 반대하며 스위스에 망명해 있던 사회주의자 레닌이 귀국했다. 레닌이 볼셰비키*를 지도하며 '평화와 빵과 토지'를 요구하는 운동을 펼쳐나가자, 케렌스키는 볼셰비키를 탄압했다. 이에 볼셰비키는 '모든 권력은 소비에트'라는 슬로건을 내걸고 대대적인 운동을 전개하며 탄압에 맞섰다. 하지만 곧 정부군에 의해 진압되었다.

이 시기에 케렌스키 내각을 축출하기 위해 코르닐로프 장군이 주도한 군부반란이 일어났다. 볼셰비키는 이 반란의 진압에 큰 역할을 했고, 이를 계기로 민중의 확고한 지지를 얻으면서 빠른 속도로 그 세력을 넓혀갔다. 1917년 11월 6일, 볼셰비키는 다시 무장봉기해 임시 정부의 거점인 동궁까지 장악하고 케렌스키를 축출하였다. 레닌을 수반으로 하는 소비에트 정권이 수립되니, 이를 당시 러시아 달력에 따라서 '10월 혁명(October Revolution)'이라고 한다.

레닌은 전체 러시아소비에트대회의 결의에 따라 인민위원회에 의한 정부를 조직하였다. 이후 케렌스키는 전선의 병력을 이끌고 수도 탈환을 시도했으나 실패하고 프랑스로 망명했다. 러시아의 마지막 황제인 니콜라이 2세는 1918년 7월 17일 볼셰비키에 의해 예카테린부르크에서 가족과 함께 처형되었다. 그의 죽음으로 로마노프 왕조는 역사의 무대에서 사라졌다.

1922년 12월, 소비에트 사회주의공화국 연방(소련)이 공식 출범했다. 러시아 혁명의 성공은 온 세계 무산 계층과 아시아 피압박 민족에게 큰 영향을 끼쳤다. 중국의 쑨원, 인도의 자와할랄 네루, 이집트의 나세르는 한때 러시아 혁명에 고무되어 그와 같은 방법으로 국권을 회복하고 정책을 시행하려 했다. 그러나 공산주의 체제는 시간이 지나면서 생산력 저하와 인간성 말살 등 여러 문제가 발생하면서, 1980년대 접어들어 거의 붕괴되었다.

* 볼셰비키(Bolsheviki): 구소련 공산당의 별칭으로, 당시 러시아사회민주노동당의 다수파를 말한다.

철학
325 카를 야스퍼스

카를 야스퍼스(Karl Theodor Jaspers, 1883-1969)는 현대 독일의 실존주의 철학자이다. 그는 하이데거와 함께 실존 철학의 중요한 개념과 체계를 만들어 독일 실존주의의 대표자로 불린다. 이들은 주체로서의 인간의 고유한 존재를 다른 사물의 존재와 구별하여 '실존'이라고 불렀다. 한편, 실존은 순수한 인격이기 때문에 자유의 핵심이며 어떤 특정한 방식으로 인간일 수 있음은 자신의 결단에 달렸다고 말한다. 야스퍼스의 실존은 한계 상황(죽음, 죄책감, 고뇌, 싸움) 속의 인간을 말하며, 한계 상황의 극복은 사랑과 신앙을 통해서 이루어진다고 보았다.

야스퍼스는 독일의 올덴부르크에서 태어났다. 그의 아버지는 젊은 시절 지사를 지냈고, 이후 은행장으로 성공했다. 그 덕분에 야스퍼스는 경제적 풍요로움 속에서 유년 시절을 보냈다. 야스퍼스는 고등학교 졸업 후 법학을 전공하려 했으나 폐결핵에 걸려 포기했다. 투병 중 그의 관심은 법학에서 의학으로 옮겨갔고, 이후 정신의학과 심리학을 파고들었다.

1905년, 괴팅겐대학교에서 의사 예비시험에 합격한 그는 3년 후 하이델베르크에서 국가고시에 합격하여 정식 의사가 되었다. 그러나 그의 의사생활은 오래가지 못했다. 1913년에 정부의 요청으로《정신병리학 총론》을 집필한 후 건강이 악화되었기 때문이다. 이후 야스퍼스는 의료계를 떠나 철학에 관심을 가지고 플로티노스, 스피노자, 칸트, 헤겔, 쇼펜하우어, 키르케고르, 니체 등의 저서를 독파했다. 그 과정에서 키르케고르와 니체의 철학에 큰 감동을 받은 그는 실존주의에 몰입해 결국 키르케고르와 니체를 종합하여 자신의 실존주의를 이끌어내고, 광범위한 철학 체계를 수립했다.

인간으로 대표되는 그의 실존은 삶과 이성을 포괄하는 존재이며, 그 존재는 우리에게 한계로서 의식될 뿐이다. 하지만 신앙과 신의 계시를 통해 실존적 한계 상황을 극복하고, 절대적 진리에 이를 수 있는 존재이다. 실존이 절대적 진리에 도달하기 위해서는 반드시 넘어야 할 산이 있으니 바로 실존 자체의 한계 상황에서 비롯되는 허무의식이다. 인간은 이 허무의식과 끝없이 싸우며 자신의 실존을 완성해가야 한다.

야스퍼스는 자신의 주장을 설명하기 위해《철학》,《이성과 실존》,《실존해명》,《형이상학》,《실존철학》,《계시에 직면한 철학적 신앙》 등의 저서를 집필했다.

철학 자체에 일종의 신앙심을 가지고 있었던 야스퍼스는 철학적 신앙을 바탕으로 사람들과 거리를 두며 고독한 삶을 살았다. 그가 고독한 삶을 보내게 된 데는 지병인 폐결핵도 한몫했다. 그는 고독으로부터 인간의 한계 상황을 찾아냈고, 철학적 주제를 이끌어냈다. 어쩌면 고독은 그에게 철학을 유지하는 원동력이었을지도 모른다.

신화 326 시시포스

고대 그리스 코린토스의 왕 시시포스(Sisyphos)는 교활하고 꾀가 많기로 유명했다. 그는 신을 속이려다가 형벌을 받은 대표적 인물 중 하나이다.

어느 날 시시포스는 제우스가 독수리로 변신하여 님프 아이기나를 유괴하는 장면을 목격했다. 아이기나는 '강의 신' 아소포스의 딸이었다. 시시포스는 딸을 찾으러 다니는 아소포스에게 자신이 다스리는 코린토스의 아크로폴리스에 샘물이 솟게 해주면 딸의 행방을 알려주겠다고 제안했다. 아소포스는 물을 구하기 어려운 산악지대인 코린토스의 아크로폴리스에 샘을 만들어 물이 솟게 해주고는 시시포스가 알려준 오이노네섬으로 곧장 달려갔다. 아소포스가 제우스와 아이기나가 사랑을 나누고 있던 방을 급습하자 화가 난 제우스는 아소포스에게 벼락을 던졌다. 벼락을 맞은 아소프스의 몸은 불에 검게 타서 재가 되었고, 이때부터 아소포스강의 바닥에서는 새까만 석탄이 나온다고 한다.

한편 시시포스의 고자질에 화가 난 제우스는 죽음의 신 타나토스에게 시시포스를 저승으로 데려가라고 명했다. 하지만 꾀 많은 시시포스는 타나토스를 속여 오히려 그를 감금했다. 그러자 지상에서는 더 이상 죽는 사람이 없어졌다. 이 사실을 알게 된 전쟁의 신 아레스가 직접 나서서 타나토스를 풀어주었고, 격분한 타나토스는 기어코 시시포스를 저승으로 끌고 갔다.

하지만 영악한 시시포스는 이러한 결말을 미리 예상하고 있었다. 그는 저승으로 끌려가기 직전 아내인 메로페에게 자신이 죽더라도 절대 장례를 치르지 말라고 신신당부했다. 그의 아내는 남편의 말을 따랐다. 저승의 왕 하데스는 지상에서 시시포스의 장례식이 치러지지 않자 시시포스를 불러 그 연유를 물었다. 시시포스는 자신의 각본대로 일이 진행되자 쾌재를 부르며 하데스에게 거짓말을 했다. 그는 평소 아내의 행실이 바르지 못함을 한탄하며, 자신을 다시 지상으로 보내주면 아내의 잘못을 바로잡고 돌아오겠다 애원했다. 하데스는 그의 말을 믿고 지상으로 돌려보냈다. 그러나 지상으로 돌아간 시시포스는 하데스와의 약속을 어기고 장수를 누렸다.

하지만 인간은 불사의 존재가 아니어서 시시포스의 생명의 불꽃도 결국 꺼지고 말았다. 저승 세계로 간 시시포스에게는 두 번이나 신들을 속인 죄에 대한 형벌이 준비되어 있었다. 그는 크고 무거운 바위를 산 위로 밀어 올려야 했는데, 정상까지 올려놓은 바위는 다시 아래로 굴러내렸고, 시시포스는 다시 그 바위를 산 위로 밀어 올려야 했다. 이 일은 쉬지 않고 반복되었고, 시시포스는 영원히 똑같은 일을 반복하며 고통에 시달려야 했다. 프랑스의 작가 알베르 카뮈는 수필집《시시포스의 신화》에서 시시포스의 노역을 인간이 처한 실존적 부조리를 상징하는 상황으로 묘사하였다.

<시시포스>(베첼리오 티치아노, 1548-1549)

종교 327 이슬람교

이슬람교(Islam)는 유일신 '알라'를 믿는 종교이며, 창시자 무함마드는 천사 가브리엘의 계시를 받고 예언자이자 전쟁 지도자가 되었다. 이슬람교는 기독교와 유대교의 영향을 많이 받았다. 이슬람교에서도 종말이 오면 사람은 최후의 심판을 받아 천국이나 지옥에 간다고 믿는다. 이슬람교, 유대교, 기독교는 뿌리도 같다. 유대인과 아랍인은 모두 아브라함의 후손이며, 기독교에서도 아브라함은 '믿음의 조상'으로 불리며 존경받는다. 아브라함이 믿는 여호와가 곧 이슬람의 신 알라이며, 기독교의 하나님이다.

이슬람교에서 '칼'은 천당과 지옥의 열쇠이다. 이슬람교 단체들은 나라를 위해서 지하드(성전)에 참가했다가 순교하면 천국에서 다시 태어나 천상 세계에서 살면서 72명의 시녀가 시중들게 하고, 7만 명의 노예를 부릴 수 있다고 설교하며 지하드를 합법화한다.

교조인 무함마드가 사망할 무렵 아라비아는 이슬람교로 통합되었지만, 지도자 사후 승계 문제를 놓고 내전을 초래했다. 이슬람교는 크게 시아파와 수니파로 나뉜다. '수니'는 '예언자와 수나*의 공동체를 따르는 사람들'이라는 뜻이며, '시아'는 '알리를 따르는 사람들'이라는 뜻이다. 그리고 칼리프*에 대한 수니파와 시아파의 주장을 모두 반대하는 카와리지파가 있다. 이들은 수니파나 시아파에 비해 소수이며, 현대에 들어와서는 오만과 알제리 남부에 존재한다.

시아파의 중심은 무함마드의 사촌이며 4대 칼리프를 지냈던 알리이며, 수니파의 중심은 다마스쿠스 총독이었다가 알리의 사후에 칼리프가 된 우마이야 가문의 무아위야이다. 당시 대다수의 무슬림은 덕망 높은 무함마드의 친구 아부 바크르를 첫 번째 칼리프로 선택했다. 반면 소수의 무슬림은 예언자(무함마드)의 혈족만이 후계자가 될 수 있다면서 무함마드의 사위 알리(신비주의 수피즘을 일으킨다)와 손자 후세인을 지지했다.

수니파는 칼리프가 공공질서를 수호하고, 이슬람 세계를 지키면서 신법을 보호하고, 판관직을 수행하며 공동체를 다스려야 한다고 생각했다. 시아파는 예언자의 대리인이 《코란》과 법을 해석하고 내적 지식을 지녀야 한다고 믿었다. 따라서 칼리프는 하나님과 예언자가 선택해야만 하는데, 그러한 사람을 이맘*이라고 불렀다. 이맘은 무함마드 같은 예언 능력은 없지만, 예언자의 내면적이고 영적인 힘을 받았다고 여겨졌다. 시아파는 알리가 바로 그러하며 무함마드가 죽기 전 그를 대리자로 선택했다고 믿었다. 그 결과 시아파는 예언자 가족과 밀접한 관계가 되었는데, 이맘들은 모두 알리와 무함마드의 딸 파티마 사이에서 나온 후손들이다.

수니파는 우마이야 왕조를 창건하고 그 왕 무아위야를 칼리프로 세웠다. 시아파는 이를 거부하고 알리의 아들인 후세인을 따랐다. 우마이야 왕조의 야지드 1세는 680년 아버지인 무아위야로부터 칼리프를 이어받은 뒤 후세인의 시아파 세력에게 충성을 요구했다. 후세인은 결사 항전을 선택하고 카르빌라에서 우마이야 왕조와 전투를 벌였다. 이 전투에서 후세인은 참수를 당했고, 그의 순교 이후 두 분파는 영원히 갈라섰다. 이러한 내부 갈등 중에도 외부 정복은 계속되었다. 730년 우마이야 왕조는 이베리아에서 인도까지 세력을 뻗쳤다. 오늘날 이란은 시아파지만 페르시아 제국 때는 수니파의 근거지였으며 무굴 제국과 오스만 제국도 수니파였다. 이슬람교의 전체 분포를 보면 수니파가 세계 이슬람 인구의 90%를 차지하고, 시아파는 10% 정도에 불과하다.

* 수나(Sunnah): 관례, 법적 관행. 특정한 관습을 사회와 개인을 구속하는 규범적 가치로 여겨 그것의 강제력을 인정하였다.

* 칼리프(Caliph): 이슬람 제국의 주권자의 칭호. 신의 사도의 대리인, 예언자의 대리인이라는 의미다.

* 이맘(Imām): 이슬람교 교단 조직의 지도자를 가리키는 하나의 직명이다. 일반적으로 예배를 이끄는 사람, 더 넓게 보면 모스크(Mosque, 이슬람교의 예배당)에서 예배를 이끄는 사람을 가리킨다.

음악 328

전자 음악

전자 음악(Electronic Music)은 전자 악기가 주로 사용된 음악을 광범위하게 통칭하는 말이다. '전자 음악'이라는 용어가 처음 사용된 것은 1940년대 말과 1950년대 초 유럽에서였다. 전자 음악 시대는 1951년 콜론 라디오방송국이 처음 전자 스튜디오를 열면서 시작되었다. 파리, 밀라노, 도쿄에도 이런 스튜디오가 생겼고, 미국에서는 컬럼비아대학교와 벨연구소에 들어섰다.

전자 음악의 발전에 선구자적 역할을 한 음악가로는 독일의 작곡가이자 이론가인 카를하인츠 슈토크하우젠과 미국의 작곡가이며 음악이론가인 밀턴 배빗이 있다.

슈토크하우젠은 1953년 쾰른의 방송국에서 전자 음악을 담당하면서 다양한 노이즈를 이용한 실험적 사운드를 만들어냈고, 전자 음악의 새로운 길을 개척했다. 그가 1960년에 발표한 〈접촉〉은 전자 음악의 최고 걸작으로 손꼽힌다. 1963년 그는 방송국 음악실장으로 승진하였으며 프랑스의 피에르 불레즈, 이탈리아의 루이지 노노와 함께 유럽 현대 음악의 3대 작곡가로 불렸다. 슈토크하우젠의 사운드는 전자 음악뿐만 아니라 팝과 록 전반에 걸쳐 방대한 영향력을 행사했다.

밀턴 배빗은 컬럼비아대학교와 프린스턴대학교가 공동으로 운영하는 전자 음악센터 설립자 중 한 사람이다. 그는 미국의 전기·방송 회사 RCA의 일렉트로닉 사운드 신시사이저를 가지고 본격적으로 전자 음악을 연주하기 시작했는데, 그의 〈신시사이저를 위한 협주곡〉은 사람이 도저히 흉내 낼 수 없을 만큼 빠른 템포의 복잡한 리듬과 변화무쌍한 음색을 보여주었다. 그는 여러 악기와 음성을 결합한 광범위한 작품들과 신시사이저 음향에 대한 선구적 작업을 통해 20세기 가장 유명한 작곡가가 되었다. 맥아더 펠로십*과 퓰리처 특별상을 수상했다.

* 맥아더 펠로십(MacArthur Fellowship): 미국 맥아더 재단이 연령에 상관없이 매년 창의적 결과를 성취한 동시에 잠재력을 지닌 미국의 인재 25인 내외를 선정해 수여하는 상. 1981년부터 수여되었으며, 그 선정 과정이 매우 까다로워 '권재상'으로도 불린다.

미술
329

카지미르 말레비치

카지미르 말레비치(Kasimir Severinovich Malevich, 1878-1935)는 러시아의 화가이며 교사이자 이론가이다. 그는 절대주의운동의 창안자로, 러시아 아방가르드를 주도했다. 추상 회화를 가장 극단적인 형태까지 이끌며, 순수 추상화의 발전에 핵심 역할을 했다. 검은색, 흰색, 또는 강렬한 색채의 간결하고 기하학적인 추상 형태는 이후 구상적 형태로 변화하여 그의 예술 세계를 특징짓는 요소가 되었다.

말레비치는 우크라이나의 키예프에서 태어났다. 폴란드 출신인 그의 아버지는 설탕 정제 공장에서 일했다. 말레비치는 키예프의 미술학교에서 공부했고, 1896년 가족과 함께 모스크바로 이주한 후에는 모스크바 미술·조각·건축학교에서 공부했다. 이 무렵 그는 후기 인상주의와 상징주의 양식에 매료되어 모방을 시작했고, 차츰 자신의 세계를 구축해나갔다.

초기에는 〈꽃을 든 여자〉와 〈화가가족의 초상화〉 같은 인상주의 작품을 그렸으며, 뒤이어 〈휴식〉과 같은 색채 과슈를 완성했다. 1910년부터 러시아 아방가르드운동에 동참하고, 점차 세잔풍의 입체파, 분석적 입체파, 이탈리아의 미래주의에서 영향을 받았다. 말레비치는 입체파가 도입한 기호와 현실에 대한 탐구를 통해 구상미술의 근본을 이루는 형태와 내용의 대비를 없애고, 순수한 기호들을 분리해내고자 했다. 러시아의 미래주의 시인 흘레브니코프의 난해한 아방가르드풍 책들은 말레비치의 이성을 초월한 비논리적 그림들에 힘을 실어주었다.

말레비치는 자신의 추상화에서 형태와 색, 공간의 관계를 중시했다. '순수한 화가가 되고 싶다면 주제와 오브제를 버려야 한다'고 강조하기도 했다. 그는 근대 미술의 핵심 작품이자 절대주의에 속한 〈검은 사각형〉에서 자신이 세운 원칙을 직접 실천했다. 말레비치는 1915년 이후 러시아 아방가르드의 거장으로 인정받았으며, 1927년 베를린 전시회로 그의 예술적 위상은 더욱 확고해졌다.

1920년 모스크바국립응용미술학교에서 교편을 잡은 말레비치는 그때부터 후학을 가르치는 일에 힘을 쏟았다. 이후 마르크 샤갈의 초청을 받아 벨라루스 비테프스크공립미술학교에서 교편을 잡았다. 이후 레닌그라드미술학교와 키예프미술학교를 거쳐 상트페테르부르크예술문화원에서 미술을 가르쳤다.

기하학적 추상화의 선구자인 말레비치는 〈흰 바탕 위의 흰 정사각형〉이라는 근대회화를 처음으로 그렸다. '비대상 세계'를 보여주는 추상적인 작품들은 초기에는 작품이 보이는 것대로, 즉 검은 사각형, 붉은 사각형과 같은 이름을 달았지만 이후 '절대주의'라는 제목에 번호로 표기하였다. 1927년에 아카데미 주도의 예술적 미학을 따르지 않는다는 이유로 스탈린 정권의 억압을 받았고, 1930년에는 체포되어 구금당했다. 2개월 후 풀려났지만 이후 지속적으로 예술적 자유를 위협받았다. 그는 1933년에 암 진단을 받았고, 2년 후 세상을 떠났다.

그는 생전에 약 1,000여 점의 작품을 남겼으며, 주요 작품으로 〈태양에의 승리〉, 〈모나리자의 구성〉, 〈말 달리는 붉은 기병대〉, 〈절대주의〉, 〈노란 옷의 반신상〉 등이 있다.

문학
330 존 스타인벡

20세기 미국 문학을 대표하는 소설가 존 스타인벡(John Ernst Steinbeck, 1902-1968)은 미국의 캘리포니아주 몬터레이의 살리나스에서 태어났다. 그의 아버지는 독일계 미국인이었고, 어머니는 아일랜드계 미국인이었다. 스타인벡은 초등학교 교사였던 어머니의 영향으로 어려서부터 많은 책을 접하며 문학적 감수성을 키웠다.

1920년 스탠퍼드대학교에 입학했지만 경제적 어려움 때문에 학업과 일을 병행해야 했다. 열악한 상황에서도 그는 독서에 열중하는 한편 학내 문예지에 단편소설과 시를 발표하며 작가의 꿈을 키웠다. 그러나 가정형편은 갈수록 어려워져 결국 학업을 포기하고, 뉴욕의 신문사에 기자로 취직했다. 하지만 기사로는 부적합한 '주관적인 글'을 쓴다는 이유로 해고를 당한 그는 이후 막노동을 하면서 열정적으로 습작활동을 해나간다.

1929년에 첫 작품《황금의 잔》을 발표하면서 본격적인 전업 작가로 나섰다. 1936년에 발표한《승산 없는 싸움》이 베스트셀러가 되면서 명성을 얻게 되었다. 이듬해 발표한《생쥐와 인간에 대하여》는 희곡으로 각색되어 뉴욕에서 공연되었다. 그 덕분에 스타인벡은 자동차를 구입했고, 그 차로 오클라호마주 이주민들 속에 끼어 서부로 갈 수 있었다. 그는 이 여정에서 직접 보고 듣고 체험한 미국 사회의 잔혹한 현실을 바탕으로《분노의 포도*》를 집필했다. 이 소설은 대공황의 그늘이 짙게 드리운 1930년대 미국사회를 배경으로 노동자들의 비참한 생활상을 그렸다. 스타인벡은 정직하게 살다가 대공황과 기계화에 밀려 하루아침에 이주노동자로 전락한 조드 일가가 고난에 맞서는 모습을 감동적으로 그리면서, 동시에 미국 사회의 모순을 고발했다. 〈구약성서〉 출애굽기의 구성을 차용한 이 소설은 출간되자마자 선풍적인 인

* '분노의 포도'라는 제목은 줄리아 워드 하우의 시 <공화국 군가>에 나오는 구절 '사람들의 영혼 속에 분노의 포도가 넘쳐흐르고 송이송이 열매를 맺는다'에서 가져왔다. 작품의 구성은 <구약성서>의 출애굽기를 적용, 이주민을 고대 이스라엘 민족에 비유했다.

기와 함께 사회적 파장을 몰고 왔다. 시대적 상황과 맞물린 정치 사회적 문제로 일부 지역에서는 책이 불태워지고 금서가 되었다. 하지만 책은 오히려 단기간에 베스트셀러가 되었다. 이 작품은 1940년 퓰리처상을 받았고, 그해 존 포드 감독에 의해 영화로 만들어졌다.

1952년, 그는 필생의 야심작《에덴의 동쪽》을 발표했다. 〈구약성서〉 창세기의 카인과 아벨을 모티브로 삼아 인간의 사랑과 윤리를 탐구한 이 작품은 제임스 딘이 주연한 영화로 만들어져 더욱 유명해졌다.

1962년에 그는 노벨 문학상을 수상했다. '예리한 사회 인식으로 인간의 존엄성을 구현했다'라는 것이 선정 이유였다. 말년에는 〈뉴스데이〉의 종군기자로 베트남 전쟁에 참여하는 등 저널리스트로 활약했다. 뉴욕 자택에서 심장마비로 사망한 그는《달이 지다》,《변덕스러운 버스》,《우리 불만의 겨울》 등의 작품을 남겼다.

세계사 331

제2차 세계대전

1918년, 제1차 세계대전이 끝나고, 다음 해 6월 28일 베르사유에서 열린 파리평화회의로부터 연합국과 독일은 강화 조약을 맺는다. 베르사유 조약으로 독일은 식민지 전부를 잃었고, 금화 1,320억 마르크라는 당시로서는 천문학적인 숫자의 배상금을 지불해야만 했다.

하지만 전승국 중 이탈리아는 연합군의 승리에 대한 기여도가 미미하다는 이유로 푸대접을 받자 이 조약에 불만을 나타냈다. 전쟁 중 600만여 병력 동원, 65만여 명의 사상자, 여기에 엄청난 경제적 타격까지 겹치면서 그 처지가 패전국 독일과 별반 다르지 않았다. 이탈리아 정국은 극도로 불안해졌고, 그 상황에서 무솔리니가 이끄는 파시스트당이 등장하여 빠르게 세력을 확장했다. 1922년 10월 30일, 무솔리니는 이탈리아 국왕으로부터 수상에 임명된 후 1926년 파시스트당에 의한 일당 독재를 완성하였다.

독일은 경제가 완전히 파괴되었고, 심각한 인플레에 시달렸다. 그러자 이 원인이 베르사유 조약 때문이라고 생각하는 이들이 늘어났고, 그중에 히틀러도 있었다. 그는 베르사유 조약을 파기하고 권력을 잡겠다는 야심을 품었다.

1929년, 미국도 큰 불경기를 맞았다. 지나친 생산량으로 제품의 재고는 쌓여갔고, 극심한 실업난이 미국 전역을 덮쳤다. 주가는 폭락했고, 회사와 은행의 도산이 줄을 이었다. 4년 동안 실업률은 25%에 이르렀고, GNP는 30%나 내리막길을 달렸다. 이 영향은 세계 각지로 번져 1930년대 세계 경제에 큰 상처를 남겼다. 불황의 늪에 허덕이던 1933년, 프랭클린 루스벨트가 제32대 대통령에 취임했다.

1931년, 일본은 류탸오후 사건*을 빌미로 만주사변을 일으켰다. 만주를 점령한 일본은 만주 제국이라는 괴뢰 정부를 세웠다. 1933년 국제 사회가 이를 비난하자 일

* 류탸오후 사건: 일본 관동군이 만주 침략의 구실을 만들기 위해 1931년 9월 18일 펑티엔 북부의 류타오거우에서 낭만주철도의 선로를 폭파하고 이를 중국측 소행으로 조작한 사건

본은 국제연맹을 탈퇴하고 군비 확장에 힘을 쏟았다. 그 뒤를 이어 독일과 이탈리아가 국제연맹을 탈퇴했다. 1937년, 일본은 중일전쟁을 일으켰다. 앞서 1933년 1월 독일의 대통령 힌덴부르크는 아돌프 히틀러를 수상에 지명했다. 다음 해 힌덴부르크가 사망하자 히틀러는 대통령까지 겸하며 총통이 되었다. 1939년 9월 1일, 독일은 대규모 병력을 동원하여 폴란드를 침공했다. 장갑 사단과 기계화 부대, 돌격용 전차가 포함된 53개 사단과 고성능 폭격기는 단숨에 폴란드의 방위 체제를 무너뜨렸다. 이에 영국과 프랑스는 9월 3일 독일에 전쟁을 선포하면서 제2차 세계대전(World War II)이 시작되었다.

1941년 12월 8일, 일본은 하와이에 있는 미국의 진주만 해군기지를 기습적으로 공습했다. 미국이 즉각 전쟁에 나서면서 일본은 태평양을 무대로 미국과의 전쟁에 돌입하였다. 1942년 9월, 소련의 스탈린그라드를 공격한 독일군은 소련의 강력한 저항에 부딪혔다. 치열한 공방전이 벌어지면서 양국 모두 수많은 사상자가 속출했다. 다음 해 1월 독일군 25만 명은 소련군에 포위당한 채 추위와 굶주림 속에 고립되었다. 결국 2월 2일 독일군은 백기를 들었다. 1943년 연합군은 이탈리아를 공격해 1944년 6월에 로마를 점령했다. 무솔리니는 농민군에게 처형당했다. 1944년 6월 6일, 연합군에 의한 사상 최대의 노르망디 상륙작전이 성공하니 베를린 함락은 시간문제였다. 베를린 함락 직전인 4월 30일, 히틀러는 권총으로 자살하고 5월 7일 독일은 무조건 항복했다. 그 무렵부터 패배를 거듭하던 일본도 미국이 히로시마와 나가사키에 원자폭탄을 투하하자, 1945년 8월 15일에 일본 국왕이 무조건 항복을 선언하였다. 이로써 세상을 혼돈으로 내몬 제2차 세계대전은 연합군의 승리로 막을 내렸다.

철학
332 마르틴 하이데거

마르틴 하이데거(Martin Heidegger, 1889-1976)는 '존재란 무엇인가?'를 사유한 독일의 철학자이다. 그는 후설의 현상학을 계승한 실존 철학을 전개했다. 제2차 세계대전 당시 나치에 협력하여 지금까지도 악평과 호평을 두루 받고 있지만, 그가 20세기를 대표하는 철학자라는 사실에는 변함이 없다.

하이데거는 독일의 바덴뷔르템베르크주 메스키르히에서 태어났다. 그의 아버지는 성당의 종지기로 일하면서 물통이나 술통 따위를 팔았다. 워낙 근면하고 성실했던 아버지 덕분에 하이데거는 경제적 어려움 없이 성장할 수 있었다. 그는 고등학교 시절부터 철학에 큰 관심을 가졌고, 어려운 철학서를 즐겨 읽었다. 고등학교를 졸업한 하이데거는 가톨릭 신부가 되기로 결심하고, 프라이부르크대학교 신학부에 입학했다. 그러나 신학 공부를 하면서도 그는 대학 첫 학기부터 후설의《논리연구》를 읽으며 철학에 대한 열정을 키워나갔다. 결국 하이데거는 신학을 포기하고 철학을 전공하게 되었다. 신학에서 철학으로 전공을 바꾼 그는 후설에게 현상학을 배웠다. 1916년, 그는 인식론을 거쳐 철학의 근본 문제인 형이상학을 다루기 시작했다.

형이상학에 대한 관심은 그를 존재론으로 이끌었다. 이때부터 그는 존재의 본질에 접근하기 위한 실존적 문제에 몰두했다. 그리고 10년 만에《존재와 시간》1편을 완성했다. 하이데거는 스승이던 후설에게 바치는 헌사를 실었다가 나중에 그가 유대인이라는 이유로 삭제하기도 했다. 이 책의 중심 내용은 존재가 시간에 한정되어 있다는 것이다. 즉, '존재란 무엇인가?'라는 물음에 대한 답을 나타내고 있는데, 존재란 시간 그 자체라는 뜻이다.

하지만 그는 시간에만 매달리지 않았다. 그는 실존의 토대인 존재 본질에 접근하고자 칸트를 집중적으로 연구했고《칸트와 형이상학의 문제》를 통해 형이상학의 토대가 존재론임을 밝혀냈다. 하이데거는 존재의 본질을 추적하는 과정에서 존재의 본질을 언어와 연관시키는 작업을 했다. 언어가 없다면 인간은 실존이 될 수도, 자기 자신의 존재에 대해 물음을 건넬 수도 없다. 그래서 하이데거는 '언어는 존재의 집이다'라는 결론에 도달했다. 그는 스스로 실존주의적 한계를 극복하고 형이상학의 새로운 시대를 열었다고 확신하고 있었다. 그러한 확신을 바탕으로 그는 수많은 강연을 했고, 많은 제자를 길러냈다.

1928년 후설의 뒤를 이어 프라이부르크대학교 교수가 되었고, 1933년부터 약 1년 동안 나치 정권 아래서 프라이부르크대학교의 총장을 맡았다. 전쟁이 끝난 뒤 그는 나치에 부역했다는 오명을 썼다. 옛 제자이자 연인이던 정치 철학자 한나 아렌트의 도움으로 저작을 해외에서 출판한 이후 철학자로서의 명성을 다시 얻게 되었다.

실존주의에 큰 영향을 끼쳤지만 그는 자신의 철학이 실존주의라는 것을 부정했다. 말년에 그는 농사를 지으며 철학 강의를 했고, 스키 강사로 활동하기도 했다. 주요 저서로《형이상학이란 무엇인가》,《휴머니즘에 관하여》,《숲속의 길》,《횔덜린의 시의 해명》,《니체》가 있다.

신화 333 엘렉트라

엘렉트라(Electra)는 미케네의 왕 아가멤논과 왕비 클리타임네스트라의 딸이다. 그녀의 아버지 아가멤논은 스파르타의 왕 메넬라오스와 형제지간이다. 메넬라오스의 부인인 헬레네가 트로이의 왕자인 파리스를 따라 트로이로 도망치자, 메넬라오스는 형 아가멤논에게 도움을 요청했다. 아가멤논은 그리스군의 총사령관이 되어 헬레네를 되찾고 트로이를 응징하기 위해 그리스 전역에 원정대를 소집했다. 그런데 그리스군이 트로이로 출정하는 날, 갑자기 바람이 멈춰 배를 띄울 수 없었다. 그 이유를 알기 위해 신탁에 답을 구하자, 아가멤논이 과거 아르테미스 여신에게 약속했던 것을 지키지 않았음이 드러났다. 아가멤논은 아르테미스 여신의 숲에서 사냥하다가 죄를 범했고, 여신의 노여움을 풀기 위해 그해 태어난 가장 아름다운 아이를 바치겠다고 했다. 그런데 하필이면 그 아이가 바로 자신의 딸 이피게네이아였다. 아가멤논은 차마 딸을 제물로 바치지 못하고 여신과의 약속을 어겼던 것이다. 아르테미스 여신이 분노하여 바람을 멈춘 것을 알게 되자, 아가멤논은 어쩔 수 없이 이피게네이아를 제물로 바쳤다. 하지만 이 일로 왕비 클리타임네스트라는 격분하여 남편을 증오하기에 이르렀다. 그녀는 더 나아가 남편과 원한관계에 있는 아이기스토스와 불륜을 저질렀다. 시간이 흘러 10년간 이어지던 트로이전쟁은 그리스군의 승리로 끝났고, 아가멤논은 열렬한 환호 속에 미케네로 개선하지만, 클리타임네스트라와 아이기스토스의 손에 무참하게 살해당했다.

아가멤논이 죽자 아이기스토는 미케네의 왕위에 올랐다. 그는 후환을 없애기 위해 아가멤논의 아들 오레스테스를 포키스로 추방하고, 딸 엘렉트라는 왕궁에 유폐시켰다. 포키스로 쫓겨난 오레스테스는 다행히 그곳의 왕 스트로피오스의 보살핌을 받으며 씩씩한 청년으로 성장했다.

오레스테스가 스무 살 되던 해, 그는 아버지의 복수를 결심하고 친구이자 스트로피오스의 아들 필라데스와 함께 고국인 미케네로 돌아왔다. 아가멤논의 무덤에서 재회한 오레스테스와 엘렉트라는 아버지의 원수를 갚기로 맹세했다. 그리고 마침내 아이기스토스와 클리타임네스트라를 죽여 복수에 성공했다. 고대 그리스의 비극시인 에우리피데스 작품《엘렉트라》에서 엘렉트라는 가난한 농부와 강제로 결혼하게 되어 어머니를 더욱 미워한다. 귀국한 동생과 다시 만났을 때 엘렉트라는 어머니를 유인하여 직접 살해한다. 이처럼 아버지에 대한 집념과 어머니에 대한 증오는 훗날 '엘렉트라 콤플렉스'라는 말을 낳게 하였다.

한편 아버지의 복수에는 성공했지만 오라스테스는 친어머니를 살해한 죄로 복수의 여신 에리니에스에게 쫓기다가 미치광이가 되고 말았다. 다행히 태양의 신 아폴론의 중재로 오라스테스는 저주에서 풀려나고, 엘렉트라는 광인이 된 오라스테스를 변함없이 지켜준 필라데스와 결혼했다. 두 사람 사이에 메돈과 스트로피오스 형제가 태어났다.

<아가멤논 무덤 옆의 엘렉트라>(프레드릭 레이톤)

종교

334 무함마드

이슬람교의 교조는 무함마드(Muhammad, 570-632)이다. 그는 570년경 쿠라이시족 가운데 하심 집안 출신으로 메카에서 태어났다. 당시 메카는 다신교의 종교 도시였고, 상업이 발달했다. 이 메카의 지배층이 바로 무함마드가 속한 쿠라이시족이었다. 이들은 아랍인들 중에서도 최고 명문가였고, 또 상인 출신의 부자가 많았다. 유복자로 자란 무함마드는 6세 때 어머니가 세상을 떠나자 고아가 되어 삼촌의 보살핌을 받으며 자랐다. 무함마드는 성장하면서 사람들로부터 진실하고 정직하며, 인자하고 성실한 사람이라는 신뢰를 받았다. 그는 매우 신앙심이 깊었으며, 당시 사회의 우상숭배와 타락을 혐오했다.

25세 때 부유한 상인의 미망인이던 15세 연상의 카디자와 결혼했다. 상인으로 크게 성공하여 풍족한 생활을 누리게 되자, 그때부터 히라산에 틀어박혀 명상에 빠지는 일이 잦았다. 610년, 40세가 된 무함마드는 가브리엘 천사로부터 첫 계시를 받았다.

"신의 말씀을 내려줄 테니 그것을 사람들에게 전파하라."

무함마드는 그때부터 신의 말씀을 전파하는 최후의 예언자가 되었고, 천사들이 전해주는 신의 말씀을 사람들에게 전하기 시작했다. 그 내용을 기록한 것이 이슬람교의 경전인 《코란*》이다. 무함마드가 선지자로 본격적인 포교 활동을 시작하자 불신자들의 박해가 시작되었다. 그의 고향 메카에서의 박해는 매우 가혹했다. 622년 하나님의 계시에 따라 무함마드는 자신을 따르는 무리를 이끌고, 메카에서 북쪽으로 260마일 떨어진 야스리브(후의 메디나)로 이주했다. 이로써 이슬람력이 시작되었다. 무함마드는 야스리브에서 고난을 극복하고 정치 수완을 발휘하여 이슬람 공동체를 만들었다. 이 공동체는 부족 공동체가 아니라, 민족과 혈연을 뛰어넘어 알라를

* 코란: 아랍어로 '읽어라'라는 뜻이다.

믿는 모든 이의 신앙공동체이며, 이슬람 국가를 탄생시킬 초석이 되었다.

무함마드는 이슬람 전도를 위해 '한 손에는 칼, 한 손에는 코란'을 들고 전투를 벌였다. 624년, 이슬람군의 두 배가 넘는 쿠라이시족의 대군을 격파해서 대승을 거두었다. 이 전투로 많은 아랍인이 이슬람으로 개종했다. 630년, 메카로 무혈 입성한 무함마드는 카바 신전에서 수많은 우상을 때려 부쉈다. 그는 카바 신전에서 다신교의 시대는 끝났다고 선언하고 다시 메카를 떠났다. 그가 63세에 세상을 떠나기 전 아라비아반도의 대부분이 이슬람을 받아들였다. 무함마드의 사망 후 채 1세기도 되기 전 이슬람은 서쪽의 스페인과 극동 아시아의 중국까지 뻗어 나갔다.

메카에 있던 무함마드는 가브리엘 천사에게 이끌리어 하룻밤 사이에 예루살렘으로 가서, 그곳 알아크사모스크 북쪽의 바위를 딛고 하늘에 올랐다. 그는 거기서 아브라함과 모세, 예수를 만나고 알라에게까지 이르렀다고 한다. 예루살렘이 이슬람의 성지가 된 것도 그 때문이다. 현재는 이 바위 위에 이슬람교의 대사원인 바위 사원이 세워져 있다.

음악 335

뮤지컬

뮤지컬(Musical)은 음악과 무용, 연극이 조화를 이루는 현대적 음악극이다. 19세기 영국에서 시작된 뮤지컬은 단순한 줄거리에 음악, 춤, 대사가 어우러진다. 미국에서의 뮤지컬 코미디는 물론 오락적인 성격을 지녔다. 1900년 브로드웨이 42번가에 설립된 빅토리아극장은 세계적인 연극과 뮤지컬을 대표하는 장소로 자리매김했다. 극작가 베르톨트 브레히트와 작곡가 쿠르트 바일이 함께 쓴 〈서푼짜리 오페라〉와 〈마하고니시(市)의 흥망〉은 미국에서 뮤지컬이 번성하는 데 중요한 역할을 했다.

미국 뮤지컬은 작곡가 리처드 로저스와 작사가 오스카 해머스타인과 함께 시작되었다고 해도 과언이 아니다. 이들은 팀을 맺어 미국의 뮤지컬에서 막강한 영향력을 발휘하며 큰 성공을 거두었다. 1940-1950년대에 대중적인 브로드웨이 뮤지컬을 연이어 발표했으며, 이것이 뮤지컬의 황금시대를 여는 기폭제가 되었다. 두 사람은 〈오클라호마〉를 발표한 데 이어 〈남태평양〉, 〈회전목마〉, 〈사운드 오브 뮤직〉 같은 걸작을 남겼다. 레너드 번스타인이 작곡한 〈웨스트 사이드 스토리〉, 알란 제이 러너와 프레더릭 로위의 〈마이 페어 레이디〉, 〈카멜롯〉도 뮤지컬 발전에 크게 기여했다. 스티븐 손드하임은 가장 재능이 뛰어난 뮤지컬 작곡가로 첫 손에 꼽힌다. 그는 작사와 작곡에 모두 능했으며 〈웨스트 사이드 스토리〉의 작사를 했고, 〈법정에 가는 길에 벌어진 우스운 일〉, 〈어 리틀 나이트 뮤직〉, 〈열정〉 같은 작품을 썼고, 프랑스 화가 조르주 쇠라의 작품을 토대로 〈조르주와 함께 공원에서 보내는 일요일〉을 제작했다.

조지 거슈윈은 가장 미국적인 수법과 성격을 발휘했다고 평가받는 작곡가이다. 그의 〈랩소디 인 블루〉, 〈파리의 미국인〉, 〈피아노 협주곡 F장조〉 등은 가장 미국적인 음악으로 평가받고 있다. 그는 가장 뛰어난 뮤지컬 가사로 평가받는 〈그대를 위해 노래 부르리〉로 퓰리처상을 받았다. 이후 자신이 대본을 쓰고 작곡한 〈포기와 베스〉를 발표하여 대성공을 거두었다. 흑인 음악을 소재로 한 이 작품은 그의 독자적인 작풍과 어우러져 미국을 대표하는 최고의 뮤지컬 중 하나로 자리 잡았다.

미술 336

피에트 몬드리안

피에트 몬드리안(Piet Mondrian, 1872-1944)은 추상회화의 선구자로 불리는 네덜란드의 화가이다. 그는 자연주의적 수법으로 풍경, 정물 등을 그렸으나, 마티스의 영향을 받는 이후부터는 추상화를 그렸다. 추상화가인 테오 판 두스부르흐 등 예술가들과 함께 '데 스틸'을 결성하였고, 신조형주의인 네오 플라스티시즘을 창시했다. 그는 대상의 근원에 있는 질서와 균형을 구성 원리로 삼고, 모든 대상을 수평선과 수직선, 정사각형과 직사각형이라는 순수 기하학적 형태로 환원하여 삼원색과 흰색, 검은색, 회색만으로 화면을 구성했다.

네덜란드의 무역도시 아메르스포르트에서 태어난 몬드리안은 경건한 칼뱅주의 신앙을 가진 부모의 영향을 받으며 성장했다. 아버지는 교육자이자 아마추어 화가였고, 큰아버지는 헤이그파에 속한 직업 화가였다. 몬드리안은 1892년에 데생 교수가 되었고, 1895년부터 2년간 암스테르담의 미술아카데미에서 야간 수업을 들었다. 20대 후반부터 신지학*에 몰입하였고, 이후 절대성의 구현을 목표로 하는 신지학은 몬드리안 화풍의 근간을 이루는 요소 중 하나가 되었다.

몬드리안은 초기에는 자연주의적 화법으로 〈물가의 풍차〉나 〈니스텔로드의 농가〉 등 풍경이나 정물을 그렸다. 1908년에 완성한 〈햇빛 속의 풍차〉와 〈붉은 나무〉에서는 야수파와 뭉크의 영향이 엿보인다. 1910년 파리로 가서 교회, 모래언덕, 바다, 나무를 주제로 한 연작을 통해 신인상주의를 다양하게 실험했다. 이 과정에서 입체파의 기하학적 양식을 자신의 것으로 소화했다. 그리고 나무를 다양하게 변형시키는 시도를 하면서 급격하게 추상주의로 이동했다.

제1차 세계대전으로 암스테르담으로 돌아온 몬드리안은 1919년에 다시 파리로

* 신지학: 신학 및 종교 철학사상을 성취하려는 학문. 합리주의에 반하여 인간적인 모든 지식과 인식 능력을 초월하여 신(神)과 직접 교제함으로써 얻는 신비적인 계시 또는 직관에 의해서 얻게 되는 종교적, 철학적 지혜 및 지식을 이른다.

갔다. 1920년대에 몬드리안의 작품세계는 전환점을 맞이했다. 그는 〈자연적 리얼리즘과 추상적 리얼리즘〉에서 '신조형주의' 이론을 발표하고, 자신의 이론을 바탕으로 〈노랑, 파랑, 빨강의 구성〉과 〈빨강, 노랑, 파랑의 마름모꼴 구성〉 등의 작품을 완성했다.

1924년 대각선 요소 도입 문제로 테오 판 두스부르흐와 불화를 겪던 몬드리안은 '데 스틸'에서 탈퇴하고 1929년부터 '원과 직사각형 그룹'에 참여했다. 이 시기 작품으로 〈노란선의 구성〉과 〈고성〉, 〈푸른색과 노란색의 구성〉이 있다.

몬드리안의 작품들은 1937년 이후 유럽과 미국의 소수 애호가로부터 찬사를 받으며 주목받기 시작했다. 1938년에 그는 제2차 세계대전의 위험을 피해 런던으로 이주하였다가 2년 후 뉴욕으로 건너갔다. 1943년, 만년의 대표작 〈브로드웨이 부기우기〉를 완성한 후 이어서 〈빅토리 부기우기〉의 작업에 들어갔으나 완성하지 못하고 이듬해 세상을 떠났다.

1899년의 피에트 몬드리안

문학 337 조지 오웰

조지 오웰(George Orwell, 1903-1950)은 영국의 소설가로, 본명은 에릭 아서 블레어이다. 증조부는 영국의 지주 출신이며 할아버지는 성직자, 아버지는 영국 식민지 인도에 파견되어 아편국에서 근무하는 공무원이었다. 오웰은 1903년 아버지의 근무지인 인도 북동부 모티하리에서 태어났으며, 다음 해 영국으로 건너갔다.

오웰은 1911년 영국 남부의 예비학교 세인트 시프리언스(Saint Cyprian's)에 입학하였다. 학업 성적이 우수했던 그는 1917년 학비를 면제받고 이튼칼리지에 진학했다. 당시 오웰은 이튼에서 프랑스어를 가르치는《멋진 신세계》의 작가 올더스 헉슬리를 만나 스승과 제자로 인연을 맺었다. 오웰은 이튼칼리지를 졸업한 후 대학 진학을 포기하고, 경찰공무원에 지원하여 1922년 10월 첫 발령지인 미얀마로 떠났다. 이후 5년간 경찰관으로 미얀마와 인도에 근무하면서 제국주의의 모순과 한계를 절감했다.

1927년에 영국으로 귀국한 후 1928년 1월 경찰직을 내려놓고 본격적인 전업 작가의 길에 들어섰으나 현실은 녹록지 않았다. 파리로 건너간 오웰은 안정된 직업을 구하지 못하고 한동안 노숙자와 접시닦이로 생활하며 빈민가에서 부랑자들과 더불어 극빈생활을 체험했다. 영국으로 돌아온 그는 1933년 자신의 체험을 바탕으로 쓴 첫 작품《파리와 런던의 바닥생활》을 발표했는데, 이때부터 '조지 오웰'이라는 필명을 사용했다.

1934년, 식민지 백인 관리의 잔혹상을 묘사한 소설《버마의 나날》을 발표하면서 오웰은 문단의 주목을 받기 시작했다. 1936년에 영국 북부 노동자들의 열악한 삶을 그린 작품《위건 부두로 가는 길》을 발표하였고, 그해 12월 아내를 데리고 스페인내전에 참전했다. 이 전쟁은 유럽의 지식인들과 예술가들이 농민과 노동자의 편에 서서 참전했던 국제적 성격의 전쟁이었다. 오웰은 이 전쟁에서 스페인 통일노동자당 민병대 소속으로 싸웠으나 좌파 세력 간의 격심한 내분을 경험하면서 이데올로기에 대한 환멸을 느꼈다. 그는 이 경험을 1938년에 출간한《카탈루냐 찬가》에 녹여냈다.

그는 이때부터 정치적 성향이 짙은 작가로 알려졌다.

1941년에 영국 BBC에 입사하여 2년 동안 라디오 프로그램을 제작하였고, 1943년에는 〈트리뷴〉의 편집장으로 자리를 이동했다.

1945년, 오웰은 현실 세계를 풍자한 소설 《동물농장》을 발표하여 단번에 세계적으로 주목을 받는 작가가 되었다. 오웰은 이 소설을 러시아 혁명과 스탈린을 비판하기 위해 썼다고 밝혔다. 《동물농장》의 내용에는 파시즘에 관한 암시로 가득 차 있는데, 그것은 오웰이 소련을 독재국가로 생각했기 때문이다.

1946년부터 스코틀랜드 서해안에 있는 주라섬에 머물며 집필에만 전념하던 그는 1949년에 《1984년》을 완성하였다. 이 소설은 현대 사회의 전체주의적 경향이 도달하게 될 종말을 기묘하게 묘사한 공포의 미래소설이다. 오웰은 이듬해 지병인 폐결핵이 악화되어 47세의 나이로 세상을 떠났다.

조지 오웰은 BBC 및 기타 방송에서 연설했지만 남아 있는 녹음본은 없다.

세계사 338

진주만 기습

제1차 세계대전이 끝나고 체결된 베르사유 조약으로 국제연맹이 탄생했다. 미국은 국제연맹에 가입하지 않고, 지정학적 고립주의로 독자 노선을 추구했다. 하지만 제2차 세계대전이 터지자 프랭클린 루스벨트 대통령은 '무기대여법*'을 제정해 영국을 원조했다. 1941년 6월, 미국은 자국 보호를 위해 하와이에 함대를 배치했으며, 추축국*의 자원을 동결하는 행정명령에 서명했다.

1941년 11월, 무기대여법에 의한 원조가 소비에트 연방에까지 확대되었지만 독일은 미국으로부터 아무것도 얻지 못했다. 하지만 또 다른 추축국인 일본은 전쟁에 필요한 철은 물론이고 석유의 90퍼센트를 미국에서 수입했었다. 그런데 루스벨트의 조치로 공급이 끊기자 일본은 석유가 풍부한 인도네시아를 공격했다. 또한 미국의 태평양 함대를 무력화시키기 위해 총 450대의 전투기를 실은 항공모함 6척을 하와이 근해로 파견해 1941년 12월 7일 하와이 진주만의 미군 기지를 기습했다. 이것은 미국으로서는 전혀 예상하지 못한 일이었다. 워싱턴 주재 일본대사관조차 공격이 개시된 후에야 전쟁 선포 암호를 해독했다.

일본의 진주만 기습(Attack on Pearl Harbor)으로 미국의 태평양 함대 소속 전함 8척이 완전히 불타고, 2척은 파괴되었다. 미군 약 2,000명이 사망했고, 1,600명이 부상을 입었다. 반면 일본군의 피해는 전투기 29대와 잠수함 6척을 잃은 정도였다. 미국은 즉각 제2차 세계대전에 참전했고, 독일과 이탈리아가 12월 11일 전쟁을 선포하자 유럽전투에도 참전했다. 그 후 유럽에 대한 미국의 원조가 크게 늘었다. 1942년에 북아프리카에서 전투가 벌어지자 미국은 연합군에 합류했다.

일본은 산호해해전에서 미군을 교착상태에 빠뜨렸다. 태평양 전쟁 초반에 일본은 큰 승리를 거두면서 동남아 지역을 거의 점령하는 전과를 올렸다. 하지만 미드웨이 해전에서 일본의 항공모함이 격파당하면서 태평양의 주도권을 미국에 빼앗겼다. 일본은 전략적으로 중요한 싱가포르와 버마를 영국으로부터 빼앗으며 필사적으로 방어전을 펼쳤다. 하지만 1944년 필리핀에서 일본의 함대는 거의 전멸당했고, 중국의 완강한 저항에 부딪혔으며, 유럽에서 전투를 끝낸 소련은 일본에 선전포고를 했다.

1945년 8월 6일, 미국의 B-29 폭격기가 히로시마 상공에서 첫 번째 원자폭탄을 투하했다. 순식간에 수만 명이 죽고 시가지 6할이 파괴되었다. 3일 후인 8월 9일에는 나가사키 교외 우라카미에 두 번째 원자폭탄이 투하되었다. 그리고 8월 15일, 일본의 히로히토 국왕은 무조건 항복을 선언했다. 일본의 항복으로 5,000만 명의 사상자를 낸 제2차 세계대전이 마침내 막을 내렸다.

* 무기대여법: 제2차 세계대전 중인 1941년 3월, 미국이 연합맹방에 군사원조를 하기 위하여 제정한 법률. 유럽에서 제2차세계대전이 일어나자 미국은 직접 참전하지는 않았으나 미국 방위에 필요하다고 인정되는 어떤 나라에든 무기를 대여할 것을 결정하여 제정하였다.

* 추축국: 제2차 세계대전 당시 연합국과 싸웠던 나라들이 형성한 국제동맹. 독일, 이탈리아, 일본이 중심이었다.

철학
339
루트비히 비트겐슈타인

루트비히 비트겐슈타인(Ludwig Josef Johann Wittgenstein, 1889-1951)은 20세기에 가장 큰 영향을 끼친 사상가이며, 서양 철학사를 통틀어 언어에 대해 가장 철저하게 회의하고 분석한 철학자이다.

비트겐슈타인은 오스트리아 빈의 유대인 집안에서 태어났다. 그의 아버지는 철강 사업가로 명성과 재산을 얻었다. 비트겐슈타인의 집안은 브람스나 구스타프 말러 같은 음악가들이 수시로 드나들 만큼 예술적 분위기가 넘쳐났다. 그 영향으로 비트겐슈타인은 어려서부터 풍부한 지적·예술적 자극을 받으며 자랐다.

비트겐슈타인은 베를린공과대학 기계공학과에서 공부하다가, 영국의 맨체스터 빅토리아대학교로 옮긴 후 주된 관심이 항공공학과 기체역학에서 수학으로 옮겨갔다. 비트겐슈타인은 수학의 근본 문제에 몰두하는 과정에서 논리학과 철학으로 관심 영역을 확장했다. 1912년, 비트겐슈타인은 분석적 수리 철학의 원조인 고트로프 프레게의 추천으로 영국 케임브리지대학교의 러셀을 찾아갔다. 당시 케임브리지대학교에는 러셀과 함께 영국 철학계를 이끈 조지 무어도 있었다. 비트겐슈타인은 거기서 5학기 동안 무어와 러셀의 강의를 들었다. 이후 노르웨이의 오두막에 은거하면서 철학적 탐구에 몰두했다. 제1차 세계대전이 발발하자 오스트리아-헝가리 군대에 자원입대한 비트겐슈타인은 참전 중 철학 문제들을 연구하면서 자신의 생각을 기록했다. 이 원고는 러셀에게 보내졌고, 1921년《논리철학논고》라는 제목으로 출판되었다.

비트겐슈타인은《논리철학논고》에서 철학의 역할을 결정했다. 그는 과학적인 언어분석을 통해, 명확하게 이야기할 수 있는 범위를 확정하고, 무의미한 명제를 배제하는 것이 철학의 사명이라고 했다. 이 사상은 논리실증주의로 계승되어갔다. 비트겐슈타인은《논리철학논고》를 발표하고 나서 철학의 모든 문제를 정리했다고 여겨 잠시 철학을 떠났다. 하지만《논리철학논고》에 오류가 있음을 깨닫고, 다시 내용을 수정했다. 비트겐슈타인이 정정한 것은 '이상 언어는 단독으로 성립하는 것이 아니다'라는 점이다. 애매하지 않고 명확한 의미를 갖춘 언어만으로 이루어질 수 있는 것이 이상 언어이다. 하지만 이상 언어는 일생생활에 기원을 두고 있으므로, 언어의 작용을 해명하려면 우선 '일상 언어'의 상황으로 돌아가야만 했다. 비트겐슈타인은 일상 언어를 치밀하게 고찰하여 '일상 언어'가 사용되는 형태에 대한 기술에서 '언어 게임'이라는 개념을 만들어냈다. 그의 주장에 따르면 일상 언어란 무수히 많은 언어 게임으로 이루어진 네트워크인 것이다.

비트겐슈타인의 활약으로 철학의 중심 문제는 인식에서 언어로 방향을 전환했다. 이것을 언어론적 전환이라고 한다. 이후 분석 철학이라는 분야로 발전해서 언어분석학이야말로 철학이 해야 할 일이라는 데까지 이르렀다. 분석 철학 외의 철학은 유적이나 다름없어진 것이다. 철학의 혼란이나 난해함이 언어의 잘못된 사용에 기인한다는 발상은 현재에도 중요한 의미를 갖는다.

비트겐슈타인은 1937년 케임브리지대학교 철학 교수로 부임하여 1947년까지 재직했다. 이후 아일랜드로 떠나 그곳에서 오두막을 짓고 철학에 몰두하였고, 자신의 역작《철학의 탐구》를 완성하였다. 그는 62세를 일기로 생을 마쳤다.

신화 340 세이렌

세이렌(Seiren, 복수형은 세이레네스)은 아름다운 얼굴에 독수리의 날개를 가진 바다의 괴물이다. 성격은 사악하고 자존심이 무척 강하다.

뮤즈 멜포메네와 강의 신 아켈로스 사이에서 낳은 딸들이라고 한다. 전승에 의하면 세이렌은 둘 또는 셋, 넷이 등장하는데 그 이름도 서로 다르다. 2인의 경우 히메로파(다정한 목소리)와 텔크시페이아(매혹적인 목소리)이며, 3인이라는 설에 따르면 그 이름이 리기아(금속성 소리), 레우코시아(하얀 여인), 파르테노페(처녀의 목소리)이다. 고대 그리스의 문법학자인 아폴로도로스에 의하면 한 명은 리라를 켰고, 한 명은 노래를 불렀으며, 또 한 명은 플루트를 불었다. 4인일 경우 그 이름은 각각 텔크시페이아, 아글라오페(달콤한 목소리), 피시노에(설득적 존재), 몰페(노래)이다.

세이렌은 이탈리아 서부 해안-지중해 시칠리아섬 근처의 꽃이 만발하다는 뜻의 안테모에사섬에 살았다. 그녀들은 아름답고 달콤한 목소리로 노래를 불렀기에 그 노래를 들은 뱃사람들은 누구나 넋을 잃었고, 배는 바위에 부딪혀 난파당했다. 스킬라와 카리브디스도 세이렌과 가까운 곳에 살았다. 뱃사람들은 세이렌이 사는 바다를 '마의 해역'이라고 부르며 피해 다녔다. 뱃사람들에게 세이렌은 두려움과 공포의 대상이었다. 세이렌이 사는 섬에는 수많은 뱃사람의 시체와 해골이 산더미처럼 쌓여갔다. 세이렌들의 노랫소리를 뚫고 그 섬을 통과하는 배가 있다면 그녀들은 바다에 몸을 던져 죽게 될 것이라는 예언이 있었다.

이 예언은 이아손과 아르고호 원정대 그리고 오디세우스 일행에 의해서 두 번이나 실현되었다. 아르고호 원정대는 큰 희생 없이 세이렌들을 물리칠 수 있었는데 이는 오르페우스 덕분이었다. 오르페우스는 디오니소스의 숭배자이자 타의 추종을 불허하는 천재 음악가였다. 그가 리라를 연주하면 주변의 나무와 바위까지 춤을 추었다. 오르페우스의 음악은 너무나 달콤해서 아르고호 원정대원들은 세이렌의 노래 대신 모두 그의 노래에 귀를 기울였다. 그 덕분에 아르고호는 쉽사리 세이렌의 유혹을 피할 수 있었다.

오디세우스 일행도 세이렌의 섬을 무사히 통과했다. 그는 키르케의 충고에 따랐다. 세이렌의 유혹을 피하고자 부하들의 귀를 밀랍으로 막게 한 뒤 자신의 몸을 돛대에 묶게 했다. 세이렌의 노랫소리가 들리는 곳에 이르면 자신이 아무리 간청해도 절대 풀어주지 말라고 부하들에게 명령했다. 오디세우스 일행은 6명의 부하를 잃은 뒤 겨우 세이렌의 유혹을 벗어날 수 있었다. 예언에 따라 모욕감을 느낀 세이렌들은 모두 자살하고 말았다.

미국의 커피 프랜차이즈 브랜드인 스타벅스는 세이렌의 이미지를 자신들의 로고 디자인에 적용하고 있다. 또한 1819년 프랑스의 발명가 C. C. 라투르는 자신이 발명한 경보장치에 사이렌이라고 이름을 붙였다. 그는 그리스 신화에 나오는 세이렌이 노래로 사람들을 위험에 빠지게 한 데 착안하여, 소리로 위험을 알려주는 경보 장치에 그 이름을 붙인 것이다.

<율리시스와 세이렌>(존 윌리엄 워터하우스, 1891)

종교
341 이슬람의 다섯 기둥

이슬람의 다섯 기둥(Five Pillars of Islam)은 무슬림 삶의 핵심이다.

첫째, 신앙고백(샤하다)이다. 이슬람에서는 하나님(알라) 외에 신은 없으며, 무함마드는 하나님의 사도(선지자)라고 믿는다. 이는 유일신 알라에 대한 절대복종을 뜻하며, 하나님은 동반자나 아들을 갖지 않는다는 의미다. 이 신앙고백은 이슬람을 받아들이기 위해서 반드시 소리 내어 말해야 하는, 이슬람의 가장 중요한 기둥이다.

둘째, 예배(살라트)다. 무슬림은 하루에 다섯 번 예배를 드린다. 각 예배 시간은 몇 분밖에 소요되지 않는다. 이슬람의 예배는 하나님과 숭배자의 직접적 교류이며, 중재자는 없다. 예배는 새벽과 정오, 늦은 오후, 해질녘과 밤에 한다. 장소에 구애받지 않고 거의 모든 곳에서 예배를 행할 수 있다.

셋째, 자선 헌금(자카트)이다. 모든 만물의 주인은 하나님이며 모든 재화는 무슬림에게 일시적으로 의탁된 것이다. '자카트'라는 단어에는 정화와 성장이라는 두 가지 의미가 있다. 자선 헌금은 궁핍한 사람에게 특정 양의 재산을 의무적으로 기부하는 것이다. 금 85g에 해당하는 금, 은, 현금을 1년 동안 소유한 사람은 그 금액의 2.5%를 기부한다. 필요한 사람을 위해 약간의 몫을 기부함으로써 재산은 정화된다. 균형을 유지하면서도 새로운 성장을 도모하는 식물의 가지치기와 같다. 기부자는 원한다면 더 많은 자선을 베풀 수도 있다.

넷째, 단식(사움)이다. 매년 라마단, 즉 이슬람력에서의 9월이 되면 무슬림은 새벽부터 해질녘까지 음식과 음료와 성관계를 금지한다. 단식은 건강에 좋은 이유도 있지만, 궁극적으로는 자신을 정화하기 위해서다. 짧은 기간이나마 스스로 세속적 편안함으로부터 절연한다. 단식하는 사람은 정신적 성장을 이룰 수 있으며 허기진 사람에 대해 진실한 동정심을 갖게 한다.

다섯째, 성지 순례(핫즈)다. 무함마드의 출생지로서 이슬람의 성지인 메카로의 순례는 무슬림이라면 평생에 한 번은 치러야 하는 의무이다. 이슬람 최고의 성전인 메카 대사원은 사우디아라비아에 있으며, 무슬림이 아니면 출입할 수 없다. 대지 면적이 35만 7,000제곱미터에 이르며, 그 규모가 대형 축구장 50개 넓이에 해당한다. 이곳에 매년 200-300만 명의 무슬림이 순례를 위해 방문하고 있다.

메카에 있는 카바는 무함마드가 최초로 이슬람을 선언한 곳이다. 메카 순례는 무함마드가 최후로 메카를 순례했을 때의 순서를 따른다. 먼저 바느질 자국이 없는 흰 순례복을 입고, 타와프(카바 주위를 일곱 번 도는 행위)를 한 뒤, 2회의 라카아트* 기도를 하고 잠잠우물의 물을 마신다. 이어서 사파와 마르와 언덕 사이를 일곱 번 걸어서 오르기를 반복한다. 그리고 아라파트산 중간 지점인 미나에 있는 악마를 상징하는 석탑 자마라트를 향해 일곱 가지 돌을 던진 후 무즈달리파를 경유하여 아라하트의 라흐마산으로 간다. 성지 순례는 축제와 예배로 마무리된다.

* 라카아트(raka'āt): 정규 예배 중에 행하는 코란 구절 낭송과 몸도악을 라카라 하고 그 반복을 라카아트라고 한다. 몸동작에는 서 있기, 절하기, 땅에 엎드리기, 앉기가 포함된다.

음악
342
로큰롤

로큰롤(Rock and Roll)은 1950년대 팝의 시대를 활짝 열어준 음악이다. 이 음악은 아프리카계 미국인들의 정신을 표출했던 블루스와 재즈에 백비트*가 가미되고, 컨트리와 가스펠이 뒤섞인 형태였다. 로큰롤의 등장은 오랜 전쟁으로 움츠렸던 사람들의 마음을 열어주고 춤추게 했다.

로큰롤이라는 단어는 컨트리 가수 버디 존스의 노래 'Rockin' Rolling Mama'에서 처음 등장한다. 하지만 로큰롤이라는 용어를 대중화시킨 인물은 앨런 프리드였다. 미국 클리블랜드의 라디오 방송국 인기 디스크자키였던 그는 자신이 출연한 영화에서 이렇게 말했다.

"로큰롤은 많은 시냇물이 모여서 만들어진 강이다. 재즈, 래그타임, 카우보이송, 컨트리, 포크, 이 모두가 로큰롤의 강한 비트에 기여했다."

앨런 프리드는 자신의 프로그램과 공연기획, 영화 등에서 로큰롤 전도사로 활약하며 팝 음악사에 한 획을 그었다.

1950년대 이전에는 대다수의 음악 팬에게 블루스와 재즈는 흑인 음악, 컨트리는 백인 음악이라는 인식이 강했다. 당시 몇몇 밴드를 제외하면 흑인과 백인이 한 장소에서 음악을 하는 사례는 드물었다. 하지만 리듬 앤 블루스와 로큰롤이 라디오 전파를 타면서 흑인과 백인 음악의 경계가 자연스럽게 허물어졌다. 로큰롤의 선구자로 불리는 척 베리는 자신의 곡에 컨트리 스타일을 흡수했고, 백인 아티스트 빌 헤일리는 리듬 앤 블루스와 스윙적인 요소를 적극 차용했다.

로큰롤계의 베토벤으로 불린 척 베리는 블루스와 컨트리, 10대들의 팝 음악을 한데 섞어 음악계의 인종적 벽을 넘나들며 연주했다. 직설적이고 거침없는 가사와 흥을 돋우는 역동적인 무대 매너는 10대들의 폭발적인 인기를 얻었다. 유명한 오리걸음은 그의 트레이드마크가 되었으며, 독창적인 그의 연주 스타일은 로큰롤 기타 스타일의 표본이 되었다. 비틀스에서부터 롤링 스톤스에 이르기까지 수많은 록 뮤지션이 척 베리의 음악적 영향을 받았다.

척 베리가 로큰롤의 기초를 형성했다면, 빌 헤일리는 로큰롤의 대중적 호응을 이끌어냈다. 그는 미국을 넘어 해외에 로큰롤을 전파한 인물로 평가받고 있다. 원래 컨트리 그룹의 리드 싱어였던 빌 헤일리는 카우보이 모자를 벗어 던지고 그룹 이름을 '빌 헤일리와 그의 혜성들'로 바꾸었다. 그들의 역동적이고 요란한 무대 매너는 항상 많은 화제를 낳았다. 1955년 청소년 비행을 다룬 영화 〈폭력교실〉에 수록된 OST 곡 〈록 어라운드 더 클록〉은 빌보드 차트 정상에 올랐다. 이후 〈세이크, 래틀, 앤드 롤〉, 〈시 유 레이터 엘리게이트〉 같은 곡들이 히트하면서 그는 전 세계적으로 가장 인기 있는 로큰롤 음악가로 평가받았다.

* 백비트(Back Beat): 2박자, 4박자 등 제2 액센트가 되는 박자

미술
343 마르셀 뒤샹

마르셀 뒤샹(Marcel Duchamp, 1887-1968)은 미의 개념을 새롭게 정의한 프랑스의 혁명적 미술가이다. 또한 '반예술'을 표방한 다다이즘의 가장 비중 있는 대변자였다. 그는 당대의 회화적 정신에 짧은 경배를 표한 이후 일상에서 찾은 사물을 작품에 도입하며 예술적 가치를 타파했다. 엉뚱하고 수수께끼같이 난해하며 부조리하면서도 시적인 그의 다다이즘 작품들은 예술의 개념 자체를 뒤흔들어놓았다.

뒤샹은 프랑스 블랭빌의 부르주아지 가문에서 태어났다. 그의 집안은 예술적 분위기가 넘쳤고, 훗날 큰형인 자크 비용은 화가, 둘째 형 레이몽 뒤샹 비용은 조각가로 활약했다.

뒤샹은 15세부터 그림을 그리기 시작했고, 파리의 쥘리앙아카데미에서 공부했다. 당시 그는 신인상주의 양식에서 출발하여 폴 세잔의 영향을 받은 야수파 시기로 옮겨갔고, 이후 입체파와 상징주의의 중간에 위치하는 작품들을 선보였다. 1913년, 뉴욕에서 개최된 아모리쇼*에 〈계단을 내려오는 누드 No. 2〉를 포함하여 작품 3점을 전시했다. 이 작품들은 많은 논란을 불러일으켰고, 비평가들은 앞다퉈 비난을 쏟아부었다. 하지만 그의 독창성을 인정한 사람들에게 작품은 모두 판매되었다. 이후 뒤샹은 파리에서 도서관 사서로 일을 시작했고, 이 시기에 첫 레디메이드*인 〈자전거 바퀴〉를 만들었다. 이 작품으로 그는 공공연하게 표현주의적 미술의 특징에서 벗어났고, 일상적인 재료들로 미술작품을 창조했다.

1915년, 뒤샹은 군복무를 면제받고 파리를 떠나 뉴욕으로 갔다. 그곳에서 그는 가장 유명한 레디메이드 〈샘〉을 제작했다. 재료는 뉴욕의 철물점에서 구입한 소변기였다. 뒤샹은 이 작품에 R. 무트라는 가명으로 서명한 뒤 독립미술가협회가 주최한 전시회에 제출했다. 뒤샹은 모든 사람에게 전시 참여를 개방하며, 예술적 자유를 공언하는 그들의 신념을 시험하고자 했던 것이다. 이후 1923년부터 10여 년간 모나리자에 수염을 그린 〈L.H.O.O.Q〉와 같은 레디메이드 회화와 〈회전하는 유리판〉에 보이는 입체감 인식에서 새로운 시도를 선보였다. 그에게 그림은 패러디를 위한 영감의 원천으로 변모했다. 이 기간에 그는 뉴욕으로 망명한 앙드레 브르통, 막스 에른스트 등 초현실주의 화가그룹에 합류했다.

1946년부터는 아상블라주* 작품 〈명제: 1.폭포. 2.발광가스〉의 작업에 착수했다. 만년에 그는 앵그르의 〈터키탕〉과 쿠르베의 〈흰색 긴 양말을 신은 여자〉를 패러디한 에로틱하고 유머러스한 데생과 판화를 제작했다. 1955년 미국에 귀화하여 시민권을 취득했지만, 그가 태어난 프랑스에서 눈을 감았다.

* 아모리쇼(The Armory Show): 1913년 뉴욕에서 개최된 미국 최초의 국제 현대미술전

* 레디메이드(Ready-made): 기성품. 정확히는 '기성품의 미술 작품'이라는 의미이며 기성품을 만들어낸 최초의 목적에서 벗어나 새로운 의미를 부여함으로써 예술 작품이 될 수 있다는 개념이다. 뒤샹이 처음으로 창조한 미술 개념이다.

* 아상블라주(Assemblage): 폐품이나 일용품을 비롯하여 여러 물체를 한데 모아 미술 작품을 제작하는 기법 및 그 작품

문학 344 사뮈엘 베케트

"이 광대한 혼돈 속에서 분명한 것은 단 한 가지, 그건 우리는 고도가 오기를 기다리고 있다는 점이야."

_《고도를 기다리며》 중

사뮈엘 베케트(Samuel Barclay Beckett, 1906-1989)는 아일랜드 더블린에서 태어난 프랑스의 소설가이며 극작가이다. 그의 집안은 독실한 기독교 신앙을 가진 중류층 가정이었다.

1923년 트리니티칼리지에 입학하여 프랑스어와 이탈리아어를 전공했다. 졸업 후 더블린에서 잠시 교사로 근무하다가 프랑스로 건너가 파리 고등사범학교에서 영어 교사로 근무했다. 이때《율리시스》의 작가 제임스 조이스,《잃어버린 시간을 찾아서》의 마르셀 프루스트와 교류하면서 그들로부터 문학적으로 큰 영향을 받았다. 1930년, 아일랜드의 모교에서 프랑스어를 가르치면서 시와 평론을 썼다. 그러나 교육에 대한 자신의 이상과 현실 간의 괴리를 견디지 못해 사직하고 프랑스, 독일, 이탈리아 여행을 하다가 1937년 파리에 정착했다.

1938년에《머피》를 발표하면서 소설가로 정식 데뷔했다. 제2차 세계대전 중에는 레지스탕스운동에 참여했는데, 이때 만난 쉬잔D. 뒤메닐과 훗날 결혼했다. 1951년 자신의 작품《몰로이》와《말론 죽다》를 프랑스어로 번역해 1952년 바빌론소극장에 올렸다. 이 형이상학적인 코미디의 공연은 평론가들의 호평을 받으며 큰 성공을 거두었고, 같은 해 부조리극으로 유명한《고도를 기다리며》를 발표하여 세계적인 명성을 얻었다. 현대인의 고독과 소외된 삶을 막연한 '기다림'이라는 두 주인공의 행동을 통해 표현하고 있는 이 작품은 인생의 부조리를 인식하고 삶의 의미를 찾으려 했던 전후 실존주의 문학의 대표작이라고 할 수 있다.

베케트는 기존의 문학적 전통을 완전히 탈피해서 자신만의 독창적인 작품 세계를 구축해나갔다. 그는《어떤 식으로 그것이》에서 구두점이 전혀 없는 산문을 시도

했고, 희곡《내가 아니다》에서는 무대 위에 스포트라이트를 받은 입술만 독백하는 파격적인 연출을 시도했다.

베케트는 1957년〈승부의 끝〉, 1963년〈행복한 날들〉, 1964년〈연극〉등 세상의 부조리를 응시하는 작품으로 기성 연극의 원칙을 부정하는 프랑스 앙티테아트르* 의 시조가 되었다. 그의 작품은 이후 수많은 극작가에게 영향을 주었다. 1969년, 베케트는 노벨 문학상을 수상했으나 사람 앞에 나서기를 꺼려하는 성격 때문에 시상식에 나가지 않았고, 인터뷰도 일절 응하지 않았다. 당시 그는 튀니지에서 건강 회복을 위해 요양하면서 작품 집필에 몰두하고 있었다.

1989년 그의 부인이 세상을 떠난 지 5개월 후, 스코틀랜드의 에든버러에서 세상을 떠났다.

* 앙티테아트르(Anti-théâtre): 1950년대 이후 프랑스에서 시작된 전위극. 전통적 극작법을 외면하고 참된 연극 고유의 수법으로 인간 존재에 접근하는 연극이다. 무의미한 언어를 사용하여 인간 존재의 밑바닥에 깃든 허무와 불안을 나타낸다.

세계사 345

인도와 파키스탄

제2차 세계대전이 끝난 후 아시아, 아프리카, 라틴아메리카에서 거대한 민족해방 투쟁의 바람이 몰아쳤다. 식민지들은 하나둘 독립을 하고 식민주의 체제가 붕괴되었다. 1990년까지 전 세계 180여 개국 중 100여 국가가 독립을 선포하고 나섰다. 아시아에서도 반제국주의 투쟁이 최고조에 올랐다. 영국의 식민지들은 독립운동을 활발히 전개했고, 인도인들의 반영국 투쟁도 속속 진행되었다. 1946년, 노동자와 농민의 운동이 전국으로 맹렬하게 번져나갔으며 뭄바이 노동봉기에는 유명인사도 2만여 명이나 참여했다. 그들은 영국 국기를 찢고 거리로 뛰쳐나가 '영국 제국주의 타도', '혁명 만세' 등의 구호를 외쳤다. 1946년 2월에는 인도 전체 해군이 투쟁에 참여했고, 뭄바이의 노동자와 학생 20만 명이 파업에 참여, 수업을 거부하고 수병 봉기를 응원했다. 그러나 인도 민족운동 지도자들은 봉기를 규탄하고 나섰다. 인도 국민회의의 장로 아부 칼람 아자드와 전 인도 무슬림연맹의 지도자 무함마드 알리 진나는 사병들에게 무기를 버리고 합법적이고 평화로운 방식을 취하라고 요구했다. 결국 봉기는 실패로 끝났다. 그러나 인도 국민회의와 전 인도 무슬림연맹은 인도의 미래에 대해 전자는 하나의 인도를 세울 것을, 후자는 분리를 주장했다.

1946년 7월, 영국의 베르펠 총독은 인도 국민회의의 요구를 수용하여 임시 정부를 세우기로 하고 국회 의석을 인도 국민회의에 6석, 전 인도 무슬림연맹에 5석을 배분했다. 이에 항의한 전 인도 무슬림연맹은 8월 16일을 파키스탄 건립을 실현하는 '실제 행동일'로 결정했다. 이날 콜카타에서 무슬림들이 항의 시위를 벌이면서 힌두교도들과 충돌이 일었고, 대학살로 이어지면서 수많은 사상자를 냈다. 이는 곧 내전 수준으로 발전했다.

1947년 3월, 영국의 정치가 루이스 마운트배튼이 신임 인도 총독으로 부임했다. 빅토리아 여왕의 증손자인 마운트배튼은 인도를 힌두스탄과 파키스탄 두 개의 자치령으로 나누는 인도 독립 방안을 공표했다. 1947년 8월 14일, 파키스탄이 독립을 선언했고, 15일에는 인도가 독립을 선언했다. 이렇게 해서 두 나라는 영연방 내의 자치령이 되었다. 190년간 이어오던 영국의 직접 통치는 막을 내렸다.

철학 346 한스 게오르크 가다머

한스 게오르크 가다머(Hans Georg Gadamer, 1900-2002)는 철학적 해석학을 창시한 독일의 철학자이자 미학자이다. 그는 미학을 철학적 해석학의 한 부분으로 보았고, 예술의 존재를 밝히며 예술과 미를 기본적 존재 방식으로 여겼다. 그는 심미적인 경험을 철학의 상위 단계로 높였고, 미학을 해석학의 유기적인 부분으로 삼았다.

가다머는 1900년 독일 마르부르크에서 태어났다. 마르부르크대학교와 프라이부르크대학교에서 철학, 고전문헌학, 역사, 예술사를 공부했다. 1922년 뮌헨대학교에서 〈플라톤 대화에서의 기쁨의 본질〉이라는 논문으로 철학박사 학위를 받았다. 이후 하이데거의 지도에 따른 〈플라톤의 변증법적 윤리학〉이라는 논문으로 교수 자격을 취득했다. 1937년 마르부르크대학교 교수가 되었고, 라이프치히대학교와 프랑크푸르트대학교를 거쳐 1949년 야스퍼스의 후임으로 하이델베르크대학교 교수로 초빙되었다.

그의 대표작 《진리와 방법》은 1948년부터 1960년까지 무려 12년에 걸쳐 집필한 끝에 출판되었다. 이 책은 학제 간 경계를 넘나들며 고대 그리스 철학에서부터 현대에 이르기까지 방대한 지식을 담고 있으며, 철학적 해석학에 관한 기념비적인 저서로 평가받고 있다. 이 책에서 가다머는 현대의 실증주의를 비판하면서 인문주의의 중요성을 강조한다. 그는 자연과학적 방법이 정신과학을 포함한 모든 학문의 방법론으로 되는 경향을 비판하면서, 이러한 경향이 전통적 인문주의와 단절하기 때문에 위험하다고 지적한다.

가다머는 정신과학이 추구하는 것은 교양(감지력, 공통감각, 판단력, 취미)이며, 이를 위해서는 진리 경험이 필요하며, 이를 가능하게 하는 것은 해석학이라고 주장하였다. 가다머는 자신의 해석학을 철학적 해석학이라고 불렀다. 그의 해석학은 빌헬름 딜타이, 후설, 하이데거의 철학적 사유에 대한 생산적 결과로서 철학뿐 아니라 미학, 문예학, 신학, 법학, 역사학, 교육학, 사회학 등 광범위한 영역에 모두 적용할 수 있는 보편적 해석학이다.

가다머는《진리와 방법》출간 이후 세계적인 명성을 얻었다. 그가 위르겐 하버마스, 자크 데리다를 비롯한 현대 철학의 거장들과 벌인 논쟁은 세기의 반향을 불러일으켰다. 그는 1968년에 하이델베르크대학교에서 은퇴한 후 1980년대까지 미국에 머물렀다. 그는 만년에 자신의 전집 10권을 직접 감수하였다. 로이힐린상, 프로이트상, 헤겔상, 야스퍼스상 등을 수상한 그는 102세로 생을 마쳤다.

신화 347

스킬라

스킬라(Skylla)*는 원래 아름다운 님프로 바다의 신 포르키스와 님프 크라사이스의 딸이라고도 한다. 그녀의 아름다움에 마음을 빼앗긴 수많은 구혼자가 있었지만 모두 뿌리쳤다. 바다의 신 글라우코스도 스킬라의 아름다움에 마음을 빼앗겨 연정을 품었다. 그는 스킬라의 사랑을 얻기 위해 마녀 키르케에게 사랑의 묘약을 만들어 달라고 부탁했는데, 이것이 화근이 되었다. 글라우코스를 보고 첫눈에 반한 키르케가 오히려 자신을 사랑해달라고 애원한 것이다. 글라우코스가 그녀의 사랑을 거부하자 키르케는 스킬라에 대한 질투심이 불타올랐다. 그녀는 사랑의 묘약 대신에 괴물로 변하게 하는 사악한 독약을 만들었다. 그녀는 스킬라가 휴식을 위해 즐겨 찾는 연못에 독약을 풀고 사악한 주술로 만든 독액을 뿌린 후 세 차례 저주의 주문을 걸었다. 연못을 찾은 스킬라는 아무것도 모른 채 물속에 들어갔다. 그 순간 스킬라는 3중 이빨을 가진 입과 6개의 머리, 12개의 다리를 가진 흉측한 괴물로 변했다. 모습뿐 아니라 성격까지 매우 포악하고 잔인해졌다. 전승에 따르면 스킬라의 허리에 여섯 마리의 개의 머리가 생겼는데, 이 개들은 항상 굶주림에 못 이겨 사납게 울부짖었다고 한다. 스킬라로부터 목숨을 구하려면 그녀의 어머니이자 바다의 님프인 크라사이스의 도움을 받는 방법뿐이었다.

스킬라는 시칠리아연안에서 가장 폭이 좁은 메시나해협 암벽의 어두운 동굴에숨어 살았다. 스킬라는 카리브디스의 소용돌이 근처 동굴에서 숨어 있다가 배가 지날 때마다 긴 목을 늘려 배에서 한 사람씩 물어 갔다. 스킬라는 목이 닿는 거리의 생물들은 모두 잡아먹었기 때문에 해협을 지나는 선원들은 늘 공포에 시달렸다.

스킬라는 헤라클레스에게 죽임을 당했다가 포르키스의 힘으로 다시 살아났고, 이후 바위로 변했다고 전해지기도 한다.

* 스킬라: '개의 자식'이라는 뜻이다.

종교 348

조로아스터

조로아스터교의 창시자 조로아스터(Zoroaster, 기원전 630-기원전 553)는 고대 페르시아에서 태어났다. 그는 니체의 저서에 등장하는 '자라투스트라'로 유명하다. 그가 태어났을 당시는 족장과 사제 계급, 전사 계급, 농부와 목축업자 계급 등 3계급으로 나뉜 계급 사회였다. 조로아스터는 사제 계급 출신으로, 7세 되던 해 집을 떠나 스승 밑에서 사제교육을 받았다. 20세 되던 해 빈민가에 이주하여 그곳 사람들에게 농사를 가르쳤다. 그리고 30세 되던 해 진리를 깨달았다.

봄 축제가 진행되던 어느 날 아침, 희생제에 쓸 물을 길러 강으로 나갔던 조로아스터는 알 수 없는 힘에 이끌려 물속에 들어갔다. 신성한 물은 그를 태고의 순수함으로 되돌려놓았다. 조로아스터가 물 밖으로 나왔을 때 천사장이 나타나 그를 최고의 신 아후라 마즈다 앞으로 인도했다. 아후라 마즈다는 지혜와 정의의 신으로, 광채를 발하는 일곱 신이 그를 둘러싸고 있었다.

아후라 마즈다는 조로아스터에게 그의 백성을 모아 폭압에 대항하는 성전을 펼치라고 지시했다. 영적 깨달음을 얻은 후 아후라 마즈다의 포교자로 사명을 받은 조로아스터에게 이후 8년 동안 다섯 천사장이 차례대로 돌아가며 진리를 전해주었다. 조로아스터는 40세 때부터 이 진리들을 사람들에게 전하기 시작했다. 하지만 사람들은 그가 전하는 진리를 거부했다. 낙심한 그에게 유혹의 시련이 닥쳤다. 그는 광야에서 기도 중 악령으로부터 시험을 당했다. 악령은 아후라 마즈다를 숭배하지 않겠다고 하면 세상 권세를 주겠다고 그를 유혹했다. 조로아스터는 악령을 물리치고 모든 시험을 이겨냈다. 이후 그는 박트리아 제국의 왕에게 진리를 전했고, 왕과 신하들은 그의 가르침을 받아들였다. 이러한 배경에는 다신교 사회보다 조로아스터교라는 유일신 신앙이 나라를 하나로 결속시키는 데 유리하다는 정치적 계산도 작용했다. 비스타스파 왕은 소 1만 2,000마리의 가죽을 무두질해 햇빛에 말린 후 그 위에 조로아스터교의 경전《아베스타》를 기록하도록 명했다. 그 뒤 조로아스터교는 급속도로 확산되었다.

조로아스터교에서 불은 신의 영원성에 대한 상징이며 동시에 정화의 상징이다. 그들은 신이 세상에 빛을 발하고, 물질의 속성을 바꾸는 데 불을 도구로 사용한다는 믿음을 가졌다. 따라서 신전에는 항상 신성한 불이 밝혀져 있으며, 조로아스터교 신자들은 불을 숭배한다는 오해를 받기도 했다.

조로아스터교에서 가장 핵심이 되는 교리는 선악의 투쟁을 다루는 이원론이다. 살아 있을 때 선한 생각, 선한 말, 선한 행동이 악한 생각, 악한 말, 악한 행동을 이기면 낙원에 갈 수 있다는 게 그들의 교리이다. 조로아스터교는 페르시아에서 몇 세기에 걸쳐 부흥했으나, 이슬람의 등장과 아랍 제국의 확장으로 사산 왕조 페르시아가 무너지자 쇠락하기 시작했다. 이슬람의 박해를 피해 페르시아에서 인도로 간 조로아스터교도들은 인도에서 다시 성스러운 불을 밝히고 제단을 세웠다. 그들은 많은 숫자는 아니지만 여전히 '선한 생각, 선한 말, 선한 행동'을 실천하며 명맥을 유지하고 있다.

음악
349 컨트리 뮤직

컨트리 뮤직(Country Music)은 1920년대 초 북아메리카의 남쪽 애팔래치아산맥에 이주해 온 유럽 이민자들이 파생시킨 음악이다. 다양한 인종 집단의 음악적 융합이 북아메리카의 환경에 맞는 독특한 음악을 탄생시켰다. 당시 레코딩된 컨트리 뮤직은 옛날 음악이라 불렸지만 현재는 대중 음악의 한 장르로 미국을 대표하는 음악 가운데 하나가 되었다.

당시 미국 중남부의 텍사스에는 독일과 스페인, 이탈리아 등지에서 온 유럽인들의 이민 행렬이 이어졌다. 그들은 멕시코인과 인디언, 그리고 현지에 먼저 정착한 미국인과 상호 작용하면서 텍사스만의 독특한 음악 문화를 만들어냈다. 컨트리 뮤직은 그 뿌리를 가스펠송, 애팔래치아 포크송, 켈틱 음악 등 다양한 형식의 음악에 두고 있다. 여기에 당시 유행하던 재즈와 블루스가 자연스럽게 더해져 쉽고 단순한 멜로디를 기반으로 기타, 벤조, 바이올린, 아코디언 등의 악기에 맞춰 노래했다. 지역마다 고유의 억양과 분위기를 지닌 이 음악을 힐빌리라고 불렀다.

컨트리 뮤직이라는 용어가 처음 등장한 것은 1940년대 미국의 음악 잡지 〈빌보드〉에서이다. 당시 정확한 명칭은 컨트리 앤드 웨스턴이며, 미국 남부 및 서부 지역의 전통 음악들을 대중화한 음악으로 소개되었다. 이후 여러 장르와 접목한 컨트리 록, 컨트리 포크 등의 하위 장르가 나타났다.

블루스와 재즈가 흑인들의 삶과 정신을 반영한 음악이라면, 컨트리 뮤직은 미국 백인들의 삶과 정서를 대변해온 음악이다. 빌보드 메인 스트림에서 컨트리 뮤직이 오랫동안 인기를 누려온 비결은 미국 고유의 풍토와 정서를 대변했기 때문이다. 또한 많은 컨트리 뮤지션이 유행에 구애받지 않고, 모든 세대를 아우르는 음악을 꾸준하게 선보이며 노력한 것도 한몫했다.

지미 로저스는 최초의 컨트리 뮤직 레코드를 발매하여 컨트리 뮤직의 아버지라는 명칭을 얻었다. 로이 에이커프는 힐빌리에 감성적인 하와이안 스타일을 결합하여 '힐빌리 발라드'라는 특유의 스타일을 만들어냈다. 당시 닉슨 대통령은 그의 열렬한 팬이기도 했다. 홍키 통크 스타일을 대중화로 이끈 행크 윌리엄스, 1억 5천만 장이 넘는 앨범을 판매하며 컨트리 뮤직의 황제로 등극한 가스 브룩스, 11개의 그래미상을 수상한 조니 캐시, 컨트리 뮤직의 아이콘이 된 테일러 스위프트 등은 시대를 넘나들며 음악 팬들의 많은 사랑을 받고 있다.

지미 로저스(좌) 로이 에이커프(우)

행크 윌리엄스(좌) 조니 캐시(우)

미술 350

막스 에른스트

막스 에른스트(Max Ernst, 1891-1976)는 프랑스에서 활동한 독일 출신의 화가이자 조각가이다. 그는 '초현실주의의 레오나르도 다 빈치'라 불리며 다다이즘, 특히 초현실주의를 주도했다. 풍부한 상상력과 세상의 부조리를 짚어내는 감각이 뛰어나며, 낭만주의와 게르만의 환상 장르에서 탄생한 몽환적이고 시적인 그만의 세계는 보는 이를 당혹스럽게 한다. 에른스트는 콜라주*, 프로타주*, 데칼코마니* 등 다양한 표현 기법을 혁신하여 새로운 환상 회화의 영역을 개척했다.

에른스트는 독일 쾰른 근처의 브륄에서 태어났다. 그는 교육자이자 아마추어 화가인 아버지로부터 회화의 기본 개념을 배웠고, 본대학교에서 니체주의와 프로이트, 미술사와 독일 문학을 공부했다. 그는 히로니뮈스 보스, 피카소 등을 존경했는데 〈해가 있는 풍경〉에서는 반 고흐의 영향이 뚜렷하게 나타난다. 프랑스 조각가 장 아르프와의 만남은 에른스트에게 결정적인 영향을 끼쳤다. 이후 그는 다다이즘에 참여했고, 1920년 장 아르프와 함께 '제1회 쾰른 다다이즘 전시회'를 개최했다. 1922년에는 파리로 활동 무대를 옮겨 초현실주의 그룹의 일원이 되었다. 1923년, 앙데팡당에 참가하여 초현실주의 회화의 주요 화가로 자리매김했다. 그는 기이하고 야만적인 동물, 난해한 숲, 황폐한 마을이 등장하는 세계를 만들어냈다.

1925년, 에른스트는 프로타주와 그라타주*라는 두 가지 기법을 발견했다. 이 두 기법을 이용해서 그는 질감이 느껴지는 풍경화와 색다르고 유기적인 형식을 창조했다. 이후에도 기법에 대한 연구를 계속하여 콜라주, 포토콜라주*, 로망콜라주, 드리핑*과 같은 새로운 기법을 창시했다.

제2차 세계대전 중 그는 나치에 의해 '퇴폐적인 화가'로 낙인이 찍혀, 프랑스에서 힘겨운 시기를 보내야 했다. 이 무렵 그는 초현실주의와 결별했다. 그는 남프랑스에서 투옥되었고, 나치스의 추격을 받다가 1941년 미국으로 망명했다. 전쟁 동안 그는 악몽 같은 느낌을 주는 대형 풍경화들을 그렸다.

1946년에 화가인 도러시아 태닝과 네 번째 결혼을 했다. 1951년 이후 베른, 파리, 뉴욕, 스톡홀름, 쾰른, 취리히, 베네치아, 암스테르담, 슈투트가르트, 런던에서 에른스트의 수많은 회고전이 열렸다. 1954년에 열린 베네치아비엔날레에서 그는 대상을 수상하면서 국제적인 명성을 얻었다. 이듬해 프랑스로 돌아와 파리에서 투렌을 거쳐 루아르의 농가에 정착했다. 이후 조각가로 전향했고, 주로 반인반수의 대형 조각상을 제작했다.

생전에 그는 화가와 판화가, 조각가이자 시인, 수필가로 활동했으며, 20세기의 가장 주요한 예술가 중 한 명으로 꼽힌다. 주요 작품으로 〈커다란 바퀴〉, 〈성적 성숙〉, 〈비행기를 삼킨 정원〉, 〈최후의 숲〉, 〈야행성 물고기〉 등이 있다.

* 콜라주(Collage): 풀로 붙인다는 뜻으로 브라크와 피카소 등의 입체파들이 유화의 한 부분에 신문지나 벽지 · 악보 등 인쇄물을 풀로 붙인 데서 유래하였다.
* 프로타주(Frottage): 회화에서 그림물감을 화면에 비벼 문지르는 채색법
* 데칼코마니(Décalcomanie): 어떠한 무늬를 특수 종이에 찍어 얇은 막을 이루게 한 뒤 다른 표면에 옮기는 회화 기법
* 그라타주(Grattage): 색을 두텁게 칠한 후 각종 도구를 이용해 표면을 긁어내는 회화 기법
* 포토콜라주(Photo-collage): 오려낸 2점 이상의 사진을 맞추어 붙이거나 인쇄된 그림과 사진을 조합하는 특수 사진 기법
* 드리핑(Dripping): 붓을 사용하지 않고 그림물감을 캔버스 위에 떨어뜨리거나 붓는 회화 기법

문학

351 시몬 드 보부아르

시몬 드 보부아르(Simone de Beauvoir, 1908-1986)는 프랑스의 실존주의 소설가이자 20세기의 가장 유명한 페미니스트 철학자이다. 그녀는 실존주의의 아버지로 불리는 장 폴 사르트르와의 계약 결혼으로도 유명하다.

그녀는 프랑스 파리에서 태어났다. 그녀의 아버지 조르주 베르트랑 드 보부아르는 변호사였고, 외할아버지는 부유한 은행가였다. 그녀는 소르본대학교에서 문학과 철학을 공부했고, 1929년 최연소로 응시한 철학 교수 자격시험에 차석으로 합격했다. 당시 수석은 장 폴 사르트르였는데, 그녀는 그의 영향을 받아 실존주의 철학의 길로 들어섰다.

보부아르는 1943년까지 학생들을 가르치다가 첫 소설《초대받은 여자》를 출간했다. 이 작품은 극적인 상황을 설정해서 실존주의가 제기하는 문제들을 추구하였다. 뒤이어 몇 편의 철학 에세이를 출간했다. 1949년에 발표한《제2의 성》은 보부아르의 저술 중 최고의 유명작이 되었으며, 1953년 영어로 번역되어 미국에서 출간된 후 인기를 끌었다. 이 책은 여성 인권지도자들로부터 '페미니즘*의 기본 교과서'로 칭송받았다.

《제2의 성》에는 남성과 사회에 억압된 여성의 역사가 담겨 있다. 여성의 자질이라는 정의에 억압된 여성들은 기회를 빼앗기고 인위적으로 가능성에 제한을 받는다는 것이다. 보부아르는 "여성은 태어나는 것이 아니다. 여자로 만들어지는 것이다"라고 주장했다.

보부아르는 제2차 세계대전이 끝난 후 사르트르와 함께 실존주의운동을 이끌어 사회학과 철학 등 다양한 분야에 큰 영향을 미쳤다. 1957년에 발표한 소설《레 망다

* 페미니즘(Feminism): 오래전부터 이어져온 남성 중심의 이데올로기에 대항하며, 사회 각 분야에서 여성 권리와 주체성을 확장하고 강화해야 한다는 이론 및 운동. 페미니즘은 19세기에 들어서면서 전개되었으며, 시대와 그 양상에 따라 크게 1차, 2차, 3차 물결로 나뉜다.

랭》은 프랑스의 권위 있는 문학상인 공쿠르상을 수상했다.

보부아르는 1929년부터 사르트르와 연인관계로 발전했다. 사르트르가 보부아르에게 청혼하자 그녀는 여성을 옥죄는 결혼으로부터 자유로워지고 싶다며 거절했다. 사르트는 보부아르의 의사를 존중했고, 두 사람은 평생을 독신으로 지냈다. 이들은 서로 다른 상대와 여러 차례 염문을 뿌리기도 했지만, 연인이자 친구이며 동료로서 학문적으로나 저술에 서로 많은 영향을 주고받으며 변함없이 평생을 함께했다. 1974년부터 '여성의 권리동맹' 의장을 역임하며 급진적인 활동가로 살았던 보부아르는 78세의 나이로 세상을 떠나 사르트르의 옆에 묻혔다. 여권운동의 지도자이자 대변자로 알려진 글로리아 스타이넘은 "지금의 국제적인 여성운동에 영감을 준 사람이 있다면 그것은 시몬 드 보부아르이다"라며 그녀를 추모했다.

보부아르의 주요 작품으로《타인의 피》,《처녀시대》.《어떤 전후》,《위기의 여자》,《노년》 등이 있다.

시몬 드 보부아르와 장 폴 사르트르

세계사 352 이스라엘과 팔레스타인

19세기 유럽 국가들과 유대인 디아스포라* 사이에서 유대인의 나라 이스라엘(Israel)에 대한 지원이 확대되었다. 1917년 11월 2일 영국 외무장관 밸푸어는 제1차 세계대전 당시 유대인을 지원하기 위해 팔레스타인(Palestine)에 유대인을 위한 민족국가를 수립하는 데 동의한다고 선언했다. 러시아, 동유럽 등에서 탄압을 받아온 유대인들은 밸푸어 선언으로 팔레스타인에 속속 이주했다.

제1차 세계대전과 오스만 제국의 와해 이후 영국이 팔레스타인을 점령하자 독립을 원하는 아랍인들이 반발했다. 1930년 이후 영국의 위임 통치령이던 팔레스타인에는 독일 나치스의 반유대인정책으로 유대인의 이주가 급증했다. 1939년 팔레스타인 총인구 약 142만 명 가운데 유대인은 45만 명에 이르렀다. 1940년대 유대인들의 이주에 대한 아랍인들의 반발이 거세지자, 결국 요르단강 너머는 아랍에 양도되었다. 1946년 트란스요르단은 독립하여 1949년 요르단 왕국으로 국명을 변경하였다.

영국이 팔레스타인 위임통치를 포기하자 미국은 영국의 뒤를 이어 유대인 국가를 건설하려는 시오니즘*의 후원국이 되었다. 유대인 대학살에 대한 혐오감은 국제연합이 이스라엘 건국을 지지하게 만들었다. 1947년 국제연합은 팔레스타인을 아랍독립국, 유대독립국, 예루살렘으로 분할하는 '팔레스타인 분할안'을 찬성 33개국, 기권 10개국으로 가결하였다. 당시 이스라엘은 팔레스타인 인구의 3분의 1, 토지는 6퍼센트를 차지하고 있었다. 그러나 국제연합의 결정에 따라 유대인은 팔레스타인 국토의 3분의 2를 차지하게 되었고 경작 가능한 대부분의 비옥한 땅은 유대인 차지가 되었다.

1948년 5월 14일, 텔아비브에서 이스라엘의 독립이 선언되었다. 이에 반발한 주변 국가들이 아랍연맹을 결성해 이스라엘을 공격하면서 제1차 중동전쟁이 발발했다. 이스라엘은 영국군이 철수하면서 남긴 무기와 체코에서 구입한 무기로 아랍연맹을 압도했다. 국제연합의 중재에도 전쟁은 1949년까지 계속되었고, 이스라엘이 승리를 거두었다. 국제연합의 조정으로 1949년 2월, 휴전이 성립하였다. 이후 이스라엘은 팔레스타인 전 국토의 80퍼센트를 차지했고 20퍼센트는 요르단 왕국으로 합병되었다. 그 결과 100만 팔레스타인 난민이 발생했다. 팔레스타인 난민들은 이스라엘에 대항하여 무장 게릴라 활동을 펼쳤다.

1967년, 이집트가 이스라엘과 싸우는 시리아를 지원하기 위해 아카바만을 폐쇄했다. 이스라엘은 전격 작전을 전개하여 불과 6일 만에 요르단강 서안·가좌지구를 점령, 팔레스타인 전역을 손에 넣고 다시 골란고원과 시나이반도를 점령했다. 당시 300만 명이 넘는 팔레스타인인 중 절반이 이스라엘의 지배하에 들어갔다. 1964년 비밀리에 결성되어 이스라엘에 대한 게릴라전과 테러행위 등으로 팔레스타인의 해방운동을 펼치던 팔레스타인해방기구는 1967년 중동전쟁 직후 외부로 부각되었다. 1993년 이스라엘과 팔레스타인해방기구 사이에서 팔레스타인의 잠정적 자치에 대한 기본 합의가 이루어졌다. 이스라엘은 가자지구와 여리고지구에서의 팔레스타인들 자치를 인정했다.

* 디아스포라(Diaspora): 팔레스타인을 떠나 살면서 유대교의 규범과 생활 관습을 지키는 유대인을 이르는 말. 후에 그 의미가 확장되어 그러한 집단 또는 그 거주지를 가리키는 용어로 사용된다.

* 시오니즘(Zionism): 고대 유대인들이 고국 팔레스타인에 유대 민족국가를 건설하는 것을 목표로 한 유대 민족주의운동

철학
353 칼 포퍼

칼 포퍼(Karl Raimund Popper. 1902-1994)는 오스트리아 태생의 영국 철학자이다. 과학 철학자로서 그는 객관적인 지식을 탐구하였으며 사회 철학에도 높은 관심을 가지고 있었다. 포퍼는 오스트리아 빈에서 출생했다. 유대인 출신의 변호사이던 아버지의 영향으로 포퍼는 어려서부터 사회적 문제에 많은 관심을 가지며 자랐다. 그는 빈대학교와 빈교육연구소에서 철학·수학·물리학·심리학 등을 배우고, 1928년 철학박사 학위를 취득하였다. 1934년《탐구의 논리》를 출간하면서 이름을 알렸고, 영국의 여러 대학교에서 강의하게 되었다.

포퍼는《탐구의 논리》에서 논리실증주의의 귀납적 방법론에 반대하면서 연역적 방법을 채용했다. 그는 정신분석학이나 마르크스 경제학은 과학을 가장한 유사과학에 지나지 않는다고 주장했다. 과학과 비과학의 차이의 기준을 포퍼는 '반증 가능성'을 지니고 있느냐에 두었다. 포퍼는 과학적 연구의 출발점은 '관찰데이터'가 아니라 '문제'라고 여겼다. 어떤 것이 연구 대상이어야 하는 문제인지를 모른다면 무엇을 관찰해야 할지도 모르게 되기 때문이다. 그는 과학의 본질이 '정당화의 문맥'에 있다고 여겼고, 그 핵심이 '검증'이 아닌 '반증'에 있다고 생각했다. 그럼, '반증'은 어떻게 과학과 비과학의 경계 설정을 하는 것일까? 어떤 가설이 '반증 가능하다'는 것은 그 가설과 모순된 관찰명제가 논리적으로 가능하다는 말이 된다. 즉, 반증 가능성이 높아질수록 그 가설은 과학적이라고 간주되는 것이다.

포퍼는 1937년, 뉴질랜드 캔터베리대학교의 철학 교수로 초빙되었다. 그곳에서《역사주의의 빈곤》과《열린사회와 그 적들》을 집필했다. 그는 이 책들에서 전체주의와 파시즘을 비판하면서 플라톤과 헤겔을 전체주의의 아버지라고 강력하게 비판했다. 또한 마르크스주의를 통렬하게 비판하여 자유 진영의 환영을 받았다. 이후 그는 대중에게 과학 철학자보다 정치 철학자로 더 많이 알려졌다. 1946년, 영국 런던대학교 교수가 되어 영국 시민권을 얻고, 1965년 영국 왕실로부터 기사 작위를 받았다. 이후 오스트리아 출신의 영국 철학자가 되었고, 이름도 카를 포퍼에서 칼 포퍼로 불리게 되었다.

신화 354

메디아

메디아(Media)는 콜키스의 공주이며, 마녀의 대명사인 키르케의 조카이기도 하다. 어느 날 콜키스의 왕 아이에테스는 '이방인이 황금 양피를 가져가면 왕위를 잃게 될 것이다'라는 신탁을 받았다. 그리고 얼마 후 이아손을 비롯한 아르고호 원정대가 황금 양피를 가져가기 위해 콜키스에 도착했다. 아이에테스는 신탁이 성취되는 것을 막기 위해 이아손 일행을 제거하기로 마음먹었다. 그는 이아손에게 "코에서 불을 뿜는 황소에 멍에를 씌워 땅을 갈고, 카드모스 왕이 처치한 신성한 용의 이빨을 뿌려 그 자리에서 솟아난 무장한 군사들을 모두 해치운다면 황금 양피를 주겠다"라고 제안했다. 이아손은 아이에테스 왕의 제안을 받아들였지만, 막상 주어진 과제를 해결할 방법을 몰라 고민했다. 그때 신들의 여왕인 헤라가 이아손을 돕기 위해 나섰다. 여신은 에로스를 시켜 메디아가 이아손을 사랑하도록 만들었다. 사랑에 빠진 메디아는 이아손을 돕기 위해 자신의 마법과 계략을 총동원했다. 이아손은 메디아에게서 받은 마법의 약을 온몸에 발랐다. 그 약은 불과 검으로도 상처를 낼 수 없는 영험한 효력이 있었으며, 그 덕분에 이아손은 사나운 황소에 멍에를 씌워 땅을 갈게 할 수 있었다. 황소가 갈아놓은 땅에 신성한 용의 이빨을 뿌리자 그곳에서 무장한 군사들이 솟아올랐다. 이아손은 메디아의 조언에 따라 큰 돌 하나를 군사들이 모여 있는 한가운데 던졌다. 그러자 군사들은 서로 싸우다가 전멸했다.

아이에테스 왕은 이아손이 자신의 예상과는 달리 모든 과제를 완수하자 아르고호 원정대를 모두 죽이기로 계획을 세웠다. 이 사실을 안 메디아는 황금 양피를 지키던 용을 잠들게 하여 이아손이 황금 양피를 훔치게 한 후, 아르고호 원정대와 함께 아이에테스의 눈을 피해 콜키스를 떠났다. 이때 메디아는 이복동생인 압시르토스를 납치해 아르고호에 태웠다. 이아손에 대한 메디아의 사랑은 헌신적이었지만 동시에 맹목적이고 잔인했다. 뒤늦게 황금 양피가 없어진 것을 알고 추격해 온 아버지를 따돌리기 위해 메디아는 이복동생을 무참히 살해했다. 그리고 이아손의 왕위를 되찾아주기 위해 잔인한 수단을 동원했다. 이올코스의 왕 펠리아스의 딸들을 속여 그녀들로 하여금 아버지를 토막 내어 가마솥에 넣게 한 것이다. 이 일로 이아손과 메디아는 이올코스에서 쫓겨나 코린토스로 갔다. 그런데 코린토스의 왕이 이아손을 사윗감으로 마음에 두자, 이아손은 메디아를 배신하고 코린토스의 공주 글라우케와 결혼했다. 이아손의 배신에 분노한 메디아는 글라우케에게 독을 바른 옷을 선물로 보내 그녀를 불에 타 죽게 만들었다. 그러고는 이아손과의 사이에서 낳은 두 아들까지 죽이고 아테네로 도망쳤다.

메디아는 아테네의 왕 아이게우스에게 자식이 없는 것을 알고 의도적으로 접근하여 그와 재혼했다. 그녀는 자신이 낳은 메도스를 후계자로 만들 계획이었다. 그런데 아이게우스의 아들 테세우스가 아테네로 찾아오면서 그녀의 계획에 차질이 생겼다. 메디아는 테세우스가 왕위를 노리는 자라고 모함하여 죽이려 했으나 실패하여 결국 아테네에서도 쫓겨났다.

전승에 따르면 메디아는 전설의 낙원 엘리시온으로 가 그곳에서 영원한 삶을 누렸다고 전해진다.

종교
355
율법

율법은 하나님이 모세를 통하여 이스라엘인에게 준 생활과 행위의 규범이다. 일반적으로 〈구약성서〉의 첫 다섯 편(창세기, 출애굽기, 레위기, 민수기, 신명기)을 가리키며, '모세의 율법', '토라'(Torah, 히브리어로 율법이라는 뜻), '모세 오경'(헬라어로 '다섯 개의 두루마리'라는 뜻) 혹은 '모세의 책'이라고 불린다. 이것들을 '모세'라는 이름과 관련지어 부르는 것은 모세가 하나님의 영감을 받아 이 책들을 기록했기 때문이다.

《토라》에는 유대 민족이 살아가면서 지켜야 할 계율이 상세하게 적혀 있는데, 기록된 계율의 수는 613개다. 이 가운데 '하지 마라'가 365개로 1년의 날수와 같고, '하라'가 248개로 인간의 뼈와 모든 장기의 수와 같다. 즉, 인간이 1년 내내 하지 말아야 할 것과 지체(肢體)를 가지고 열심히 해야 할 게 있다는 것이다. 유대 민족의 형성 과정을 기록한 역사서이자 삶의 방법을 가르쳐주는 율법서《토라》는 세계 3대 일신교 신앙인 유대교, 이슬람교, 기독교의 기본 경전이다. 그 구성은 다음과 같다.

- 창세기: 천지 창조, 인간의 타락, 홍수 심판, 바벨탑 사건, 아브라함, 이삭, 야곱, 요셉의 생애를 그리고 있다.
- 출애굽기: 모세가 이스라엘 민족을 이끌고 이집트에서 약속의 땅 가나안으로 탈출하는 이야기를 다룬다. 모세는 시나이산에서 십계명을 받는다.
- 레위기: 제사장으로 선택된 레위 지파의 역할, 5가지 주요 예배 의식과 7가지 주요 절기에 관한 규칙이 담겨 있다.
- 민수기: 이스라엘 민족이 40년간 광야에서 겪은 생활을 기록하고 있다.
- 신명기: 모세가 이스라엘 민족을 소집해서 하나님과 맺은 언약의 기록이다.

유대인에게 율법은 '구전율법'과 '성문율법'의 두 종류가 있다. 성문율법은 책으로 쓰인 율법이며, 구전율법은 입에서 입으로 전해진 율법이다. 유대교 랍비들은 이 두 가지 율법을 계속 논의하고 토론했는데, 이 과정에서 나온 주장들을 집대성한 것이《탈무드》이다. 랍비들은《토라》를 분석하고 연구하며 일생을 바친다.

음악
356

재즈

재즈(Jazz)의 원산지는 미국이다. 남북전쟁 후 흑인의 민속 음악이 백인의 유럽 음악과 결합하여 생겨난 음악 재즈는 진화를 거듭했다. 지난 수세기 동안 문화와 극적인 사건들과 더불어 재즈는 스타일에서 무수한 변화를 겪어왔다. 딕실랜드 재즈는 핫 재즈 또는 트래디셔널 재즈라고도 한다. 화려함과 경쾌함을 자랑하는 딕실랜드 재즈는 초기 재즈로 19세기 말 뉴올리언스와 그 주변에서 태동했다. 취주악단이 연주하는 여린박 형태의 가스펠과 행진용 음악이 주류를 이룬다. 초기 재즈는 뉴욕으로 옮겨지면서 스윙으로 탄생한다. 스윙은 '흔들거리다'라는 단어에서 유래되었다.

대공황으로 침체된 경기가 1930년대 중반부터 차츰 회복되면서 스윙은 탈출구를 찾던 대중의 마음을 사로잡았다. 그들은 스윙에 맞춰 밤새 춤을 추었다. 1940년대로 접어들면서 빅 밴드 중심의 스윙은 쇠퇴기를 맞는다. 스윙에 대한 반작용으로 등장한 비밥은 멜로디에서 탈피해 빠른 템포와 격렬한 즉흥연주를 강조했다. 뉴욕시의 재즈클럽 민턴스플레이하우스에서 흑인 재즈 연주자들이 모여 연주하던 잼 세션에서 시작되었다. 1940년대 후반, 재즈는 하드밥 스타일에서 좀 더 부드럽고 따뜻하며 짜임새 있는 스타일로 바뀌었다. 이를 쿨 재즈 또는 웨스트코스트 재즈라고 한다. 스윙과 비밥의 요소를 동시에 가지고 있는 것이 특징이다.

1950년대 후반, 재즈는 다시 한 번 변신을 꾀했다. 프리 재즈는 모든 정통적 규칙과 원칙이 파괴된 형태로, 실험과 즉흥 연주를 강조한다. 조성이나 박자, 형식 등에 구애받지 않고 연주자의 느낌이나 감정에만 충실하여 즉흥적으로 표현해낸 재즈이다. 프리 재즈의 대표 음악가로 존 콜트레인과 세실 테일러, 오넷 콜먼이 있다.

이후 1960년대에 등장한 재즈 퓨전은 록, 펑크, 리듬앤블루스와 전자 사운드가 결합되어 탄생했다. 마일스 데이비스가 전자 장비를 사용해 트럼펫에 독특한 소리를 부여하면서 인기를 끌자 이후 허비 행콕, 칙 코리아 등의 아티스트들이 각자 독창적인 방식으로 재즈 퓨전의 길을 개척했다. 이 재즈 스타일은 오늘날까지 진화를 거듭하면서 힙합과 같은 장르들과도 교류하고 있다.

미술 357

호안 미로

호안 미로(Joan Miró, 1893-1983)는 에스파냐의 화가이자 도예가로 활동했으며, 풍부한 상상력을 화면 위에 펼쳐 몽환적이고 시적인 환상 세계를 창조했다. 그는 내면의 판타지를 화려한 색채와 경쾌하고 리듬감 넘치는 분위기로 표현했다. 에스파냐 동부의 원시 동굴화, 아라비아 문학, 이슬람 장식, 로코코의 우아한 단축법(短縮法) 등의 요소를 통해 추상 미술과 초현실주의를 오가며 자신만의 세계를 창조해 냈다.

미로는 바르셀로나에서 시계 기술자이자 금은세공업자의 아들로 태어났다. 14세 무렵부터 바로셀로나의 미술학교에서 미술 공부를 하면서, 동시에 상업학교에서 회계와 상법을 배웠다. 17세 되던 해 대형 상점에 취직했으나, 장티푸스와 신경쇠약에 걸려 부모님의 시골 농가에서 요양했다. 이듬해 바르셀로나로 돌아온 후 미술 공부에만 전념했다.

1910년 무렵부터 인상파와 야수파의 양식으로 〈서 있는 누드〉, 〈농장〉, 〈리카르도의 초상화〉 등을 제작했다. 하지만 그의 기법에는 폴 세잔, 후안 그리스, 피카소 등 입체파의 영향도 드러난다. 1918년에 첫 개인전을 열었으나 별다른 성과를 얻지 못하자, 야수파의 양식이 자신과 맞지 않는다는 결론을 내렸다. 이후 자연에서 초월적이고 시적인 기쁨을 찾는 길을 선택했다.

1920년대 미로는 파리에서 활동했다. 1924년 〈초현실주의 선언〉에 서명하면서 논리와 이성으로부터 자유로워져야 한다는 초현실주의자들의 주장에 동의했다. 미로는 뛰어난 재능을 발휘하며 초현실주의 화가들 사이에서 인정을 받았다.

제2차 세계대전 중 가족을 데리고 파리를 떠나 바르셀로나로 돌아왔다. 그의 대표작 중 하나인 〈성좌〉는 이 시기에 완성되었다. 1947년 미국으로 가서 1년간 머물며 미국의 전위운동에 기여하였다. 1948년 귀국 후 주로 바르셀로나와 파리를 오가며 회화, 판화, 조각, 도자기 등 다양한 분야의 작품들을 제작하였다. 이 시기에 그의 예술가적 기량은 절정에 달했다. 1954년 베네치아비안날레 국제전에서 판화 부문 대상을 받으면서 그의 명성은 더욱 높아졌고, 1980년에는 스페인 미술 부문 황금훈장을 받았다. 만년에 그는 계속해서 양식과 기법을 실험했는데, 그의 작품에는 자신만의 색다른 기이함, 부드러움, 시적 정취, 그리고 간혹 강렬함이 담겼다.

미로는 일생 동안 여성, 새, 별을 혼합한 주제를 발전시켰다. 유쾌한 원색의 회화적 세계는 끊임없는 창조력과 자유로운 미학에 결부된 일관성을 여실히 보여준다. 90세를 일기로 고향에서 생을 마친 그는 수천 점의 그림, 과슈, 데생, 도자기 작품을 남겼다.

<야자수가 있는 집>(1918)

문학 358

알베르 카뮈

알베르 카뮈(Albert Camus, 1913-1960)는 프랑스의 소설가이자 저널리스트이며 철학자이다. 그는 알제리 몽드비에서 태어났다. 아버지는 프랑스 이민자였고 어머니는 스페인 혈통이었다. 그가 태어난 지 얼마 되지 않아 제1차 세계대전이 일어났다. 1914년 9월, 참전한 그의 아버지는 독일군과의 전투에서 전사했다. 아버지의 사망으로 살림살이는 더욱 쪼들렸고, 카뮈는 불우한 어린 시절을 보내야 했다. 다행스럽게도 초등학교 시절 담임 교사 루이 제르맹의 도움으로 장학금을 받고 중학교에 진학, 어려운 환경에서도 학업을 이어갔다.

알제대학교에서 철학을 공부하던 시절, 문학적 열정을 심어준 철학자이자 작가인 장 그르니에는 평생의 스승이 되었다. 대학 시절에는 연극에 매력을 느껴 직접 배우로 출연한 적도 있었다. 이때 가진 연극에 대한 애정은 평생 계속되었다. 대학 졸업 후 교수가 되려고 했으나 결핵에 걸려 포기하고 〈알제 레퓌블리캥〉에서 기자생활을 시작했다. 제2차 세계대전 중에는 나치스에 저항하는 레지스탕스 기관지 〈콩바〉의 편집인으로 활약했다.

카뮈의 초기작인《표리》와《결혼》은 그의 시인적 자질을 뚜렷이 보여준 아름다운 산문이다. 이때 이미 인간의 조건에 대한 고민, 존재의 부조리성 문제 등이 서정적인 에세이풍으로 서술되었다. 1942년 7월, 나치스 치하에서 발표한《이방인》은 출간되자마자 문단과 지식인 사회에 일대 파란을 일으키며 그를 문단의 중심에 우뚝 서게 했다.《이방인》은 죽음을 통해 인간 실존에 대한 질문을 던진 소설이다.

주인공 뫼르소는 부조리한 세상에 대하여 무관심한 태도로 일관하다가, 살인을 저지르고 사형 선고를 받는다. 사형 집행일이 다가오자 뫼르소는 비로소 삶의 의미와 행복을 깨닫고 살인에 대한 책임을 느낀다.

카뮈의 작품 속에는 삶에 대한 책임, 선택의 자유 등 실존주의적 주제가 흐른다. 그는 기존의 가치나 도덕이 객관적으로 존재하지 않는다고 믿는 허무주의에 반대하고 개인의 자유를 탐구했다. 카뮈는 철학자 사르트르와 절친한 친구이며, 그와 함께 존재론자*로 분류된다. 그들은 둘 다 철학자이면서 소설을 썼다는 공통점도 가지고 있다.

1942년에 발표한《시지프의 신화》는 그리스신화의 인물인 시지프(시시포스)처럼 인간은 부질없는 짓인 줄 알면서도 부조리에 반항하면서 살아야 하는 숙명임을 강조하고 있다. 1947년《페스트》를 발표하면서 비평가상을 수상했고, 이후 소설·산문·희곡 전반에 걸쳐 왕성한 집필 활동을 이어나갔다. 1948년《계엄령》, 1951년《반항하는 인간》, 1956년《전락》, 1957년《적지와 왕국》등을 발표했다. 1957년 사형반대협회의 설립자 아서 쾨슬러와 공저로 발표한 에세이《단두대에 관한 성찰》로 44세의 젊은 나이에 노벨 문학상을 수상했다.

카뮈는 친구가 운전하는 차를 타고 파리로 이동하던 중 교통사고로 사망했다.

* 존재론자: 존재론을 믿거나 주장하는 사람. 존재가 본질보다 앞선다, 즉 행위에 따라 본질이 바뀔 수 있다고 믿는 사람을 이른다.

세계사 359 인도차이나전쟁

1945년, 공산주의 혁명가 호찌민은 북베트남에서 '베트남 민주공화국 독립 선언'을 선포했다. 당시 베트남 북부에는 장제스가 이끄는 20만 중국군이 일본군을 무장해제하고 있었고, 프랑스군은 과거 프랑스령인 베트남을 다시 식민지화하려고 들었다. 프랑스는 사이공에 코친차이나(남부 베트남) 임시 정부를 수립했고, 이에 호찌민이 결사 항전을 호소하면서 인도차이나전쟁(Indochina Wars)이 시작되었다.

프랑스는 북서부의 호찌민 세력을 소탕하기 위해 디엔비엔푸에 요새를 구축하고 전투에 돌입했다(디엔비엔푸전투). 하지만 탄약과 보급품이 떨어져 고전 끝에 1954년 5월 7일 항복했다. 이 전투에서 프랑스군 1만 6,000명 중 약 5,000명이 전사하였고 프랑스의 인도차이나 지배가 종결되었다.

1954년, 미국·영국·프랑스·소련 등 4개국의 합의 아래 제네바극동평화회의가 열렸다. 이 회의에서 디엔비엔푸 함락 이후의 인도차이나 문제에 대한 토의가 이루어졌고, 중화인민공화국의 저우언라이의 노력으로 휴전을 위한 공동선언이 성립되었다. 이 공동선언으로 베트남은 북위 17도선을 경계선으로 남북이 분단되었다. 프랑스를 비롯한 외국군은 철수해야 했으며, 라오스와 캄보디아 왕국의 독립이 보장되었다. 또한 2년 후인 1956년 통일선거를 하기로 협약했다. 하지만 1955년, 미국의 후원 아래 남베트남은 베트남공화국을 수립하고 응오딘지엠이 단독선거를 실시해 대통령에 당선되었다.

미국은 응오딘지엠 정권에 군사와 경제 분야의 전폭적 지원에 나섰다. 하지만 응오딘지엠 정권은 부패하여 민중의 지지를 잃었고, 1960년에는 베트남해방민족전선(베트콩)이 결성되었다. 응오딘지엠은 독재를 계속하다가 1963년 쿠데타로 실각한 후 암살당했다. 이후 베트남공화국 정부와 해방군과의 전쟁은 격화되었고, 미국의 존슨 대통령은 지상군 50만 명을 베트남전선에 전격 투입했다. 이에 맞서 해방군의 게릴라 활동도 더욱 거세졌다.

1964년, 미국 구축함이 통킹만에서 북베트남 경비정의 공격을 받는 사건이 발생했다. 미국은 곧바로 보복 폭격을 가하였다. 미국 정부가 베트남전쟁에 전념하는 동안 사이공 정부는 권력 투쟁에 여념이 없었다. 군의 정예부대는 쿠데타에 대비하여 수도 중심으로 배치되어 해방군과 제대로 전투조차 할 수 없었다. 이 상황에서 사이공에 있는 미국 대사관 일부가 해방 세력에 점령되는 사태까지 벌어졌다. 이 일로 존슨 대통령은 차기 대선에 불출마를 선언했고, 1968년 공화당의 리처드 닉슨이 대통령에 당선되었다. 닉슨은 베트남 문화정책을 추진하여 미군의 역할을 점차 베트남 공화국에 떠넘겼고, 1971년에는 베트남의 미군 병력을 15만 명으로 줄였다.

1972년, 닉슨은 워터게이트 사건이 터지자 갑자기 베트남에 대한 적대적 태도를 거두고 소련과 중국과의 새로운 관계를 모색했다. 1973년 파리 조약 성립 후 정전이 이루어져, 미군은 베트남에서 완전 철수했다. 미군 철수 후에도 전쟁은 계속되어 1975년 사이공은 공산주의자들에게 함락되었고, 다음 해 베트남은 사회주의민주공화국으로 통일되었다.

철학
360 미셸 푸코

프랑스의 철학자 미셸 푸코(Michel Paul Foucault, 1926-1984)는 정신의학에 흥미를 가지고 연구했으며 서양문명의 핵심인 합리적 이성에 대한 독단적 논리성을 비판하고 소외된 비이성적 사고, 즉 광기의 진정한 의미와 역사적 관계를 파헤쳤다. 푸코는 "우리가 당연하다고 생각하는 것은 사실 역사 속에서 만들어진 것이다. 그것은 지금 옳을 뿐이다"라고 주장했다. 초기에는 구조주의자로, 나중에는 포스트구조주의자로 분류되었다. 푸코의 사상은 니체의 계보학에 영향을 받은 계보학으로 불린다.

프랑스 중서부 푸아티에에서 외과의사의 아들로 태어난 푸코는 파리 명문 앙리 카트르고등학교에서 철학을 공부하고, 파리고등사범학교를 졸업했다. 철학을 전공한 그는 정신의학에 흥미를 가지고 그 이론을 임상을 통해 연구하였다.

1951년 대학교수 자격을 취득하였고, 1955년에 스웨덴 웁살라에 있는 프랑스문화원 원장에 취임했다. 동시에 웁살라대학교의 강사를 겸임했다. 그는 열정적인 강의로 수강생들을 사로잡았고, 문화원 운영도 훌륭한 성과를 냈다. 또한 박사 학위 논문인 〈광기의 역사〉를 완성했다. 그는 '광기'라는 소재를 통해 당시 서구인들이 가졌던 지배적인 생각을 분석하고 해부하여 이성과 광기가 분리되는 역사적 과정을 파헤쳤다. 이 저술로 푸코는 세계적으로 주목받는 철학자 반열에 올랐다. 이후 푸코는 폴란드와 독일, 프랑스와 브라질을 오가며 관료와 학자로 근무하면서 가는 곳마다 능력을 인정받았다. 이 시기에 그는《말과 사물》을 집필했다. 그는 이 책에서 '앎이 바뀌면 인간도 바뀐다'며 각각의 시대에 해당하는 앎의 틀, 사고의 토대를 밝히고 있다.《말과 사물》은 출간 후 엄청난 속도로 팔려나갔다.

1970년, 푸코는 마침내 프랑스 지식인의 최고봉으로 여겨지는 콜레주드프랑스의 교수로 취임했다. 당시 그는 사르트르와 함께 가장 진보적 지식인으로 알려졌으며, 1968년 파리 학생운동의 선동가이자 지지자이기도 했다. 푸코는 평생을 정치적 반대자, 노동자, 죄수, 이민자, 동성애자 등 핍박받는 이들을 대변하였다. 동성애자이던 그는 후천성면역결핍증(AIDS)에 따른 합병증으로 58세에 사망했다.

신화
361 프시케

어느 마을에 프시케(Psyche)라는 아름다운 소녀가 살았다. 사람들은 프시케가 미의 여신 아프로디테보다 아름답다고 칭찬했다. 이에 화가 난 아프로디테는 에로스를 불러 프시케가 세상에서 가장 추한 남자를 사랑하도록 만들게 했다. 에로스는 세상에 어둠이 내리자 황금 화살을 쏘기 위해 프시케에게 다가갔다. 그런데 프시케의 아름다움에 취한 에로스는 그만 실수로 자기 몸을 찌르고 말았다. 사랑의 화살에 찔린 에로스는 프시케를 사랑하게 되었다. 이후 프시케에게는 한 번도 청혼이 들어오지 않았다. 혼기가 찬 아름다운 딸에게 구혼자가 나타나지 않자 그녀의 부모는 신탁을 청했고, 딸을 산속 괴물에게 신부로 바치라는 응답을 들었다. 프시케는 신부 복장을 하고 산 위로 올라갔다. 서풍의 신 제피로스는 그녀를 아름다운 정원이 있는 화려한 궁전으로 안내했다. 궁전 안에 들어서자 목소리만 들리는 시종들이 그녀를 위해 온갖 시중을 들어주었다. 밤이 되자 신랑이 나타나 그녀를 신부로 맞이했다. 그런데 남편은 프시케에게 무슨 일이 있어도 절대 자신의 모습을 보려고 해서는 안 된다고 신신당부했다. 다음 날 아침 프시케가 잠에서 깼을 때 그녀의 남편은 흔적도 없이 사라지고 없었다. 남편은 밤이면 나타났다가 날이 밝기 전 다시 사라지기를 반복했다. 프시케는 남편의 모습이 궁금했지만, 큰 불만 없이 궁전에서 하루하루를 행복하게 보냈다.

어느 날 두 언니들이 동생을 보고 싶어서 프시케를 찾아왔다. 그녀들은 동생이 화려한 궁전에서 부족함 없이 여왕처럼 사는 모습을 보자 동생의 남편이 어떤 사람인지 궁금해졌다. 하지만 남편의 얼굴도 본 적 없는 프시케는 남편에 대해서는 입을 닫았다. 프시케는 언니들을 위해 성대한 잔치를 베푼 후 돌아갈 때 진귀한 보물을 선물로 챙겨주었다. 그날 밤 남편은 프시케에게 무슨 일이 있어도 자신의 모습을 보면 안 되며, 만약 이를 어기면 불행한 일이 닥칠 것이라며 재차 경고했다. 언니들이 두 번째 방문했을 때 프시케는 임신 중이었다. 프시케는 이번에도 성대한 잔치를 베풀어 언니들을 대접한 후 돌아갈 때 푸짐한 선물을 챙겨주었다. 언니들은 질투와 동시에 동생의 남편에 대한 궁금증이 더욱 커졌다. 언니들이 세 번째 방문했을 때 그녀들은 동생이 남편의 얼굴을 모른다는 사실을 알게 되었다. 두 언니는 동생의 남편이 괴물이 분명하다며 계속 의심을 부추겼고, 프시케의 마음을 흔들어놓았다. 두 언니는 돌아가면서도 남편의 얼굴을 확인하고 괴물이면 가차없이 죽이라고 프시케에게 충고했다. 그날 밤에도 남편은 평소처럼 같은 시간에 돌아와 프시케의 옆에 누워 잠이 들었다. 프시케의 뇌리에는 언니들의 충고가 계속 맴돌았다. 그녀는 호기심을 이기지 못하고 촛불로 잠이 든 남편의 모습을 비췄다. 그곳에는 무서운 괴물이 아니라 젊고 아름다운 사랑의 신 에로스가 잠들어 있었다. 프시케는 빛나는 에로스의 모습에 취해 넋을 잃고 바라보다가 그만 촛물을 에로스의 어깨에 떨어뜨리고 말았다. 깜짝 놀라 잠에서 깬 에로스는 아내에게 자신의 정체가 탄로 나자 그 즉시 그녀의 곁을 떠나 버렸다.

프시케는 아프로디테를 찾아가 용서를 빌고 에로스를 만나게 해달라고 애원했다. 아프로디테는 그녀의 진심을 시험하려고 인간이 감당하기 어려운 여러 일을 시켰다. 첫 번째 주어진 일은 보리와 밀, 좁쌀 등이 섞인 곡물더미를 저녁때까지 종류별로 분리하는 일이었다. 두 번째는 황금 양털을 가져오는 일이었고, 세 번째는 높고 험한 산꼭대기 정상에 있는 샘에서 물을 길어오는 일이었다. 이 세 가지 일은 모두 프시케처럼 연약한 여인의 몸으로는 도저히 성공할 수 없는 일들이었다. 하지만 그녀는 에로스의 도움으로 무사히 일을 마쳤다. 그러자 아프로디테는 더욱 어려운 일을 시켰다. 저승 세계로 내려가 페르세포네에게 아름다움이 들어 있는 상자를 받아오라는 것이었다. 프시케는 절망하여 높은 탑에 올라가 몸을 던지려 했다. 그러자 탑이 저승 세계로 가는 방법을 가르쳐주면서 절대 상자 속을 들여다보면 안 된다고 충고했다. 프시케는 탑이 가르쳐준 대로 페르세포네를 만나 상자를 얻어 돌아왔다. 그러나 도중에 호기심을 이기지 못하고 상자를 열었는데, 그 순간 그녀는 깊은 잠에 빠져들었다. 상자 안에는 아름다움이 아니라 죽음의 잠이 들어 있었던 것이다. 에로스는 죽음의 잠이 든 상자를 닫고 그녀를 깨웠고, 제우스에게 프시케와의 결혼을 인정해 줄 것을 호소했다. 프시케는 제우스가 따라주는 불로불사의 술 넥타르를 마시고 여신이 되었다. 그리고 사랑의 신 에로스의 아내로 인정받고 모든 신에게 축복을 받았다. 프시케의 어원은 그리스어로 '영혼(soul)'이다.

종교
362
탈무드

《탈무드(Talmud)》는 구전 율법을 모아놓고 랍비들이 해석한 것이다. 구전으로 전승되어 내려온 율법에 해설을 곁들인 구전 율법은 후대에 그대로 전하기에 어려움이 많았다. 사람의 기억력에는 한계가 있기 때문이다. 게다가 율법을 가르치는 랍비들의 해석도 시대에 따라 저마다 조금씩 달랐다. 기원전 6세기 유대교 사제이자 지도자인 에스라가 이스라엘 백성을 이끌고 예루살렘에 귀환해서 대대적인 영적 부흥운동을 일으켰다. 에스라는 토라를 유대인들의 지표로 만들기 시작했고, 그 일환으로 구전 율법을 체계적으로 분류하여 문자로 기록하였다.

서기 210년경 랍비 벤 유다 한시는 그동안 선배들이 모아오던 구전 율법의 본격적인 편찬에 들어갔다. 이렇게 해서 농업, 축제, 결혼, 민법과 형법, 제물, 제식을 다룬 총 6부 63편 520장으로 미슈나(탈무드의 전신)가 완성되었다. 그런데 미슈나의 내용은 대부분 원론적인 것만 다루고 있어서 일상생활에 적용하기는 어려웠다. 랍비들은 미슈나를 보완하기 위해 오랜 기간 토론하고 해석하는 과정을 거쳐 주석인 게마라를 완성했다. 미슈나가 절대적인 의견을 담고 있다면 게마라는 서로 다른 의견을 주고받는 대화 형식으로 쓰였다. 이 미슈나와 게마라를 한데 모은《탈무드》는 히브리어로 '위대한 연구'라는 의미이다.

《탈무드》는 기원전 500년부터 서기 500년까지 1천 년 동안의 현인들의 말과 글을 모은 지혜서이다. 팔레스타인에서 나온 것(4세기 말경에 편찬)과 메소포타미아에서 나온 것(6세기경까지의 편찬)의 두 종류가 있는데, 전자는 '팔레스타인 탈무드' 혹은 '예루살렘 탈무드'라고 부르며, 후자는 '바빌로니아 탈무드'라고 부른다.

《탈무드》는 유대교에서 토라 다음으로 중시되고 있다.《탈무드》는 유대교 법률인 할라카의 근간이며, 흔히 사회에서 발생한 분쟁을 해결할 때 사용되었다. 전통적인 유대교 사회에서는 종교적인 법과 세속적인 법이 분리되지 않았다. 그 때문에《탈무드》는 매우 광범위하게 사용되었다.《탈무드》는 모두 63권으로 구성된 방대한 책이며, 그 자체가 '학문'에 가깝다. 그것도 위대한 학문이다.

음악
363 록 뮤직

록 뮤직(Rock Music)은 대중 음악의 한 장르이다. 일반적으로 록이란 일렉트릭 기타와 베이스, 드럼, 보컬의 편성으로 연주되는 밴드 음악을 뜻한다.

흑인들의 리듬 앤 블루스와 백인의 컨트리가 결합하여 탄생한 로큰롤에서 비롯되었다. 로큰롤은 다른 장르들과의 지속적인 교류를 통해 외연을 확장했다. 이후 펑크, 프로그래시브 록, 헤비메탈, 루츠 록 등 다양한 형태로 분화되었다. 로큰롤에서 탄생한 록 뮤직은 사회 비판과 젊은 세대를 대변하면서 대중의 호응을 얻고, 대중 음악으로 변화했다.

1950년대 미국의 음악계는 침체기를 맞이했다. 로큰롤 스타들이 불미스럽게 은퇴하거나 갑작스런 사고를 당하며 몰락한 것이 원인이었다. 이 시기에 등장한 비틀스는 그들만의 개성을 마음껏 뿜어내며 대중을 열광시켰다. 1946년 〈에드 설리번 쇼〉에 출연한 영국의 록 밴드 비틀스의 음악은 미국 전역을 강타하며, 순식간에 미국의 음반 차트를 점령했다. 비틀스가 미국의 음악계에 새로운 돌풍을 일으킨 이 사건을 '브리티시 인베이전'이라고 한다.

이 시기에 베트남전쟁이 발발하자 미국의 참전이 이루어졌고, 반전 구호를 앞세운 젊은이들을 중심으로 록 뮤직의 새로운 장르들이 속속 등장했다. 밥 딜런으로 대표되는 포크송도 그중 하나였다. 그는 기존 어쿠스틱에 의존하던 포크 음악에 일렉트릭사운드를 가미해 대중성을 폭발시켰다. 또한 히피 문화를 대표하는 아티스트인 도어스의 짐 모리슨과 지미 헨드릭스는 새로운 장르인 사이키델릭 록을 이끌었다.

이후 록 뮤직은 다양한 장르로 퍼져나갔고 이 시기에 하드록이 등장했다. 1960년대 중반 미국과 영국의 록 뮤지션들이 기존 로큰롤보다 강한 사운드의 록을 만든 것이 발단이었다. 킹크스, 더 후, 롤링 스톤스 등이 효시로 여겨지며 스테판 울프와 레드 제플린 같은 밴드들에 의해 하드록은 더욱 확산되었다. 이후 '헤비메탈'로 불리기 시작한 이 록은 지미 헨드릭스가 보여준 격렬한 기타 연주에 둔중한 베이스, 현란한 드럼이 더해져 극도의 폭력과 일탈을 표현했다.

1977년 록 뮤직은 영국에서 다시 한 번 혁명을 통해 펑크의 바람을 일으킨다. 그들은 무정부주의를 지향하고 인종주의에 맞서는 노래를 세상에 내놓았다. 이후 펑크의 리듬을 춤추기 좋은 리듬으로 극대화한 디스코가 등장했다. 펑크는 디스코뿐만 아니라 록, 힙합, 재즈 등 음악계 전반에 지대한 영향을 끼쳤다. 1980년대로 들어서면서 뮤직비디오 전문 채널 엠티브이(MTV)의 등장과 마이클 잭슨, 마돈나 등 전설적인 팝스타의 활약으로 록 뮤직은 위기를 맞는다.

그러나 록 뮤직은 시애틀에서 새로운 활로를 모색했다. 하드록과 펑크를 결합하고 사이키델릭의 사운드를 가미한 시애틀 록은 음악평론가들로부터 미래의 록 뮤직을 이끌 대안 세력으로 인정받으며 '얼터너티브 록'이라는 명칭을 얻었다. 록 뮤직의 시대를 이끈 뮤지션들로 비틀스, 핑크 플로이드, 레드 제플린, 라디오헤드, 인터폴, 아케이드 파이어, 디 워 온 드럭스가 있다.

스웨덴 텔레비전 쇼 <드롭인> 세트장에서 함께한
폴 매카트니, 조지 해리슨, 스웨덴 팝 가수 릴-밥, 존 레논(1963)

미술
364
앤디 워홀

미국 팝아트의 선구자이며 유명한 영화 제작자인 앤디 워홀(Andy Warhol, 1928-1987)은 20세기의 가장 영향력 있는 미술가로 평가받고 있다. 그는 통조림 캔과 스타를 동일선상에 놓으며, 익숙하고 유명한 이미지들을 모티브로 20세기 미국의 문화적 정체성을 표현했다. 아크릴 단일색조, 실크스크린*, 동일한 이미지의 반복적인 복사는 워홀의 새로운 기법과 조형미의 대표적 특징이다.

앤드류 워홀라가 본명인 워홀은 미국 펜실베이니아주 피츠버그에서 태어났다. 체코슬로바키아 출신 이민자인 그의 아버지는 석탄 광산에서 일했고, 워홀이 14세 때 세상을 떠났다. 이러한 가정환경은 후일 워홀을 아메리칸 드림의 표상으로 만들었다.

워홀은 카네기공과대학에서 산업디자인을 전공했다. 졸업 후 뉴욕으로 이사했으며, 광고디자이너로 활동하며 능력을 인정받았다. 하지만 워홀은 언제나 '위대한 예술가'를 꿈꿨다. 1960년부터 캔버스에 작품을 그리기 시작했고, 이때부터 만화, 배우 사진, 소비 상품 등 대중매체의 세계를 소재로 삼았다. 워홀은 상업디자이너로 활동한 경험을 발휘하여 코카콜라와 캠벨 수프 깡통 등 소비 상품의 그림을 제작했다. 이 작품들을 다양한 판형과 색채 조합으로 복제했고, 이를 위해 실크스크린 인쇄기법을 도입했다. 또한 마릴린 먼로와 엘비스 프레슬리 등 영화나 음악계의 스타를 다룬 캔버스화를 제작했는데, 작품에서 모델의 내면을 표현하는 데는 관심이 없었고, 철저하게 대중 문화와 소비 사회의 산물로 묘사하고자 했다.

1960년대 워홀의 창조성은 절정에 달했고, 이 시기에 그는 여러 편의 실험성 강한 영화를 제작했다. 워홀은 '모든 사람이 기계처럼 되어야 한다'는 생각에 맞추어, 1962년 거대한 작업 공간을 마련한 후 '팩토리(공장)'라고 불렀다. 사람들이 모여들

* 실크스크린(Silk Screen): 공판화(孔版畫) 기법. 여러 판화 기법 중 제작 과정이 비교적 간편하고 일단 판이 완성되면 단시간 내에 수십 장을 찍어낼 수 있어 상업적인 포스터 등에 많이 이용된다.

었고, 그들은 〈첼시 걸스〉 같은 아방가르드 영화에 영감을 제공하거나 등장인물이 되었다.

1968년, 워홀은 팩토리의 일원이자 그의 실험영화에 등장한 발레리 솔라나스에게 저격당했으나 극적으로 살아남았다. 이후 상업 미술가에서 미술 사업가로 변신했다. 그는 〈믹 재거〉 등 개인 초상화를 많이 제작했고, 월간지 〈인터뷰〉를 발간했으며, 팝그룹 벨벳 언더그라운드와 함께 멀티미디어 콘서트를 개최했다. 이 모든 활동을 통해 그는 엄청난 부를 쌓아올렸지만, 그와 비례하여 창작 능력은 점점 고갈되어 갔다. 만년의 작품 중에는 보티첼리의 〈비너스의 탄생〉이나 레오나르도 다 빈치의 〈최후의 만찬〉 등 옛 거장들의 작품을 재구성한 것들도 있다. 특히 워홀은 〈최후의 만찬〉을 과장된 카무플라주* 패턴으로 재해석하기도 했다. 그는 담낭수술을 받은 후 합병증으로 사망했다.

* 카무플라주(Camouflage): 불리하거나 부끄러운 것을 드러나지 않도록 의도적으로 꾸미는 일. 유기체의 몸 빛깔을 주변 환경과 식별하기 어렵게 위장하여 적으로부터 유기체의 몸을 숨기는 방법이다. 우리말로는 위장이나 변장이라고 한다.

문학 365

알렉산드르 솔제니친

알렉산드로 솔제니친(Aleksandr Isayevich Solzhenitsyn, 1918-2008)은 노벨 문학상을 수상한 러시아의 소설가이다. 그는 한 작가가 문학을 통해 어떻게 세상을 바꾸는지를 전 생애를 통해 보여주었다.

솔제니친은 캅카스 키슬로봇스크에서 태어났다. 전쟁 중 아버지를 잃고 유복자로 태어나 홀어머니 밑에서 자랐다. 로스토프대학교에서 물리와 수학을, 모스크바대학교에서 문학을 공부했다. 제2차 세계대전이 일어나자 포병 장교로 입대해 전선에서 활약했으며, 그 공적으로 두 번에 걸쳐 훈장을 받았다. 그러나 절친한 친구에게 보낸 편지에서 스탈린을 비판한 것이 문제가 되어 체포된 후 시베리아의 강제노동수용소에 투옥되었다. 그의 데뷔작인《이반 데니소비치의 하루》는 이때 구상한 것이다.

1957년 유배생활을 마치고 중학교 교사로 근무하게 된 솔제니친은 본격적으로 글쓰기에 돌입했다. 1962년에 발표한《이반 데니소비치의 하루》가 세계적인 베스트셀러가 되면서 솔제니친도 세계적인 명성을 얻게 되었다.

《이반 데니소비치의 하루》의 주인공 이반 데니소비치 슈호프는 평범한 농부다. 그는 제2차 세계대전에 참전했다가 독일군 포로가 된다. 전쟁이 끝나고 풀려났지만 독일 스파이라는 누명을 쓰고 강제노동수용소에 보내진다. 작품은 주인공 슈호프가 수용소에서 보낸 하루를 묘사하고 있다. 솔제니친은 그 하루를 통해 지배 권력에 억압된 한 사람이 어떻게 자존감을 잃고 본능에 의존해 연명하는지를 풍자적으로 그려냈다.

이 작품은 정치적으로는 물론 문학적으로도 큰 의미를 지닌다. 이 작품은 발표 후 전 세계의 주목을 받았고, 결국 소비에트 독재의 횡포를 세상에 알리는 단초가 되었다. 이후 솔제니친은 사회주의 사회에 현존하는 모순과 인간성을 고발하는 19세기 러시아 문학의 전통을 이어받아 20세기 인간 존재에 대한 근원적 의문을 던지는 작품을 끈질기게 썼다. 이러한 작품 경향으로 그는 당국의 감시 대상이 되었다. 소련작가동맹의 사전 검열에서《면옥 속에서》가 몰수되는가 하면《암병동》은 출판이 불허

되는 등 당국의 노골적인 탄압이 시작되었다.

1967년, 솔제니친은 소련작가동맹에 사전 검열 제도의 부당성과 폐지를 주장하는 공개 서한을 보냈다. 이 일로 그는 국내 외 문단의 지지를 받았지만, 정작 소련작가동맹으로부터는 제명당했다.

1970년, 솔제니친은 노벨 문학상을 수상했다. 하지만 이후《1914년 8월》,《수용소군도》등이 파리 등 국외에서 출간되자 소련 당국은 솔제니친의 시민권을 박탈한 뒤 국외로 추방했다. 그는 미국의 버몬트에 머물다가 소련 붕괴 후 1994년에 고향으로 돌아와 러시아 시민권을 회복했다. 2007년에 예술가의 최고 영예인 국가공로상을 받은 그는 이듬해 심장마비로 세상을 떠났다.

솔제니친의 이미지가 있는 2루블짜리 기념 러시아 동전

많은 공부와 지식이 곧 지혜로 연결되는 것은 아니다.

Much learning does not teach understanding.

_헤라클레이토스

| 에필로그 | 여정을 마치며

우리는 엄청난 정보의 홍수 속에서 살아가고 있다. 그러나 아이러니하게도 정작 필요할 때 사용할 유용한 상식과 지식이 부족하여 찾아 헤매기 일쑤다.

우리는 지식이 필요할 때 찾아서 사용하는 경우보다 즉시 사용해야 할 때가 더 많다. 고사장에서 시험을 치르는 수험생은 자신이 공부한 지식 외에 달리 문제를 풀 수단이 없다. 스마트폰만 활용하면 아무리 어려운 문제도 쉽게 풀 수 있지만 허용되지 않기 때문이다. 사회생활에서 중요한 순간마다 맞닥뜨리는 인터뷰도 마찬가지다. 자신이 알고 있는 지식과 상식의 범위를 넘어서는 대답은 할 수 없다.

공적이든 사적이든 우리는 수많은 만남을 통해 관계를 맺는다. 인간관계에서 가장 중요한 것은 소통이다. 잘 소통하기 위해서는 상대와 말이 통해야 한다. 말이 통하려면 무엇보다 상대와의 지적 수준이 맞아야 한다. 우리는 자신이 아는 만큼 볼 수 있고, 표현할 수 있다. 상대가 말하는 내용이 어떤 의미인지 모르면 대화는 단절되고 관계는 끊어진다. 그래서 우리는 끊임없이 배워야 한다.

우리의 지적 수준을 확연히 확장해줄 유용한 분야가 바로 인문학이다. 인간은 고대로부터 오늘에 이르기까지 인문학을 통해 끊임없이 지적 유희를 추구해왔다. 인문 지식을 얻고 싶어 하는 것은 인간에게 지적 욕망이 있기 때문이다. 하지만 인문학은 결코 만만한 분야가 아니다. 어느 정도 깊이 있는 인문 지식을 펼치려면 꽤 다양한 기초 상식이 필요하다.

그러한 기초 상식을 체계적으로 습득할 수 있게 하려는 목적에서 이 책을 기획했다. 이 책은 문학, 역사, 철학, 신화, 종교, 음악, 미술 등 총 7개의 분야로 구성했으며, 개인과 사회 그리고 국가와 세계 더 나아가 인류의 전반적인 문제들을 모두 다루고 있다. 하루 10분씩 365일 동안 매일 읽어보자. 이 책 한 권으로 지식적 사고가 확장되는 놀라운 경험을 할 것이다.

이 책으로 말미암아 지식적 사고가 깊어지며 세상과 소통하는 데 실질적 도움이 되기를, 아울러 더 깊고 넓은 인문 지식의 바다로 나아가는 계기가 되기를 진심으로 소망한다.

양승욱

| 참고 문헌 |

가메야마 이쿠오,《절대지식 세계문학》, 임희선 옮김, 이다미디어, 2015
가빈 플러드,《힌두교 사상에서 실천까지》, 이기연 옮김, 산지니, 2008
가톨릭출판사 편집부,《성경》, 가톨릭출판사, 2014
김영은,《미술사를 움직인 100인》, 청아출판사, 2013
김용철,《영국 소설가 평전》, 신아사, 2007
김호동,《몽골제국과 세계사의 탄생》, 돌베개, 2010
김희보,《세계문학사 작은사전》, 가람기획, 2002
김혜니,《서양 문학 연구》, 푸른사상, 2010
구스타프 슈바브,《그리스 신화》, 이동희 옮김, 휴머니스트, 2015
군나르 시르베크 외,《서양철학사》, 윤형식 옮김, 이학사, 2016
나가누마 유미 외,《서양음악사》, 홍성민 옮김, 하서, 2013
낸시 헤드웨이,《세계 신화 사전》, 신현승 옮김, 세종서적, 0204
디터 람핑 외,《내 인생을 바꾼 세계의 명작》, 모명숙 옮김, 김영사, 0211
디트마르 피이퍼 외,《1517 종교개혁》, 박지희 옮김, 21세기북스, 2017
도널드 쿼터트,《오스만 제국사》, 이은정 옮김, 사계절출판사, 2008
다케무라 마키오,《인도불교의 역사》, 도웅 외 옮김, 산지니, 2018
두란노서원 성경출판팀,《연대기성경》, 두란노서원, 2012
다케우치 미노루 외,《교양으로 읽어야 할 중국지식》, 양억관 옮김, 이다미디어, 2006
리처드 오버리,《지도와 사진으로 보는 더 타임스 세계사》, 이종경 외 옮김, 예경, 2019
루치아 임펠루소,《그리스 로마 신화 명화를 만나다》, 이종인 옮김, 예경, 2006
류경희,《인도 힌두신화와 문화》, 서울대학교출판문화원, 2016
레온 우드,《이스라엘의 역사》, 김의원 옮김, 기독교문서선교회, 2014
로이스 타이슨,《비평 이론의 모든 것》, 윤동구 옮김, 엘피, 2012
로버트 램,《서양 문화의 역사》(현대편), 이희재 옮김, 사군자, 2016
리처드 할러웨이,《세계 종교의 역사》, 이용주 옮김, 소소의책, 2018
로베르트 슈만,《음악과 음악가》, 이기숙 옮김, 포노, 2016
마르틴 헹엘,《유대교와 헬레니즘 1》, 박정수 옮김, 나남, 2012
마이클 우드,《트로이, 잊혀진 신화》, 남경태 옮김, 중앙M&B, 2002
마이클 하워드,《유럽사 속의 전쟁》, 안두환 옮김, 글항아리, 2015
민은기 외,《서양음악사》, 음악세계, 2007

바르바라 지히터만, 《고전소설》, 두행숙 옮김, 해냄출판사, 2003
버트런드 러셀, 《러셀 서양철학사》, 서상복 옮김, 을유문화사, 2019
박광자, 《독일의 소설가 20인》, 충남대학교출판부, 2008
박한제 외, 《아틀라스 중국사》, 사계절, 2015
박지명 · 이서경, 《베다》, 동문선, 2020
발터 옌스 외, 《문학과 종교》, 김주연 옮김, 문학과지성사, 2019
버나드 루이스, 《이슬람 1400년》, 김호동 옮김, 까치글방, 2001
시마다 히로미, 《교양으로 읽는 세계종교사》, 김성순 옮김, 역사산책, 2020
스테파노 추피, 《르네상스 미술》, 하지은 외 옮김, 마로니에북스, 2011
스테파노 추피, 《천년의 그림 여행》, 서현주 외 옮김, 예경, 2007
안나 마리아 리베라티, 《고대 로마》, 김숙 옮김, 생각의나무, 2003
에드워드 기번, 《로마제국 쇠망사》, 황건 옮김, 까치글방, 2010
이성삼, 《명곡대사전》, 세광음악출판사, 1992
아르놀터 하우저, 《문학과 예술의 사회사》, 백낙청 외 옮김, 창비, 2016
이남인, 《서양 철학의 이해》, 서울대학교출판문화원, 2011
이윤기, 《이윤기의 그리스 로마 신화》, 웅진지식하우스, 2020
아가페 편집부, 《아가페 쉬운성경》, 아가페출판사, 2019
알렉산더 데만트, 《시간의 탄생》, 이덕임 옮김, 북라이프, 2018
임헌영, 《임헌영의 유럽문학기행》, 역사비평사, 2019
윌리엄 본, 《화가로 보는 서양미술사》, 신성림 옮김, 북로드, 2011
월간미술, 《세계미술용어사전》, 월간미술, 2017
이진성, 《그리스 신화의 이해》, 아카넷, 2004
움베르트 에코, 《미의 역사》, 이현경 옮김, 열린책들, 2009
오비디우스, 《변신 이야기》, 천병희 옮김, 숲, 2017
에른스트 곰브리치, 《서양미술사》, 백승길 외 옮김, 예경, 2003
움베르트 에코 외, 《경이로운 철학의 역사》, 윤병언 옮김, 아르테, 2018
윌리엄 서머셋 모옴, 《불멸의 작가, 위대한 상상력》, 권정관 옮김, 개마고원, 2008
진중권, 《진중권의 서양미술사》, 휴머니스트, 2011
조르조 바사리, 《르네상스 미술가평전》, 이근배 외 옮김, 한길사, 2019
제인 버뱅크 외, 《세계제국사》, 이재만 옮김, 책과함께, 2016
진규영, 《알수록 다시 보는 서양 음악 100》, 미래타임즈, 2019
장 피에르 베르데, 《하늘의 신화와 별자리의 전설》, 정동현 옮김, 시공사, 1997
최종석, 《불교의 종교학적 이해》, 민족사, 2017
철학사전편찬위원회, 《철학사전》, 중원문화, 2012
캐롤 스트릭랜드, 《클릭, 서양미술사》, 김호경 옮김, 예경, 2010

테드 리비, 《NPR 클래식 음악 / 음반 가이드》, 장호연 옮김, 마티, 2016
타밈 안사리, 《이슬람의 눈으로 본 세계사》, 류한원 옮김, 뿌리와이파리, 2011
파트릭 데 링크 외, 《명화와 현대 미술》, 박누리 옮김, 마로니에북스, 2019
프란체스카 로마나 로마니, 《이슬람》, 이유경 옮김, 생각의나무, 2008
피터 머레이 외, 《르네상스 미술》, 김숙 옮김, 시공아트, 2013
피에르 그리말, 《그리스 로마 신화 사전》, 열린책들, 2003
프란시스 베이컨, 《숨겨진 그리스 로마 신화》, 임경민 옮김, 아름다운날, 2020
한정섭, 《인도신화와 불교》, 불교정신문화원, 2013
한국이슬람학회, 《세계의 이슬람》, 청아출판사, 2018
황갑연, 《제자백가 사상》, 전북대학교출판문화원, 2018
헤이르트 마크, 《유럽사 산책》, 강주헌 옮김, 옥당, 2011
항지앤 외, 《중국문화 시리즈》, 한민영 옮김, 대가, 2009
해럴드 C. 숀버그, 《위대한 작곡가들의 삶》, 김원일 옮김, 클, 2020
홍익희, 《문명으로 읽는 종교 이야기》, 행성B, 2019
허원중, 《지도로 보는 세계 사상사》, 전왕록 외 옮김, 시그마북스, 2009
호메로스, 《일리아스》, 천병희 옮김, 단국대학교출판부, 1996
호메로스, 《오뒤세이아》, 천병희 옮김, 단국대학교출판부, 1996
헤시오도스, 《신들의 계보》, 천병희 옮김, 숲, 2009
허연, 《고전 탐닉》, 마음산책, 2012
홍익희, 《세 종교 이야기》, 해성B, 2014
현영민, 《그리스 신화 자연, 신, 그리고 인간》, 충남대학교출판부, 2010

<최후의 만찬>
레오나르도 다 빈치가 제1밀라노 시대(1482~1499년)에 1495년에서 1497년에 걸쳐 완성하였다.

잠들기 전에 읽는 인문학 365

초판 1쇄 발행 | 2022년 2월 4일
초판 8쇄 발행 | 2024년 10월 10일

지은이 | 양승욱 **펴낸이** | 박찬욱 **펴낸곳** | 오렌지연필
주소 | (10550) 경기도 고양시 덕양구 삼원로 73 한일윈스타 1422호
전화 | 031-994-7249 **팩스** | 0504-241-7259 **이메일** | orangepencilbook@naver.com
본문 | 미토스 **표지** | 강희연

ISBN 979-11-89922-31-3 (03030)